民和文庫研究会 編

格闘武術・柔術柔道書集成

第Ⅰ回　明治期の逮捕術・柔術柔道書

第一巻　逮捕術・当身活法

クレス出版

格闘武術・柔術柔道書集成　第Ⅰ回

『明治期の逮捕術・柔術柔道書（全六巻）』の刊行について

民和文庫研究会代表（福島大学名誉教授）　中　村　民　雄

江戸時代から伝わる日本の武術の内、今日まで伝承されている武術を大別すると、武器を持たず素手で闘う体術系の「格闘武術」、武器となる得物（剣や槍）を持って闘う「撃突武術」、手裏剣など手で物を投げつけて敵を倒す「投擲武術」、弓・鉄砲などを用いて敵を斃す「射撃武術」がある。それらの中でも、体術系の「格闘武術」はこれまでまとまって復刻版が出されていないので、今回、明治・大正・昭和（戦前）の三回に分けて集大成を行った。

第Ⅰ回『明治期の逮捕術・柔術柔道書（全六巻）』は、近代警察制度の成立とともに警察官の護身・逮捕術として、まず捕縄や捕手を専門とする柔術流派が注目され、「逮捕術」として独自の地歩を固めていく。明治という草創期においては、江戸時代からの捕り物の三道具（袖がらみ・突く棒・刺股）を使って犯人を生きたまま逮捕し、捕り縄で縛り、護送するため逮捕術は必須の術であった。今日でも警察官の訓練種目として逮捕術は行われており、腰縄や刺股など、警察官の必須装備として見ることができる。

次に注目されるのは、殺活法を専門とする柔術流派である。これらの流派は、東洋医学に西洋医学を取り入れることにより、骨接ぎ・整骨術として独立していった。さらに、大正期になると「柔道整復師」として国家資格を有するまでになっていった。今日でも柔道家の副業の第一は骨接ぎ、柔道整復師であり、専門学校を有するまでになっているのもこうした歴史があるからである。

このように「格闘武術」の中から逮捕術や活法はいち早く独自の地歩を固めていった。これに対し、東京大学を卒業した嘉納治五郎が明治十五（一八八二）年に講道館柔道を立ち上げ、明治二十二（一八八九）年には、これまでの柔術との違いを「柔道一班並ニ其教育上ノ価値」と題して大日本教育会の席で講演をし、新基軸を打ち立てた。嘉納は、ハーバート・スペンサーの代表的な著書「教育論」に示された知育・徳育・体育（これを三育主義という）から大きく影響され、講道館柔道の目的を体育法・勝負法・修心法から説明し、力学の原理に基づいた柔道を実演してみせた。講道館柔道は、明治二十八（一八八二）年には四十一本からなる「五教の技」を体系化し、明治三十三（一九〇〇）年には講道館柔道乱捕試合審判規定を制定、試合稽古中心の新しい指導法を確立する。こうして明治二十年代から三十年代にかけて学校や警察、海軍等国の中枢部に広く浸透した。さらに、明治四十二（一九〇九）年五月のＩＯＣ（国際オリンピック委員会）総会で嘉納はアジア初のＩＯＣ委員に就任し、スポーツ界と講道館柔道を中心とした日本の武道との相互交流を活発化させていった。

こうした動きに対し、柔術諸流派は生き残りをかけて講道館柔道に同調し、自流独自の技を形として再構成して存続をはかり、公開演武を行っていった。こうした動きは、明治二十八（一八八九）年に設立された大日本武徳会の催す大演武会が受け皿となったが、流派の壁を越えて統合されることはなく、保存武術として命脈を保っていった。

格闘武術・柔術柔道書集成　第Ⅰ回　明治期の逮捕術・柔術柔道書各巻収録一覧

第一巻　逮捕術・当身活法

拳法図解　完
●久富鐵太郎／一八八八年／須原鐵二

早縄活法　拳法教範図解　全
●井口松之助／一八九八年／自刊

柔術死活便覧
●宮内　清／一八九〇年／自刊

柔術秘伝　活法・一名死人蘇生術　附録　当身の法
●松本美乃／一八九二年／清明堂

日本　柔術活法詳解　全
●守永兵治／一八九四年／自刊

柔術当身　活之法
●藤村金次郎／一八九五年／梅松堂

死活自在接骨療法　柔術生理書
●井口松之助／一八九六年／魁真楼

活術図解全書　全
●山本雄太郎／一九〇〇年／田中和之助

簡易柔術　実用形・附　活法銃丸除
●山本柳道齊源正道／一九〇七年／藤谷崇文館

第二巻　古流柔術（1）

柔術剣棒図解秘訣
●井口松之助／一八八七年／魁真楼

天神真楊流　柔術極意教授図解
●吉田千春・磯　又右衛門／一八九三年／聚栄堂

起倒雄心　柔術秘伝図解
●横野鎮次／一八九四年／尚武館

柔術極秘真伝
●久松時之介／一八九九年／富田文陽堂

極秘皆伝　柔術早指南
●久松定基／一九〇〇年／柏原圭文堂

第三巻　古流柔術（2）

極意詳解　関口流柔術自在・附　女子柔道の手引
●日詰忠明／一九〇九年／大学館

柔術独習書　全
●古木源之助／一九一一年／制剛堂

柔術講義　全
●岩瀬重周／一八九六年／松田藏吉

第四巻　講道館柔道（1）

柔　道
●内田良平／一九〇三年／黒龍会出版

柔道大意
●有馬純臣／一九〇五年／岡崎屋書店

通俗　柔道図解
●有馬純臣／一九〇五年／岡崎屋書店

第五巻　講道館柔道（2）

柔道の真髄
●鈴木安一／一九〇八年／有朋館

柔道教範
●横山作次郎・大島英助／一九〇八年／紅葉堂

柔道手引草
●磯貝　一／一九〇九年／武徳会誌発売所

第六巻　講道館館員名簿

講道館館員名簿・第一
●講道館（一九一〇年入門分まで）

別冊　解　題

明治期の逮捕術・柔術柔道書（全六巻）解題
●尾川　翔大

※収録した原本によっては、文字の欠落や擦れ、頁の汚損・欠損等が見られるが、原本通りのため御了承願います。

拳法図解　完

※収録した原本によっては、文字の欠落や擦れ、頁の汚損・欠損等が見られるが、原本通りのため御了承願います。

久富鐵太郎先生著

拳法圖解　完

明治二十年十一月出版

柔能制剛

明治廿年八月
安之則題

二

拳法圖解序

余嘗聞之。射飛鳥之術。以矢穿其羽翼。而獲之者爲巧手。中傷體軀者次之。夫區々禽鳥猶且獵獲之有法。若斯矣。而況於緝捕人乎。今視此書就十有六家之拳法。精撰審揀。舍華虛取實要。修正補足。以新定樣式。凡二十條。加之以捕繩及活法二項。且一々附圖畫施訓解。丁寧指示。於緝捕之術。蓋亦盡矣。抑不暴殄天物。仁愛之公道也。惡其罪而不惡其人。立法之本旨也。自今之後。為警官者。豫據此書。講習練熟其技。則率然臨緝捕不毀傷其肢體髮膚。而兇徒斯獲焉。暴行斯止焉。可以全仁道矣。可以合法旨矣。豈啻盡其職務而已。然則此書之關係。亦不鮮少也。及

其乞序不辭而書之
明治二十年三月
米華小原重哉撰

其頴散史書

拳法圖解

緒言

西人言ヘルヿアリ強壯ナル身體ニ活潑ナル精神アリト身體強壯精神活潑ナラザレバ事業ハ得テ爲スベカラザルナリ國家ノ興廢モ亦大ニ各人ノ強壯ニ關スル所アリ蓋シ身體ヲ強壯ナラシムルノ法ハ種々アリト雖モ未タ柔術ノ利アルニ勝ルモノナシ夫レ柔術ハ我國武技ノ元質ニシテ之ヲ講ズルトキハ體格強健身心安穩ナルヲ得ルガタメ事變ニ處シ不慮ヲ制スルニ靈敏快活ナラザルハナシ其法二アリ一ハ則チ人性ノ體質ヲ矯正シテ柔順圓滑ナラシメ以テ能ク他ノ剛強者ヲ制伏スル是ナリ一ハ則チ八個ノ劍體ヲ六個ノ虛處ニ當テ以テ能ク他ノ剛強者ヲ捕縛スル等是ナリ故ニ身體ヲ強壯ナラシムベキハ言フモ更ナリ或ハ兇漢不逞ノ徒ヲ制シ及ビ之ヲ縛スル等ニ從事スル警察官吏ノ如キハ平素ヨリ此術ヲ講修スルヲ以テ最モ必要ナリトス余輩曾テ斯術ヲ講修スルノ必要タルニ感シ之ヲ警部室田景辰氏

ニ謀ル氏モ亦同感アリ大ニ之ヲ賛成シ別ニ計畫スル所アリテ之ヲ安立警察本署長ニ上陳ス署長大ニ之ヲ然リトシ且ツ諭スニ諸流ノ所長ヲ採擇シ在來ノ法制ヲ改良シ以テ實際適用ノ形手ヲ編成セシム因テ素志ヲ達スル期ノ近キニ在ラントスルヲ喜ビ奮然トシテ此ニ從事セリ實ニ明治十八年ナリ同年十月ニ至リ各署ニ在リテ此術ニ長ゼル士二十有六名ヲ集會シ各其技術ヲ演スルニ總テ十六流アリ各流互ニ蘊奥ヲ叩キ秘旨ヲ發シ萃ヲ採リ要ヲ擇ビ間ニ修正ヲ加ヘテ實際ニ適用ナラシメ以テ此書ヲ編成シ名ケテ拳法ト曰フ然リト雖モ余輩素ヨリ懶劣ナレバ未タ此ヲ以テ術ノ完全ヲ得タルモノトナスヿ能ハス尚ホ實際ニ徴シ且ツ世上高士ノ賛助ヲ得テ他日ニ大成ヲ期セントス今ヤ圖解成ル謄寫ノ勞ニ代ヘ印刷ニ付シ以テ同志ノ士ニ頒ツトイフ

明治十九年十二月

編者識

拳法圖解

目錄

目錄畢

拳法圖解

久富鐵太郎　編輯

第一　體勢

師曰ク體勢トハ頭ヲ正面ニシ兩手ヲ垂下シ胸廓ヲ開キ腹部ヲ突出シ臍下ニ力ヲ入レ且ツ腹ヲ充實シ脊骨腰骨ヲ突キ居エ腰ヲ整フルヲ云フ途中行歩ノ際ハ勿論片時モ此姿勢ヲ亂スベカラス

又帶劍スル時ハ左手ニテ劍ノ柄ヲ握リ右手ヲ垂下スベシ凡ソ體ノ前面ハ陽ニシテ後背ハ陰ナリ前ハ直伸シ後ハ屈曲ス是レ一己ノ節制ヲ整フル第一ノ手段ニシテ姿勢ノ本體ナリ近來世人漸ク惰弱ノ風ニ流レ胸廓屈ミ腹部脱シ本體ノ姿勢ヲ失スルモノ比々トシテ皆然リ之ヲ柔術ニ於テ反ノ體トイフ大ニ嫌フ所ナリ此ノ反體ヲ矯正セザレハ節制ヲ整フルヿ能ハズ勢法ヲ講ズルモノ須ク注意スベシ即チ左ノ圖ノ如シ

第二　距離

距離トハ其場ノ廣狹ヲ計リ敵手仕手ノ間合貳間或ハ三間ニシテ互ニ禮式ヲ爲シ後ニ左足ヨリ踏出スヲ法トス而シテ一段ノ勢法ヲ講シ終リタル後ニ漸ク次ノ勢法ニ移ルトキ相互ニ後背ヲ見スベカラズ凡ソ勢法ヲ講習スルハ眞正ノ實事ニ非ザルヲ以テ自然形容ニ流レ易ク既ニ從來ノ流派ニテモ往々異樣ノ姿勢ヲ爲シ恰モ俳優ノ所作ヲ爲スガ如ク容止華法ヲ事トスルモノアリ最モ戒ムベキヿナリ假令ヒ講修ノ際ト雖モ眞正ノ實義ヲ失ハザルヤウニ注意スベシ又流派ニヨリテ始終懸ケ聲ヲ用ユルモノアリ抑モ懸ケ聲ハ需メテ發スルモノニ非ズ又全ク發セザルモノニ非ズ畢竟初心ノ者ヲ敎ユルニ形手ノ間合ニヨリ今踏出セ或ハ打懸レト合圖ヲ爲スノ言葉ナルヲ後修者ニ於テ必ズ用ユベキモノト信ズルハ誤リナリ講修ノ際ニ其勢氣充溢シ知ラズ識ラズ發聲スルハ可ナリト雖モ需メテ發聲スルトキハ腹力脫ケテ浮足トナルモノナリ宜シク注意スベキ事ナリ

四

第三　對當位置

敵手仕手ノ間合一歩ノ地ニ至リタル卜仕手ハ必ス左足一歩チ左リ斜ニ踏出シ即チ敵ノ右側ニ斜ニ位シ以テ敵ノ擧動ニ注意スルチ行逢ノ法トス蓋シ人ハ十中ノ九ハ右腕ノ利クモノナレバナリ故ニ十六段ノ內エリナケ及ビ左右行連レ後ロ取リ陽ノ離レチ除キ其他ハ總テ之ニ倣フ

第四 圖解

柄取 其一

元天神真楊流形手ノ内

修正敵両手ヲ以テ仕手ノ帯ビタル劔ノ柄ヲ取ルナリ

其二

敵柄ヲ引カントス仕手ハ左手ヲ其儘ニシ敵ノ引ニ任セ右足ヲ踏出シ同時ニ右手ノ小指ノ方ニテ敵ノ雙眼中央ニ當ツルナリ（平素ハ眞ニ當ルニ非ズ）

其三

双眼ノ中央ニ當テタル手ヲ以テ直チニ腕ノ下ヨリ柄頭ヲ取リ右足ト共ニ体ヲ右後ニ大キク開クナリ

其四

右ニ開キタル体ヲ変ジテ又右足ヲ敵ノ左リ股ニ大キク踏ミ込ミ其時柄ノ手ヲ其儘上ヨリ左ニ廻ハシ觧キ放スナリ

第五圖解 柄止メ

其一

渋川流手續勢車取ノ内立合ニ改メ敵左右ノ手ニテ仕手ノ釼ノ柄ト右ノ手首ヲ取リ押シ来ルナリ

其二

其時仕手ハ右足ヲ引キ敵ノ右手ニテ取リタル柄ヲ内ヨリ上ニ左ヘ廻シ同時ニ次ノ圖ノ如クスルナリ

其三

敵ノ押來ル左リ手ノ力尽クルニヨリ我手ヲ開キ上ニ揚ゲ下ヨリ敵ノ手首ヲ取リ同時ニ敵ヨリ取リタル柄ノ手ハ左リニ拂フナリ

其四

前ニ引タル右足ヲ直ニ敵ノ右方ニ踏出シ体ヲ左ニ開キ握リタル敵ノ手ヲ我ガ右股ニ抱キ込ミ腹ヲ張リ体ト腕トニテ図ノ如ク之ヲ挾ムナリ

其五
図面ノ如ク直ニ右膝ヲツキ固ム

第六 圖解 柄搦

其一

立身流形手ノ内敵左右ノ手ニテ仕手ノ帯ビタル劔ノ柄ヲ握リ上ニ抜キ取ラントスル状ナリ

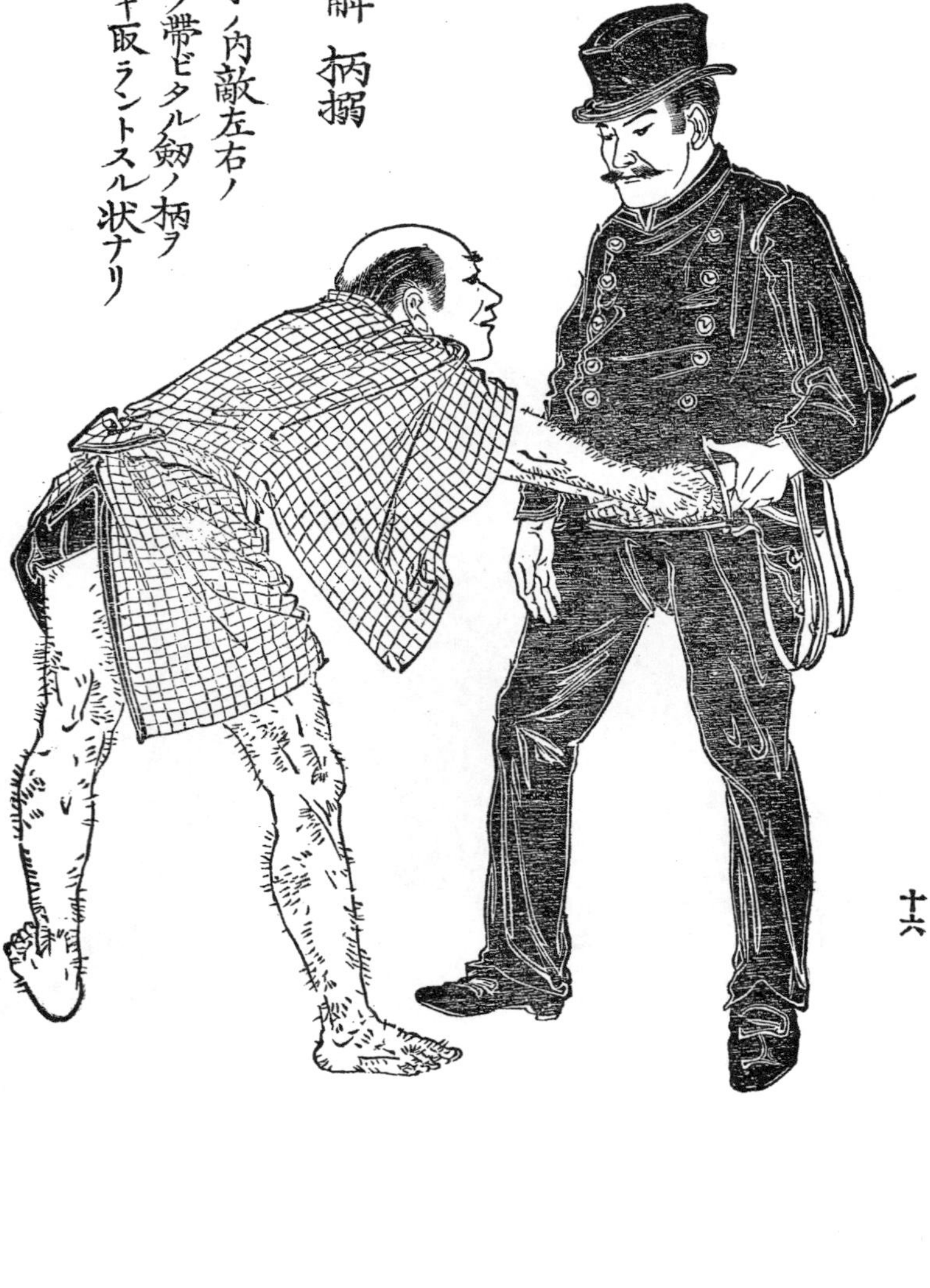

其二

敵ノ取リタル柄ノ手ヲ両手ニテ釼ノ柄諸共ニ之ヲ握リ圖ノ如ク右方(即チ敵ノ左)ノ上ニ突キ揚ゲ右足ヲ前ニ少シ踏出スナリ

其三

突上タル手ヲ其侭ニ下ヨリ右ニ廻シ敵ノ左手ヲ放シ其手ハ直ニ敵ノ取タル右手ヲ柄ト共ニ握リ親指ヲ柄ニ掛クルナリ

其四

前図ノ上ニ揚ゲタル手ヲ尚右ニ廻シ右足ヲ引キ体ヲ右ニ開キ左ノ膝ヲ付ケ敵ノ右腕ヲ押付ケ固ムルナリ

第七圖解 見合取 其一

戸田流（喜楽流）形手ノ内敵手右向ニテ匿シ持シ凶器ヲ抜カントスル図ナリ

其二

敵手已ニ凶器ヲ抜キカクルニヨリ仕手ハ右足ヲ踏出シ右手ニテ敵ノ右手首ヲ握ルナリ

其三

其時仕手ハ迅速ニ左足ヲ敵ノ右後ニ踏出シ同時ニ左手ヲ敵ノ左肩ヨリ前ニ廻ワシ右襟ヲ取其腕ヲ伸シ一度ニ之ヲ締《シ》メルナリ

其四

仕手ハ又左足ヲ引キ膝ヲ付ケ右足ヲ立テ右ニ開クナリ

第八 圖解 片手胸取

其一

荒木新流形手ノ内敵手左手ニテ仕手ノ襟ヲ取リ押掛ル片仕手右足ヲ引左手ニテ敵ノ左リ手首ヲ取ルナリ

其二

仕手尚右手ニテ敵ノ手首ヲ取リ右足ヲ前ニ踏出スナリ

其三
仕手ハ又左足ヲ引キ
膝ヲツキ固ムルナリ

第九 圖解

腕止メ

其一

起倒流形手ノ内敵右手ヲ以テ打カヽラントスル圖

其二

敵手既ニ打掛リタルトキ仕手ハ右足ヲ引キ左手ニテ受ケタル図

其三

仕手ハ受ケタル手ニテ直ニ敵手ノ打込ミタル右ノ手首ヲ取リ右手ヲ敵手ノ右肩ニ当テ又右足ヲ踏込ミ敵ノ右足ヲ拂フナリ

其四

前圖ノ如クニシテ仕手右手ヲ押シ
左手ヲ引キ前ニ投ケタルナリ

第十 圖解 襟拔ケ

其一

関口流勢法ノ内仕手ヨリ仕掛ケ右手ヲ以テ敵手ノ前襟ヲ取リ右足ヲ踏出シ押掛ル圖

其二

前図ノ如ク押掛ル敵手ハ仕手ノ右二ノ腕ヲ押ヘ右ニ開キ仕手ハ押掛リタルマヽ右膝ヲツキ敵又右拳ヲ以テ打掛ントスル図

其三

敵手已ニ打掛ルニヨリ仕手ハ其儘右腕ヲクヾリ右膝ヲ直ニシテ右ニ廻リ左膝ヲ立テ敵手ヲ負ヒタル図

其四

前図ノ如ク負ダル敵ヲ前ニ投ゲタル図

第十一圖解　スリ込　其一

無双流 清水流 形手ノ内

相對シタル図

其二
敵手右足ヲ引キ右ニ閃キ右拳ヲ以テ打掛ントスル圖

其三

前図ノ如ク敵手又右足ヲ踏出シ右拳ニテ打掛リタル𪜈、仕手ハ左足ヲ敵手ノ右後ニ踏出シ體ハ右ニ開キ腰ヲ居エ左手ヲ敵ノ鼻ヨリ上ニスリアゲ（平素ハ肘ニ當ツ）腕ヲ充分ニ伸シ敵ノ浮キタル𪜈右手ニテ敵ノ右足ヲスクフ圖

其四

前図ノ如クニシ左ノ前ニ
投ゲタル図

第十二圖解

敵ノ先 其一

神明殺活流形手ノ内

修正敵手仕手相對シ

タル図

其二

敵右拳ヲ揚ゲ右足ヲ踏込ミ打掛リタルヲ仕手ハ右足ヲ引左リ腕ニテ請ル図

其三
敵ノ打込ミタルヲ仕手ハ請タル左リ手ニテ打込タル手首ヲ取リタル圖

其四

前図ノ如ク仕手ハ取タル敵ノ右腕脇ノ下ニ右肩ヲ付ケ同時ニ右足ヲ敵ノ右後ニ踏込ミ右手ニテ敵ノ右肩ヨリ襟ヲ取リ敵ノ体ヲ負フ圖

其五

既ニ敵ヲ前ニ投ケタル圖

第十三 圖解
帯引 其一
良移心頭流形手ノ内
敵手右手ニテ
仕手ノ胴締《ドウジメ》ノ前
ヲ取リ引ントスル
図

其二

敵ノ引クニ任セ同シク仕手モ右手ニテ敵ノ前帯ヲ上ヨリ取リ引カレナガラ腹ヲ張リ腰ヲ居エ左足ヲ敵ノ右股ニ大キク踏出シ同時ニ左手ヲ真直ニ伸ハシ敵ノ腮ニ當テ之ヲ押シ右ノ手ハ上ニ引揚ル様ニ手前ニ牽クナリ

其三

前図ノ如ク前ニ投ゲタル処

第十四
圖解
行連レ左
上頭
其ノ一
殺當流形手
ノ内修正擊
右仕手左
場ノ廣狹ニ
ヨリ五三
歩或ハ四歩
連行スル図

其二

三四歩行キタル𪜈
敵手右足ヲ開キ
右手ヲ揚ケタル
図

其三

敵已ニ右手ヲ仕手ノ前喉ヨリ左ノ肩ニ掛ケ首ニ巻キ付ケ右足ヲ仕手ノ右後ニ踏込ミ投ゲントスル図

其四

前図ノ如ク為サントスルヲ仕手ハ迅速ニ右回シ左ノ手ニテ敵ノ後襟ヲ取右膝ヲツキ右手ヲ以テ敵ノ右足ヲ取リタル図

其五
既ニ後ニ投ゲタル処

第十五圖解 行連右突込 其一

各流形手ノ内取捨併合敵手左仕手右連行スルヿ貳間或ハ三間ノ地至リタル𪜈敵右足ヲ右ニ開キ右拳ヲ以テ突出サントスルヲ仕手ハ敵ノ正面ニ對シ姿勢ヲ正シ腹部ヲ突出シ左右ノ手ヲ垂レ孰レニナリトモ突来レトス身構スル図

其二

敵既ニ右足ヲ踏出シ右拳ヲ突出ス𪜈仕手ハ右足ヲ引キ同時ニ左手ニテ敵ノ拳ヲ右ニ突拂フ図

其三

前図ノ如ク拂ヒタル拳ヲ直ニ左手ニテ其大指ノ方ヲ握ルナリ

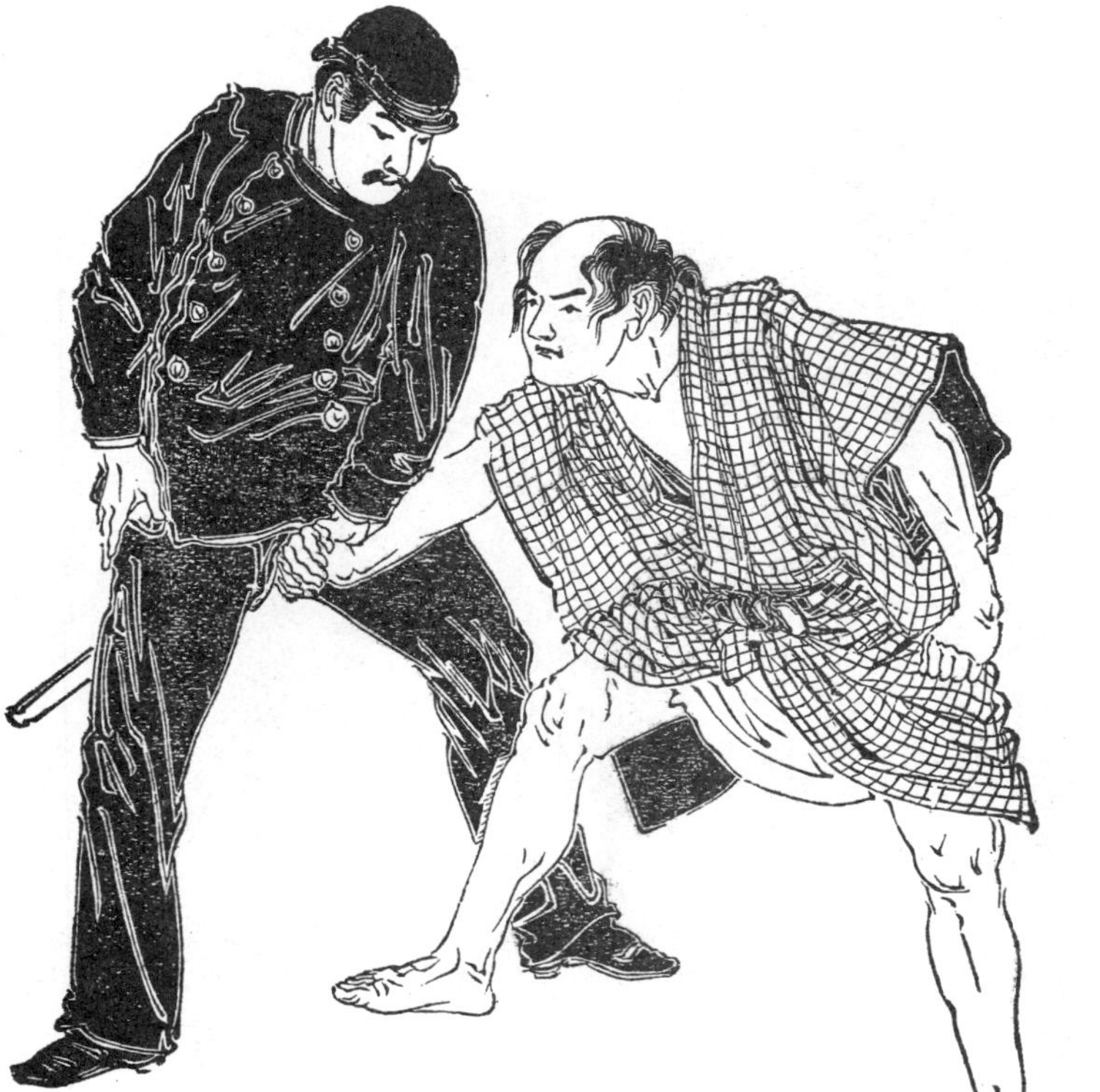

其四

前図ノ如ク左手ニテ握リタル拳ヲ又右手ニテ小指ノ方ヲ握リ前ニ引タル右足ヲ前ニ踏出シ取リタル手ヲ上ニ揚ケタル図

其五

前ノ図ノ如ク上ニ揚ゲタル手ヲ左ニ廻シ同時ニ左足ヲ引キ膝ヲツキ右足ヲ開キカタメル

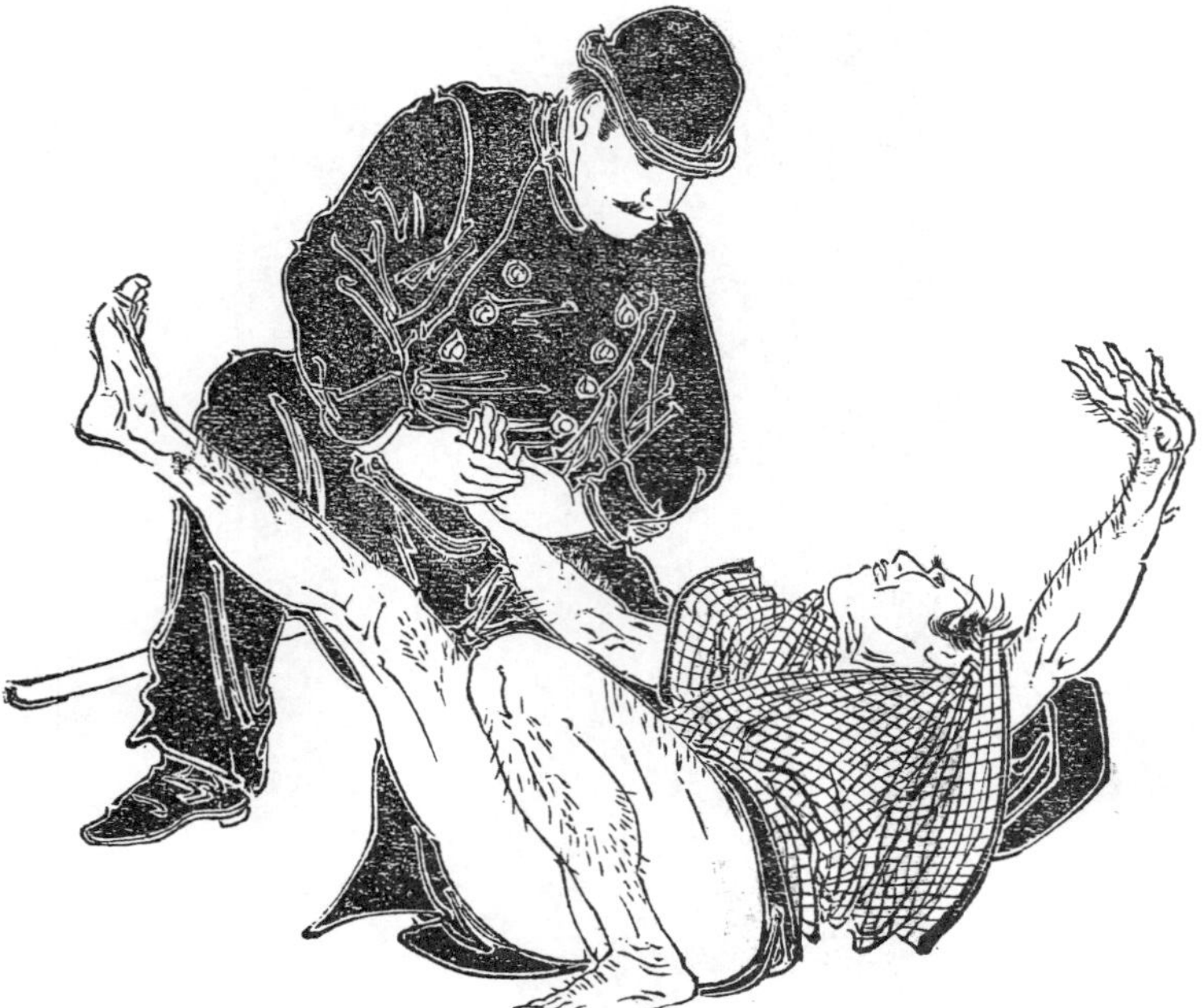

第十六圖解

行連左

右腰投

其一

渋水流四方組

ノ内修正敵手

右仕手左ニテ連

行ス

其二

敵手仕手ニ三歩或ハ四歩ノ地ニ至リタル時敵不意ニ右横ヨリ仕手ヲ抱エタル図

其三 敵手仕手ヲ抱揚ゲタル圖

其四

仕手抱エ揚ケラレタルヲ腹ニ力ヲ入レ左右ノ肱ヲ張リ腰ヲ居エ下ニ脱ケ同時ニ右足ヲ後ニ開キ右手ヲ敵ノ左股ニサシ敵ノ後帯ヲ取リ左リ手ニテ敵ノ右襟又ハ右二ノ腕ヲ下ヨリ取リ敵ヲ押ス

其五

仕手ノ押スヲ敵ウントコタヘタル処

其六

敵コタヘタル𪜈仕手ハ右足ヲ敵ノ右前ニ踏出シ敵ヲ腰ノ上ニノスル

其七

前図ヨリ則敵ヲ前ニ投ケ
左足ヲ引タル図

第十七圖解 行連右

壁副 其一

楊心流形ノ内敵手左仕手右五三間或ハ三間ノ地ニ至リタル片敵右足ヲ開キ左ニ向キ右ノ手ヲ以テ打掛ランﾄス

其二

敵手右足踏出シ右拳ヲ以テ打カヽルトキ仕手ハ右足ヲ踏出シ右手ハ敵ノ打込ム右手ニ擦リ違ヒ手掌ヲ敵ノ面ニ向ケル

其三

仕手ハ擦シ違ヒニ出シタル手ニテ敵ノ右腕ヲ上ヨリ巻キ込ミ其手ニテ敵ノ脊中ヲ取リ左足ヲ敵ノ後ニ踏出シ左手ヲ敵ノ左肩ヨリ前ニ廻シ右襟ヲ取リ其腕ヲ伸シ締メル

其四

前圖ノ如ク敵ヲ締メタル𪜈左足ヲ引キ膝ヲツキ右足ヲ開ク

第十八圖解 行連 後ロ取

其一

各流取捨併合敵手一歩

仕手ヨリ先ニ行ク圖

其二

敵手ト三歩ニシテ左足ヲ踏出シタル時前圖ノ如ク仕手ヲ右ヨリ振リ顧ミル時仕手ハ踏止リ敵手ノ擧動ヲ窺フニ敵手直ニ左ニ廻リ打カヽラントス

其三

敵手既ニ左廻リシテ右足ヲ踏出シ
右手ニテ打カヽルヲ仕手
左足ヲ引キ右腕ニテ
其打手ヲ受ケル

月耕

其五
乃チ後ニ投ゲタル圖

第十九 圖解

陽ノ離レ

其一

扱心流形手ノ内修正

敵手仕手揚ノ廣狹ニヨリ敵手ハ一歩又ハ二歩踏出シ佇立シ或ハ踏出サス佇立ス仕手ハ三歩又ハ四歩踏出シ右ノ手ヲ伸シ敵ノ双眼ノ中央ニ當ントス敵手ハ左手ニテ仕手ヨリ突出ス手ヲ拂サマ右足ヲ引

其二
敵手右足ヲ引クヤ直右手ヲアゲ右足ヲ踏出シ打カヽル此間尤モハゲシ

其三

敵手巳ニ打掛ルニヨリ仕手ハ左足ヲ踏出シ敵ノ右股体ニツキ左手ハ後ヨリ左リ腰ニ廻ワス右手ハ敵ノ前ニ當テ腹ヲ敵ノ右腹ニ著ケ敵ノ体ヲアゲル

其四

前図ノ如ク敵ノ体ヲアゲ
直サマ右足ヲ前ニ踏出ス

其五

前圖ノ如ク仕手ハ右足ヲ踏出シ身ヲ捨テ敵ヲ抱ヘ後ニ倒レ敵ヲ打チツケナガラ身ヲカハシ押ユルナリ然ルニ之ハ實際勢法上ニハ行ハレ難ク又勢法上聊カ體裁ヲ用ヰザルヲ得ズ故ニ前圖ノ如クニシ其儘仕手ハ左右ノ手ヲ放シ自分ノミ後ニ倒レ敵ノ方ヲ左ヨリ認メナガラ左足ヲ屈シ右足ヲ伸シ左リニ起キ右足ヲ立テ左膝ヲツキ敵來ラバ又行カント身構ヘヲ爲シ敵手ハ仕手ノ倒レル際右ニテ（前ニテモ後ロニテモ）中ニカヘリ佇立シテ仕手ヲ認メ次圖ノ如クニシ互ニ禮ヲ爲シ立チ別ル是ニ於テ十六段ノ勢法ヲ畢ルナリ

即敵ヲ後ニ打付ケ投ケタル圖

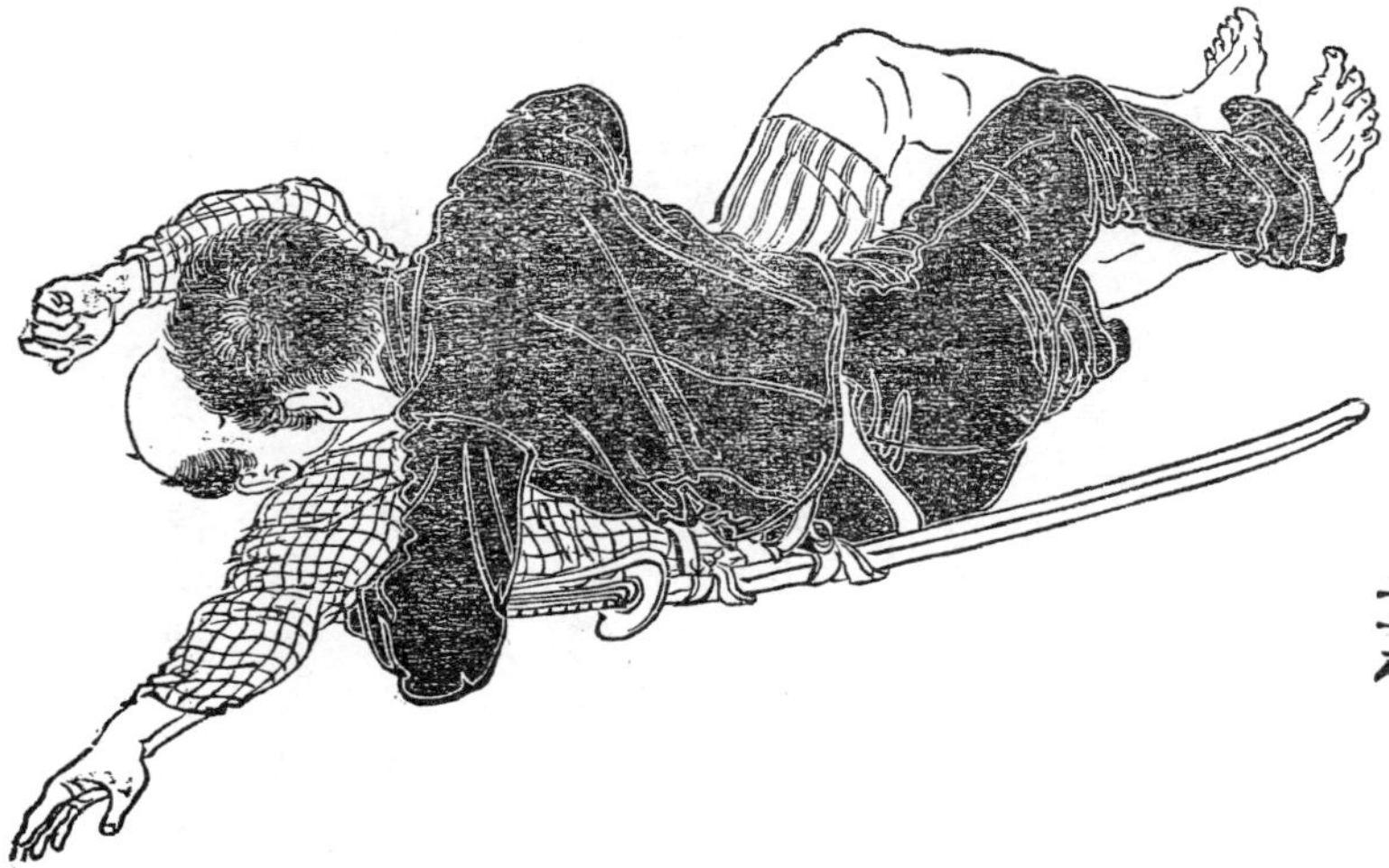

其ノ五再圖

平素勢法上講修ノ体裁

第二十　變化亂取ヲ示ス

前勢法ハ正則ナリ亂取ハ變則ナリ故ニ此勢法ニ於テ敵手トナリ仕手トナリ艮覺タル上十六段ノ内ニテ敵手トナリタルモノ時ニ見込ヲ以テ仕手ノ機ヲ計リ十六段ノ前後ヲトリ又ハ隨意ノ所作ヲ行フ其時仕手ハ直ニ之ニ應シ自由ニ取合フモノナリ所謂變化亂取ノ起原ナリ又人ニヨリ或ハ時處ニヨリ最初ヨリ互ニ相約シテ亂取試合ヲ行フヿモアリ孰レノ塲合ニテモ敵手仕手ノ内聲ヲ掛ケ(降參《マイル》)又ハ手ヲ打スル𪜈ハ必ス一方ノモノ直ニ停止シ順次ノ勢法ニ移ルナリ單ニ亂取ノミナル𪜈ハ互ノ間合立合ハ一間以外居取ハ一間以內ヲ置キ禮ヲナシ立合ハ行キカヽリ居取ハ其儘ニテ機ヲ見變ニ應シ自由ニ働クモノナリ勝負ハ左ノケ條ニテ別ツモノトス勢法變化ハ必ス敵手ノ方ヨリ仕カケ又敵手ノ方ヨリ止ム謾ニ雌雄ヲ爭ヒ暴力ヲ弄スルヿヲ禁ス

勝負ノ分ケ方

一　勢氣ノ盡キタル𪜈
二　體ヲ固メタル𪜈
三　場ノ廣狹ニヨリ貳間以上押シ切リタル𪜈
四　呼吸ヲ止メタル𪜈
五　緣ヲ離レ投ケ棄タル𪜈　但此一項ハ見證ノ注意ヲ要ス

第二十一　捕繩

捕繩ハ從來數種アリト雖モ當職ノ如キハ必シモ多數ヲ要セス因テ簡便ナル方法一二ヲ示ス又捕繩ハ常ニ右ノ隱シニ入レ置クモノトス何トナレハ前ニモ解キタル如ク人ハ十中ノ九右方ノキヽタルモノユヱ彼ノ右ヲ我カ左ニテ押ヘルモノニテ其取出シ方ニ自ラ緩急アレハナリ

捕繩第一圖　其一

立身流逸見宗助家傳早繩打方ハ先ヅ敵ヲ押ヘタル圖ノ如クニシ右膝ヲツキ左足ニテ敵ノ二ノ腕ヲ踏ミ手首ノ方ヲ捻ヂ我カ左足ノ向フ臁《スネ》ニ掛ケ而シテ捕繩ノ先ニ輪ヲ作リ其手首ニ掛ケ頭毛ヲ握リ繩ヲ敵ノ左リヨリ顋《アギト》ニカヽラザルヤウ咽喉ヨリ右ノ肩ニ廻ハシ我カ左手ニテ敵ノ左リ手首ヲ取リ若シ敵剛力ニテ左手ヲ出サヾルトキハ右腕ヲ捻ヂアケル彼レノ口ニ噛マレサルヤウニ注意スルナリ

八十三

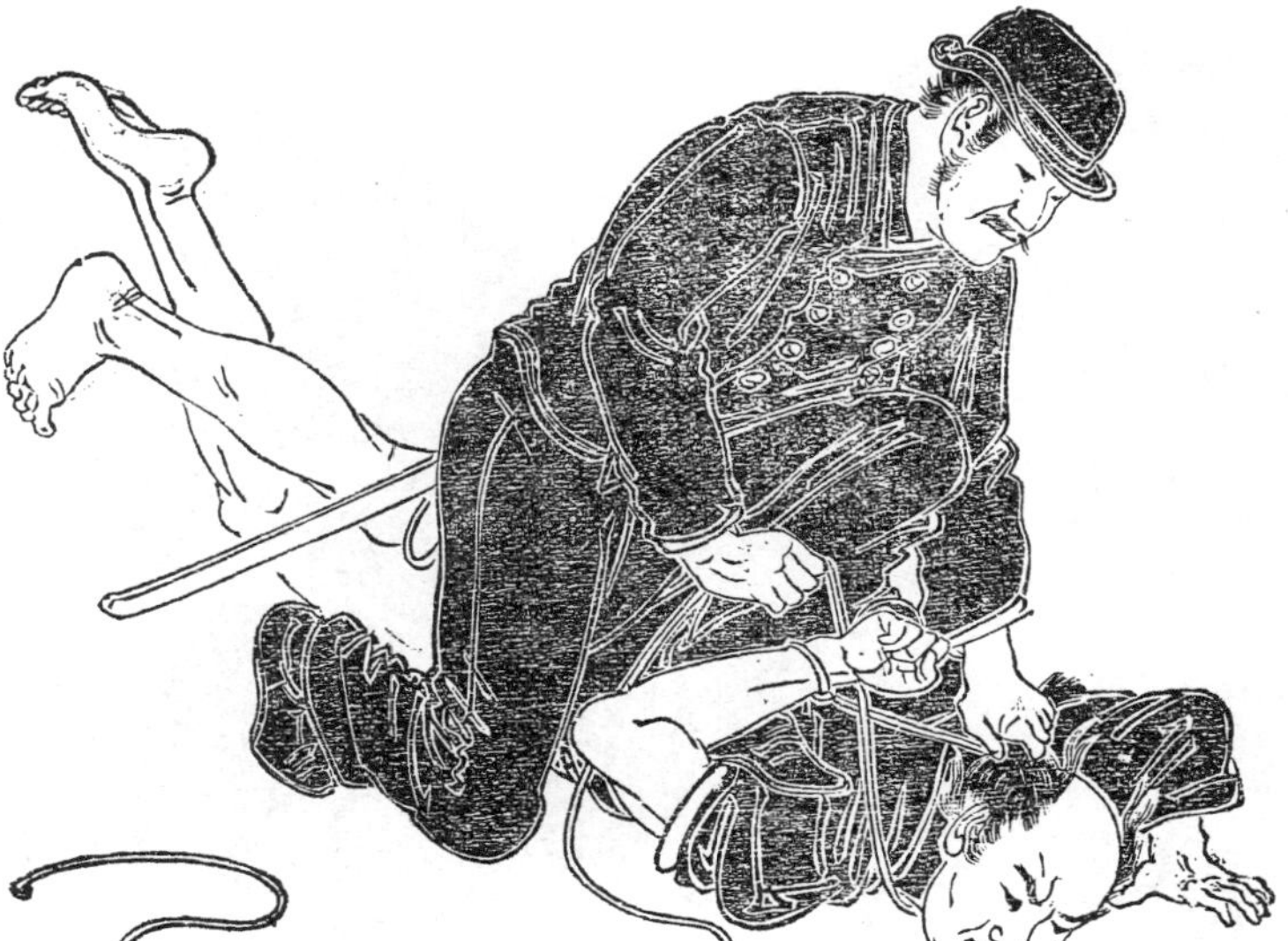

其後敵ノ左リ手首ニ右肩ヨリ廻シタル縄ニテ図ノ如ク之ヲクル

此ニテクヽリ放シタル図

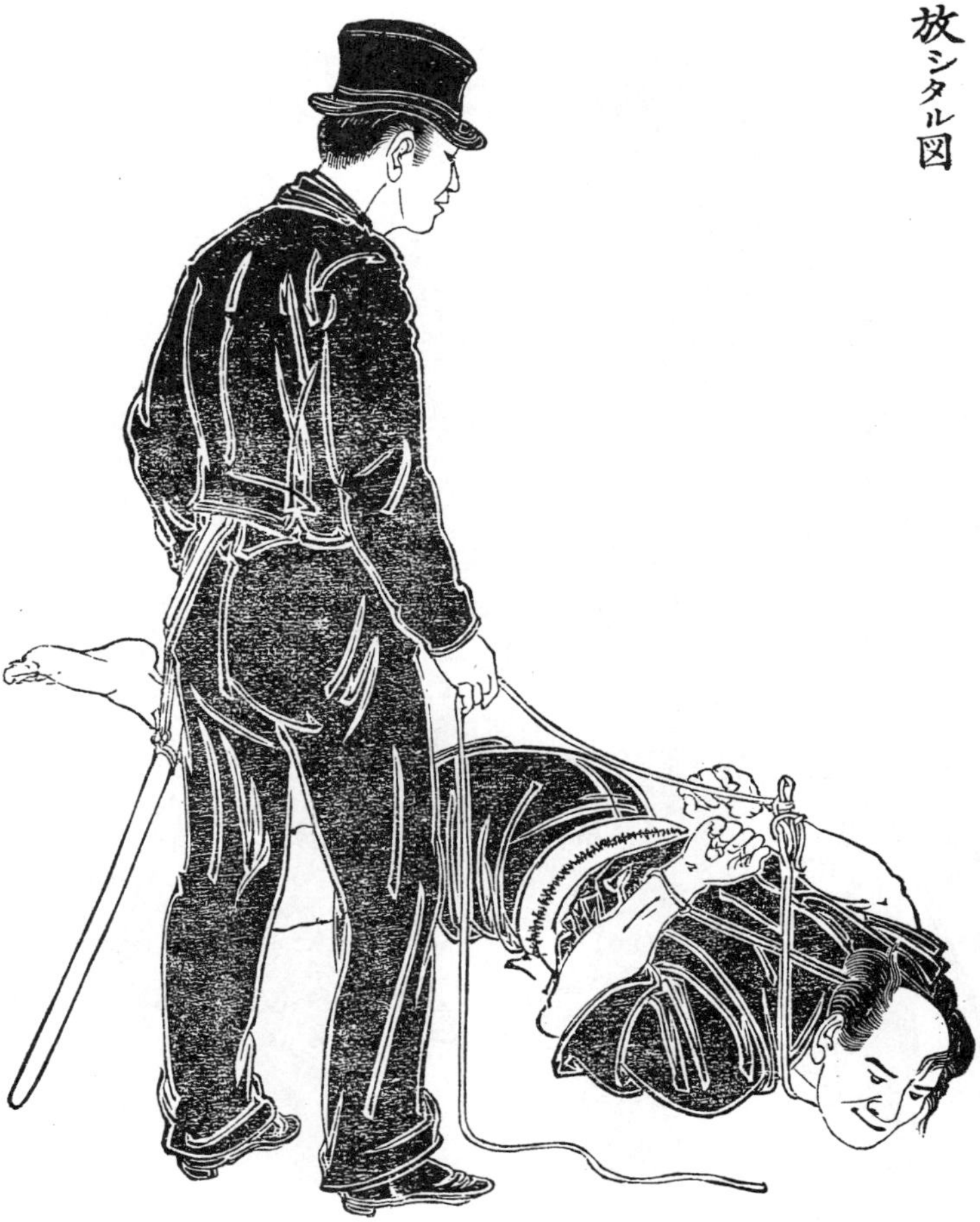

図ノ如ク約ヾリタルヲ暫時差置クカ或ハ他ニ連累等アリテ別ニ手ヲ下ス時其逃走セザル様右足ノ大指ヲ約ル

月ノ拵

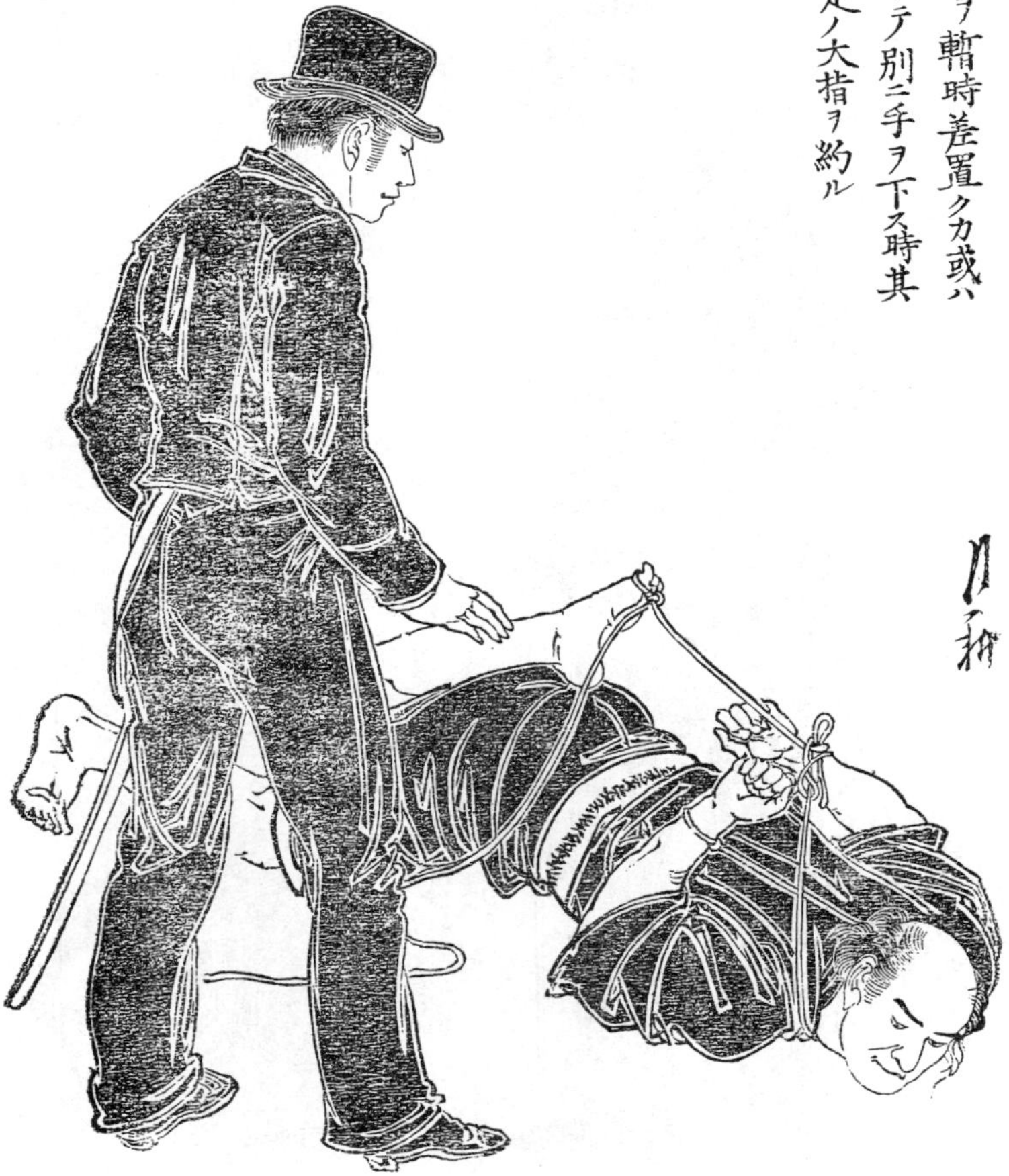

関口流大原正信講修ノ捕縄敵ヲウツムキニシ其上ニ乗リ右足ニテ敵右腕ヲ踏ミ其手首ニ縄ヲ掛ケルヿ前ノ如シ敵若シ剛カニシテ腕ヲ出サヾル𪜈ハ耳ノ下アゴノトマリヲ右手大指ニテ押シ又手首ノ縄ヲ首ニカケルヿ前ニ同シ

其二
前図ノ首ニ廻シタル縄ニテ敵ノ
左リ腕ノ手首ヲ約ル

其三

既ニ縄ヲ掛ケ之ヲ起サントスル図

其四

既ニ起シタル圖

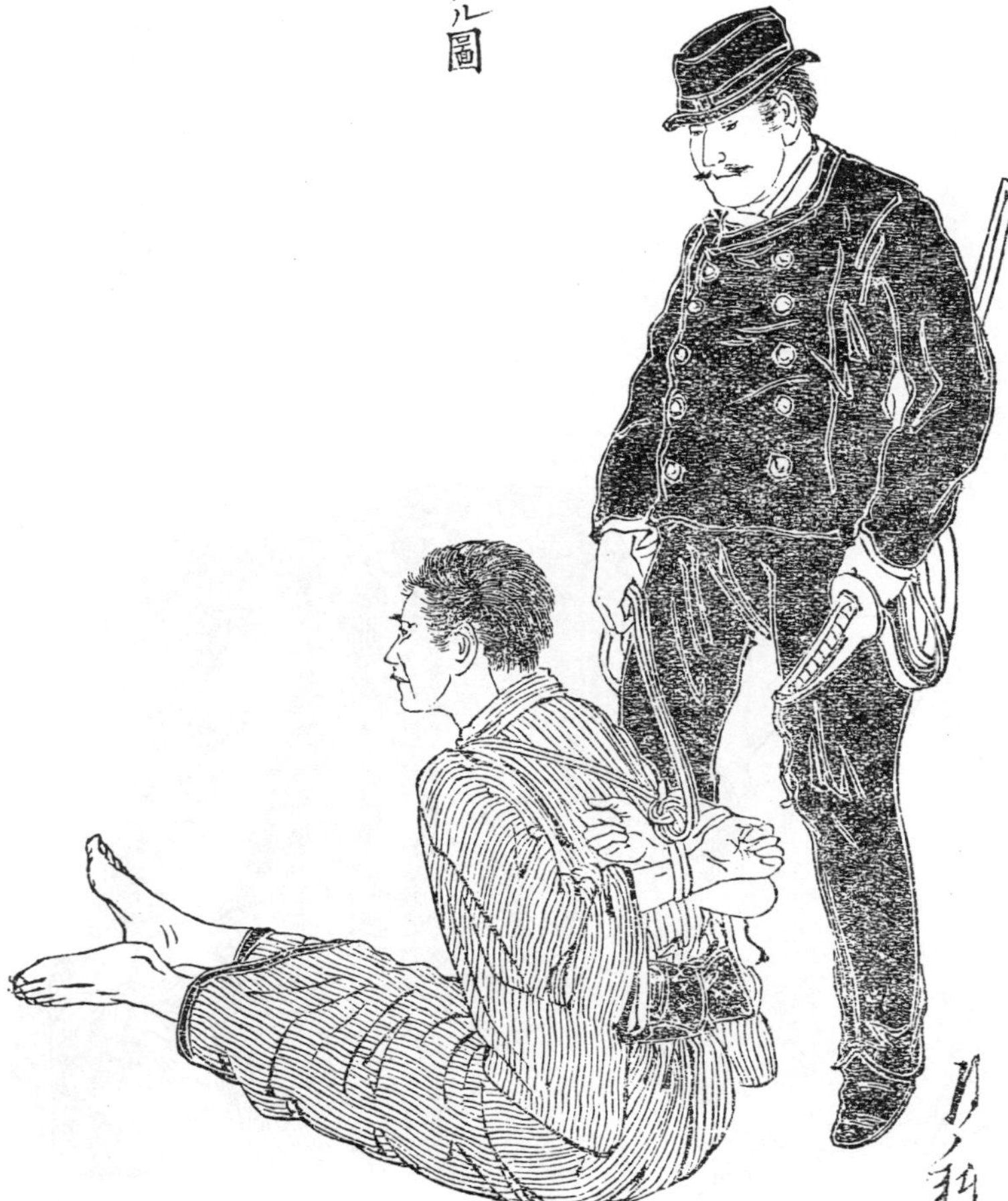

第二圖　其一

水野流國重信之講修ノ捕繩法萬一捕繩ヲ携帯セズ或ハ多人數捕獲ノ際シテ捕繩欠乏セシ場合ニハ兩手ヲ背部ニ廻ハシ長サ八寸位ノ元結又ハ紙捻等ヲ以テ中指ノ根ヲ二重（或ハ一重ニテモ可ナリ）ニ結ビ其中間ヲ結束ス

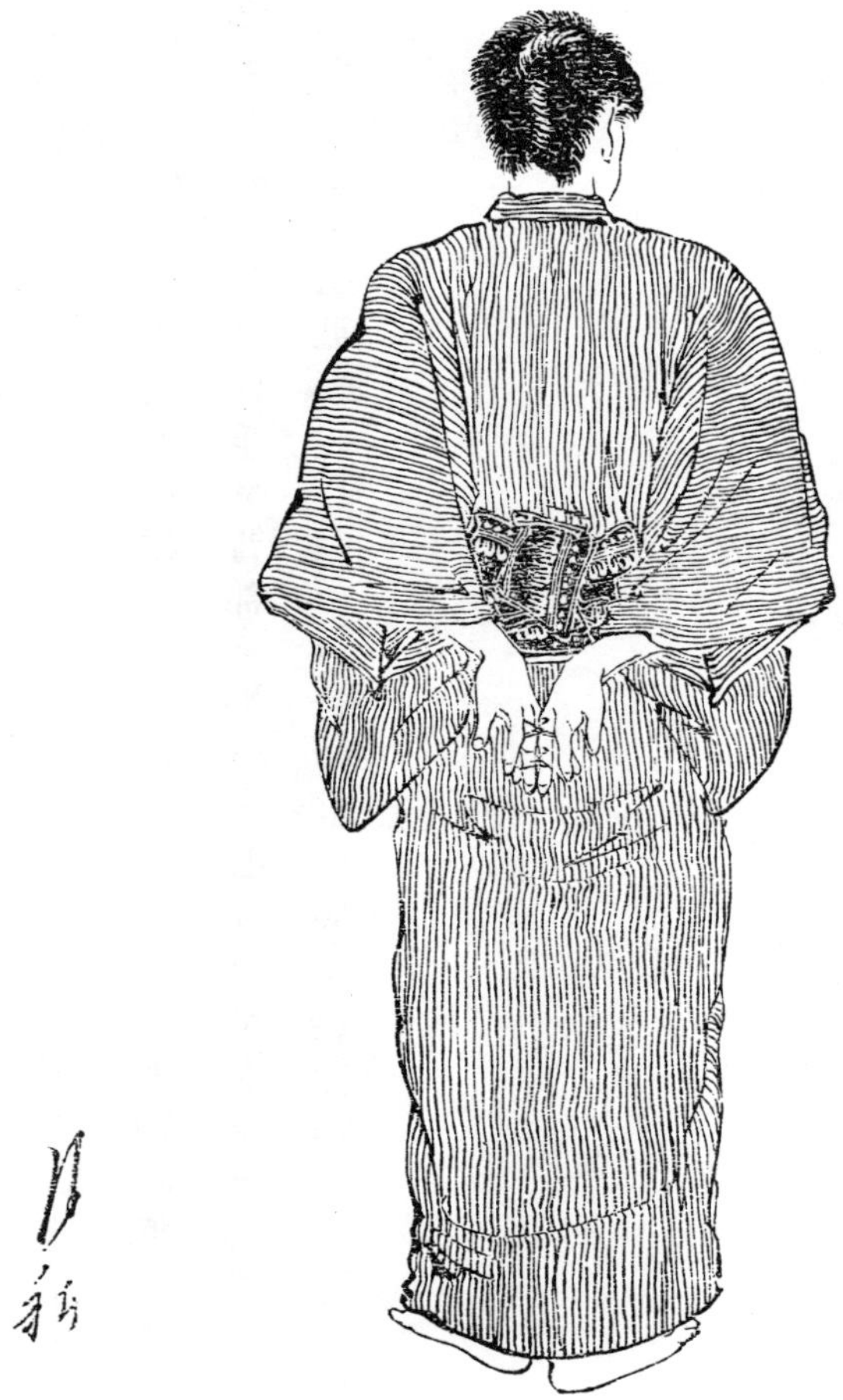

九十二

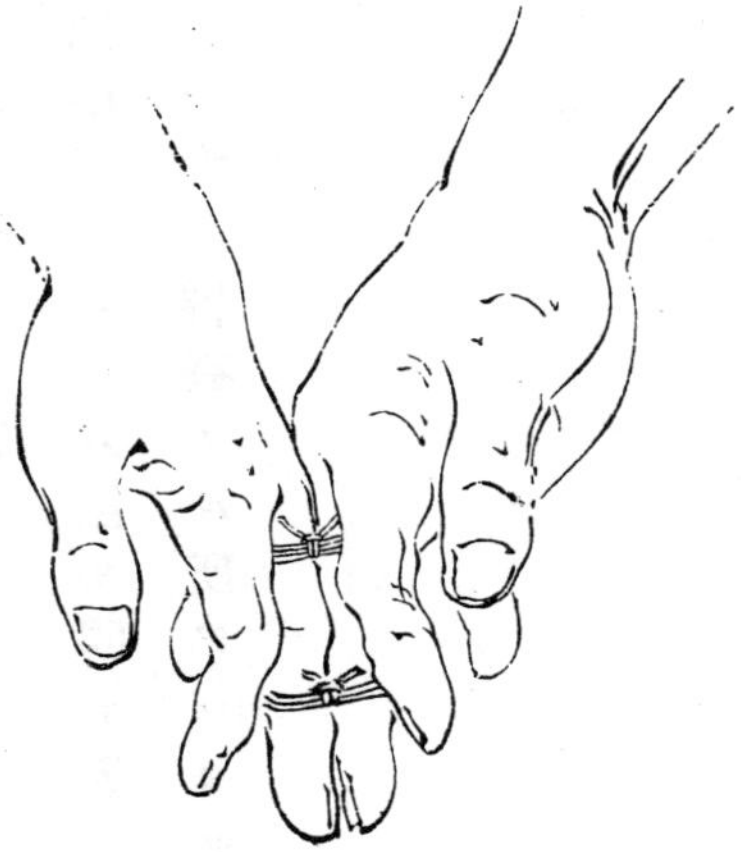

第二十二　活法

殺活ノ法ハ拳法ヨリ出テ種々アリ此法ハ從來各師家ニ於テ大ニ秘スル處タリ今ノ世ニ當リテ社會ニ有益タルモノハ固ヨリ秘スベキニ非ラス況テ當職員ニ於テナヤ然リト雖モ殺法ノ如キハ害多クシテ益少シ故ニ記セス活法ニ於テ凡ソ七種アリ皆大同小異ニシテ穴法モ同シ因テ二三ノ法ヲ記シテ之ヲ示ス時々温習記臆シナバ大ニ稗益スル所アルベシ

活法第一圖解　心 俞

車馬或ハ高處ヨリ落テ肢體ヲ打チ氣絶シ又ハ縊死セシ時ナドニ用ユ尤モ窒息者ヲ扱フハ極メテ穩和ニ取扱フヘシ先ヅ其者ノアヲニブシタル左リノ方ニヨリツキ左リ膝ヲツキ右足ヲ立テ腰ヲカヾメ右腕ヲ首ノ下ニ差シ入レ二ノ腕ノ處ヲ枕ノ如クニ當テ圖ノ如クニ起シ左リノ腕ニテ倒レヌヤウニウケ而シテ頭ヨリ初メノ大骨節ヨリ四五節目ノ右ノ方一寸程脇ヲ手掌ニテ打チアゲナルダケ小指ノ方ニテ重モニアタルヤウニスベシ此膝ノツキヤウハ人々ノキヽタル方ニテ差支ナシトイヘモ氣合ハ十分ニ入レテ施行スベシ尚モ聊カ口傳アリ呼吸ノ復シタル後ニ若シ格別衰弱スルカ又ハ負傷等アレバ醫師ニ托スヘシ

二

其二

活ヲ入ルヽヤ否如図右ノ手ヲ少シ引キ絶者ホット上ヲ見ル様ニス可シ

活法第二圖解　膽兪　其一

此活助骨ヲ打チ或ハ骨ヲ内ヘ打込ミタル𪜈又ハ水中ニ溺レ窒息シタルモノニ施ス法ナリ窒息人ノ後ニ左ノ脛骨ヲ突キ居エ右ノ脛骨ヲ窒息人ノ脊(俗ニ云フ水落ノ後ロ通リ)即膽兪ノ處ニ當テ(膽兪ハ前ニ記シタル脊骨ノ大節ノ下ヨリ九ツ目ノ節ヨリ右ノ方一寸斗リノ處ナリ)兩手ヲ窒息人ノ脇ノ下ヨリ前ヘ廻シ臍下外陵ノ邊(外陵ハ臍下一寸ホド毛生ノ處ヲ云フ)ニ兩手ヲ當テ後ニ引アゲナガラス子モ向フヘツクナリ此活ニ口傳アリ金谷元良數度此活ヲ施シ人命ヲ救護セシヿアリトイフ

九十九

其二

前図ノ如ク施ス際膝ノ突キ方ニ能ク注意ス可シ

活法第三圖解　不容巨闕

此法ハ絶者ノ右側ニ添フテ右足ヲ立テ左膝ハ突キ左手ニテ絶者ノ首ノ後ヲ持チ右手ニテ絶者ノ右ノ方帯又ハ右腕ノ先キヲ握リ之ヲ起ス

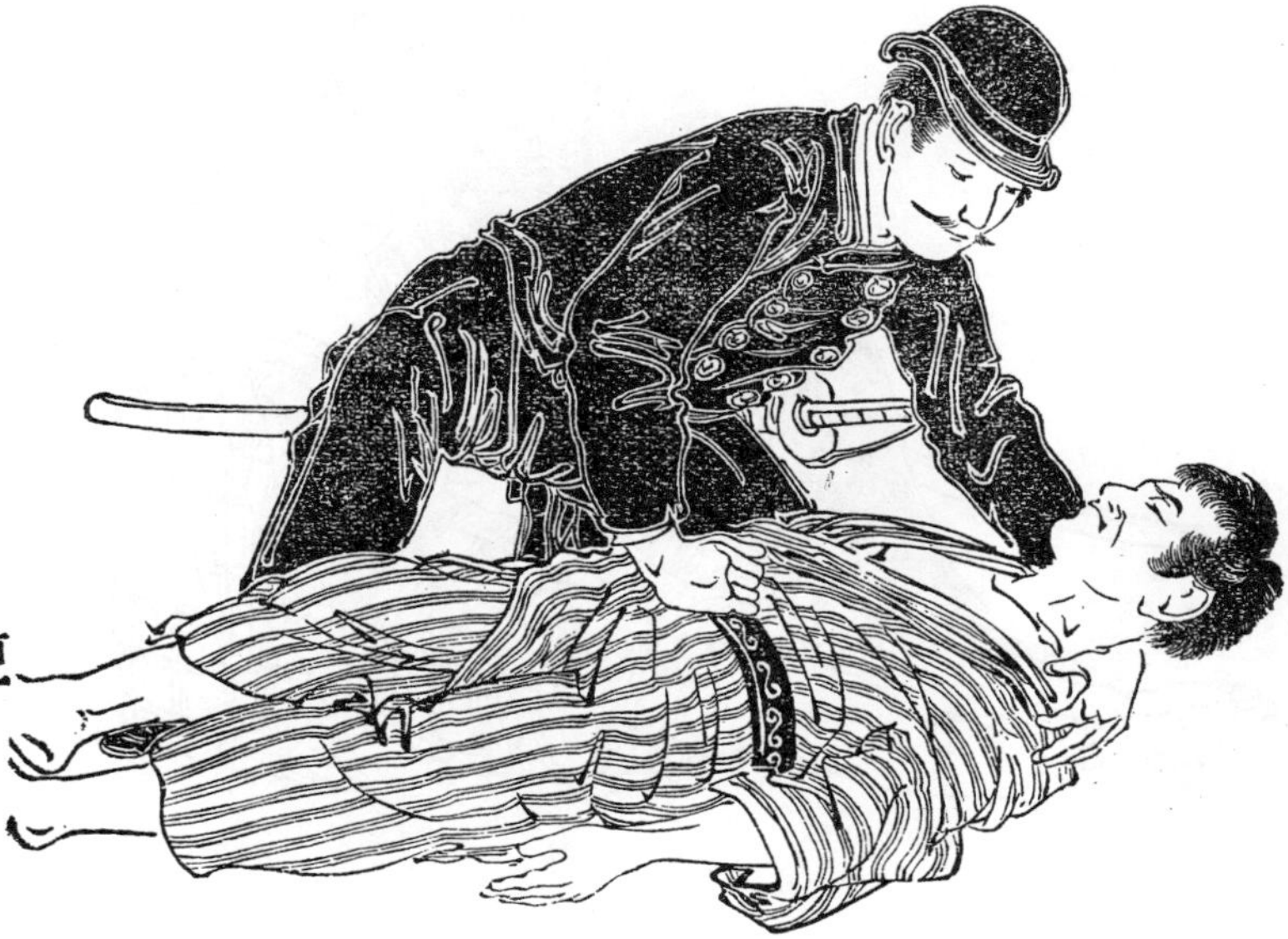

其二

絶者ヲ引起コシ左手ニテ倒レヌヤウニシ充分自身ニ氣合ヲ入ル、

其三

氣合ノ入リタル時絶者ノ臍下ノ通リヨリ平手又ハ五指ヲツボメ上ヘウント擦スリ揚ルナリ此活法ハ水中ニ溺レタル者ヲ先ヅ水ヲ吐カセルニハ四斗樽或ハ丸キ者ノ上ニ絶者ヲウツムケニナシ両足ヲ持テユスルナリ併シ此法コリハ前法ヲ以テ最モ第一ト心得可シ

縁起並各流派概畧

柔術ノ初メハ角觝ヨリ成レリ蓋シ我國古來人民ヲシテ農耕ノ餘間ニ角觝ヲ行ナハシメテ武備ノ素質ヲ養成シタリ慶長十年漢土ノ人陳元贇トイフモノ明ノ亂ヲ遁レテ本邦ニ來リ舊江戸麻布國生寺（方今ノ善福寺ナリトイフ）ニ寓居スルニ方リ浪士三人先ツテ該寺ニ寓セリ福野七郎右衛門磯目（一ニ磯貝ニ作ル）次郎左衛門三浦與次右衛門ト曰フ元贇三人ト情志ヲ通ズ一日衆ニ語リテ曰ク中土ニ拳法（方今曰獲拿）アリ人ヲ執フル術ナリ某未ダ其技ヲ學バズト雖モ頗ル見聞ニ熟セリト縷々委曲ヲ演説ス浪士等之ヲ聞キ相共ニ其技ヲ取捨シ之ヲ角觝ニ配伍シテ一ノ拳法ヲ創成シやはらト名ツケ柔ノ字ヲ用ヰ柔術ト書シ今ニ至ルマデ其ノ術ヲ傳フ故ニ柔術ノ起原ハ角觝ニ在リテ拳法ハ唯其不足ヲ補ヒタル者ナルヿヲ知ルベシ彼レノ拳法ハ専ラ術アルヲ以テ術ナキヲ制伏スルニ止リ我ガ柔術ノ如ク體質ヲ變化シテ弱者ヲ強健ニシ強者ヲ圓滑ナラシムルヿ能ハズ然リト雖モ流派ノ祖師各其主義ヲ異ニシ其

取捨スル所モ大ニ徑庭アリ或ハ拳法ヲ主トシ或ハ體術ヲ主トス故ニ其術モ二法數派ニ別レタリ其概畧ハ緒言ニ載スルヲ以テ玆ニ贅セズ

流名ノ前後ハ舊記名錄ノ順序ニ據ル

關口流

流祖關口柔心ト云フ柔心初名ヲ瀧尾彌六左衛門ト云フ日向國ノ産ナリ（或ハ曰フ駿河國ノ産今川家ノ族ナリト）幼ヨリ強勇ニシテ膂力萬人ニ勝レ武藝ヲ好ミ刀鎗柔術都テ蘊奧ヲ究メ甚ダ神妙ナリ體格非凡ニシテ肋骨ハ一枚ヲ以テ成ルト云フ遍ク諸國ヲ經歷シ後チ紀藩南龍公（大納言賴宣卿）ノ召ニ應シ和歌山ニ赴キ祿五百五拾石ヲ受ケ常ニ南龍公ニ侍シ武道ヲ講シ屢鬪戰ノ狀ヲ席間ニ畫シ各種ノ勢法ヲ明ニス公大ニ其法ヲ賞シ名ヲ關口柔心ト賜ヒ流名ヲ關口新心流ト號ス名聲四方ニ高ク門弟諸州ニ遍シ後ニ新心ノ文字ヲ廢シ關口流ト云フ柔心三男アリ長男ヲ八郎左衛門氏業二男ヲ幡右衛門氏英三男ヲ彌太郎某トイフ皆名聲アリ九代ノ孫關口柔心方今慶應義

塾ニ在リテ箕裘ノ業ヲ塾生ニ授クトイフ

關口正統澁川流

當流ノ祖ハ澁川伴五郎義方ト云フ義方ハ大和國ノ產ナリ關口八郎左衛門氏業ニ從ヒ柔術ノ奥秘ヲ究メ其名大ニ顯ハル舊江戶ニ在リテ諸生ヲ敎授ス江湖ノ八呼デ澁川流トイフ其門ニ遊フモノ甚タ多シ男友右衛門孫伴五郎皆父祖ノ業ヲ承ク爾來世々伴五郎ト稱ス四世伴五郎時英幼ニシテ聰明ナリ大ニ文事ヲ好ミ後ニ武道ヲ修メ其秘奥ヲ究ム柔術大意柔術稽古規薰風雜話等ノ書ヲ著シ其敎法ヲ大成ス實曆十年故アリテ他流トノ試合ヲ禁ズ當時諸侯以下門ニ入ル者千ヲ以テ算ストイフ舊久留米藩主特ニ此技ヲ講シ藩士ヲ敎ヘンコテ託ス因テ之ニ應シ爾來世々久留米藩ニ師範タリ實ニ當流中興ノ祖トイフ方今第八世伴五郎府下本鄉區元町ニ於テ箕裘ノ藝ヲ襲グ

關口新心流

當流ハ和州舊高取藩ノ人西尾源左衛門忠賢ニ傳ハリタル所ニテ世々柔術ヲ以テ高取藩ニ仕フ流祖ハ關口柔心ナリ柔心ノ二男幡右衛門氏英ノ門人伊豫國舊宇和島小野木縫殿藏其奥旨ヲ得テ之ヲ長岡八郎兵衛英興ニ傳ヘ長岡氏ハ之ヲ坪川圓藏敎心ニ傳ヘ坪川氏ハ之ヲ今泉柔賀齋正春ニ傳フ正春ハ越後國舊長岡藩士ナリ其門人西尾源左衛門克忠ハ安永年間ニ生レ善ク柔術ノ奥旨ヲ究メ之ヲ長男源左衛門忠恕ニ傳ヘ忠恕之ヲ其男源左衛門忠賢ニ傳フ時世遼遠ニシテ師弟ノ音信自ラ隔絶ス故ニ西尾氏ハ舊ニ依リテ新心ノ文字ヲ加フトイフ

荒木新流

當流ハ下總國舊古河藩渡邊重四郎ニ傳ハリタルモノニテ始祖ヲ荒木武左衛門トイフ渡邊氏ハ其直門ナリヤ否ヤ詳ナラズ又タ單ニ荒木流ノ名アリ開祖ヲ荒木無人齋トイフ何國ノ人ナルヤ亦詳ナラズ拳法ノ達人ナリトイフ其事跡考フベカラズ

起倒流

當流ハ竹中鉄之助ニ傳ハリタリ竹中氏ハ誰人ノ門ヨリ出デシヤ其傳來詳ナラズ嘉永年間舊江戸神田俗稱白鼠橫町ニ住セリトイフ流祖ハ寺田勘左衛門正重ト曰フ京極丹後守高國ノ家臣ニシテ福野正勝三代寺田平左衛門ヨリ福野流ノ柔法ヲ傳授セラレシ其精妙ヲ究メ功ヲ積ムコ累年ニシテ終ニ自ラ起倒流ト改號セリ門下末流諸州ニ多シ京極家斷絶ノ後ニ雲州ニ至リ後又作州津山ノ森家ニ仕ヘ祿貳百石ヲ領セリトイフ其門人吉村兵助扶壽ノ如キハ傑然タル者ナリ當今竹中氏ノ末門奧田松五郎其藝ヲ襲ク

楊心流

當流ノ開祖ハ三浦楊心トイフ楊心ハ肥前國長崎ノ産ニテ醫ヲ以テ業トス德川氏ノ初世ニ方リ九州地方ニ在リ楊心居常門生等ニ語リテ曰ク人ノ病ヲ得ル多クハ坐食シテ心神ヲ倦飽セシムルニ由レリ故ニ之ヲ未萠

ニ避ルノ法ナカル可カラズ其法ハ必ズ適度ノ運動ヲ為スニ在リト遂ニ其高足ノ弟子甲乙二人ニ議シ始メテ居捕五行ノ手形ヲ發明シ之ヲ試ムルニ頗ル心神ノ爽快ヲ覺ユト雖モ支體ノ運用未タ以テ充分ナラザル者アリ更ニ起合行合ノ手形ヲ作爲シ之ヲ習熟スルニ至リテ全ク健康ヲ保スルノ法備ハレリ楊心已ニ歿シ甲乙二弟子相議シテ曰ク我法多年實施シテ効アリ豈獨リ之ヲ私スベケンヤ普ク之ヲ天下ニ公行シ以テ醫道ノ本分ヲ盡スベキナリト乃チ甲ハ楊心流ト稱シ乙ハ三浦流ト稱シ倶ニ門ヲ浪華ニ開キ其徒ニ敎授ス門弟頗ル多シ楊心流ノ名蓋シ是ヨリ創レリ其後豐後ノ人ニ阿部觀柳トイフ者アリ楊心流ノ奥義ヲ究メ門弟モ亦多シ就中江上司馬之介武經トイフ者アリ觀柳ノ甥ナリ幼名ヲ鬼五郎ト稱シ夙ニ楊心流ノ秘奥ニ通シ叔父歿スルノ後ニ名ヲ改メテ江上觀柳ト號ス觀柳嘗テ謂ヘラク柔術ノ技タル特ニ身體ヲシテ健康ナラシムルノミナラズ苟モ世ノ武夫タル者ハ斯術ヲ學バズンバアルベカラズト年二十有

一歳ニシテ江戸ニ來リ演武場ヲ芝赤羽根心光院ノ傍ニ開設シ大ニ斯ノ道ヲ講ジテ武道ノ一ナリト稱セリ門弟凡千五百有餘人アリ享年四十八歳ニシテ歿ス實ニ寛政七年六月七日ナリ是ヲ本流中興ノ祖トス門人戸塚正藏業ヲ受ケ其奥義ヲ究ム正藏ハ江戸ノ產ニシテ幼名ヲ忠司ト稱シ後ニ彦右衛門ト改ム場ヲ芝西久保八幡山下ニ開キ弟子ヲ敎授ス前後從學スルモノ九百有餘人ニ及ブ後ニ水野家ニ聘セラレ其藩ニ師タリ蓋シ觀柳ガ嘗テ敎授ノ爲メ同藩ニ出入ニセシ緣故アルヲ以テナリ彦右衛門春秋七十有六歳ニシテ歿ス終身間自ラ單ニ江上流ト稱ス蓋シ師恩ニ報スルノ誠意ニ出テタルナリ彦右衛門ノ長男戸塚彦助ハ少ニシテ既ニ秘術ヲ究メ奥義ニ達ス年二十有五ニシテ父ノ業ヲ襲キ子弟ヲ敎授ス父ノ遺命ヲ奉ジテ流名ヲ舊ニ復シ楊心流ト稱ス亦タ沼津藩ニ師タリ彦助ノ世他流ヨリ入門從學スルモノ日ニ益多シ文久年間德川將軍家茂公命シテ謁ヲ賜ヒ其技ヲ上覽ニ供セシメ講武所ヲ設クルニ及ビ彦助ヲシテ征

夷府ノ教職ニ任セシム此時ニ當リテ彦助其柔術場ヲ芝愛宕山下ニ移ス弟子無慮千六百有餘人アリ當時全國其右ニ出ツルモノナシ就中其亂取ノ術ニ於テハ中古ノ開祖ト謂ツテ可ナリ維新革命ノ後ニ下總國千葉ニ至リ同縣ノ警察監獄兩署ニ師範タリ明治十九年四月十五日ニ病テ歿ス享年七十有四歳ナリ其病ヲ得ルノ前日ニ至ルマデ尚諄々トシテ子弟ヲ教授セシトイフ長男英美箕裘ノ業ヲ襲ギ方今尚千葉縣ニ奉仕セリ

良移心頭流

當流ハ筑後國舊久留米藩下坂五郎兵衛ニ傳リタリ流祖ハ笠原四郎左衛門トイフ年歷ハ未ダ詳ナラズ筑前國舊福岡藩ノ人ナリ少年ノ時ヨリ柔術ヲ好ミ精妙ヲ得タリ號シテ良移心頭流トイフ門人世々其術ヲ傳フ久保貞治其宗ヲ承ケ之ヲ森彌兵衛ニ傳フ森氏ハ舊久留米藩士ナリ又之ヲ下坂氏ニ傳フ下坂氏ハ其奥旨ヲ究メ久留米ニ師範タリ方今福岡縣筑後國御井郡枝光村ニ住セリ

扱心流

當流ノ祖ハ犬上左近將監永勝トイフ永勝ハ江州犬上郡ノ産ナリ少クシテ柔術ヲ好ミ其妙旨ヲ得タリ後扱心齋ト號シ流名ヲ扱心流ト稱ス嫡男犬上郡兵衛永友ニ傳フ永友尾張國(郡名詳ナラズ)大野村ニ住ス伊藤助兵衛重勝ハ勢州五味塚ニ住シ柔術ヲ以テ舊彦根藩ニ仕フ永友ノ弟ナリ其子伊藤四郎兵衛宗正次男棚橋五兵衛亙貞並ニ柔術ヲ以テ名アリ永友ノ嫡男郡兵衛永保ハ從弟亙貞ヨリ父祖ノ業ヲ傳ヘ其奧旨ヲ究メ技術絶妙ナリ同流中興ノ祖ト稱ス享保九甲辰年二月京都ニ至リ瀧野專右衛門ニ從ヒ起倒流ヲ講修シ尋テ瀧野氏ト共ニ舊江戸ニ至ル後故アリテ起倒流ノ巻軸ヲ瀧野氏ニ返シテ扱心流ニ復ス終ニ舊久留米藩主ノ召ニ應ジテ有馬家ニ仕フ其子郡兵衛永昌ニ至リ故アリテ家斷絶ス同藩門人石野作左衛門長鏗越後國舊村上藩ナル門人塚本藤馬玄溥等其宗ヲ承ク作左衛門嫡男郡左衛門長正其子郡藏長明軀幹長大ニシテ膂力衆ニ勝レ其名モ頗ル高

シ塚本氏ハ村上藩ニ於テ師範タリ長男藤馬玄吉其業ヲ繼グ玄吉ノ長男ハ即チ塚本玄久氏ナリ同氏ハ父祖ノ餘業ヲ持シテ石野郡藏ニ從ヒ其宗ヲ得ルト云フ

戸田流 又タ氣樂流ト曰フ

當流ハ奥澤七事齋ニ傳ハリタリ流祖ハ室町將軍家ノ臣ニシテ水橋隼人トイフ幼ヨリ武術ヲ好ミ遂ニ劔術ノ奥旨ヲ極メ美名當時ニ高シ門人數千アリ中ニモ戸田賴母山崎伊織ノ兩氏其妙旨ニ達ス時人呼テ水橋流ノ龍虎ト號ストイフ戸田氏二男アリ長ヲ盛玄ト曰ヒ次ヲ治部左衛門ト曰フ共ニ劔道ニ達セリ父賴母老病ニヨリテ歿シ兄弟其遺業ヲ繼グ時ニ西國ノ浪士鹿島梅津トイフモノ劔術ニ秀テ自ラ鹿島流ト號シ勇名遠近ニ聞ヘ戸田氏ト犄角ノ爭ヲ生ジ終ニ眞劔ヲ以テ雌雄ヲ決スルニ至リ戸田氏遂ニ鹿島氏ヲ討果ス是ヲ以テ其名四隣ニ輝ク此時ニ當リ美濃國齋藤右兵衛大夫龍興近國ヲ攻略シ天下ヲ並呑スルノ志ヲ抱キ盛玄ノ勇名ヲ

聞キ招キテ祿三百石ヲ賜ヒ籏下トス其後處々ニ戰功アリ龍興稻葉山籠城ノ時討死セリトイフ弟次部左衛門亦武藝ヲ以テ顯ル豐臣秀吉之ヲ聞キ召シテ劍術ノ師範トス後ニ前田利家ニ仕ヘ祿四百石ヲ受ク屢々戰場ニ出デヽ偉功ヲ著セシト云フ治部左衛門一男一女アリ男勇助ハ濃州賤ケ嶽ノ戰ニ戰死セリ因テ其門人山本八左衛門トイフ者ヲ以テ女婿トシ武道ノ奥義ヲ傳ヘタリ六左衛門戸田氏ノ業ヲ繼ギ多年研究ノ後ニ美名遠近ニ輝キ劍術ハ戸田流鎗術ハ三花無敵流柔術ハ氣樂流ノ奥旨ヲ探得セリ越中國末盛ノ軍ニ前田侯ニ從フテ大敵數百人ヲ討取リ其功ニヨリテ祿高壹萬三千石ヲ賜ハリ戸田越後守源高興ト稱ス爾來秀輩相繼ギ十四世齋藤武八郎ニ至リ之ヲ奥澤七事齋ニ傳フ奥澤氏ハ舊江戸花川戸町ニ住シ門人數百人アリ大ニ當時ニ鳴レリ慶應元丑年六月六日病テ歿セリ享年五十有八歳ナリトイフ

一心流

當流ハ三州舊豐橋藩渡邊喜三太ニ傳ハリタリ原流ハ應變流淺山一傳流ノ兩派ヲ併合セシモノナリト云フ渡邊氏ハ文久年間舊江戸ニ來リ戸塚磯ノ兩家ニ隨從シ其宗ヲ得テ舊里ニ歸リ其藩ノ師範タリ今尚豐橋ニ住ストイフ

天神眞楊流

當流ノ祖ハ磯又右衞門ト云フ磯氏ハ勢州松坂即舊紀州藩ノ地ニ生ル幼名ヲ岡山八郎次ト曰フ武術ヲ好ミ十有五歳ニシテ舊江戸ニ來リ浪士一柳織部ニ就テ楊心流ノ柔術ヲ學ブ一柳氏歿スルノ後ニ本間氏（通稱丈右衞門ト曰フ）ニ從テ眞神道流ヲ學ビ其奧旨ヲ究ム後故アリ本間氏ヲ去リ（師弟ノ誼ヲ絶ツ）遍ク諸國ヲ經歷シ終ニ楊心流ト眞神道トヲ折衷シテ其妙旨ヲ究メ號シテ天神眞楊流ト曰フ其門ニ遊ブ者多シ其名世ニ高シ後年其名ヲ磯又右衞門柳關齋トイフ舊江戸於玉ケ池ニ住ス安政年間ノ人ナリ又眞神道流ノ祖ヲ山本民左衞門英早トイフ當時其名尤高シ門人本間氏其宗ヲ得其

門ニ香川爲春トイフ者其奥旨ヲ究メ安政年間舊江戸麹町五町目ニ住シ特ニ接骨ノ妙ヲ得今尚埼玉縣榛澤郡岡部村ニ住ス

殺當流

當流ハ日向國臼杵郡舊延岡藩内田一心ニ傳ハリタリ始祖ヲ内田勘左衛門トイフ（其産セシ地ヲ知ラズ）橋本一夫齋ニ從ヒ南蠻一法流ノ拳法ヲ學ビ遂ニ殺當ノ妙旨ヲ悟リ後ニ自ラ殺當流ト號ス世々舊延岡藩内藤家ニ仕ヘテ師範タリトイフ

一傳無雙流　水野流

當流ハ兵庫縣播磨國揖西郡龍野町ナル舊脇坂淡路守ノ藩士山田圓左衛門ニ傳ハリタリ本流ノ開祖ハ詳カナラス又（無雙流清水流）流名ヲ聞カズ蓋シ夢想流ノ類名アリ其開祖ヲ夏原八太夫ト曰フ小具足ノ達人ナリ今川久太夫其傳ヲ繼グ武井徳右衛門松田彦之進其術ヲ相承クトイフ又四國中國邊ニ此ノ流派ヲ存セリ按スルニ夢想ヲ無雙ニ更改セシ者ナランカ

實光流　楠流

當流ハ勢州舊津藩藤堂家武塲ニ於テ行ハレタリ師ハ同藩實光流柔術江原慶太夫楠流拳法佐伯彥之進トイフ兩流ノ開祖モ詳ナラズ津藩武塲ノ師範タリトイフ

一傳流

當流ハ三河國舊濱松藩井上家ノ臣太田藤右衛門ニ傳フ藤右衛門父ヲ幸吾兵衛ト曰フ享和年間ノ人ニシテ同國舊豐橋藩士織田伊兵衛ニ從ヒ本流ノ柔術ヲ學ビ其奥旨ヲ究メ遂ニ濱松ニ歸リ井上家藩士ノ師範タリトイフ開祖ヲ丸目主水正トイフ（產地年歷ヲ知ラズ）其碑文ニ言ヘルコアリ曰ク

自壯好刀法達拔刀之妙旨臨機應變無出其右者自稱一傳流國家彌右衛門得其宗彌右衛門傳之淺山氏（通稱內藏助）淺山氏得其術絕妙遂號淺山一傳流門人海野一郎右衛門尙久傑出從尙久得其宗者曰金田源兵衛正利有門人若干爾後傳來不詳

心明殺活流

當流ハ下總國舊佐倉藩堀田家ノ臣田邊治郎左衛門重祿ニ傳ハリタリ本流元來拳法ヨリ出ヅトイフ開祖ハ揚心流秋山四郎左衛門義時ト曰フ年歴ハ詳ナラズ肥前長崎ニ住スル支那人武官トイフモノ義時ニ授クルニ捕手三手活法二十八活ヲ以テス後義時其奥旨ヲ究メント欲シ太宰府天神ニ禱リ遂ニ其妙秘ヲ悟リ捕手三百手ヲ工夫シテ揚心流ト號スト云々ト大江仙兵衛廣富其流ヲ中興セリ貞享年間ノ人ナリトイフ殺活流ノ祖ヲ上野縦横義喬ト曰フ佐倉藩ノ人ナリ揚心流ヲ學ビ(傳來詳ナラズ)後故アリテ心明殺活流ト號ス門人西窪隨軒幸繼ニ傳フ幸繼ハ其子治郎允幸智ニ傳ヘ幸智之ヲ松浦團之進寛ニ傳ヘ松浦氏之ヲ增田繁右衛門綏民ニ傳ヘ增田氏之ヲ田邊氏ニ傳フ世々相傳ヘテ佐倉家ノ師範タリトイフ

却說揚心流ニ同字同名ノ二流アリ開祖ハ一ツナラン然レ𪜈年暦遼遠ニシテ詳ナラズ

立身流

當流ハ下總國舊佐倉家ノ臣逸見宗助ニ傳ハリタリ開祖ヲ立身三京トイフ年歷ハ詳ナラズ亦西國邊ノ人ナリトイフ刀鎗及捕手ノ妙旨ヲ得テ立身流ト曰フ長男石見守孫數馬佐相傳ヘテ子弟ヲ敎授ス元祿年間羽前國山形ノ人逸見柳方トイフ者數馬佐六世ノ門人竹川喜兵衛ニ從ヒ刀鎗及ビ捕手ノ術ヲ學ビ其奧旨ヲ究ム是ヲ逸見氏ノ祖トス其子宗八其業ヲ繼ギ後下總國舊佐倉家ニ仕ヘ世々藩士ノ師範タリ宗八四世ノ孫ヲ信敬ト曰フ其子宗助ニ家業ヲ傳フ

拳法圖解終

柔術者蓋爲武技之要況於其保人健
康大有他技所不及乎此編細載其術
無復餘蘊其裨益世道亦大矣讀者不
可以其小道而忽之也

明治廿年四月十一日

岡本監輔妄言

明治二十年十月十九日版權免許
同　二十一年一月出版

（定價金四拾錢）

著者　東京府士族
久富鐵太郎
四谷區南伊賀町四十二番地

出版人　東京府平民
須原鐵二
日本橋區西河岸町十二番地

印刷所　藏田活版所
京橋區元數寄屋町四丁目貳番地

賣捌書肆

東京日本橋區通壹丁目十五番地　北畠茂兵衛
同　通三丁目　丸屋善七
同　京橋區銀座四丁目　博聞本社
大坂備後町四丁目　博聞分社
同　心齋橋筋南久寶寺町　前川善兵衛
同　本町四丁目　岡島眞七
同　高麗橋二丁目二十三番地　久榮堂熊谷本店
神戸港　久榮堂支店

早縄活法　拳法教範図解　全

※収録した原本によっては、文字の欠落や擦れ、頁の汚損・欠損等が見られるが、原本通りのため御了承願います。

正三位伯爵鷲尾隆聚公題字
正三位子爵海江田信義君題字
日本中學校長杉浦重剛先生序題

早縄活法拳法教範圖解（全）

柔術教師久富鐵太郎先生序文
演武舘長今泉八郎先生跋文
安達吟光先生摸寫
井口松之助著述

技成

自得

正三位隆聚

無恃其不来

恃吾有以待

也

右孫子之語

天台道士題

早繩活法拳法教範圖解序

老生前年警視ニ奉職ノ頃大ニ感スル處アリ從來嗜ム處ノ柔道ヲ以警官ナル人ヲシテ常ニ講セシメ惡漢不呈之徒ニ會シ職權執行ノ際ニ備エン事ヲ測リ當時長官ニ具申ス長官之ヲ嘉シ採用スル處トナリ則各署員ヲシテ公務ノ餘暇講習セシム爾來其功不少然ルニ職員ノ内從來其技ニ長スルモノ多クハ其流派ヲ尊奉シ我流

ヲ講習スルニ圓滑ナラサル處アリ老生之ヲ憂ヒ各員之内三拾餘名ヲ本署ニ會シ其法ヲ論シ各得意ノ技ヲ講セシメ内一二ヲ拔擢シ十六種ノ形手ヲ編製シ各署員ヲシテ之ヲ講セシメ依テ大ニ協和スルヲ得タリ故ニ老生之ヲ一ノ書册トナシ名付テ拳法圖解ト稱シ各位ニ頒ツ爾來今日ニ至レリ然ルニ井ノ口氏始メ該術ノ師家今泉先生此技ヲ修正再刊センヿヲ老生ニ請

セシ此書タルヤ素ヨリ一時和同ノ爲メ編製セシ
モノニシテ後來ニ流傳ス可キモノニアラス然
リト雖モ其請所切ニシテ止マス依テ後人ノ笑
ヲ顧ス今泉氏ヲ始メ井ノ口氏ト會シ一二三ノ修
正ヲナシ其好意ノ在ル處ニ任ス讀者諸君此意
ヲ了セラレンヿヲ希望ス

明治三十一年五月

久冨鐵太郎識ス

早繩活法 拳法教範圖解總目錄

早繩活法 拳法教範圖解總目錄 終

早縄活法 拳法教範圖解

編著　井口松之助

緒言

該書ノ起稿ハ明治拾七年ヨリ同拾九年凡三ケ年間警視廳ニ於テ其頃久富鐵太郎先生ヲ初メ各柔術家拾六流議ヨリ卅有餘名ノ世話掛ノ妙手ヲ撰擧シ其後既ニ久富先生書冊ニ成サシタレ共充分ニ至ズ故ニ今回更ニ同先生ノ望ミノ儘ニ綴リ我全國一般ノ警官軍人ニ及諸學校教師生徒ニ至迄モ此形ヲ廣大ニ弘メ度キヿヲ余ニ教傳ノ話ヲ受タル故余ハ書肆ヲ以テ營業ヲナスト云共幼少ヨリ武術ヲ好ミ幸ニ而テ久富先生ヲ初今泉八郎先生其他各先生ニ教導ヲ受テ尚畵師安達吟光先生腕ヲ振ヒ謹テ摸寫ヲナシ筆ニ儘難キ處ハ畵以テ解シヨク其見易キ爲前後左右ヨリ寫生ヲナシ數日ヲ以テ綴リタル拳法形ト早縄活法ニ至迄モ記載ナシタリ最モ余ハ先ニ柔術劍棒圖解ニ及武道圖解秘訣又柔術極意教授圖解ヲ出版シ最近ノ書ニハ死活自在接骨療法柔術生理書ヲ著シ大高評ヲ博シ尚神刀流獨習劍舞圖解

教範ヲ出版シタレバ余ガ著ス出版書ハ他ノ編輯者ト違ヒ實地活用的ヲ旨トシ諸學校生徒ニモ一讀スレバ圖解ヲ見ルバカリニテモ先生不入ノ獨學ニ出來樣組立アル故ニ此拳法ハ軍人警官ニ及町道場ノ諸先生ニ至ル迄モ開讀スレバ忘レタル處ハ覺ヘ又武術ヲ知サル者ハ千萬ノ力ヲ得ル護身術ノ助ニナルヿヲ僅ノ時日ヲ費テ卒業スルノ法ヲ以テ余ガ苦心ナシタル處ヲ講讀諸君ヨ猶余ノ心切實地ヲ障セラレンヿヲ望ム　最モ此書ヲ以テ解シ難キ者ハ軍人警官ニ限リ無謝儀ニテ教導ヲナスヿヲ許ス　下谷區同朋町角今泉演武館神田區錦町二丁目吉田柳眞館ニ於テモ著者ガ教授ナスヿ得最近出版物ハ各流秘傳劍術極意教授圖解ヲ出版ナス尙此書中ニモ警視ノ劍術ノ形アリ出版ノ切ハ尙高評ヲ乞　余ハ最モ無學ニシテ文章ノ熟セザル處ニ及字句ノ誤リ重言等モ有之ハ實地的ヲ專務ニナス故ニ諸君之ヲ諒セヨ

明治三十一年四月下旬

源義爲謹白

體勢圖解

正面直立之圖

總テ柔術ノ敎ハ體勢《タイセイ》ヲ旨《ム子》トシテ　此ノ體勢トハ常ニ稽古《ケイコ》ヲナス時ニモ體ノ崩亂《クヅレミダレ》ザル樣ニ體育《イク》法ヲナスベシ最《モツト》モ實地ニテ出合トモ稽古ニ其心ナクバ不意ニ掛ラル時ハ其効ナシ故ニ圖解ノ如ニナスベシ

體勢法ニ曰直立ヲナシ口ヲ結《ムス》ビテ胸ヲ開キ兩手ヲ垂《タレ》シテ拇指《ヲヤユビ》ヲ掌《テノヒラ》ニ折圍《ヲリカコミ》テ腰《コシ》ヲ張《ハ》リ下腹ニ力ヲ入充分ニ氣合込テ構《カマヘ》ヘタル處ヲ眞《シン》之位《クライ》ノ第一圖トモ云ベキ處ナリ又常ニ歩行スル時モ稽古ヲナス時モ左リ足ヨリ徐々《ソロ〳〵》ト進《スヽム》出ルベシ　又拳法《ケンポフ》ノ形ハ最モ警《ケイ》

視《シ》ノ形《カタ》故《ユヱ》ニ（サーアベル）ヲ帶《オビ》テ稽古スベキ所ナレ共町道場等《ダウジヤウトウ》ニテハ木太《タ》刀《チ》ヲ用ル拳法ニテ太刀ノ必用ノ處ハ柄取《ツカトリ》。柄止《トメ》。柄搦《カラミ》。又見合取ニテハ凶器等ニ小太刀ヲ用ユル　形ノ切《セツ》ニハ受《ウケ》方即《スナハ》チ甲者又我レト書ス處アリ取方ヲ乙者又敵ト記ス處モアリ總《スベ》テ柔術ハ速氣《ソクキ》々合《キアイ》勇氣《ユウキ》ノ三氣ヲ以テ發聲《ハツセイ》ヲナス者ナリ氣合トハ甲ヨリ陽《ヨウ》ノ聲ニテ（ヱイヤ）ト發音ノ聲出時ニハ乙ニ於テモ又陰《イン》ノ聲ヲフクミテ（ヲー）ト答ヲナスベシ　甲ノ陽ノ發スル聲トハ形ノ切ニ敵ト對顏ヲナシ直立ノ儘敵ヲ白眼《ニラミ》デ下腹ニ充分之勇氣ヲ滿チ（エイヤト）口ヲ開キテ發ル掛聲ヲ陽ト云又乙ハ同對顏シテ下腹エ力ヲ入白眼テ又掛聲ヲ甲ヨリ發セハ（ヲー）ト口ヲ結ヒテ答ヘルヲ陰ノ聲ト云ナリ最モ掛聲ハ氣合ノ增ス者故ニ此ノ處ニ記載スルナリ流名ニ依テハ無聲ノ處モアリ成共初心ノ爲ニハ掛聲ヲ肝要《カンエウ》トナス最モ總テ武術ニハ（ヱイヤ）（ヤー）（トー）（ヱイー）等劍術柔術居合棒長卷其外ニ又投ルニモ打込ニモ發聲ヲ掛クベキ者ナリ故ニ之ヲ記シヌ

體勢圖解　其二體・搆圖其一

體勢其二ノ圖解ニ曰總テ柔術家ニ於テハ最モ要務トスベキ者ハ身搆ヲ專一ニスルベシ其法ハ圖ノ如ニ兩手ニテ我陰囊《キンタマ》ヲ圍《カコイ》ヒ中腰ノ樣ニ兩足ヲ横一文字ニ開キ爪先《ツマサキ》ヲ外部《ソト》ヘ向ケ腰ヲ据《スヘ》ヘ口ヲ結ビ下腹ニ力ヲ入寫生ノ搆ヲ眞ノ位其二トモ云ベキ處ナリ最モ此腰ニテ腰投。入腰脊《セ》負《ヲヒ》投《ナゲ》等形亂《ワン》捕《トリ》ニハ最自由自在ニ配動《ウゴキ》ヲナスベキ搆ヘナレバ常々腰ヲタメスベシ

體勢圖解　其三　體搆圖其二

此ノ圖ノ搆ハ前圖搆ヘヨリ左リ足ヲ一尺二三寸後ヘ引テ膝《ヒザ》ヲ突《ツ》キ右足ヲ立膝ヲナス腰ヨリ上ハ前ト同足ノ趾《カト》ヲ我カ肛門ヘ押當ルベシ

我レ投ラレテ起上ルニモ此樣ニテ起テ眞ノ位ノ其三共云フベシ最モ敵ト對顏《カヲミヤハス》シテ白眼《ニラミ》アイヲナシ發聲ノ音ノ出ルモ起上リノ勇振殘《ユウフルイザン》心附ルモ此圖ノ樣ニテ形ノ都合ニ依テ足ハ左右アリ此ハ右立膝ヲ記スナリ最モ發心、中心、殘心氣合雄氣ノ滿ツルハ此ノ搆ニアル處ナレバ圖ノ解釋ヲ詳細ニ言ヘバ膝ト爪先ヲ外部ヘ向ケテ横一文字ニ開キ膝頭ト足先ノ並ブ樣ニナシ下腹ニ力ヲ入ルベシ

距離圖解

對顏白眼ノ圖

距離トハ其柔術道場ニ及稽古ナス場所ノ廣狹《ヒロサセマキ》ヲ量《ハカリ》双方共形ノ切ハ此禮ヲナシ一時元ノ處ニ開キ甲乙ノ發聲ト同時ニ中央《ナカバ》迄《マデ》進《スヽ》ミ出凡三尺斗間明圖ノ搆ヲナスヲ距離《キヨリ》ト云同時ニ左足ヲ壹尺二寸斗左リ斜《ナヽメ》ニ双方共ニ開キ直ニ乙ヨリ仕掛ルベシ最モ拳法内ニハ甲ヨリ先ニ仕掛ル處

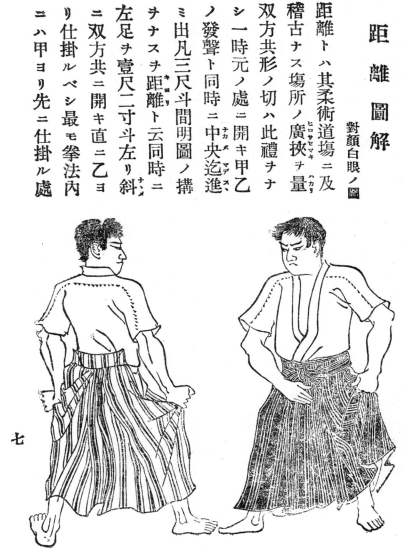

ハ襟《エリ》投、陽ノ離《ハナレ》、對顏セザル處ハ左右行連《ユキツレ》、後捕等ナリ　餘ハ總テ此ノ圖ノ搆ヘニテ割出ス總テ柔術ノ形ニ於テハ同形ノ内ニ左右アル所モ有成共大略ハ人ノ利《キヽ》キ方ハ右故ニ右ノ形多クアリ　此ノ警視ノ形ハ僅ニ拾六本ナル故人五度學ベバ我十度モ稽古ヲナシ一ケ月間迄ニ卒業ノ出來ル者ナレハ充分ニ氣合ヲ入勇氣ヲ込テ身體ヲ輕ク我レ投ル、共其身手ヲ打早ク返ルベシ又畫ニ記シアル點線ハ其變化ナル故此書ヲ充分ニ書畫ヲ見合シテ其上ニテ稽古スベシ最モ指ノ動キ眼玉ノ附處ニハ畫師ノ動キナリ故早繩活法ニモ其心ヲ附ベシ最モ活法ノ動キハ充分ノ氣合ガナクテハ其功ヲ要セス　此形ハ同ジ仕掛ノ處モアリ其形ニ付一本毎ニハ袴摸《ハカマモ》樣《ヨウ》ニテ甲乙ヲ見ルベシ見出シニ左右前後斜メ等ノ記《シル》載《ス》ヲ見合テ艮讀アレ當形ハ久富先生ノ修正ヲ以テ出版ナシタレバ其見難キ處ハ著者ノ考案ニテ諸先生ノ試驗ヲ受テ出版ノ梓《アヅサ》ニノセタレバ實地ニ手ヲ以テ敎ヘル樣ニ圖畫ト筆ニマカシテ記載アル者ナレバ講讀諸君ノ幸ヒヲ祈ル所ナリ

柄取 其一

右ヨリ寫圖

甲方ハ木太刀ヲ帯ヲ進ミ出ル（受ヨリ乙ニ撃チ發シ乙ノ答ト共ニ双方進ミ出）双方氣合充分滿チテ對顔ス同時ニ左足ヲ一尺二寸斗リ左斜メニ開キ（双方其同シヿ）我ハ左手拇指ニテ劒ノ鍔《ツバ》ヲ押ヘテ下腰ニ力ヲ入テ圖ノ如クニ構ヘルベシ　直ニ次圖ヘウツルベシ

十

柄取　其二　右ヨリ寫圖

敵ハ右足ヲ一足踏出同時ニ甲方ノ柄ヲ圖ノ如ク双手《モロテ》ニテ掴《ツカ》ミ引抜カントス

甲方ハ敵ノ動勢ト同時ニ劍ノ鍔ヘ拇指《チヤユビ》ニテ押止下腹ニ力ヲ込テ敵ノ眼中ヲ見テ次圖ニ續ク

柄取　其三

左ヨリ寫圖

甲方ハ充分ノ氣合ヲ込テ敵ハ劒ヲ引秡カント左リ足ヲ一足引テ扳掛ルヲ直チニ右手刀ヲ以テ敵ノ眼中ニ霞《カスミ》ヲ入同時ニ右足ヲ一足敵ノ引ニツレ右足ヲ蹈出ス　敵ハ此ノ手刀ヲ除《ヨケ》ル爲ニ左ヘ顏ヲ向ケル我レハ直チニ點線ノ如ク柄頭ヲ下ヨリ握《ニギ》リ腰ニ力ヲ入テ充分ニ氣合ヲ込テ次圖ヘ續ク（手刀トハ五指ヲ揃ヘテ打ヿヲ云是ハ形ナリ）

（最モ柄取ノ肝要ノ處ナリ）

柄取　其四　背後ヨリ寫圖

三圖ヨリ引續キ直ニ柄頭ヲ我カ右膝頭ヘ引下ゲ充分右後ヘ足ト共ニ引附テ敵ハ柄ヲ持タル儘ニ引レル故ニ足ト共ニ又直ニ敵ノ手ヲ我レヨリ手ノ背部ノ處ヲ摑ミ次圖ヘ續クベシ

最モ敵ノ兩手ヲ摑ムベシ

柄取 其五 左斜メヨリ寫圖

敵ヲ充分ニ引附テ直ニ下腹ヘ力ヲ入敵ノ體ノ崩レタル處故ニ右足ヲ左足ノ處ヘ寄セナガラニ圖ノ如ク左手ハ鍔ニシカト持兩足踏揃ヘ直ニ右手ハ敵ノ左手ト柄頭ニ附テ敵ノ腰ヨハルト同時ニ敵ハ右手ヲ放ス故ニ直ニ次圖ノ如クニナスベシ 最モ敵ノ左手ハ逆ニ成シ故ニ充分ニ投ラルヽナリ

抦取　其六

正面ヨリ寫圖

我レ左リ足ヲ後ヘ大キク引開ク同時ニ右ヨリ敵ノ手モロトモニ下ヘ返シ敵ヲ投放《ハナ》スナリ圖ノ如クノ搆ヘニナルベシ　敵ノ起上リ殘心附ル迄テ此ノ搆ヘヲ崩スベカラス　敵モ手ガ逆ニ成ル故ニ投ラルヿ成バ身ヲ輕クシテ手ヲ打テ倒ルベシ　總テ形

ハ力ヲ入レズ氣合ト藝《ワザ》トニテ出來ルヿヲ忘《ワス》ルベカラズ　起上ル同時ニ甲ト對顏スルヲ殘心ト云是テ柄取ノ形　終ル

○此形ハ　元天神眞揚流ト眞蔭流ヲ修正ヲセシ形ナリ　久富鐵太郎先生ト今泉八郎先生驗查ニテ今泉榮作先生ト著者井口松之助ノ形捕圖

柄止　其一

左正面寫圖

双方共進出ル形ハ前條《ツカドリ》ノ一圖ノ如ク　敵ヨリ甲方ノ柄頭ト右手首ヲ摑ミ圖ノ如キ樣ニナリ受方ハ同ク前ノ一圖ノ如ク構ヘテ下腹ニ力ヲ入テ敵ノ眼中ヲ見ル　乙モ力ヲ入テ甲方ノ顔ヲ見ナガラニ次圖ヘ續クベシ

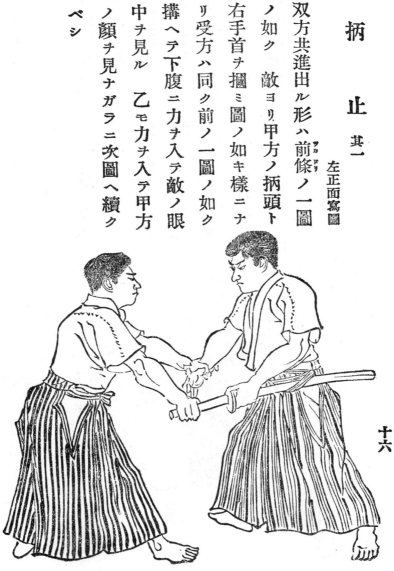

柄止　其二　右斜メニ寫圖

敵ハ直ニ左斜メニ左リ足ヲ踏出スト同時ニ双手《モロテ》ニテ甲方ノ右ノ方ヘ押附ル故ニ我レモ又右足ヲ右ヘ一尺餘斜メニ開キ　下腹ニ力ヲ入テ止ルベシ　此時ニ敵ノ體少々崩レル故ニ直チニ次圖ニウツルベシ

（○此ノ柄止次圖ノ處ガ肝要ノ處ナリ）

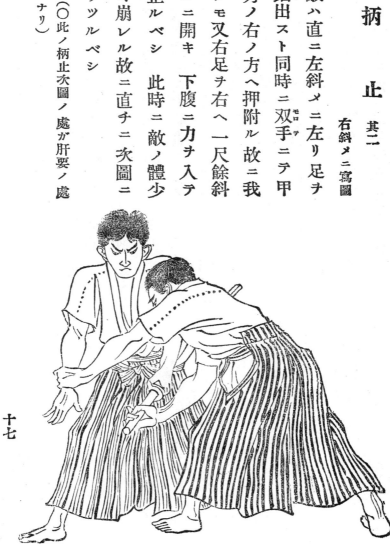

柄止　其三　見所ノ正面ヲ寫圖

甲方ハ直ニ右足ヲ敵ノ前ヘ踏出ス同時ニ躰ヲ進メ敵ノ右手ニテ握リタル儘ル處ノ柄ヲ我レヨリ鍔ニ拇指ヲ掛タル儘下ヨリ左ヘ廻上ルト右ニ持タル敵ノ手解ル故ニ左手モ同時ニ敵ノ下ヨリ高ク上レバ敵ノ指解ケル故直ニ敵ノ左リ手首ヲ握リ敵ノ左腕ヲ我レヨリ卷込第四ノ圖ノ如ノ手ニテ充分ニ持バ敵ノ體崩レル故ニ右足ヲ引テ次圖ニ續ク

柄止　其四　正面ヨリ寫圖

敵ノ手ヲ卷込ミ同時ニ右足ヲ一足引テ直チニ其處ヘ膝ヲ突左足ヲ横ニ開キテ卷込タル手首ニ左ノ手ヲ添敵ノ手ヲ圍ムベシ

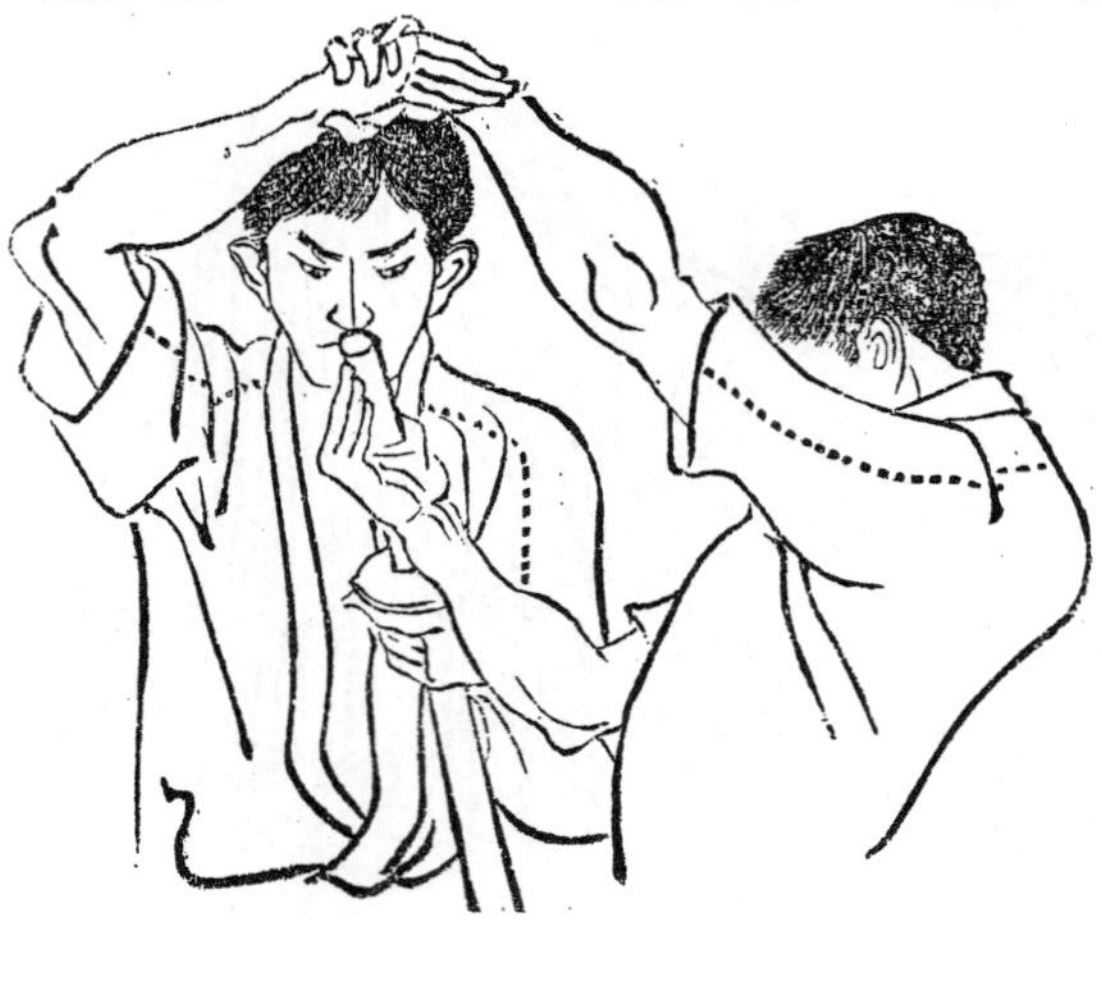

十九

敵ハ體ノ亂崩ト痛ニテ負ヲシメシテ終ル双方共残心ヲ附ルナリ○此形ハ澁川流ノ手續キ勢車取ノ内立合ノ形ヲ久富先生修正ナス形ナリ最モ試驗ニ又修正ヲナス圖ナリ

柄搦　其一

右正面寫ノ圖

此モ出方ハ柄取一圖ト同ヿ双方對顔シ敵ヨリ右足ヲ一足進ムト同時ニ双手ヲ以テ劍ノ柄ヲ圖ノ如クニ取リ引拔ントス　我レ直ニ點線ノ如クニ下ヨリ柄頭ヲ持チ下腹ニ力ヲ入氣合ヲ込テ右足ヲ前ニ進ム同時ニ次圖ニ續ク

柄搦　其二

右斜メヲ寫圖

敵ガ劍ヲ上エ引拔ニ連レテ我レモ右足ヲ蹈出同時

ニ下腹ニ力ヲ込敵手背部ヲ圖ノ如クニ摑ミ下ヨリ押エテ敵ノ體ヲ崩シ直ニ右ヘ廻セバ敵手ガ解ルト共ニ柄逆ニ成故ニ我カ體ヲ返《ソリ》ナガラ一足引敵ノ左手ヲ放シテ次圖ニ續ク點線ヲ見ヨ

（〇此處肝要ナリ）

柄　搦　其三

右斜メヲ寫ス是モ見出ハ前ノ如ク此處肝要ナリ

我レ直ニ右手ヲ柄ト共ニ双手ニテ持左足ヲ引テ膝ヲ突

キ右足ヲ開キ下腹力ヲ入腰ヲ下ゲデ徐々ト敵ノ手ヲ圖ムベシ敵モ負ヲシメシテ別レ殘心ヲ附ルベシ○此形ハ立見流ノ内ヲ出シタルナリ故逸見宗助先生修正スル處ナリト云

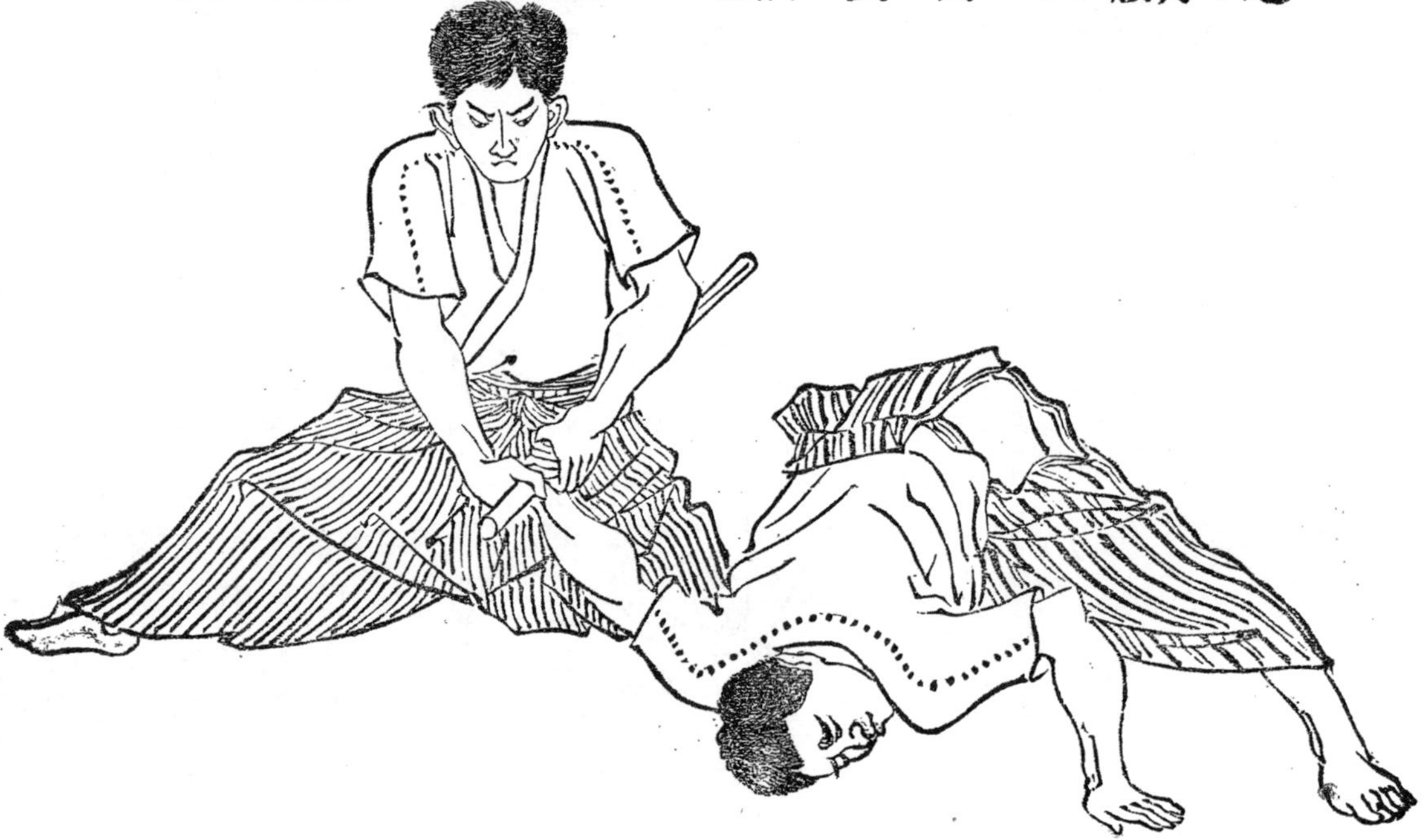

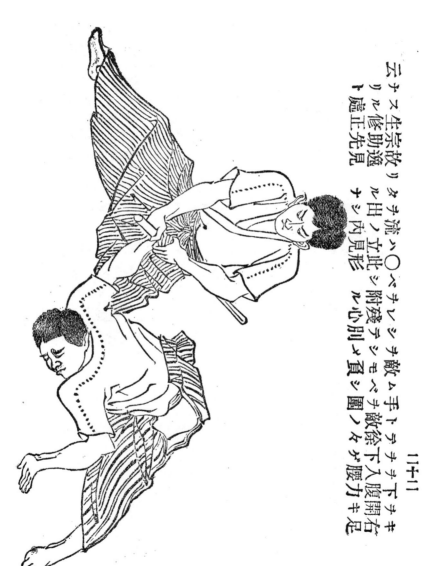

見合取　其一　右正面寫圖

敵ヨリ小太刀ヲ左手ニ持距離圖ノ如クノ樣ニテ出ルニ甲方ヨリ掛聲ヲ發ス乙方答テ双方共ニ進出ヿ前ニ同中央ニ止ルヤ直チニ敵ヨリ右足ヲ前ヘ蹈出同時ニ小太刀ヲ拔カントスル圖ノ如クナリ

甲者ハ下腹ニ力ヲ入テ敵ノ右手首ヲ摑ムト同

時ニ右足ヲ一足踏込直ニ左リ足ヲ又敵ノ右脇ヘ踏出ストタンニ敵劍ヲ拔ニ連レテ左手ヲ敵ノ左肩口ヘ附充分ニ敵ノ背後ヘ廻リ込デ次圖ニ續ク

見合取　其二

右斜メ寫圖

甲者ハ敵ノ左肩口ヨリ敵ノ右襟ヲ摑ミ右手ヲ横ヘ引左腕ヲ充分ニ延セバ敵ノ體崩レル故ニ下腹ニ力ヲ入テンート敵體ヲ押セバ　次圖ニ續ク

（○最モ此處肝要ノ處ナリ）

此畫ニ甲方ノ左腕曲リアルハ摸寫ノ都合ニ依テ中バヲ畫書タル處ナリ最モ畫工ノ働キト云ベシ

見合取　其三

正面ヨリ寫圖

甲者ハ充分ニ敵ノ體ヲ崩シテ我カ左リ足ヲ直ニ後ヘ引キ膝ヲ突クベシ同時ニ右足ヲ横ヘ大キク開キ下腹ニ力ヲ入テ腰ヲ前ヘツキ出スト同時ニ兩手ヲ押延スベシ敵ノ襟ヲ締メルト右手ヲ張ルベシ圖ノ如ク敵ハ負ヲ記シテ見合取形　終

○此形ハ(戸田流)ト(喜樂流)ニアル形手ノ内ヲ出スモノナリ

片手胸取　其一

右正面寫圖

双方共ニ距離圖解ノ如クニ進

ミ出敵ヨリ甲者ノ胸襟ヲ兩手ニ集メ左手ニテ摑ミ右足ヲ一足蹈込同時ニ點線ノ如ク右拳ヲ以テ甲ノ頭上ヘ打込ナリ　甲者ハ右足ヲ斜メニ開キ同時ニ敵ノ摑ミタル手首先ヲ圖ノ如クニ左リ手ニテ握リ右手ハ摑ミ居ル襟下ヲ引上レバ敵ノ指ニスクユヱ我レ小指ヨリ差込デ今敵ヨリ打附ル同時ニ敵手ヲ逆ニ取次　圖ニ續ク

片手胸取　其二

左正面寫圖

敵ヨリ打込節ニ我カ左手ノ(コバ)ニテ押ヘ右手添敵ノ掌ヲ逆ヲシテ我兩手ニテ圍《カコイ》

左足ヲ引テ直ニ下腹ヘ力ヲ入テ指先ヲ組合シテ兩手ヲ押延シ敵ハ充分ニ體ノ崩レルユヱニ我ハ又直次圖ニウツルニナリ（最モ此處肝要ナリ）

此ノ甲ノ兩腕ノタルミシ處ハ畫ノ都合ニテ指ヲ見セルタメヒジリリア曲充分ニ延ス處ナリ

シ〇此ハ荒木新流形手ノ内ヲ出ス

片手胸取 其三 正面ヲ寫圖

敵ノ左斜メニ開キ左膝ヲ突キ右膝立圖ノ如クニ下腹ニ力ヲ入テ腹ヲ前ヘツキ出シ双手ヲ押延シテ手ヲ締ル 敵ハ負ヲシメシテ終ニ殘ヲ附ルベ心

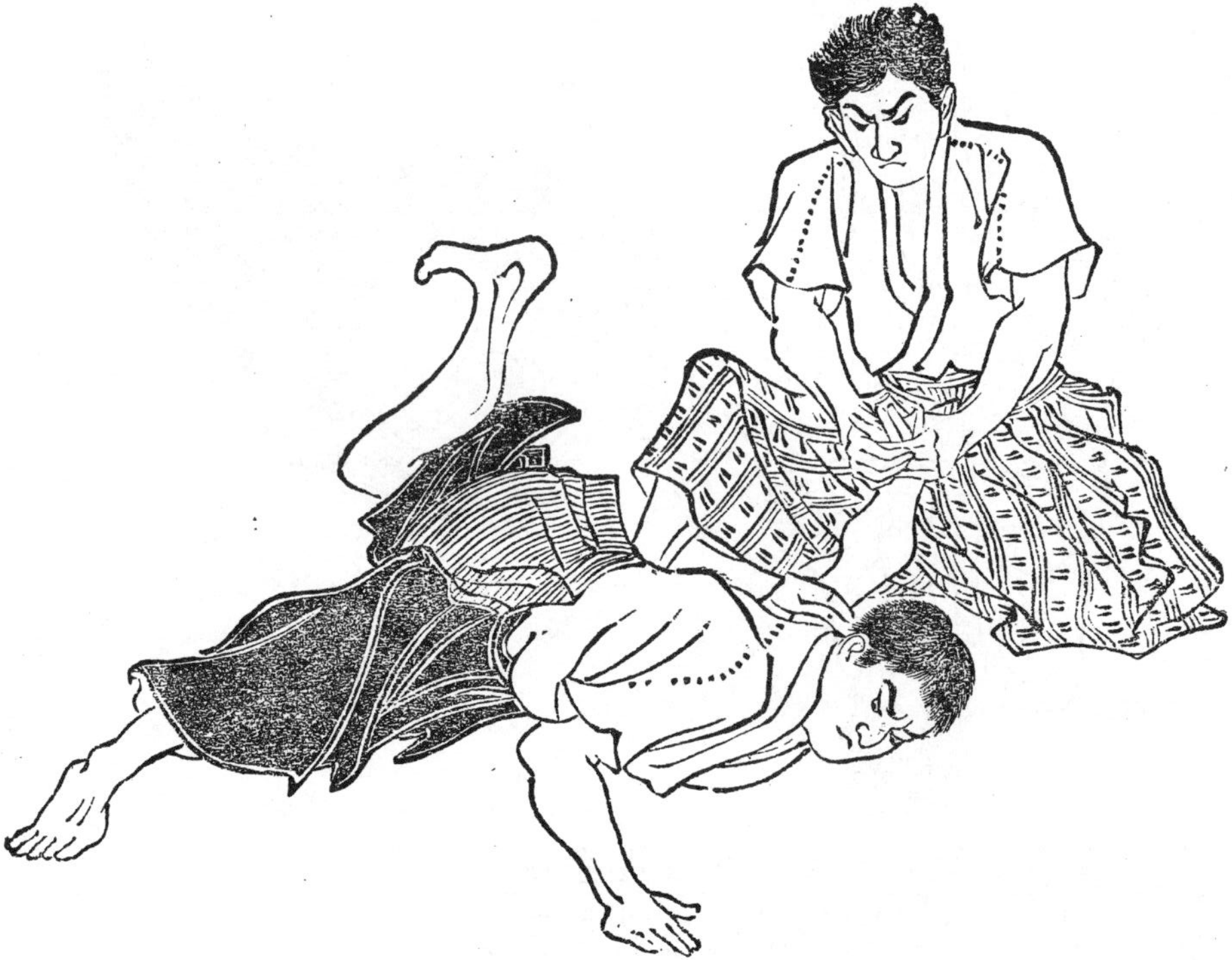

腕止メ 其一

左リ斜メヲ寫圖

双方進出テ距離ヲ量リ乙者ヨリ右足ヲ一足踏込ト同時ニ右拳ヲ以テ甲者ノ頭部ヘ打込ミ双方其圖ノ構ノ如シ甲者ハ下腹ニ力ヲ入敵ノ顔ヲ見ナガラニ直ニ次圖ヘ續ク

腕止メ 其三 右斜メヲ寫圖

敵ヨリ打込ム腕ヲ我レ右足ヲ右斜メニ後ヘ引左腕ヲ圖ノ如ク横一文字ニシテ受止メ直ニ敵ノ腕首ヲ握リ次圖ニ續ク○最モ此處肝腰ナリ

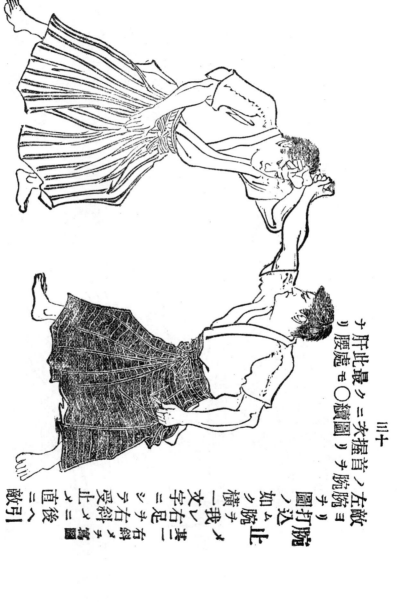

腕止メ 其三

左リ斜メヲ寫圖

我レハ敵ノ右腕首ヲ取リ同時ニ敵ノ腕ノ附根ノ處圖ノ如ク下ヨリ五指ニテ押我兩腕ヲ張延シ左爪先ヲ外方趾ヨリ廻シ爪先ニ力ヲ入腰ヲヒ子ルト同時ニ右足ヲ以テ敵ノ右足裏ヨリ強ク打拂フベシ　最モ腕ノ引樣ニテ敵ノ體充分ニ崩レル故兩手ト足ト三拍子同時ニ倒スベシ

○此處モ肝要ノ處ナリ

腕止メ　其四　見所ノ正面ヨリ寫圖

前條ヨリ引續キ敵ノ體ノ充分ニ亂レタル切右足ヲ高クヨリ敵ノ膝裏ヲ打拂エバ敵ハ浮足ニナル故ニ拂フト直チニ我拂ヒタル足ヲ其處ヘ踏止メ左リ足ヲ左ヘ大キク開キ圖ノ如クノ樣ニナリ敵ノ起上ル迄下腹ニ力ヲ入兩股立チヲ持チ殘心ヲ附ル迄敵ノキヨドウヲ見込ムベシ

乙者ハ足裏ヲ拂ハレル故ニ是非共倒レルヿ故ニ左リ

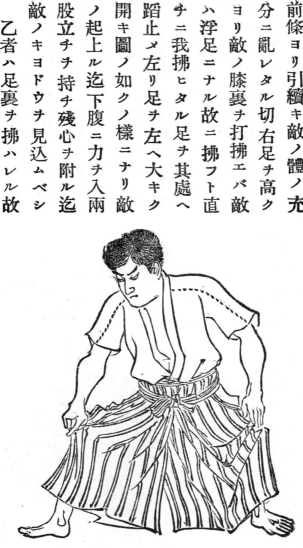

手ヲ打テ倒レルベシ最モ直ニ起上ルニ眞ノ位ノ第三圖ノ如ニ起上リ甲者ト對顏シ殘心ヲ附ルベシ此ニテ腕止メ　形終ル

○此ハ元起倒流ノ形手ノ内ヲ奥田先生ト久富先生ノ正改ヲ猶今回久富先生ノ修正ヲ受テナス處ナリ

襟投　其一

左斜メ寫圖

此形ハ甲者ヨリ乙者ノ前へニ進出テ二尺餘ノ距離ヲ明甲ヨリ乙ノ襟ヲ兩手ニ集テ右手ニ摑ミ下腹ニ力ヲ入敵ノ顏ヲ見ナガラ乙者ノ胸部ヘ押附ルト同時ニ乙者ハ圖ノ如ク下ヨリ手首ヲ取テ左リ足ヲ一尺斗リ引下リ甲ノ顏ヲ見込下腹ニ力ヲ入テ右拳ヲナシテ　直ニ次圖ニ續クベシ　此三圖ハ總テ解シ好クナル處故ニ圖ニ心ヲ止メテ注意スベシ最モ畫工ノ苦心ナス處ナリ

襟投 其二 左リ斜メ寫圖

敵ハ既ニ右拳ヲ以テ打タントスル處ヲ我レヨリ右膝ヲ敵ノ股ヘ突キ左足ハ少シ後ヘ延ス右腕ヲハ充分ニ押突コト圖ノ如ノ樣ニナル故ニ直ニ我カ右腕ノ下ヲ明ケ敵ノ顏ヲ白眼同時ニ次圖ヘ續クベシ

襟投　其三

正面ヨリ寫圖

敵ノ躰ヲ充分ニ押崩テ我カ腕ノ下ヲクヾリ圖ノ如クノ樣ニ成右膝頭ヲ左足ト共ニ廻リ込左足ヲ左リ後ヘ大キク開キ敵ノ襟ヲ我前ニ引落シ左手ヲ敵ノ左足ヲスクイ上ゲルベシ敵ハ我前先ヘ充分ニアヲ向ニ倒レルナリ起上リハ双方其眞ノ位第三圖ノ如ニテ殘心附テ終乙ハ是非投ラルヽ故ニ早ク手ヲ打テ負ヲシメスベシ

○關口流勢法ノ內形（眞揚流）ノ絹潜《キヌカツキ》ノ形手ノ內ヲ修正ス

摺込　其一

右正面寫圖

雙方進出ルヿ距離圖ト同シ　敵ヨリ甲者ヲ見込右拳ヲ振上ル同時ニ右足ヲ右斜メニ引ナガラ下腹ニ力ヲ入テ甲者ヘ拳ヲ打込ム同時ニ右足ヲ前ヘニ踏出スベシ甲者ハ敵ノ打込樣ヲ見テ下腹ニ力ヲ入テ只腕ヲ振上迄ヲ見込テ居テ直ニ次圖ニ次クベシ

摺込　其二　左リ斜メ寫圖

敵拳以テ甲ノ頭上ヘ打込故ニ敵ノ蹈出ス右足ノ外ヘ左足ヲ我レモ蹈出ス同時ニ左手ヲ矢筈ニシテ打落ス腕ニ摺リナガラ敵ノ顎《アゴ》ノ處ヘ押當テ充分腕ヲ延スベシ敵ノ體圖ノ如ク崩レル故ニ下腹ニ力ヲ入テ爪先ニ充分ニ蹈ミシメテ直ニ次圖ニ續クベシ

○最モ此處肝要ノ處ナリ

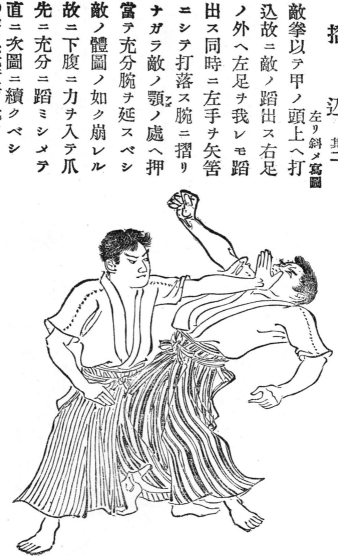

摺込　其三

左リ斜ノ寫圖

我ハ敵ノ體崩レタル故ニ直右足ヲ一尺バカリ開キ左手ヲ充分ニ押延セ敵ノ右足ヲ右外部ヨリ持上テ充分ニ氣合ヲ込メテ圖ノ如クノ樣ニナル處ニテ次圖ニ續クベシ但シ此摺込挿畫ノ内第四圖ノ投ル處甲乙共ニ袴ガ畫工ノ誤リニテ模樣ノ續キト違ヒアルハ讀者ニ於テ御察シアルヿヲ乞

摺込 其四

正面右斜ノ寫圖

我レハ敵ノ足ガ浮キタル處ヲ下ヨリスクヒ上ル樣ニナシテ敵ヲ向ヘ斜メニ下腹ニ力ヲ入テ左手ハ押延ス右手ハ上ゲナガラニ向ヘ投出スベシ

但シ顎ニ手ヲ掛ルハ形ノミ實地ハ鼻ヲ下ヨリ突上ルヿヲ聞バ其心得ニテ稽古スベシ敵モ是非躰ハ亂レ倒レルヿニ極ル處故ニ早

ク左手ヲ打テ輕ク倒ルベシ起上リニハ眞ノ位ノ第三圖ノ如ク搆ニテ殘心ヲ附テ摺込形　終ル

○此ハ(無双流)(清水流)手形ノ內ヲ出シタル者ナリ

敵ノ起上ル迄ハ此ノ搆ヲ崩スベカラズ殘心ヲ附迄ハ勇氣ヲ附ルベシ

敵ノ先　其一

左リ斜メ寫圖

双方進出ルヿ前ニ同ジ双方共左ヘ一尺餘斜メニ開クヿ敵ヨリ右足ヲ前ニ蹈出ス同時ニ右拳以テ頭ヘ打込故ニ

我レハ下腹ニ力ヲ入テ敵ノ様子ヲ見テ直チニ次圖ヘ續クベシ

敵ノ先　其二

右斜メ寫圖

敵ヨリ打込拳ヲ我ガ左手ヲ横ニ受止メ同時ニ右足ヲ一足後ヘ引ナリ直ニ敵ノ右手首ヲ掴ミ次圖ニ續クベシ○最モ此處敵ノ先ノ肝要處ナリ双方共ニ此處ハ氣合ヲ込テ形チ捕ベシ

敵ノ先 其三

左リ斜メ寫圖

我レ敵ノ右手首ヲ握ヤ直ニ右足ヨリ腰ヲ敵ノ腕下ヘ廻リ込右手ヲ以テ敵ノ二ノ腕ノ處ニ摑ミ下腹ニ充分ニ力ヲ入足ヲ横ニ開タル樣圖ノ如ニナシ(エイ)ノ一聲ト共ニ次圖ヘ續クベシ

○此時ニハ敵ハ早ク投ラル樣ニ心得ヘテ手ヲ打樣ニナスベシ

敵ノ先 其四 正面ヨリ寫圖

前ヨリ引續キ(ヱイ)ト肩《カタ》ヲ下ルト同時ニ敵ノ右腕ヲ我前ヘ引落スベシ○亂捕ニテ脊負投ノ如クナリ
敵ハ左手ヲ打テ負ヲシメシテ殘心ヲ附テ形終
○此ハ神明殺活流ノ形手ヲ修正ナス者ナリ

帯引　其一

右横斜メ寫圖

双方共中央ニ進出テ距離ヲ取對顔直ニ双方共左足ヲ斜ニ開キ敵ヨリ右足ヲ一寸《チヨット》出ス同時ニ我帯ノ前ヲ上ヨリ摑マントスルナリ　甲者ハ敵ノ動勢ニ眼ヲ附白眼ミナス此ノ搆ヘハ最モ柔術家ノ距離ヲ量リ双方ニ氣合ノ乘タル處ナリ　次圖ヲヨク見ヨ

帯　引　其二

右斜メヨリ寫圖

敵ヨリ直ニ右足ヲ蹈出同時ニ右手ヲ延シテ我前帯ヲ上ヨリ摑ミ腰ニ力ヲ入テ(シート)引附ルナリ我ハ下腹ニ力ヲ入テ腰ヲ張リコタヱナガラ點線ノ如ノ手ニナシ左足ヲ敵ノ右横股ノ處ヘ蹈出ス同時ニ敵腮《アゴ》ニ押當直ニ次圖ニ續クベシ　最モ此ノ形ハ左リ手ハ搯込ト同シヿナリ

帯引　其三　左リ斜メヲ寫圖

敵カ我體ヲ力ヲ入テ引附ル故直ニ腰ヲ張リ下腹ニ力ヲ入テ引レテ同時ニ圖ノ如ク敵ノ右股ノ横ヘ我ガ左リ足ヲ蹈出シ同時ニ左手ヲ矢筈ニシテ敵ノ腮ニ押當同時ニ叉右手ヲ以テ我レヨリモ敵ノ上帯ヲ上ヨリ摑ミ充分ニ力ヲ込テ腕ヲ延シ引ト押ト別ニナシテ敵ノ躰ヲ充分ニ崩シ次圖ニ續クベシ

○最モ此ノ處帯引ノ肝要ノ處ナル故甲者ハ充分氣合ヲ込テ術ヲナスベシ

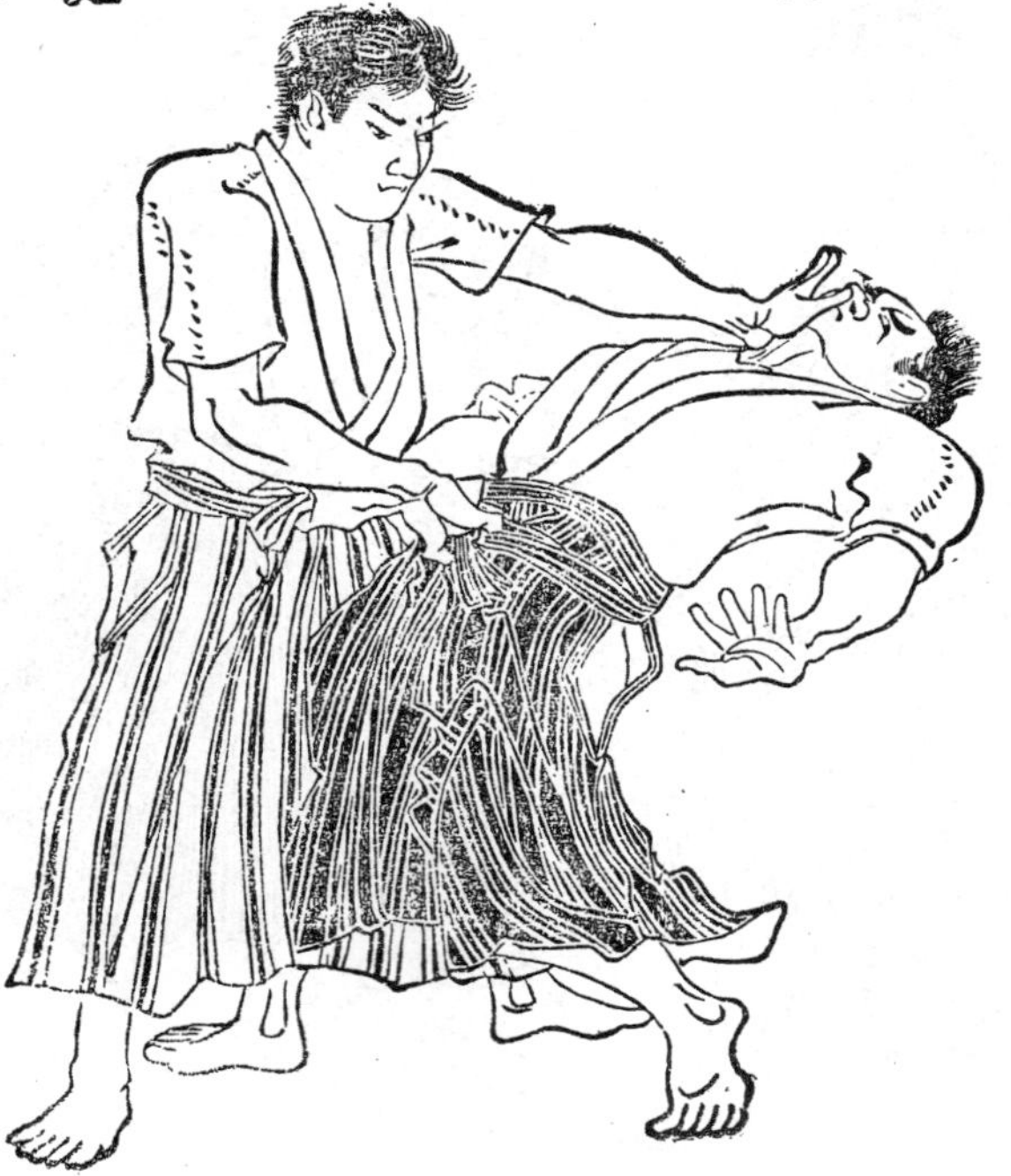

帶引 其四

右正面ヨリ寫圖

我レ前圖ノ如ニ充分ニ下腹エ力ヲ入(エイ)ト聲ト共ニ敵ヲ斜メニ向ヘ押倒スベシ　乙者ハ又手ヲ打テアヲ向キニ倒レル故ニ早ク身躰ヲ輕クシテ頁ヲシメシテ倒ルベシ起上ル切ハ眞ノ位第三圖ノ如クチナシテ殘心ヲ附テ終ルベシ

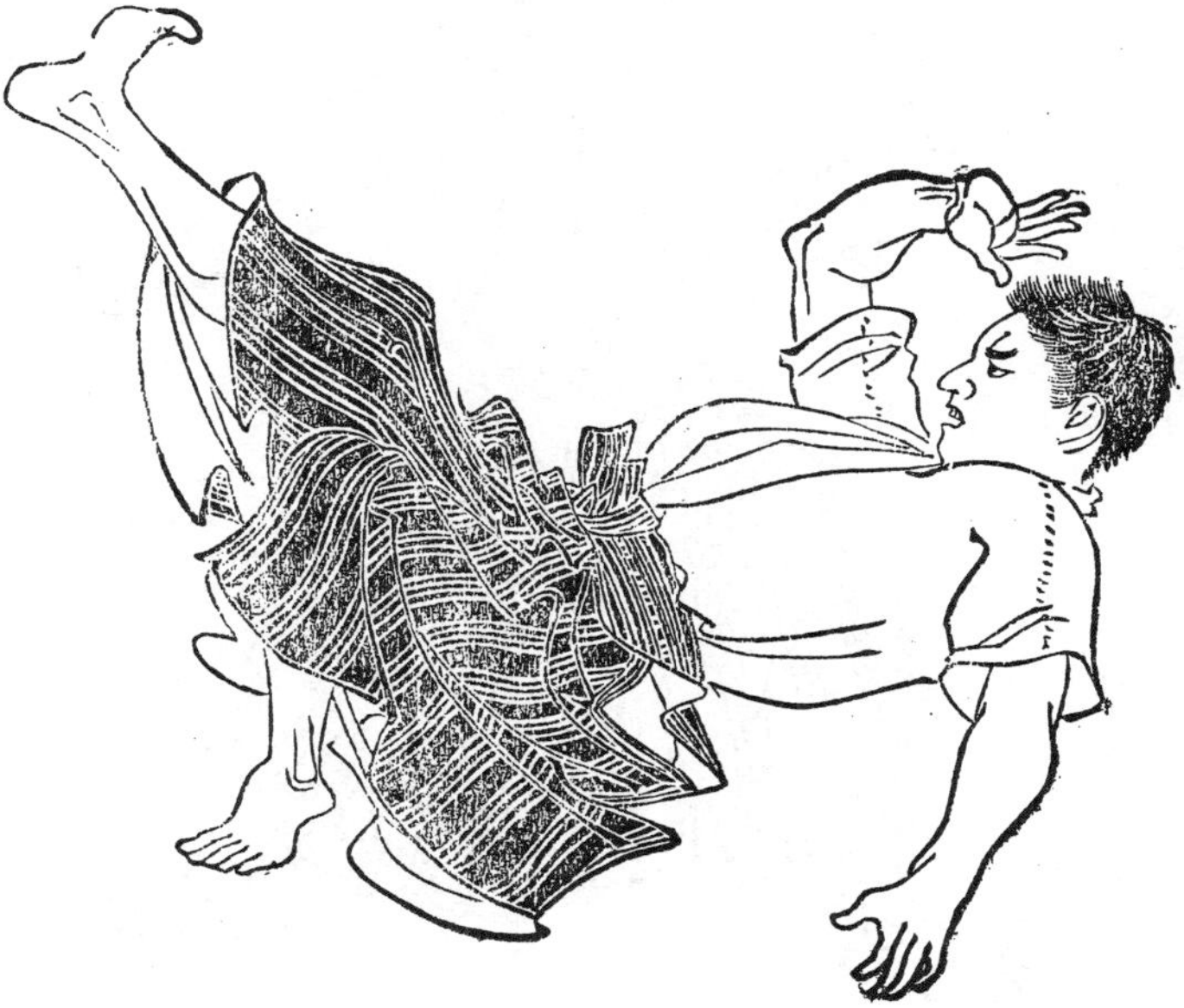

甲者ハ投倒シタレバ體ニ勢ヲ附下腹ニ力ヲ入敵ヨリ負ヲシメシ殘心ヲ附タレバ是ニテ帯引ノ形　終ル

○此ハ良移心頭流ノ形手ノ内ナリ

最モ此形ハ双方ノ氣合ヲ充分ニ入テ其術ヲ施スベシ實地ニテモ随分面白キ手ナリ

行連レ　左上頭　其一

正面寫圖

此ノ形ハ甲乙連レ達テ發聲ト共ニ左リ足ヨリ徐々ト中央迄進出ル成圖ノ如ク双方共ニ横眼ニテ敵ノ動勢ヲ見ナリ最モ行連トアル處ハ總テ一二尺間ヲ明テ進出下腹ニ充分ノ力ヲ入テ兩股立ヲ握リ出ル處ヲ記シアル故以後出方ハ此ノ圖ノ如クナリ黑袴ハ甲　縞袴ハ乙ナリ

行連レ 左上頭 其二
正面寫圖

双方連レ達チ中央迄ニテ兩足ヲ揃テ立止ルベシ直ニ乙者ヨリ圖ノ如クニ甲者ノ顏ヲ見テ直ニ右足ヲ右斜メニ引開ク同時ニ右拳ヲ以テ甲ヲ打タント一右足ヲ甲ノ股ノ處迄蹈込ムベシ甲ハ下腹ニ力ヲ入直ニ次圖ニ續クベシ

行連レ　頭左上　其三

背後寫圖

乙者ハ甲ノ右拳ヲ以テ打ト見セテ直ニ甲ノ右肩口ヲ押左手以テ甲ノ二ノ腕ノ處ヲ摑ミ右足ヲ以テ甲ヲ既ニ倒サントナス甲ハ直ニ體ヲカワシテ右足ノ趾ニテ入替リ左リ足ヲ敵ノ兩股ノ處ヘ蹈込左手ヲ以テ敵ノ襟ヲ持

行連レ　左上頭　其四

正面寫圖

前ヨリ引續キ甲者ハ圖ノ如ク左手ヲ以テ敵ノ襟ヲ掴ト同時右膝ヲ突キ右手ヲ以テ敵ノ右足裏ヲ持敵ノ體ヲ充分ニ崩レル處ヲ以テ直ニ次圖ニ引續クベシ　最モ乙者ハ早ク手ヲ打テ倒ル心得ヲナスベシ

○最モ此形ノ前ト此處ガ肝要ノ處ナリ

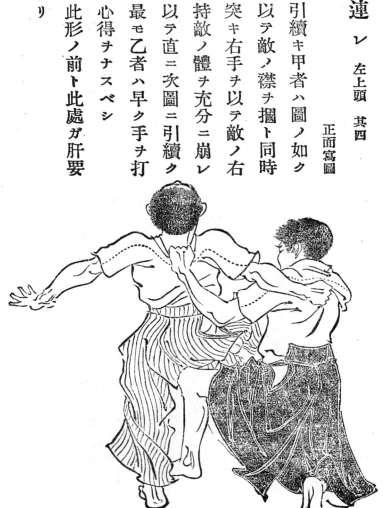

行連レ　左上頭　其五

正面寫圖

前書ヨリ續ク甲者ハ下腹ニ力ヲ入テ右手ヲ以テ敵ノ右足ヲハヲ上ル同時ニ左手ハ下ヘ引落スベシ我左横合ヘ敵ヲ倒スベシ乙者ハ早ク左手ヲ打テ負ヲシメシテ眞ノ位第三圖ノ如ニナシ双方殘心ヲ附テ

此ノ形　終ル

此ハ殺當流形手ノ内ヲ修正シテ出シタルナリ

行連レ　右突込　其一

正面寫圖

此レハ双方中央迄進出テ立止ル同時ニ双方右足一尺餘ヲ後ヘ引對顔シ　乙者ヨリ右拳ヲ以テ甲者ノ水月(俗ニ水落)ヲ右足ヲ蹈出ス同時ニ突込ナリ　甲ハ敵ガ拳ヲ突出ト直ニ右足ヲ右ヘ横一文字ニ開下腹ニ力ヲ入左手ヲ以テ我ガ左脇腹ヲ圍ヒ手先ニテ敵ノ突出拳ヲ向ヘ押拂ヒ乍直ニ挿畫ノ如ク拳ヲ摑ミ右手ヲ添テ直ニ次圖ニ續クベシ

○此ノ形大肝要ハ是ナリ最モ注意スベキ處ト云

行違レ 右突込 其二

正面ノ寫圖

敵ノ突込タル拳ヲ摑ムト我ガ體ヲ充分ノ氣合ヲ込兩手ニテ持タル敵ノ手ヲ圖ノ如ニ我ガ指ヲ敵ノ掌ニテ重テ右足ヲ敵前ニ踏出スト同時ニ兩手ヲ圖ノ如ク上ヘ持アゲテ左足引ヲ左後ヘ大キク開クト同時ニ次圖ニ續ク乙者ハ甲ニ持レタル儘直ニ早ク返リ投ラル、心得ヲナスベシ

行違レ 右突込 其三

左斜メ寫圖

開ク同時ニ兩手ヲ下ヘ返シ投ニナスト共

ニ左リ足ヲ膝突キ右膝ヲ立下腹ニ力ヲ入レテ兩手ヲ押延拇指ヲ以テ敵ノ手脊ヲ固ムベシ乙ハ早ク左手ヲ打負ヲシメセバ双方眞ノ位第三圖ノ如クニ残心ヲ附テ形終ル

○此形ハ各流ヨリ合併シテ出シタル者ナリ最モ此手ハキレイナル故ニ無理ヲスルベカラズ

行連レ左右腰投其一

正面ヲ寫圖

出方ハ前ニ同甲ハ左乙ハ右ニ連レ中央迄進ミ出ル處ニテ乙者ヨリ甲ノ體ヲ右横ヨリ抱込圖ノ如クノ樣ニナス既ニ持上ントナス　甲ハ下腹ニ力ヲ入兩手ヲ下ゲテ充分ニ腰ヲ張ルベシ直ニ次圖ニ續ク

行連レ　左右腰投　其二

正面寫圖

我レ抱込レタル處ヲ兩肘ヲ張リ體ヲ少下ゲ腰ヲ引テ右足ヲ右後ヘ引左足ヲ少前ヘ蹈出シ敵ノ左腕ノ袖下ヲ我ガ左手ニテ下ヨリ摑ミ右手ヲ以テ敵ノ右手ノ下ヨリ腰ヲ抱込テ引故ニ敵ノ體充分ニ崩レテ圖ノ如クノ樣ニナル直ニ次圖ニ續ク

○此形ノ肝要ハ此圖ト次圖ニアルナリ

行連レ　左右腰投　其三
正面寫圖

前書ニ引續キ直ニ我右足ヲ敵ノ右股ノ先ヘ充分ニ踏出下腹ニ力ヲ入一寸腰ヲ下ゲ敵ノ體ヲ我ガ腰ヲ引附腰ヲ持上ゲ敵ノ躰ハ我腰ニテスクヱ上ル右手ニテ充分ニ抱込圖ノ如ク樣ニナシ直ニ次ヘ續ク乙ハ非是投ラル、故ニ身ヲ輕クシテ左手ヲ打テ投ラル、樣ニ心得ヘルベシ

○最モ腰投ト云處ナレバ此處肝要ナリ

行連レ　左右腰投　其四
左リ斜メ寫圖

甲者ハ敵ノ體ヲ我ガ腰ヲ以テツリ上下腹ニ力ヲ入左手ヲ充分ニ強ク引附敵ヲ（ヱイ）ト我

六十二

前へ投ル乙ハ左手ヲ打テ負ヲシメシテ起上リテ殘心附テ此形終

○此形ハ澁川流ノ四方組ト云形手ヲ修正シテ出ス

行連レ右壁副其一

正面寫圖

此レモ出方前ニ同甲者縞袴乙者黑袴双方中央ニ止同時ニ乙ヨリ右足ヲ引直ニ右拳ヲ以テ甲者へ打込同時ニ右足モ踏出ス甲者ハ圖ノ如ク右手ニテ敵ノ腕ニ摺込止同時ニ左足ヲ敵ノ右外股ノ處へ踏ミ直ニ次圖へ續クベシ

行連レ　右壁副　其二

正面寫圖

甲者ハ敵ヨリ打込タル右拳ニ摺レ我右腕ヲ以テ敵ノ右腕ヲ卷込左手ヲ添テ敵ノ衣紋處ヲ右手ヲ以テタテニ摑ミ直ニ左手ヲ敵ノ左肩ヨリ押延シ敵ノ下襟（左リノ襟ヲ云）摑ムト直ニ又左足ヲ引摑ムタル兩手ヲ押延シ下腹ニ力ヲ入テ腰ヲ張ベシ敵ノ體ハ崩ルナリ最モ此處ガ肝要ノ處故ニ此處ニテ眼ヲ附ルベシ△圖ニ甲コヽミタレ共下腹ヲ前ヘ出スベシ

行連レ　右壁副其三

背後寫圖

此レハ前ヨリ引續キヲ出ス處ニテ點線ハ左足ヲ蹈出ス同時ニ敵ノ左リ肩口ニ手ノ掛リタル處ヲ記ス最モ衣紋ノ處ヲ摑ムハ圖ノ如クナリ右手ヲ以テ敵ノ腕ヲ卷込ミタル右腕ヲ解シヨキ爲ニ此處ヲ出スナリ故ニ直チニ次圖ニ續クベシ　乙ハ下襟ヲ取レ腕ヲ延バシ喉締ル故ニ顔ヲ左ノ方ヘ一寸向ベシ

行連レ　右壁副其四

正面寫圖

前圖ヨリ續キ我レ下腹ニ力ヲ入腰ヲ張兩腕ヲ締テ向ヘ押出セバ敵ノ體亂ル故直ニ左膝ヲ突キ右足ヲ横ヘ開キ徐々兩腕ヲ締ルベシ　乙ハ左手ニテ負ヲシメシバ甲ハ兩手ヲ放シ双方對顔シテ殘心附テ　形終

○此ハ揚心流ノ形手ノ内ヲ出ス處ナリ

行連レ　捕ロ後其一

右ヨリ寫圖

此形ノ出方ハ甲乙共同處ヨリ出ル敵カ先ニナリ甲者ハ後ニテ甲ノ發聲ヲ乙答ト共ニ二尺餘間アケテ雙方共ニ下腹ニ力ヲ入テ進ミ出ルベシ中央迄出テ乙ハ右ニ甲者ノ顏ヲ見ルベシ其樣圖ノ如シ　兩股立ヲ摑ミテ出ル處ナリ直ニ止ルヤ右足ヲ右ヘ引ナガラニ右拳ヲ振上テ甲者ヲ見込テ　次圖ヘ續ク

行連レ　後ロ捕其二

左斜メ寫圖

甲者ハ敵ヨリ右拳ヲ振上

既ニ打込ム乙者ハ右足ヲ蹈込甲者ヲ右拳以テ同時ニ打込ベシ故下腹ニ力ヲ入テ右手ヲ横一文字ニ受留メテ敵ノ左腰ヲ左手ニテ抱込ミ直ニ次圖ヱ續ク　△此乙者打込ニ五指ヲ揃テアルハ圖ノ方ガヨロシク爲ニ最モ誤ヲ出ス

行連レ　後ロ捕其三　正面寫圖

甲者ハ敵ノ打込手首ヲ右手ニテ摑ミ我前ヘ右足ヲ右ヘ大キク開ト同時ニ敵ノ體ヲ强ク引ハ乙者ハ亂テ引レル故直ニ左足ヲ乙者ノ脊後ニ蹈出シ同時ニ左手ヲ差延シ敵ノ左横腹ヘ我ガ體ニ引附敵ノ體ヲ我左股ニ乘掛ケレハ敵ノ右足ガ浮上ル故右手ヲ以テ乙ノ右足ヲ押上左手ハ充分ニ左ヘ廻シ腰ヲ下ケテ下腹ニ力ヲ入直ニ次ヘ

行連レ　後ロ捕其四

正面寫

敵ノ躰崩レタルヿ故我ガ體ヲ腰ニ力ヲ入左手ハ左下ヘ廻シ　右手ハ足ヲハヲ上ルト同時ニ（ヱイヤ）ト腰ト兩手ノ三拍子揃ヘテ後ヘ投ルベシ　乙ハ早ク手ヲ打起上リ殘心ヲ附形終

○此ハ各流ヨリ取合シテ成タル處ナリ尚今回久富今泉兩先生ト余ノ修正ヲナシタリ

陽ノ離レ　其一

左正面ヲ寫圖

此形ハ最初ノ出方ト同シヿ雙方其場所ノ中央迄進出テ三尺距離ヲ量リテ對顔ス　甲者ヨリ乙者ヘ仕掛ルベシ　甲者ハ右五指ヲ固メテ右足ヲ一歩蹈出ス同時ニ乙者ノ兩眼ノ間ヘ突出スベシ　乙者ハ此ヲ見テ左足ヲ左ヘ一寸下リ直ニ次圖ニ引續クベシ

△此ノ袴ハ甲者ノ袴ト乙者ノ袴トガ間違ヒ畫師ノ誤ニ附島袴ガ乙者ニテ二圖ヨリハ島ノ袴ガ乙者ニ相成候間是ヲ正誤ス

陽ノ離レ 其二 左正面寫圖

甲者ハ敵ヘ右手ヲ固メ敵ノ眼中ヘ突出セバ直ニ乙者ハ左手以テ五指ヲ揃ヘ左ヨリ横ヘ拂落同時ニ右足ヲ一寸引右拳ヲ以テ圖ノ如ノ様ニナシ既ニ甲者ヘ打込様ニナル　甲者ハ右腕ヲ拂ハレ敵ガ右拳ヲ振上ゲルトタン直ニ敵體ニ抱附ベシ其様次圖ニアリ

陽ノ離レ　其三

正面ヨリ寫圖

敵ガ右拳ヲ振テ居ル所我レ左足ヲ深ク蹈込左手ヲ以テ敵ノ體ヲ背ヨリ抱込右手ハ敵ノ左股エ押當我右足ハ敵ノ左足先ニ押止直ニ次圖ニ續クベシ

乙モ振上タル右拳ハ甲者ニ抱止ラレタル故打下スヿナリガタク

陽ノ離レ　其四　左リ斜メ寫圖

敵ヲ抱込ト同時ニ前書畵ノ如クニナシタル儘ニ我レヨリアヲ向ケニ返リ横ヘヒ子リ（俗ニ亂捕ニテ横捨身ノ形ナリ）右手ハ敵ノ左ノ股口ヲ押我ガ左手ハ敵ノ背ヲ抱組タル儘ニ敵ヲ向ヘ我レヨリ横ニ倒レ乍ニシテ投ルナリ直ニ次圖ヘ續ク

乙方ハ躰ヲ輕クシテ左リ手ヲ打チ早ク向ヘ返ルヲ心得ナスベシ此ノ形ハ實地ニ好ク出來テモ實ニ畵筆ニハ六ツケ敷者ナリ

陽ノ離レ　其五　正面寫圖

此ノ處ハ甲者ニ投出サレタル處圖ナリ　乙者ハ乙者ハ左手ヲ打チ倒レタルナリ　乙者ハ直ニ起上ルニモ左リ膝ヲ突キ右膝ヲ立甲者ト對顔シ殘心ヲ附テ　眞ノ位ノ第三圖ノ搆ヘヲナスベシ　最モ此處ハ乙者ガ先ヘ畫ガ出テアルハ甲者ニ投ラレタル處ヲ見ヨ

〇甲者ハ敵ノ體ヲ抱込我身ヲ返リ兩手ニ押ハヲ左向ヘ敵ヲ右足ヲ添ヘテホウリ投ルナリ我レハ一時ハ寢コロブトモ直ニ此ノ圖ノ如クノ搆ヘニテ殘心ヲ附此形終ル直ニ雙方共ニ元ノ座ニ附禮ヲナシテ十六手ノ拳法ノ形　終ルナリ

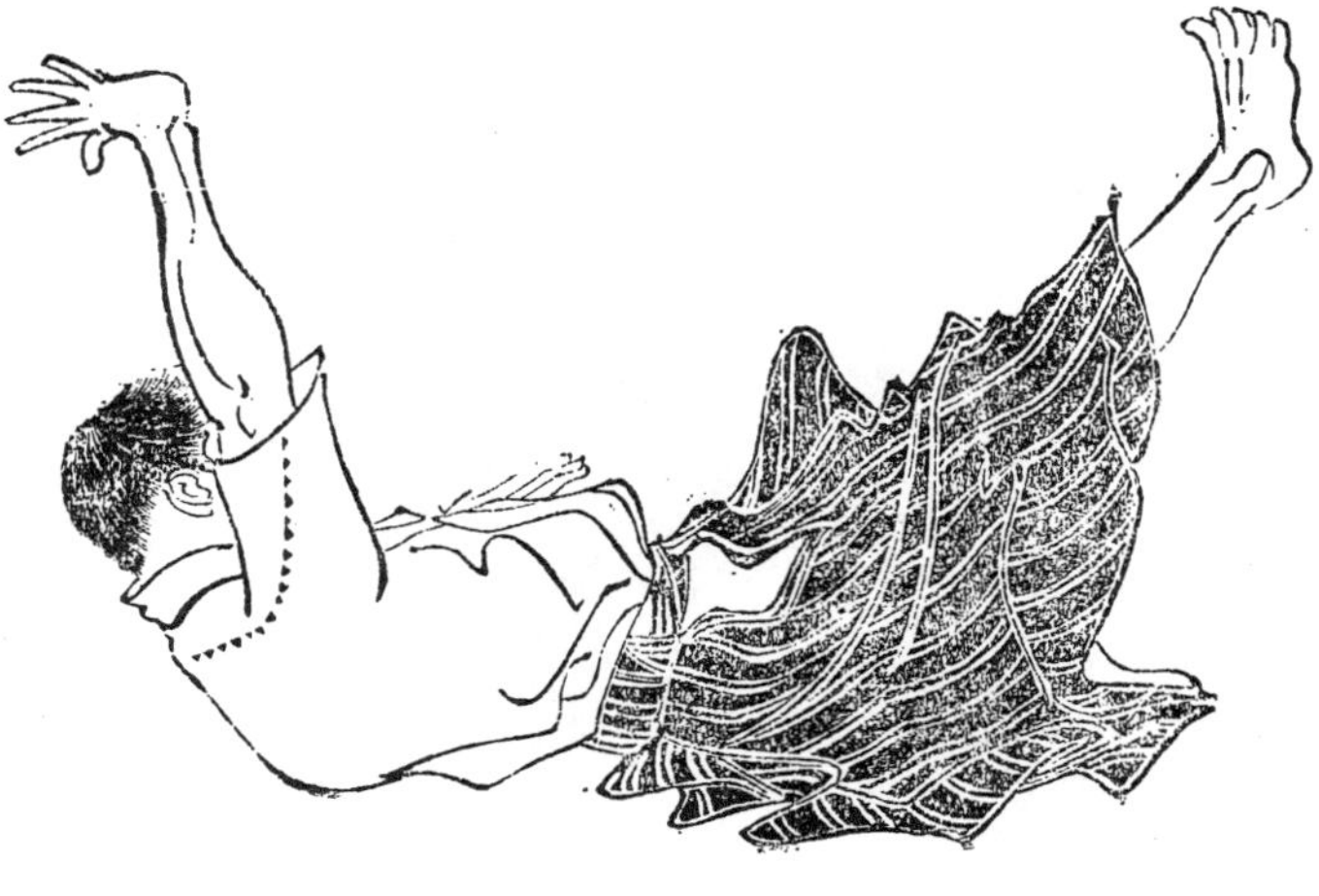

○此ハ元扱心流ノ手ノ内ヲ修正ヲナシテ出シタル者ナリ
最モ此ノ柔術ノ形ハ筆ニ書不畫ニ見セ不實ニ此度形ハ畫工ノ動ト云ベシ　猶久富大先生ノ望ミニハ我レ覺ヘタル亂捕ノ新案妙手ヲ表裏ノ形ニナシ此ノ本ニ引續キ出版ヲ余ニ談話有之尙畫師ニ實地要所ノ圖畫ヲ摸寫ヲナサシメ拳法同樣ニ何人ニモ解シ好ク又何流議ヲトハズ極意ノ妙手ナレバ出版ノ日ヲ待尙賞セラレンヿヲ望ム

早繩捕縛圖解注意

總テ早繩ニハ種々アリ其數多クシテ大略實地必用ノ處ヲ記シ尙捕繩モ左ノ如ク流儀モアリ其種類ハ實ニ數ヘ難キ故四五種肝要ノ處ヲ記ス處最モ是ニ記載アル處ハ此ノ拳法ノ形ト同時ノ頃ニ警視廳ニ於テ各先生試驗ノ上挿畫ヲ以テ記載セシ者ナリ　早繩ノ心得注意ヲナス可キ者ハ警官ノ外ハ猥ニ人ヲ捕縛スベカラス我レニ武術ノ心得アリトシテ野山ニ行不意盜賊ニ出合組臥テモ必本繩ヲ掛ルベカラズ假ニ縛シ置テ其近邊ノ警察署又巡査ノ交番處ニ訴ヘルベシ又宅ニ夜盜忍入タル𪜈前ニ同

○捕繩製造法ハ痲苧ヲ極柔ラカク打三ツ緒ヲ綱ミ細キ方ヲ好トス最モ繩ニ定法アリ早繩ニハ通常三尋半、五尋半、七尋半ヲ製スルナリ本繩ハ十一尋以上モアリ繩ノ色ニ註解アレ共別ニ必用無之爲ニ略ス又余ガ著ス柔術劍棒圖解及武道圖解秘訣ニ本繩圖解アリ故ニ現今必用ノミ記ス次回ニ壹章每ニ挿畫ヲ以テ詳細ニ記載スレバ其說明ヲ艮讀セヨ

◎鈎縄圖解 脊寫圖

鈎《カギ》縄ヲ製造スルニハ第一鈎ハ双金ヲ以テ挿畫如クニ造リ寸法ハ一寸五分位ヲ善トス盗捕縛ノ切亂暴ヲナセバ耳ニ掛ルヿモアリ襟ニ掛タレバ手ノ掌ヲ抱合ニテ縛ルベシ

手節ト節トノ間ヲ凹タル

鈎縄其一

處ヲ二巻迴シテ左右ノ手開キ割リテ直ニ横ニ二巻迴シ襟下八寸ノ處ニテ是ヲ垣根結ビニシテ結止ルナリ最モ罪人ノ帯ヲ好ク締メチクベシ萬一鈎縄永クシテ殘レバ腰ニ巻附テモ善トス

鈎縄圖解其二

捕縄圖解 其一 左斜メ寫圖

早縄捕縄モ捕押ヘハ挿畫ノ如ク成盗ヲ捕ヘルニハ盗賊ノ右手先ヲ摑ミ腕ノ節ニ左手ヲ添ヘ盗ヲ組臥テ其節ニハ我右腕ニ挿畫ノ環ノ處ヲハメ置テ盗ノ右手ニ我手ヨ

ノ縄先ヲ環
シテ通シタ
ヲル處

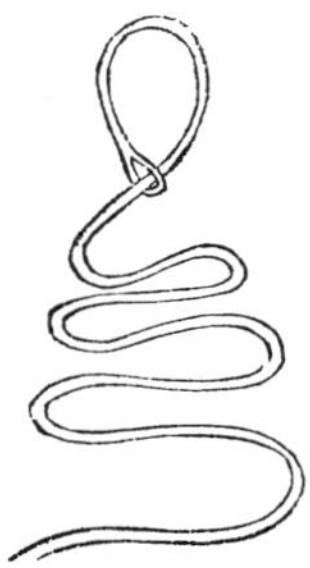

リ盗ノ手ニ運シ左膝ヲ盗ノ袴腰ニ押當右手ヲ曲ゲ盗ノ左肩口ヨリ腮ニ引掛ヌ様ニ咽ヘ廻シ次圖ノ如クニナスベシ

捕縄圖解 其二 左正面寫圖

左ヨリ右ヘ廻シ盜ノ咽ヘ掛ケテ萬一盜亂暴ヲナス時ニハ右足ヲ盜ノ右二ノ腕ニ蹈附左手ヲ折リ曲ゲ左手首ニ二巻縄ヲ附テ直ニ次挿畫ノ如クニ結ビ附テ又第三第四第五圖迄ニテ終ル最モ此縄モ襟元七八寸下ノ處ニテ結ブ

○此形ハ元武藤迪夫先生及今泉八郎先生大竹先生其他各流ノ試驗ノ上ニテナシタル處ナリ此圖ハ今泉先生余ヲ縛シタル處ヲ安達吟光摸寫スル圖ナリ

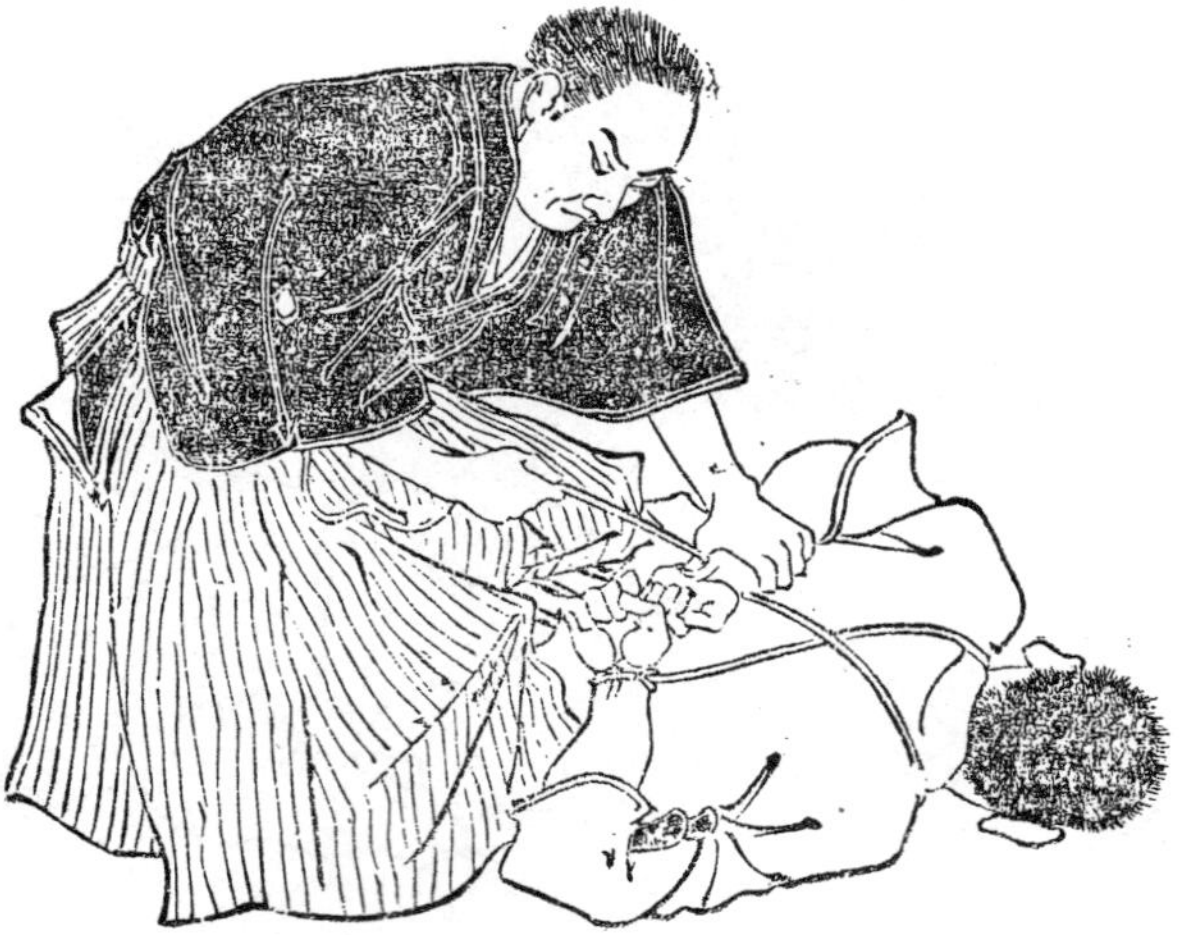

捕縄圖解 其三四五 左斜メ寫圖

第三圖解第二圖ニ手首ニ卷廻シ直ニ手元ノ第四ノ如ク左手ノ方ヘ廻シテ引締直ニ第四圖ノ如クニ二本同一ニ又通シテ兩手首ニヘ寄ルテ直ニ

第三圖

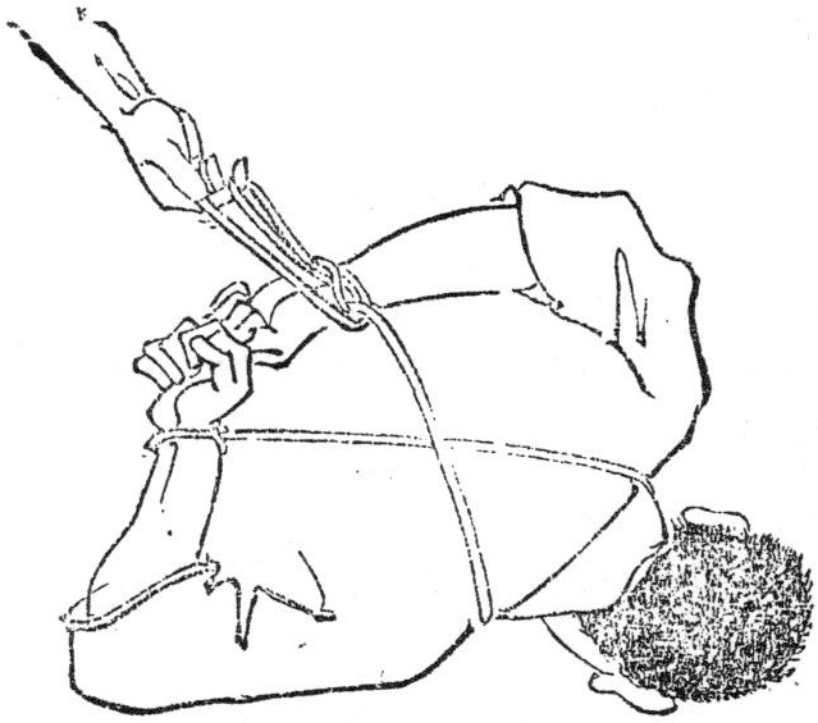

第四圖

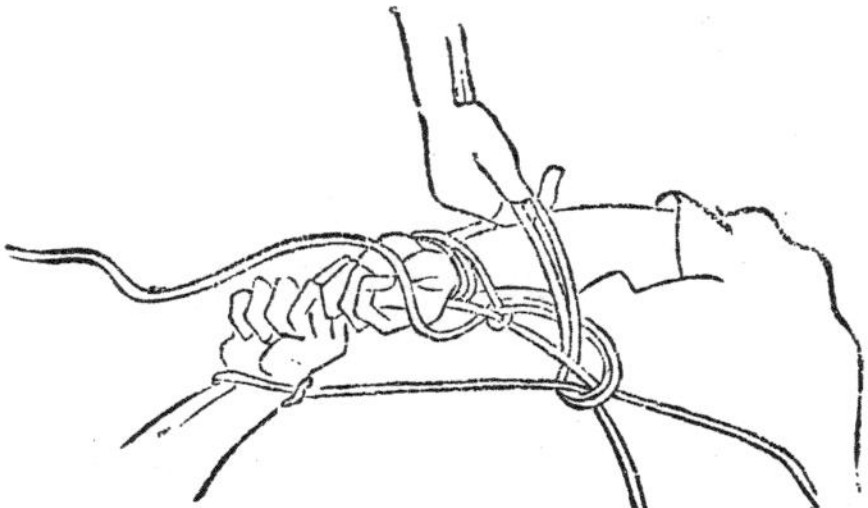

第五圖

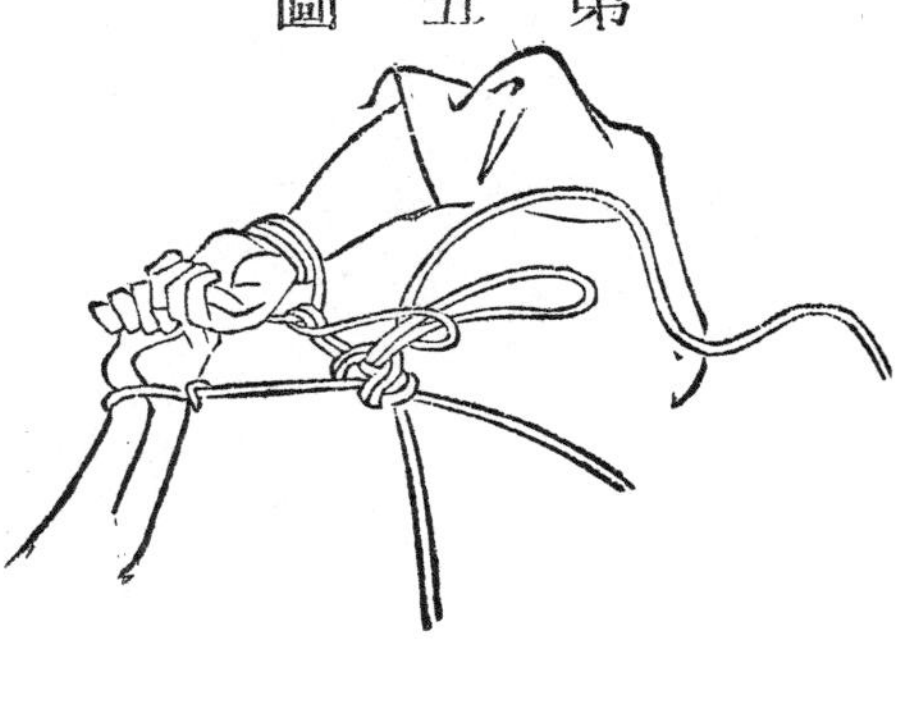

第五圖ノ如クニ尚好ク締メテ手先ヲ重ネテ縛ルヿヲウルベシ最モ形ハ四五ノ處ニ頭無トモ縄ノ處ヲ肝要故此處ヲ記スナリ

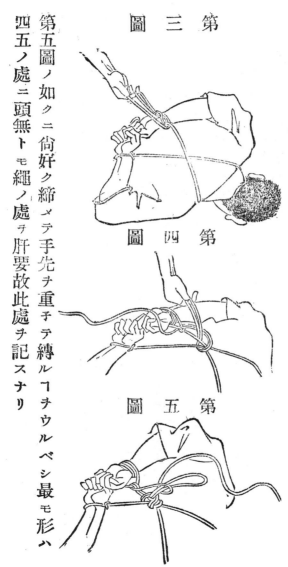

早繩圖解 其一 正面寫圖

此捕繩ハ二筋ニテ手首ニ圖ノ如クニ掛盜ヲ倒シ其上ニ馬乘ニ股ガリ暴動ヲナス時ハ右耳下ノ處ヲ俗ニ獨古ト云處ヲ右拇指ノ先ニテ強ク押附テ左手ヲ曲ゲテ捕縛スベシ直ニ第二圖ノ如クニウツルベシ

○最モ此ノ形ハ大原正信先生關口流ノ捕繩ヲ講修シテ出シタル者ナリ

△尚盜亂暴ヲナス時ハ前ノ如ク二ノ腕ニ足ヲ掛ケ蹈附ルモヨシトス

早縄圖解 其二 寫圖ノ處ハ前ニ同

第二圖解

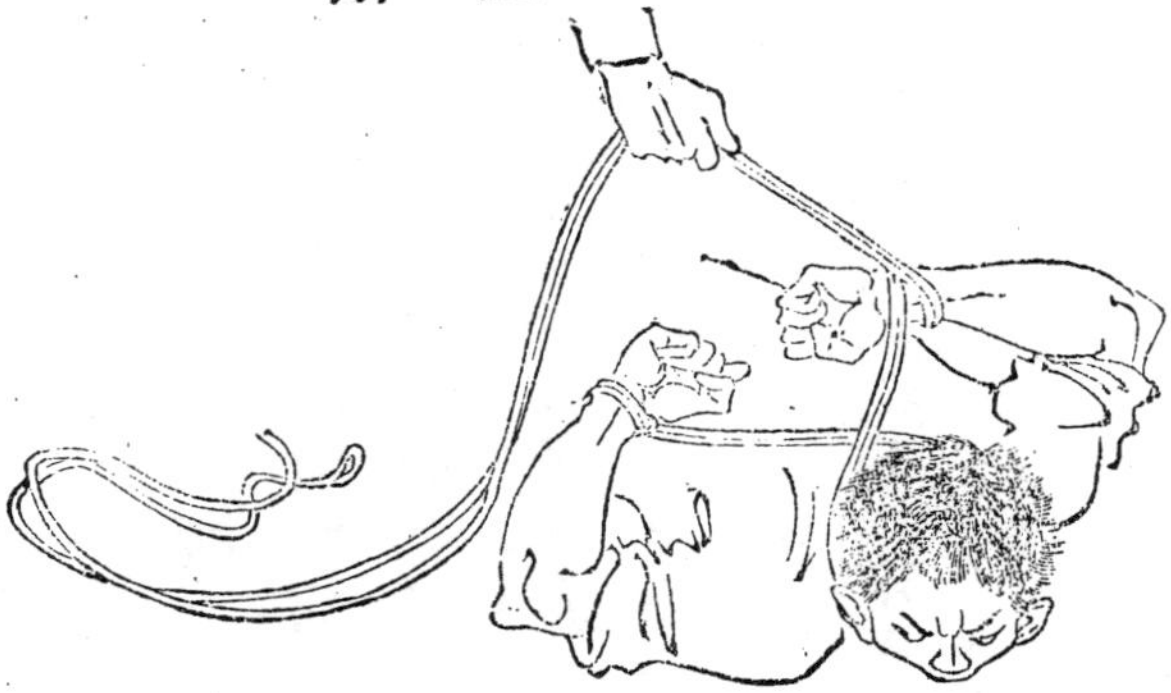

此ノ如クニ左リ手首ニ巻附レバ第三圖ノ如クニ手ヲ引締メテ襟下八寸ノ處ニテ縛リ抱起スベシ最モ此形ニ於テハ一筋ノ縄ニテ縛リ乗タル時ニハ二重ニテ縛ル處ヲ出スナリ第三圖ノ如クニテ終ル

第三圖解

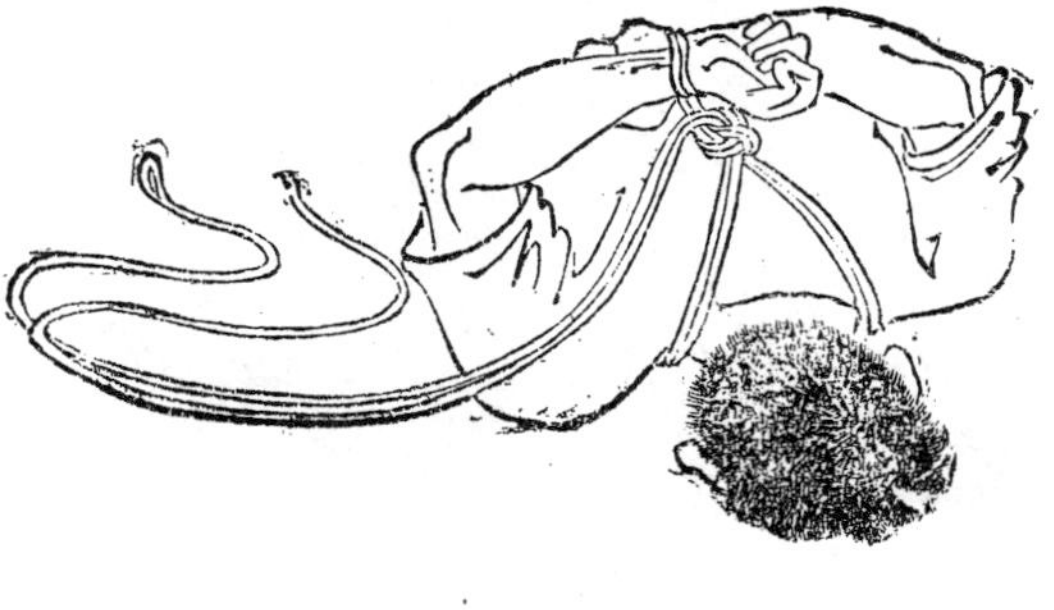

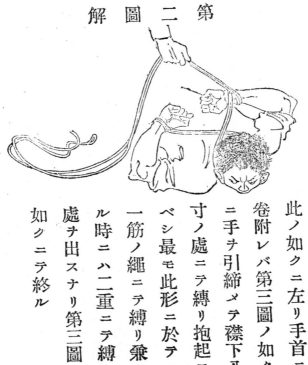

捕繩圖解 其一 右正面寫圖

此捕繩ノ圖解ハ押ヘ方ハ各前ニ同ジヿ直ニ盜ヲウツ向ニ倒シ左リ足ニテ盜ノ二ノ腕ヲ强ク蹈附テ前ノ如ク左肩口ヨリ咽ヘ廻シテ引掛ケ左手首ニ二卷廻シテ結ビ附ルベシ最モ此レハ酒ニ醉ヒ亂暴ナス者ヲ縛スルニハ第二圖ニ及ヒ第三圖ノ如クニナスベシ

此形ハ故逸見宗助先生家傳立見流捕繩形ナリ

捕縄圖解 其二 寫ノ處ハ前ニ同

第二圖ノ如クニナシ締縛タレバ其儘ナシ置ベシ萬一亂暴ヲナス時ハ直ニ縄ノ殘リヲ以テ第三圖ノ如ニ左右ノ内足ノ拇指一本ニ結附ルベシ倒シ置バ醉ノサメタル時ハ解クベキナリ警視廳ニ於テ各流先生ノ良法ヲ出ス處ヲ記シヌ

第二圖解

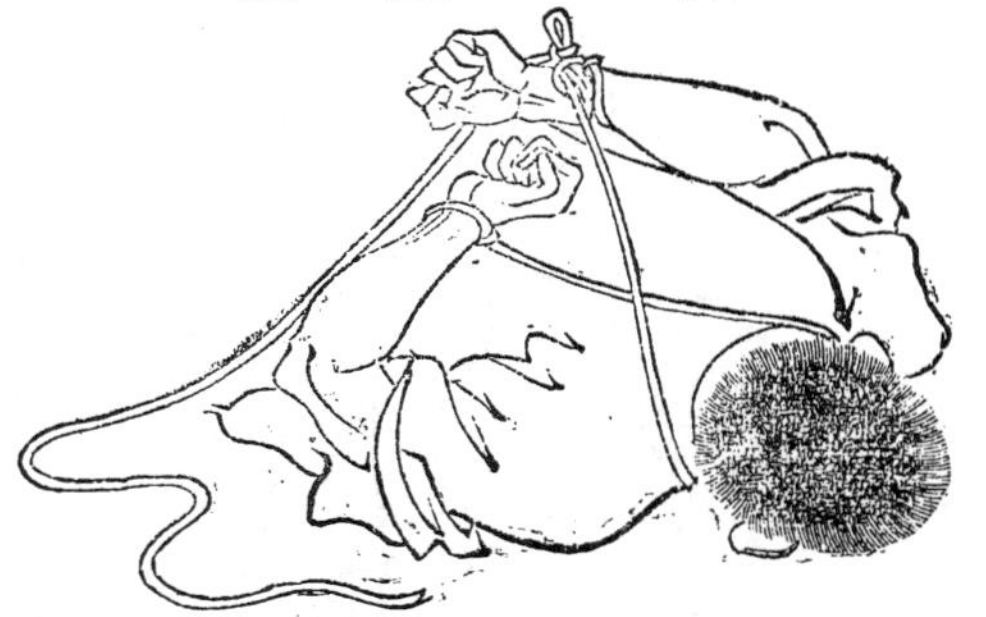

第三圖解

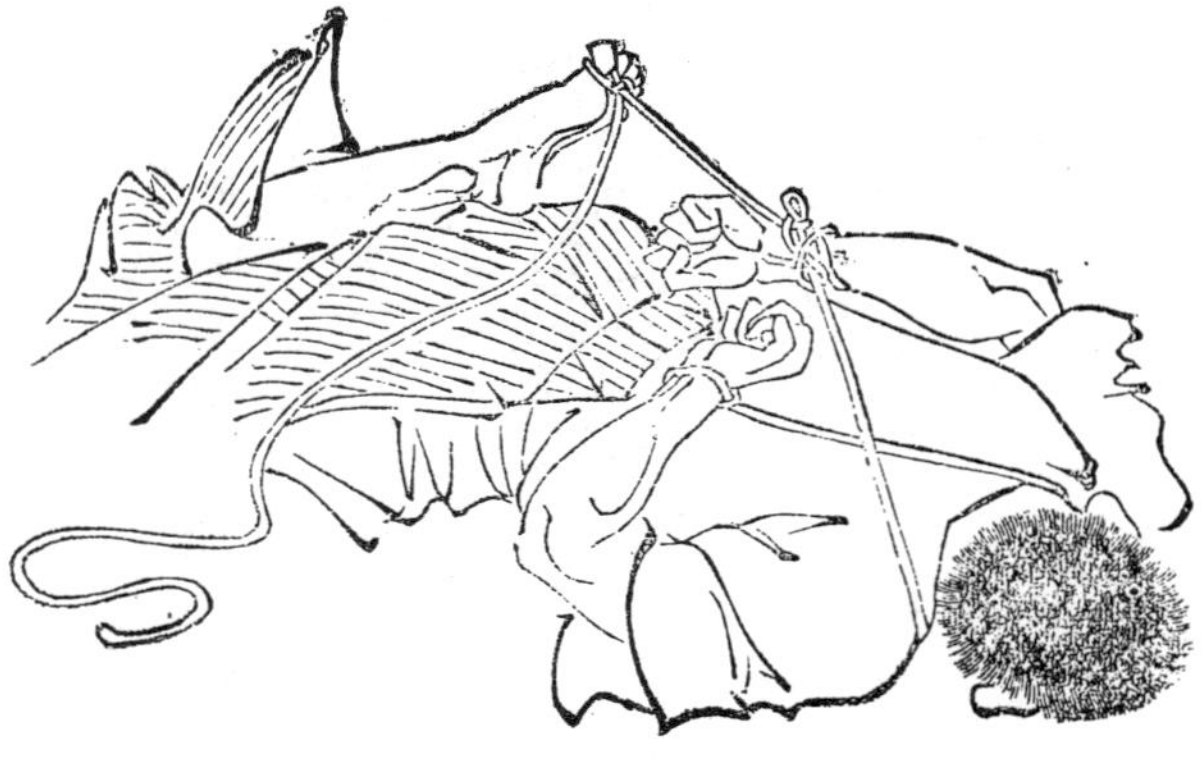

早繩圖解 背寫圖

此ノ早繩ノ製造方ハ麻苧極上等又絹絲ノ太キヲ用ヒ又元結紙緒ニテモ多勢ニテ繩ノ間ニアワザル時ニハ圖ノ如クニ縛ルベシ最モ第一圖ノ如

第一圖

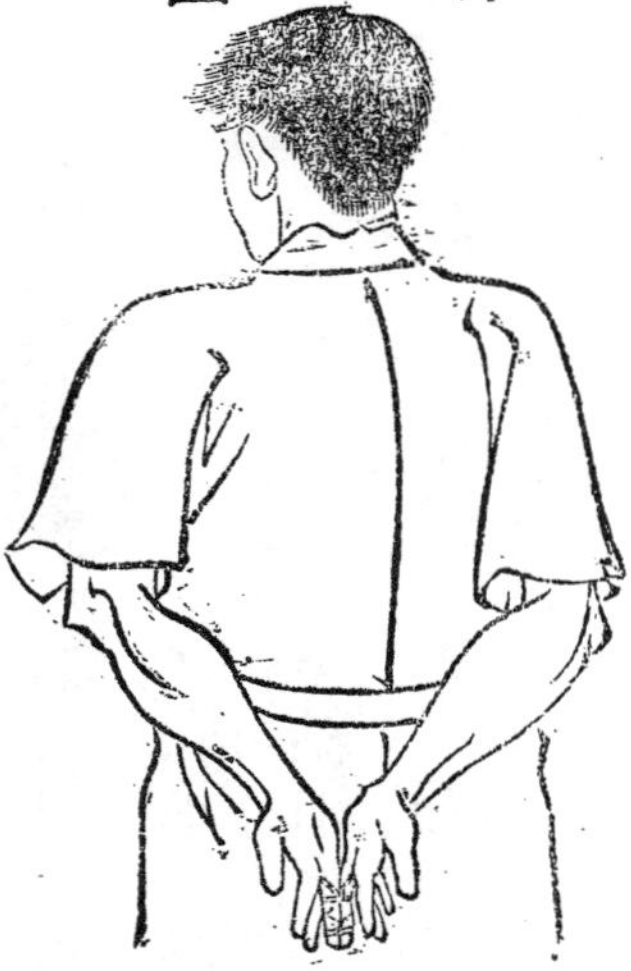

第二圖

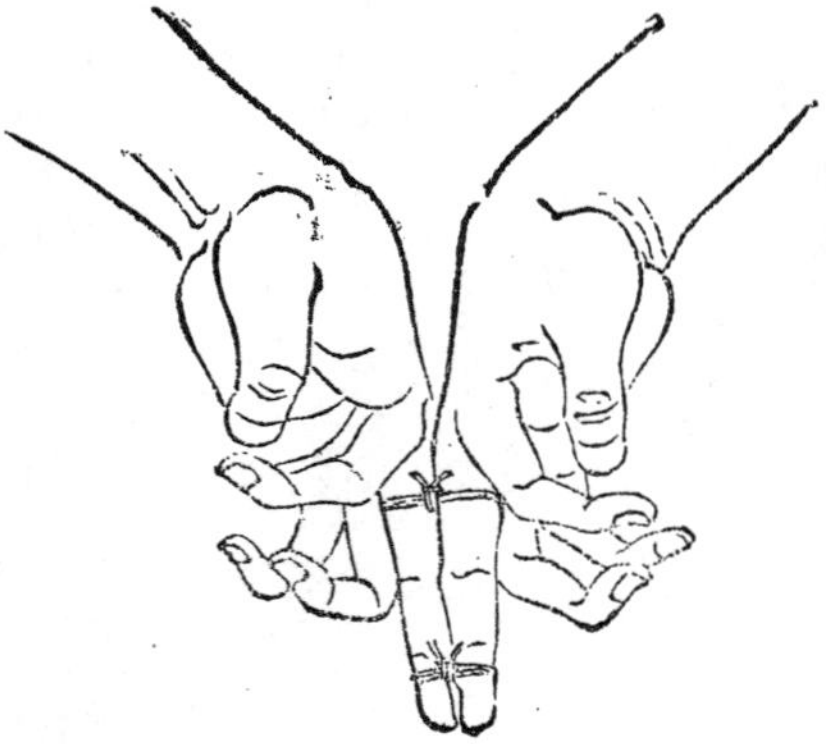

ク手背ヲ合シ第二圖ノ如クニ中指ノ附根ト先節ノ處ヲ堅ク結ブベシ最モ博徒又一揆ナゾニハ繩ノ不足ノ時ニ前書ノ如ク五寸七寸一尺迄ヲ用ヒルナリ○此形ハ水野流ニテ國重重信先生ノ講修スル處ナリ

早繩圖解　脊寫圖

此ノ形ハ兩拇指ヲ脊ト脊ヲ合シ充分ニ結附直ニ襟ニ通シ圖ノ如クナシ結附七寸繩ヲ用ヒタル處ナリ最モ急場ニテ繩ノ手廻リ兼ル時ハ前條ノ五寸繩ニテ好シトス其役等者ハ常ニ絹糸ノ太キ處ヲ人血ヲ以テ五寸七寸一尺等ヲモ製造シテ置キ柔ラカクナシ置ク急場ノ切ハ是ニテ充分ナルヿアリ

總テ繩ノ流儀ニ依テ此位多者無シト故ドモ其法ハ類ノ多イ丈ニテ長繩ヲ用ユルニアラズ故ニ此度著ス處ハ實地必用之處ヲ著ス者ナレバ各先生等ニテモ是ニテ充分ナルヿヲ余ニ聞セラレタル故大略ヲ記載ハ此餘ノ處ハ前ニ記シタル貳書ニアリ

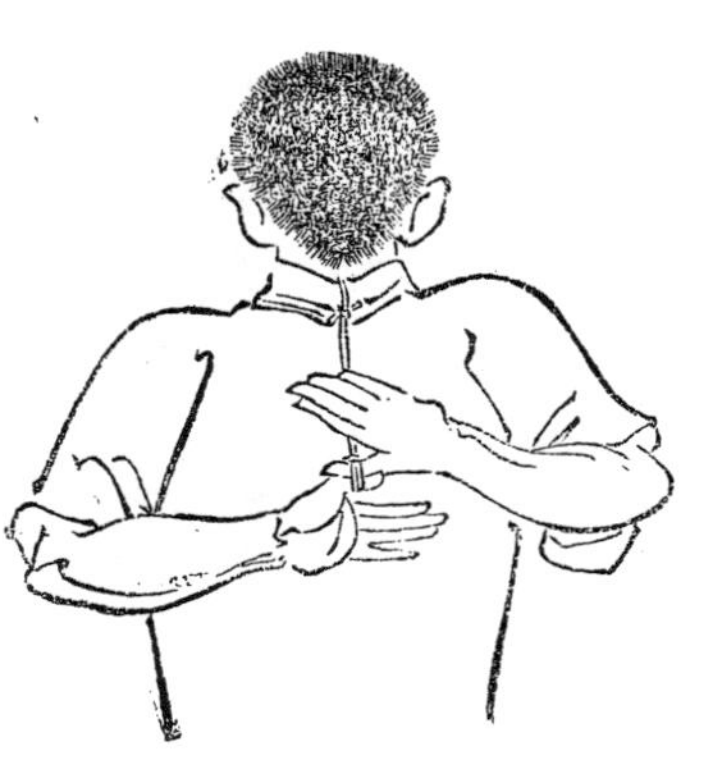

手錠繩圖解

盜賊及ヒ重罪ノ者ハ手錠ヲ掛タル上ニ繩ヲ以テ縛シ此ヲ腰ニ巻附ルヿモアリ第一圖ノ如ク左手ニ繩ヲ一ツ環ニシテ内ヨリ一二ト二ツ巻

第一圖

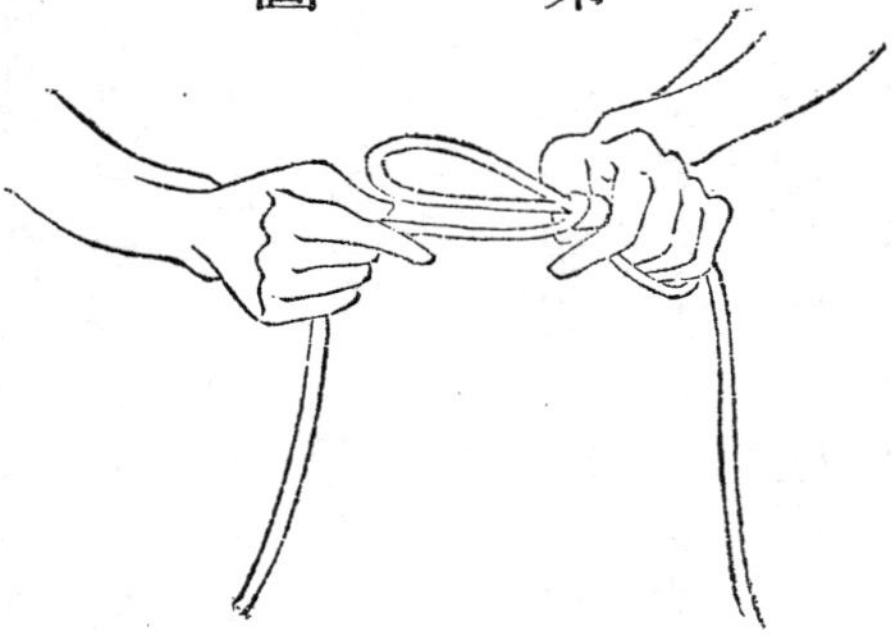

第二圖

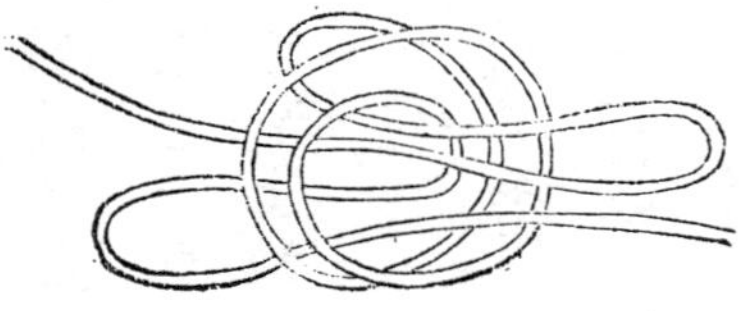

第三圖

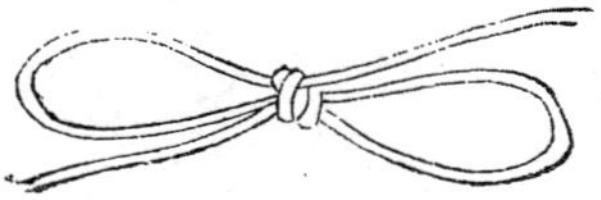

第二圖ノ如クニナシ兩手首ニ掛ケテ繩ノ兩端ヲ持テ引バ第三圖ノ如クニ締ル故手錠ノ下ニテ垣根結ニナスベシ都合ニ依テ二重三重巻ヿモアリト知ベシ

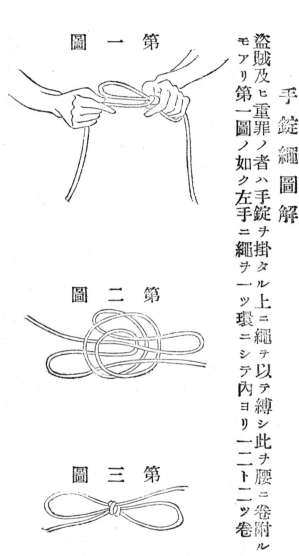

活法圖解注意

總テ活法ヲ施スニハ武術ヲ好ム者ハ專要ノ處ナリ最モ此術ハ實地ニ當リ其時ニ此術ノ役ニ相不成バ其功無シ故ニ活法學ニハ常々ノ稽古ニアリ毎日氣合ヲ入勇氣ヲ以テ充分ノ働ヲナスヿ肝要ナリ只働トハ死者ニ向ヒ胸動氣ヲナシ水死、絞縊、落馬等各速死ヲ助ケルニハ我ガ心ヲ靜メ其死者ノ救助法ニ注意スベシ最モ柔術家ノ秘密口傳是レアリ活法ノ内ニモ其死ニ依テ術ノ施シ方モアリ是最モ注意肝要ノ第一トナス柔術先生ニ於テモ目錄以上免許ニ相成秘傳ノ殺活ヲ許ス者成バ此書ヲ見タ斗リニテ死者ニ向ヒ充分ノ稽古ヲ成サル内ニナスベカラズ著者堅ク禁シ置者也余ハ最モ幾度モ死シ又他人ヲ活法ニテ蘇生サセシヿ數回アリ最モ初心ノ者ニハ其術ノ功ナキハ氣合ノ不入ト手足ノワザ通シ難キガ爲ナリ故ニ柔術稽古ヲ專務シテ活法術ヲ施ス稽古ヲスベシ

次回ニハ死相ノ圖解ヨリ各流ノ活法圖解有之ト雖余ガ前述ニアル殺活自在接骨療法柔術生理書ニハ當身活法術ヲ詳細ニアリ尚此書ニモ有リ

死相膽圖解

總テ即死首絞リ高キ處ヨリ落馬等ニテ氣絶ヲナシタル者假死者ニ向ヒタレハ直ニ右脇ノ處ヘ圖ノ如ク左膝ヲ突キ右膝ヲ立(足ハ利ク方テ何レニテモ宜敷ナリ)死者ノ兩手ヲ臍ノ下ノ所ニ重テ靜ニ死者ヲ視ルベシ是最モ肝要ノ處ナリ第一死者ノ樣子ヲ能ク閲其上ニテ打處ヲ視テ眼中ヲ視ル口ヲ開キ水月熱ミアルカ脇ノ下ニ脉ク有バ必蘇生ナス者ナリ其廻リヲ靜ニナシ左リ手テ枕ニナシテ抱起シテ次活ヲ施スベシ最モ首絞死ハ糞ヲ垂レ居ルカ舌先ヲ鹼バ術ノ功ナキ故ニ先ニ死相ヲ視ルヿヲ勉ムベシ

活法圖解　不容巨圖

此法ハ圖ノ如クニ假死者ノ右側ニ前圖ニ引續キ抱起シタル處ナリ直ニ高キ處ヨリ落胸部輕ク打タル位ナレバ左手ヲ死者ヲ左肩口ニ抱込我レ口ヲ結ビ下腹ニ力ヲ入充分ニ氣合ヲ入臍ノ下二寸斗リノ處ヲバ右手ノコバニテ(エイ)ト押附レバ兩三度ニテ蘇生ナス者ナリ最モ此ハ極輕キ處ナリ（手ノコバトハ五指ヲ揃ヘテ横ノ處ヲ云ナリ）以下ハ次第ニ六ケ敷クナルヿ故充分ニ注意スベシ

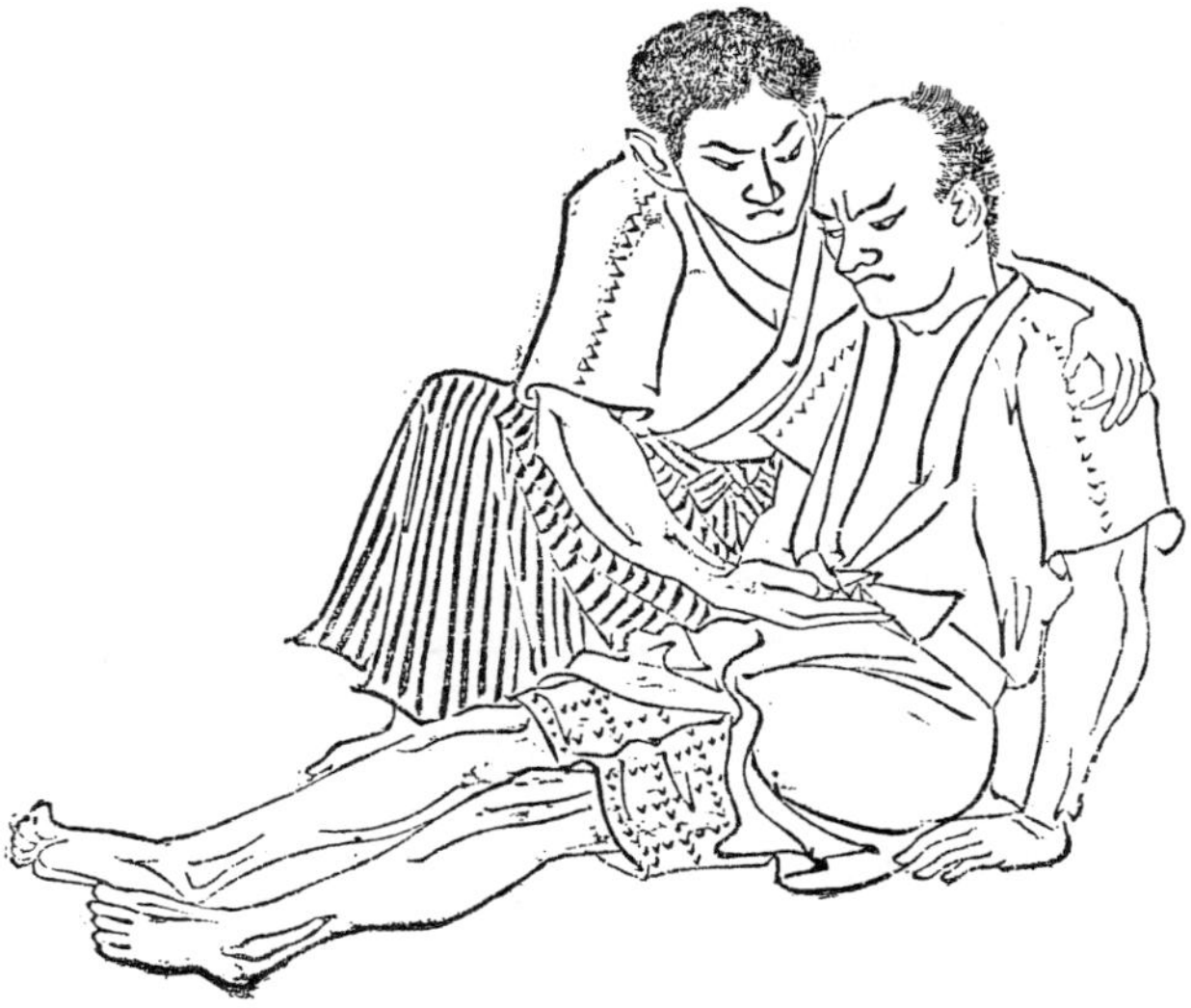

活活圖解 心命活 其一 左脊寫圖

前ノ死相ニ續ク抱起シテ死者ノ脊後ニ廻リ直ニ死者ノ胸部ヲ摩擦ヲ能シテ左足ヲ後ヘ引右膝ハ死者ノ脊骨上ヨリ第五六節ノ處ニ膝頭ヲ押當兩手ヲ第二圖ノ如クニナシ下腹ニ力ヲ入口ヲ結ビテ兩手先ヲ重テ臍ノ下二寸餘ノ處ニ押當三拍子我ガ意氣ヲ死者ニ移ス心持ニテ直ニ氣合ヲ込（ヱイ）ト膝頭ヲ下ヨリ突アゲ兩手ハ下附ナガラニスクヒ上ル樣ニナシ活法ヲ施スベシ

右膝頭ハ死者ノ脊骨ヨリ一寸斗リ右ヨリヲ善トス又女ハ左ヨリヲナスベシ

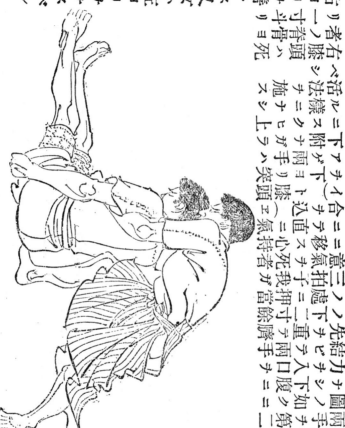

活法圖解　心命活其二　正面ヲ寫圖

前圖ノ如クニ左リ斜メ脊ヲ見セタル處ナリ第二圖ハ正面ノ處ナルヲ記ス

第二圖解

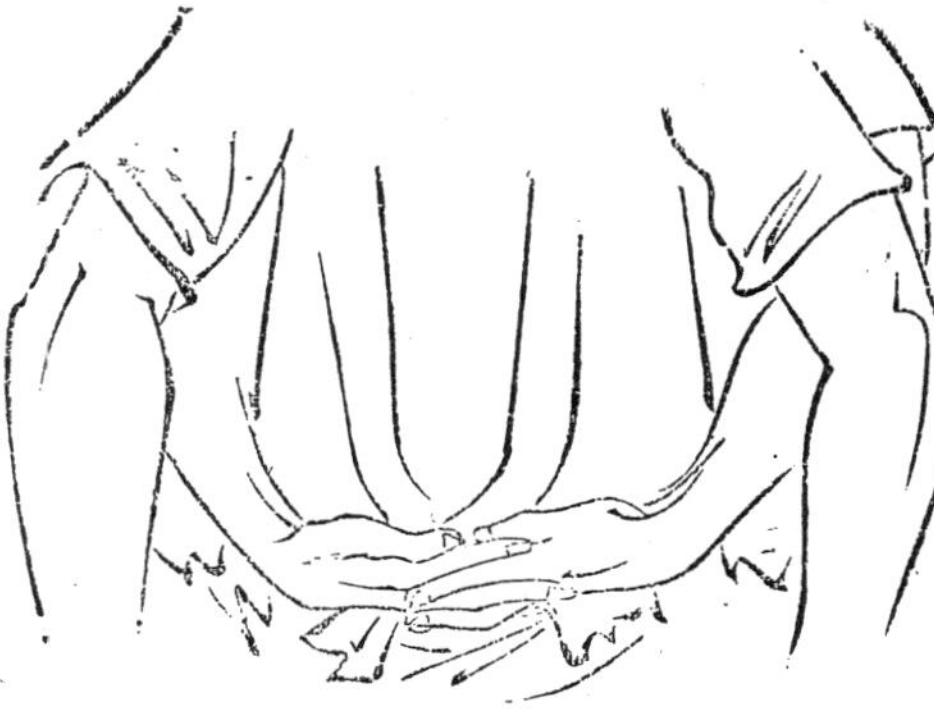

五指ヲ重ネテ組合シテモヨシ死者ノ脇ノ下ヨリ兩手ヲ差入臍ノ下ノ處ニ押當タル樣ナリ第三圖ノ如クシテ術ヲ施ベシ最モ指ノ利方ノヨキ方ニスベシ二三度施シテ功無キ時ハ四五度モ施シ又他ノ活ヲ入テモ視ルベシ最モ注意ヲナスベシ極靜カニシテ自分モ心ヲ靜メテ術ヲナセ

第三圖解

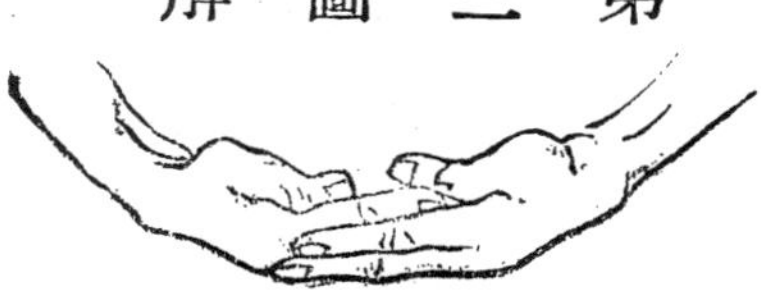

活法圖解 誘活左横寫圖

此ノ活法ハ死者ノ左側ニ左膝ヲ突キ右膝ヲ立テ兩足先ニ力ヲ入左足先ハ爪立ヲナシ左手ニテ死者ノ左肩下ヲ抱込ミ右手五指ヲ揃エテ首筋ノ第一脊骨ニ中指ノ先ヲ當テ下腹ニ力ヲ入テ外ハ前條ノ如ニテ(ヱイ)ト掌ノ下ニテ第五六脊骨部ノ右寄ノ處ヲ突上ルト同時ニ點線ノ如クニ死者ノ顏ヲ仰向ク様ニナスベシ最モ生理書ニ詳細ニ陰嚢ノ外ハ此活ニテ蘇生ナス最モ前條ノ心兪活ト此ノ二種ニテモ善トス

活法圖解 臍命活 左正面寫圖

此活ハ死相ヨリ引續キ死者ヲ抱起シテ右膝ヲ突キ左膝ヲ立圖ノ如ク死者ノ右側ニ搆ヘ左掌ニテ死者ノ誘活ノ處ニ押當右手ハ指ヲ中指ニ食指ヲ重テ揷畫ノ如ニナシ臍ノ下二寸餘ノ處毛ノ生基ノ處ニ押當死者ノ顏ヲ下ヨリ視上ゲテ左掌ト右指先ニ力ヲ入(エイ)ト右手ヲ押込樣ト左ハ活處ヲ押テ死者ノ顏ヲ仰向ク樣ニナシテ術ヲ施スベシ最モ此活法ハ元各流ヨリ出タル處ナレ共久富先生尙修正ノ處モアリ他ハ前書ニ仝シ故ニ之ヲ畧ス

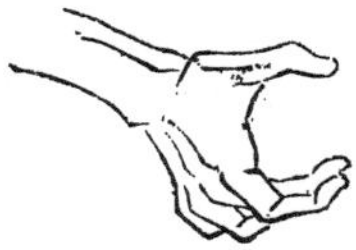

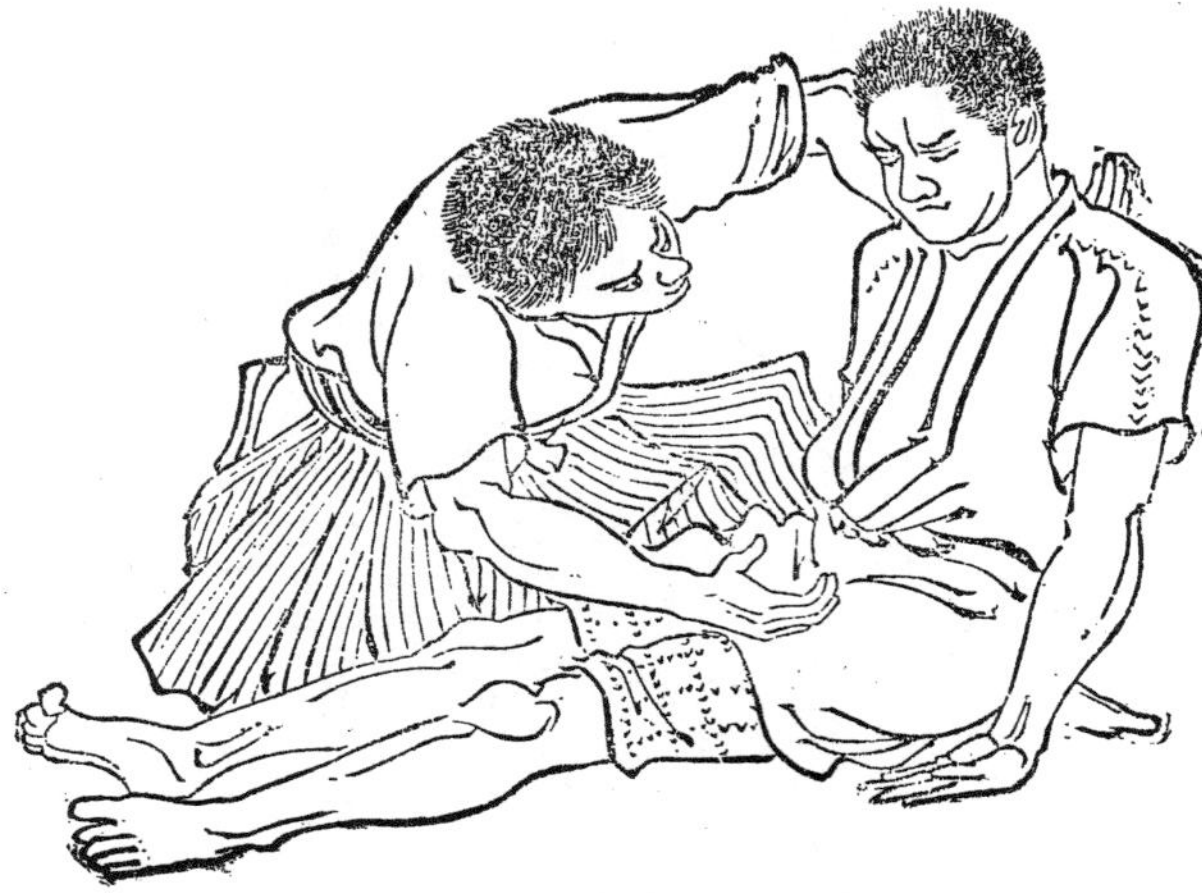

活法圖解 心臟活法　橫左寫圖

此活モ種々施シタル後チ尙術ヲ施スベシ最モ此活ハ大事ノ活故口傳アリト云ヘドモ實地ニ能クキクナルガ充分之練麿ノ上ニテ施スベシ死者ニ股ガリ右膝ヲ突キ左ヲ立膝トナシ兩手ノ指ヲ組合シ死者ノ首ヲ抱ヘ込兩肘ヲ死者ノ水落ノ處ニ押當(ヱイ)ト聲ヲ死者ニ我カ意氣ヲ死者ニ呼吸ヲウツス樣ニナスベシ此活ハ成丈後ニナスベシ最モ練磨ノ上ニハ極意ノ處故早ク蘇生ナス者ナリ天神眞揚流ナゾニテハ目錄以上ニテ師ヨリ許ス者ナレバ其心得ニテ實地ニ施スベシ

活法圖解 裏活左正面寫圖

此活ハ死者ヲ腹歩ニ寐シテ股ノ處ニ跨ガリ左膝ヲ突キ右膝ヲ立死者ノ裏腰ノ處ヘ挿畵如ク兩掌ヲ以テ點ノ處ニテ大腿骨ノ上ノ處ヲ押當

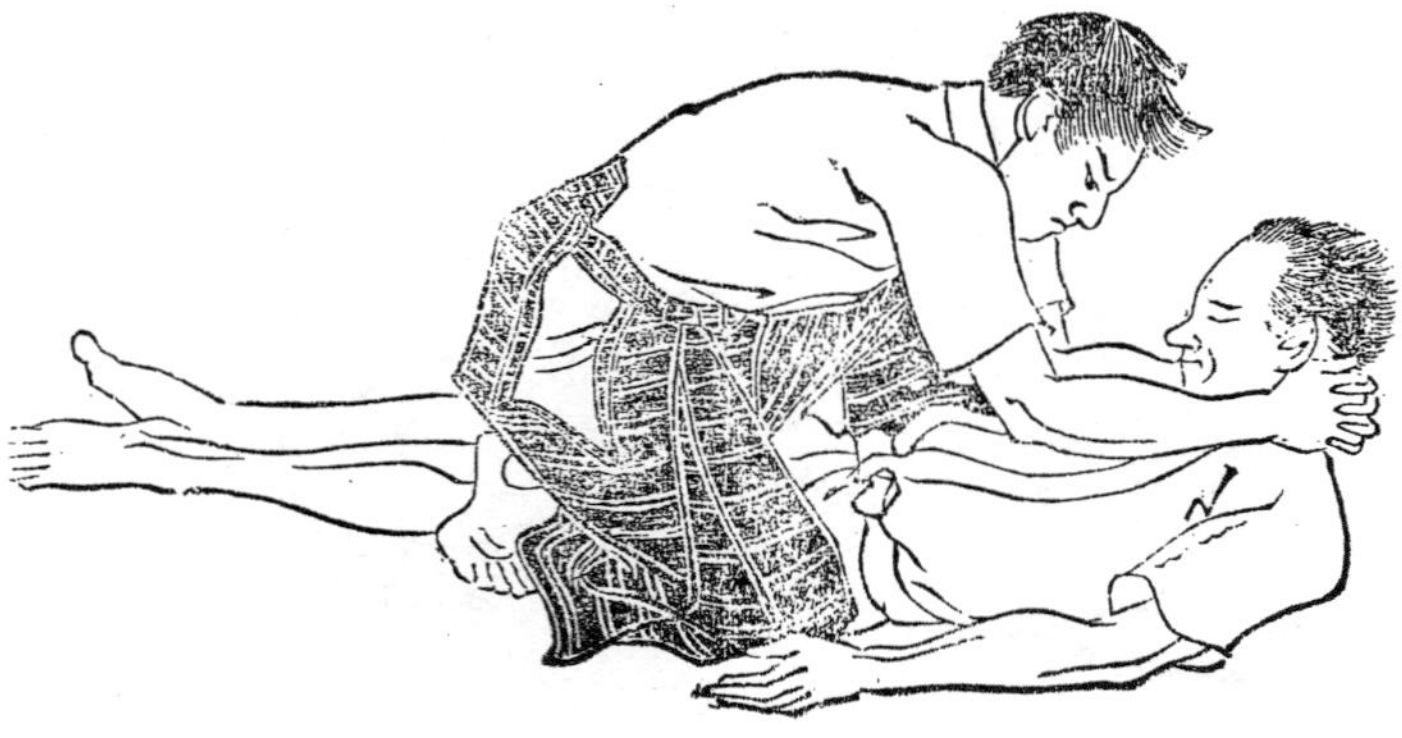

テ氣合ト共ニ下腹ニ力ヲ入口ヲ結ビ（ヱイ）ノ聲ト共ニ押上ルナリ最モ此活モ前ノ心臟活法ト同一ノ者ナリ此詳解大腿骨ノ圖解ハ生理書詳細ニアリ總テ活法ニ注意ヲナスコハ著者ハクドクモ注意ヲナス處ナリ餘ハ是ニテ略ス總テ活法ニ於テハ口傳秘傳其秘スル處アリ故ニ其大略丈ヲ記載ナシタレバ讀者ハ生理書ニ依テ引合スベシ

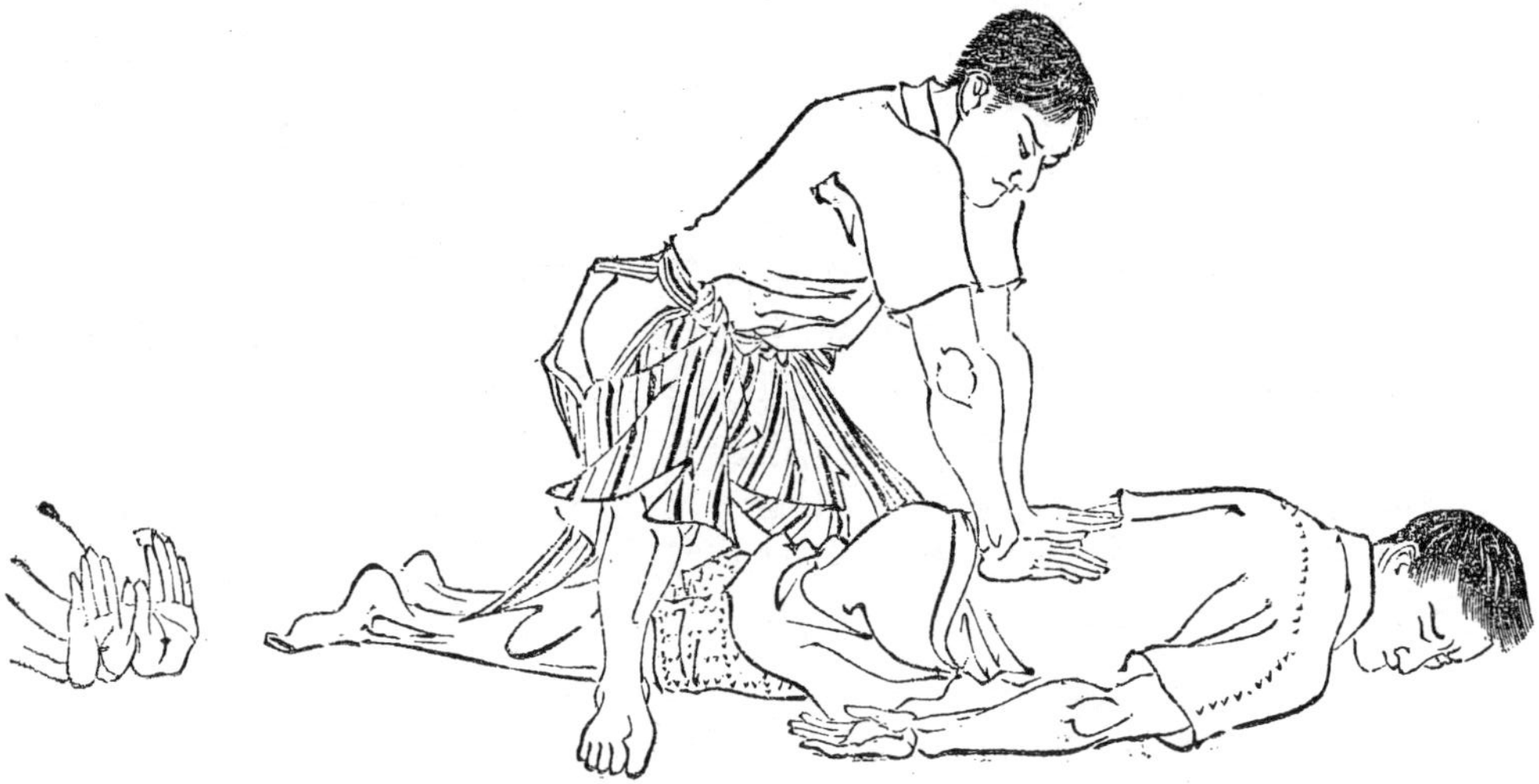

早縄活法 拳法教範圖解後跋

皇國ノ尤モ貴重ス可キモノ武道ニ如クモノナシ茲ヲ以テ弓馬槍劔砲術柔術ニ於ケル士人タルモノ一日モ學ハスンハアル可カラサルナリ就中柔術ニ至リテハ戰陣ニ臨ミ大ニ益アリト雖𪜈亦自家護身ノ用ニ供スル他ノ武術ニ比スレハ其洪益タル予カ辨ヲ待タサル所ナリ予幼ヨリ此術ヲ學ヒ各先生ノ門ニ遊ヒ研究年久フメ其要領ヲ得且ツ自カラ發明スル所モ亦多シ古人曰ク達メハ之レヲ人ニ能クスト敢テ達スト云フニアラサレ𪜈己レノ爲メニ爲スノミナラス施テ此術ヲ世

ニ普及シ其益ヲ共ニ受ケント欲スル茲ニ年アリ然レ𪜈毎ニ傳ヘ人毎ニ教ヒンヿ力ノ及フ可キ所ニアラス然ルニ恰モ好シ書林井口主人頗ル斯道ニ篤志ニシテ且ツ其技モ亦長スルヲ以テ其用法ヲ詳細ニ口授シ併セテ其形容ヲ圖シ一見其大要ヲ得ルニ便ナラシム今此書ノ成ルヤ予ノ幸ナルノミナラス世人モ亦必ラス幸ヲ得ンヿヲ喜ヒ一言ヲ巻跋ニ之ヲ記スト云フ

戊戌ノ五月上浣

眞蔭流　今泉八郎撰

明治三十一年五月十四日印刷
同　年五月十七日發行

正價金五拾錢

著述者兼發行者　東京市下谷區池ノ端仲町十一番地　井口松之助
發行者　魁眞樓　東京市京橋區五郎兵衞町十三番地
發行者　金盛堂　東京市京橋區西紺屋町廿六七番地　武部瀧三郎
印刷者　東京市京橋區西紺屋町廿六七番地　齋藤秀橘
印刷所　東京市日本橋區通リ一丁目角　株式會社秀英舍

全國一手大賣捌所　東京市日本橋區通リ一丁目角　青木嵩山堂
大坂市東區心齋橋筋博勞町角　青木嵩山堂

東京府下特別專賣所

日本橋通リ一丁目　大倉孫兵衛
同三丁目　金櫻堂
同四丁目角　青野友三郎
京橋區南傳馬町二丁目角　目黒甚吉

京橋區銀坐二丁目　服部書店
同三丁目　文海堂本店
同鎗屋町　北隆館
同南紺屋町一番地　井上勝五郎

日本橋區室町二丁目　杉本七百丸
同大傳馬町　長島恭次郎
同通リ旅籠町　榊原友吉
同本石町二丁目　上田屋書店

淺草區三好町　大川屋錠吉
神田區神保町　東京堂
東京仲間卸專賣者　辻本末吉
同雜誌店卸專賣者　旭堂

日本全國至ル處ノ有名書肆新聞雜誌店ニモ賣捌候也

各大家題字序文　井口松之助著述

名流秘傳　劍術極意教授圖解

最近七月中出版

本書ハ我國武技ノ元質ニシテ之ヲ講スル時ハ體格强健身心安穩ナルヲ得ルガ爲ニ事變ニ處シ不慮ヲ制スルニ靈敏快活ナラザルハナシ今般各大先生等ニ秘傳ヲ受テ各流ノ奥儀ニ圖解ヲ以テ著ス處ナレハ尚詳細ニ直心影流及警視ノ形ヲハジメ各流形檜其外ノ妙手ヲ吟光先生ノ摸寫ヲ乞ヒ其流儀ノ儘ヲ筆畵ニ盡シ實際適要ノ手形ノ技術ヲ演ヅ完全ナル處ノ者ヲ著セバ最モ軍人警官諸學校教師生徒ニ至ル迄モ此書ヲ常ニ秘携スレバ面小手胴ノ道具ヲ要セス眞ノ形ノミヲ記スレバ出版ノ限日ヲ待必益アランヿヲ弘道ナス

劍術柔術　大日本武術名鑑

正價金拾二錢
郵税二錢郵劵一割增

此書ハ我國ノ有名ナル劍客ト柔術家流名並生國及町名道場ニ至ル迄ヲ凡二千名餘ヲ番附様ニ雅風ニナシテ掲載シタレバ一覽表トシテ一目ニ解ジ得ルヿヲ奉書摺銅版四枚續キノ者ナレバ武道ニ志想ノ諸君ハ必ズ座右ニ一葉ヲ備ヘヨ

岡本半溪翁先生新著　安達吟光先生考畫

新案雅景　函庭盆石畫工造編

最近出版

該書ハ岡本翁ト吟光先生ト新案ノ箱庭ノ造リ方ヲ考ヘ盆栽培養法ヲ加ヘ四季絕景望遠日本名所ノ風雅ノ離形ヲ組立法ヲ以テ童蒙女子ニモ平易ク出來ルヿヲ考ヘ其小函ニ工造法ニ及ヒ植附又石ノ組形ニ至ル迄モ明細ニ記シアレバ其數モ凡百圖ニ近シ又盆畫ハ一シホ風雅ノ者成吟光先生ノ新案雛形ニ及盆石雅珍ヲ總圖壹百五拾餘個ニシテ總テ畫學手本ニモ成又美術工場ノ參考ニ成樣ニ兩先生ノ腕ハ畫筆ニアルノ珍書ト云フベキ者ナレバ四方君婦女史ニ至ル迄此一本ヲ購求アツテ實地眞形ヲ床ノ上ニ有テ望ヲナシ玉フヿヲ乞フ

定價金八十錢郵稅四錢
大特別金二拾錢
郵券代用一割增ノコト

正三位　伯爵鷲尾隆聚公題字　正四位山岡鐵太郎君序
籠手田安定君校閱　高阪昌孝氏著

千葉周作先生直傳　劍術名人法

該書ハ著者多年千葉周作先生ノ內弟子ニテ實地經驗ノ上口傳秘傳ヲ受劍術名人法ヲ詳細ニ書解ヲ以テ名人ノ秘術ヲ記載セシ者ナレバ予ガ大賣捌ヲ一手ニナシ靑木嵩山堂ニ及魁眞樓二家ノ外ニハ賣捌ナキ書ナルヿヲ知レ

柔術死活便覧

※収録した原本によっては、文字の欠落や擦れ、頁の汚損・欠損等が見られるが、原本通りのため御了承願います。

柔術死活便覧

本年七月中韜鋒先生が内尾警察學會講師の需めに應じて柔術の[illegible]手廿法、活法廿手を講演せられまし處諸方より講義錄の分與を請はれしに付き玆に先づ柔術の死、活を一覧するに便に供せん爲め圖を巻中に加へ又た活手の解を添へて以て印刷に付し有志の爲めに出版は

執事白

柔術死活便覽

第一篇目次

第二篇目次

[illegible]柔術《ヲ》利世《ヲ》自撥《キ》秘[illegible]典《ヲ》于四方《ニ》深《ク》調查《シ》[illegible]術粋《ヲ》而《メ》訴《ヘ》之《ヲ》于解[illegible]研究之《ヲ》已《ニ》久《シ》矣然有[illegible]明者則《チ》質《ス》之《ヲ》於清館《ノ》門《ニ》尚《ホ》有《リ》不《ル》盡《サ》者則《チ》解剖《シ》禽獸《ヲ》以極《ム》其理《ヲ》蓋《シ》諸流《ノ》名士皆無不《ル》知殺《ヲ》活《ノ》用《ヲ》者而《メ》辨《ル》其理《ヲ》者鮮《レ》矣是《レ》曾《テ》所以《リ》韜先生《ノ》苦慮也頃《ロ》先生應《メ》內尾師

聘《ニ》講演《ス》殺活《ノ》兩科《ヲ》而《メ》講義《ノ》卷中有殺活廿種本活五法之便[illegible]史令抄錄《メ》之《ヲ》云《フ》柔術死活便覽[illegible]入《ル》教科本之門也蓋《シ》柔術殺活書出《ヒ》于世《ニ》以《テ》之《ヲ》爲《ス》濫觴《ト》則《チ》是《レ》觸衆人眼睛之始《メ》也讀者無《ク》以《テ》爲《ス》凶行《ノ》用《ト》好《シ》矣我門輩與本書《ノ》編纂《ニ》有《リ》力頃《ロ》告《グ》剋成《ヲ》則《チ》呈《ス》一言《ヲ》於卷首《ニ》

繪入自由新聞社

明治廿三年仲秋　小林清門識

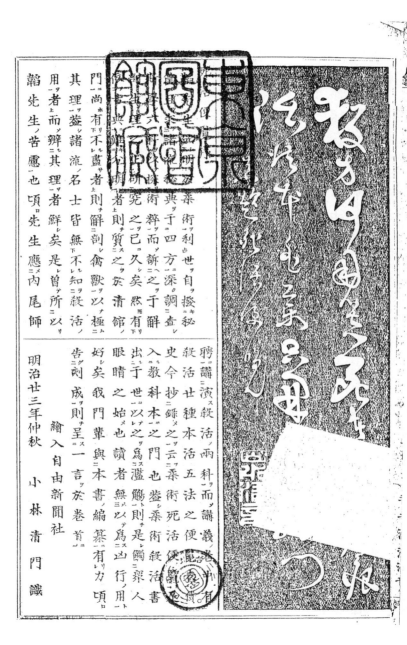

死活便覽序

夫所以柔術爲柔者實存所柔能制剛矣其道也無器施技量其技也弱力而制暴力其制也始轉倒終死活焉蓋死活此學蘊奧也韜師頃應他需講演死活機道從解剖生理學以啓其蘊顯其奧一目了然矣侍史以之爲教授錄其卷首有便覽表今爲之別冊稱死活便覽此書以披教授錄端緒焉余思方今政熱暴騰百度外其所沸散往々焦爛黨傑斯篇可有臨時避焦爛之功然名士修斯道可避焦爛暴客更學斯術可増沸散然則利害交起焉著者以爲如何然以法殺者復以法活之殺活之技是也至夫毒劑惱害、劍砲創傷常有醫法難治者故其害倍于柔術之弊遠矣果然斯篇假認有釀多少技弊之恐公殺活于世利勝秘于人益矣殊殺手護身第三手段雖斯道士非不得已之剛敵敢不施況於門外者乎余思斯學久矣而遇斯舉則爲世不得不賀之方告成稿聊伸斯篇利害以爲序

明治廿三年八月識于東都銀坐中街之閑寓

朝野新聞社　山下岩磐撰

柔術死活便覧序

予曽聞之柔術六科技始于殺活
両技故稱之、根原法焉而柔術諸
家秘之如龍藏珠故六科中、轉倒
捕縛二科、雖有人能知之者至根
原法柔術生亦施之鮮埀根源法
殺活技有不德輩弄之恐故深秘
之但抽高弟于門下認其良德正
操以傳法焉是全所以豫防技弊
而斯學家風也然世傷人方法有
甚此學根源法者秘斯一技必竟
不見其利寧不如擴張之利世也
方文明究理今日秘術精恐不免
卑吝責焉是后心諸家之持論也

斯、流大家韜鋒軒師六技中最長
根源法故容月秋翠先生命師令
講殺活而侍史録之講義録是也
斯篇侍史龍雲齋就講本抜記死
活一覧簿以稱死活便覧余等賛
此舉勸促刊行故一言此書所由
求于巻首以爲序

明治庚寅蓮花満池之季

都新聞社　天野竹鳳誌

死活便覧序

暑暇偶繙武藝誌按柔術殺活
之法源唐醫李元喬初行之於遠
州揚武釁釁輩以爲奇需其技於
喬公而桂石等諸士得其技益研
磨釁輩展傳而斯技愈極精巧焉
遂發明五殺五活法以至稱之揚
武釁十妙技可謂勉矣喬公薨後
閱三年此道英雄輩出駸々進歩
漸增殺活法之數更設六科而組
織斯術門曰轉倒、捕縛、殺手、活法、
武療、應兵之六門是也組、織己成
未經一星霜及唐季亂名士離散
四方釁規從不得張斯道終排地
從不興矣我國柔術殺活之技亦溯
考其法源亦依于彼輸入是汲喬
公末流明焉矣然按武園記（第六巻）
傳我國者僅殺活七法耳其他妙
技皆皇邦先輩研術之功則續炎
聯灯之光榮也矣然而初學斯術
者專勇研道敢不秘妙技堂々經
驗之焉然後世諸流門輩有亂用
殺活者以大生弊於于此諸流
師範頗秘之秘法之謂實出于此
矣然一利一害世態常而欲除一
害一利亦不得不除所謂玉石共
沒其功者也韜鋒軒先生深慨爲
棄石片併沒玉体汲々起一利不
暇顧更生一弊遂著一書題柔術

根源錄然以漏柔術秘義于世之
不德責之者起四方口實危險而
及須有志攻鑽益銳然矣而韜先
生恬不顧之已三年矣方今感柔
術必要屢有質師者特內尾秋翠
氏乞師聽殺活講演執事筆之充
死活教科用更又別冊便覽稱
死活便覽以上梓是予輩由獎勵
執事促刊行令篇成執事報之則
題卑言于篇首維時明治廿三年
秋八月寒香齋識東都新湊街之
假寓

總論

●物ハ其機ニ對セザレバ用無シ矣虱ヲ殺スニ巨砲利ナラズ身ヲ刺スニ細針益ナシ焉術ニ於テモ亦然リ技其機ニ適セザレバ用ナシ矣葢シ柔術ハ柔流ノ戰地ニ益ナク砲術ハ接膝ノ爭ニ利ナシ是レ其機ニ非ス故ニ其技モ亦タ相同ジカラザル所由ハ我國ノ狀態ヲ觀一觀スルニ其戰ヤ陣流ノ地用ニ非ズメ寧ロ接膝ノ處ニ起ルモノ多キガ如シ果メ然ラバ當サニ此機ニ應ズルノ技ヲ講究スルノ必要アルベシ其技柔術ヲ捨テ他ニ採ル可キノ法ナシ然リ而メ柔術ヲ行フニハ專ラ氣骨ヲ敏ニメ轉倒ヲ巧ニスルヲ初門ト爲セドモ此術ノ與義タル殺手、活法、ノ兩技ヲ知ラザレバ到底其妙用ヲ實行ス可ラズ然ルニ殺活ノ兩技ハ柔術家何レモ深秘シテ容易ニ傳ヘズ獨リ韜鋒斬斷然トメ曰ク文明究理ノ今日ニ於テ此技ヲ秘吝スルハ武家ノ卑怯ナリ宜ク其人ヲ見テ傳授スベシト殊ニ韜師ハ殺活ノ兩技ニ於テ最モ精ヲ盡シ支那ノ根原法ニ至ル迄其理ヲ極ム予頃ロ頗ル柔術ノ必要ヲ感ジテ韜師ニ乞ヒ之ヲ講ゼシム殊ニ殺手、活法ノ二技ハ當今ノ解剖學及ヒ生理的ヨリ其衛活兩點ヲ講演セラレ大ニ其旨ヲ得ルニ便ナリ頃ロ筆記者龍雲齋、韜師ノ殺活講義錄ニ就テ衛活兩點ヲ萃記シ間マ初心輩ノ爲メニ加筆シテ一小冊ト爲セル者之ヲ死活便覽ト云フ是只タ便覽ノミ講義錄ノ如ク殺活ノ全體ヲ詳細ニシテ實用ニ供セシ者ニアラズ然レドモ殺活一班ノ理ヲ知ルニ足レリ讀者先ヅ箇ヨリ繁ニ入テ可也夫レ武道其術多シ然レドモ皆ナ兵器ヲ持テ其用ヲ爲ス手ニ一刀ヲ握ラズ身ニ半胄ヲ装ハズ単身露体ニメ畏恐スル所ナク以テ其技ヲ行フ者ハ獨リ柔術アルノミ武藝ノ簡便之ニ過グル者未ダ曽テ是有ラザルナリ暴客ノ抗爭スルヤ之ヲ防グニ轉倒ノ技ヲ以テス而メ究行尚止マズンバ之ヲ捕縛スルモ亦タ技アリ敵愈ヨ抗闘ス則チ正當防衛ノ結果トシテ之ヲ格殺スルアリ殺セバ復タ之ヲ活ス殺活、手ニ在リ生殺之ヲ自由ニス而メ抗格ノ際傷骨ノ患アレバ又タ整骨ノ療法アリ蓋シ柔術モ亦タ一種ノ仁術ナリ啻ニ自已ノ護身法ニ止マラズ亦以テ他ヲ保助スルノ好技ナリ讀者以テ正當防衛ノ用ニ供ス可シ若シ書ニ依テ徒ラニ此術ヲ弄セバ著者ノ本意ヲ去ルコト千里萬里可レ愼々々

此篇新鐫成ルニ及ンデ一辭ヲ篇首ニ添ヘ以テ總論ニ代フト云爾

明治廿三年秋八月

警察學會　内尾秋翠誌

柔術死活便覽

韜鋒軒講演

龍雲齋筆録

◎本書ハ韜師ガ曩ニ警察學會講師内尾先生ノ依頼ニ依テ講演セラレシ柔術講義録ノ殺活兩部ヨリ其便覽ヲ抜抄シ生理、解剖、ノ上ニ於テ釋セラレシ講目ヲ擧ゲ其講義ヲ省略ス此ガ實用ヲ欲スル者ハ別ニ講義録アリ就テ讀修スベシ本書ハ只ダ殺活ノ理法ヲ一覽スルノ用ニ便

セシノミ

●此篇ノ殺手ハ廿種アリテ身体中廿處ノ吸處(呼吸要機ノ地)ヲ衝打或ハ絞蹴スルモノナリ

●鞜家ハ吸處ノコトヲ衝的ト云ヒ活法ノ本處ヲ活的ト稱ス是レ一門ノ家風ナリ此篇モ亦タ鞜家ノ語ヲ襲フテ衝的活的ト記ス

●(倒)(殺)廿法ノ名目ハ其流ニ由テ稱ヲ異ニスレドモ此篇ハ柔術諸流ノ最モ多ク唱フル語ニ依レリ天倒烏兎等是ナリ活法モ亦タ舊稱ヲ存シ敢テ新名ヲ附セズ

●倒(殺)ノ要綱ヲ舉ルニハ左ノ順序ニ由ル

一(能倒)(能殺)ノ方法

一(被倒)(被殺)ノ原因

一(衝的)解剖講目

●殺、倒、共ニ其衝的ノ關係スル所ヲ示スノミ講義錄ノ如ク一一ニ說明セズ

●文意澁滯シ字句紛錯スルハ全ク筆錄者ノ不學ニシテ文章ニ拙劣ナルニ由レリ讀者幸ニ之ヲ諒セヨ

龍雲齋謹白

卒死

●柔術ハ護身ヲ主トシタル者ナレバ此道ヲ修ムル者ハ常ニ之ヲ忘ル可ラズ兇士ヲ轉倒スルモ暴客ヲ卒死セシムルモ皆ナ正當護身ノ爲メノミ柔術ヲ以テ人ヲ殺ス法ト誤解スル勿レ若危難ニ際シテ暴客ヲ卒倒スルニモ宜ク腕頭ニ加減ヲ爲スベシ平生危難ノ際ニ於テ一二ノ兇客ニ對スルト戰地ニ臨ンデ敵兵ニ應ズルトハ

此技ノ力用自ラ別アリ宜ク注意スヘシ若シ漫リニ斯技ヲ行ヘバ亦タ一箇ノ武兇ナリ可愼焉

●頭　部　天倒

●方法　○頭蓋ヲ衝突ス

●頭蓋ヲ劈截スレバ其底ノ側面ニ於テ三個ノ深キ　窩《ウツロクボミ》　アリ前窩ハ大脳ノ前葉ヲ納レ中窩ハ大脳ノ中葉ヲ盛リ後窩ハ小脳ヲ収ム故ニ頭蓋ヲ衝突スル時ハ左ノ原因ニ由リ卒死ス

●原因　○脳髄震蕩　知覺的刺劇

●衝的解剖講目　（額骨）（蝴蝶骨）（聰門）（顱頂骨）（枕骨）（顳顬骨）

●面　部　烏兎

（兩眉間ヲ打拍ス）（掌刀）
（兩眼間ヲ衝突ス）（鐵拳）

●方法

●右二方アレドモ何レモ卒倒スベシ眉毛隆起ノ骨下ハ眼窩ノ上界ニ〆其兩側ニ眼窩起線アリ其上方ニ額洞開披ス額洞ノ内面ハ多ク窪《クボミ》ヲ有シ大脳ノ迂廻ニ對シ其中央ニ縦溝及ビ起線有テ厚脳膜ヲ附帶ス故ニ之ヲ打拍セバ左ノ原因ニ由リ卒死ス

●原因　○大脳刺劇　神經錯擾

●右ハ兩眉間打拍ノ義ニ付テ記ス其兩眉間トハ解剖學ノ額洞ノ地ヲ謂フモノナレバ眉間トノミ局想スベカラズ

●兩眼間衝突ノ義ニ就テハ左ノ如シ

○兩眼間ハ内眥突起ノ中間ニ隆起セシ鼻骨懸點（解剖ニ鼻棘ト稱ス）ノ處ナリ此邊ハ視神經交叉ノ地ニメ之ヲ衝突セバ啻ニ視覺ヲ紛擾セシムルノミナラズ眼窩ニ反射烈響シテ鼻神經及ビ額神經涙神經等ヲ掀衝ス（鼻神經額神經、涙神經、ノ三神經ハ元ト眼神經ガ蝴蝶骨ノ孔間ヲ通ジテ眼窩ニ入リ以テ三技ト成リシ者ナレバナリ故ニ此法ニ依テ卒倒スル者ハ左ノ原因ヨリ來ル

●原因　○眼神經錯亂　視感激變

○第一方

●衝的解剖講目　（額　骨）（大腦　神經）

○第二方　（額　洞）（内外眥突起）

●衝的解剖講目　（鼻棘　三鼻道）（眼神經（眼　窩）（篳脉　脉絡膜）（顔面神經）

○講目ハ殺法ノ衝點ニ就テ解剖上、講義ス可キ目録ノ大体ヲ擧ゲシノミ衝的ノ關係スル諸機關ハ總テ略シテ此ニ票目セズ

人中

●方法　○鼻下直中ヲ衝突ス

●顔面動脉ハ外頸動脉ヨリ分岐シ下顎骨ノ縁《へり》ヲ横斷シテ頰ヲ過ギ鼻側ヲ上リテ眼ノ内嘴ニ達ス此動脉又タ十枝ヲ生ズ其一枝ナル上冠枝ハ恰モ鼻

下直中ニ位ス是レ此殺法ノ衝的ナリ但シ之ヲ衝的トスルハ三叉神經及顔面神經等鼻下ニ横渉シアレバ也

●原因 ○視機紛擾 呼吸妨害 神經戟衝

●衝的解剖講目 （顔面動脈、神經）（鼻骨）（上顎骨）（口蓋骨）（三叉神經）

霞

●方法 ○顳顬骨（俗ニこめかみト云フ）ヲ搏撃ス

顳顬骨ハ頭顱ノ左右兩側ニ在リテ鱗狀、岩狀、乳頭、ノ三部ヨリ成リ中腦膜動脈鼓索神經、鼓膜張筋等ハ鱗狀部ヲ通ジ胸鎖乳頭筋、頸乳頭筋、二腹筋窩等ノ附着點ハ乳頭部ニ存ス而メ顔面神經、第八對神經、（ジヤ・コブソン神經、「ロヲモニール神經節等ハ岩狀部ニ存通ス故ニ顳顬骨ヲ撃タレテ卒死ノ理如左スルノ

●原因 腦髓反劇 諸神經攪亂

●衝的解剖講目 （顳顬骨成立之三部）

搏耳

●方法 ○兩掌ニテ一時ニ兩耳ヲ挾搏ス

○鼓索神經ハ「ハルロピー」水道ト並行スル管内ヲ上行シテ鼓室ニ入リ而シテ耳神經節ヨリ起ル知覺纖維ハ鼓洞ノ粘膜ニ布キ運動纖維ハ鐙筋及内耳ノ諸筋ニ走レリ而メ鼓室ノ前方ハ鼓膜ヲ以テ分界シ其内ニハ空氣ヲ充滿ス故ニ搏耳卒死ノ原因ハ左ノ加シ

●原因　鼓膜劇焮　鼓索神經錯撥
●衝的解剖講目　外耳　中耳　内耳
　　　　　　　　三耳筋　三神經

頸部　獨鈷

●方法　○耳ノ后下《ウシロシタ》ナル顳顬骨乳頭突起ト下顎骨技トノ間ヲ強捺ス
○又耳朶《ミヽタブ》ノ裏《ウラ》ナル后耳筋ノ起點ト后腮結節ノ間ヲ強壓ス
○此衝的ハ講義録ヲ修メザレバ解シ難シ只ダ其一部ヲ記セバ顔面神經ハ初メ延髓ヨリ起リ而メ耳下腺中ヲ前進シ外頸動脈ヲ横渉シテ下顎技ノ後部ニテ兩宗技ニ分岐ス此分岐點モ亦タ一衝的ニシテ卒倒ノ點也

●原因　左記ノ血管及神經ヲ壓迫ス
●衝的講目　（大耳、顔面、舌咽、三叉、神經）（内頸動、靜脈）

秘中

●方法　○喉頭ト胸骨ノ間ニ於テ氣管ヲ壓倒ス　但シ氣管ヲ突衝スルニハ拳固ヲ以シ絞縊スル時ニハ襟ヲ絞リ究竟裸体ナルトキハ後ヨリ我前膊ヲ敵首ニ廻ハシテ絞壓スルガ古風也
○氣管支ハ肺ニ入テ益ス分岐シ支端ハ直ニ氣胞ト交通シアレバ之ヲ壓倒シテ卒死ノ原因ヲ見ルハ最モ易シ
●原因　呼吸氣窒塞
●衝的解剖講目　（咽喉　氣管）（肺臟　氣管支）

風月　村雨

●方法　○胸鎖乳頭筋ノ外側ニテ肩胛舌骨筋ノ上界(右左部)ヲ壓迫ス

○胸鎖乳頭筋ハ胸中骨上端ニシテ鎖骨胸端ヨリ起リ而〆顳顬骨乳頭突起ニ附着スルモノナリ○肩胛舌骨筋ハ肩胛上緣ヨリ起テ舌骨ニ抵在スルモノ也

○腦神經ノ第八對ナル肺胃神經ハ延髓ヨリ起テ頸動脈ノ鞘内ヲ下リ首ノ右傍ヲ過ルトキハ鎖骨下動脈ヲ叉行シ以テ肺蒂ニ抵リ胃管ニ通ズ首ノ左傍ヲ通ズルニハ頸動脈ト鎖骨下動脈ノ間ヲ經過シテ肺蒂ノ後部胃管ノ前方ニ下行ス

尚ホ横膈神經ナルモノアリ第三第四ノ頸椎神經ヨリ起リ鎖骨下動脈ト其靜脈トノ間ヲ經テ胸腔ニ進入ス其左側ニ於テハ大動脈弓ノ前部ヲ横渉シテ肺蒂ニ抵レリ其神經左右共ニ横膈膜ニ彌綸シ其經纖ハ胸膜及ヒ心嚢ニ遮《ヲロ》レリ

右肺胃神經(一名迷走神經)横膈神經ハ共ニ頸ノ左右ヲ通ズル者ナリ而〆頸動脈亦タ然リ今衝的トスル所ノ胸鎖筋ヘノ外側及ビ肩胛筋ノ上(頸ノ前下部)ヲ壓迫スル時ハ右二神經幷ニ肺(氣管)胃(食道)管ヲ紋壓ス由テ卒死ノ原因ハ左ノ如シ

○但シ肩胛舌骨筋(頸ノ左右)ノ上方ニ方テ右部ヲ松風ト云ヒ左部ヲ村雨ト云フ是レ古來柔術家ガ(石心、由井、ノ二流ヲ除ク)多ク殺法ノ衝的ニ用

フヒシ語ナリ其名ノ由來セシ所ハ（武藝誌三十六卷）ニ記セドモ兒戯ニ類スル故ニ之ヲ略ス

●原因　兩神經刺劇　呼吸氣絶息
氣管壓塞

●衝的解剖講目　胸鎖乳頭筋　肩胛筋　肺胃神經　横膈神經　頸動脈
氣管

胸部　膻中　（心臟）

●方法　○胸骨ノ直中央ヲ衝突ス

○心臟ハ其大血管ニ依テ左右兩肺ノ間ニ懸重ス其心嚢ノ前部ハ胸骨ニ接シ第三肋軟骨ノ上縁ヨリ第五六肋間部ニ達シ肺縁其兩側ヲ擁ズ而メ其側部ハ胸膜ニ由テ蔽ハレ其膜間ハ左右共ニ横膈神經及ヒ血管ヲ存ス而メ心嚢ノ後部ハ氣管支及ヒ胃管ニ對居ス

○此衝的ニ由テ卒死スル理ハ如左

●原因　神經震盪　血行遽變　呼吸氣絶

●衝的解剖講目　（心臟）（肺臟）（交感神經）
（横膈神經）

鴈下　（肺臟）

●方法　●兩乳ノ邊一寸四方ヲ衝突ス

○此衝的ハ心肺ノ兩臟ナルモ肺ヲ以テ衝點トス而メ左肺縁ハ右肺縁ヨリモ多ク心嚢ノ側部ヲ擁シ又左肺ハ肺動脈ヲ上トシ氣管支ヲ中部トシ肺靜脈最下ニアリ故ニ衝手ニハ左肺ヲ好便トス肺ハ主トメ肺胃神經、交感神經、神經叢神經

ヲ充ツ殊ニ氣管支及血管ヲ占有スル者ナレバ此衝的ヲ衝カバ刺經、阻氣ニ由テ卒死スルハ何人モ知ル所ナリ

●原因　●衝的　●同前

背部　電光　三ツ當リ

●方法●一　背ノ第三推ヲ衝突ス（肺）

●二　背ノ第五推ヲ衝突ス（心）

●三　背ノ第六推ヲ衝突ス

●原因○第一ハ肺臓ノ刺劇ニ由リ卒倒ス

○第二ハ心臓ノ刺劇ニ由リ卒倒ス

○第三ハ背髓中樞ノ激動ニ由リ卒倒ス

中樞ヲ衝突セバ背髓全体ニ激動ス

又タ延髓ヲ刺激スルノ理ハ明了也

此電光三ツ當リニ就テハ柔術家中其方法及ビ原因ニ異説多ケレドモ今ハ只ダ由井流ノ一部ヲ記載スルノミ往日稻鉾斬先生ガ警察學會講師内尾師ノ依頼ニ應ジテ講義セラレシ時ハ電光三ツ當リニ就テ本書ニ記載セシ原因ノ外ニ背推ノ側傍ヲ通ジ或ハ此ニ關係セシ骨、筋、脈絡、及ビ神經ヲ詳演セラレタリ本書ハ其繁ヲ恐レ此ニ略ス其詳細ハ柔術講議録ニ見ユ就テ講究セラルベシ

●衝的解剖講目　（腦髓之關係）（背推）（心、肺）（肋骨及筋）（此ニ関スル脈及ビ神經）

腰部　水月　（胃腑）

●方法　○劍狀突起（胸下端、心窩）ノ直下ヲ擊ス

●心窩ノ邊ハ胃ト肝腺ニ〆脾モ亦接ス胃ハ左末肋ト上腹部ニ位シ左端ハ脾ニ接ス、肝臓ハ右末肋部ヨリ左末肋ニ達シ其右葉ハ胃ヲ蔽フ、脾ハ左肋骨ノ部ニ在テ第九、十、十一、肋骨ニ達シ横膈膜ニ懸絡ス右ノ血管ハ胃、脾、肝、膽、ノ動脈アリ神經ハ迷走、横膈、肝叢等ノ諸神經ヲ具フ故ニ此衝的ヲ一擊セバ諸臓ノ神、脈、ヲ刺戟スルヨリ反脳、刺經、衝脈ノ

●（原因）三原因ニ付絶倒ス

●衝的講目　（脾、胃、肝）（横膈膜）（神經、脳脈關係）

月影　（肝臓）

●方法　○浮肋下部右方ヲ搏ス

○肝臓ハ体中ノ最大腺ニ〆右末肋部ヲ占メ而〆横膈膜ノ直下ヨリ上腹部ヲ過テ左末肋部ニ達ス左葉下面ニハ膽房溝大静脈溝ヲ存シ結腸、右腎、副腎、ハ該部ニ接ス右葉下面ハ胃ヲ覆ヒ右方ハ胃ノ噴門ニ近聯ス「神經ハ肺胃神經、横膈神經、及ビ交感神經ノ肝臓叢等ヲ有ス

一原因　肝臓ニ通接スル神經及ビ胃膽ヲ刺戟シ呼吸氣ヲ激擾スルヨリ卒死ス

●衝的解剖講目　（肝、胃、膽、腎）（三神經）

電光　（肝膽臓）

●方法　○浮肋下部左方ヲ搏ス

○月影ノ部ニ略言セシ如ク肝臓ハ右方

ノ浮肋(俗ニうきぼねと云ふ)下ヨリ左方ノ浮肋迄達スルモノ也故ニ肝ノ衝的ハ左右ニアリテ左ヲ電光ト云ヒ右ヲ月影ト云フ肝線ハ諸臓ニ聯接スル故之ヲ衝突セハ其關係スル所ロ最モ多シ我國十八流ノ柔術ニ於テモ主トシテ此手ヲ戰地ニ施シ通常ハ用フルヿ少ナシ

●原因

●衝的　同前

明星

●方法　○臍下一寸ノ地ヲ勇蹴ス

○此衝的ハ腸ト膀胱ヲ點票トスルハ何レノ柔術家モ相同ジ獨リ由井流ノミ胃結腸ヲ以テ明星ノ衝的トスト特筆セリ

○腸ニ大小アリ大腸ハ衝點ノ眞票ニ非ル事ハ諸家皆然リ(衝的ニ非ズトハ言ハズ小腸ハ腸徑三分ノ二ヲ占ム而メ三部ヨリ成ル第一部ノ十二指腸ハ胃ノ幽門ニ始リ空腸ニ達ス此腸ニ接スル者ハ肝、臓、膽嚢腸、結腸、横膈膜、大動脈靜脈等ナリ殊ニ此腸ノ嚢ハ膽汁ニ着色セラルヽ所也第二部ノ空腸ハ頗ル血管ニ富ム故ニ其色深濃ナリ第三部ノ回腸ハ腹部右側ノ腸骨窩中ニ存スル腸盲瓣ニ終ルモノトス而メ(腸脈ハ上腸間膜動脈ヨリ来リ神經ハ大陽叢ヨリ来ルモノトス

●膀胱ハ筋膜ノ一嚢ニメ恥骨縫合ノ后方即チ直腸ノ前方ニアリ而メ膀胱ハ四膜ヨリ成ル、腹膜、筋膜、粘締織膜、粘膜是ナリ

就中結締膜ハ頗ル緻密ニシテ筋、粘、兩膜ヲ維シ血管神經ノ通路ト成レリ今ヤ衝的即チ大小腸及膀胱ノ二腑ヲ剔格シテ卒死スル者ハ

●原因トスル處全ク血行、神經、ヲ遮格スルヨリ呼吸絶息スルニアリ

●衝的解剖講目（大小腸）（膀胱）

手部　尺澤

●方法　撓腕長伸筋ト總指伸筋ノ間ヲ捺壓ス

○撓腕筋ハ上臂骨ノ上部ニ起リ示指ノ腕前骨ニ達ス○總指筋ハ上臂ニ連續セル筋膜ニ起リ撓骨溝ヲ走テ諸指ノ後面ニ抵ル●尺澤ノ衝的ハ撓骨神經ニシテ上臂叢ヨリ来ル神經中最大ノモノ也此神經ハ臂下ニシテ兩枝ニ分レ撓骨動脈ニ伴行セル一大枝ハ腕、指ニ迴達ス前記ノ方法ニ依リ此神經ヲ刺剔スル時ハ剔痛ニ耐ヘズシテ卒死ス之ヲ原因ト爲ス

（原因）

●衝的解剖講目（撓骨神經）（尺澤神經（筋膜））

足部　草靡

●方法　二頭腓腸筋ノ「アヒレス」腱ニ移ル處ノ直中ヲ格蹴シ或ハ剔壓ス

○排腸筋ハ一ハ大腿骨ノ内踝ヨリ起リ一ハ外踝ヨリ生ジ二頭ヲ以テ下リ腓腸ノ外傍ニ於テ比目筋ト共ニ「アヒレス」腱ニ依テ腿骨ノ後下部ニ抵止ス此部ニ通ズル腓腸神經ハ草靡ノ衝的ニシテ之ヲ刺剔スル時ハ其酷痛ニ禁ヘズシテ卒死ス

之ヲ原因ト為ス但シ膝背下ノ後小腿神經ヲ刺劇スル時モ同様ノ結果ヲ見ル可シ

●衝的解剖講目（腓腸筋神經）（大坐骨神經枝）

高利　足

●方法　足ノ拇指ト第二指ノ間ナル筋骨間ニ手拇指ヲ捺入シ餘ノ四指（手）ハ背皮神經（足）ヲ捺壓ス（第一方法）

又タ足ノ拇指ト第四指ノ間ノ一寸三分上邊ヲ拳擊ス（第二方法）

方法ハ種々アレドモ簡略ス

第壹、貳ノ方法共ニ足ノ趾蹠表裏ニ分布スル神經及血管ヲ刺戟スル故ニ

●原因　同ク刺戟ノ腎遽強惱ニ堪ズメ卒倒ス

●衝的講目（前後小腿神經）（内外足蹠神經）（内外補腿神經）（外拇神經）（趾蹠筋脈

鈎鐘　睾丸

●方法　膝蓋或ハ脚頭又タ拳固ヲ以テ睾丸ヲ格蹴シ或ハ握壓ス

○睾丸ハ卵圓形ノ腺体ニメ二條ノ精系ニ憑テ陰囊中ニ懸垂セラル而メ精系ハ睾丸ノ後方ニ起リ上進メ外腹輪ニ抵リ鼠蹊腸ヲ經テ内腹輪ニ達シ以テ腹窩ニ進入ス而メ精系、提睾筋、輸精管、ノ三動脈及ビ靜脈叢幷ニ交感神經ノ精系叢淋潑管等ハ結締織ニテ精系ヲ維締ス而メ精囊ハ膀胱ト直腸ノ間ニ位スル對列ノ膜囊ナリ故ニ鈎鐘衝的ヲ格蹴セバ啻ニ三

（原因）

動脈、神經及ビ筋膜ヲ刺戟スルニ止ラズメ膀胱、直腸、呐脫輪、ノ三部モ反激スルモノト知ルベシ此衝的ニ當リシ者ノ面相蒼灰色ヲ呈スル者アルハ血管遞變ニ由リ又タ四肢戰栗スル者ハ筋脈、神經ノ刺戟ニ因ル心臓作用ノ怠慢スルモ亦タ此ニ外ナラズ然レドモ此等ノ點ニ就テ實地研究スルニハ殺法講義録アリ生理上ヨリ講究ス就テ讀修セヨ

●衝的解剖講目　（膀胱）（直腸）（睪丸）（交感神經）（精系、動脈）

以上殺法廿手　（畢）

● 柔術殺法論（死活便覧第一編附録）

○殺法ハ柔術根源法ノ一部ニメ其殺手ヲ加フ

ルヤ一滴ノ血モ流ザシメズ若シ敵ニ濡血セシメハ是レ柔術ノ殺法ニ非ズトハ石心流ノ誡條ナリ蓋シ柔術ノ殺手ハ皆ナ震腦、刺經、絶氣、阻脈、ノ四法ニ準ルモノニメ敢テ身体ヲ傷損セズ即ハチ頭、面、ノ部ニ於テハ腦髓ノ劇震ト知覺機ノ強戟ヲ主トシ頭部ニ在テハ氣器ノ絞壓ニ由リ絶息セシムルヲ要ス而シテ胸部ニ於テハ肺、心、及ビ交感神經ヲ攪擾シテ氣、脈、ノ作用ヲ阻障スルニ在リ則チ知覺機ヲ勇撃セバ心臓作用ヲ怠慢セシメ腦動脈縮滯シテ其地ニ貧血ヲ生ズルヲ以テ知ルベシ彼ノ四肢ニ行フ殺法ノ如キハ神經刺戟ノ一點ニアレドモ遽痛ニ耐ヘズメ卒倒ス然レドモ其部ヲ傷損シテ濡血セシムル如キ事ハ未ダ曾テ有ラザル也然リ而メ殺手ヲ下スト同時ニ活手ヲ施スノ意ナカル

可ラズ若シ殺手ヲ用ヒテ之ヲ放却スレバ是レ柔術ノ一隻眼ヲ失スル者ナリ戰場ノ敵スラ之ヲ擒虜スルハ刃殺ノ功ニ勝レリトス況ヤ通常ノ暴敵ニ於テヲ乎曽テ柔術ノ諸秘典ヲ調査スルニ石心流及ビ源道流ノ如キハ敵ノ兇惡ニ拘ハラス殺手ヲ下セバ必ス活法ヲ以テ回生セシムルヲ法トス宜ベナリ矣然リ而メ柔術ハ護身ノ法ニメ漫ニ倒殺スル者ニ非ス故ニ暴客ノ抗スルヤ先ヅ之ヲ轉倒シテ危險ヲ避ク敵尚ホ抗闘スル時ハ第二ノ防衛トシテ之ヲ捕捉ス（捕捉法ニ準ス）然ルニ敵益ス〳〵抗爭シテ我命ノ危點ニカヽル時ハ已ムヲ得ス第三ノ防衛トシテ殺手ヲ下スニ至ル（以上三防衛ニ活手ヲ加ヘテ柔術四手段ト云）モノナリ故ニ柔術ヲ修ムルニハ先ヅ轉倒術ヲ學ビ而シテ後ニ捕捉法ヲ習ヒ此ヨリ殺活術ニ就クヲ順序トス是レ防衛ノ次第ニ於テ然リ焉

●（轉倒）（捕捉）（殺手）之圖解

左ニ記スルモノハ右三手ノ一例ヲ示スノミ但シ此ニ就テ生理學ノ作用ヲ説明スルハ講義録ノ部分ニシテ本書ノ主意ニ非レバ敢テ記載セス且ツ圖ハ卒急ニ家僮ノ彫畫セシモノナレバ講義録ノ如ク詳細ニ圖説ヲ以テスルヲ得ス有志者之ヲ諒セヨ

● 轉倒部略説 （頸帯法）

●斯圖ハ甲士ガ柱ニ背倚シテ坐シ居ル時ニ突然乙客來テ右手ヲ矢筈ニシ以テ甲士ノ喉頭ヲ捺壓シ左手ヲ以テ甲士ノ帯ヲ握リ前方ニ引ク處ナリ

甲士ハ殺手ノ衝的タル咽喉ヲ捺サレ呼吸氣閉塞スル故ニ乙客ノ殺法衝的（肩間○或ハ胸間○衝的）ヲ撃ツノカ無キモノトス（氣管不都合ノ時ハカヲ出スニ由ナシ）故ニ甲士ハ我身ノ衝的（呼吸ノ地）ヲ避クルヲ先手段トス則チ頸ヲ左ニ廻セバ先ヅ一衝的（咽喉）ヲ避ル

ト雖𪜈此久スル時ハ頸ノ右側ハ敵ノ正面ニ當ル故ニ獨鈷（右耳下）風月（右頸側）ノ衝的ヲ敵ガ壓迫スル時ハ危險ナリ故ニ敵手ノ此ニ至ラザル前ニ用意セザルヲ得ス則ハチ頸ヲ左ニ廻ハスト同時ニ（頸ヲ左廻セバ我呼吸自由ナル故ニ手足ヲ動カスベシ）右手デ鐵拳（ゲンコツ）ヲ爲シ乙客ノ我頸ヲ壓スル（右手）手ノ脈所ヲ打ツ（打テバ乙客手ヲ離ナスハ理ナリ）其打ツト同時ニ右膝ヲ立ツベシ其打シ手ハ直グニ乙客ノ腮頤《アゴ》ニ掛ケルト同時ニ左手ハ乙客ノ頭ノ左側ノ耳上邊（顬顳窩ノ后方）ニ掛ケ而メ手早ク乙ノ腮ニ掛ケシ手ハ右ニ推廻シ耳邊ニ掛ケシ手ハ左ニ後方ヘ拽廻セバ乙客ノ頸（骨筋脉）ハ戾ヂ廻ハサル丶故ニ速ニ轉倒シ其轉倒セラレシ姿ハ仰臥《アホムキ》ニ成レリ●但シ右ハ略

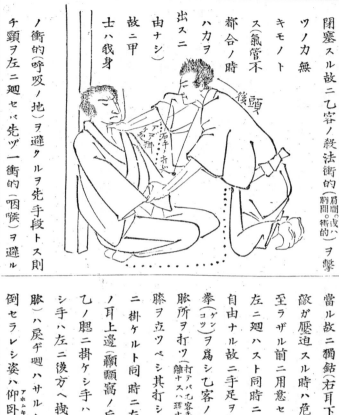

解ナル故ニ變化ノ手ヲ明サズ只ダ敵ノ圖ノ如クニ爲セシ時ニ應ズル一部分ヲ記セシノミ敵ニ變化アレバ我方ニテモ變化ナカル可ラス故ニ頸帶法ニハ七種ノ變化スル技アリ以テ敵ニ應ス（變化等ハ數個ノ圖ヲ添ヘテ詳ク講義錄ニ記載ス）

●捕捉部略解　頸帶法

●右（轉倒部）ノ如ク乙客ガ甲士ノ頸ヲ壓シ帶ヲ引ク時ニ甲士ハ前記ノ如ク頸ヲ左廻シ直ニ右拳ニテ乙手（頸ヲ壓スル手）ノ尺骨ヲ打チ（乙客強力ナレバ容易ニ我頸ヲ離サズ故ニ尺骨ヲ打ツ）其打チシ手ハ直グニ乙ノ右腕脈所ヲ堅握シ敵ノ背後ニ於テ上頸椎迄挽ギ上ゲ此ニテ後襟ト一處ニ握リ止ム

但シ敵強力ニシテ腕脈ノ処ヲ握ルモ挽ギ廻ハス事ヲ得ザレバ上臂（敵ノ右手）ノ尺骨神經處ヲ我左手ニテ絞壓シ以テ挽ギ上クベシ（尺骨神經ハ腋下動脈ト大動脈ノ内傍ヲ進ンデ上臂ノ中央ニ至ル之ヲ衝的トス）若シ尚ホ抗暴セバ挽廻スル事ハ第二段トシテ第一段ニ右手ニテ（尺骨ヲ打チシ手也）乙腕脈所ヲ握リシ儘マ我右膝ノ外側ニ引キ付ケ左手ハ右手ノ引付ルト同時ニ敵ノ右襟ヲ取リ以テ左頸傍ニ於テ右襟ト一處ニ堅握シテ絞メ上グベシ則ハチ敵ノ呼吸氣ヲ阻障シテ其暴力ヲ挫クモノトス

然リ而シテ我帶ヲ引キ居シ乙ノ左手ハ從來暴客ノ實驗ニ由ルニ右手ノ尺骨ヲ打テ挽ギル時ニ離ル丶ヲ常トス故ニ乙ノ右手ヲ背後ニ挽上セルト伺時ニ左腕ノ脈所或ハ尺澤（衝的）ヲ我左手ニテ握取スベシ然ラザレバ我左肋下ヲ打

タシテ肝脚ノ衝的ニ當ルヿアリ而メ左右兩手ヲ乙ノ背後ニ握止スル迄ヲ捕捉部ニ於テ堅締科ト云ヒ其手ヲ縄法ニ準ジテ縛スルヲ繋縛科ト云フ

但シ其流ニ憑テハ人体組織ノ筋骨ヲ離ス法モ亦タ捕捉部ノ兩科ニ編入スル事アリ蓋シ筋骨ヲ解放スルハ暴客ヲ捕フルニ彼ノ剛力容易ニ手足ヲ縛セシメザル故ナリ又タ暴賊ヲ捕フモ縄紐ナキ時ハ之ヲ縛スルニ由ナシ故ニ其臂骨ヲ解キ放シテ再鬪セザル爲メニス解筋術ヲ施ス理由モ此ニ外ナラズ●頸帶法ニ於テモ敵が右手或ハ左手ノ換曲ヲ肯ンゼズ暴力ヲ以テ抗爭スル時ハ解臂術ヲ施用スル者トス（骨ヲ解キ放シ又タ之ヲ復詛スル法ハ講義録ニ詳記ス）

繋縛科ニ於テハ前記ノ如ク敵手ヲ背後ニ握リ止メシ時縄紐ヲ頸ニ結節シ而メ上臂ヲ懸結シ來テ兩手ヲ縛スルヲ本縄法ト稱シ只ダ兩手ノ拇指ヲ縦ニシテ腹合セニ縛スルヲ備紐法ト稱ス（此法ハ紐縄皆十三寸ヲ以テ規トス）而メ繋縛法ニ二種アリ一ヲ襟穿ト云ヒ一ヲ廻腹ト云フ襟穿ハ後襟ヲ穿テ其孔ニ頸ノ結節ヲ通ジ以テ縛腕ス是レ賊が手縄ヲ解カントセバ頸ノ氣管ヲ壓窄スル故ニ其意ヲ果サヾル爲メ也「今此法ノ繋縛モ亦タ備紐法ニ於テハ必ズ襟穿スル者ト心得ベシ」廻腹法ハ襟孔ヲ通ゼシ紐條ヲ上臂及ビ兩腕ニ結節シ其紐端ヲ帶ニ懸結シ以テ上腹ニ廻ハスモノナリ是レ賊が結節ヲ解カントスル時ニ剛力ヲ以テ手ヲ戻拗セバ上腹部則ト胸腹膜ヲ壓シ呼吸運動ヲ妨グルト同時

ニ頸頭ノ氣管モ亦タ阻塞シ遂ニ剛力ヲ減殺シテ放手スルヿ能ハザラシムル爲メ也「今此法ノ繫縛モ亦本繩法ハ必ズ襟穿、廻腹、スルモノト心得ベシ）捕縛法ハ柔術ノ一科目ニメ之ヲ實習セントスル者ハ別ニ捕捉法講義錄アリ就テ修ム可シ（捕捉法ノ變化ハ八種アリ今ハ省略ス）

●殺手部略說　頸帶法

此法ニ殺手八種アリ今ハ左ニ第一種ヲ示スノミ

●此手モ亦タ轉倒部ノ通リニ乙客ガ甲士ノ首ヲ壓シ且ツ帶ヲ前方ニ引ケリ此時ハ前記ノ如ク頸ヲ左廻シテ氣管ノ壓窄ヲ避ケルト同時ニ右拳ヲ以テ敵ノ右手（頸ヲ壓スル手）ヲ衝突（但シ尺骨）スル時ハ敵手我頸ヲ離ナス故ニ直ニ其手ヲ取テ我右膝ニ挽キ付ケバ敵ノ背ハ斜ニ我胸前ニ横ハリ來ル故ニ左手ニテ（電光三ツ當リ）ノ衝的（殺法部ニ明ス）ヲ一擊ス

●前記ノ首ヲ左廻シテ氣管ノ壓窄ヲ避クルハ總テ（防衛部）ト稱シ（轉）（捕）（殺）ノ三部ニ於テハ頸帶法ニ限ラズ此ニ同格ノ法ハ皆ナ先手段トス是レ先ヅ身ヲ護メ而後ニ暴ヲ制スル所以也而メ（防衛法）以下右拳ヲ施スヨリ敵背ヲ我胸前ニ横ハラシムル迄ヲ殺手部ニ於テハ殺技手段ト稱シ●電光三ツ當ノ殺技ニ於テハ殺法部ニ關スル所ノ第三、五、及六頸推間ハ衝點ノ的地ナルヲ以テ衝的ト云フ又電光ニ於テハ心、肺、及頸髓ハ暴敵ヲ衝殺スル票點ナリ故ニ衝點ト唱フ是皆ナ柔術一技ノ術語ナリ○柔術ヲ道ニ眛キ者ノ言ヘルニハ殺法ハ身体何レヲ打ツモ只ダ殺セバ宜シ何ゾ手段、衝的、等ノ必要アラント是レ柔術ノ成立ヲ知ラザル者ナリ柔術ナル者ハ已ニ殺法論ニ言ヘル如ク護身ヲ專一ニスル者ニ〆其殺手ヲ下スハ暴漢ノ防衛ニ付已ムヲ得ズ第三ノ手段ト〆行フ者ナリ故ニ敵アルモ我命ヲ奪ハント爲ルノ場合ニ非レバ殺手ノ必要ナシ則ハチ殺手ハ敵ノ兇行ヲ待テ其用アル者ナルヲ知ルベシ然レバ兇行ニ應ズル殺技手段ナカルベカラズ又タ柔術ノ殺手ハ流血ヲ許サズ故ニ腦、經、氣、筋、ヲ刺戟スルヲ殺手ノ主意トス主意已ニ此ニアレバ刺戟ニ就テ一定ノ衝點ナカルベカラズ然ルニ衝點ハ皆ナ皮下ノ深淺部ニ在テ皮外ヨリ見ル可ラズ然レバ其衝點ニ通ズル的地ヲ膚上ニ一定スルノ必要ヲ感ズベシ是レ殺手ニ衝的アル所以也請フ柔術ノ殺手ヲ以テ常人ノ亂打挫傷シテ殺スモノト同一視スル勿レ況ンヤ刃殺シテ流血淋漓セシムル者ニ於テ乎

(轉倒)(捕縛)ノ二技ハ兎モアレ角モアレ殺法ニ於テハ必ズ活法ノ必用アリ殺活ハ其解剖及ビ生理ノ成立ヲ確知セザレバ實用スベカラズ其實行セシムル爲メニ辨解セシモノハ殺法講義録ニ〆本書ハ死活ノ便覽ヲ主トセシ者ナレバ講義類ハ總テ省略ス故ニ讀者僅カニ此篇ヲ一見シテ直ニ倒殺ノ法ヲ得タリトシテ之ヲ施行

スベカラズ生兵法ハ大傷ノ本也殊ニ活法ニ昧フメ殺法ヲ行フハ是レ徳ヲ傷ナヒ道ヲ亂ダスノ始ナリ可慎可慎

生死診撿法

●診驗法ニ二種アリ一ヲ生死鑑別法ト稱シ一ヲ生理診断法ト云フ甲ハ我國ノ諸先輩ガ診規ヲ立シモノニメ乙ハ唐ノ揚武館ニ於テ診鑑ノ教則タリシ者ナリ而メ甲ハ柔術學ノ第四科ナル活法部ニ屬シ乙ハ第五科ノ治療部ニ屬ス則チ死者或ハ卒倒者ニ就テ腑臓筋脉等ノ損傷有ルヤ否ヤヲ診斷スルハ乙ノ部也其死人ニ就テ命脉ノ有無ヲ鑑察スルニ止ルハ生死鑑別法ニメ左ニ記スルモノ是也但柔術療法講義録ニ就テ確知セザレバ殺活師ノ如ク緻密ニ診斷ノ上、内外ノ療活、術ヲ施シ難シト雖圧通常ハ左記ノ診撿法ヲ以テ生死ヲ知ルベシ

●本書ニ於テ死者ト稱スルハ暈昧セシ者、絶氣セシ者、總テ卒死セシ者ヲ云フト心得ヘシ

撿睛法　○死者ノ眼ヲ撿スルニ眼中ノ瞳孔已ニ縮少セシ者

撿氣法　○死者ノ鼻孔ニ鏡ヲ親接セシムルニ其光面ノ曇翳セザル者

撿心法　○死者ノ左胸心臓部ニ水皿ヲ戴スルニ其水更ニ動ザル者

右之死相ハ活法ノ功ヲ奏セザル者トス

右診捻法ハ柔術家ノ習慣ナリ然レドモ通常ノ卒死者ヲ捻スルニハ捻氣法ノ如キハ手ヲ鼻孔ニ當テ呼吸ノ有無ヲ探リ捻心法ノ如キハ手ヲ左胸心臓部ニ捺シテ其動静ヲ験スルモノトス必竟命脈ヲ存スル者ノ特ニ徴スベキハ

●身体温氣●胃腸運動●心臓作用(脈搏)

●肺臓機能(呼吸)

右四項ニアリト雖ドモ往々体温低クメ肺心運動モ亦タ幽微ナル故ニ一見メ死者ト謬診スル事アリ殺活師ハ診鑑ノ經驗ニ冨ム故ニ此謬診稀レナレドモ古来武家ニ於テハ此誤診セシ亇多キ由武藝史ニ見ヘタリ有志者宜ク注意スヘシ

第貳篇　活法

●活法ヲ施行スルニハ左ノ三方アリ

○活技手段　下ニ示ス所ノ摩回儀、脊柔儀及ビ抱持儀等是ナリ(誘活)

○活的　誘蘇活法ニ就テ例セバ頸推ノ五六間ハ活點ノ的地ナレバ活的ト稱ス

○活點　右活法ニ就テ例セバ心臓ハ死者ヲ回生セシムル活法ノ票點ナリ故ニ誘蘇活法ニ於テハ心臓ヲ活點トス

●右ノ三項ヲ知レバ即ハチ活法ヲ實用ス可シ三法ヲ詳講シテ其實用ニ充ツルハ活法講義録ニシテ従来有志家ニ頒ツ者是也本書ハ柔術ノ殺活作用ヲ覧ルニ便セシ者ナレバ固トヨリ講義録ノ如ク一ヨリ十迄解剖生理ノ學ニ賍合シテ説明セズ

●活法ヲ修學スル者ハ傍ラ人工呼吸術モ心得ベシ是レ醫家ノ常ニ用フル處ナリ

○人工呼吸術 此術ハ先ヅ絶氣者ヲ仰臥セシメ其頭部及ビ背部ニ枕臺ヲ据ヘテ患者ノ上身ヲ少シク高クス而シテ一人ハ布片ニテ患者ノ舌ヲ包ミ以テ脣外ニ挽キ出シ又他ノ一人ハ患者ノ頸頭ニ蹲テ其左右兩手ヲ一時ニ患者ノ頭上ニ挽キ擧ゲ胸腔ヲ擴張シ(肺臓ヲ開撥スル儀)空氣ノ新鮮ヲ肺中ニ流注セシムル事凡ソ二秒時或ハ三秒時ニシテ徐タ左右兩手ヲ下ゲ以テ胸ノ兩側ニ措キ乍ラ肋骨及ビ横膈膜ヲ壓迫(心臓ノ邊)シ肺間ノ空氣ヲ呼出セシム

右ノ呼吸術ヲ施スヿ數十回ニ〆蘇生スル者アリ尚簡便ナルハ誘蘇活法ヲ施ス而〆尚ホ回生セザレバ氣海活法ヲ用ヒ此ニ〆其功ヲ奏セザレバ則ハチ活法ノ極點タル肺臓活法ヲ行フベシ此肺法ハ活法講義録ニ詳述セシ如ク頗ル活術ノ奥蘊ヲ盡セシモノナレバ捻死法ノ許ス限リハ悉ク蘇生セシム可キ者也

●活術ニ二種アリ本活、療活、是也本活ハ五法ト定ムレドモ療活ハ其流ニ由テ差異アリ然レドモ十五法ヲ通常トス其療活トハ活技ノ外ニ柔術治療科ノ法ヲ施行スル故ナリ

○本書ハ本活五法ヲ記シ療活拾五法ハ其用方ヲ附スルノミ而〆五法ヲ記スルニハ左ノ順序ニ準ルベシ

●

○(活法ノ方法) ○(活的ノ作用)

(活的ノ生理講目)但シ活的ニ間

接ノ作用アル筋膜ハ講目ニ略メ左ニ記ス

前、中、後、三角筋 ●脎頸筋 ●大、小、胸筋
内、外、肋間筋 ●胸肋筋 ●肋骨擧筋
大、小、横膈筋 ●内、外、斜腹筋 ●横、直、腹筋
尖体筋、●後上、下、鋸筋 ○腹膜 ○胸膜

頸推部

誘蘇活法 第一方

●方法 ●項推五六ノ間ヲ捺衝ス但シ捺衝ニ法アリ此活法ノミ下ニ略解アリ

○頸推ノ第三項ヨリ七項迄ハ肺心兩臓ニ關係アリト唱フルハ古来柔術家ノ常ナリ而メ誘蘇ノ活法ハ心臓ヲ票點トス則ハチ右捺衝法ハ心臓ニ脉行ヲ促ガシ而テ肺臓ニ呼吸ヲ生セシムル爲メナリ（心臓ハ第五頸推ニ附ス）

●活的生理講目 （頸推）（心臓）（肺之關係）

○本篇ニ於テ活的ト稱スレドモ活點モ兼有スル者ト心得ベシ（講目ハ活法講義録ノ目録ヲ擧ゲ講究ノ點ヲ示スノミ以下準之）

誘蘇活法 第二方

二方以下ハ略ス

●方法 ●頸推五六間ノ推側ヲ捺衝ス但シ捺衝ニ法アリ（講義録ニ見ユ）

○生理學ニ於テ呼吸運動ニ二種アリ肋骨運動、腹部運動、是ナリ此活的ハ后不齊筋ヲ票點トス該筋ハ第五、六、頸推横突起ニ起リ第二肋ノ上方ナル結節后ニ附着スルモノナリ故ニ之ヲ捺衝《ヲシツキ》シテ肋骨呼吸運動ヲ促ガスベシ但シ捺衝法ヲ知ラズメ筋ヲ弄ス可カ

ラズ

●活的生理講目（后不齊筋）（肋骨）（呼吸關係）（肺、心、機能）（腹部）（呼吸運動）

腰　部

襟縊活法

●方法　○右手ノ拇指、及ビ第一、二、指ヲ以テ半月狀ヲ作リ恥骨縫合ノ地ニ捺當《ヲシアテ》テ以テ上方ヘ押上ス　然レドモ活點ニ手ヲ下ス迄ニ活技取扱法（或ハ手段方トモ云フ）アリ之ヲ知ラザレバ容易ニ起死回生ノ功ヲ見ズ本書ハ活法講義録ノ如ク活技ノ實用ヲ記スル者ニ非ズ只ダ死活ノ一覽ニ便セシ者ナレバ活點ニ就テ原因ヲ略言スレドモ活技手段方等ハ誘蘇第一法ヲ除ク外ハ敢テ之ヲ記セズ（活法講義録ニ重複スル故也）

○此活法ノ活的ヲ臍下三寸或ハ陰毛生際ノ地ト稱スレドモ實驗セバ人体ニ由リ差違スル事アリ故ニ本書ハ直ニ活的ヲ指シテ恥骨ノ縫合ト稱ス

●此活法ハ直腹筋ヲ票點トス該筋ハ恥骨ノ縫合地ニ起リテ劍狀軟骨及ビ第五、第六、及七八ノ肋軟骨ニ附着ス此筋三作用ヲ具フレドモ就中内臟ヲ壓迫スルノ作用ハ呼吸氣關係ノアル事生理上分明ナリ殊ニ肋骨ニ附着スル筋ナレバ肋骨呼吸運動ニ關スルモ亦タ明了ナリ故ニ此筋ヲ捺シテ押上スルハ呼氣ヲ促出セシムル爲メナルヲ知ル可シ

●活的生理目（肋部作用）（腹部作用）直腹筋）

胸部

陰嚢活法

●方法　○左右諸指ヲ死者ノ頸後ニ交叉シ兩臂ヲ死者ノ劍狀突起ノ部ニ合併シ而シテ劍狀部ヲ強壓スルト同時ニ交叉ノ兩指掌ヲ拽上ス（曳上法アリ今ハ略ス）

○此活法ハ　睾丸殺法ニヨリ或ハ誤テ睾丸ヲ衝突シテ卒死セシ者ニ施行ス故ニ活的ニ手ヲ下ス前ニ活技手段方ニ憑リ死者ヲ取扱フモノタリ

●此活法ハ心肺ヲ票點ト爲セドモ又他ニ呼吸作用ヲ促ガセリ則ハチ兩臂以テ劍狀部ヲ壓スルハ横膈膜ニ彈力ヲ添ヘテ腹部呼吸作用ヲ促ガセリ又交叉ノ兩掌ヲ以テ死人ノ頸ヲ扶起セバ兩腕ノ中點ハ心肺ニ當テ生氣ヲ與奮セシムル者ナリ又タ多少肋骨作用ニ關スベシ而シテ此活的ハ柔術家ノ語ニ膻中ト稱ス膻中ハ心肺ノ地也故ニ與奮セバ活法（呼吸作用）トナリ刺戟セバ殺法ト成ル殺活ノ機樞實ニ此ニ存ス而シテ此活法ハ前記ノ如ク呼吸作用ヲ促ガス所ロ三種ナルヲ知ル可シ

●（心肺作用）（肋骨作用）（横膈膜作用）

●衝的生理講目モ亦タ右ノ三作用ヲ詳細ニ講義シ之ニ活技手段方ノ説明ヲ加フルノミ

腹部

氣海活法

●方法　○臍下ノ直中一寸五分ノ地ニ於テ直腹筋ヲ押上ス但シ一寸五分ハ柔術

尺（蘂尺）ヲ以テ算ズ即ハチ臍趾間蘂計五寸ノ規法ナリ（押上方略ス

●此活法ハ襟縊活法ヲ施シテ死者回生セザル時ニ用フルモノナリ故ニ活的ノ直腹筋ヲ押上スルニ襟縊ノ活的ヨリモ上方ニ於テス又タ押上スルニハ兩掌ヲ以テス蓋シ襟活法ヨリモ一層力ヲ添テ肋腹兩部ノ呼吸運動ヲ為サシムル故也

●活的生理講目　襟縊活法ニ同シ

胸部

肺臓活法

●方法　○兩手ニテ死人ノ兩脇下ヲ抱扣シ兩臂ヲ兩乳下一寸四方ノ中ニ措キ以テ臂壓法ヲ施スト同時ニ扶起方ヲ行フ（扶壓法ハ此ニ略ス）（講義録ニ見ユ）

是レ肺臓ニ生氣ヲ興奮セシムルモノニシテ此クスル時ハ肺ニ聯接スル心臓ニ於テモ鼓動ヲ生ズルハ生理上心臓ノ一大幹ナル大動脈ニ進撥力ヲ添フ故ナリ

（此作用ハ活法講義録ニ見ユ故ニ重複ヲ恐レテ此ニ記サス）

●衛的生理講目（肺心兩臓ノ關係）

○活法誌

死活便覧第二編附録

○活法ヲ施行スルニ活ノ手段ト的、點、アル事ハ已ニ説明セシガ今施行ノ順序ヲ明サン為メ左ニ誘蘇活法ノ第一方ヲ以テ例セン　但シ活法講義録ノ如ク逐一ニ圖解シテ生理ノ作用ヲ示サズ但ダ施行順序ノ一例ノミ

●柔術導場ニ在テ門輩ガ稽古ノ為メニ絞死

等セシ時ハ左ノ如ク式ヲ追テ活法ヲ施スノ必要ナケレドモ他時ハ皆順則ヲ常トセリ然レドモ僅ニ卒死セシモノニ施ス時ハ此限ニ非ズ

○誘蘇活法初手

手段部

第一整身方　死者ヲ仰臥シテ手足ヲ正揃スベシ但シ摩囬ノ時ハ兩手ヲ開クベシ是レ摩囬者ノ足ヲ死者ノ手ニ觸レシメザル爲メ也

第二摩囬儀　摩囬者ハ死人ニ跨ルニ必ズ真之位タルベシ(足ヲ死人ノ身ニ觸レシメザル爲メナリ)(真之位ニ左右アリ左真位ハ左膝ヲ立テ右足ノ指ヲ爪立ツモノトス)○摩囬法ハ兩掌ニ力ヲ入レテ死者ノ兩頸側ヨリ胸骨下劍状突起迄撫デ下シ上腹ノ處ニ兩掌ノ至リシ時其部ヲ撫壓ス此ノ如クスルヿ(摩囬第一項)拾回餘ニシテ又タ兩掌ヲ以テ左右肋下ヨリ上腹迄撫テ上ル事(摩囬第二項)十回餘スヘシ

○第三扶起儀　死者ノ頭後ヨリ左右兩臂ニテ死人ノ首頭ヲ挾ミ且ツ兩襟ヲ堅ク握テ首頭ノ動カザル樣ニ半身ヲ扶起スベシ但シ兩襟ヲ握リシ手ハ活法ニ至ル迄少シモ動カスベカラズ

第四倚靠儀　右扶起儀ニ於テ死者ノ背身ヲ起セバ直グニ死人ノ五六頸推間ニ我右膝ヲ當テ死者ヲ后靠(背ヲ我膝ニモタレタス)セシム但シ我右膝ノ足指ハ爪立テ居ルベシ

第五備活儀　先ニ兩襟ヲ握リ居シ手ヲ離シテ兩脇ヲ抱持ス則ハチ活法士ノ兩臂ハ死者

ノ腋下ヲ抱挾シ兩腕ハ左右胸側ヲ抱挾シ其指ハ兩肋下ヲ抱在ス(備治儀第一項)而ノ死者ノ頸ノ左方ヨリ我面ヲ廻ハシテ彼ノ鼻口ト我鼻口ト相對セシム(是何ノ用カ本活門ニ於テ可知

已上ハ活投手段法ト稱ス

○本活

○活手ノ作用ニ於テ五官四肢分活用ト總活用ノ語アレドモ實際五官ニ於テハ(口)ノ作用ト四肢ニ在テハ手脚ノ作用ト三機能アルノミ

●五官四肢總活用　○手段法已ニ備レバ先ヅ「ヤー」ト小聲ヲ爲シツヽ吸氣ヲ十分ニ爲シ而ノ「オー」ト中聲ヲ發シ乍ラ死者ノ鼻孔ニ呼氣ヲ吹込ミ遂ニ「ウア」ト雄聲ヲ發シテ一大氣ヲ鼻孔ニ吹付ルト同時ニ右膝蓋ヲ上方ニ押衝スベシ此右膝ハ已ニ手段法ノ時ニ死者ノ五六推間ニ當テ居レバ活法ノ時ハ其儘ニ押衝ャバ可ナリ(五六頸推間ハ誘蘇ノ活的ナリ)

●五官四肢分活用　分活用ハ總活用ニ就テ手脚、口、ノ三機能ヲ區別セ。シモノナレドモ實地活用ノ時ハ左記ノ如キ區別ノ順序ナシ三機能同一時ニ總用スルモノト心得ベシ

●第一手用　活法ノ時ニ死者ノ兩脇ヲ抱持セシ手ハ其儘ニ措クニ右膝ノ押衝スル時ハ自然ニ肋骨呼吸運動ヲ勸促スル功アリ

●第二脚用　右膝蓋ハ活的ヲ上方ニ押衝ス

●第三口用　口ハ手段法ニ於テ死者ノ鼻孔ニ對セシ儘マ活法ノ時ハ掛聲(喝氣ノ義)

シテ呼氣ヲ鼻孔ニ吹入ス

●喝氣(掛聲)儀　掛聲ハ活技士ガ呼吸運用ノ便ニ供ヘシモノ也則チ「ヤー」ト言フ時ハ小聲ニシテ吸氣ヲ專ラニシ「オー」ト言フ時ハ中聲ニメ「オート聲ヲ延キ乍ラ死者ノ鼻孔ニ呼氣ヲ入テ空氣ノ吸收ヲ助成ス而メ「ウアト呼ブ時ハ最モ雄聲ヲ發シテ大氣ヲ鼻孔ニ吹入スベシ

誘蘇活法 初手

活法講義錄ノ十八流調査表ヨリ轉載ス

活手段	整身方　摩回儀　扶起儀　倚靠儀　備活儀
本活門	手用　脚用　口用(喝氣儀)
活的生理講目	頸推　肺臓　心臓　(筋、骨、關係)
蘇生原因	肺能(呼吸)　心能(血行)

●活法ニ於テ(活)ノ、的、點、ハ各流一致スレドモ手段法ハ皆ナ其流毎ニ多少ノ差違アリ右ニ掲ゲシ誘蘇活法ノ初手ハ諸流ニ就テ其精ヲ抽集ス而メ摩回儀、喝氣儀等ノ名分ハ源道派ニ倣フト雖ドモ其法ハ各流ノ要部ヲ採テ記載ス又手段施行ノ順序ハ柔術十八家中最モ其多數ヲ占メシ習慣法ニ準セシモノナリ此活法ハ各流皆ナ本活施行ノ初手トス此初手ニシテ死者回生ノ功ヲ見ザレバ第二ノ襟搤活法ニ及ビ則ハチ第五ノ肺活法ニ至ル迄順ヲ追テ活手ヲ盡シ人命ヲ救助スルモノナリ

●活法ハ皆ナ本活ノ前ニ手段法アリテ活用ヲ爲ス者ナリ故ニ手段法ヲ知ラズシテ啻ニ活的ヲ弄スルモ起死回生ノ功ヲ奏セズ誘蘇活法ノ捺衝法、襟搤活法及ビ氣海活法ノ押上

法ヨリ陰囊活法ノ拽上法、肺臟活法ノ扶壓法ニ至ル迄皆ナ手段法中生理作用アリ此生理作用ヲ知ラザレハ活ノ本機ヲ得難シ故ニ韜家ニ在テハ活法講義錄ヲ以テ此作用ヲ示シ本法ノ機道ヲ修學セシム是レ全ク活法ヲ實用セシムルノ主意ニ出ヅ一昨年四月門輩田島生因ミニ韜師ニ就テ活法ヲ問ヒ其活的ヲ聞テ直ニ活手ヲ得タリト想像シ徒ラニ隣家ノ大狗ニ電光殺法ヲ加ヘ而メ誘蘇ノ活的ヲ押衝スル事再三再四スルモ蘇生セズ此ニ於テ門生更ニ来テ其旨ヲ告グ師又タ活手段ヲ教フルニ門生尚ホ蘇生セシムルヲ得ズ亦而シテ復タ来レリ則ハチ師詳ニ誘蘇活法ノ生理作用(十一的)ヲ說テ其機道ヲ論ス此ニ於テ門生始テ活手ノ深意アルニ感ッ早々歸宅セシニ彼ノ大狗絶氣シテ已ニ一時間餘ニ至レリ然レドモ更ニ活手ヲ施行セシニ大狗忽然囘生シテ逃走セリ是レ門生活手ノ機道作用ヲ心得テ施行セシ故ニ易々其功ヲ奏セシモノナリ故ニ活法ヲ修學スルニハ機道作用ヲ知ルヲ肝要トス作用ヲ領知セバ活法ノ道ヲ誤ラズ只ダ活的ノミヲ知テ術ヲ弄セバ是レ亦タ一種ノ武兇人タルヲ免レザルヘシ

●術語ニ於テ(活)ヲ單法、總法ト稱スル事アリ單活法ハ左記ノ十五法ヲ言ヒ總活法ハ前記ノ本活五法ヲ言フ即ハチ本活ハ何レノ死者ニモ實行スル者ニシテ十五活法ノ如ク單ヘニ一種ノ死人ヲ限テ施行スル者ニ非ズ例セバ襟縊活法ノ如キハ始メテ此法ヲ發明セシ時襟ヲ絞

メテ殺シ或ハ縊首シテ死セシ者ニ多ク施行セシ故ニ襟縊ノ名ヲ付シ又陰嚢活法ノ如キハ釣鐘（殺法部ニ記ス）法ヲ加ヘテ殺セシ者ハ襟縊法及ビ氣海法ヲ施スモ回生セザル故ニ遂ニ此法ヲ發明シテ施行ス故ニ陰嚢ノ稱アレドモ其實ハ名稱ノ如クナラズ襟縊法ハ肋、腹、ノ呼吸運動ヲ促ガスヲ以テ主トシ陰嚢法ハ心、肺、ノ氣、脈、作用ヲ與スヲ目的トセシ者ナレバ襟縊、釣鐘、ニ局シテ其功ヲ奏スル者ニ非ズ總テノ死者ニ施行スベキ活法ナリ則ハチ溺死、雷死等ノ者ニモ襟縊法ノ活的ヲ要シ又タ天倒、膻中、等ノ殺法ヲ加ヘシ者ニモ陰嚢法ノ活的ヲ以テ回生セシム總テ五活ハ死者ノ種類ヲ問ハズメ實行ス故ニ（總活法）ト稱ス然ルニ左記ノ活手十五活ハ一法ヲ以テ總テノ死人ニ施行スルヲ得ズ單ヘ二一種ノ死人ニ限テ施行ス故ニ（單活法）ト稱ス　〇左ニ其區別ヲ示ス

總活法

本活五法

誘蘇活法　襟縊活法　陰嚢活法　氣海活一　肺臓活法

單活法

療活十五法

●吐息活法●溺死活法●墜死活法●絞死活法●壓氣活法●烟薫活法●凍死活法●攧撲活法●壓倒活法●雷●活法●緊下活法●日月悶活法●仆倒活法●中毒活法●月射活法

左ニ單活十五法ノ用方ヲ示ス之ヲ實行スル理法等ハ活法講義録ニ辨ズ

●

吐息活法 ●水月ノ殺法ヲ加ヘテ殺セシ者ニ限リ此活手ヲ施行ス

溺死活法 ●溺水シテ未ダ肛門ノ開放ナキ時ハ此活ヲ以テ功アリ

墜死活法 ●高處ヨリ墜チ或ハ落馬等ノ

為メニ死セシ者ニ活用ス

縊死活法 ●縊死セシ者ニ限リ此活法ヲ施行ス

饜氣活法 ●浴場等ニテ湯氣ニ酔ヒ以テ卒倒セシ者ニ限リ施活ス

煙死活法 ●出火ノ際ニ烟ニ巻カレテ死シ者ニ限リ此活ヲ用フ

凍死活法 ●厳寒ノ地ニ於テ凍シ或ハ雪倒等ノ時ニ此活ヲ用フ

攧死活法 ●暴客狂漢ガ突然拍撲シ為メニ死セシ者ニ活用ス

壓倒活法 ●群衆騒擾ノ中ニ於テ壓倒セラレテ死セル者ニ活用ス

雷死活法 ●雷ニ撃タレテ死シ又雷火ノ為メニ焦腫セシ者ニ用フ

緊牙活法 ●此活法ハ病ニ由リ歯ヲ緊合シテ死セシ者ニ實用ス

冐悶活法 ●古井或ハ鑛穴等ニ入リ陰毒ノ氣ニ冐サレテ悶絶セシ者ニ此活法ヲ施行ス

卒倒活法 ●夜中ニ郊原或ハ小便所等ニ於テ怪物ヲ見テ卒驚シ為メニ口鼻ヘ邪氣ヲ吸収シテ驀死セシ者ニ此活法ヲ用ヒテ蘇生セシム

中毒活法 ●敵ニ謀ラレテ宴會等ニ出デ膳品ニ加毒アリシヲ知ラズシテ喫飲シ遂ニ其毒ニ中ツテ卒倒セシ者ニ此活法ヲ施シテ回生セシム

日射活法

●烈暑ノ時節ニ旅行等セシ際劇ク日ニ射脳セラレテ卒倒セシ者ニ此活法ヲ施行ス

●單活法ノ名稱ハ諸流多少ノ相違アリ又其法數モ各派同ジカラズ其少ナキハ七法ヲ設ケ最モ多キハ廿八法ヲ立テリ然レドモ十八流ニ就テ調査セシ活法表ヲ閲スルニ實驗有功ノ要法ハ僅カニ十五法ニ過ギス是レ嘉永以來ノ經驗ニ於テ實功ナキ迂濶ノ活手段ハ除却セシ故ナリ右ニ記セシ單活法ハ活法表ノ中ニ於テ實驗點(明治十九年ノ調査朱票ヲ云)ノ付セシモノヲ掲ゲタリ其活 法名稱ハ皆ナ(活)ノ用方ニ付テ票名シ諸流種々ノ奇ナル活名ヲ棄却ス但ダ中毒、日射、ノ二法ハ源道流ノ活名ヲ其儘ニ記セリ是レ(活)ノ用方ト題名ノ由來相同ジケレバナリ

○十八流ノ死活調査表ヲ閲シテ感ズル所アリ敢テ巻末ニ一言ス

●治療部ニ和漢ノ別アリ柔術ノ根本所ナル揚武舘ニ於テ柔術療法ニ内外科ヲ教授ス蓋シ唐代ノ柔術ハ醫家モ亦タ之ヲ施用セシ故ニ遂ニ醫術ヲ武法ニ混ズルニ至テ經驗上頗ル其精ヲ盡クセリ故ニ揚武舘ノ柔術士ニシテ活法治療部ヲ卒業セシ者ハ戰地ニ出テ兵士ヲ療スルニ啻ニ筋骨ヲ整理スルニ止ラズ〆腑臓ノ傷損ニ至ル迄モ手ヲ下セシ由武譜(第十七巻)ニ見ヘタリ是レ支那ノ体術根源法ニハ内外科ノ治療ヲ教授スル故ナリ我國ノ柔術治療部ニ於テハ接骨ヲ專任トシ内外科ノ治療ニ通ズルモノハ只ダ石心源道ノ二流アルノミ而〆内臓ノ損傷ニ

就テ卒死セシ者ハ諸流皆ナ柔術治療ノ部ニ非ズトシ之ヲ棄却ス然レドモ右心流等ハ之ニ活手ヲ下シテ治療ニ及ベリ是レ内外科ニ通ズル故ナリ是レ可ハ即チ可也ト雖ドモ柔術範圍外ニ技ヲ施スモノ也トシテ排責スルモノアリ然レドモ苟クモ單活法ヲ用フル者ハ其流派ヲ問ハズ是非ニ内外科ニ通ゼザルベカラズ兩科共ニ單活施行ノ必用アレバナリ否ナ兩科ニ通ゼザレバ單活法則チ療活ヲ施行ス可ラズ右心、源道、ノ二流ニテ内外兩科ノ秘典アルハ宜ベ也餘ノ十六家ハ只ダ單活ノ方法ト藥劑ヲ示スノミニシテ(活)ノ點、的、ニ就テハ解剖生理ノ辨ナク殊ニ藥品ヲ示シテ藥質ヲ明サズ只ダ古来單活ノ習慣法ニ一任シ以テ之ヲ用フ矣危ヒ哉噫

○講習諸士ニ告グ

講義録ハ第一轉倒部ヨリ順序ヲ逐テ讀修セザルモ隨意ニ其科ニ就テ讀修スル事ヲ諾スルヤ否ヤノ御照會ハ地方講習諸君ヨリ度々有之候ヘ共右ハ講習諸士ノ御隨意ニテ何科ニテモ御好ノ教授書ヲ御申込可有之候

柔術講義録 六科講習

○第一科轉倒法 十篇（三圓七拾錢）

●轉倒法ハ戰用部、常用部、ニ付、表手、裏手、變手、ノ三方法ヲ講演ス皆ナ解剖的ト生理作用ノ説明ヲ爲シ之ヲ講ズルニ手段法、倒的、倒點ノ三部ヲ以シ專ラ實用教授ニ備ヘシ者之ヲ第一科ノ轉倒法講義録トス

○第二科捕縛法 十篇（三圓九錢）

●捕縛法モ亦戰用、常用、兩部ニ付正手、變手、ノ二方法ヲ說キ其身ニ就テ（手段、捕縛的、捕縛點）ノ三部ヲ解剖、生理ヨリ講錄ス但シ捕捉、術ト擊縛縛ヲ兼講シテ實用ニ備ヘシ故ニ第二科ヲ捕縛法ト兼稱ス

○第三科殺法 廿一編（六圓廿錢）

●殺法モ亦タ戰用、常用、兩部ニ付表、裏ヲ示シ（方法、衝的、衝點）ノ三部ヲ解剖、生理、ニ付詳講シ以テ實用教授ニ充テシ者ヲ殺法講義錄トス古來內外柔術家ノ戰地ニ出テ刀劍ヲ握ラザルモ易々トシテ敵ヲ倒シ又源道齋ガ暴賊ヲ退治スルニ平生無手ニシテ賊巢ニ入リ功ヲ得シ者實ニ本科ノ殺法アルニ由レリ

○第四科活法 卅編（拾三圓廿七錢）

●活法ハ戰用、常用、ノ別ナク表裏ノ差ナシ是レ（本活）五法（療活拾五法）都合二拾法ニ就テ（方法活的、活點）ノ三部ヲ懇切ニ講演シテ之ヲ實用セシムル爲メニス而シテ活法講義錄ハ解剖、生理、ノ作用ヲ說明シアレバ此法ノ機道ヲ領知スベキ故ニ施行ヲ誤ル事ナシ只ダ（活）ノ方法ノミヲ知テ施行スル者ニハ死者回生ノ功ヲ奏セザル事アリ是レ（活）ノ本門ナル機道ヲ識ラザル故ナリ故ニ（活法）ヲ實用セント欲スル者ハ從前皆講義錄ニ依ルヲ常トセリ我國多年深秘シテ容易ニ他ニ漏ラサヾリシ活術ハ此講義錄ニ顯著シテ實用スルモノトハ相成レリ又タ文明ノ餘澤ナル歟

○第五科療法 十編（四圓卅一錢八厘）

●柔術家ノ活手ヲ下スヤ必ズシモ我手ニテ殺セシ者ニ限ラズ然レバ如何ナル死人ニ下手スルヤ知ル可ラズ若シ死者ニ内臓ノ關係アル時ハ此ニ活手ヲ下スニ須ラク療法ナカルベカラズ故ニ療法部ニハ内科術モ講義ス且ツ接骨ハ柔術家の專任ナレバ之ヲ施行セザル可ラズ其（筋「骨」膜）ニ就テ解剖生理ヨリ説キ起シ整成方及ビ治療術。藥劑法等モ亦タ本科ニ詳載ス

●第六科應兵法 十編（四圓五拾五錢）

●本科ノ如キハ柔術ノ部類ニ非ズト雖ドモ根源法ノ發明所ナル揚武館ニ於テ教則ニ立テ平生經驗セシモノナリ蓋シ戰地ニ於テ敵兵ニ應ズル際ニ用フルモノ也例セバ第一編ノ健勇藥ノ如キハ六韜三略史ニ見ユル如ク張良ガ老仙ヨリ六韜三略ノ法ヲ傳授セラレシ際此藥方ヲ軍藥トシテ教ヘラレシモノナリ此藥ハ氣力ヲ強勇ニシテ大膽ナラシムルヲ以テ主功トス又タ第七編中ニ記載ノ氣衝法ノ如キハ手ヲ人体ニ觸レズ只ダ口中一氣罵聲スレバ能ク人ヲ倒スノ功アリ從前此講義録ヲ讀修セシ者ガ犬猫ニ氣衝法ヲ加ヘテ卒倒セシメシモノ是ナリ此ハ武藝史（十一巻）ニ見ユル如ク呉將孫權ガ戰地ニ在テ發明セシモノナリ又第十編中ニ講演シ霧影法ノ如キハ二種アレドモ其第一種ハ德川時代ニ忍術ト稱シ頗ル之ヲ秘セリ然レドモ此法ハ唐ノ大醫張老師ガ發

明セシモノナリ此モ亦タ戰地ニ多ク用ヒシ者ニシテ日本ノ如ク常用セシ事ハ更ニ無シ○應兵部講義錄ハ總テ揚武館ノ導場ニ於テ教則ニ立テ實用セシメシ奇術施行法ヲ講演セシモノナリ

柔術 誘蘇活法 褋縊活法 方法表（四十三錢）

活法本門ニ於テ常時ニ用多キハ（誘蘇）（褋縊）ノ二活法ナリ通常ノ卒死者ニ手ヲ下スハ此活ヨリス故ニ右二活法ノ方法表ヲ別冊トス本書ハ活法ノ方法ヲ示シテ實行ノ便ニ供セリ

○誘蘇活法教科本（壹圓八錢）

○縊死活法教科本（壹圓卅五錢）

○氣海活法教科本（貳圓五十錢）

○膻中活法教科本（壹圓四十九錢）

○肺臟活法教科本（參圓七十錢）

右五活法ノ教科本ハ實用教授ノ爲メ用ヒシムルモノニシテ解剖ハ勿論生理作用ヲ詳講シ一々繪圖ヲ加ヘテ活法實用ノ爲メ機道ヲ明カセリ●從來ノ活法修業書ハ即チ是也

但シ生理作用幷ニ活法機道等ヲ明サヾル方法表ハ氣海ヨリ肺臟活法ニ至ル迄六拾六錢トス

柔術ノ諸家皆ナ活法ヲ秘シテ容易ニ漏ラサヾル故ニ（活）ノ方法ヲ知ルヲ以テ專望トセシハ柔術有志輩ノ常ナリシガ方法ノ如キハ易々タル事ナリ（活）ノ的ト點ニ付テ解剖。生理。ヲ了解シ而後ニ（活）ノ（機道）ヲ知ルガ肝要ナリ諸士實驗セヨ

吐息活法

溺死活法

墜死活法

縊死活法

壓氣活法

煙死活法

壓倒活法

凍死活法

顚死活法

雷死活法

緊牙活法

胃悶活法

卒死活法

●教科本 壹圓八錢
●方法一覽表 四拾八錢
●教科本 壹圓六十錢
●方法一覽表 四十錢
●教科本 壹圓三拾錢
●方法一覽表 四十八錢
●教科本 壹圓五十錢
●方法一覽表 五十錢
●教科本 壹圓六錢
●方法一覽表 四十錢
●教科本 壹圓十錢
●方法一覽表 四十錢
●方法一覽表 五十八錢
●教科本 壹圓六錢
●方法一覽表 三十五錢
●教科本 壹圓十錢
●方法一覽表 四十錢
●教科本 壹圓九十錢
●教科本 壹圓
●方法一覺表 三十四錢
●同
●同
●同
●同
●教科本 壹圓廿錢
●方法一覽表 四十錢

中毒活法

日射活法

●教科本 壹圓九拾錢
●方法一覽表 八拾錢
●教科本 壹圓廿錢
●方法一覽表 三十五錢

轉倒科

捕縛科

殺法科

治療科

應兵科

表手三十種方法一覽表 卅四錢
裏手卅種方法一覺表 八十八錢
○表手方法一覽表 八十四錢
裏手方法一覽表 壹圓五錢
●教科本廿篇 毎一篇五十錢
●方法一覽表 廿種五拾四錢
●教科本十篇 毎一編六十錢
●方法一覽表 五十種八十錢
●教科本十編 毎一編五十七錢
●方法一覽表 百種九十錢

以上教科本及一覽表ハ圖ヲ加ヘテ驗用ニ便ス教科本ハ凡テ其科ニ就テ機道ヲ明カセリ故ニ直ニ實用スル事ヲ得ベシ

柔術術質問錄

四拾四錢

●柔術六科ヲ修學セシ者ニシテ之ヲ實驗スルニ當テ往々尚ホ了解セザル處アリ之ヲ韜師ニ

質問スル時ハ答辨書ヲ其者ニ送附セシガ今ヤ往復問答書積ンデ山ヲ爲ス又タ此道ニ熱心ナル者從來臨時ニ此術ヲ施シテ其理分明ナラズ又タ戰地ニ在テ之ヲ施行シテ尚ホ其理ニ昧キ處アレバ師ニ就テ之ヲ質ダセリ先生之ヲ認筆シテ貯書セシガ已ニ其問答書モ亦タ維新前後ヨリ以來數百ニ及ビ諸方ヨリ借覽ヲ乞フ者アリ今ヤ先生他ノ勸望ニ由テ之ヲ集メテ印刷ニ付シ以テ講習諸君ノ實驗ニ供セリ書中ニハ第一科ノ轉倒術ヨリ(殺)(活)法ニ至リ又タ捕縛治療及應兵ノ術ニ就テモ一々記載シアレバ柔術實地經驗ノ實際要所ヲ探知スルニハ最モ適當セリ故ニ柔術ヲ實用スル者ハ皆ナ悅ンデ此を參考シ自考ノ便ニセリ

柔術死活便覽 （定價郵稅）四十八錢

本書ハ殺手廿種、本活五種ニ付テ其機道ヲ略スレドモ至極簡略ニ殺活作用ヲ示セリ

●右書典ノ郵税ハ本家ニ於テ自辨可仕候

●郵券代用ハ貳割増ニ願上候

●爲替ハ東京新富町爲替取扱所宛ニ願候

◯柔術質問諸士ニ告グ

○柔術書ニ付用法之時實行上御領解ニ難相成節ハ御遠慮ナク御質問可有之候但シ質問ハ必ズ質問書ヲ要スベク候御質問ニ付答辨書ハ調査員ニ於テ檢閲後一時間ヲ經テ郵送可仕候但シ市内ト市外ヲ問ハズ質問書御差送ノ節ハ郵便二錢切手十二枚相添ヘ可被下候

●東京市京橋區新港町壹丁目拾七番地　今井家執事

●質問書御郵送ノ節ハ本家ヘ宛被下御差出ス時ハ神田一ツ通有斐閣ヘ御持參可有之候

明治廿三年九月十四日印刷
明治廿三年九月十四日出版

不許飜刻

發行兼編輯人 宮内清 東京京橋區新港町十七番地
印刷者 伊藤菊三郎 同所同

東京大賣捌所
神田一ツ橋通り町七番地 有斐閣
●京橋區 博聞社。目黒支店。有隣堂。牧野書房。春陽堂。●日本橋區 岡島支店。大倉孫兵衛。丸善。金港堂。博文館。長島。上田屋。●神田區 末廣町授産館。鍛治町森田商會。富山房。開進堂。三省堂。敬業社。團々社。朝香屋。麹町區 石塚。●本郷區 有成閣。南江堂。●愛知 永樂屋。梶田。●西京 須磨。出雲寺。●大坂 岡島嵩山堂。梅原。●静岡 廣瀬。●仙臺 伊勢屋安兵衛。●熊本長嶋次郎。●羽前山形。荒井○取次販賣御望之方ハ申込アレ

柔術秘伝　活法・一名死人蘇生術

※収録した原本によっては、文字の欠落や擦れ、頁の汚損・欠損等が見られるが、原本通りのため御了承願います。

楊柳道人
著
柔術
秘傳
活法
一名
死人蘇生術
附録
當身の法
清明堂藏書

活法は溺死、縊死、墮落、飢死、凍死、窒息、等に由て一時氣絶せし者を蘇生せしむる術にして實に柔術家乃發明せし所のものなり宜なる哉西洋諸國の日に月に驚くべく懼るべき器械醫術に進歩を見ると雖も未ざ我が所謂活法乃如く溺死縊死墮落死等れ死者を救助するの術は發明せざるなり抑も我が柔術家の是を發明するや自家特得の妙術として之を秘し之を密にし親子兄弟の間と雖も知らしめず門人弟子と雖も妄りに教授せざるが故に世人も絶て是を知るゝ由なく唯だ柔術に活法なるものなり能く死したる人を蘇生せしむると云ふことを知るのみなり夫れ柔術家たる者斯の如く秘密にし世人に傳へざれば其結果は活法の發明なきと同一なるに至らん或人曰く維新以后廢武の世となり武術家其數を減ずるに當ては柔術家も大に其數を減じ啻に山村避地に其人なきのみならず大都將に其人乏しきに至れり此故に應々溺死縊死等あるに際しては醫師と雖も是を蘇生せしむることを能はず徒らに周章狼狽して卒に永久不歸の人たらしむること少しとせずと嗚呼此天下無二の活法ありながら其功是等不幸乃者に及ばざるは何ぞや柔術家天下

に周ねからざるが爲めか否な柔術家天下に周ねしとするも普天の下率土の濱爭かでか柔術家を以て充たすを得んや果して然からば柔術家が天下に周弥からざるに非ずして之を秘密にするの甚だしく人に傳ふるの吝なるに原因せずんばあらざるなり夫れ柔術家が之を秘密にせず天下公衆に傳へなば一人の柔術家無きに至るも是等不幸の者を死せしめざるに至らん斯の如くんば柔術家たる者は獨り此法を自家の秘藏とせず宜く愛を割て天下公衆に傳へ天下公衆と共に使用せざるべからざるなり余は爰に觀るあり斷然舊慣を破り褊見を去て此

法を天下ふ公にせんと欲す讀者諸君本書に依て其蘊奥を極め既急の死者を救助するあらば啻に余が本意乃みならず亦以て活法れ本意ならむ

壬辰仲秋清風明月れ夜

楊柳道人美乃謹述

柔術秘傳 活法 一名死人蘇生術

楊柳道人松本美乃編纂

活《かつ》法《ぽう》とは當《あて》身《み》若《もし》くハ溺《でき》死《し》、縊《いつ》死、墮《だ》落《らく》等《とう》に由《よつ》て氣《き》絶《ぜつ》せし者《もの》を蘇《そ》生《せい》せしむる術《じつ》なり故《ゆへ》に飢《き》死《し》、凍《とう》死《し》、早《はや》打《うち》肩《かた》亦《また》は火《か》事場等《とう》にて煙《けふり》の爲《た》めに窒《ちつ》息《そく》せしもの或《あるひ》は病《びやう》床《しやう》に在《あつ》て昏《こん》絶《ぜつ》せし者《もの》等《とう》は總《すべ》て活《かつ》法《ぽう》を以《もつ》て蘇《そ》生《せい》せしむることを得《う》るなり然《し》かれども彼《か》の天《てん》の壽《じゆ》に屬《ぞく》する者《もの》譬《たと》へば老《らう》病《びやう》にて其《その》命《めい》の極《きはま》りたる者《もの》亦《また》は溺《でき》死《し》者《しや》と雖《いへど》も既《すで》に數《すう》十《じう》日《にち》を經《けい》過《か》し皮《ひ》肉《にく》腐《ふ》亂《らん》せし者《もの》等《とう》乃如《ごと》きハ靈《れい》妙《みやう》不《ふ》思《し》議《ぎ》ハ活《かつ》法《ぽう》と雖《いへど》も亦《また》如《い》何《かん》ともせべからざるなり若《も》し是等《これら》の輩《もの》をも救助《きうじよ》することを得《え》ば九泉《きうせん》乃人盡《ひとこと〴〵》く蘇《そ》生《せい》し寺《じ》院《いん》に墓《は》地《ち》を要《よう》せず人《ひと》生《うま》れて死《し》する期《き》なく實《じつ》に結《けつ》搆《こう》至《し》極《ごく》の事《こと》なれども如《い》何《か》にせん生《せい》者《しや》必《ひつ》滅《めつ》の道《どう》理《り》存《そん》する間《あひだ》ハ斯《かく》の如《ごと》き事《こと》は行《おこな》はるべからざるなり然《しか》からば活《かつ》法《ぽう》を施《ほどこ》して蘇《そ》生《せい》するや否《いな》を別《わか》つことは活《かつ》法《ほう》に就《つい》て必《ひつ》要《よう》なり此《この》判《はん》決《けつ》法《ほう》を名《な》づけて驗《けん》死《し》法《ほう》と云《い》ふ

◎驗《けん》死《し》法《ほう》

活《かつ》法《ほう》を施《ほどこ》して蘇《そ》生《せい》すると否《いな》とを分《わか》つて眞《しん》死《し》假《か》死《し》と云ふ

眞《しん》死《し》とハ其命《いのち》既《すで》に終《おわ》り活《かつ》法《はう》を施《ほどこ》すも其《その》効《こう》を奏《そう》せざる者《もの》を云《い》ひ假《か》死《し》とは活《かつ》法《はう》を施《ほどこ》せば必《かなら》ず蘇生《せい》する者《もの》を云《い》ふ而《しかう》して眞《しん》死《し》と假《か》死《し》とを判《はん》別《べつ》する法《はう》三《さん》種《しゆ》あり

第一　死《し》者《しや》乃眼睛《めのたま》上《うへ》下《した》亦《また》ハ左右《ひだりみぎ》の一《いつ》方《ぱう》に偏倚《かたよる》する者《もの》及《およ》び瞳孔《ひとみ》散《さん》大《だい》乄て未《いま》だ縮小《しくしよう》せざる者《もの》は仮《か》死《し》者《しや》なり

第二　鏡《かゞみ》を死《し》者《しや》の面《めん》部《ぶ》に接《せつ》近《きん》し其《その》鏡面《きようめん》の曇《くも》るも乃は假《か》死《し》者《しや》なり

第三　死《し》者《しや》ハ胸部《むね》（男は左胸 女は右胸）即《すなは》ち心《しん》臓《ざう》の部《ぶ》に皿《さら》を置《お》き是《こ》れに水《みづ》を盛《も》りて其《その》動《どう》靜《せい》を伺《うかゞ》ひ水《みづ》動《どう》搖《よう》せそ是《こ》れ假《か》死《し》者《しや》なり

要《よう》するに各《かく》人《にん》死《し》時《じ》乃摸《も》樣《よう》身《しん》体《たい》の強弱等《きやうじやくとう》によりて異《い》同《どう》ありと雖《いへど》も死《し》後《ご》凡《およ》そ一二時《じ》間《かん》の者《もの》は概《おほむ》ね蘇《そ》生《せい》すべく時《とき》としては五六時《じ》間《かん》を經《けい》過《くわ》することあるも猶《なほ》蘇《そ》生《せい》する者あり

◎誘活《さそいかつ》法《ほう》

誘《さそい》活法は呼《こ》吸《きう》を誘《さそ》ひ出《いだ》すと云《い》ふ義《ぎ》にして諸《しよ》活法中《ちう》最《もつと》も輕《けい》易《い》れ術《じゆつ》なり故《ゆへ》よ何《なん》等《ら》れ死《し》者《しや》と雖《いへど》も先《ま》づ誘活《さそいかつ》法《ほう》を施《ほどこ》し其《その》効《こう》なきときは襟《えり》活法總《そう》活法と順次《じゆんじ》に施《ほどこ》すべきなり

先《ま》づ仮《か》死《し》者《や》を仰《あを》向《むけ》に臥《ふ》せしめ両手《りようて》を両脇《りようわき》に直《の》伸《べ》し両脚《りようあし》をも直《の》伸《べ》し形恰《かたちあたか》も一°の字《じ》の如《ごと》くなし置《お》き施《し》術《じつ》者《しや》は其《その》上《うへ》ふ跨《またが》り右《みぎ》膝《ひざ》を突《つ》き左脚《ひだりあし》を立《た》て両手《りようての》掌《ひら》にて死《し》者《しや》の胸《む》部《ね》より腹《は》部《ら》へ掛《か》けて撫《な》で下《さ》げること十《じう》数《すう》回《かい》是《これ》を「マカヒ」と云ふ(「マカヒ」は死者の心臓の皷動を鎮定する爲めに用ゆ)「マカヒ」を終《をわ》りて施《し》術《とつ》者《しや》は死《し》者《しや》の左側《ひだりがわ》に轉《てん》じ左《さ》手《し》にて死《し》者《しや》の左襟《ひだりのえり》を握《にぎ》り右《ゆう》手《し》を其《その》頸《くび》部《すじ》に當《あ》て、引《ひ》き起《おこ》し右《みぎ》手《て》中《なか》指《ゆび》乃先《さき》を第《だい》一背《はい》推《すい》に當《あ》て置《お》き手《ての》掌《ひら》を以《もつ》て急《きう》に第五背《はい》椎《すい》を打《う》て其《その》呼《こ》氣《き》を喚《よべ》起《おこ》すべし(第一圖參觀)(第五圖參觀)

第一圖

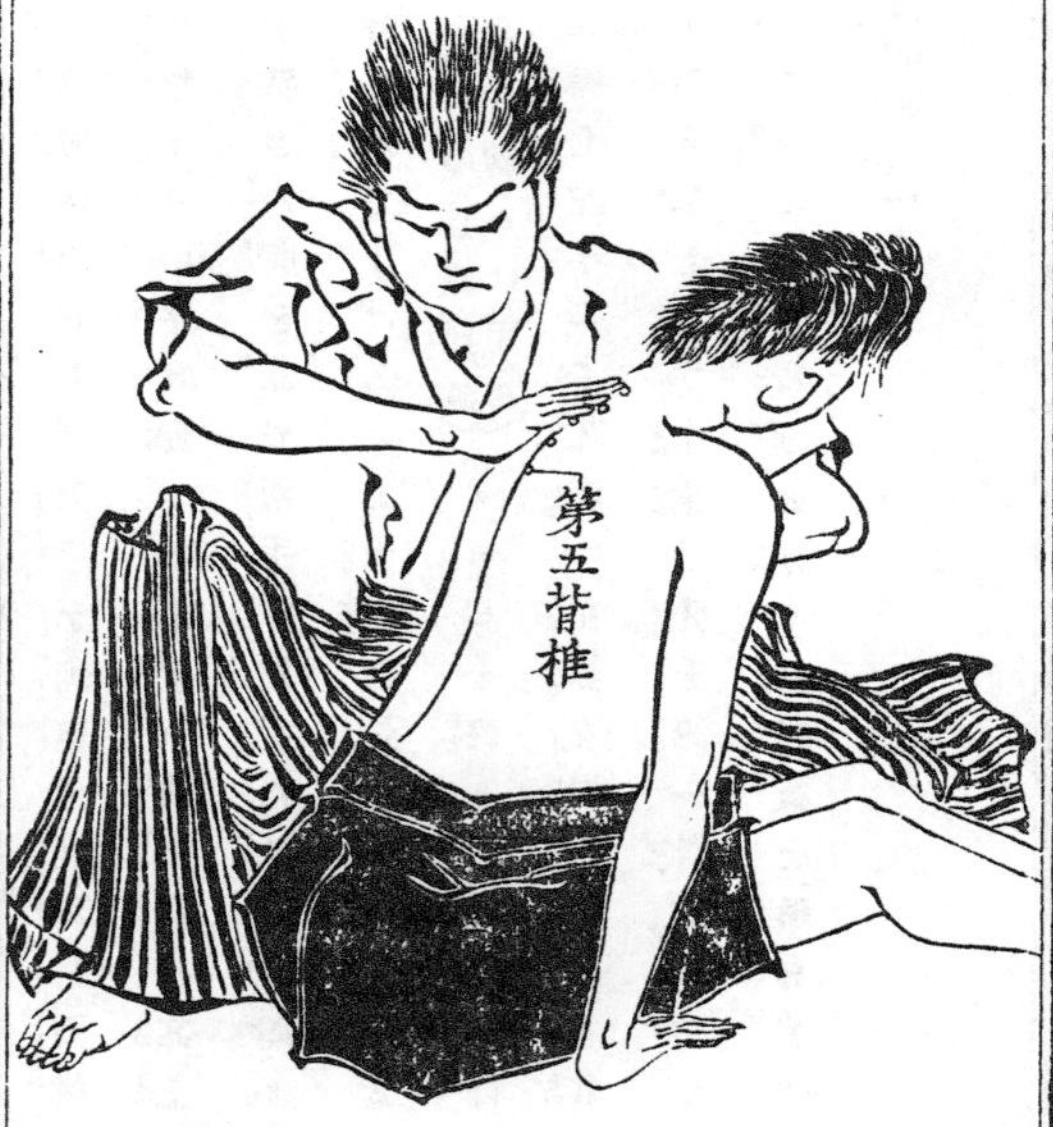

誘活《さそいかつ》法《はう》の別《べつ》法《はう》は前《ぜん》法《はう》乃如《ごと》く「マカヒ」をなしたる後《のち》施《し》術《じつ》者《しや》は仮《か》死《し》者《しや》の頭《とう》前《ぜん》に轉《てん》じ兩手《りようて》にて其《その》後襟《うしろえり》を持《も》ちて引《ひき》起《おこ》し右《みぎ》脚《あし》乃膝《ひざ》蓋《さら》を死《し》者《しや》の第五背《はい》椎《すい》に抵《あ》て其頭《そのかしら》を我《わ》が胸《むね》に受《う》け留《と》め兩手掌《りようてのひら》を死《し》者《しや》の大《おほ》胸《むな》筋《すぢ》に抵《あ》て手《て》足《あし》同《どう》時《じ》に壓《あつ》迫《はく》して呼《こ》吸《きふ》を促《うなが》すべし（右《みぎ》脚《あし》の膝《ひざ》蓋《さら》を以《もつ》て背《はい》椎《すい》を壓《あつ》するは其《その》踵《きびす》を上《あぐ》ること二《に》寸《すん》斗《ばか》りあれば充《じう》分《ぶん》に壓《あつ》することを得《う》）（第二圖第五圖參觀）

又《また》法《はう》前法の如《ごと》く右《みぎ》脚《あし》の膝《ひざ》蓋《さら》を死《し》者《しや》乃第五背《はい》椎《すい》に抵《あ》てたる後《のち》兩手《りようての》掌《ひら》を死《し》者《しや》の兩脇《りようわき》腹《はら》に當《あ》て膝《ひざ》蓋《さら》を上《あ》げて背《はい》椎《すい》を壓《あつ》すると同《どう》時《じ》に兩手《りようての》掌《ひら》を腋《わき》の下《した》まで引《ひき》上《あ》ぐ可《べ》し（第三圖）

第二圖

第三圖

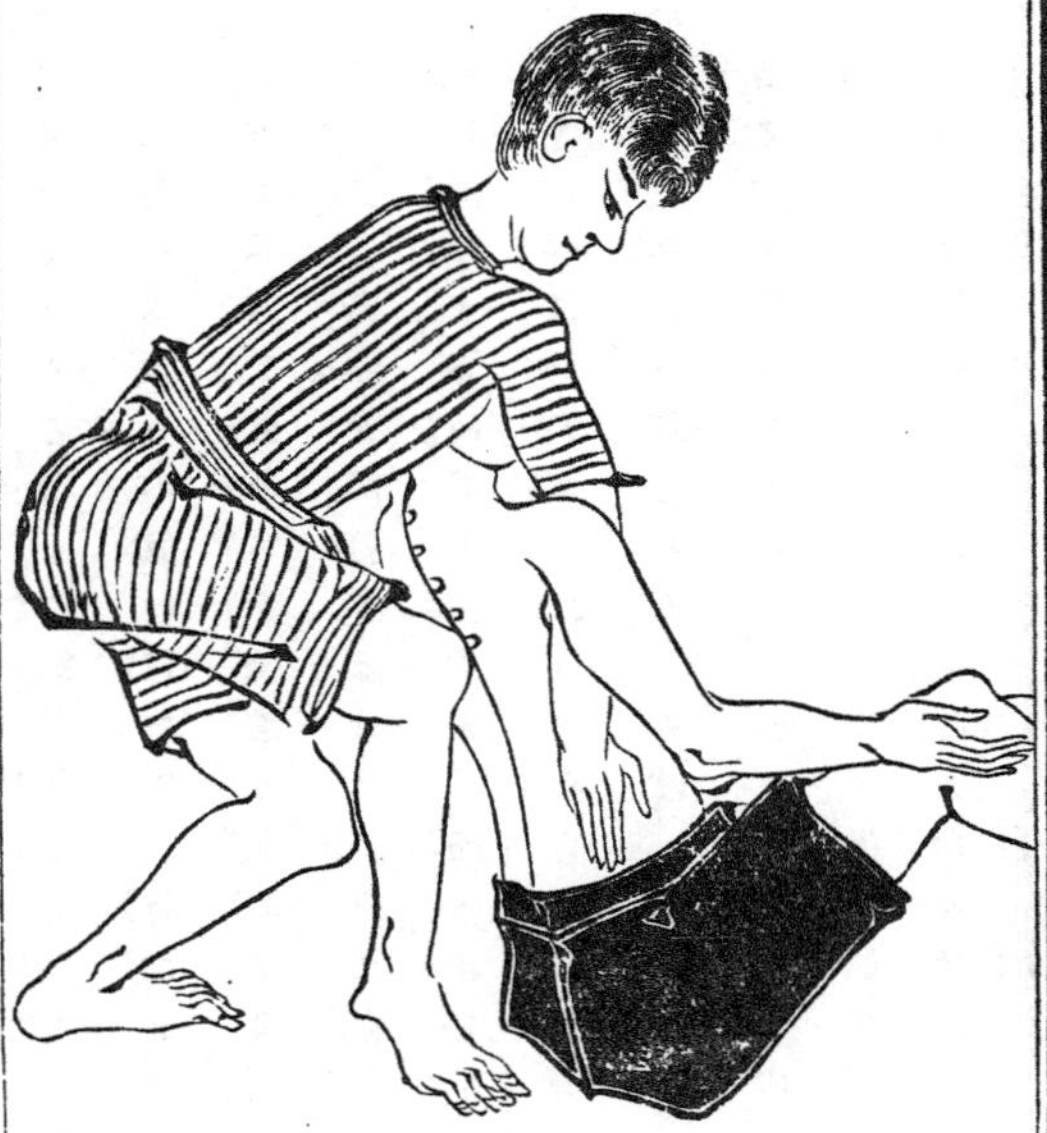

要《よう》するに誘活《さそいかつ》法《ほう》に三種なりと雖《いへども》も皆《みな》第五背《はい》椎《すい》を壓《あつ》迫《はく》し呼《こ》吸《きう》を喚《かん》起《き》するに外あらざるが故《ゆへ》に單《たん》に第五背《はい》椎《すい》を打《だ》撃《げき》するも其《その》効力《こうりよく》なきに非《あら》ず此《この》故《ゆへ》に世《せ》間《けん》應《をう》々《く》氣《き》絶《せつ》する者《もの》ある時《とき》は夫《そ》れと云《い》ふて背中《せなか》を乱《らん》打《だ》するなり而《しか》して亂《らん》打《だ》の一《いち》撃《げき》第五背《はい》椎《すい》に的《てき》中《ちう》する時《とき》は蘇《そ》生《せい》すると雖《いへど》も若《も》し不《ふ》幸《こう》にして的《てき》中《ちう》せさる時は終《つい》に黄《こう》泉《せん》の人《ひと》とならざるを得ざるなり此《この》時《とき》に當《あたつ》て活《かつ》法《ほう》を識《し》るの人《ひと》あらば一《いち》撃《げき》以《もつ》て是《これ》を蘇《そ》生《せい》せしむることを得べし夫《そ》れ誘活《さそいかつ》法《ほう》は最《さい》大《だい》簡《かん》易《い》の法《ほう》なるが故《ゆへ》に弟《てい》子《し》に教《おし》ゆることも多《おを》く從《したがつ》て僅《わづか》に漏《も》れ漏《も》れて世《せ》人《じん》をして背中《せなか》に活《かつ》あることを窺《うか》ゞはしむるに至《いた》り

しならん然《しか》れども其是《これ》を知《し》るも唯《たゞ》背中《せなか》に活《かつ》ありとのみにて第五背椎《はいすい》なる要所《ようしよ》を知《し》らざるが故《ゆへ》に毫《ごう》も益《えき》なきなり斯《かく》の如《ごと》く簡單《かんたん》なる活法《かつはう》猶《なほ》然《しか》り況《いわ》んや襟《えり》活《かつ》總《そう》活《かつ》等《とう》に至《いた》りては世人《せじん》は夢《む》想《そう》だも知《し》らざる所《ところ》のものなり

◎襟活《かつ》法《はう》

本《ほん》活《かつ》は誘活《さそひかつ》總《そう》活《かつ》の中《ちう》間《かん》に位《くらひ》する者《もの》にして輕《けい》に失《しつ》せず重《ぢう》に過《す》ぎず最《もつと》も簡《かん》要《よう》の法《はう》なり

本《ほん》法《ぽう》も始《はじ》めは誘活法《さそひかつはう》と同《おな》じく假死者《かししや》を仰臥《ぎようがい》せしめ「マカヒ」を爲《な》すべし偖《さ》て「マカヒ」を爲《な》したる後《のち》施術者《しじつしや》は仮死者《かししや》

の右《みぎ》側《がわ》に移《うつ》り右《みぎ》膝《ひざ》を突《つ》き左膝《ひだりひざ》を立《た》て右《みぎ》手《て》にて死《し》者《しや》の右《みぎ》手《て》腕《くび》を握《にぎ》り左手《ひだりて》を其《その》頸後《くびのうしろ》に回《まわ》はし是《これ》を引《ひ》き起《おこ》し右《みぎ》手《て》を放《はな》ち拇《おや》指《ゆび》示指《ひとさしゆび》及《およ》び中《なか》指《ゆび》の三《さん》指《し》を以《もつ》て第四圖中《ちう》にある如《ごと》く半《はん》月狀《げつじやう》を作《つく》り臍《へそ》下《した》三寸《ずん》の處《ところ》に押《を》し當《あ》て凡《およ》そ一寸《すん》程《ほど》上《うへ》へ撩《こ》き上《あげ》ると同時《どうじ》に左《さ》手《し》を以《もつ》て仮《か》死《し》者《しや》を前面《まへのはう》へ少《すこ》しく押《を》し付《つ》け其胸膈《きようかく》を壓《を》すべし（第四圖參觀）

別法《べつはう》は右《みぎ》の如《ごと》く其《その》「マカロ」を終《をわ》りたる後《のち》死《し》者《しや》の左側《ひだりがわ》に轉《てん》じ右《みぎ》膝《ひざ》を突《つ》き左膝《ひだりひざ》を立《た》て左《さ》手《し》を以《もつ》て死《し》者《しや》の左《さ》襟《きん》を持《も》ち右《やう》手《し》を其《その》頸《けい》後《ご》に回《まわ》はして撈《たす》け起《おこ》し左《さ》手《し》にて死《し》者《しや》を保《は》持《ぢ》し右《ゆう》手《し》を握《にぎり》て死《し》者《しや》の第二腰《よう》椎《つい》を撃《う》つべし（第五圖參觀）

第四圖

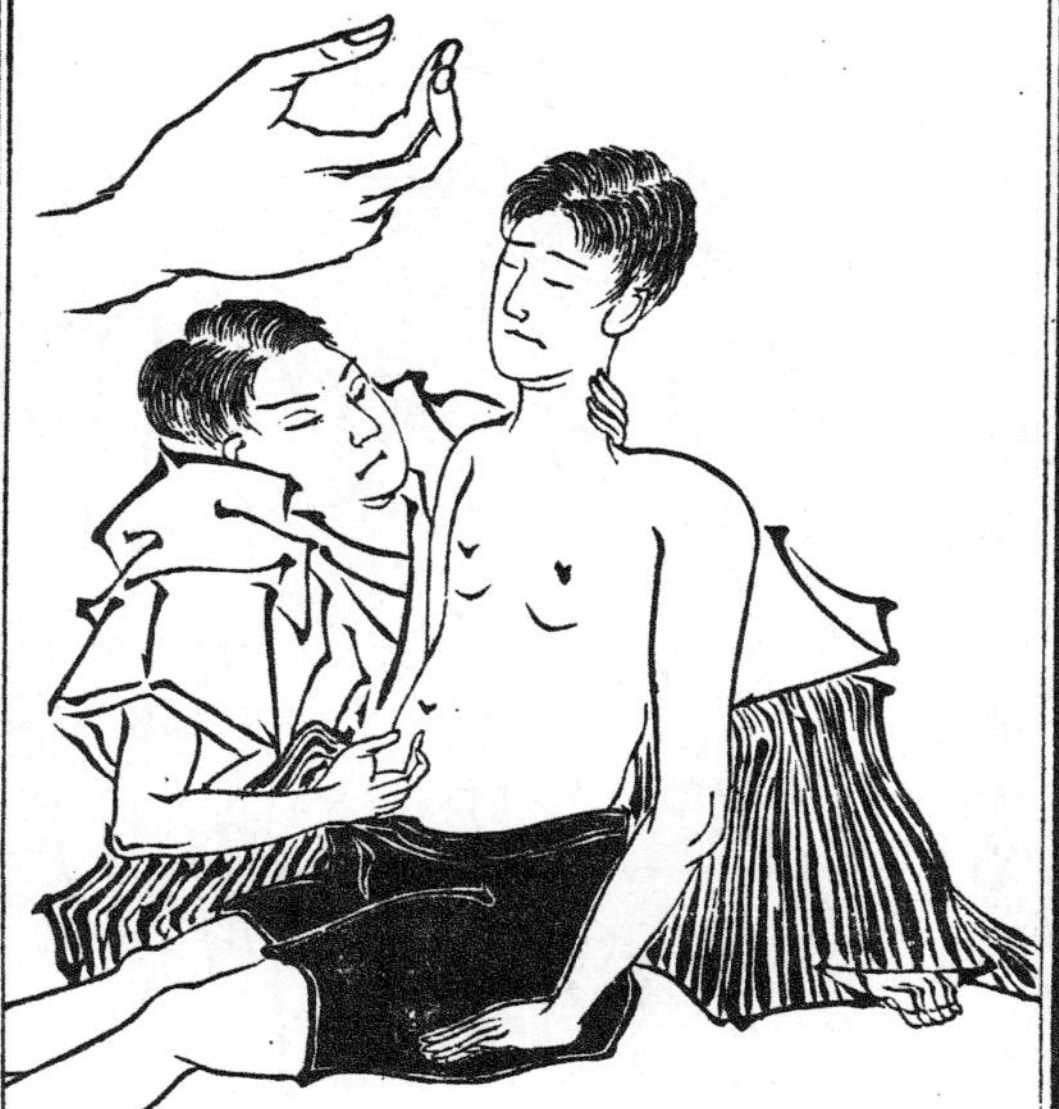

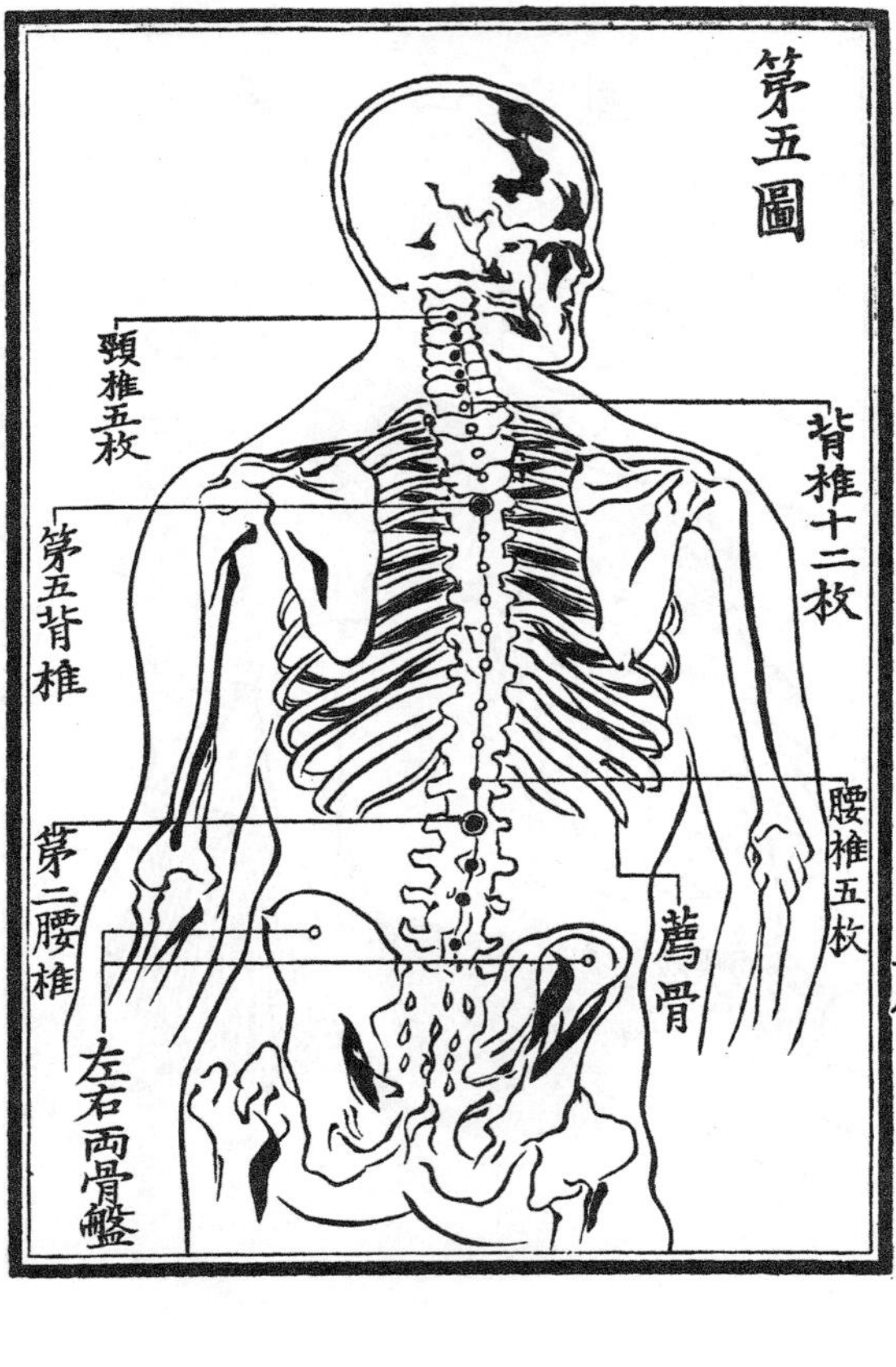
第五圖
頸椎五枚
背椎十二枚
第五背椎
腰椎五枚
第二腰椎
薦骨
左右両骨盤

又法《またのはう》ハ前述《ぜんじつ》の如《ごと》く「マカロ」を終《をわ》りたる後《のち》死《し》者《しや》の頭《とう》部《ぶ》に轉《てん》ぜ両手《りやうて》にて其《その》後襟《うしろゑり》を持《も》ちて引《ひ》き起《おこ》し右《みぎ》足《あし》を擧《あ》げ趾《ゆび》端《さき》を以《もつ》て第二腰《よう》椎《つい》を蹴《け》るべし

襟《えり》活《かつ》法《はう》は以《い》上《じやう》三《さん》種《しゆ》ありと雖《いへど》も要《よう》するに臍《へう》下《した》三寸《ぜん》乃處《ところ》を擦《こ》き上《あ》げると同《どう》時《ぢ》に胸膈《きやうかく》を壓《あつ》すると第二腰《よう》椎《ずい》を打《だ》擊《げき》するとの二ツにあり

◎總《そう》活《かつ》法《はう》

本《ほん》法《はう》は三《さん》法《かつ》中《ちう》有《いう》効《とう》最《さい》大《だい》にして之《これ》を施《ほど》して蘇《ろ》生《せい》せざる者《もの》なきなり斯《かく》の如《ごと》く有《いう》効《かう》なる活《かつ》法《はう》は從《したがつ》て激《げき》

烈《れつ》なるが故《ゆゑ》に先《ま》づ誘活《さういかつ》襟《えり》活《かつ》を施《ほどこ》して効《こう》なき後《のち》將《まさ》に本法《ほんぽう》を施《ほどこ》すべきなり

本法《ほんぽう》も亦《また》誘活法《さそいかつはう》の如《ごと》く「マカヒ」を行《おこな》ひ其《その》後《のち》施《し》術《じつ》者《しや》は仮《か》死《し》者《しや》の上《うへ》に跨《またが》り右《みぎ》膝《ひざ》を突《つ》き左膝《ひだりひざ》を立《た》て両手掌《りようてのひら》を臍《へそ》下《した》に壓《を》し抵《あ》て胸腔《きようくう》に向《むか》つて一息《ひといき》に押上《おしあ》ぐべし（第六圖參觀）

別法《べつぽう》も右《みぎ》「マカヒ」を終《をわ》りたる後《のち》死《し》者《しや》を俯臥《うつぶせ》せしめ施《し》術《じつ》者《しや》は前《ぜん》法《ぽう》乃如《ごと》く其《その》上《うへ》に跨《またが》り左《さ》右《ゆう》骨《こつ》盤《ばん》の上《うへ》に両手掌《りようてのひら》を壓《お》し當《あ》て一息《ひといき》に押《お》し上《あぐ》るなり（第五圖參觀）

第六圖

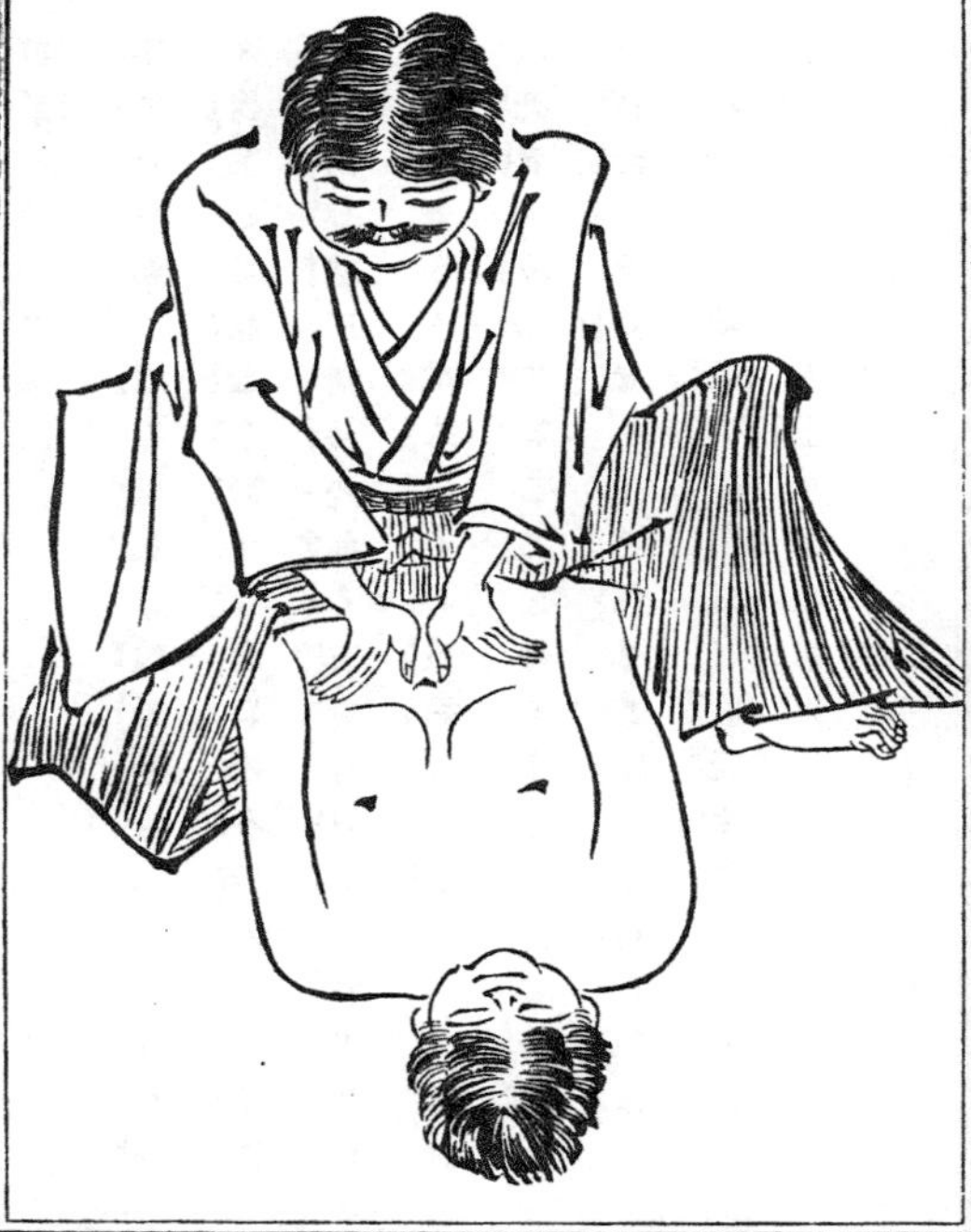

◎陰《いん》囊《のう》活《かつ》法《はう》一名睾活

本《ほん》法《はう》ハ名称《めいしよう》の如《ごと》く陰《いん》囊《のう》を踢《てき》蹴《しう》せられ若《もし》くハ他《た》物《ぶつ》に衝突《しようとつ》して眩《げん》暈《うん》卒《そつ》倒《どう》せし者にのみ行《おこな》ふべき法《はう》にして誘襟《さそひえり》総《そう》三《さん》活《かつ》法《はう》の如《ごと》く百《ひやく》般《はん》の死《し》者《しや》に施《ほどこ》すことを得《ゑ》ざるあり或《ある》人《ひと》曰《いわ》く誘襟《さそひえり》総《そう》の三活《かつ》にして百般《ひやくはん》の死《し》者《しや》を救《きう》助《じよ》することを得るならば何《なん》ぞ特《とく》別《べつ》に陰《いん》囊《のう》活《かつ》法《はう》を要《よう》せんやと然《しか》りと雖《いへど》も陰《いん》囊《のう》を踢《てき》蹴《しう》せられ若《もし》くハ他《た》物《ぶつ》か衝突《しようとつ》して眩《げん》暈《うん》卒《そつ》倒《どう》せしものは睾《きん》丸《たま》上方《はう》に釣《つ》り上《あが》り居《ゐ》るを以《もつ》て是《これ》を元《げん》位《い》に復《ふく》することをなさゞる可からず是《こ》れ陰《いん》囊《のう》活《かつ》法《はう》ある所《ゆゑ》

以《い》なり

本《ほん》法《ぱう》も亦《また》例《れい》に依《よつ》て「マカヒ」を施《ほどこ》し夫《そ》れより兩脚《りやうあし》を投《な》け出《いだ》さしめ睪《きん》丸《たま》の有《ゆう》無《む》を按《あん》察《さつ》し嚢裡《ふくろ》空虚《から》なれば背後《うしろ》より死《し》者《しや》の腋《わき》下《した》へ兩腕《りやううで》を挿《さ》し入《い》れ二三寸釣《つ》り上《あ》げては臀《し》部《り》を疊《たゝみ》に落《をと》し打《う》つこと十四五回《かい》兩足《りやうあし》の趾《ゆび》端を以《もつ》て薦骨の（第五圖參看）兩側《りやうわき》を輕《かる》く蹴《け》ること廿餘《よ》回《かい》（薦骨を蹴るには兩脚を投出さしめたる儘（第四圖仮死者ノ如ク）兩手にて死者の肩を持ち倒れぬ様なし置き足の趾端にて輕く蹴るべし）是《こ》れにて睪《きん》丸《たま》は下《くだ》るべし若《も》し未《いま》だ下《くだ》らざれば其《その》降《くだ》る迄《まで》反《はん》覆《ぷく》再《さい》三《さん》すべし（薦《せん》骨《こつ》の兩側《りやうがわ》を蹴《け》るに當《あた》て右《みぎ》より始《はじ》むべきか將《は》た左《ひだり》よりすべきかと云ふに其《その》就《いづ》れよりするも

可《か》なれども若《も》し睪《きん》丸《たま》乃一《いつ》方《ぽう》のみ釣《つ》り上《あが》り亦《また》は一《いつ》方《ぽう》のみ下《くだ》りて一《いつ》方《ぽう》の下《くだ》らざる時《とき》は其《その》睪《きん》丸《たま》乃上《あが》り居《い》る方《はう》の薦《せん》骨《こつ》を蹴《け》然《しか》る後《のち》に反《かた》側《かわ》れ薦《せん》骨《こつ》を蹴《け》るべし」右《みぎ》にて睪《きん》丸《たま》降《くだ》りたる上《うへ》ハ死《し》者《しや》を仰《あを》臥《むけ》せしめ施《し》術《じつ》者《しや》は其《その》上《うへ》に跨《またが》り右《みぎ》膝《ひざ》を突《つ》き左膝《ひだりひざ》を立《た》て両手《りようて》を死《し》者《しや》の頂《うな》部《じ》に送《おく》り左《さ》右《ゆう》の指《ゆび》を交叉《くみちがへ》して死《し》者《しや》を少《すこ》しく扶《たす》け起《おこ》し両臂《りようひぢ》を合《あわ》せて劔状《けんじやう》突《とつ》起《き》の部《ぶ》に抵《あ》て強《つよ》く壓《を》すると同《どう》時《じ》に頂《うな》部《じ》に在《あ》る手《て》を曳《ひ》き揚《あ》げ呼《こ》吸《きう》を喚《よび》起《をき》すべし（第七圖參看）

又《また》睪《きん》丸《たま》下《くだ》りたる後《のち》は誘活《さそいかつ》襟《えり》活《かつ》總《そう》活《かつ》を行《をこな》ふも其《その》効《こう》全しきなり

第七圖

◎溺《でき》死《し》活《かつ》法《はう》

本《ほん》法《はう》は溺《でき》死《し》者《しや》を救《すく》助《たす》する術《じつ》にして只《た》だ水《すい》中《ちう》より引《ひき》揚《あぐ》る前《ぜん》施《し》術《じつ》者《しや》水《すい》中《ちう》に入《いり》て施《ほどこ》す法《はう》ある乃み餘《よ》は誘襟《さそいえり》總《とう》の三活《かつ》を施《ほどこ》すに過《す》ぎざれば若《も》し既《すで》に引《ひき》揚《あげ》げたる後《のち》なれば三活《かつ》を試《こゝろむ》る外《ほか》なし故《ゆへ》に溺《でき》死《し》者《しや》は妄《みだ》りに水《すい》中《ちう》より引《ひき》揚《あ》げざるを要《よう》す

本《ほん》法《はう》は溺《でき》死《し》者《しや》を水《すい》上《ぢやう》に引《ひき》揚《あぐ》る前《ぜん》施《し》術《じつ》者《しや》ハ水《すい》中《ちう》よ入《い》り死《し》者《しや》男《をとこ》なれば背後《うしろ》より両《りやう》手《て》を廻《まわ》はし左《さ》右《ゆう》の指《ゆび》を交叉《くみあわせ》して臍《へそ》下《した》三寸《ずん》の所《ところ》に抵《あ》て、抱《いだ》き水《すい》上《ぢやう》へ少《すこ》しく揚《あ》ぐると同《どう》時《じ》に引《ひき》緊《し》むべし但《たゞ》し死《し》者《しや》女《をんな》なれば右《みぎ》乃反《はん》對《たい》にて前《ぜん》面《めん》より

第八圖

両手《りようて》を背後《うしろ》に廻《ま》わし左右《さゆう》れ指《ゆひ》を交叉《くみあわせ》して第二腰椎《ようすい》ょ當《あ》て前《まへ》の如《ごと》く水中《すいちう》より少《すこ》しく引揚《ひきあぐ》ると同時《どうじ》に引緊《ひきし》むべきなり（第八圖參看）

斯《か》くて後《の》ち水上《すいじやう》に引揚《ひきあげ》げ男《をとこ》なれば俯臥《うつぶせ》せしめ臍下《へそした》に柔軟《やわらか》なる枕《まくら》を爲《な》さしめ女《をんな》なれば仰臥《あをむけ》せしめ腰下《こしのした》に枕《まくら》をなし其部《そのぶ》を高《たか》くし口《くち》を除《のぞ》く外《ほか》れ諸竅《もろ〳〵のあな》を閉塞《とさぎ》し漸々《せん〳〵》揉《も》み上《あ》げ水《みづ》を吐出《はきいだ》さしめ然《しか》る後《のち》惣《そう》活法《かつぽう》を施《ほどこ》すべし但《たゞ》し其《その》間《あひだ》胸《むね》或《あるひ》は腹《はら》等《とう》を温《あたた》むるは大《をゝい》に可《よ》し

左《さ》に溺死者《できししや》取扱法《とりあつかいはう》を得たれば掲載《けいさい》せん是《こ》れ晩《ばん》近《きん》洋醫《やうい》の

用《もち》ゆる所《ところ》にして其《その》古《こ》來《らい》傳《つた》ふる取扱《とりあつかい》乃如《ごと》く粗《そ》暴《ぼう》ならず大
に用《もち》ゆべきなり

溺《でき》死《し》者《しや》を取扱《とりあつか》ふには成《な》るべく是《これ》を新《しん》鮮《せん》なる空《くう》氣《き》中《ちう》に移《うつ》し除《じよ》々《〱》と水《みづ》を吐《は》かすべし第《だい》一に呼《こ》吸《きう》を復《ふく》し第二に血《ち》を循環《じゆんかん》せしむる爲《た》め體《たい》を温《あたゝ》め縦令《たとひ》呼《こ》吸《きう》は回《かい》復《ふく》せざるも一二時《じ》間《かん》は充《じう》分《ぶん》心《こゝろ》を用《もち》ひて保《ほ》護《ご》すべし
呼《こ》吸《きう》を復《ふく》する術《じゆつ》は先《ま》づ患《かん》者《じや》の頭《かしら》を俯《うつ》むけにして水《みづ》を吐《は》かしめ而《しか》して鼻孔《はなのあな》及《およ》び口《こう》中《ちう》を能《よ》く洗《あら》ひ舌《した》を前《まへ》ふ引《ひき》出《いだ》し柔《やわら》かなる細《ほそ》き布《ぬの》ギレ（ゴムヲ用フレバ最宜シ）の弶《わな》を顋《あご》より懸《か》けて是《これ》を留《と》め胸《むね》乃邊《へん》の濡《ぬ》れたる衣《い》服《ふく》を取《と》り

除《のぞ》き枕《まくら》を高《たか》くして仰《あを》むけに臥《よ》さしめ其《その》は両手《りやうて》肘《ひじ》より上《うへ》を確《しか》と持《も》ち徐々《じよ〱》と引《ひき》上《あ》げ頭上にて手《て》首《くび》を行《や》き合《あわ》せ少時《しようじ》にして之《これ》を止《とゞ》め之《これ》を其《その》胸《むね》の両脇《りやうわき》に押《を》し付《つ》け又《また》少時《しようじ》にして復《また》前《まへ》の如《ごと》くなし此《かく》の如《ごと》く一分《ぷん》時《じ》間《かん》に十五六回《かい》程《ほど》反《はん》復《ぷく》して氣《き》息《そく》乃復《ふく》する迄《まで》手《て》を停《とゞ》めず數百千回《かい》行《おこな》ふべし其間《そのあひだ》鳥《とり》の羽《はね》を以《もつ》て咽《の》喉《ど》を探《さぐ》り又《また》胸《むね》より面《めん》部《ぶ》を強《つよ》く摩《ま》擦《さつ》し冷《れい》水《すい》と温《をん》湯《たう》とを一度《ど》づゝ更《かわ》る〲に面《かほ》及《およ》び胸《むね》に注《そゝ》ぐべし呼《い》吸《き》の復《ふく》したる後《のち》は乾《かわ》きたる毛《け》織《をり》物《もの》にて患《かん》者《じや》は體《からだ》を巻《ま》き其間《そのあひだ》より手《て》足《あし》を逆《ぎやく》に強《つよ》く擦《こ》すり心下《むねのした》腋下《わきのした》股間《またのあひ》足底《あしのうら》等《とう》の部《ぶ》に温《をん》

石《しやく》を當《あ》て温《あた》むる様《やう》にすべし是《こ》れ血《けつ》液《えき》れ循環《じゆんかん》と體《たい》温《をん》とを保《たも》たしむるの爲《た》めなり而《しかし》て自《じ》分《ぶん》に咽《の》喉《ど》を潤《うるほ》すことを得《う》る程《ほど》の氣力《きりよく》を生《しやう》じたる時《とき》は温《をん》湯《たう》或《あるひ》は温《あた》めたる燒酎《しやうちう》を湯《ゆ》に交《ま》せて飲《の》ませ成《な》る丈《た》け睡《ねむ》る様《やう》になすべし又《また》其《その》の氣《き》息《そく》を安《やす》くする爲《た》め胸《むね》及《およ》び肩《かた》に芥《け》子《し》泥《でい》を貼《ちやう》すべし此《かく》の如《ごと》くなるも三四時《じ》間《かん》は油《ゆ》斷《だん》なく保《ほ》護《ご》すべし又《また》此《かく》の如《ごと》くして回《かい》復《ふく》の兆《しるし》なきも決《けつ》して棄《す》つべからず猶《なほ》一層《そう》勉《つと》めて數《すう》時《じ》間《かん》手《て》を盡《つく》すべし稀《まれ》には五六時《じ》間《かん》を經《へ》て回《かい》復《ふく》する者《もの》あればなり

以《い》上《じやう》溺《でき》死《し》者《しや》蘇《そ》生《せい》後《ご》の手《て》當《あて》は採《とつ》て以《もつ》て用《もち》ゆべしと雖《いへど》も呼《つ》

吸《きう》を復《ふく》する術《じつ》に至《いたつ》てハ迂《う》遠《えん》にして一笑《しよう》に附《ふ》するの外《ほか》なし斯《かく》の如《ごと》く緩《かん》慢《まん》なる方《はう》法《はう》にては蘇《そ》生《せい》すべき溺《でき》死《し》者《しや》も卒《つい》に蘇《そ》生《せい》する能《あた》はざらむ豈《あ》に改《かいりよう》良せざるへけんや敢《あへ》て醫《い》學《がく》社《しや》會《かい》ハ猛《もう》者《しや》を請《こ》ふ

◎縊《いつ》死《し》活《かつ》法《はう》

縊《いつ》死《し》者《しや》ありと雖《いへど》も狼《らう》狽《ばい》して妄《みだり》に縄《なは》を切《き》り放《はな》すべからず施《し》術《じつ》者《しや》ハ適《てき》當《とう》の臺《だい》に上《の》り男《をとこ》なれば背《うしろ》後より前《まへ》面に両《りようて》手を送《おく》り左《さ》右《いう》の指《ゆび》を交《くみあわせ》叉して臍《へう》下《した》三寸《ぜん》の處《ところ》に當《あ》て抱《いだ》擁《き》し女《をんな》なれば前《ま》面《い》より背《うしろ》後に両《りようて》手を送《おく》り左《さ》右《いう》の指《ゆび》を交《くみあわせ》叉し

第《だい》二腰《よう》椎《すい》に當《あ》て抱擁《いだき》（第八圖看觀溺死活法に於て死者を水中より揚るに同して）すべし此《この》時《とき》他《た》の一人《にん》は繩《なわ》を上《うへ》より三度《ど》撫《な》で下《おろ》し順次《じゆんじ》是《これ》を解《と》くべし繩《なわ》解《と》け死《し》者《しや》落《おつ》るを施《し》術《じつ》者《しや》は臍《へそ》下《した》三寸若《もし》くハ第《だい》二腰《よう》椎《すい》に當《あ》てたる手《て》を拘《ひ》き緊《し》め抱《いだ》き留《と》むべし（是れ襟活を施すに同じ）斯《か》くて後《のち》下《した》に降《たろ》し總《そう》活《かつ》法《ほう》を施《ほどこ》すなり

別《べつ》法《ほう》ハ前《ぜん》述《じつ》の如《ごと》くして死《し》者《しや》の繩《なは》を解《と》きたる後《のち》死《し》者《しや》を仰《あを》臥《ひけ》せしめ施《し》術《じつ》者《しや》は兩手掌《りようてのひら》を以《もつ》て死《し》者《しや》の兩耳竅《りようみゝのあな》を挾《はさ》み拍《う》ち一二分《ふん》間《かん》押《おさ》へ置《お》きて空氣《くうき》を流《りう》通《つう》せしめず其後《そのご》一時《じ》に放《はな》つなり（此《この》法《ほう》は空《くう》氣《き》を以《もつ》て死《し》者《しや》の兩耳《りようみゝ》底《そこ》を刺《し》戟《げき》し以《もつ》て蘇活《かつ》せしむるものなるが故《ゆへ》に其《その》兩手掌《りようてのひら》を以《もつ》て兩耳竅《りようみゝのあな》を

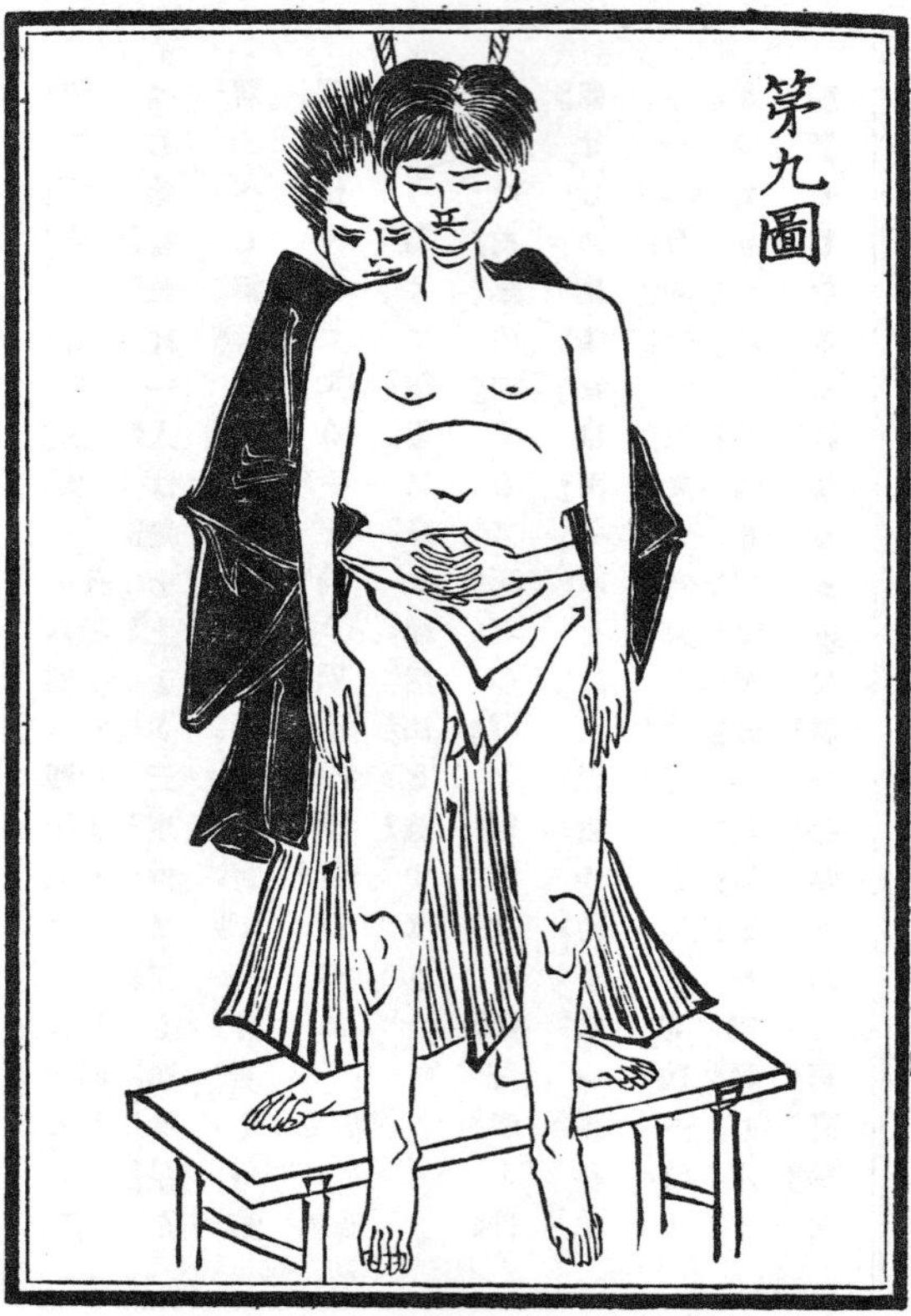

第九圖

壓《あつ》する時《とき》は掌耳《てのひらみゝ》、シックリと相《あひ》合《あ》ひ少《そこ》しも空《くう》氣《き》を漏《もつ》すことなく其《その》是《これ》を放《はな》つときはパッと音《おと》するを要《よう》す」

◎墮《だ》落《らく》活《かつ》法《はう》

本《ほん》法《はう》は屋上《をくじやう》若《もし》くは其《その》他《た》の高《かう》處《しよ》より轉《てん》落《らく》し死《し》に至《いた》りしものを蘇《そ》活《かつ》せしむる術《じつ》にして一名《めい》高《たか》落《おち》活《かつ》法《はう》と云《い》ふ

本《ほん》活《かつ》は繩《なは》にて圈《わ》を作《つく》り死《し》者《しや》は頸《くび》部《すじ》より膝膕《ひざかゝみ》に掛《か》け少《すこ》しく傴局《こゞま》せしめ身《しん》体《たい》傷《きづつ》き出《しつ》血《けつ》淋《りん》漓《り》たるあらば其《その》部《ぶ》分《ぶん》を白《しろ》布《ぬの》にて卷《ま》き後《のち》襟《えり》活《かつ》法《はう》を行《おこな》ふべし

第十圖

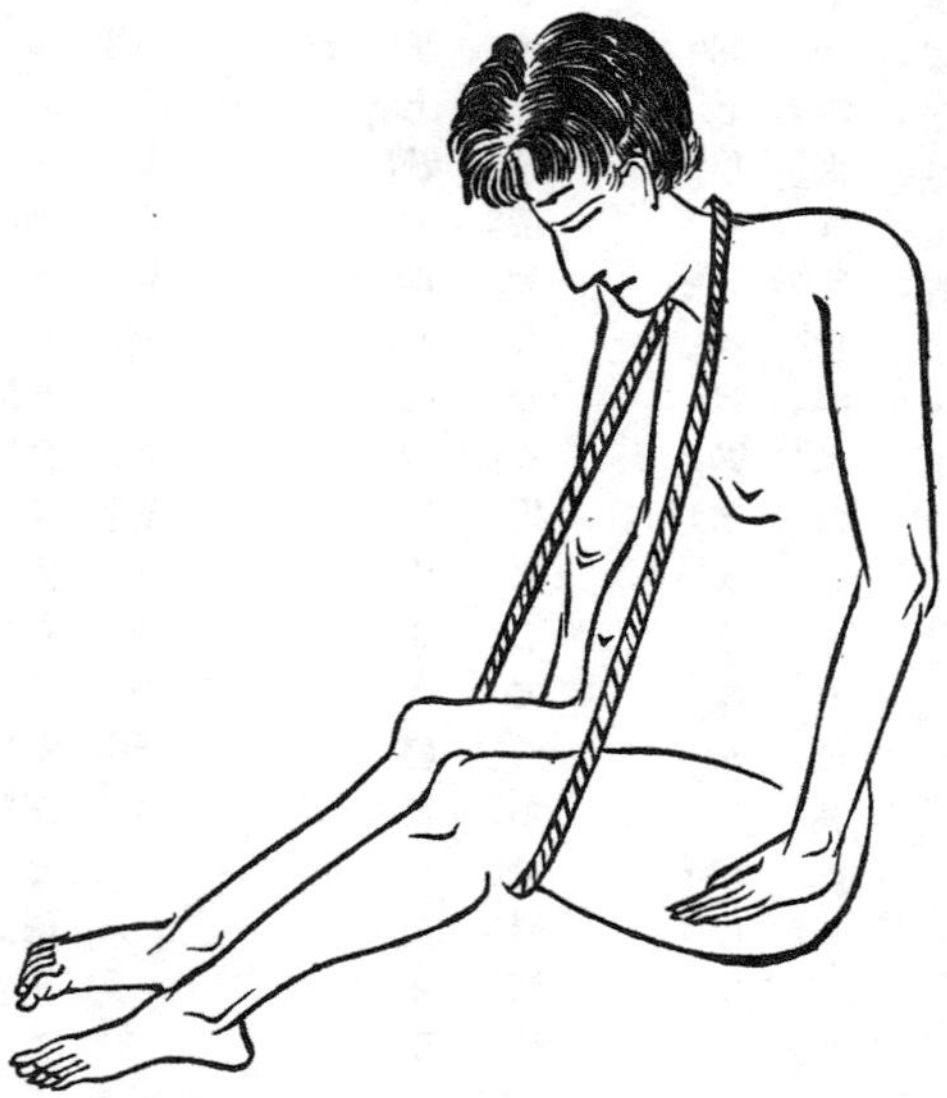

◎飢死《うゑじに》凍死《こごえじに》窒息《いきづまり》早打肩《はやうちかた》其他《そのた》萬般《まんはん》の氣絶者《きせつしや》

以上《いじやう》種々《しゆ〲》の活法《かつはう》ありと雖《いへど》も皆《みな》人工《じんこう》呼吸《こきう》を促《うなが》すに外《ほか》ならず而《しかし》て陰囊《いんのう》溺死《できし》縊死《いつし》墮落《だらく》等《とう》の活法《かつはう》ハ特別法《とくべつはう》なれば他《た》の死者《ししや》に施《ほどこ》すこと能《あた》はずと雖《いへど》も誘襟《さそひえり》總《そう》而三活《かつ》で普通《ふつう》活法《かつはう》なるが故《ゆへ》に飢死《きし》凍死《とうし》窒息《ちつそく》早打肩《はやうちかた》其他《そのた》萬般《まんはん》の氣絶者《きせつしや》ゑ施《ほどこ》して有功《ゆうこう》なり故《ゆへ》に如何《いか》なる死者《ししや》と雖《いへど》も此《この》三活《かつ》を順次《じゆんじ》施《ほどこ》し試《こゝろ》むべし

附録　當身《あてみ》の法《ほう》

當身《あてみ》は中《ちう》躬《きう》或《あるひ》は單《たん》に殺《さつ》と云《い》ふて身体《しんたい》の一部《いちぶん》を搏撃《はくげき》し或は踢蹴《てきしう》し或《あるひ》は衝突《しようとつ》去て敵《てき》を一時《じ》卒倒《そつとう》せしめ若《もし》くは全《まつた》く死《し》に致《いた》さしむる術《じゆつ》なり左《さ》に其部位《そのぶい》を分《わか》つて列記《れつき》せん

◎頭部《とうぶ》及顔面《およびがんめん》に施《ほど》すもの四《し》箇所《かしよ》

○天倒《てんとう》　拳《こぶし》を以《もつ》て顖門《そうもん》を突《つ》くなり

○鳥兎《うと》　小《こ》指掌《ゆびてのひら》を以《もつ》て眉間《みけん》を拍撃《はくげき》し又《また》は拳《こぶし》を固《かた》めて突《つ》くなり

○人中《にんちう》　拳《こぶし》を固《かた》めて鼻下《びか》を突《つ》く

○霞《かすみ》　指先《ゆびさき》を以《もつ》て顳《せう》顬を搏撃《はくげき》す

◎頸部《けいぶ》に施《ほどこ》すもの四箇所《しかしよ》

○獨鈷《とつこ》　耳下《みゝのした》乳頭突起《にうとうとつき》と下顎枝《かがくし》との間《あいだ》を拇指《おやゆび》を以《もつ》て
強壓《つよくあつ》するなり

○秘中《ひちう》　喉頭《こうとう》と胸骨《きようこつ》との間《あいだ》に於《おい》て氣管《きかん》を壓《あつ》し呼吸《こきう》を
停止《ていし》するなり

○村雨《むらさめ》　秘中《ひちう》の左側《ひだりのがわ》を壓《あつ》して呼吸《こきう》を停止《ていし》す

○松風《まつかぜ》　秘中《ひちう》の右側《みぎがわ》を壓《あつ》して呼吸《こきう》を停止《ていし》す

◎胸部《きようぶ》に施《ほどこ》すもの三箇所《さんかしよ》

○膻中《だんちう》　拳《こぶし》を固《かた》めて胸骨《きようこつ》の中央《ちうおう》を突《つ》くなり

○脇下《かりした》　拳《こぶし》を固《かた》めて両乳《りようちゝ》の邊《へん》一寸《すん》四方《しはう》の間《あいだ》を突《つ》く

○少方《しようはう》　拳を以《もつ》て劍狀《けんじよう》突起《とつき》れ根蔕《こんだい》を衝《つ》く

◎背部《はいぶ》に施すもの壹箇所

○電光三ッ當《でんこうみつあたり》　第《だい》六第七背椎《はいすい》乃部《ぶ》を博《うつ》つなり

◎腹部《ふくぶ》に施《ほどこ》すもの四ヶ所

○水月《すいげつ》　劍狀《けんじよう》突起《とつき》の直下《ちよつか》を拳《こぶし》を以《もつ》て突く

○月影《つきかげ》　第十一及第十二助《ろく》軟《なん》骨《こう》の遊離《ゆうり》端《たん》の下部《かぶ》にして左《さ》方《はう》を月《つき》影《かげ》と云ふ拳《こぶし》を以て突《つ》くあり

○電光《でんこう》　仝上《ぜうじよう》右方《うはう》を電光《でんこう》と云ふ

○明星《めいせい》　臍下《へそした》一寸《すん》の處《こゝろ》を蹴《け》或れ突くなり

◎四肢《しし》に施《ほどこ》すもの三ヶ所《しよ》

○尺澤《しやくたく》　橈腕《たうわん》長伸筋《ちようしんすじ》と總指伸筋《そうししんすじ》との間《あいだ》を拇指《おやゆび》よて壓《あつ》す

○草靡《くさなびき》　二肚《にと》腓《ひ》腸筋《ちようすじ》のアヒレス腱《けん》ふ移《うつ》る部《ぶ》の中央《ちうわう》を拇指《おやゆび》にて壓す

○高利足《たかりあし》　跗《ふ》前骨《ぜんこつ》基礎《きそ》乃間隙《かんげき》を指《ゆび》にて壓《あつ》す

◎睪丸《きんたま》に施《ほどこ》すもの一ヶ所

○釣鐘《つりがね》　膝蓋《ひざさら》足《あし》或《あるひ》れ拳《こぶし》を以《もつ》て睪丸《きんたま》を蹴《け》或《あるひ》は突《つ》く

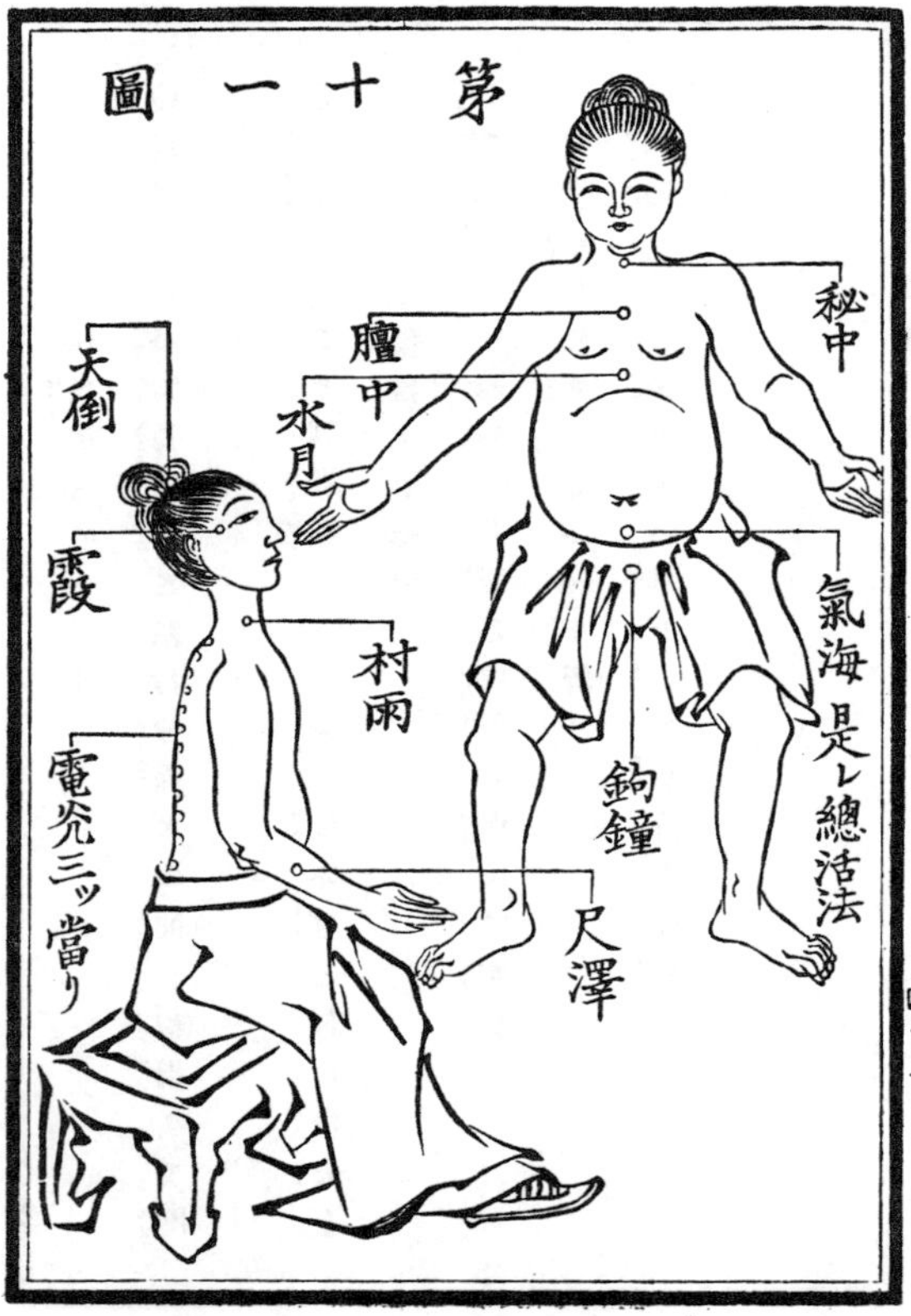

第十一圖

第十二圖

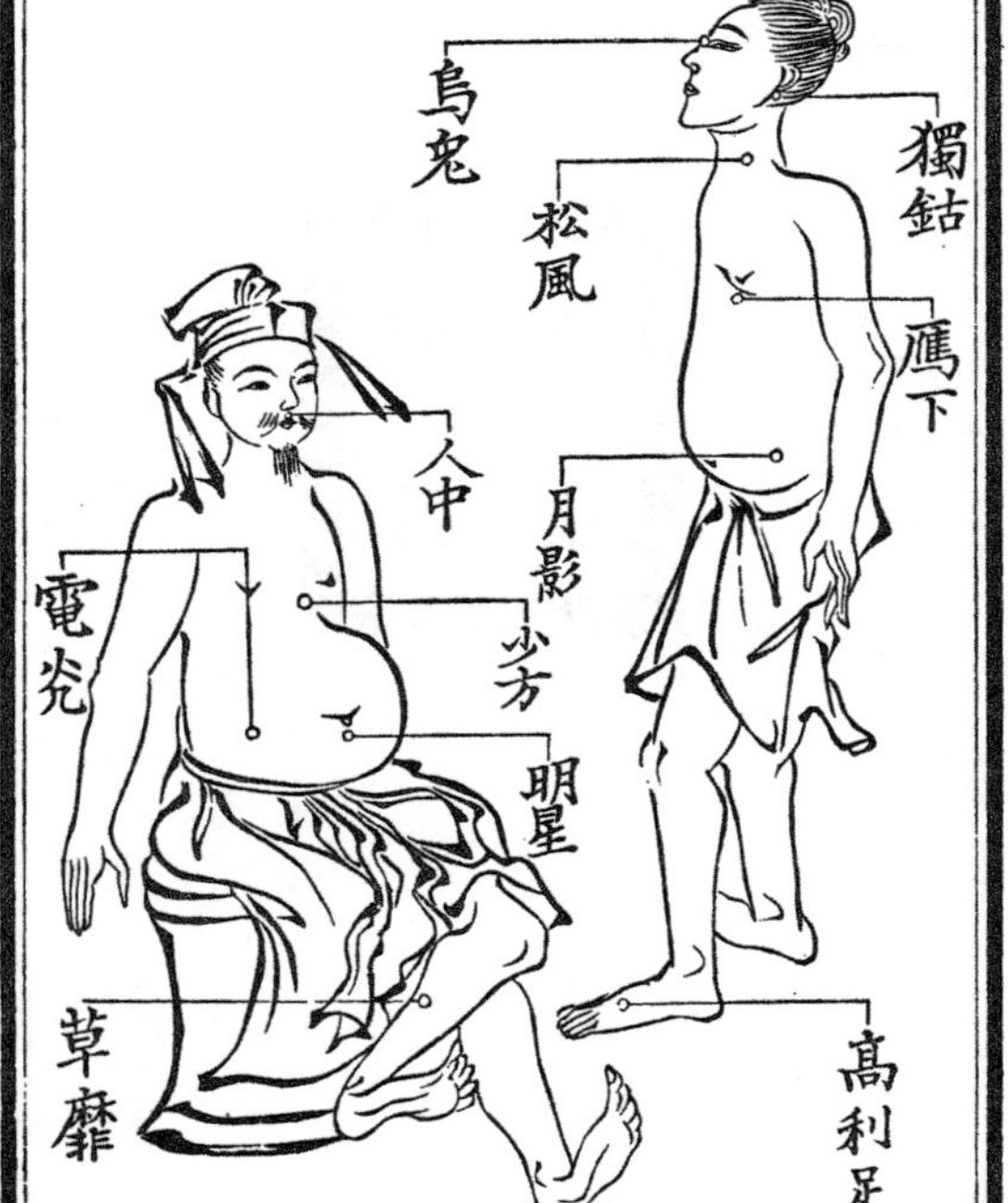

柔術秘傳 活法 附錄 當身の法 終

明治廿五年九月十三日印刷
仝　年仝月十五日出版

版權登録

著者　松本美乃
下谷區西町二番地

發行者　松本忠右衛門
下谷區西町二番地

印刷者　杉本常次郎
下谷區南稲荷町七十九番地

發行所　清明堂
下谷區西町二番地

日本　柔術活法詳解　全

※収録した原本によっては、文字の欠落や擦れ、頁の汚損・欠損等が見られるが、原本通りのため御了承願います。

日本
柔術活法詳解
全

緒言

夫レ柔術ハ体育ノ一良手段ニ〆而〆殺活自在ノ秘術也方今歐米之學術益々行ハレ生存之競爭愈々烈シク人々体育自衛之必要ヲ認ムルノ世ニ於テ其流行ヲ來シ全國都市到ル所ニ之ヲ講究スル者ヲ見サルナキ故アル哉然レトモ此術ノ奥義ハ極メテ深淵ナルヲ以テ世人能ク組打及ヒ形ノ何者タルヲ知ルモ所謂奥義即ハチ此術ニ關スル諸般ノ理論及ヒ殺活ノ二法ニ通熟スルモノニ至テハ極メテ尠ナシトス夫レ活法ノ如キ効驗著大何人モ之ニ通熟スルノ必要アルニ拘ハラス其現狀此ノ如シ是レ

蓋シ一ニハ徒弟ノ研究完カラサル者アルニ由ルヘシト雖𪜈抑モ亦此術ノ師範タルモノカ深ク之ヲ秘スルト世間未タ一言隻句ノ特ニ之ヲ論説スル書籍ナキトニ原因セスンハアラス於是乎予數年來一書ヲ著ハスノ意アリ今ヤ少閑ヲ得先ツ本書ヲ著ハシ主トシテ古來ノ活法ヲ悉ク列掲圖説シ毫モ秘スル所ナク其要處ヲ示シ傍ラ殺法ニ就テモ聊カ説ク處アリタリ世間若シ此書ニ就キ此術ノ奥義ヲ了解シ此術ノ利益ヲ亨得スル者アラハ啻ニ予ノ幸甚ノミナラス大ニ此靈妙ナル國技ノ爲メニ賀スヘキ事ナリト信ス焉

明治二十七年二月　日

著者識

日本柔術活法詳解目次

日本柔術活法詳解目次終

日本柔術活法詳解

免許　守永兵治著

第壹章　總論

第壹節　柔術

柔術トハ武器ヲ用フル若クハ之ヲ用ヒサル敵ニ向テ全ク武器ヲ用ヰス又ハ短キ武器ヲ用ヒ攻撃防禦ヲナシ仍ホ强健ナル身体ヲ作リ出ス運動方法ニシテ其名稱ハ拳法ト云ヒ柔術ト云ヒ柔道ト云ヒヤワラト云ヒ小具足ト云ヒ組打ト云ヒ様々ナルモ其實ハ互ニ相似タル者トス然リ而シテ其起源ニ就テハ或ハ之ヲ漢土ヨリ渡來ノモ

ノト説キ或ハ我邦固有ノモノナリト説キ前説ヲ主張スルモノハ柔術ヲ以テ明人陳元贇カ傳ヘタル者ト説キ後説ヲ主張スルモノハ柔術ハ今ヲ去ル六百年以前ナル北條執權時代ニ既ニ一流トシ之ヲ行ハレタリト説キ或ハ又武術流祖錄及ヒ作州久米北條郡ナル竹内流ノ家元ニ存スル祖先傳來ノ記錄ニ依レハ竹内流ノ開祖竹内中務大輔久盛ナル者人皇百四代後奈良帝ノ世天文年間ノ人ナル旨明記シアルヲ以テ見レハ既ニ凡ソ三百五十年前ニ柔術カ一派トシテ行ハレタル疑ナキニ所謂陳元贇ハ諸般ノ考證ニ依ルニ今ヲ去ル凡ソ三百四十年程ナル人皇百拾代後西院帝ノ世萬治年間ニ歸化セシモノナレハ

柔術カ吾邦固有ノモノナル疑ナシト言ハサルヲ得スト説クモノアリ後説眞ニ近キモ未タ以テ確説トスルニ足ラス要之其源ノ外國傳來ナルト我邦固有ナルト否ヲ問ハス兎ニ角今日吾人ノ眼前ニ在ル柔術ハ數年間我邦人ノ盡力講究ニ依テ吾邦ノ特技トナリ種々ノ流派ヲ生スルニ至リタル者ナルハ疑ヒナク今其重ナルモノヲ擧クルモ揚心流、眞之神道流、起倒流、關口流、澁川流、天神眞揚流、氣樂流、浅山一傳流、竹内流、良移心頭流、其他枚擧ニ暇マアラストス而シテ全國地ヲ異ニスルニ從ヒ此他種々異名ノ柔術流行シ居ルヲ感スルナリ夫レ然リ而メ今日此等各流ノ柔術ニ於テ講スル点ヲ案スルニ日ク組打即ハチ乱捕、曰ク形、曰ク活法、曰ク殺法即チ當身、曰ク整骨、此等五者ノ外ニ出ツルモノナシ而メ此等五者ノ性質効果ヲ案スルニ第一ナル組打即ハチ亂捕ハ實地數年間日々ノ講習ニ依ルヘキモノニシテ、第二ナル形ハ組打ノ根元ナルモ古來傳フル所其手數極メテ多ク此亦實地ノ講習ニ依テ其効果アルモノナリ、第四ナル殺法即ハチ當身ハ其性質極メテ危險ニシテ初心ノモノニハ其戒メトシテ當身ノ塲所ヲ知ラシムヘキモ决シテ之ヲ實習セシムヘカラス、仍ホ第五ナル整骨術ニ付テハ柔術ノ本性ナル体育及ヒ防身攻撃ノ用タル範圍ノ外ニアルモノニシテ世間萬人カ講究スルノ要ナキノミナラス、方今泰西醫術ノ道夙ニ行ハレ政府モ既ニ數年前自今醫術免許ヲ有セサルモノニ整骨業ヲ開始スルヲ禁シタルニ於テハ假令該術之内大ニ價値ヲ有スルモノアリトスルモ今之ヲ講究スルハ聊カ不要ナリト信ス、然ルニ第三ナル活法ニ至テハ吾邦ノ柔術特有ノ法術ニシテ最モ玄妙ノ域ニ進ミ究テ價値アルモノナルモ古來此道ノ師範タルモノ深ク秘シテ容易ニ之ヲ傳ヘス既ニ此術ニ通熟スル者ニスラ過當ノ報酬ヲ得スンハ之カ傳授ヲ爲サヾルノ弊アリトス然モ此法タル其數ニ限リアルモノニシテ充分明瞭スベキ説明ヲ下スモ小冊子ニ依テ之ヲ盡スヲ得ベク又其性質之ヲ書籍ニ記シタルモノニヨリ少シク熟讀講究セハ實地応用シテ誤リナキヲ得ヘキモノナリトス而シテ其効果ヤ莫大ノモノニシテ此術ニ従フ者ハ勿論其他醫師兵家警吏ヲ初メ何人タリトモ之ニ通熟セハ能ク夭死ノ者ヲ救ヒ又能ク不時ノ災ヲ免カレ無限ノ幸福ヲ開クヲ得ン

第貳節　活法

活法ノ性質効果ニ付キ前節説ク所アリ讀者ハ既ニ其柔術中要位ニアッテ著者カ此問題ヲ撰擇シテ聊カ世益ヲ圖ラントスルノ至當ナルヲ了解セシナラン抑モ此法ハ人類生理解剖ノ理ニ基ック者ニシテ柔術家カ之ヲ氣絶者ニ施スヤ假令重患ノ者ニ對スルモ極メテ神速容易直

チニ之ヲ活生セシムルヲ得ル彼ノ人口呼吸法ノ遲々タルノ比ニ非ストス而メ其能ク此法ニ長スル者ハ柔術相撲其他諸般ノ勝負ニ於テ氣絶シタル者ヲ活生セシメ得ルハ勿論打撲、捫挫、倒壓、墮落等ノ爲メ氣絶混倒シタルモノヲ蘇生セシメ假令水死縊死ノモノタリトモ之ヲ復活セシムル容易ナルヘク或ハ又赤手能ク數十人若クハ數百人ノ敵ニ當リ毫モ恇懼ノ念ナク殺法即ハチ當身ヲ以テ彼等ヲ殺シ盡シ更ニ蘇生セシメ能ク之ヲ生擒スルノ妙技ヲ施シ自家正當防禦ノ最上手段ヲトルヲ得ン本書ハ古來相傳ノ活法ニ就テ其最モ流行シ最モ効驗アルモノヲ悉ク列擧シ一々圖解詳説ヲ與ヘタリ其名稱如左

一、誘活法《サソヒ》
二、襟《エリ》活法
三、陰囊活法又曰睾丸活《キンカツ》
四、惣活法
五、吐息活法
　一、肺入　一、氣海　一、裏活
六、三活法

第貳章　誘活法《サソヒ》

柔術ノ活法中最モ平易初歩ノモノヲ誘活法トス此法ハ

〆《シメ》、當《アテ》、投《ナゲ》、蹴《ケリ》其他落馬等凡テ此類ノ事項ヨリ氣絶シタル者ヲ蘇生セシムルニアリ而シテ兩者其理ハ一ナルモ其術ノ施シ方ニ少シク異ナル点アルモノナリ左ニ之ヲ分說セン

其第一法

（第壹圖）

此活法ヲ以テ氣絶シタル者ヲ活生セシメントスル者ハ氣絶者ノ後ロニ在ツテ施術スルモノトス故ニ術者ハ先ツ第壹圖ニ示ス如ク己レノ兩手ヲ以テ氣絶シテ倒レ居ルモノヽ兩肩先ヲ捕リテ之ヲ其平常坐シ居ル時ノ姿ニ引キ起シ其背骨（脊骨ヲ分ツテ頸骨七、背骨十二、腰骨五トス之ニ尾骶骨尾閭骨ヲ併セテ計三十四骨トス）ノ上端ヨリ算シテ第五ト第六ノ骨ノ間（第貳圖及ヒ第二十三圖ヲ見ヨ）ニ已レノ右ノ膝骨ヲ當カヒ已ハ恰モ氣絶者ヲ其後《ツシ》ロヨリ見下ロス如クニナリ續テ第壹圖第四圖ニ示ス如ク已レノ左右双方ノ手ヲ氣絶者ノ兩胸ニ當テ第參圖ニ示ス如ク此ノ双方ノ手ノ食指中指相集ツ

（第二圖）

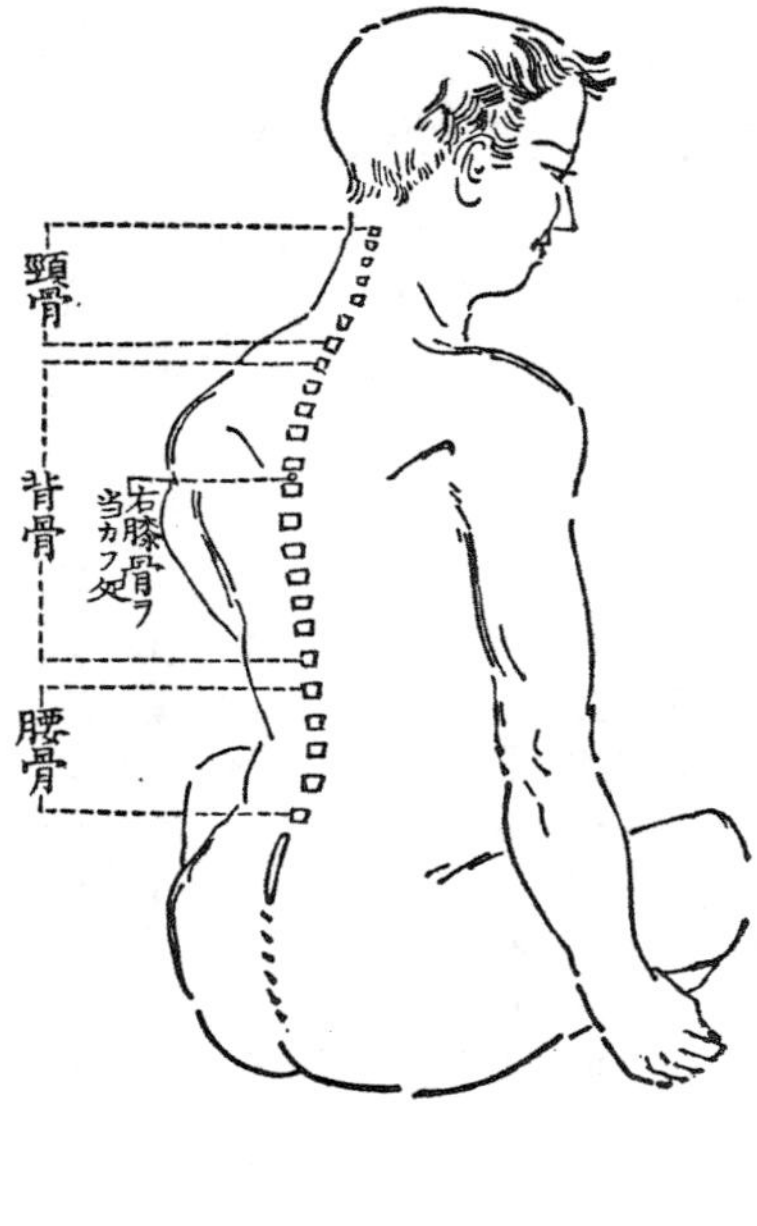

テ脆《ゼ》骨《コツ》即剣尖ヲ其兩端ヨリ圍ミ指ノ爪先カ膈下即兩乳

ノ下ノ邊ニ達スル位置ニ置クヘシ（以上說ク處ノ全体ノ恣勢ハ第壹圖ニ示スカ如クナルベシ）此ノ如ク搆ヘタルトキ背骨ノ五ト六トノ間ニ當テアル己レノ右膝ノ骨ハ其處ヨリズラザ

（第三圖）

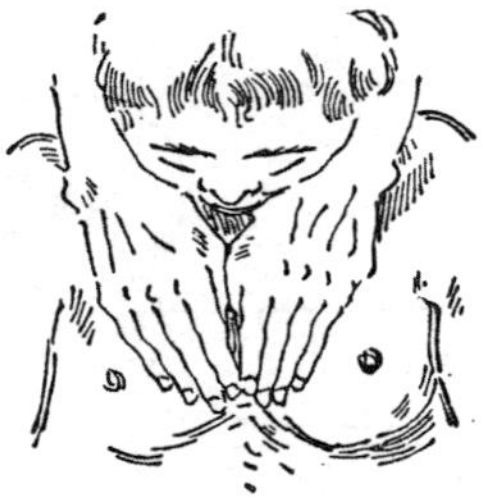

ル樣注意シテ此兩胸ニ當テアル兩手ノ手先ニ力ヲ入レ此手先カ第四圖ニ示ス如ク初ノ位置ヨリ少シク上部ニ

上リ氣絶者ノ体カ少シク前ニズリ出ル程グイト其胸部ナ巳レノ方ニ引キ込ミ上ケルヘシ此レ此活法ノ要所ニシテ氣絶者ハ此時既ニ蘇生シ來ルモノナルモ續テ胸部ニ當テアル兩手ハ離スコト

（第四圖）

ナク氣絶者ノ水月ノ上ノ處ヘ向テ二回程輕ク押スベシ
此ニ於テ氣絶者ハ全ク活生スルモノナリ

其第二法

此法ニ於テ活法ヲ施ス者ノ身搆ヒ即ハチ氣絶者ヲ其平常坐スル時ノ位置ニ引キ立テ其後ロニ立チ已レノ右ノ膝骨ヲ其背骨ノ五ト六トノ間ニ置ク事前法ト異ナルヿナシ只前法ニ於テハ左右兩手ヲ氣絶者ノ兩胸（膻中ノ左右）ヘ置ク代ハリニ此法ニ於テハ第五圖ニ示ス如ク左右兩手ヲ胸ノ兩端左右ノ兩脇ノ下横腹ノ上部ノ處ヘ當テシカト當テタル儘グツト力ヲ入レテ重ニ前ノ方ニ又少シク上ノ方ニ持チ上クルニアリ（勿論此ノ如ク施

術セント
スルトキ
背骨ニ當
テアル己
レノ膝骨
ハ第壹法
同樣其處
ヨリズラ
ザル樣注
意ヲ怠ル
ヘカラズ）此時氣絶者ノ体ハ少シク前ニズリ出ルコト

（第五圖）

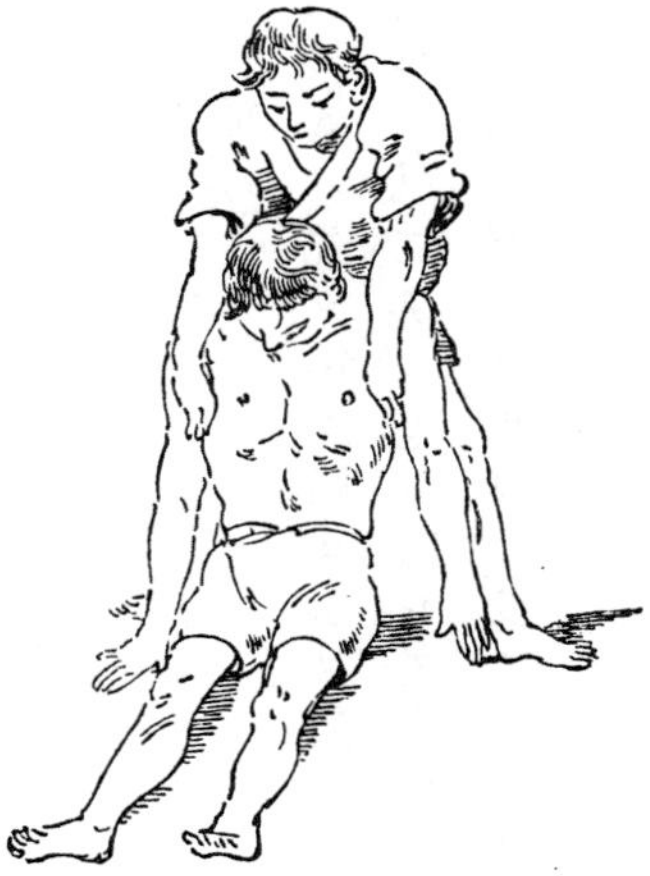

第一法ノ時ノ如シ以下第一法ニ倣ヒ兩手ヲ氣絕者ノ胸部ニ當テ手先ニテ水月ノ上ノ處ヘ向テ輕ク二回程押スベシ然ルトキハ氣絕者ハ全ク活生スベシ

第三章　襟活法

此活法ヲ施サントスル者ハ先ツ第六圖ニ示ス如ク氣絕シタル者ノ右脇ニ兩足ヲ爪立テヽ坐シ巳レノ左手ヲ其頸下ヘ徐カニズット搜入シ襟首ヲ取リ（此左手ハ此活法ノ終リニ至ル迄離サヾルモノトス）左腕ニテ体ヲ前ヘ抱ヘ起シ旣ニ起シタル時巳レノ左足ヲ立膝ニシテ第

七圖ニ示ス如ク背ニ當ガヒ能ク其倒レ回ヘラサル樣ニ注意シ續テ此搆ヲ毫モ崩スコトナク已レノ右手ノ手ノ平ニテ氣絶者ノ胸部膻中ヲ心トシタル邊

(第六圖)

ヲ第八圖ニ示ス如クのノ字樣ニ數度摩回スベシ此摩回ハのノ字ノ如ク其跳先ノ處ニハ力ヲ入レサル樣ニ注意シテ之ヲ充分ニナスベシ此レ啻ニ活法ニ必要ナルノミナラズ又以テ術ヲ施サントスル者ヲシテ其氣ヲ落付ケ虚心平氣活法ノ眞ヲ入ル丶ヲ得セシムル者ナレハ決シ

(第七圖)

（第八圖）

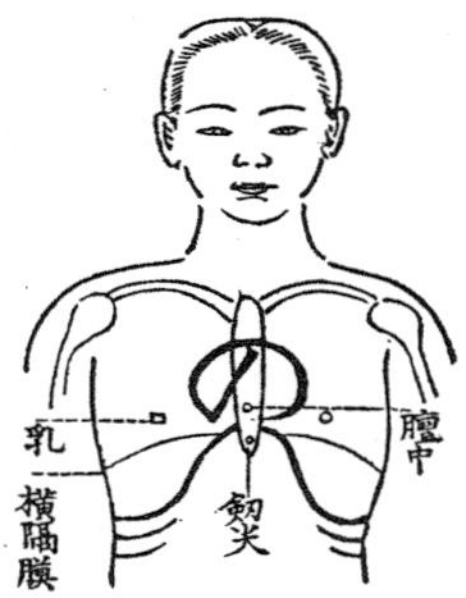

テ之ヲ省略スヘカラス」既ニ充分摩回シ盡シタル片ハ續テ右手ノ手ノ平ヲ以テ氣絶者ノ胸ノ中央ヨリ腹下ヘ掛ケズラリト撫テ下ロシ、次ニ其右側ヲ右胸ヨリ右腹ノ下ヘ掛テ同樣ニズラリト撫テ下ロシ更ニ又其左側ヲ左胸ヨリ左腹ノ下ヘ掛ケ一樣ニ撫テ降ロシ此降ロシタル手ハ離スヿナク直ニ其五指ヲ第九圖ニ示ス如クニ中指ヲ食指《ヒトサシユビ》ノ上ニ置キ合セ拇指《オヤユビ》ト相對シテ三叉《サンマタ》ノ形ニナ

（第九圖）

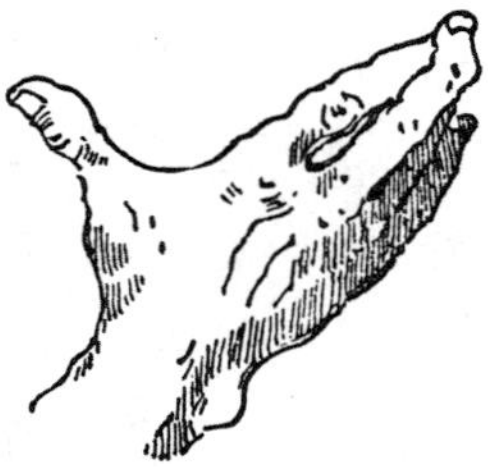

（第十圖）

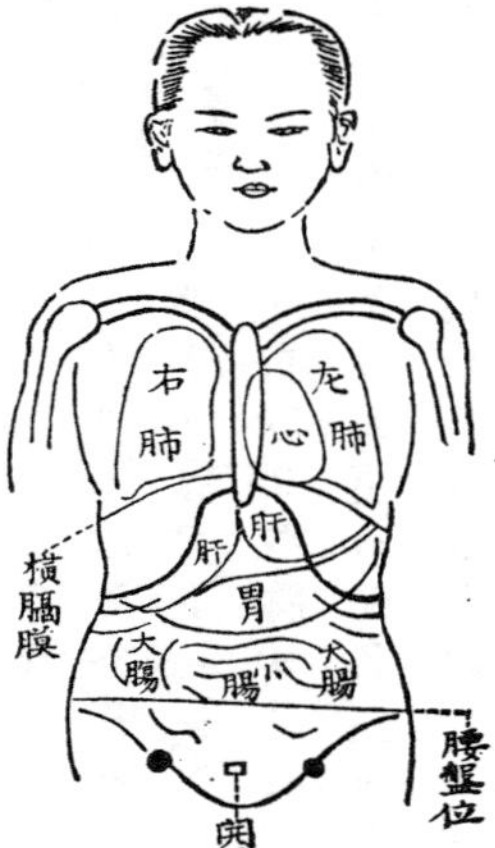

シ此クシテ兩尖端ヲ形ツクル拇指ノ先ト中指食指ノ先トハ臍《ヘツ》下、開元（開元トハ第十圖ニ□印ヲ付シタル處ト

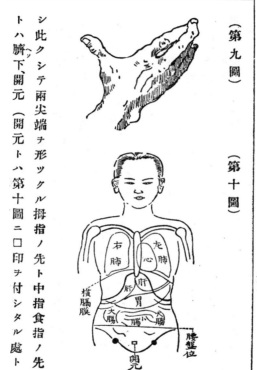

（第十一圖）

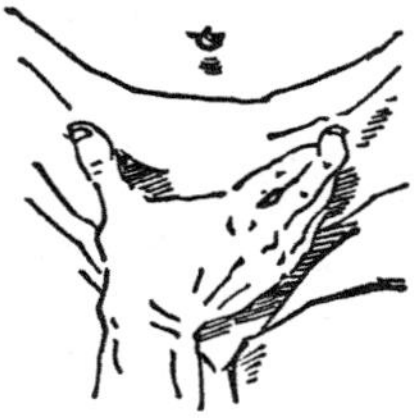

（第十二圖）

（第 十 三 圖）

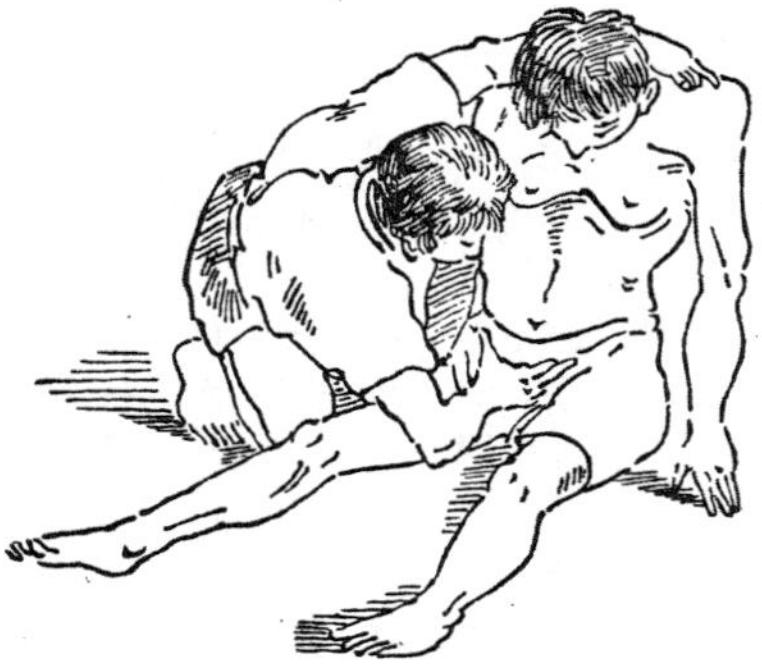

知ルベシ）ノ兩脇ナル第十圖ニ●印ヲ以テ示ス兩處ニ第拾一圖ノ如ク當テカヒ其肱ハ第十二圖ノ如クニシ氣絶者ノ左右兩股ノ中央ニ當タル處ニ搆ヘ第十三圖ノ如ク一方ニ於テハ下部ヨリ此指先ニ力ヲ入レテ上部ニ向ツテウント押シ上ケ他方ニ於テハ同時ニ上部ヨリ襟頸ヲ抱ヘ居ル左手ニテ下方ニ向ツテ押シ下ロス心持ニ力ヲ入レルヘシ此レ此活法ノ要點ナレハ其意ヲ以テ之ヲ行フベシ此ノ如ク術ヲ施ストキハ氣絶者ハ蘇生スルモノナリ

此活法ハ誘活《サツヒ》法ニテ蘇生セシムルヲ得サル者ニ向テ施スヘキモノニシテ其効驗著大ナル者トス

第四章　陰嚢活法　又睾丸《キン》活《カツ》

此活法ハ前貳章ニ說キタル活法ト大ニ其趣ヲ異ニシ高落、蹴其他ノ事項ノ爲メニ打處惡シク陰嚢カ攣《ツリ》上《アガ》リ或ハ爲メニ氣絕シ其情態重大ナル塲合ニ於テ之ヲ施スヘク實ニ起死回生靈妙ノ法ナリ

陰嚢活法ヲ施サントスル者ハ先ツ氣絕シタル者ノ死相ヲ見（死相トハ死者ノ兩眼及ヒ口唇ヲ考撿スルコニシテ其何タルハ章末ニ記ス死相ノ傳ヲ見ヨ）又其陰嚢ヲ改メ次ニ氣絕者ノ肩先ニ廻ハリ其兩肩ヨリ己レノ兩手

ヲ脇下《ワキノシタ》ニ差込ミテ後ロヨリ徐《シヅ》カニ起シ此兩手ヲ充分ニ兩脇ニ差入レ第十四圖ニ示ス如ク已レハ体ヲ中腰ニ搆ヘカク差入レタル手ニ力ヲ入レテ氣

（第十四圖）

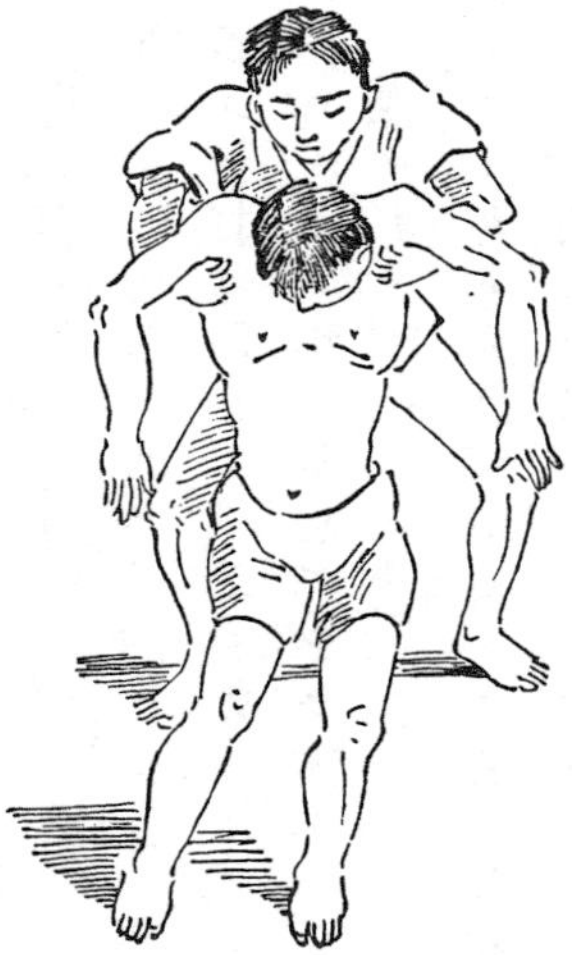

絶者ノ体ヲ凡ソ十四五度地上ヨリ五分位ツヽ上ケテハ下ロシ下ロシテハ上ケ、更ニ又兩手ノ内特ニ左手ヲ働カシテ氣絶者ノ体ノ左側ヲ少シクツリ

（第十五圖）

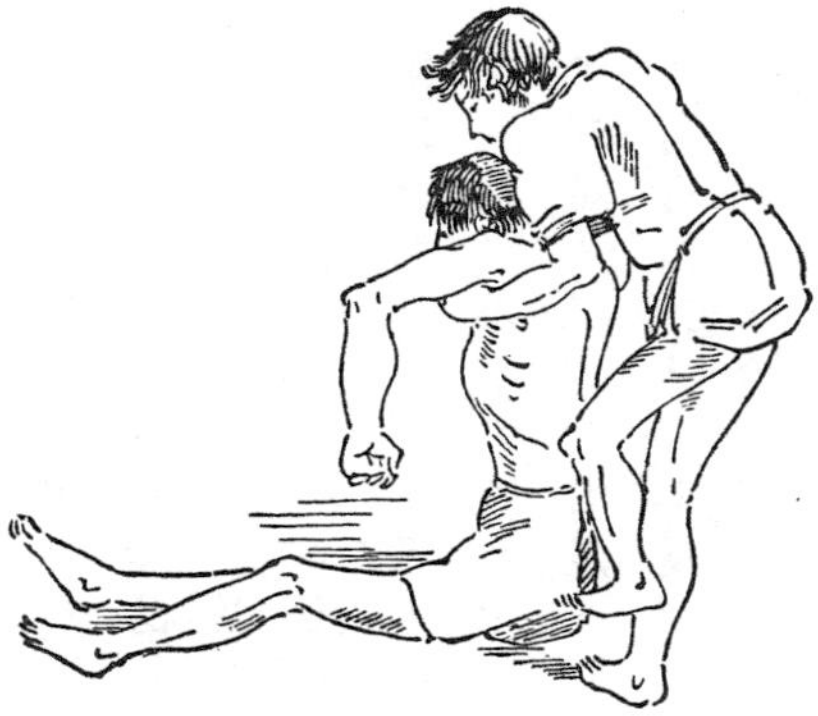

上ケル心持ニシ第十五圖ニ示ス如ク其左腰盤骨ヲ已レノ左足ヲ以テ（此時已レノ体ハ右足ニテ中心ヲ取リ支持スベシ）凡ソ十四五度徐々ト蹴リ、次ニ同樣己レノ右手ヲ働カシテ氣絶者ノ体ノ右側ヲ少シクツリ上ケル心持ニシ右足ニテ氣絶者ノ右ノ腰盤骨ヲ徐々ト凡ソ十四五度モ蹴ルヘシ此ク左右兩方共ニ爲シ了リタル後氣絶者ノ体ヲ仰向ケニ平臥セシメ續テ第十六圖ニ示ス如ク其ノ片側ヨリ体上ニ跨カリ左足ヲ爪立テ右足ヲ膝立テ乍ラ兩手ヲ其首ノ兩脇ヨリ首節ニ差入レ其處ニテ兩手指ヲ交叉シ次ニ兩肬ヲ其体ノ膻中ノ兩脇即ハチ左右兩胸ノ間ニ置キ（此肬ハ決シテ脆骨即ハチ劔尖ヘ掛ケル

ヘカラス）之ニ力ヲ入レテ嗢《ウン》ト押スヘシ此時特ニ交叉シタル手先ニ力ヲ入レサルモ氣絶者ノ頭ハ少シク持上ルモノナリ之ニ

（第十六圖）

テ蘇生回復スルモノトス

此ノ如ク入レ終ルトキハ或ハ續ヒテ誘活法《サツヒ》ヲ入レルモ可ナリ

死相之傳

死相之傳トハ以テ氣絶シタル者ヲ活生セシメ得ルモノナルヤ否ヤヲ撿スル法ニシテ其法二アリ

其第壹法

氣絶シタル者ノ眼瞼ヲ開キ見ヨ若シ兩眼ノ眸《ヒトミ》即ハチ眼中ノ黑球白色ニ變シ居ルトキハ蘇生セシムルヲ得ス

其第貳法

脣ヲ開ケ若シ開カレタル儘舊ニ復サスハ最早活生セス

第五章　惣活法

柔術活法中奥妙尊貴惣活法ニ如クモノナシ凡ソ打撲、墮落、倒壓、挫搁、落馬等誘活法襟活法ニ於テ蘇生セシムル能ハサルモノト雖モ此法ニ依ル片ハ能ク之ヲ活生セシムルヲ得世間人命ヲ救助スル程ノ慈悲有益ノ事ナシ而ソ此法ハ人命救助ノ活法中特ニ其効驗アルモノニシテ又其根元タルモノナリ此法ニ三種アリ曰ク肺入惣活法、曰氣海惣活法、曰ク裏活是ナリ此三法中肺入活法ト氣海活法トハ其應用ニ於テ差ナキモ其効力ニ至テハ前者ヲ以テ後者ニ勝レリト謂フヘシ而メ裏活ハ前二法其他一般ノ活ニ異ナリテ人体ノ後背ヨリ施スモノナレハ其應用スヘキ場合モ差違アリトス尤モ其効力ニ至テハ差違ナシトス左ニ節ヲ分チ三種ノ法ヲ説明セン

第壹節　肺入惣活法

此法ヲ行ハントスル者ハ氣絶者ヲ仰向ニ臥《ネカ》シ置キ第十七圖ニ示ス如ク先ツ其下腹《シタバラ》ノ上ニ跨カリ己レノ体ヲ中腰ニシテ尻等ヲ觸レサル樣ニ注意シテ片膝又ハ兩膝ヲツキ續テ右手ノ手掌ヲ平ニシ以テ氣絶者ノ胸部ヲ膻中ヲ心トシ其右左《ミギヒダリ》共ニ第十八圖ニ矢形ヲ以テ示ス處ヲ先

ツ下ヨリ上ニ續テ叉柳ノ枝ノ垂ル、如ク下ニ摩回スヘシ但シ上ヨリ下ニ撫デ下ロス時ハ下ヨリ上ニ撫テ上ル

（第十七圖）

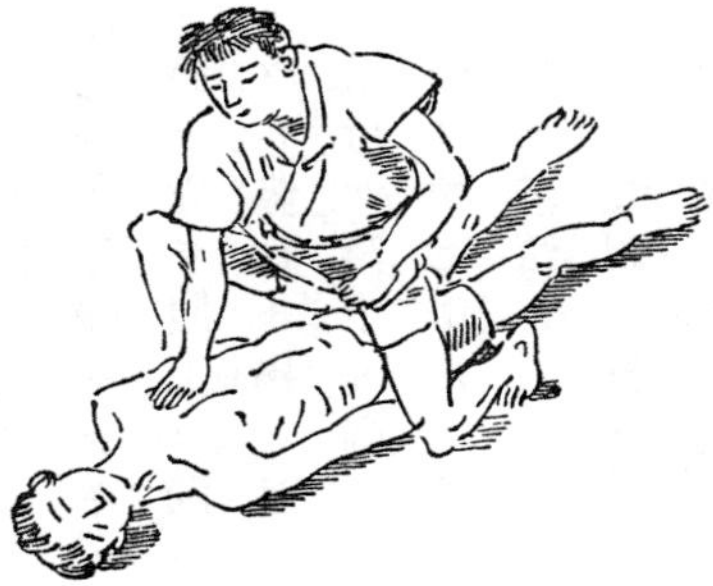

（第十八圖）

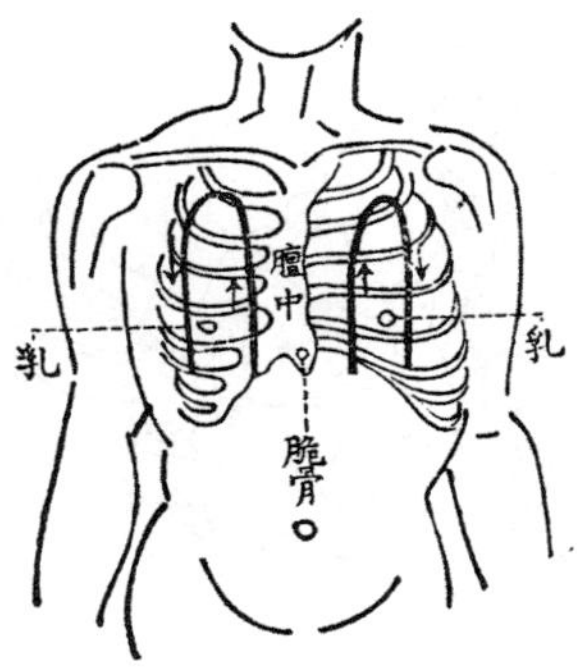

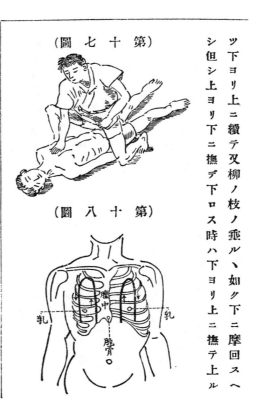

時ヨリ力ヲ徐ニ減スヘシ後已レノ片膝ヲツキ他ノ膝ハ立テ腹上ニ跨カリタル儘体ヲ搆ヘテ氣ヲ落付ケ第十九圖ニ示ス如ク臍上水月ノ下ナル肺入活法ヲ施スヘキ所（第廿圖ヲ見ヨ）ニ兩手ヲソロヘテ其掌ノ内第廿一圖ニ示ス拇指ノ下ヲ當テ嗢ト少シ

（第十九圖）

（第廿一圖）

(第二十圖)

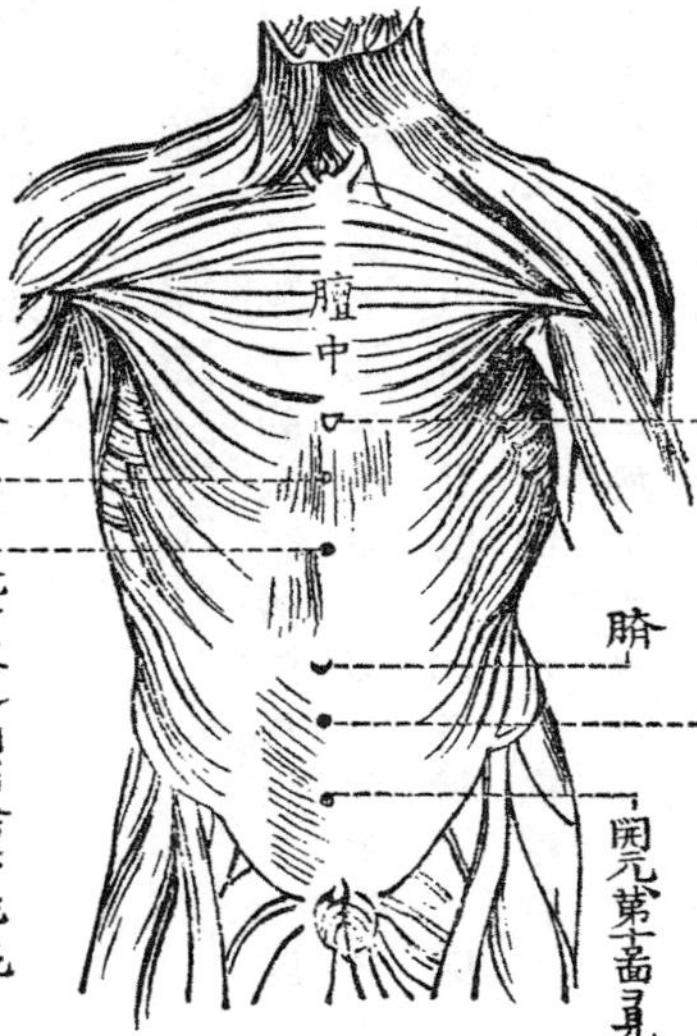

ク突込ム意ヲ以テ突キ上ケルベシ然スル片ハ氣絶者ハパツト眼ヲ開キ蘇生シ來ルベシ

第貳節　氣海惣活法

最初ノ構ヲ初メトシテ凡テ肺入惣活法ニ異ナル處ナキモ只一ノ異ナル点ハ術ヲ施スヘキ点即ハチ兩手ノ手ノ平拇指ノ下ヲ當テヘキ点カ第廿圖ニ示ス臍下ノ處ニ在ルニアリトス從テ又已レノ体ヲ構ヘルニ氣絶者ノ腹上ニ於テセスシテ其兩股ノ上ニ於テスベシ

惣活法ニ於テ重症ノ氣絶者ニ係ル時ハ一人ノ助手ヲ得テ之ヲシテ氣絶者ノ頭ノ方ニ尻居シ兩手ニテ氣絶者ノ

兩手ヲ取リ又兩足ヲ氣絶者ノ兩肩ニ當テ尻居ノ儘此ノ如ク取リタル左右兩手ヲ己レノ方ニ持チ來リ又先ノ方ニ持チ去リ轉回數度已ムヿナカラシムヘシ活法ヲ施ス者ハ其間ニ活法ヲ入レ蘇生セシムベシ

第參節　裏活《ウラ》

裏活ハ氣絶者ノ後背ヨリ施ス法ナルヲ以テ氣絶者ニシテ仰ニ向キ居ル時ハ先ツ之ヲシテ下向ニナラシメサルヘカラズ而ソ下向ニセントセハ第廿二圖ニ示ス如ク先ツ仰向ニナリ居ル氣絶者ノ右方ヨリ其右脇へ足ヲ差込ミ右手ヲ延ハシテ氣絶者ノ帶ノ左方ノ可成下ノ處ヲ取

ヨリ同時ニ左手ヲ氣絶者ノ首筋ヘ差入レテ襟ヲ取リ、帶ヲ摑ム右手ヲ働カシ一歩ズラリト体ヲ後ズサリシテ俯セシムベシ

氣絶者ノ体俯シタルトキハ其背上ニ跨ガリ肺入氣海兩活法ノ如クニ其背ノ第廿三圖ニ矢形ヲ以テ示ス處ヲ柳ナ

（第二十二圖）

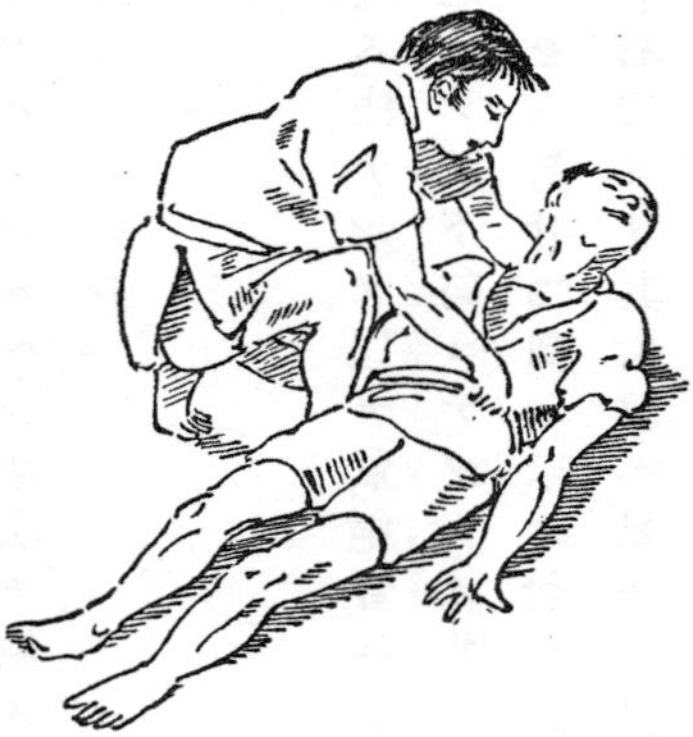

（第二十三圖）

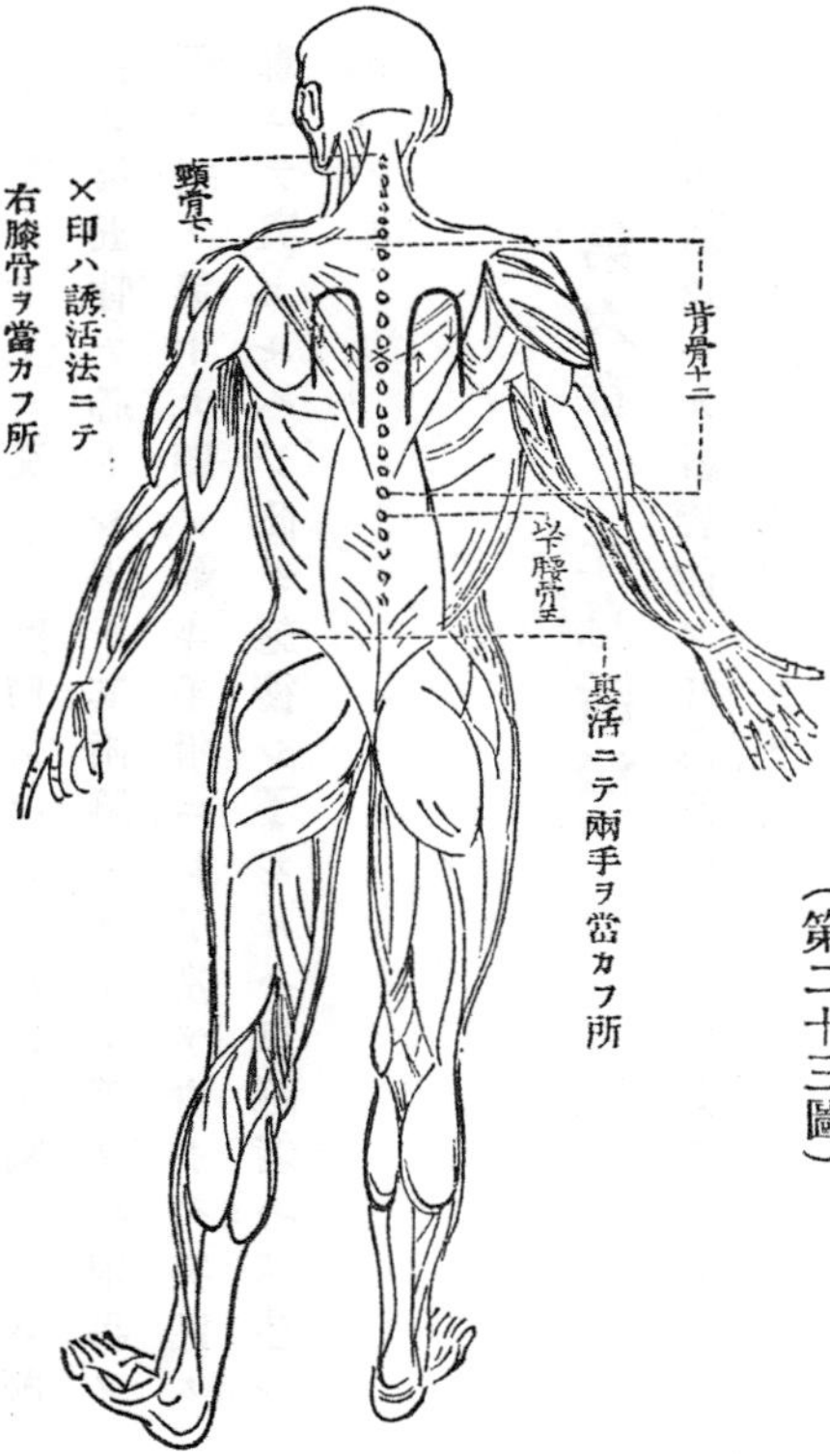

×印ハ誘活法ニテ右膝骨ヲ當カフ所

リニ下ヨリ上ニ又下ニ摩回スベシ然ル後全圖ニ示ス腰骨ノ第五骨ヲ心トシタル其兩脇ニ兩手ノ手ノ平拇指ノ下ノ邊ヲ第十九圖ノ如キ手附ニシテ當テ少シク突込ム意ニテ突上ルヘシ此ク施術シ了ル𬼂ハ氣絶者ハ活生シ來ルベシ

第六章　吐《ト》息《イキ》活法

柔術ニ通達スル者皆能ク吐息活法ノ効驗如何ヲ知ル此法ハ一種ノ人工呼吸法ニシテ其法タル先ツ健全ナルモノヲシテ指先ヲ以テ其鼻ヲ撮ミ其口ヲ氣絶シテ死シ居

ル者ノ口ニ當テ氣息《イキ》ヲ吹キ込マシムルニアリ此ノ如キコト數十回ニ及フトキハ氣絶者ハ蘇生シ來ルモノナリ而メ此施術者ハ十二三歳乃至十五六歳ノ小童ヲ以テ最モ適スル者トス今其應用ヲ説カンニ後章示ス水月ノ當《アテ》ノ爲メニ死シタル者ノ如キ此法ヲ用ヒ之ヲ活生セシムルヲ恒トス

以上數章ニ於テ既ニ各種活法ヲ詳解セリ今ヤ本章ヲ終リ次章三活法ニ入リ活法應用ノ奥義ヲ説明スルノ場合ニ進ミタルヲ以テ聊カ各種活法ヲ實地ニ應用スルニ當リ其前後ニ必要トスル諸件ヲ説カン

凡ソ活法ヲ施ス前ニ在テ重大ナル場合ニハ特ニ木片布片等ヲ氣絶者ノ齒間ニ挿入シテ舌ヲ嚼ミ切ラサル様注意シ又活法ヲ以テ活生セシメタル後ハ或ハ大聲ヲ上ケテ氣絶者ノ名ヲ呼ヒ或ハ冷水ヲ與ヘ或ハ手ヲ以テ背骨ノ第五第六ノ間ヲ打チ或ハ背骨ノ左右ヲ強ク下ヘ撫摩スル等其一又ハ二三若クハ凡テヲ併テ用ヒハ氣絶者ハ一層分明ニ蘇生シタル心地ニナルベシ

第七章　三活法

三活法トハ柔術家ノ最モ尊重シ容易ニ傳受セサルモノ

ナルモ其實毫モ惣活法以外ニ奇術アルモノニ非ス所謂
三活法トハ
一、溺死之事
一、縊死之事
一、落死之事
是ナリ而メ惣活法襟活法ヲ應用スルノ方法ヲ示スニ過
キサルモノトス即ハチ溺死者ニ對シテハ之ヲ俯セシメ
腹ニ物ヲカヒ置キ首ヲ下ケシメ惣活法ノ摩回法ヲ用ヒ
テ摩回シテ水ヲ吐出セシメ然ル後裏活又ハ他ノ惣活法
ヲ用フベク縊死者ニ對シテハ其後ロヨリ兩手ヲ以テ之
ヲ抱ヘ助手ヲ得テ注意シテ繩ヲ斷タシメ徐カニ下ロシ

テ後チ胸ヲ温メルヿ十二三度ニ及ヒタル𬼀惣活法チ施スベク尤モ肛門ヨリ糞ノモレ出テ居ル者ノ如キ又ハ足《アシノ》跗《カフ》ノ全ク垂レ下リ居ル者ノ如キハ如何ニスルモ活生セサルベシ」然リ而メ高處ヨリ落チテ死セシ者ニ就テハ其躰カ後ロニ堅ク反ラサル樣首ヨリ襷《タスキ》チ掛テ少シク俯《ウツム》カシ湯ニ浸セシ木綿等チ以テ温メ後襟活チ施スベク又若シ此方法ニテ活生セスハ襷《タスキ》ヲ解キ惣活法ヲ施スベシ此際落死者ノ口鼻ヨリ血液流出シ居ルモ掛念スルヿナク此方法ニ從フベシ

第八章　殺法 又曰當身《アテミ》之法

著者カ本章ヲ設クルノ主旨ハ柔術ヲ修ムル初心ノ者ノ爲メニ人体中古來殺法ノ位置トシテ傳フル要處ヲ指示シ此位置ノ處ハ最モ恐ルヘキ處ナレハ他人ノ身体ニ對シテハ此邊ニ向テ當テ又ハ蹴《ケリ》ヲ加ヘサル樣ニ又自已ノ身体ニ就テハ加ヘラレサル樣ニ注意シテ危險ヲ避ケシメントスルニアリ此ニ於テカ各種ノ當《アテ》及殺ノ生理解剖上ノ理由及ヒ詳解ハ之ヲ省クモノトス

所謂當身ヲ施スヘキノ位置トハ第廿四圖、第廿五圖、第廿六圖、第二十七圖ノ諸圖ニ環点ヲ以テ示ス處是ナリ而シテ頭部天倒《テンドウ》ハ左右顱項骨ト前頭骨ト三骨相會フ点ニシ

（第廿四圖）

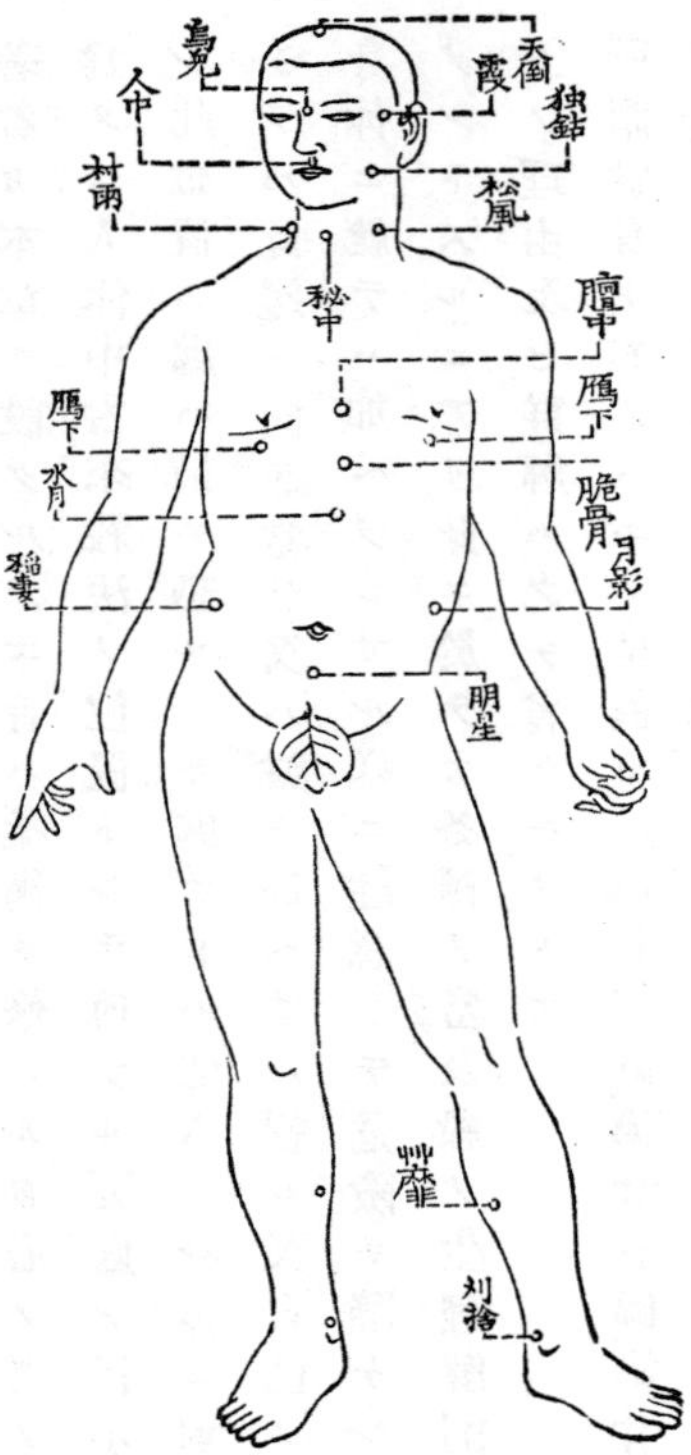

(第二十五圖)

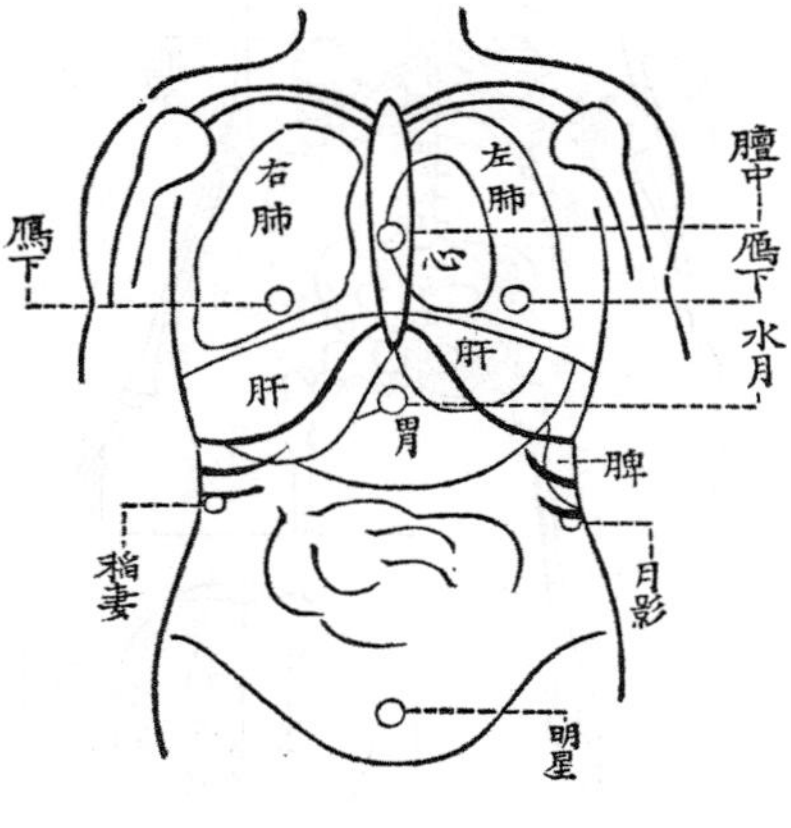

四十五

（第廿六圖）

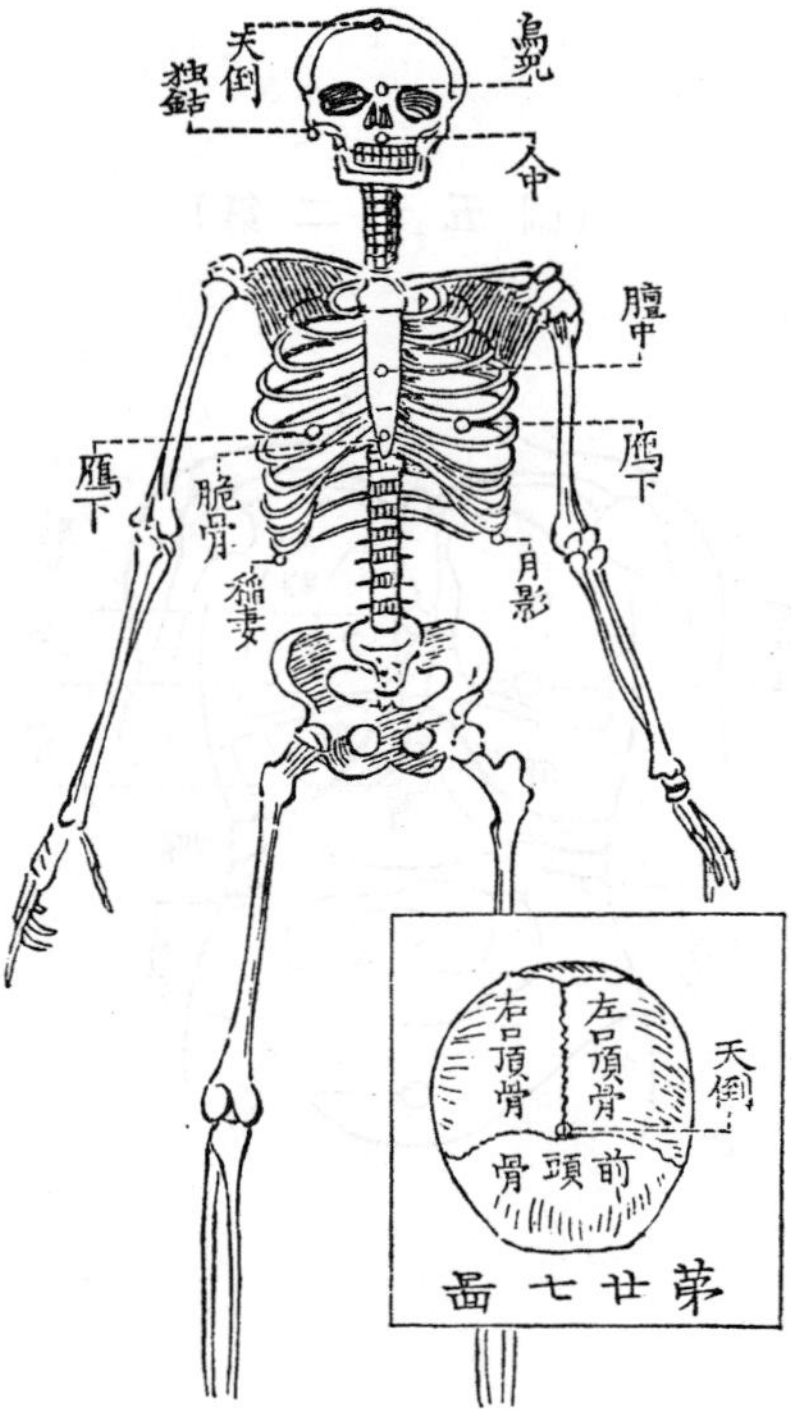

第廿七圖

テ幼少ノ者ニ於テ特ニ恐ルヘキ處ナリ」面部ニ於テ烏兎《ウド》ハ額下、鼻骨上端、兩眼ノ間ナル中央、骨ノ綴リメノ處ニシテ此當ハ人ヲシテ忽チ眩暈卒倒セシムル恐ルヘキモノナリ、人中《ジンチウ》ハ鼻下、上牙床骨ノ兩片相會スル處ナリ、獨鈷《トクコ》ハ耳下、上牙床骨、下牙床骨ノ連接スル處ニシテ此當ハ兩骨ノ連節ヲ動搖シ愕然喪心セシムルノ恐アリ」首筋ニ於テ松風《マツカゼ》之殺、村雨《ムラサメ》之殺アリ松風トハ咽喉ノ左方、左鎖骨ノ上ニ當リ此殺ハ氣管ニ加フルモノニシテ、村雨トハ咽喉ノ右方、右鎖骨ノ上ニ當リ此殺ハ食管（アリメンタリー、キヤナール）ニ働キ及ボス者ナリ」次ニ胴ニ於テ水月《スイゲツ》之當、鴈下《カリシタ》之殺、電《デン》之殺、月影《ツキカゲ》之殺、明星《ミヤウジヨウ》之殺アリ水月ノ當トハ胸骨ノ下端、劍尖ノ下ニ施ス者ニシテ肝胃ニ當タル者ナリ、鳫下之殺ハ兩乳ノ下邊ニ加フル者ニシテ肺心ニ及フ者ナリ、電之殺別名稻妻之殺ハ右ノ脇腹、助骨ノ最下之所ニ加フル者ニシテ肝臟膽臟ヲ害スルモノナリ、月影ノ殺ハ左ノ脇腹、左助骨ノ第十二節目ノ骨ノ下ニ施ス者ニシテ其働ハ脾胃ニ及フモノナリ、而メ最後明星ノ殺ハ臍下、小腹ニ向ツテ當ツヘキモノニメ大腸膀胱ヲ震動スルモノナリ要之何ツレモ体中ニ於テ容易ニ刺激サレ易キ所ニ在リ去レハ柔術家カ數人ノ敵ニ臨ミ之ニ一時ノ死ヲ與ヘ直チニ又活法ヲ以テ活生セシメ能ク之ヲ生擒センガ爲メ其攻究ヲ怠ラサル所ナリトス讀者深ク其恐ルヘキ

ニ注意シテ戒心スル所アレ

第九章　結論

上來說キ來リタル活法ハ之カ表面實地應要ヲ主トシテ說明セシモノナレハ其內部ノ理論ニ至テハ未タ分明セサルヘシ蓋シ前章殺法ノ如キ聊カ注意迄ニ說キ及ホシタルモノハ兎モ角苟モ活法ノ詳解ヲナサントスルノ書ニ於テ其理論ヲ說カサルハ不足アルカ如シ然リト雖トモ活法ノ理ハ假令之ヲ說述スルモ生理解剖ノ學理實際ニ通熟シタル者ニ非スンハ之ヲ悟了スル難シトス而メ

以上説キタル處ハ既ニ之カ實際ヲ説キ盡シ餘スナシト信スル者ナレハ尙モ醫師等生理解剖ノ術ニ明カナル者之ヲ熟讀スル卄ハ其理ヲ了知スル容易ナルノミナラス又之ヲ比較解剖學《コンペラチーブアナトミー》ニ照シ禽獸ヲ活生スルニ應用シ得ヘキノ理アルヲ悟ルヘシト信ス而メ普通ノ讀者ハ只熟讀再四講究ニ餘念ナキトキハ之カ應用ニ當テ誤チナキヲ得ヘク此ノ如キ時ハ著者ニ於テ活法ヲ詳説スルノ本分ヲ盡シタルモノニシテ其要ハ實際ノ應用ヲ主トスル者ナレハナリ茲ニ於テカ著者ハ特ニ理論ニ關シ講究シタル意見ヲ省キタルモノナリ

日本柔術活法詳解終

明治二十七年二月廿一日印刷
明治二十七年二月廿五日發行

定價 上製本貳拾錢 並製本拾五錢

著作兼發行者 守永兵治
東京市京橋區瀧山町三番地

印刷者 成岡壽吉
同所寄留

印刷所 弘文堂
東京神田區表神保町二番地

特約大賣捌所
日本橋區通壹丁目十九番地 大倉書店
神田區裏神保町一番地 敬業社

全國賣捌所
横濱辨天通 丸善書店
大坂心齋橋筋 松村九兵衛
神戸榮町 熊ケ谷久榮堂
西京寺町通リ 田中治兵衛
名古屋本町 川瀨代助
仙臺國分町 高藤書店
長崎引地町 鶴野書店
函館末廣町 魁文社
熊本新二丁目 長崎二郎
鹿兒島仲町 吉田幸兵衛
加賀金澤片町 益知館
土佐高知種崎町 澤本駒吉

其他全國及ヒ府下書肆雜誌店

柔術当身　活之法

※収録した原本によっては、文字の欠落や擦れ、頁の汚損・欠損等が見られるが、原本通りのため御了承願います。

藤村登次郎編輯

柔術當身活之法

第壹號

京都 梅松堂版

●序

瑰偉の巨賊天下に横行して晨に桂殿の寳庫を破り。庸劣の些盜行路に徂徠して夕に行人を困厄せしむ。正邪判別するも力足らざる爲め坊間時に暴力者に壓服せられ空しく悲憤の裡裏に欷歔する者比々蕩々凡百も啻ならぞ。司直峻嚴孜々として爬羅剔抉すと雖も未だ嘗て悉狩する能はず。是を想へば天地慘怛乾坤雲結んで腥風其間を捲き衣食坐臥尙ほ人をして震慄慴怖せしむ。思ふに藤村君の意其平生素養したる殺活自在の柔術秘法を公にし是等黑闇々裡に飛舞するの妖怪を寸斷し爽々颯々世上と共に樂しまんと欲するの微意ならん哉。江湖流布する柔術書多し未だ殺活の自在に及ぼしたる者蓋し有數の類か。吁々玩索熟讀是を圓丘に奏すれば神明則ち降り之を方澤に用ゆれば則幽祇昇らん。宮本岩見の諸傑も又將さに地下に泣かん敢で爲序

維時乙未初春

祥山外史誌

一二階又ハ木楊等ヨリ落テ氣絶シ其他種々ノ誤ニテ氣絶シタル人ノアル時ハ直ニ其場デ第四ノ活法ヲ以テ戻スナリ

但シ右ノ活法ヲ用ルニモ餘リ時間ノ過タルハ其効力ナシ尤モ普通ノ事ニテ氣絶シタル人ハ此活ニテ助ルベシ

一口論ノ末終ニ腕力ニ及ブノ場合相手ノ陰嚢ヲ握リタルトキハ其場ニテ陰嚢ヲ握タル手ハ直ニ緩ヌ様自然ヂリ／＼ト時計ナレバ凡二三分間程掛テ其手ヲ取ノケルベシ左スレバ陰嚢ヲ握ラレタル人ニハ何ノ別條モナシ若握タル手ヲ直ニ緩ル時ハ握ラレタル人ハ其場デ氣絶スルナリ其場合ニヨリテハ死ニ至シムル事アリ

右ハ常ニ心ニ掛テ愼ベシ

但シ握タル手ヲ緩ルトキハ成ベクヂリ／＼ト閑ヲ入テ緩ルナリ

腮外シ

總テ腮ト云フ者ハ其人々ニ依テ或ハ欠伸或ハ近火ノ節ニ驚キナゾスル時ニハ度々外ルヽ者ナリ若腮外タル人アル時ニハ後ヨリ腮ヲ持テ首ヲ下ルキミ合ニテ押ハメルナリ若我腮ナレバ自ヲ押ハメテ事タルベシ

注意　腮ヲハメル時他ノ人ノ腮ナレバ舌ヲ噛サヌ様ニ善々注意スベシ

次ニアル第一第二ノ圖ハ腮ヲハメル時ノツボ也

右外モハメルモ同様ナリ

腮外シ第一之圖

聰外シ第二之圖

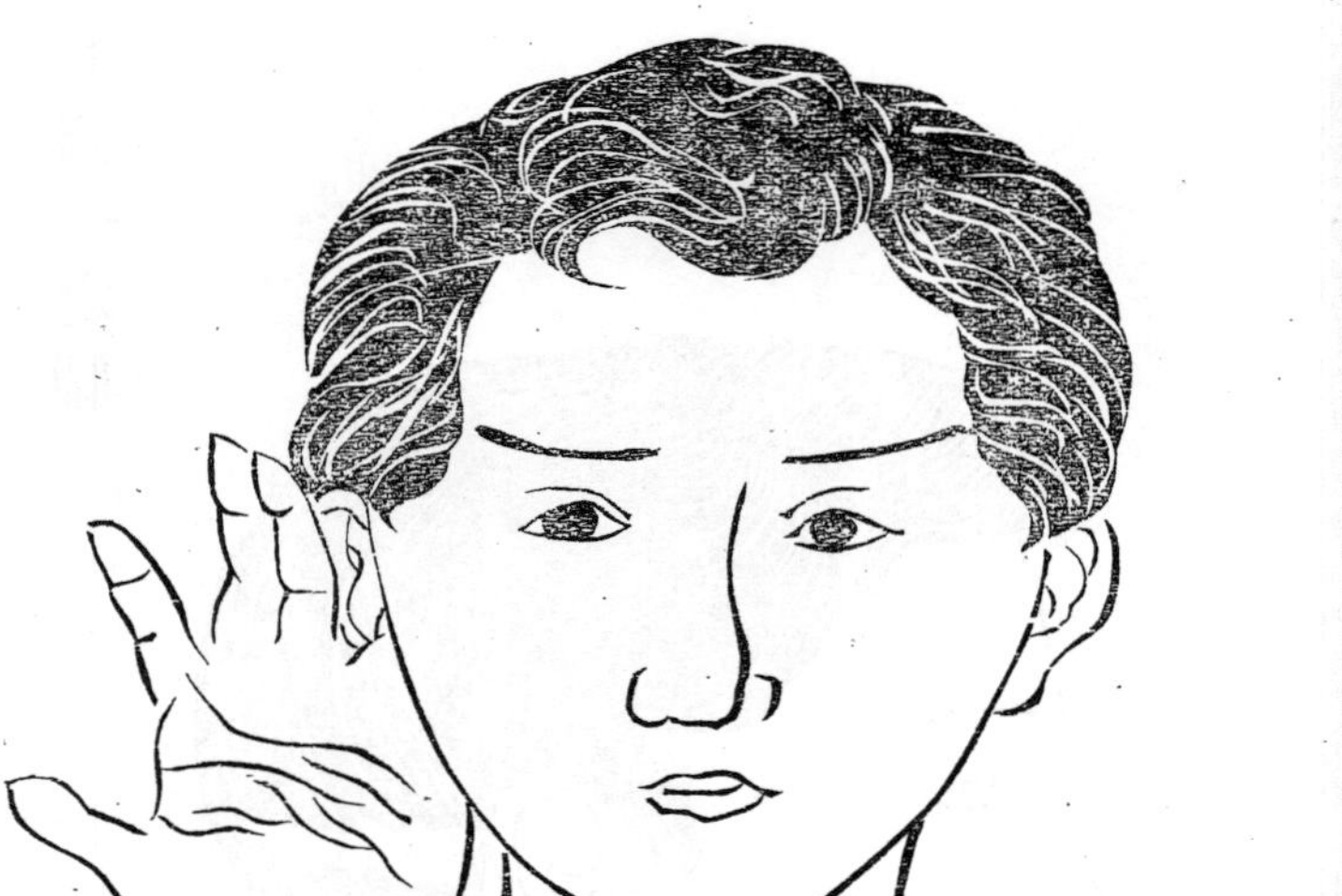

當身急處之圖

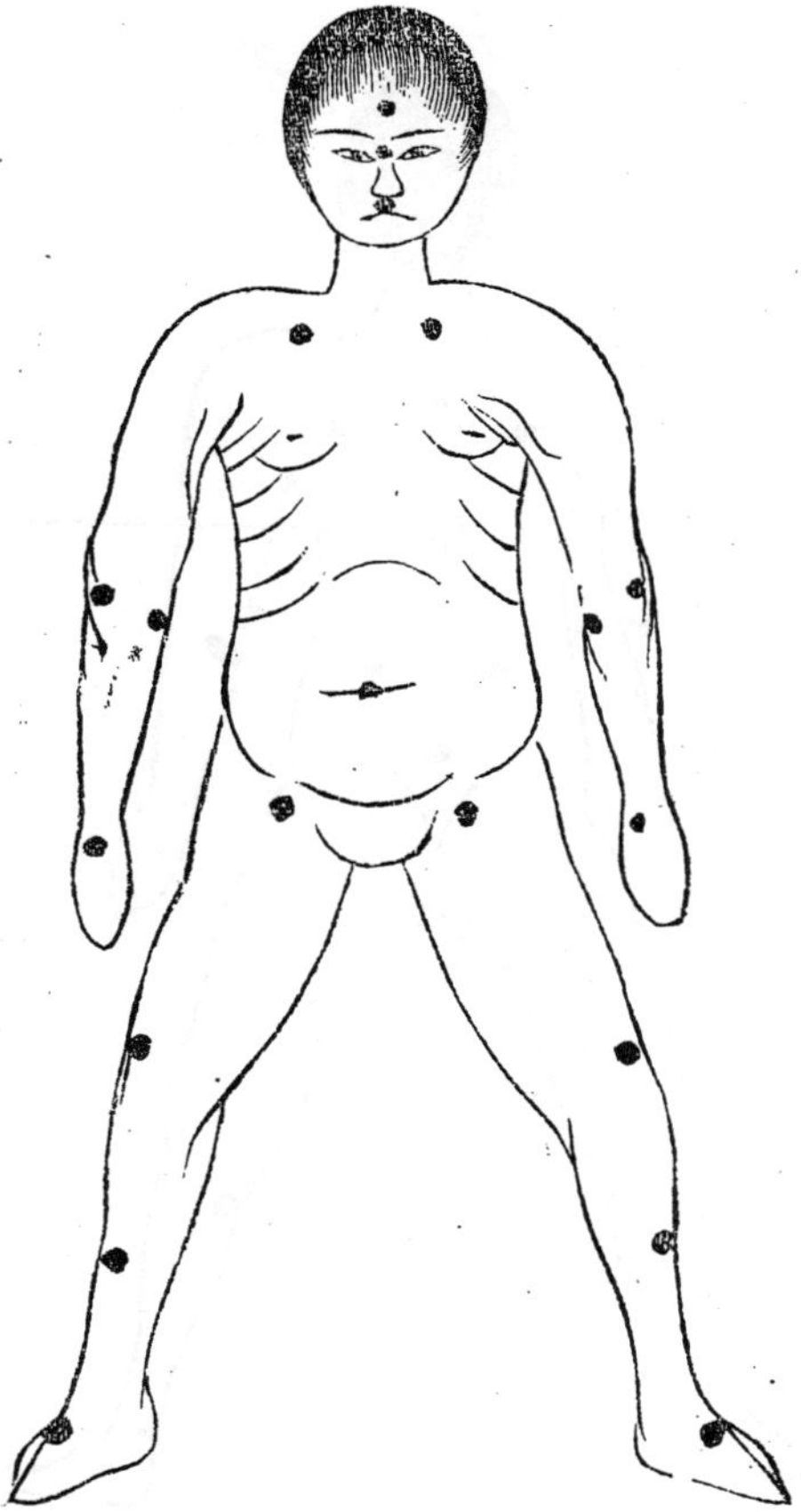

急處活之圖

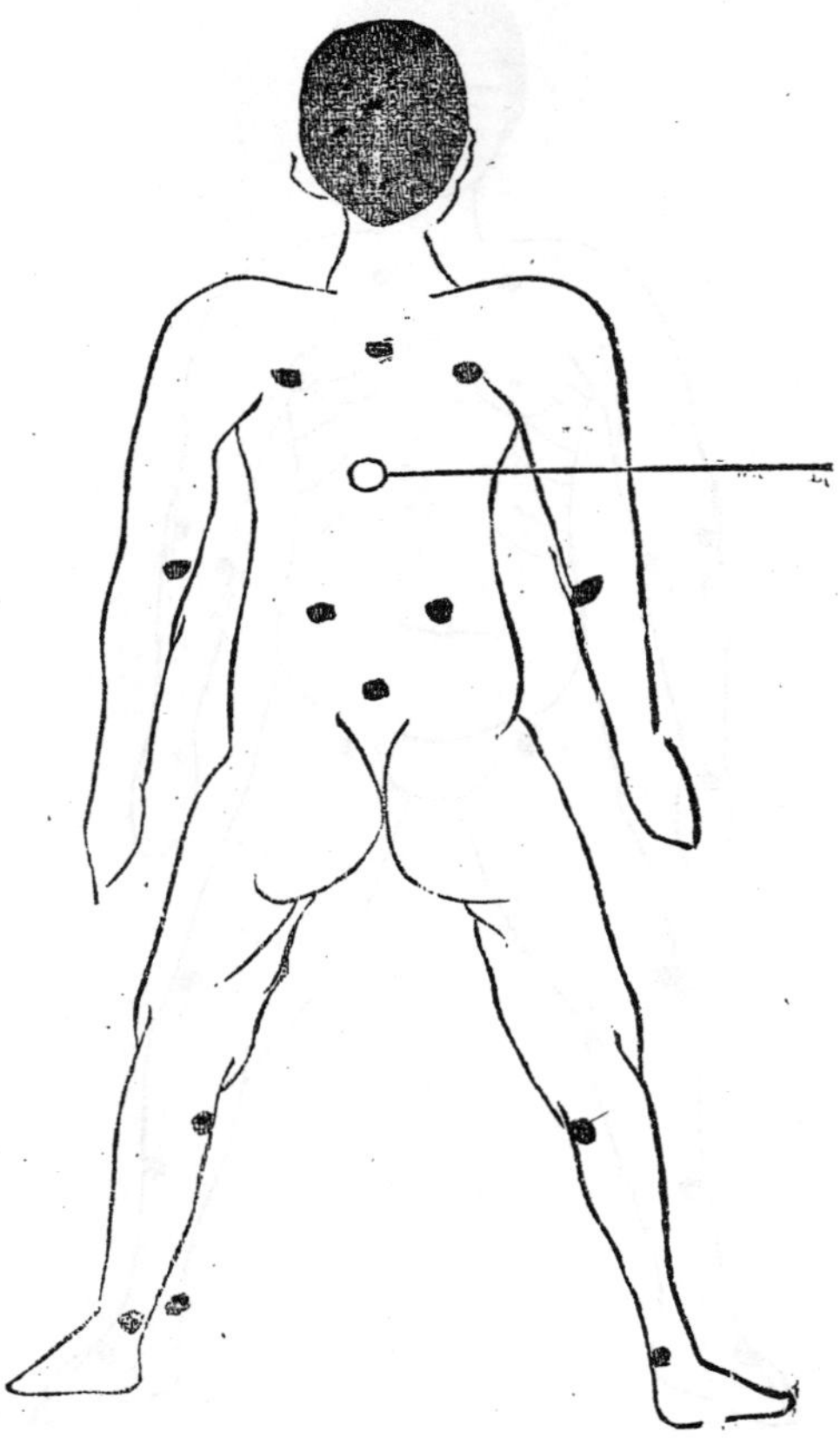

右前面姿後面姿ハ急處當身ノ圖ナリ
活ノ入方ハ次ニアリ

一不斷ノ戯ニモ或ハ又酒ノ嬉嫌ニテ人トホタエ或ハ又喧嘩口論ナゾシテ必ズ人ヲ打タリスル事ハ極々惡シ若打處惡クシテ人ヲ氣絶サシタリスル樣ノ場合ニ至レバ其身ハ愁キ處分ニ遇ヒ或ハ人ノ信用ヲ失ヒ或ハ親兄弟ニマデモ耻辱ヲ與エ實ニ申モ馬鹿ラシキ事ナリ依テ右柔術當身活之法ヲ求ラレル諸君ハ熱心ニ圖ヲ見テ善々心得ベシ

喧嘩口論ホタエニ人ヲ打ナゾスル者アル時ハ右ノ雜誌ニ基テ諫言スベシ

且又人ヲ助ルハ其身ノ名譽ナリ愼ムベシ〳〵

一此活ヲ入ルニハ氣絶シタル人ヲ抱起シテ其人ノ後ニ廻リ胸先ヲ充分撫下シテ後左リノ手ニテ其人ノ咽ヲ後ヨリ抱左リノ足ノ膝頭ニテ（但シ右ノ手ニテモ宜シ）右（サソイノ活）ヲ呼吸ヲ極テ押ベシ右ノ活ヲ膝頭ニテ押時ト左ノ手ニテ抱タル咽ヲ抱上ルヲ一時ニヤルベシ總テ後先ニナラヌ様注意スベシ

左リノ手ニテ咽ヲ抱上ル膝頭デヲス手ト膝頭ト前後セヌヨー一時ニ（ヤーヨイ）ト氣合ヲ掛テイレルベシ

一井戸又ハ川總テ水中ニ落入タル人ノアル時ハ直ニ引上テ居セ後ヨリ抱テ其人ノ腹ヲ下ヨリ上エ逆ニシボリ上ル事三扇モ五扇モ十扇モシボリ上ベシ左スレバ其人我知ズニ水ヲ殘ラズ吐ナリ充分水ヲ吐セタル後ニ火ヲ焚テ煖ムルベシ其頃ニ其人ノ後ニ廻リ脊筋ノ活ヲ握拳ニテ力ヲ入テ打ベシ活ハ第四ヲ見ベシ左スレバ其人初テ氣ガ付ナリ

活ヲ入タレバ直ニ其人ノ胸先ヲ上ヨリ下エ撫ヲロスベシ時間過タル人ハ活ノ効力ナシ

一道端或ハ屋内何所ニテモ癪ニテ苦シム男女アル時ハ其場ニテ素人細工ニ抱エ起シテ両足ヲ折曲反返ラヌ様ニスルハ筈ム人ノ筋骨ニ痛ヲ生シ極々悪ヿナリ若癪ノ爲苦ム人ヲ見ル時ハ其人ヲ空伏ニ寝セ両足ヲ揃テ延シ其上ニ馬乗ニ跨リ左右ノ親指ヲ以テ第四ノ活所ヲ充分力ヲイレテ凡五分間程抑テヤルベシ

若親指ニ力ナキ時ハ手ヲ握テ抑ルモ差支ナシ

但シ抑ル時ハ脊筋ノ骨ノ両脇ヲ抑エ成ベク骨ヲ抑ヌ様注意スベシ右ノ活法ヲ常ニ心掛置時ハ日々何名ノ人ヲ助クルモ知ヌナリ人

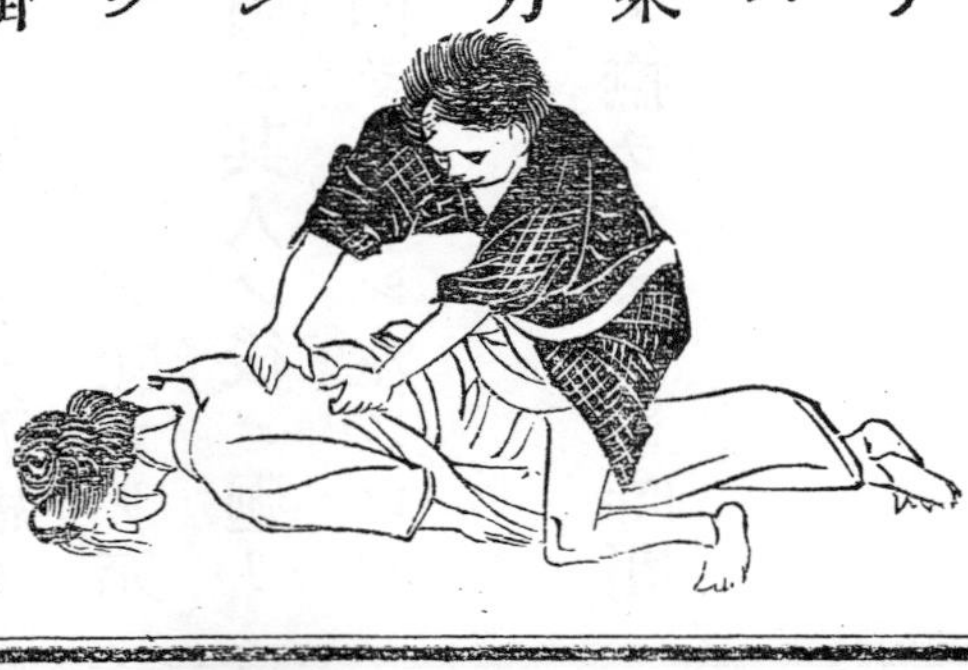

ヲ助クルハ其身ノ名譽ノミナラズ我朝ノ譽ナルベシ

是ヨリ柔術之部

一總テ柔術ト云フ者ハ人ト喧嘩口論ナドスル時ニ遣ベキ者ニ非ズ我危難ヲ免ルヽガ爲ニ是ヲ遣フ者ナリ人ニ依テ柔術ヲ以テ腕力ニワタル者ナキニシモアラズ左樣ナル愚ナル人ノ若アル時ハ愛國心ヲ以テ充分ノ說諭ヲシテヤルベシ

依テ發行度每ニ二三段ツヽノ手ヲ披露ス

第一　萬力抓

此ノ機械ハ鐵ナリ𪜈眞鍮ナリ𪜈適宜ノ地金ニテ作ルベシ但シ一個ノ價四錢餘リニテ何所ニテモ出來ルナリ

此機械ヲ右ナト左ナト適宜ノ手ノ平ニ塡ム尤モ「イボ」ハ手ノ平ノ方ニ廻シ其手ニテ右圖ノ如ク敵ノ腕首ヲ表ノ方ヨリ握ベシ左スレバ惣身ニ痛ヲ生シ其身自由ナラズ依テ如何ナル素人ニテモ强力アル惡者ヲ容易ク縛スルベシ且又最寄ノ派出所エ連行ニモ自由自在ナリ金銀所持シテ往來ヲスル時ニハ極必要ノ護身器ナリ

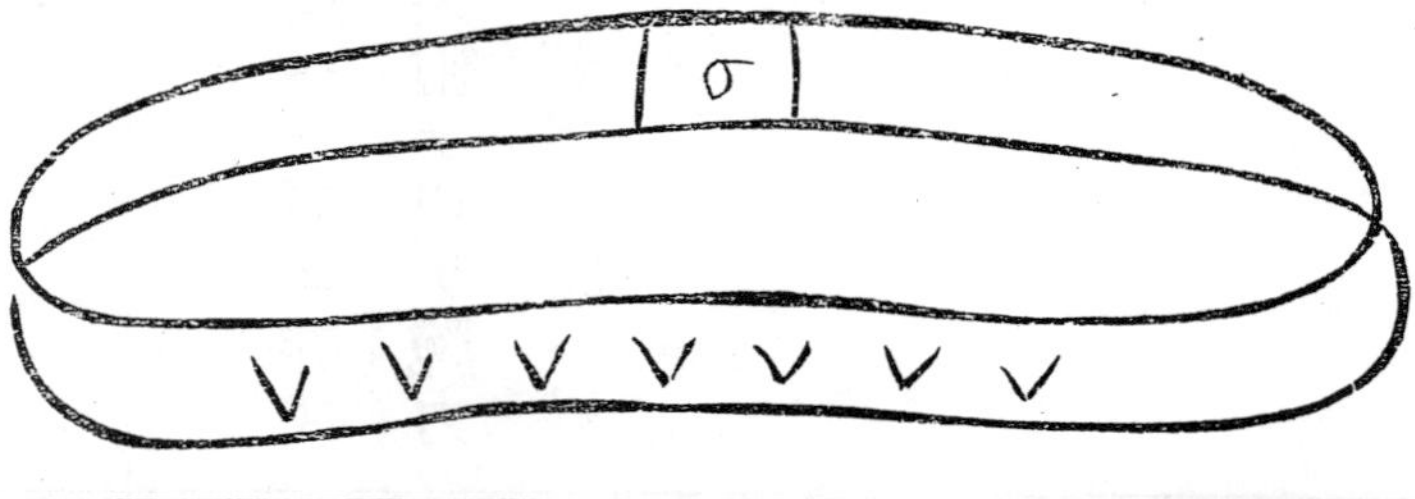

第二

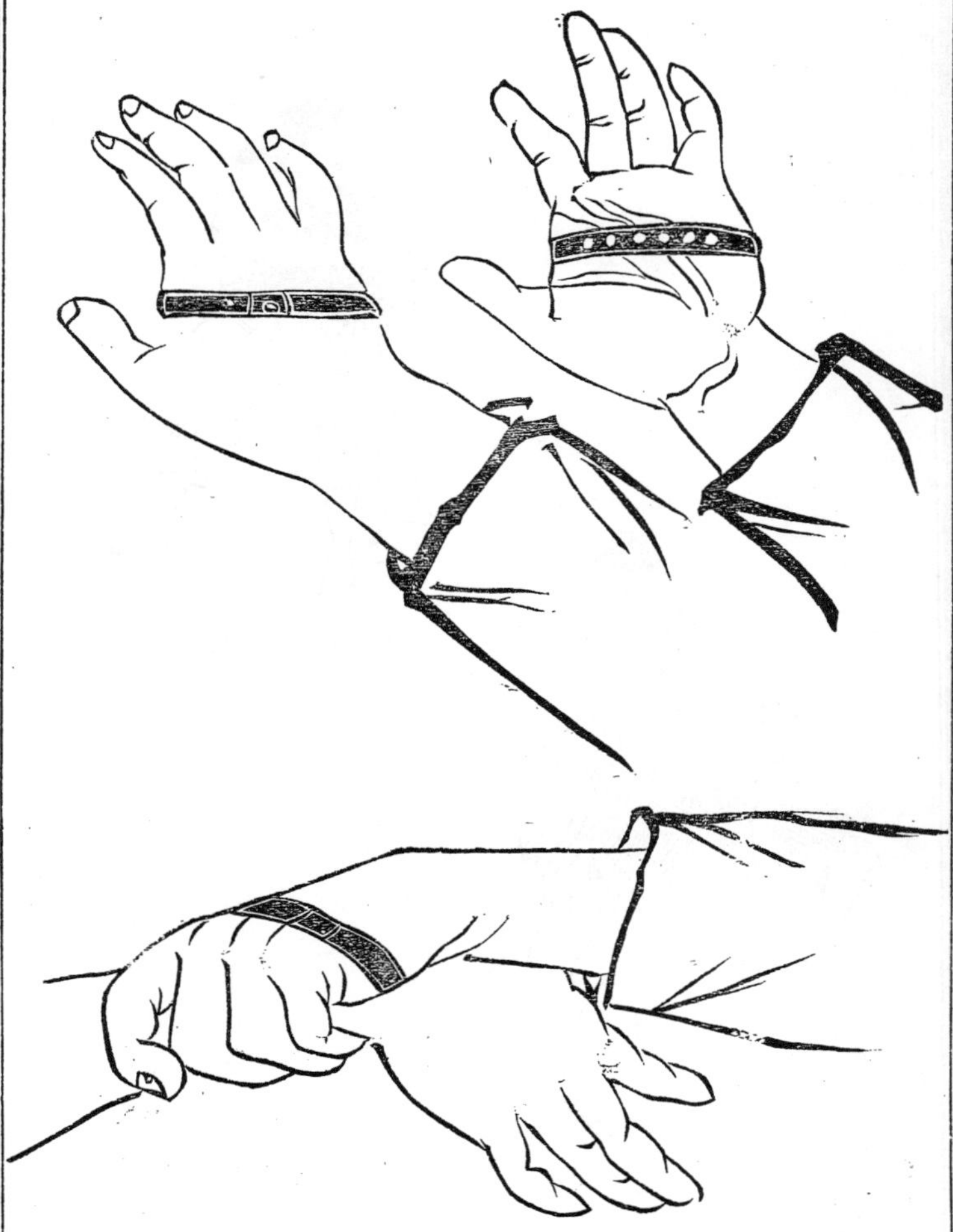

第一

第二

一後ヨリ抱締タル者アル時ハ直ニ自分ノ足ヲ右圖ノ如ク割ヒロゲテ身ヲかゝめ左スレバ後ヨリ抱タル者ノ手ガ自然ト咽下マデ上ル其手ヲ左ノ手ニテ握リ力ヲ入テ我身ヲ前ニかゝむ也左スレバ後ノ人第二ヨリ第三ノ圖ノ如ク向ニほりなげるベシ

第三

連柏子

第一ノ圖ノ如ク黑ノ方ノ手ヲ取リ手早ク其身ヲ黑ノ方ノ左リヱ廻リ

第二ノ如ク締上ルベシ

タトエバ白ノ人左ノ手ニテ黑ノ人ノ左ノ手ヲ取リ黑ト同樣ニ左ノ方ニ立並ビ右ノ手ヲ黑ノ手ヲ上ヨリ下エ抱エテ

第一

第二

其ノ手先ニテ自分ノ先ニ黑ノ腕首ヲ握タル我手首ヲ抓ナリ左スレハ黑ハ第二ノ如ク其身浮身ニナリ其時白ノ方ハ右ノ足ヲ黑ノ方ノ前エ延シ第三ノ圖ノ如ク向エホルベシ

附ル　黑ノ前エ白ノ足ヲ出セバ黑ヲ向ヘホル又右足ヲ黑ノ後エ出セバ杉だをしに後エたをすもヨシ

第三

明治二十八年一月廿五日印刷
明治二十八年一月三十日發行

定價金拾五錢

京都市下京區元六組大黒町五十番戶
著作兼發行者　藤村金次郎

京都市上京區河原町通三條北入
下丸屋町五十七番戶
印刷者　奥田吉之助

京都市河原町三條南入
發賣所　藤村梅松堂

京都市三條通寺町東入
發賣所　福井正寶堂

京都市佛光寺通烏丸東入
大賣捌所　東枝律書房

死活自在接骨療法　柔術生理書

※収録した原本によっては、文字の欠落や擦れ、頁の汚損・欠損等が見られるが、原本通りのため御了承願います。

序柔術生理書

活心活体活氣活働是レ柔順術ノ本領也何ヲカ活心活体活氣活働ト云フ義ナリ勇ナリ君ニ對シテ義ナク善ヲ爲スニ勇ナラス何ヲ以テ柔順術ノ本領ヲ語ルニ足ランヤ世人多クハ柔順術ヲ以テ体ヲ養フヲ知レドモ未ダ之レヲ以テ心ヲ養フヿヲ知ヲサルナリ余柔順術ヲ修ムル茲ニ四拾有餘年此間傍ヲ諸派ニ出入シテ拳法柔術ナルモノヲ聞ク是レ亦益ナシトナサズ嘗テ聞ク宋ノ太祖ハ拳法ニ長

シ明ノ戚南塘拳經六卷ヲ著シ慶長年間陳元贇ナルモノ明ノ亂ヲ避ケ
皇國ニ流寓シテ此法ヲ傳ヘ其先輩之レヲ精勵煉磨シテ愈々精彩ヲ加ヘリ轉倒捕擲ハ拳法ノ一科ナリ死活ノ法モ亦拳法ノ一科ナリ
然ルニ死活ノ法ニ至リテハ諸家秘シテ涙リニ傳ヘス是レ古人深ク慮ル所アルニ由ルト
雖モ傳テ而シテ益アラハ須ラク傳フベシ今我柔順術ニ志シ報國盡忠ノ眞情活心活体活氣活働ノ實態皆義勇ニ根原シテ本領ヲ全ク

得又乗テ拳法柔術死活ノ法ヲ廣ク受ケ遍ク用ユルニ至リテハ其益蓋シ大ナリト云フベシ魁眞樓主人柔術生理書一篇ヲ著シ序ヲ余ニ請フ繙テ之レヲ閲スレハ拳法柔術ノ科殆ント備リ其設クル所精細詳密筆能ク言ヒ又能ク畫ク一見大意ヲ了ス是レ門戸ヲ指スモノナリ已ニ門戸ヲ知ラバ好ンテ其堂奥ヲ求ムヘシ其妙趣ヲ味フニ至リテハ之レヲ學者ニ與フ主人モ亦世ヲ益スルノ志深シト言フ可シ

明治廿九年天長節ノ第三日

立誠館主人　久富鐵太郎識

柔術生理書叙

予十有五歳ニシテ始メテ天神眞楊流柔術師家松永清左衛門先生ノ門ニ入リ爾來汲々トシテ勉勵シ今既ニ五拾歳ニ至リテモ尚其奥儀ヲ極ムルコトヲ得ス然ルニ井口氏ハ商賈ニシテ書肆ヲ以テ業トスト雖ㇳ

性來武ヲ好ミ柔術ヲ學フコト數年始メ高木義雄氏ニ學ヒ續テ予ガ門ニ入リ深ク古術ヲ探リ猶意ニ歉セス諸流ノ師家ニ就キ此術ノ秘事ロ傳ヲ聞キ秘傳授ヲ受ケ今稍其術ノ秘傳ヲ集蒐シ生理ノ法ヲ其學士ニ聞キ又解剖ノ書ヲ閲シ又ハ醫學士

ニ就テ之レヲ質シ玆ニ於テ其柔術生理書ナル一編ヲ著ハス刻成ニ迨ンデ序ヲ予ニ乞フ則之レヲ讀ムニ親切丁寧ニシテ數十ノ畵圖ヲ加ヘ了解ニ便ンス實ニ勉メタリト謂フ可シ予カ門ヨリ此ノ如ク斯道篤志ノ人ヲ出スハ予ニ於テモ喜フ所ナ

リ依テ一言ヲ巻端ニ辯ス

明治廿九年孟冬

吉田千春撰

次叙

我朝之建國也、文武一途、文以治民、武以征敵、以茲二千五百年以降、外無敵國、内無叛民、上下和睦、屹立於東洋、爲一大帝國、故一日不可忘者、文武兩技也而就中於武術、雖有百番之技、平常不可欠者、爲柔術、此術也、空拳以防敵護身、其爲益、不暇枚擧、於此漸々赴隆盛、警官學之學生亦至學之、井口氏性嗜武術、營業之餘暇、學之尤長于柔術、就諸大家講習之、數年如一日、「其爲人温良篤實、談笑之間和氣溢面、絕無武人臭味、如純然商賈」、雖然苟學柔術者、知生理之學一日不可忽、質良師記其秘傳口訣、傍就醫學士、聞解剖講議、且集已所發明自得、以爲一書、題曰柔術生理書、其所說、綿密周到、無有疎漏杜撰之說、悉當肯綮、死活兩法者、素勿論、其他百般係生理者無不綱羅盡、實可謂良書也、彼曰自欲著此書、十五年于玆、可謂勉焉、其辛苦非常人所企及也、彼固不文人學士、唯取諸大家說、以折其衷、其間未必無少差、然以斯著、欲益世、竭平生精力、故能詳而不繁、略而不疎、序事質而純粹、議論實而精確、加之每章挿數十圖畫、歷々如指其掌、使諸者易得其妙處、何其用意之至哉、予視輓近之著書、徒脩飾文章、流麗字句、聊有所違其旨、去而不顧只以便閱讀、爲主、故初學徒讀之、首尾曖昧、事實糢糊、如在五里霧中行、無一得其要領、是著者之大弊也、可不歎乎、然若此書、不拘泥時弊、專主實用、不飾文章、不脩字句、以俗言平語序之、要在使無學輩讀之、一目瞭然、了其主旨、得施之實地、若有問文章巧拙者、素非所介意也、世間雖有著生理書說殺活法者數種、皆涉空論億說、無可以活用得、如此書可謂千古不朽之良書也、我家世以柔術、敎授徒弟、儘有技術精錬者、未曾有著書以欲益世者、如井口氏、於斯道熟達而篤志者、一誦三嘆之餘、記數言卷端、猶欲使後進士、爲淬勵之龜鑑也、

明治廿九年十一月

五世　磯又右衛門撰

死活自在
接骨療法
柔術生理書目錄

死活自在接骨療法柔術生理書目錄終

死活自在
接骨療法
柔術生理書

東京　井口松之助著

柔術本義

我カ日本ノ國ヲ建ルヤ武ヲ以テ基礎トシ皇威ヲ海ノ内外ニ發揮シ以テ二千五百五十餘年ノ今日アルヲ致ス故ニ我カ國民タルモノ上下貴賤ノ別ナク尚武ノ思想一日モ離ル可カラス而メ武技百般ノ中柔術ヲ以テ第一トスベシ如何トナレハ槍劍弓銃等ノ技ノ如キ器械ニ藉ルニアラサレハ如何ナル銘人上手ト雖モ其技ヲ施スヿ能ハス獨リ柔術ニ於ケル空拳素手ヲ以テ克ク敵ヲ防キ身ヲ護スルノ術ナリ玆ヲ以テ斯ノ術ヤ漸々日ヲ追テ隆盛ヲ致シ全國到ル處教場ヲ設置シ人々錬習ス且現今公私學校陸海軍警視警察署等ニアリテモ柔

術ヲ以テ教科ノ中ニ置クニ至ル何ソ其盛ンナルヤ抑モ其流名ノ如キ一ニシテ足ラズ數十ノ流派アリト雖モ之レヲ詮スルニ總テ大同小異ニソ柔術ノ本義ニ至テハ敢テ變更アルコナク敵ヲ防キ身ヲ護スルノ一途ニ歸スルモノナリ然ルニ從來ノ弊トシテ此術中秘事又ハ口傳ナト、唱ヘ若干ノ謝金ヲ利スルニアラサレハ諸人ニ傳ヘサルモノアリ豈此ノ文明ノ世ニ際シ斯ノ如ク秘スルノ理アランヤ茲ニ於テ各大家ニ就キ生理學上深遠ナル所ヲ叩キ續テ予カ多年鍊習上發明スル所ニソ實地活用スヘキ件々ヲ臚列シ廣ク世人ヲ益セント欲スルナリ

曩キニ吉田千春磯又右衛門兩先生ノ著ハス柔術極意圖解アリ又予カ拙著ニ成ル柔術劍棒圖解及ヒ武道圖解秘訣等ノ書アリ都テ武術ヲシテ永遠ニ傳ヘ皇國特有ノ技術ヲシテ益々隆起セシメントノ婆心ニ依ルノミ讀者乞フ予カ素志ノアル所ヲ諒セヨ

◉柔術死活總論

夫レ柔術ニ於ケル其益タル玆ニ喋々辯スルヲ待タス世人ノ熟知スル所ナリ就中殺活ノ兩法ヲ以テ眼目トナスモノナリ其術ノ用方數多アリト雖𪜈畢竟スルニ此二術ヨリ他ナシト知ル可シ然ルニ殺活ノ二術諸大家秘シテ容易ニ世人ニ傳ヘス其門ニ入ル者ト雖𪜈熟錬數年ノ久キニ至ラザレハ知リ得ルヿ能ハス之予カ遺憾トスル所ナリ此兩法ヲ知ラザレハ日用ニ便ナラス縱ヒハ隣人過ツテ井中ニ墜ツルカ又ハ物ニ觸レテ卒倒スルガ如キヿアル時ハ醫ヲ招クヲ用ヒス此法ヲ施セハ速カニ蘇生スルヿヲ得可シ又途上ニテ狂人ニ逢ヒ之レヲ捕ヘントスルニ暴行抵抗シテ意ノ如クナラサル時ハ一時殺法ヲ施シテ彼レヲ倒シ縛シタル後ニ至リ又活法ヲ施シ之レヲ蘇生セシムルカ如キ不時ノ變ニ臨ミ必用ノ良法ニシテ苟モ此道ヲ學フモノ一日モ欠ク可カラサル所ナリ世人ハ柔術ト云ヘハ只戰陣ニア

リテ敵ヲ防ク銃砲槍劍ト一般ニ心得居ル者アレモ大ニ然ラス故ニ殺活ノ二法ハ師傳ヲ受ク可シト雖モサリトテハ限リナキノ方法ヲ以テ一ニ師ニ就キ學ヒ得ヘキモノニアラス玆ヲ以テ此一書ヲ著ハシ一目シテ自在ニ其法ヲ會得セシメントト欲シ卷中其條下ニ細圖ヲ挿入シ其殺活ノ箇處ヲ明瞭ニ示セシモノナレハ潛心熟視セハ師傳ヲ受ケスト雖モ自然ト其妙處ヲ得ルニ至ル可シ讀者一閱ノ後著者ノ用意周到ナルヲ知レ

◉各流名之部

抑モ元祖ト祖先流祖流名其術ノ妙手アリト云ヘトモ其大略ヲ記スノミ是ニアル祖先ノ傳記トヲ著スニモ著者ハ其傳來ヲ悉ク不知故ニ只流名計リナルヿヲ記スナリ

淺山一傳流、竹内流、提寳山流、荒木流、無念流、夢想流、三浦流、福野流、制剛流、梶原流、關口流、澁川流、起倒流、楊心流、扱心流、天眞

流、灌心流、良移心當流、眞ノ神道流、戸塚流、日本本傳三浦流、爲我流、爲勢自得天眞流、吉岡流、心影流、霞新流、氣樂流、戸田流、悪見日多久摩流、眞蔭流、天神眞楊流、(其他畧ス)上ノ如ク詳細列擧セバ或ハ千ニ幾ラン乎雖然柔術ノ本義ハ流名ニ依テ變スル者ハ最モ多少相違スト雖モ柔術其者ノ精神期スル所ハ一ノミ

◉柔術家平素ノ心得

抑モ柔術ヲ練習スル者ハ居常起坐進退或ハ歩行スルトキト雖モ握手シテ其親指ヲ掌中ニ折リ又手中ヲ開カザランヿヲ力ヲ入ルベシ次ニ毎朝寢床ニテ眼ヲ覺シタレハ直ニ前述ノ如ク親指ヲ掌中ニ握リ而シテ兩足ヲ伸ハシ下腹部ニ力ヲ入レ兩腕ヲ曲ゲ惣身ニ勇氣ヲ加ヘ口ヲ結ビ軀幹強ヲ養成スル時ハ壯健上是實ニ妙ナリ

◉死活ノ法

凡ソ武藝ニ志ス者ハ先ツ此法ノ秘義ニ通曉セザル可カラズ然レド

モ此法タル容易ニ知ル能ハズ如何トナレハ其ノ術ノ薀奧ヲ極ムルニアラザレハ師此ノ法ヲ許サヾルナリ故ニ初心ノ輩ニハ授受シ得ベキモノナラス柔法家ニ於テモ劍法家ニ在テモ武術百般ノ奧義ヲ極メ而シテ後チ此法ヲ受得スベキ者ナリ總テ折紙目錄免許皆傳等ハ斯道中眞ニ秘中ノ秘ヲ極ムルニアラザレハ得ルモノニアラズ若シ之ヲ初心ノ輩、妄ニ其理解ヲ知ラスシテ既ニ此書ニテ得タルモ擅ニ試ミナバ趙括ノ兵法ト一般有害ニシテ寸益ナク却テ秘ヲ破リ身ヲ誤ルノ基タルベシ

茲ニ此ノ秘法ノ奧義ヲ解説シ斯道ニ志ス輩ヲシテ妙理ヲ會得セシメントス讀者宜シク精意周到前陳ノ説ニ從ヒ學ハヾ必ズ得ル處尠ナカラザルベシ既ニ前ニ述ベタル拙著ノ二書ニ就キ豫メ柔術ノ眞意ヲ解シ後チ此書ヲ繙カバ有益ニシテ正鵠ヲ誤ラサルベシ

本編ハ先ヅ殺活ノ神變方化ニ應スルノ方法ヲ説示セン讀者柔術ノ

法ハ前記ノ書ニ依リテ詳カニ知覺スルヲ要ス

◉當身心得

夫レ柔術ニハ形、亂捕ノ二種アリテ形ハ即チ身体ノ備ヘヲ作シ能ク人ヲ殺活スルモノ是ナリ又亂捕ハ往昔戰場ニテ甲冑ヲ着シタルモノヲ取抑ヘンガ爲メ始メテ其法ヲ設ケルモノナリ（始メハ形ノ亂捕ナリシモ）目今頻リニ行ハルル處蓋シ人ヲシテ死活自在ナラシムルハ形ノ訓練熟達ニアリ然レドモ亦タ亂捕モ講習セザレハ四支頑硬ニシテ用ヲ爲サズ故ニ宜敷講習者ハ形、亂捕トモ併セ修行セサル可カラズ其能ク熟スルニ至テハ一ハ心神安隱ニ一ハ身幹强健トナリ以テ兇漢不逞ノ徒ヲ殺活スルニ至ラン修業者タルモノ深ク戒メザル可カラズ諸君幸ニ後項ヲ見テ悟ル處アル可シ

護身ノ心得

偖テ此ノ法ハ弱キヲ以テ强キニ當リ劣勢却テ優勢ヲ挫クノ秘義ナリ假令ハ戰事ノ際銃鈒ヲ失ナヒ一躍突擊シテ萬夫ヲ敗ル是レ尤モ大切ノ秘術ナリ

敷島ノ大和魂ハ萬古ニ存シテ一夫尚ホ百卒ニ當リ生命ヲ風雲ノ間ニ置キ一身ヲ進退スルヲ以テ義スル處トス古昔封建ノ時世ニ武士ノ最モ重ンズル處ノ氣節ヲ養成シタルモ皆ナ此ノ法ノ鍛練ニ基クナリ亦タ咄嗟ノ間ニ暴人隙ニ乘シ兇行ヲ擅ニスル危機一髮ノ際ナリト雖トモ此ノ法義ニ因リテ得タル秘術ヲ施サハ防禦センヿ易々タラン三尺ノ秋水一閃ノ間ニ身ヲ置クモ靜意ニメ己レノ身ヲ動カスヿナシ乃ナ神變々化ノ術ナリ故ニ亦人跡絕ヘタル深山幽谷ニ於テ不測ノ災ニ逢フモ此ノ秘法ヲ自得スルニ於テハ憂フルヿナシ又タ戰地等ニ在テ不時ニ敵ニ會合シ止ムナク組打トナリシ時敵剛强ノ者ナリト雖トモ直ナニ當身ノ法ニ依テ身体ノ自由ヲ失ハシメ

以テ敵ヲ縛シ而シテ後活法ヲ行ヒ蘇生スルヲ待チテ引連レ歸ルヿヲ得可シ是レ亦凡テ此ノ法ニ因リテ行フヿヲ得ルナリ茲ニ平素鍛練ニ鍛練ヲ加ヘテ漸次功ヲ積ム此ノ護身ノ法ニ於テ一眼早踈ト云フ武者搆ヒヲ常ニ忘ル可カラサルコトヲ茲ニ贅言ス講者必ス等閑ニスヘカラサルナリ

當身正面ノ圖

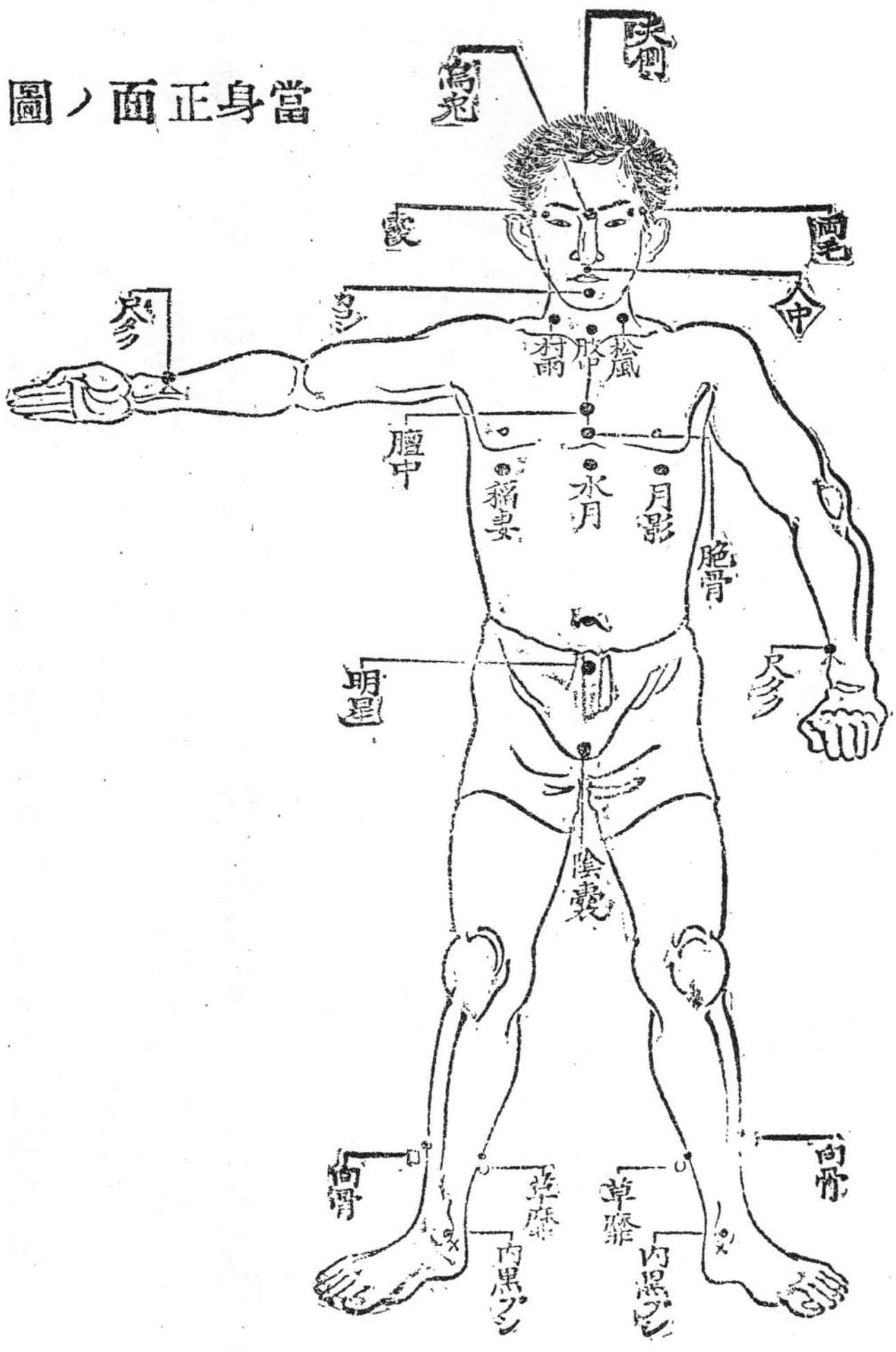

當身後面ノ圖

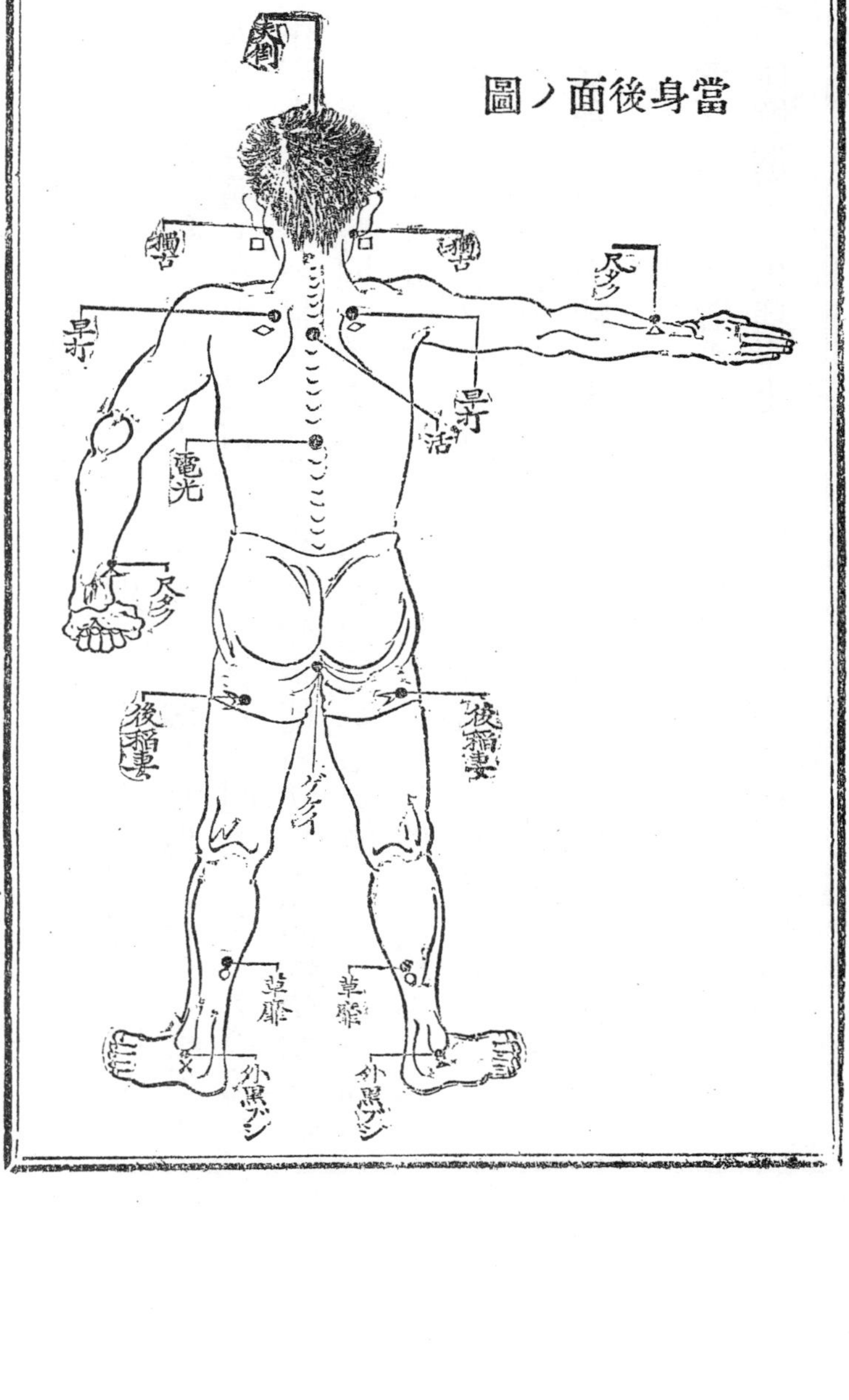

◉當身圖解ノ大意

前ニ出セシ當身表裏ノ二圖ヲ合セ別ニ挿畫ヲ以テ細密ニ說明セリ抑モ著者此解釋ヲ下サント欲スルガ爲メ多年心思ヲ若シメ諸名家各大先生ニ隨ヒ實地ノ稽古ヨリ自得シ又ハ發明セルモノヲ筆記シ且生理上ノ如キハ無學ニシテ其要領ヲ知ル能ハサレハ諸醫學士ニ問ヒ又ハ講義ヲ聽聞シ拙劣ノ文ヲ以テ略記シ洽ク滿天下ノ人ニ頒布セント欲スルヿ此ニ十五年ノ久シキニ至リ今日始テ其宿志ヲ達スルヲ得タリ讀者乞フ著者カ積年ノ辛苦ヲ察セラレンヿヲ

◉活法當身腹內圖解

此ノ當身ノ圖ハ天神眞楊流ノ解說ニ出ル圖式ヲ用ヒ參考シ爲ニ著ス者ナレ共一体解剖學ハ生理學上

古圖式

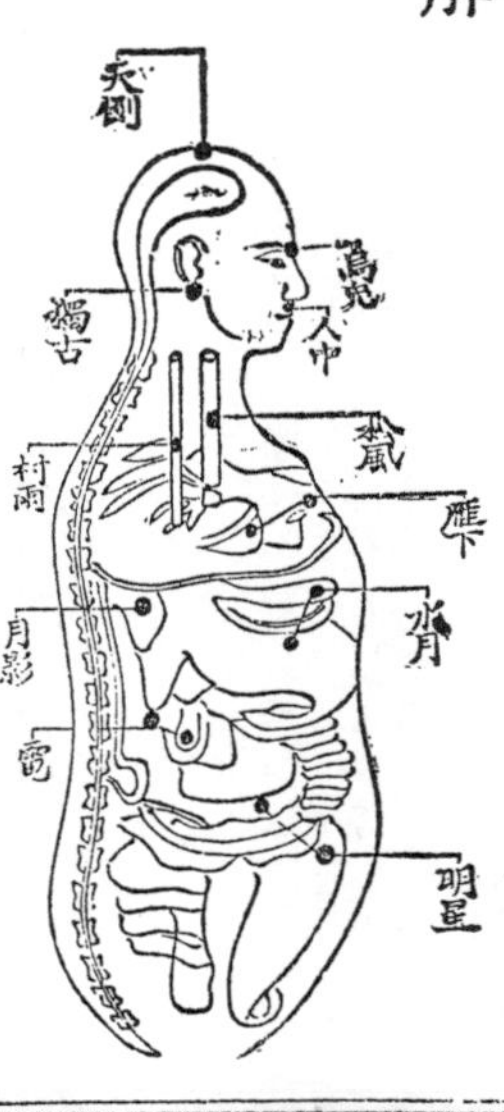

參照ヲナスニ便益トナルヲ以テ卷中ノ末文ノ圖ト比較シテ解得スヘシ

◉胸部腹部總圖ノ部

是ハ人躰解剖胸部ヨリ腹部ノ圖式ヲ示ス者ナリ柔術ニ於テハ敢テ必用ナキ者ナレ共當身殺法活法ノ説明ヲナスニハ要用ナルヲ以テ記スルモノナリ以下此ノ解部圖ハ醫家先生所有スル寫眞ナレモ柔術家ニ必用ノ處ヲ卷中ヘ部分シ解讀ノ際實見上參考ノ爲メニ示ス者ナリ著者ハ醫學者ニ非ズ亦無學ニシテ只其業ヲ好ミ柔劍ノ先輩ニ附テ實益ノアル處ヲ覺ヘ解剖醫學士ニ問ヒ新古ヲ取捨シ掲クルモノナレハ此ノ柔術活法ノ廣大無邊ナルヿ及ヒ天下ノ爲メ廣益アランヿヲ望ミ壹編ノ書ニ綴リ且ツ圖解ヲナス者ナリ次ニ記ス圖中ノ第壹ヨリ第十三ニ至ル迄部分ニナシタルヲ順次ニ熟覧シテ大意ヲ知ルヘシ

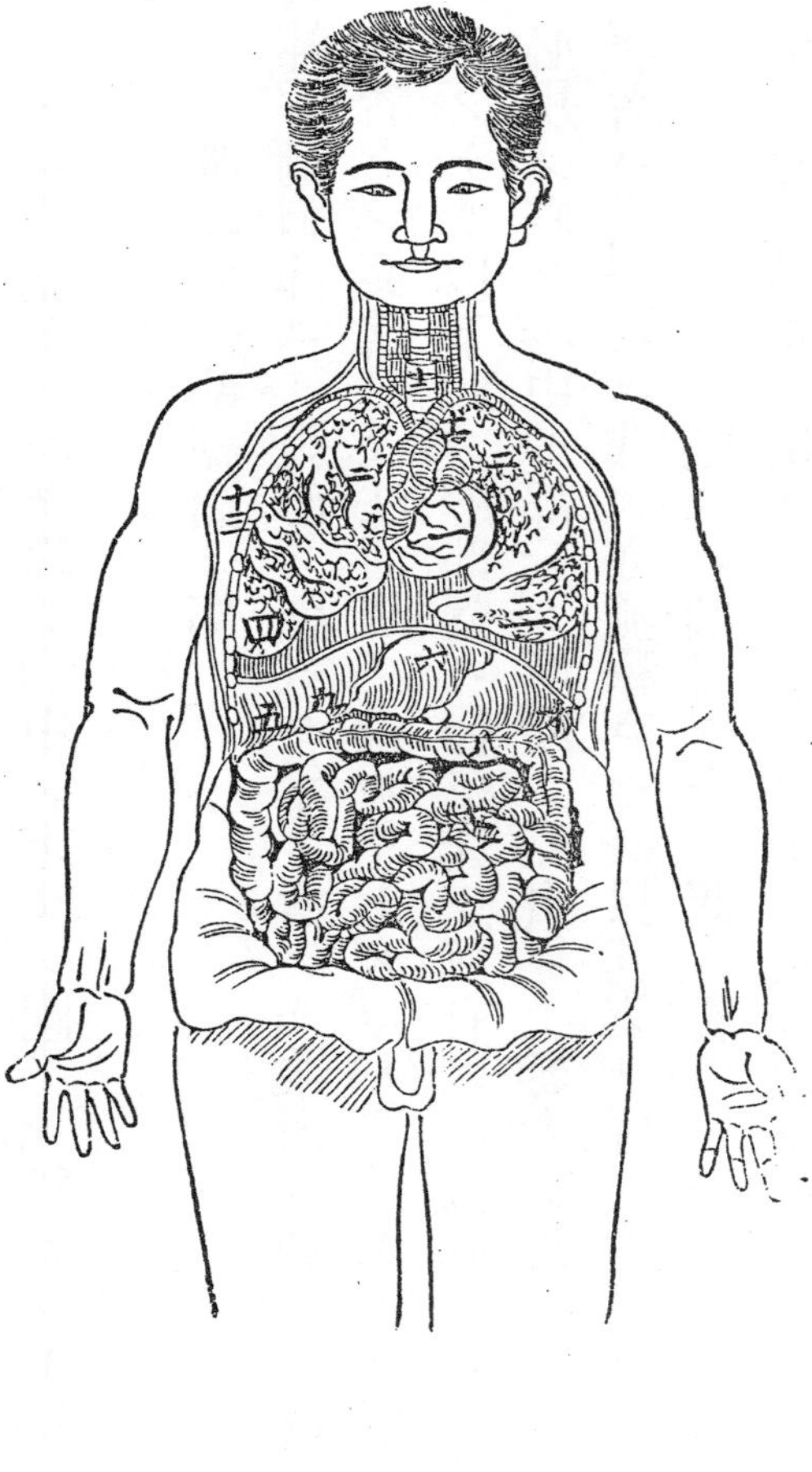

第一 心臟 第二 肺臟 第三 橫膈膜 第四 肝臟 第五 胆囊
第六 胃 第七 小腸 第八 橫行結腸 第九 大腸 第十 脾
第十一 大靜脈 第十二 氣管 第十三 肋骨總膜

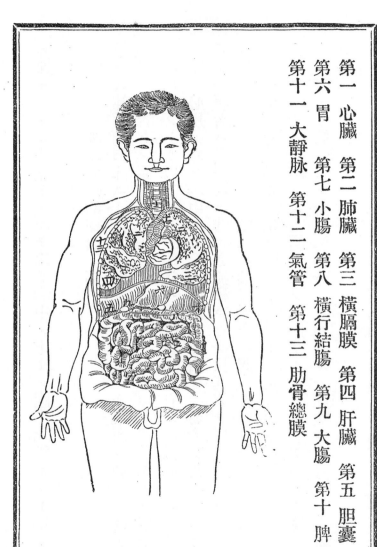

右ニ記スル處ハ凡テ活法ヲ行フニハ必用ノ件ナレハ常ニ好ク心得置クヘシ又卷中解釋ヲ附シ參考ノ爲順次詳細ニ説明スヘシ

◉全體血液循環系總圖部

此ニ記ス處ノ圖解ハ人躰ノ血液及ヒ循環ノ血脈ヲ示ス者ナリ是ニ

第一心臟

第二肺臟

第三腎臟

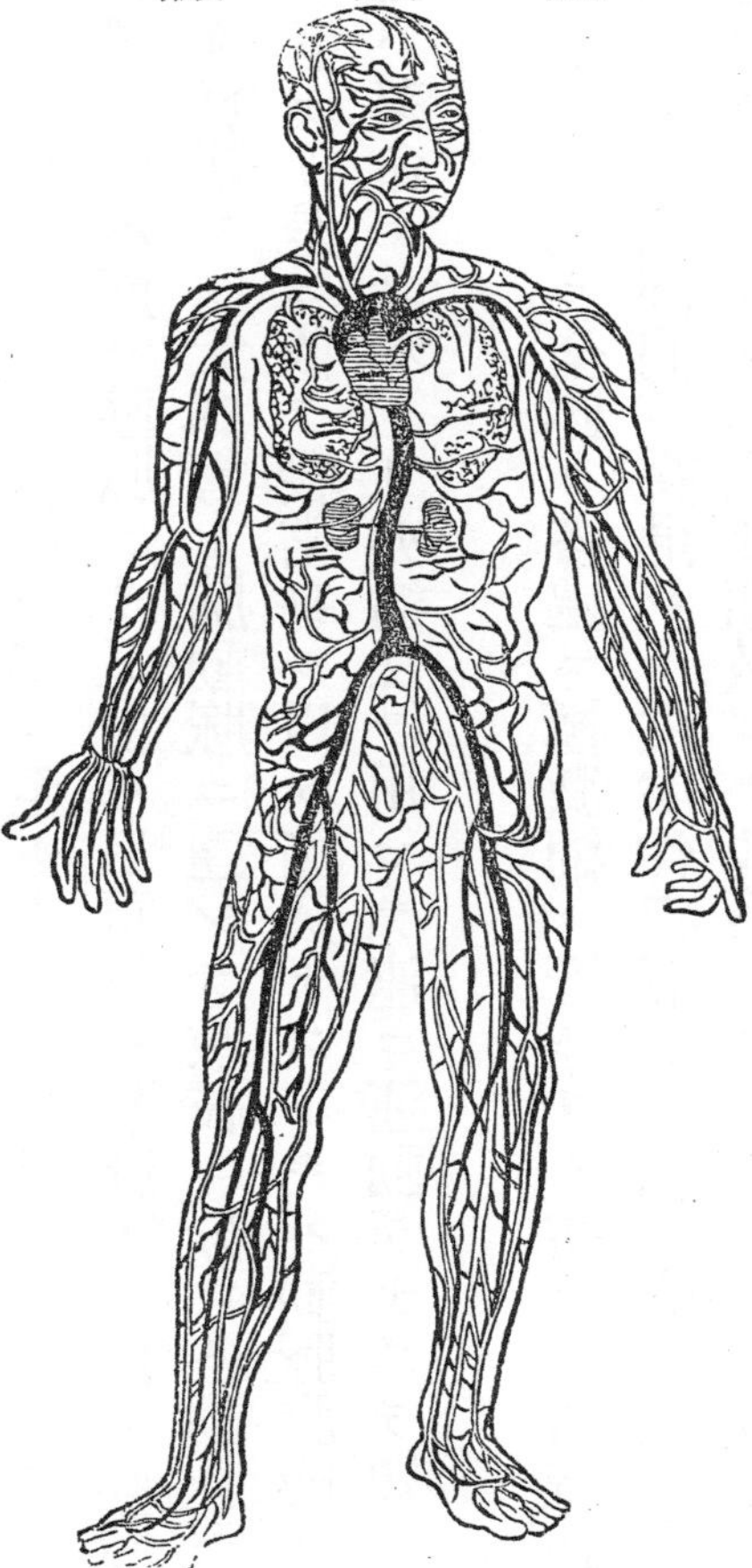

依テ説明ノ解續ハ第一ヨリ第三迄ニ至ル小點ト全身ヘ血脈ノ運動ヲ示ス亦黑キ一本筋ハ動脉ナリ又白キ二重筋ハ靜脉ナリ此ノ動脉ハ心臟ヨリ發起シテ大脈管ト肺動脉ニ達シテ數枝ニ分レ各動脉ヘ配通スル者ナリ是ニ依テ殺當身ヲ以テ衝突ナストキハ動脉脹膨ス故ニ一時ハ落命ナス者ナリ亦活法ヲ用ヒテ速ニ運動ヲナスヲ知ルヘシ

又靜脉ハ是トハ違ヒ全躰ノ各處ニ極微細ノ管脉ヨリ初マリ諸流動大管ノ動脉ヨリ筋肉間ヘ交通シテ皮膚伴行靜脉ト云心臟ニ達シ大靜脉ニ二大脉管ト合シテ血脈細微ニテ其系血脉交通ヲナス殺當身ヲ以テ衝突絞首両血脈ノ通筋等ヲ停止スル故ナリ即チ活法ヲ以テ術ヲ施スハ屋中ニアル芥溜ヲ掃除シ次第ニ清潔ニナスノ法ヲ云フ活自在ハ四脉液循環ニアリテ蘇生ナス者也

◉第二氣管圖部

第一氣管
第二肺ノ
左右翼ト
氣管狀

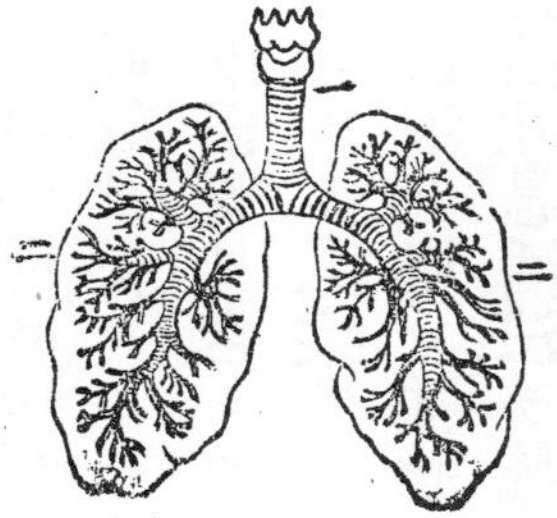

此ハ血液循環ニ附スル處ノ圖成レトモ見ヤスカランカ爲メ別ニ記スル者ナリ蝶ノ形チヲナス氣管及ヒ肺臟ヲ記載スル第一氣管ナリ第二ノ蝶ノ如キハ肺ノ左右ト異ニシ氣管支ナリ卷中別ニ記ス故ニ玆ニ說明セズ

◉脾胃腸之圖部

此ノ處ニ記ス脾胃腸ノ解釋ヲ示スニ胃ハ小腸ヨリ續ク全躰中ノ一大袋ニシ（前總圖參照）是ハ橫隔膜《ワウカクマク》ノ下ノ方左側ニアル其カタチ小鳥ノ飛ブガ如クニテ尺長ハ凡八九寸餘ニ至リ最モ空氣囊ノ樣ナル者ニシテ七八合ノ喰物ヲ入ル袋ニシテ人躰ノ大小ニ拘ハラズ喰袋ノ大小ハアル者ナリ此ノ胃ノ上下ニ口二ツアリ其

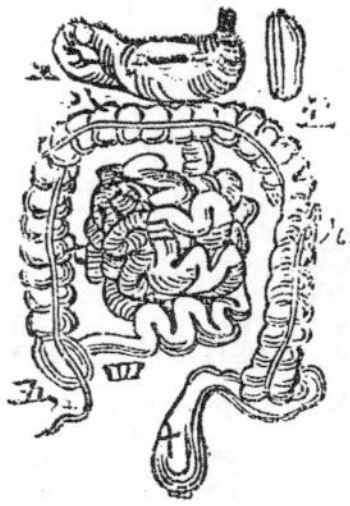

上ナル分ハ胃ノ管ヨリシテ喰袋ニ入テ是ヲ順次テ噴門ニ出スナリ亦下ナル口ハ小腸ニ達シテ其運動ヲナシテ次ヘ送ル出口ニシテ幽門ト云故ニ圖ヲ參照シテ挿畫ノ第一ヨリ第十一ニ至ル數點ニ就テ視レハ明瞭ナリ

第一胃《イ》　第二拾二指腸《シチヨウ》　第三小腸　第四回《クワイ》腸ノ端《タン》　第五盲腸《モフナヨウ》
第六蟲様垂《チユヨウスイ》　第七上行結腸《コウケツ》　第八横行《ナツコウ》結腸　第九下行結腸
第十直腸《チヨク》　第十一脾臓

凡テ胃ノ外部ニ强キヲ將液膜《シヨエキマク》ト云亦次ニ内被纎維質《ヒセンイシツ》ニシテ上下四方ニ伸張收縮《シンチヨウシウシク》ヲ得タルノ組立トナス者ト云内部ノ軟ラカナル粘膜《子ンマク》ニテ血脉淋巴《リンパ》管ヲ含ミテ其小腺ノ細孔ヲ開キテ其胃液ヲ分泌スル作用ヲナスナリ又柔術及劍術ノ運動ヲナスニ此ノ胃ノ働ヨキ故ニ人躰ノ惣血液ヲ增シ强壯ニ成ル者ナリ故ニ此ノ如ク其襟活法ヲ氣海總活裏活吐息活法ヲ施ス時ハ此胃袋ニ達シテ蘇生ナス者ナリ是

ニ依テ食物ヲ消化シテ胃液中ニ消食素《シヨシヨクソウ》ト云主成分有リテ食物ヲコナス作用ヲナスニ依テ靜脉ノ血腋ニ送ル運動兩便ノ通シテ好スル處ナリ故ニ柔術亂捕ヲナストモ水月ノ當ハ强クナスベカラズ强壯トイヘトモ老躰ニ成リ惣身ノ害ニ成ルヿヲ豫防スベシ

◉心臓圖部

此心臓トハ靜脉ヨリ血液ヲ受ケ動脉ヨリ血液ヲ送リテ全身ヘ交廻スル機器ナリ其形チ大キナル佛子柑《ブシカン》ノ如キ者ニテ胸部ノ眞中ヨリ少シ左方ニテ肺ノ兩側ノ間ニアル心臓内部ニ筋繊維質《キンセンイシユツ》ノ障隔ニテ縱ニ分畫シテ左右兩腔トナリ又横ニ分畫シテ上下兩腔トナル凡テ四個ノ凹ヲナス其上ナルヲ上房ト云フ其下ナル凹ヲ心室ト云フ又其縱隔ニハ孔無ク左右腔内ノ横隔ニワ孔有リテ辨ト云フ自由自在ノ運動ヲナシ其蓋ノ如キノ機具ナルハ交通ヲ左右ノ上房心室ノ血液ヲ運出入ノ作用ヲナス者ナリ圖參照第一ヨリ第十一ニ至ルヲ記

ス

第一圖ノ部

第一右心室　第二左心室　第三右上房
第四左上房　第五肺動脈　第六無名動脈
第七總頸動脈　第八鎖骨下動脈　第九
大靜脈幹　第十肺靜脈　第十一動脈幹

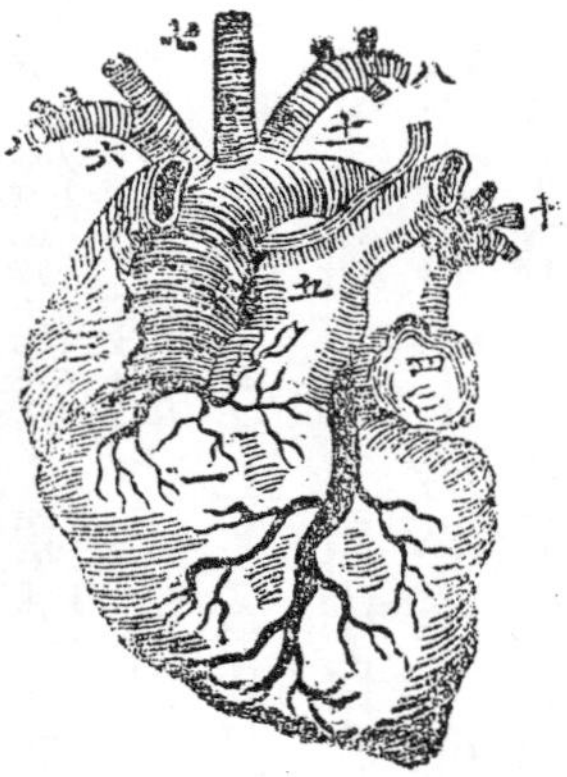

是レニ依テ肺臓ニ連リアル心臓ナル者ナルカ故ニ心臓間第一圖中ニ第九ノ大靜脈ハ第二圖ト參考シテ見ルベシ猶心臓ノ作用ヲ解ク可シ右側ノ上下ニ大靜脈幹有リ其全躰ノ靜脈血ヲ此二幹ニ集メテ心ノ右上房ヘ入レバ房腔ハ収縮而横隔ノ孔ヨリ其血液ヲ右室ヘ送ル故ニ肺動脈ニ血液ヲ送リテ其血液ヲ又肺臓ニ入其血液次第ニ支枝派二管ニ入故ニ炭酸氣ヲ吐出ス亦酸素吸込ス其出入働養ハ大動脈及靜動脈入通連ナシ身体全部ノ大循環系ト小循環系トニ合シテ

人身總血行機ニ依テ運動ヲナス者ナリ是ニ依リ殺當ヲナス時ハ凡テ總活ヲ法及ビ心臟活法活法人工呼吸術ヲ以テ蘇生スル者ナリト知レ

◉肺臟圖部

肺臟ハ心臟ニ連リテ血液循環ノ運動ヲナス者ナリ故ニ分別シテ解釋スレバ肺臟ハ左右ノ兩側ニ分レ胸部内ノ半分ヲ占タル第一ノ大臟也故ニ心臟及ヒ大血管其間ヲ有ル兩側部ハ氣管本幹ヨリ分レテ其氣管枝、肺靫帶、肺動脈靜脈ニ連リ其内部ニ柔ヲカキ食パンノ如キノ者ナリ第二圖第壹ヨリ第十二至ルノ圖ヲ參考スベシ

第一下行大靜脈幹　第二肝靜脈　第三右上房　第四右心室　第五肺動脈

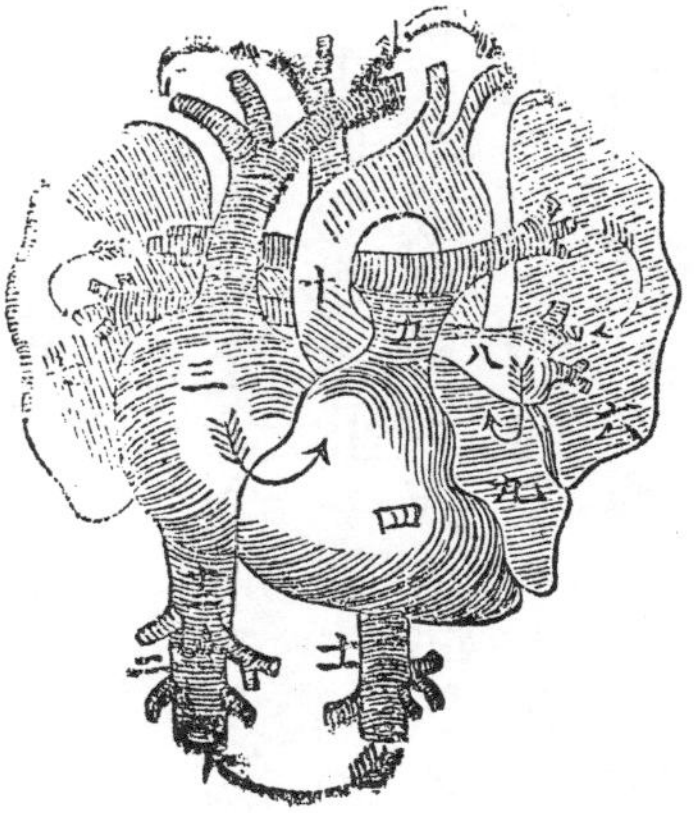

第六有動脉　第七肺動脉　第八左上房　第九左心室　第十及第十一大動脉　第十二上行大静脉幹

（矢先ノ）印有ハ動静脉筋ノ交運ヲ記スルナリ亦其充分全肺ニ大氣ヲ接シテ呼吸ヲナス故ニ殺當ヲ入ル時ハ其呼吸等モ止ル者ナレハ此ノ殺ハ心肺神系血液作用ノ運動ヲ停止ナス故也是ニ依テ活法ノ作用ヲ施ス時ハ次第ニ其道ヲ開キ運働血液ヲ開ク故蘇生スル者ナリ都而心肺ニカヽハラサル當身故充分ノ稽古上達シテ師ノ許ヲ受テ活法ヲ施スナリ亦曰ク呼吸術モ右ノ如ク喉頭ト氣管ト肺臓ニ組立呼吸筋ニ屬スル者ナリ武術運動ハ我護身ノミニアラスシテ實ニ強建ナルヿヲ知レ此ニ依テ其瓦斯氣ヲ呼吸スレバ常ニ強壯ノ運動ヲナスハ實ニ老者ニシテ長壽命ヲ保ツヿヲ知レ

◉全体神經系圖部

此ノ神經トハ腦脊ニ髓ト號スル者アリ神經節ヲ心トナシテ其圖ニ

記ス處ノ第一第二ニ示ス處ヲ中眞トシテ全体中ノ諸枝ヘ配分ナス妙處ノ機ナリ是知覺及運動ノ作用ヲナス奇々妙々ナル機器ナルヲ知レ此ノ神經ニ二種アリ白質ト灰白質トニテ成立ツモノニテ凡テ物ヲ考ヒ又巧者ナルモ腦髓ノ働ニ依リ其精神ヲ費シ萬事此神經節ヨ

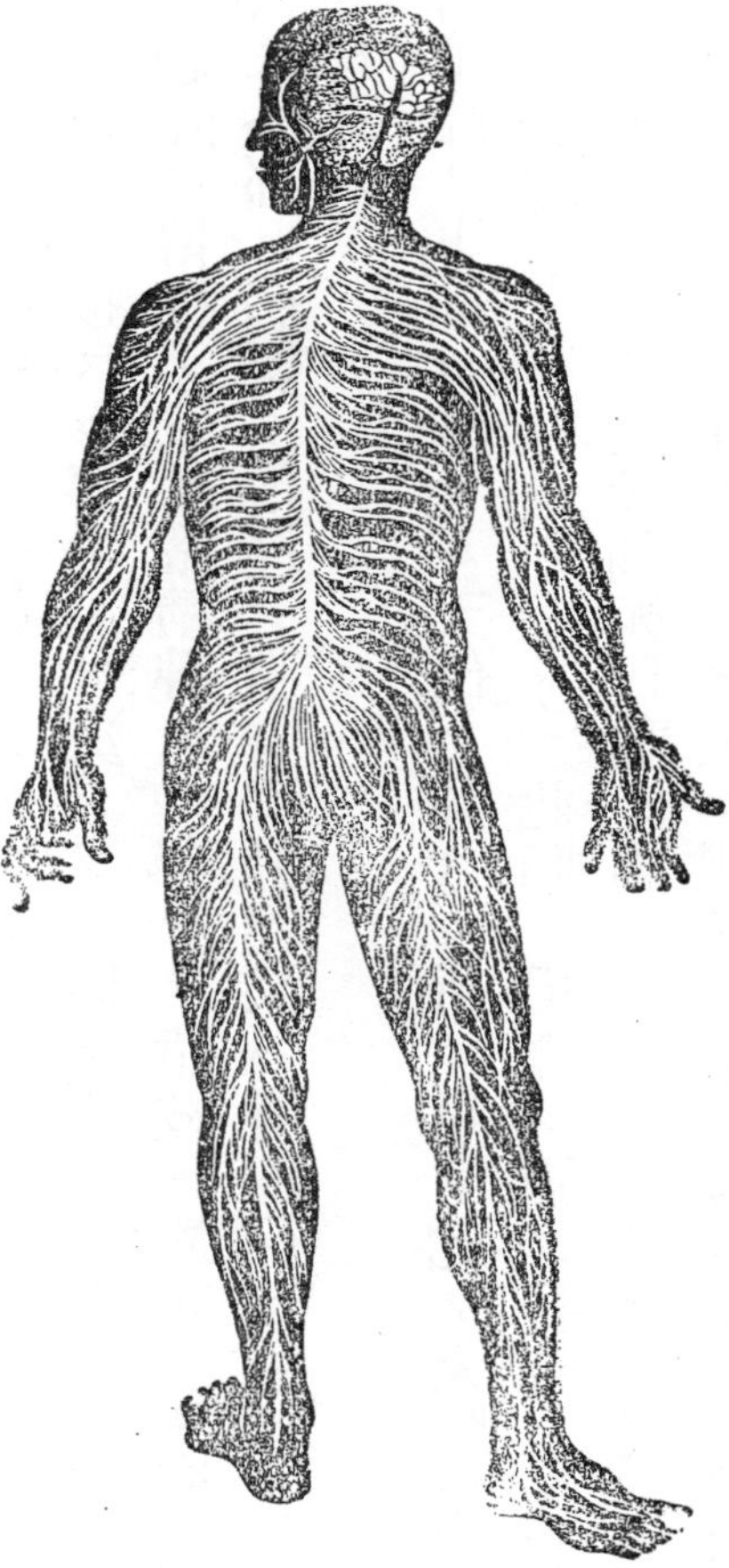

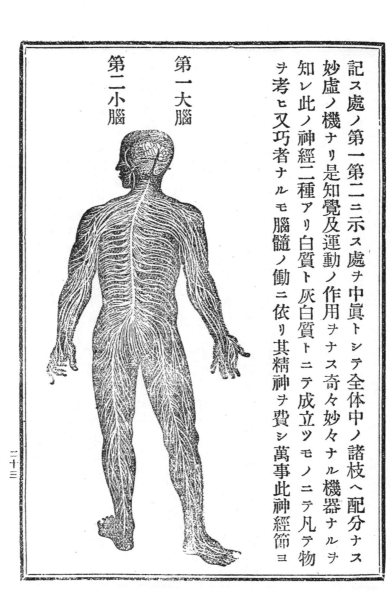

リ發起ナス者ナリ圖中ニ第一第二ノ印アルヲ見ヨ亦全身筋系ハ諸枝ヘ蔓延シ是ガ交接スル事アルモ決シテ混同ナサズ各身巳ノ受得タル處ノ感覺ニ傳達ナシテ腦精神ヨリ發シテ諸枝ヘ達スルヲ運動神經ト云フ外部ニ感覺ヲ傳達メ腦脊體神經又ハ神經節ニ導ク者ヲ知覺神經ト云フ

大腦ハ前頭腔ノ上部ニ滿ツル天倒ニ圖スル所ヲ見ヨ此ノ大腦小腦(之レヲ俗ニ腦味噌トスルモノナリ)此腦ヲ損傷シ強ク打時ハ又其才知ヲ失フナリコレヲ柔術劍術運動ノ爲ニ常々稽古ヲナス者ハ次第ニ其精神ヲ堅固ニシ發達ノ氣ヲ生シ隨テ腦中ノ考ヒヲ益ス又曰ク此レヲ無理ニ强打スル事ナカレ其精神ヲ又失フモノナリ

小腦ハ後頭部ニアリ大腦ノ下部ニアル者ヲ云ナリ其形大小有リト云フ其大略握拳ノ如ク凡ソ大腦ニ似タリト云ヘトモ相違セリ說明ハ前ニ同シ樣ナレハ是ニテ略ス

◉神經系及五管ノ説

凡テ人躰ノ神經系ヲ分テ解シ易カラシメン爲メニ之ヲ三部ニ分ツ、即チ腦髓、脊髓、神經知覺、視聽ノ五ナリ（第一）腦髓ハ柔軟ナル者ニシテ數層ノ膜ヲ以テ其外面ヲ包ミ頭顱骨ニ塡充ス（第二）脊髓ハ脊骨管中ニアリ其質柔カニシテ上ハ腦髓ニ始リテ下ハ薀骨ニ終ル（第三）神經ハ白キ線ニシテ頭蓋及ビ脊推ニ連ナリ多クノ諸穴ヨリ出テタル身体各部ニ分布ス（第四）人常ニ知覺スル者ハ委ク之ヲ神經ニ加ヘ腦ニ由リテ全身各部ニ傳達ス故ニ腦脊髓ハ神經一系ノ中心ニシテ神經ハ其導線ナリ（第五）五管トハ視聽、齅、味、覺ヲ主ドル機管ヲ云フモノナリ眼、耳、鼻、舌皮、肉、是ナリ即チ眼ハ、明、暗、彩色、ヲ見極メ耳ハ音響ヲ聽キ得ルナリ鼻ハ香臭ヲ齅覺シ、舌ハ其酸ヲ辨別ス、皮肉ハ、痛痒冷熱ヲ感覺スルナリ、（生理説ニ曰ク）腦脊髓及ビ神經節ノ中心トナシ此レ全躰總部ニ枝脈分布スル妙靈ノ機器トシテ凡ソ全躰ノ機身ノ知覺及ビ運動ヲ主トスル目的ナリ其質ニハ白質ト、灰白質トノ二部ニ分レテ白質ハ光輝アリ纖維ノ集マリタル者ニシテ灰白質ハ膠ノ如ク物質ノ細胞合シタル者ナリ神經ハ脊自條ヲ成ス又灰白色ノ細胞集合シテハ小塊トナリ各條間ノ結節ヲ成ス者アルハ之レ日神經節ト號スルナリ、灰白ノ細胞ハ外ノ各機体ヲ運動スル力ヲナリ、神經ハ之レ分傳スルノ要用ヲ成スノミ故ニ又神經節ハ神經線ノ主トシ各支分ヘ傳ヘルノ便ヲ成スノ神經纖維ハ毛ノ如クニ傳經ノ用ヲ成スノミナリト知レ

脈管之解説

一前項記スル處ノ創傷ハ第一ニ出血ヲ止メザル可カラス其出血ヲ止メル術ヲ施サンニハ先ツ吾人体内ノ血液ノ循環ノ大要ヲ知ルニ非サレハ成ラズ即チ体内ノ血液ハ甲乙ノ二種ノ血管ニ依テ循環ス

ルモノナリ人ヲシテ此ノ甲ヲ動脈ト名ツケ乙ヲ以テ靜脉ト名ツク亦此ノ血液ヲ輸出スル機關ハ心臓ナリ心臓ハ胸腔ノ左リ半部内ニ位ヒスル一個ノ空洞ナル闘質ニシテ内ニ辨膜ヲ備ヘ其大キサ殆ント拳《ゲコ》ノ如シ然シテ左右ノ兩半部ヨリ成ル者ニシテ其伸縮作用ニ依リ左リハ動脈ヲ經テ血液ヲ全身ニ回輸シ右ハ肺動脈ヲ經テ血液ヲ肺臓ニ輸送スルモノナリ動脈ハ其根ヲ心臓ニ取リ恰カモ樹木ノ分岐スルカ如ク其漸ヤク分岐シテ細小トナリ遂ニ緻密トナリ其壁質彈力ニ富ミ恰モゴムノ如ク之ヲ强壓スルキハ扁平トナリ之ヲ放テハ復タ元ノ如ク其血液ハ紅色ニシテ流勢迅速ナリ故ニ動脉ノ一部ヲ斷切スルキハ鮮紅色ノ血液ノ噴出スルモノハ其出血ノ勢氣ヲ示ス迄ニテ動脈血管ヲ切リタル出血ノ勢氣ハ恰モ噴水ノ發スルカ如クナリ靜脈血管ヲ切リタル出血ノ勢氣ハ漸ヤクタラ〳〵ト流レルノミナリ

右ニ記スル靜脈ハ其根毛細管綱ニ富ミ其細根漸ヤク集合シテ大幹トナリ遂ニ心臟ニ達スルモノナリ其壁質ハ薄弱ニシテ彈力ニ乏シク空氣ナレハ弛緩スルモノナリ其血液ハ暗赤色ニシテ流勢緩徐トナリ故ニ靜脈ノ一部ヲ斷切スルトキハ暗赤色ノ血液漸ヤク流出スルモノナリ

亦タ動脈血ノ鮮紅色ナル時ハ酸素在リシ靜脈血ノ暗赤色ニシテ多ク炭酸ヲ有スルニ依リ而シテ鮮紅色ナル動靜脈ハ心臟ノ左リ半部

毛細管網

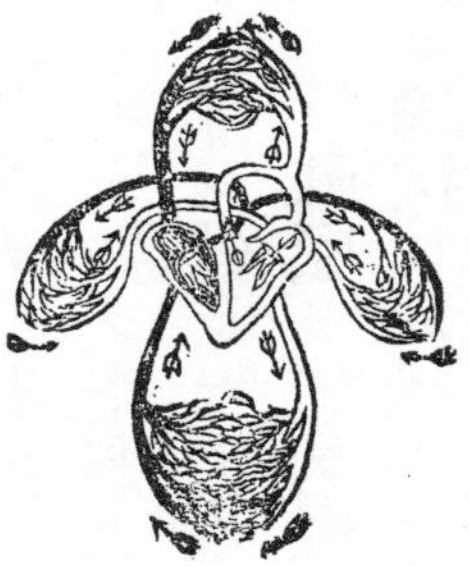

ヨリ流出シ身体諸部ヲ經流スルノ間毛細管綱ニ於テ其ノ部ニ酸素分與シ又其部ヨリ炭酸ヲ攝取シ暗赤色ナル血液トナリテ靜脈ニ移リ心臟ノ右半部ニ歸流シ更ニ肺動脈ニ依テ肺臟ニ灌漑シ玆ニ吸酸除炭ノ作用ニ由テ再ビ鮮紅色ナル動脈血トナリ肺臟脈ニ依テ心臟ノ左リ

半部ニ歸流スルモノナリ揷圖ニ記入ナキモ文中ヲ玩味スヘシ然レトモ出血ハ其血色鮮紅ニシテ噴出スルモノハ危險ナルガ故ニ瞬時モ放過スルコトナク即時止血ノ術法ヲ施サヾル可カラズ其法タルヤ指先ヲ出血スル創內ニ挿入シテ脈管ノ切口ヲ押壓シ或ハ創ノ周圍ヲ强壓スル者ニシテ即チ之ヲ直壓法ト云フ

此ノ術法ハ尤モ簡易ニシテ久シキニ堪ヘ得ルトキハ其効確實ナリトス又創口ヲ隔テ遠ク創所ノ上部ニ於テ其脈管ノ通路ヲ拇指或ハ諸指ニテ强壓シテ血ヲ止ムルノ法アリ之ヲ間壓法ト云フ

此ノ術法ハ四肢ノ創傷ニシテ出血甚タシキモノニ緊要トス即チ速カニ左手ヲ以テ先ツ直壓法ヲ施シテ血ヲ失ナハザラシメ而シテ右手ヲ以テ間壓法ヲ行フベシ右手ノ間壓其當ヲ得ルトキハ左手ノ直壓ヲ放ツモ創口ヨリ出血スルヿナキヲ以テ靜徐ニ左手ヲ放シ更ニ右手ノ勞ヲ助クルモ差支ナシ若シ二人ニテ救護スルトキハ一人ハ迅速

ニ直壓法ヲ施シ一人ハ間壓法ヲ行フヲ最モ由トス間壓法ヲ施スニハ動脈ノ淺所ニ位ヒシテ壓迫シ易キ部分ヲ撰フベシ即チ上肢ニ於テハ上膊前面ノ筋肉隆起シタル處ノ内側ニ在リ下肢ニ於テハ先ツ上肢部ヲ三分シ其三分一ノ上部ニシテ内側ニアルナリ

右記スル處ノ間壓法ニ種々ノ止血ノ器ヲ用ユルノ法アリト雖ドモ其機ノ具ヘ無キトキハ布片木片或ハ小石ノ類ヲ包ンデ小枕子トナシ是ヲ前項ノ間壓法ヲ施コス同一ノ部ニ當テ其上ヨリ手拭或ハ細紐ニシ緊縛スベシ或ハ手拭布片等ノ中央部ヲ結ビ其結ビ目ヲ脈管上ニ當テ小枕子ノ換リトナシ其兩端ヲ緊縛スルモ可ナリトス

又創ノ部位ニ依テハ布片ヲ疊ミ直チニ脈口ヲ掩ヒ其部ヲ身体ノ他部ニ密接シ手拭細帶等ヲ以テ共ニ緊縛スルヿアリ又鼻中肋肝腔内等ノ如キ深部ノ出血ニシテ以上ノ止血法ヲ施シ難キ塲合ハ海綿糸珠布片綿花ノ類ヲ堅ク創内ニ充塡シテ血ヲ止ムベシ凡ソ出血ヲ止

ムト雖ドモ猥リニ繃帶止血具等ヲ去ル可カラズ再出血ノ慮リ在レハナリ

第一圖

第二圖

第三圖

血脈ヲ押ヘタル圖

出血全ク止ムカ或ハ未タ止マラサルモ些少ナルトキハ布片ヲ二三葉ニ疊ミ直チニ創口ニ張リ其上ヨリ手拭布片等ヲ以テ適宜繃帶スベシ創傷四肢ニ骨傷ヲ兼ヌルモノハ成ル可ク的患肢ノ位置ヲ正シクシテ副木ヲ其外側ニ當テ骨脱動搖セサル様注意シテ繃帶スベシ但シ副木ニハ柳ノ薄板及ビ「ヘゲ」類ノ物ヲ以テ臨時之ニ應用シ

又身体諸部ニ干着セシ血ハ丁寧ニ拭ヒ去ルベシ

當身ノ解 （天道及ヒ天倒ノ當）

此ノ天道及ビ天倒トハ前頭骨部ヲ云又天倒ハ頭ノ項ニシテ（小兒ノ時頭脳ニ脈ヲ打ツ所ヲ天倒ト云又ヲドリコリ共云處ナリ）頭蓋是レナリ此ノ頭蓋ヲ衝突スルトキハ前頭骨ノ脳髓ノ活動ヲ變シ故ニ人体ノ最モ大切ノ急所ナリ故ニ凡ベテ首ヨリ上ノ殺ハ活法ヲ施スヲ要セズ之ヲ當打タバ必ズ脳病トナリテ智覺ヲ失ヒ精神一變スルニ至レルナリ頭部ニハ三個ノ窩ミアリテ。前窩ミハ大脳ノ前葉ヲ納メ中窩ミハ大脳ノ中ノ中葉ヲ盛リ後窩ミハ小脳ヲ納ムル故ニ頭蓋ヲ衝突スレハ左圖ノ如キ原因ニ依リ卒死スルナリ是ヲ生理説ニ因テ解説セハ左ノ通リ

脳髓震盪《ナウヅイシントウ》　知覺的刺劇《チカクテキシゲキ》ト云フ又脳ハ六個ノ骨ヲ以テ圍ミ六個

トハ

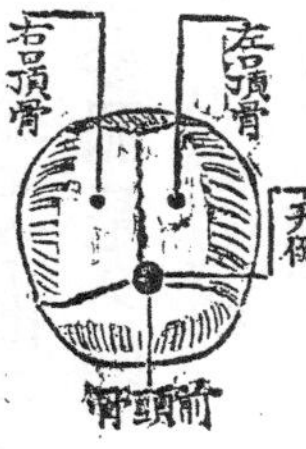

額《カク》骨《コツ》、顱頂《コチヨウ》骨、蝴蝶骨、
枕《チン》骨、聰《ソウ》門《モン》、顳顬《セツジ》骨

○即チ是ナリ（神經總圖ヲ參考スヘシ）又曰ク頭部ノ當身ニ於テ通常ハ各柔術ノ流派トモ同一ノ義ナレドモ流名ノ異ナルニヨリ總テ其名稱ヲモ異ニスルヿアリト雖トモ古來ヨリ各名家ニ於テ皆其法ヲ秘シ前陳ノ如ク免許以上ニ及ンデ始メテ奥義ヲ示ス者ナレハ尤モ大切ノ秘法ナレバ大概予「以上」說ク處ノ如シ又柔術先生內ニモ未タ此ノ書中ノ解說又或ハ出來難キ場合モアランヿ故ニ古書ニ因リ新書ニ涉リ其必要ヲ拔粹シ良書ニモ尙ホ秘密格言ヲ集メタル者ナレバ我日本帝國ノ丈夫男兒ヨ常ニ坐右ニ供ヘ一讀以テ護身ノ爲メ其秘術著者ノ苦心ヲ味ヒ國家有益ノ時ニハ進テ武道ヲ天下ニ輝カスベキモノナリ

只々記者老婆心ノ重筆ヲ厭ハズ玆ニ忠告ス該書宜敷留意修行セラレヨ

◉烏兎ノ殺

○是ハ顔ノ中心兩眼ノ間鼻ノ上部眉ノ下部ノ間ヲ云フ

此當ハ握拳《ゲンコ》カ又ハ手力ニテ（手刀トハ此本ノ中部圖解ニ記ス）當ル處ナリ尤モ大切ノ場所ナリ是ハ活法ニテモ急ニ戻リ難シ十中ノ八迄ハ死ス故ニ稽古中モ能ク注意ヲナスコトヲ旨トス此處ヘ當ル時ハ如何ナル強敵ナリト雖モ卒倒スベシ

（圖參照是ノ處ハ眉毛隆起ノ骨ニシテ下ハ眼窩ノ上ニ及ボシ其兩側ノ眼窩起線アリ其上部ニテ額洞開閉ス此ノ額洞ノ內面ハ多ク窩ヲ有シ大腦ノ迂廻ニ對ス中央ニ縱橫ノ起線等アリテ厚ク腦膜ヲ附帶スル故ニ之ヲ打擊セバ左ノ原因ニ依テ卒倒ス（生理說ニテハ）

大腦刺激　神經錯擾《シンケイサクジヤウ》

兩眉間打擊ニ原因ス。(兩眉間トハ生理ノ額洞地ヲ謂フモノナレバ骨間トノミ局定スヘカラス) 又兩眼衝突ノ法ニ就テ解説スレバ両眼間ハ内骨突起ノ中間ニ修出スル鼻骨懸點ノ處ナリ此ノ邊ハ視神經突双ノ處ニシテ之ヲ打擊セバ啻ニ視覺《ミカク》ヲ擾乱セシムルノミナラズ眼窩ニ反射烈響シテ鼻神經及ビ額神經涙神經ノ三神經ナリ此ノ三神經ハ元來眼神經ガ蝴蝶骨ノ孤間ヲ通シテ眼窩ニ入リ以テ三拔トナル者ナレバ此法ニ依テ卒倒スルハ全ク是等ノ原因ヨリ來ルナリ

解説生理的ニ曰ク(眼神經《ガンシケイ》、錯亂《サクラン》)、(視感《シカン》、激變《ゲキヘン》)、額骨、大腦、神經、額洞、内外骨突起、

治療ニ曰ク殺法ノ衝點ニ就テ接骨説ニ基キ解説ヲ見レハ鼻棘、三鼻道、眼神經、眼窩、犁脈、脈絡膜、顏面神經、等

又柔術家ノ説ニ曰ク烏兎ノ當ハ兩眼中眞ナリ人躰ヲ天地人ニ配スレハ即チ天ニ象ドル故ニ天ニ日月アリテ陰陽ノ分ルハ人ニシテハ兩眼ノ上ニ有リテ事物明白ナリ故ニ是ヲ指シテ烏兎トハ云フナリ

亦兵陽書ニモ烏兎ト記セリ各流共此ハ皆ナ同一ナリト云フ

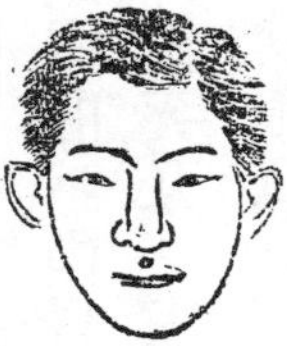

◉人中ノ殺

○此ノ人中トハ顏ノ中央鼻ノ下部口ノ上部ノ間ヲ云フ
之ヲ握拳《ゲンコ》ニテ當擊セハ場合ニ依テ活法ヲ施スモ其ノ甲斐ナシ故ニ注意スヘキ第一ノ所ナリ假令稽古中タリト雖ドモ漫リニ是ハ成スヘカラス當身ノ内ノ極大切ノ竅所ナリ故ニ此ハ顏ノ動脈ノ外頸動脈ヨリ分岐シ下顎骨ノ縁ヲ横斷シテ頰ヲ過キ鼻側ヲ登リテ眼ノ内眦ニ達ス此ノ動脈尙ホ十枝ヲ生ズ其上冠枝ハ恰モ鼻下中央ニ位ス圖

ニ記ス是レ此ノ殺法ノ殺ナリ

但シ之ヲ殺當的トスルハ（三神經）ヲ説略ニ曰ク（死神經）ニ及ビ（顔面神經）等鼻下ニ横渉シアレバナリ（生理説ニ曰ク）

視神機擾亂、呼吸妨害、神經激衝、顔面動脈神經、鼻經、上顎骨、口蓋骨、三叉神經、激衝、

右ニ依リ術法之ヲ人中ノ當ト云フ此當ハ前ニモ述フル處ノ如ク大事ノ殺故ニ稽古ニモ試ミルヿ勿レ（圖參照）

○附カツコンハ是ニ同シ樣ナルニ付別ニ記サズ（當身總圖ヲ見ヨ）

◉兩毛並ニ霞ノ當　（兩毛霞當）

○（此ノ兩毛及ビ霞（殺當）ハ流派ニ依テ違ヒアリト雖モ大畧十六流ニテハ二樣ニ號ク）○是ハ顔ノ上部兩眼尻ト両眉尻ノ間ヲ云（俗ニ米噛ト云處ノ廻リ一寸四方ヲ云）

是ハ手刀ニテ打撃シテ當ル者ナリ　速ニ卒倒セシム

ルナリ又ハ下頷ヲ脫白スルヿモアリ稽古中又形ヲ取ルニモ心ヲ附ベシ顳顬骨、眼尻ノ處ヲ搏擊シ頭顱ノ左右兩方ニアリテ鱗狀、岩狀、乳頭、ノ三部ヨリ成ルカ故ニ、中腦膜、動脈、鼓索神經、鼓膜張筋、二膜筋窩、等ニ連ナル附着點ハ乳頭部ニ存ス而シテ顏面神經、第八對神經、Jercobscrn《ジャコノワン》 神經、Le-monrey《ロチモンール》 神經節等ハ、岩狀部ニ存通ス故ニ顳顬骨ヲ打タレテ卒倒スル理解ナリ（生理說ニ曰ク）腦髓反劇、諸神經攪亂、顳顬骨、ニ成立ツノ三部ニ起因スル者ナリ（圖參照）

附捕身ノ法

此ノ法ニ曰ク相撲ノ手ニ打手ト唱フル物ハ即チ是ナリ掌中ヲ以テ強ク打ツ時ハ必ス敵卒死スル者ナリ縱令ハ活生スルト雖トモ全ク耳ノ聽力ヲ失ヒタルカ爲メ回復ナシ難キニ及ブ故ニ鼓索神經ハ水道ト並行スル管內ヲ上行スル鼓室ニ入リ而シテ神經節ヨリ起ル知

覺織維ハ鐙筋及ビ内耳筋ノ諸筋ニ走リ且ツ皷室前方ノ皷膜ヲ以テ分界トス其内ニハ空氣ヲ充滿ス故ニ搏耳卒死ノ原因ハ（生理說）ノ解ニ曰ク

皷膜劇燃、鼓索神經、錯擾、ニ基クモノトス而シ其内譯ハ、外耳、小耳、内耳、三耳筋等ナリ左右有アリ名稱ハ同シヿナリ

◉獨古ノ當

○是ハ左右トモ兩耳ノ下少シク深ク窪ミタル後ノ方ヲ云フ

圖ノ如キ顳顬骨ノ乳頭突起ト下顎骨枝トノ間ヲ強ク打擊スル處ナリ此當ハ握拳ニテ突クカ又ハ親指ノ先キヘ力ヲ入レテ捺シ突ク時ハ柔術形中ニ敵ノ力ヲ拔ク處ナリ即チ耳袋ノ下裏ヲ崩破スル所ナリト云フ

後耳筋ノ起點ト唇腮結節ノ間ヲ強壓スル所以ナリ柔術家ニテ形受捕方ニテモ此處ニテ好ク押當ルナリ大略兩毛ニ解說ニ同シヿ樣ナ

ルヿヲ同シトスル

顏面神經ハ初メ延髓ヨリ起リ而シテ耳下線中ヲ道進シテ外頸動脈ヲ横渉シ下顎枝ノ後部ニテ兩宗板ニ分ニ叛ス此分岐點モ又一衝ニシテ卒倒スルノ原點ナリ猶(生理解說ニ曰ク)

大耳、顏面、舌咽、三叉神經、內頸動靜脈、等ノ血管ニ及ビ神經ヲ壓迫スルニヨルナリ此ハ左右トモニ同シ名稱ナリ

◉肢中ノ殺

○(此ハ喉頭ト胸骨ノ上ノ氣管ヲ云フ)

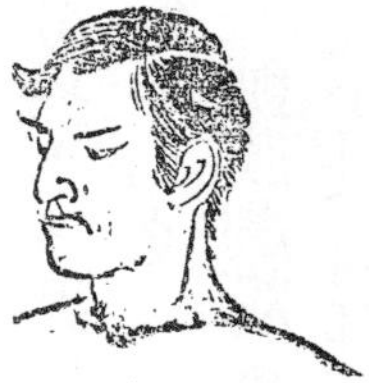

柔術ニ曰ク厭倒ス是ヲ殺シ締落スノ氣管ヲ突當スルニハ圖ノ如ク起哨ナリ一ヲ亂捕ノ時ニハ突込締、腔締、襟締、等ニテ落命スルヿ極意上段以下ノ敎授ヲ受クル際ニモ屢々締落ルヿ皆人ノ知ル處ナルカ元來此ノ法ハ喉頭ト胸骨ノ間ニ在テ氣管ヲ壓

倒スルモノニソ為メニ息道ヲ絶シメタルニ起因ス但シ氣管ヲ閉塞スルニハ雙手ニテ襟ヲ絞リ上ゲ左手ヨリ「ヂリリ」ト絞リ乍ラ突キ試ミ壓迫スルハ柔術極意ノ尤モ秘傳口傳ニ在ル處ナリ（圖參照）及ビ亂捕圖モ參照スベシ

裸体捕等ニハ皆極意敎授圖解ノ如ク成シテ捕フル者トス（但シ受ケ方ハ略ス）尚ホ氣管ハ肺ニ入テ分岐シ支端ハ直ニ氣胞ト交通シアルヲ壓迫スルガ為メニ卒死ス故ニ眼前活死ノ自在ヲ示ス事、此法ニ勝ルモノナシ故ニ此法ハ柔術ノ神法ニシテ秘傳中ノ秘ナリ

（之ヲ生理說ニ曰ク）

呼吸氣窒塞（咽喉）、管氣、肺臟、氣管支、等ナリ

但シ各流共亂捕ハ締ト號シテ咽喉ヲ締《シメ》ルハ一般ノ事ナルリト知ルベシ是ハ挿畫ニテ三圖ニモ記スル處ノ柔術亂捕及ビ組打ノ締メ方又ハ自縊シタル者咽喉ノ中眞ヲ云フ活法ハ誘法襟活ニテ人

工呼吸術等ナレドモ其他ノ活法ヲ施スモ可ナリ

● 風月 松風 村雨ノ殺

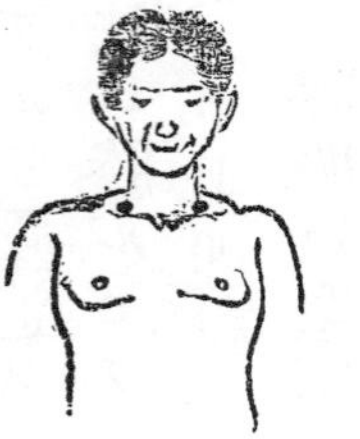

○此殺ハ流名ニ依テ異名アリ然レモ急所ノ點ニ至テハ毫モ相違スル所ニ在ラズ今茲ニ記スル處ノ術法ハ咽喉ノ両脇ノ處ヲ指シテ云フ

圖ノ如ク胸鎖乳頭筋ノ外側ニ位シテ戸胛舌骨筋ノ上ニ起リ而シテ顳顬骨ノ乳頭突起ニ附屬スルモノナリ、併シ戸胛舌骨筋トハ肩胛上縁ヨリ起リ舌骨ニ抵止スルモノナリ、之ハ脳神經ノ第八對ナル肺胃神經ハ延髓ヨリ起リテ頸動脉ノ鞘内ヲ下リ首ノ右傍ヲ過ル時ハ鎖骨下動脈ヲ叉行シ以テ肺蒂ニ抵リ管ニ通ズルモノナリ叉首ノ左傍ヲ通ズルニハ肺蒂ノ後部ノ胃管ノ前方ニ下行ス而シテ猶横膈神經ナルモノアリ第三第四ノ頸稚神經ヨリ起リ鎖骨下動脈ト其靜脈トノ間ヲ經テ胸腔ニ進入ス、其左側ニ於テハ大動脈弓ノ前部ヲ横渉シ肺蒂胸膜及ビ心囊ニ遞ルナリ、右肺胃神經（一名迷走神經）横膈神經ハ共ニ頸ノ左右ヲ通スルモノナリ、而シテ頸動脈又然リ今衝的トスル處ノ胸鎖筋ノ外側及肩胃筋ノ上部（頸ノ前下部）ヲ壓迫スル時ハ右二神經幷ニ肺（氣管）胃（食道）管ヲ絞壓スル故ニ卒死ス（生理說ニ曰ク）

兩神經（刺劇）（氣管）（壓塞）呼吸氣（絕息）胸鎖乳頭筋、肩胛筋、肺胃神經、横膈神經、頸動脈氣管、等ニ原因ス

但シ頸ノ左右上方ヲ柔術法ニテ急處トナス（圖參照）

右ノ通リニテ右部ヲ村雨ト稱シ左部ヲ松風又ハ風月トモ云フ是レ古來ヨリ柔術家各流ノ最モ重スル秘訣ニシテ此殺法ヲ行フノ衝的ノ異稱ナリ之ヲ天神眞楊流ハ奧義秘傳トシテ今尙ホ重スル處ノ法ナリトス

前ニ云如ク解ニ曰ク松風ノ殺法ハ左喉ノ當リヲ云フ是レ天地ニ

位シテ陽ナリ此ノ徑ハ氣ヲ往來スル所ノ道徑ナリ、凡ソ人間上焦ニ咽喉ノ二ツ左右ニ分レテ在ル處ノ二管有リ一ヲ水穀ノ道ト云ヒ一ヲ息管ト云フ此ノ二個ヲ以テ肺ト臓ノ二ケ所ニ附續シアルナリ、又此ノ裏面ニ二十律備リ人間ノ韻聲ハ此肺ヨリ出ルナリ、活ハ則チ大肺ヲ摩迫シテ諸經ニ通ズルヲ以テ蘇生ス村雨ノ殺法ハ右咽ノ當リヲ云フ之レ陰ニ位シテ下ハ胃ニ通シ水穀ノ道徑ナリ凡ソ飲食ヲ胃ニ納ムルハ胃腑ノ脾ノ下ニ位シ居ルナリ、水穀ノ納ムル處ヲ上脘ト云フ臍ノ上五寸ハ水穀消化ノ地ナリ、胃ノ正中脘ト云フ臍ノ上凡四寸ハ飲食腐熟スルニ膈ノ管ナリ、活ハ脾ノ地ヲ摩擦シテ回復ヲ補ヘ徐々ニ迫壓スベシ、總テ殺ハ此二意ヲ以テ知ルベシ

人工呼吸術誘法襟活等ニテ回復スルナリ是ニハ筆紙ニ盡シ難キ處ノ口傳アリ　郵便ニテ照會ハ不許

●膻中ノ殺（肥骨殺トモ云フ）（握拳ニテ當ル處也猶本末ノ亂捕圖ニモ記載スル能ク見合スベシ）

○此ノ殺ハ胸部心臟ノ當リヲ以テ云フ、

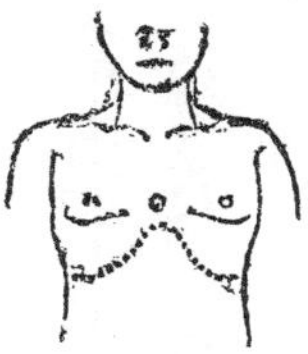

此當殺ハ胸骨ノ眞ノ中央ヲ云此ヲ當殺スルトキハ心臟ハ大血管ニ依リテ左右兩肺ノ間ニ懸垂スル其心臟袋ノ前部ハ胸部ニ依リテ接シ第三肋軟骨ノ上縁ヨリ第五六肋間部ニ達シ肺縁其兩側ヲ擁護ス而シテ其側部ハ胸膜ニ由リテ蔽ハレ其膜間ハ左右共ニ横膈神經及ビ血管ヲ有スルナリ故ニ心袋ノ後部ハ氣管支及ビ胃管ニ對ス、此ノ衝的ニ依リテ卒死スル理ハ（生理説ニ曰ク）

神經震盪、血行遲復、呼吸氣絶、心臟、肺臟、交感神經、横膈神經等ニ原因スルモノナリ活法ハ呼吸術及　誘活襟活一傳流活　肺入惣活等ナリ（圖參照）

●鳫　下　ノ　殺

○此殺ハ兩乳ノ下邊一寸餘方巡リノ所ヲ當ルヲ云フ
元來是ハ肺臟ニ屬シ是ヲ當殺衝的ハ心肺ノ兩臟ナルモ肺ヲ以テ衝點トス而シテ左肺緣ハ右肺緣ヨリモ多ク心袋ノ側部ヲ擁護シ又左肺ハ肺臟動脈ヲ上トシテ氣管支ヲ中部トシ肺靜脈最下ニアリ故ニ

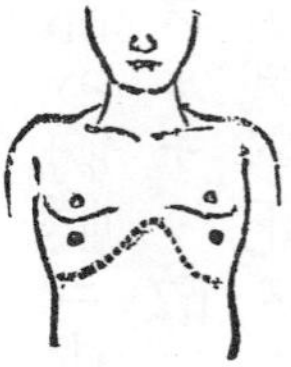

當拳ニハ左肺ヲ好便トス肺ハ主トシ(生理說ニ曰ク)肺胃神經、交感神經、神經校神經ヲ充タス、殊ニ氣管支及ビ血管ヲ占有スル者ナレバ此ノ衝的ヲ突カハ刺經阻氣ニ基キ卒死スルハ人ノ知ル處ナリトス生理上是ヲ膻中眼主ト云フ是ヲ活法ノ術ヲ施スニハ人工呼吸術及、誘活、襟活、惣活肺入、亦一傳流活等ナリ(圖參照)
亦天神眞楊流ノ口傳ニ曰ク
膈下ノ殺法ハ兩乳ノ邊ヲ指シテ云フ此經ハ即チ心、肺ノ二臟ニ徹通スル處ナリ、 心肺ノ二ハ上方ニ位シテ下焦ノ穢濁ノ氣ヲ受ケスシテ當ル所ノ經ハ兩方各一寸ナルガ故ニ第一心臓ニ當ル者ト知ルベシ、心臓ハ肺中ニ孕テ膻中ニ有スル上位ナリ、依テ之ヲ膈膜ト云フ者ヲ蓋フテ有ル故ニ心臓ノ二ツハ下焦水穀ノ穢氣ヲ受ケザルナリ、五臓ニ至リテハ誠ニ君主ノ住位ナリ、神明ノ寓スル處一躰ノ神靈ナリ、外臓腑ハ此心臓ヨリ達スルナリ此地少シク常ニテモ甚タ強ク感激スル時ハ是レ實ニ天眞ノ氣ノ至ル處最モ柔術法ニ於テモ大事ノ殺法ナリトス

◉水　月　ノ　殺

○此殺ハ腹部ノ上胸部ノ下、即胸腹ノ間ダ体内ノ中央眞中ヲ云フ

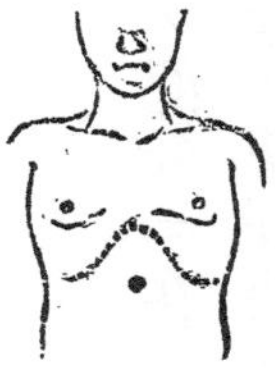

胃腑、劍狀突起(胸下端、心窩)ノ眞下ヲ突擊スル處ナリト此ハ柔術形ニ於テハ尤必用也先ニ出版ナシタル處ノ柔術劍棒圖解及ビ柔術極意教授圖解等ニモ詳細ニ說述セシ者ナリ心窩ノ邊ハ胃ト肝腺ニシ

テ脾モ亦接シ胃ハ左ノ末肋《ロク》部上腹部ニ位シテ左端ハ脾ニ接シ肝臓ハ右ノ末肋部ヨリ左末肋部ニ達シ其右葉ハ胃ヲ蔽フ脾ハ左リ肋骨ノ部分ニ在リテ第九第十第十一肋骨ニ達シ横膈膜ニ懸絡ス右ノ血管ハ脾肝膽ノ動脈アリ神經ハ迷走横膈肝叢等ニアル諸神經ヲ具フ故ニ此衝的ヲ一撃セバ諸臓ノ神經ヲ刺戟スルヨリ反腦、刺經、衝脈三因ニ依リテ卒死絶倒ス、(圖參照)故ニ(生理説ニ曰ク)

脾胃肝、横膈膜、神經、腦脈、ノ關係ニ依リ此活法ハ前ニ同シ又裏活ヲ用ス尙ホ天神眞楊流ノ口傳ニ曰ク水月ハ尤モ極意ノ大切ナル殺法ナル者トス故ニ一切ノ臓腑、經絡ノ分ル、處是レナリ此水月ハ脾ト胃ノ中、下ノ陽ニ當ルニ因ツテ一切ノ殺法ハ此ノ理ニ依リ施行スベシ、神腑ト云フ腑、之ハ腎心ノ牲ヲ受ケタル氣經ヲ形チトリタル生腑ナリ、常ニ此腑ハ陰陽ヲ受ケ萬風ヲ生ズル地ナリ、即チ息絶シテ少シノ間ダ臓腑ニ止滯シテ内部ニ空ノ如クナルヲ以テ遂ニ生回ス可カラザルニ至ル最モ死生ヲ司ドル大事ノ處ナリト云柔術ノ形中段以上ニ及ブ時ハ受方ハ眞ニ當ヲ受ルヿ故最モ大切ナルモノナリ以下大略同シ事トス

●月影ノ殺

此ハ小浮肋下部左方當（俗ニ肋腹《アバラ》ト云）殺也肝臓ニ及ビ左ノ臍胃左脇腹邊ノ處ヲ云浮胳下部ノ左方ヲ指シ肝臓ハ躰中ノ最モ大腺ニシノ右末胳部ヲ過ソ左末胳部ニ達ス左葉下面ニハ膽房溝、大靜脈溝ヲ存シ結膈右腎ハ該部ニ接ス、右葉シ面ハ胃ヲ覆ヒ、後方ハ胃ノ噴門ニ近聯ス（生理説ニ曰ク）（神經ハ肺胃神經）膜膈神經、及ヒ交感神經ノ肝臓叢等ヲ有ス故ニ（亦曰ク）肝臓ニ通接スル神經及ヒ胃膽ヲ刺戟シ呼吸氣ヲ激擾スルヨリ卒死スルナリ（即チ肝、胃、膏腎、ノ三神經）而シテ此ノ月影ノ殺法ハ直チニ肝ヲ突キ當ルナリ、肝ノ形チハ木葉ノ

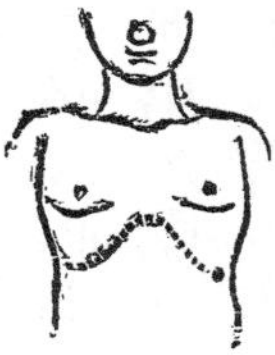

如クニシテ七葉有リ、四葉右ニ有リテ陰ノ部ナリ三葉ハ左ニアリテ此ヲ陽ノ部トス(之レ女子ハ男子ト左右ノ相違アルヲ知ルベシ)陰ハ偶、陽ハ奇ナレハ之ニヨリ理得スヘシ、(此ノ殺法モ又大切ニシテ必ス心得置ク可キ處ナリ)、膽肝ノ臓腑ハ都ヘテ人間剛强ノ氣力ガ出ル處ナレハ先ツ之ヲ窘迫スヘシ、月影ハ門ノ邊ニ近シ强ク經ルニ當ル時ハ力ヲ持事難シ、故ニ思ノ外ニ吐息ヲ出ス依テ之ヲ心得置クヘキ事トス(活法ハ前ニ同シ又肺入活氣海總活法ヲ用フ)

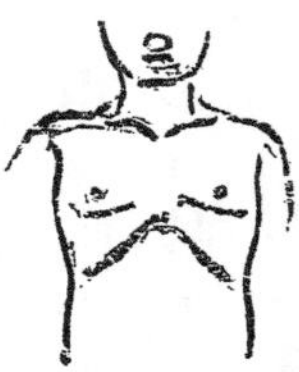

◉異名(電光ノ殺 稻妻ノ殺)

此ハ浮肋下部右ヲ云(俗ニ肋腹ノ當ナリ)殺ハ肝ノ臓、即チ浮胳《アバラ》下部右方ヲ搏擊スルヲ云フ、月影ノ部ニ於テ示セシガ如ク肝臓ハ右方ノ浮胳(通常浮骨ト云フ)下ヨリ左方ノ浮胳迄達スルモノナリ、故ニ肝ノ衝的ハ左右ニ在リテ左ヲ電光ト云フ右ヲ電光ト云フ、肝線ハ諸接スル故、之ヲ衝突セバ稲妻ト云フ、其關連スル處ノ最モ多ク忽《タチマ》チ有力ノ功ヲ奏ス、我國十八流ノ柔術家ニ於テモ主トシテ此手ヲ修メシム然レモ此法ハ最モ危激ニシテ萬一ヲ誤レバ又タ回復スル事無シ難キニ至ルヲ以テ多ク戰場等最モ大事ノ場合ニノミ施シ普通ニ用ユル事ナシ、(生理上ニ曰ク)左右ノ斷要ハ前條ニ同ジク亦曰ク天神眞楊流ノ口傳ニモ曰ク電光殺法ハ膽ノ腑ニ當リ日月ノ位ニ近シ膽ハ肝ノ四葉ノ間ニ臓ヨリ各別々ナル者ナルカ故ニ胃ハ水穀ヲ入レ小腸ニ受ケ、膀ハ液ヲ受ケ大腸ハ糟粕ヲ受ケ五臓ニ、何レモ受ケ納ムルニ膽計《バカ》リ離レテ水穀穢濁ヲ受ケス、葉ノ間ニ屬シテ精清ノ天氣ヲ守ル者ナリ、人間形躰ノ氣、剛柔、都テ之ヨリ出デザル事ナシ人力ハ膽ノ致ス處ナリトス、此ノ殺シハ頗ル速カナルカ故ニ稲妻ト云フ人間剛柔ノ氣ヲ司トル源經ナリト云フ此稲妻ト電光トハ流名ノ相違スル處ヨリ異名ス(活法モ月影ニ同シ)

◉明星ノ殺

此ノ殺ハ臍ノ下一寸四方ヲ云フ此ノ處ノ衝的ハ腸ト膀胱ヲ點票トスルハ何レノ柔術家ニテモ同樣ナリ之レニ就テハ腸ニ大小アリテ大腸ハ衝點ノ眞票ニアラサル事ナレバ諸家ノ知ル處ナリ、衝的ニアラスト言ハサルモ小腸經三分ノ二ヲ右トス尤モ三離ヨリ成ル第

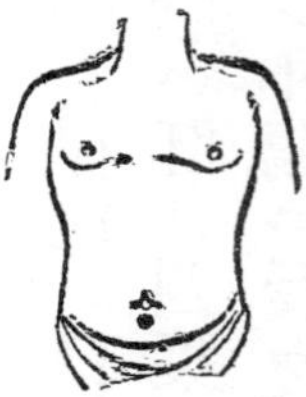

一部ノ十二支腸ハ胃ノ幽門ニ始リ空膽ニ達シ此腸ニ接スル者ハ肝臟膽囊腸、結締横膈膜、大動脈、靜脈等ナリ殊ニ此ノ腸ノ裏ハ膽汁ニ着色セラル、所ナリ、第二部ノ空腸頗ル血管ニ富ム故ニ其色深濃ナリ第三部ノ回腸ハ腹部ノ右側ノ腸骨窩中ニ存スル腸盲辨ニ終ル者トナスナリ（腸脈ハ上腸間膜動脈ヨリ來リ神經ハ太陽叢ヨリ來ルモノナリ）膀胱ハ筋腸ノ一囊ニシテ取骨縫合ノ後方則チ直腸ノ前方ニ在リ而シテ膀胱ハ四膜ヨリ成ル（生理説ニ曰ク）腹膜、筋膜、

粘締、織膜（粘膜）之レナリ、就中結締膜ハ頗ル緻密ニシテ筋粘、兩膜ト維持シ、血管神經ノ通路ト成ル、今ヤ衝的即チ大小腸及ビ膀胱ノ二腑ヲ劇格シテ卒死スル者ナリ、生理上ノ論スル處モ全ク血行神ズ經ヲ遽格スルヨリ呼吸絶息スルナリ（各柔術家ニ於テ）活法ハ必同ジ事活法ヲ用フ（大小腸）（膀胱）ノ二腑ヲ劇震スルニ起因スルナリ

◉後電光ノ當

此當ハ背部（俗ニ三ツ當リト云フ）（第一）背ノ第三背髓ヲ衝突スルヲ云フ（二）背ノ第五推ヲ衝突スルヲ云フ（三）背ノ第六推ヲ衝突スル處

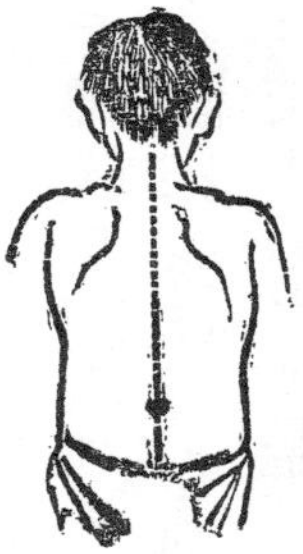

ヲ云フ而シテ卒倒ノ起因スル處ハ第一肺臟ノ刺劇ニ由ル、第二ハ心腸ノ刺劇ニ由リ、第三ハ背髓中樞ノ激動ニ原因《ゲンイン》ス、中樞ヲ衝突セバ背髓全躰ヲ激動スルナリ、又延髓ヲ刺衝スルノ理ハ依之明白ナリ、故ニ此後ロ電光ノ三ツ當リニ就テハ柔術家其

人ハ其方法ニ及ビ原因ニ異説多シトス、故ニ目今ハ只此ノ説ヲ解クノハ背推ノ側傍ヲ通ジ或ハ此ノ二者ニ關係セシ骨筋脈絡ニ及ンテ神經ヲ激震スルニ依ル者トス、(生理説ニ曰ク)之ヲ解明シテ腦髓ノ關係、背推、心肺、胳骨及ビ筋ニ關係スル依テ脈及ビ神經ノ壓蘯ニ依ル事ナリ是ノ活法ハ惣活ニ及肺入活法氣海惣活裏活等ナリ都テ人工呼吸術ヲ活法ノ第一トス(圖參照)

◉尺澤ノ當

此當ハ腕ノ先キ手際ニ移ラントスル所ヲ云(俗ニ脈所ト云壓圖ノ如ク脈所ノ上ナリ之ハ撓腕長伸筋ト總指筋ノ間ヲ捺處スルナリ(圖參照)

撓腕筋ハ上臂二骨ノ上部ニ起リ示指ノ腕前骨ニ達ス總指筋ハ上臂ニ連續セル筋膜ニ起リ撓骨溝ヲ走テ諸指ノ後面ニ抵ル尺澤ノ當的ハ撓骨神經ニシテ上臂等ヨリ來ル神經中最モ大事ノ

者ナリ、此神經ハ臂下ニシテ兩肢ニ分レ撓骨ノ動脉ニ伴行セル一丈肢ハ腕、指ニ廻達ス前記ノ方法ニ依リ此神經ヲ刺劇スル時ハ劇痛ニ耐ヘズシテ卒倒スル者ナリ之レ即チ原因トスル處ナリ（尚生理說ニ曰ク)左右同ジコト

撓骨神經、尺澤神經、筋膜、欣衝、等ニ依ル者ナリ

◉釣　鐘　ノ　殺　（俗ニ睪當リトハ之レナリ）

此ノ殺ハ睪丸ヲ膝又ハ脚頭或ハ拳ヲ以テ睪丸格蹴シ或ハ握リ摑ミ壓スル當殺處ヲ云フ

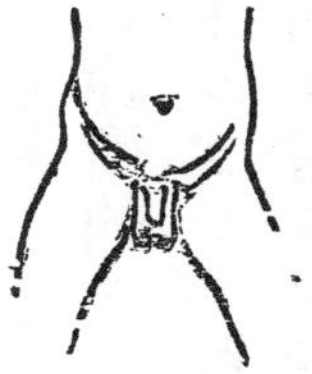

陰囊ハ卵圓形ノ腺躰ニシテ二條ノ精系ニ憑リテ陰囊中ニ懸リ乘セヲル、ナリ而シテ精系ハ睪丸ノ後方ニ起リ上進シテ外陽輪ニ抵リ鼠《ソ》蹊《ケイ》腸《テウ》ヲ經テ内膜輪ニ達シ以テ腹窩ニ進入ス依テ精系撮睪筋輪精管ノ三動脈ニ及ビ靜脈叢幷ニ交感神經之ニ精系叢淋潑管等ハ結締織ニテ精系

ヲ維繞ス且ツ精囊ハ膀胱ト直腸ノ間ニ位スル對列ノ膜囊ナリ故ニ釣鐘衝的ヲ格蹴セバ啻ニ三動脈、神經及ビ筋膜ヲ刺戟スルノミニ止ラズシテ膀胱直腸、兩腹輪ノ三部モ反激スル者ト知ルベシ、此衝的ニ當リシ者ノ面色蒼灰色ヲ呈スルハ全ク血管遽變ニ由リ又四肢戰慄スル者ハ筋脈、神經ノ刺戟ニ因ル、心臟作用ノ怠慢スルモ亦此レニ外ナラズ、然レドモ是等ノ點ニ就テ實地研究スルニハ生理的ノ學說ヲ心得回生ノ活法等ヲ知ラサル可ラズ（生理說ニ曰ク）膀胱、直腸、睾丸、交感神經、精系動脈ノ激盪ニヨリ絕息スル者トス（活法ニ曰ク）陰囊活法、肺入總活、襟活、一傳流活法、吐息活法、人工呼吸術、等ナリ柔術家ニハ形ノ受捕共必ス口傳アリト云ヘトモ柔術劍棒圖解及ヒ各柔術極意教授圖解ニ明細ナリ亂捕ノ節ハ氣ヲ附ルベシ是レ大事ノ當殺ナルコト心得ルベシ解說ニ曰此當殺ハ强ク蹴込ムトキハ人躰ノ內部ヘ入テ絕息スルベシ卷末ニ能ク圖解ノ詳記アリ

◉草靡ノ當（又足先俗ニ土フマヅト云處モ同）

此ノ當ハ脚部即チ膝ヨリ下ノ部分ヲ云フ（向フ脚ノ裏ナリ）腱ニ移ル處ノ眞中ヲ格蹴シ或イハ劇壓ス腓腸筋ハ一ハ大腿骨ノ內踝ヨリ起リ一ハ外踝ヨリ生ジ二頭ヲ以テ下リ腓腸ノ外傍ニ於テ此自筋ト共ニ（向フ骨一腱ニ依リテ腓腿骨ノ後下部ニ抵止ス）此部ニ通ズル腓腸神經ハ草靡ノ衝的ニシテ之ヲ刺劇スル時ハ其酷痛ニ禁ヘズシテ、之ヲ原因ト成ス但シ膝背下ノ後、小腿神經ヲ主因トシ尙ホ背下ノ後小腿神經ヲ刺劇スル膝モ同樣ノ結果ヲ見ルベシ足先裏モ同樣ノ事（圖參照）柔術形亂捕等ニ必用ノ處ナリ（生理說ニ曰ク）腓腸筋神經、丈坐骨神經、拔激衝ニ依ルト成ス此ハ別殺ニ非ズ當込ム處ナリ

◉高利足ノ當

此當ハ足ノ甲ノ中央ヲ云フ即チ拇指ト第二ノ指ノ間ナル筋骨ノ間之ヲ手指ニテ捺抑シ又餘ノ四指ヲ捺折シ一手ハ逆ニ折反シヲ挫ク等ヲ云フ（圖參照）

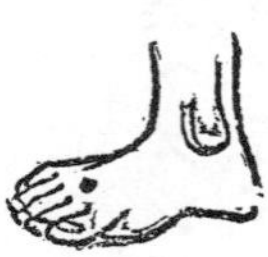

第一法又ハ拇指ト次指ノ間ノ一寸三分上ノ邊ヲ拳擊シ第二法ハ（其他ノ方法種々アリ然レドモ之レ一ノ煩ヒナルカ故ニ茲ニ略ス）次ニ第二ノ法ニ足ノ趾蹠表裏ニ附着分布スル神經及ビ血管ヲ刺戟スルカ故ニ刺戟ノ覺遽强靱ニ堪スシテ卒倒ス、亦兩黑星ハ內部外部ヲ問ハズ同一ノ理解ナルカ故ニ記サヽリシモ之レ高利足ト同樣ト知ルベシ

（生理說ニ曰ク）前後小腿神經、內外足蹠神經、內外補腿神經、外拇神經、趾蹠筋、胍ノ壓衝ニヨルモノトス（早打後稻妻內外黑ブシ及向骨ハ殺當ニ非ザル故記載セズ）又當身圖ヲ凡テ能ク參照スベシ

編者謹テ愛讀諸君ニ敬白ス編者ハ無學ニシテ無智短才ノ者ナリ故ニ此書ト雖モ文章ノ前後文字ノ錯誤ハ得テ愛顧諸彦ノ許與ヲ受ケンコトヲ乞フ乍併編者ハ固ヨリ柔術熱心ニシテ斯道上實ニ狂心ヲ著ハスナリ故ニ柔術家各流ノ大家ニ付キ得タル處ノ口傳ヲ始メ秘書古書ニ依テ實地經驗ノ上梓ニアゲ安達吟光先生ノ柔術家導場ニ至リ實地ヲ謄寫セン事ヲ求ム先生諸シ心ヲ込テ圖ヲ書取レリ依テ此書ヲ編ス讀者幸ニ割愛セヨ

蘇生術心得之部

◉人命救望

凡ソ活法ヲ以テ人ノ急變ヲ救ヒ亦ハ人命ヲ助ケル事ニ至テハ最モ柔術極意ノ奥義トスル處ナリ柔術家ノ最モ尊敬シテ輕ンスベカヲサル處ナリ故ニ先生ノ子弟ニ傳許スルモ子弟亦タ秘シテ輕ンズ可

カラス今其傳授法ヲ示サンニ先生ヨリ子弟ニ許與スル時ト雖ドモ其席ニハ其子弟一人ニ限リ傍人ヲ遠ザケ例令親子兄弟妻子ト雖𪜈是ヲ師ニ傳ヲ受タル后ハ他言不許ズシテ謹心ニ謹心ヲ旨トセリ而シテ其活法ヲ授クルト云フ然レ𪜈折紙目錄天地人ノ卷物諸許ヲ得ラルベキ柔術敏腕ニ在ラザレハ許シ得ス實ニ大切ノ秘法ナレハナリ又タ殺法ヲ傳授スル時ト雖𪜈亦タ同シ事ドモナリ

編者云フ右ノ如キ世ニ公益アル者ヲ秘シテ置ク實ニ不便利ナル事云フニ忍ビス依テ玆ニ殺活ノ二法ヲ說キ愛讀諸彥ニ柔術ノ術ナル便宜ヲ與ヒ敢テ文明社會ノ幸益ヲ圖ラント欲シ玆ニ編述スル處ナリ

夫レ柔術ノ極秘殺活ノ二法ハ柔術家ノ最モ秘法ナルハ喋々ヲ要セスシテ明カナリ

玆ニ明記スル處ノ柔術妙義ヲ得ントスルニハ躰術柔術ノ熟達セ

ザルニ於テハ師モ亦是ヲ許サス若シ之ヲ得タルニモセヨ敏腕ノ達シタル後ニ在ヲザレハ施行スル事解シ能ハザルモ其之ヲ解シ得ヲル、樣編者ガ多年ノ苦心ト老効ニヨリ玆ニ說明セン

此極意ヲ得タル人ハ只心中ニ堅秘シ急變ニ望ミテ始メテ神變不可思儀ノ術ヲ盡シ柔術活法ノ効妙ヲ表スベシ故ニ古來ヨリ未熟者ニハ決シテ免許セサルハ斯道ノ式法ナレハ諸君勉メテ熟達ニ勉勵ヲナシテ尙ホ其奥義秘傳ヲ紹介シテ斯道ノ妙美ヲ得セシメントス之レ今日ノ時世ニ望ミ軍國ノ代ニ在テ一日モ安逸ニ置ク能ハズ尙ホ又我邦ノ武威ヲ等閑ニ付ス能ハス故ニ玆ニ其秘傳ヲ授示スルモノナレハ讀者諸君宜敷盡シテ以テ敏腕ヲ究ムベシ

尙先キニ著述シタル柔術劍捧圖解秘訣及ビ柔術極意敎授圖解幷ニ元警視廳ノ惣先生等ノ著述ニ依ル早繩活法柔術敎範圖解大全等參照シテ良考スベシ

一蘇生術ノ方法ヲ分テ左ノ拾種ト爲スナリ凡テ不慮ノ災害錯誤等ノ假死人命ノ危急ヲ云フ

創傷《ツキキヅ》　毒創《ドクキヅ》　打撲傷《ウチミ》　熱傷《ヤケド》　凍傷《コゞヘ》　卒倒《ユキダチレ》　絞縊《クビクヽリ》　溺水《オボレ》　窒息《メマイ》

中毒《ドクアタリ》

右打撲傷ノ内ニ落馬高所ヨリ落チ骨折ノ傷アリ

二前項列記スル者ノ如キハ死生ノ機、瞬速ニ應用セバ其術効ノ如キハ實ニ迅速ニシテ其手當ヲ誤ヲサル樣要スベシ

三一定ノ法則ノ手當タルヤ下欵ニ擧示スルヲ以テ豫メ之ヲ熟知シ變故ノ際ニ臨ミ救護スベシ

四前項ノ手當ヲ爲スハ火急ヲ救フカ爲メナレハ之ヲ施スヲ以テ柔術ノ活法タリ然シテ患者ノ取扱ヒ方極メテ大切ニスベキハ勿論最モ鎮靜ヲ要ス

五急變ニ依リタル假死者ニシテ絶息ノ後數時間ヲ經タルモノト雖

圧只其死相ヲ専一ニ實檢シテ而シテ活法ノ應當ニ掛リ而シテ蘇生スルノ相尠キ時ト雖圧臆斷ノ極意ヲ以テ輙ク之ヲ抛棄スル等ノヿアル可カラス必ス其手當ヲ盡シテ以テ柔術ノ活法タル所以ヲ怠ル可カラス

◉死相見閱ノ事

此診斷ハ創傷假死ニ拘ラス先ツ第一ニ身体ヲ撿査シ若シ衣服等ニテ之ヲ掩フモノアラハ解放スベシ創所ノ在ル時ナラバ其創內ニ竹木屑片等ノ異物在ラバ之ヲ除キ假死ナル時ハ何々ニテ死シタルヤ原因ヲ撿査ノ上活法ニ取掛ルベシト雖モ妄リニ死体ヲ亂動セサル樣注意スベシ

次ニ死体ヲ撿閱シテ諸脈通セザル時死者ハ何死者ト雖ドモ惣身氷ノ如ク成ルヿハ必定ナルモ死体ノ水月ニ少シノ膃動脈アル時ハ數時間經タル者ト雖圧必ス回生スルヲ以テ活法ヲ施スベシ

一　自縊ナル時ハ玉眼上ニ引釣リ白眼計リナルヲ知レ
二　人ノ縊メタルヲ知ラハ眼玉下ニアルヿヲ知レ
三　死者ノ玉眼ニ自分ノ身ノ寫レバ活生スル死相ナルヲ知レ
四　溺死者ナル時ハ爪ノ色ノ替リナキハ生相アルヲ知レ
五　誤テ溺死シタ者ハ面色ニ赤味ノ表ハル、ヲ見、其表ハレアル者ハ蘇生スルト知レ
六　中毒ニテ死シタル者ハ身体所々ニ膨《フク》レ出ズ、未タ其膨《フク》レ出ル中ナル時ハ生ルト知レ又活法ニテ中毒ヲイカスヿヲ知レ
七　何死者ト雖モ口ノ歯ノ喰《ク》ヘ締《シマ》リタル者ハ生ルト知レ
八　何溺死者ト云ヘドモ死者ノ尻ノ穴ノ開カサル者生ルト知レ
九　出鼻ノ色ノ替ラサル者生ルト知レ首縊リニアルヿ
十　手足ノ指曲テ直ニ伸ラサル者生ルト知レ

◉假死

此假死トハ精神知覺運動ノ三機ハ勿論呼吸血行躰温等ノ有無殆ントモ決シ難ク即ナ一見恰カモ死者ノ如キヲ云フ是レニ活法ヲ用イテ呼吸脈拍等速ニ服セサレハ之ヲ本死トス而シテ其原因ハ絞縊溺水窒息凍冱落躰等皆活法ヲ緊要トス

◉絞　縊

絞縊ニハ（二名ノ術者ノ圖ヲ見ヨ）死者ノ背後ニ廻リ壹人圖ノ如ク抱ヘ又壹人ハ死者ニ疵附ヌ樣ニシテ繩ヲ切リ而シテ術ヲ施ス者也活法ハ誘法襟活人工呼吸術惣活法等ニテ順次ノ如ク心得取扱得バ必蘇生スル者ナリ萬一人ノ不足タル時ノ扱イ方ヲ次圖ニテ記ス者ナリ術ノ方法ハ二名アリ壹名モ同シ事也

絞縊ニハ迅速ニ（壹人抱込圖ノ如ク）其首ヲ縊リ居ル者ノ足ノ下ニ屈ク丈ノ臺ヲ爲シ我右手ニテ死者ヲ抱ヘ左手ニテ繩及ヒ紐ヲ切ル稍ヤ頭部胸部ヲ高フシテ安臥セシメ（但シ蒲團及ビ藁等ノ上）若シ

死者ガ後門ヨリ糞《クソ》ヲ「タレ」居ル時ハ回生セサル者ト知レ又一説ニ曰ク又涕ヲタラシ我ト自縊シタル者其屍ハ兩眼ヲ閉ヂ唇ノ皮ヲ開キテ齒ヲアヲハス者ナリ又舌ヲ一分斗リ嚙ミ出スモアリ
又兩手ヲ握リ居ル者ナリ（故ニ若シ舌ヲ嚙ミ切リタレハ蘇生ノ

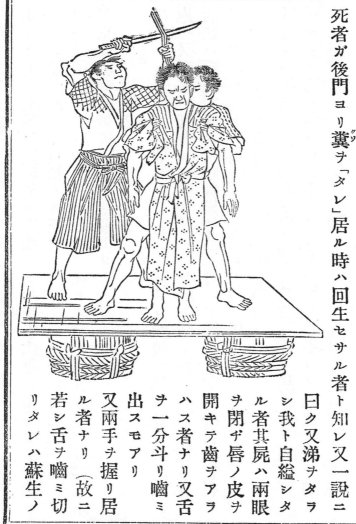

効ナシ）又死者ノ身ニ疵痕モナク面色青黑ク或ハ一身腫タル樣ニ見ユル時ハ多クハ何物カヲ以テ鼻口ニ積込ミ蒸シ殺シタル者ト思フベシ又帶手拭ナドニテ人ニ締《シ》メ殺サレタル時ハ頭頂ノ肉ニ硬結シ（之レ殺害セラルヽ時ニ氣ガ頭上ニ登リタル故ナリト知ルベシ）「又手足ニ毆打サレタル痕ノ有無ヲ見ル尚ホ睾丸ヲ蹴ラレテ腫タル痕ノ有無ヲ改メ（又自縊者男子ナル時ハ「チンボコ」ヲヤカリ居ル也）若シ其類ノ痕モナクシテ口中ニ涎ナドノ有無ヲ見テ嚥ノ間ガ腫居ルヤ否ヤヲ撿査シ又口内ニ涎ノ有ル時ハ又嚥ノ間腫テ有バ纏嚥風病ヲ病テ死タルト知ルベシ亦ハ人ハ締殺サレタル者ハ何ヲ喰セザル人ニテモ腹ガ膨張シ居ルナリ又自縊シタル者ニテモ低キ所ニテ膝突テ死ス者モアリ

右ノ如ク大畧ヲ示セハ常ニ記臆セザル可カラズ依テ現場ニ臨ミ秘術ヲ施スベシ若シ狹キ處即チ雪隱等ニテ死シタル者アルトキハ廣キ

ニ出テ、施術スベシ

壹人ニテ死者ヲ抱込テ縄ヲ切ル圖

足ヲ動カサヌ樣ニ臺ヲ下ヘ加ヘテ卸ス也

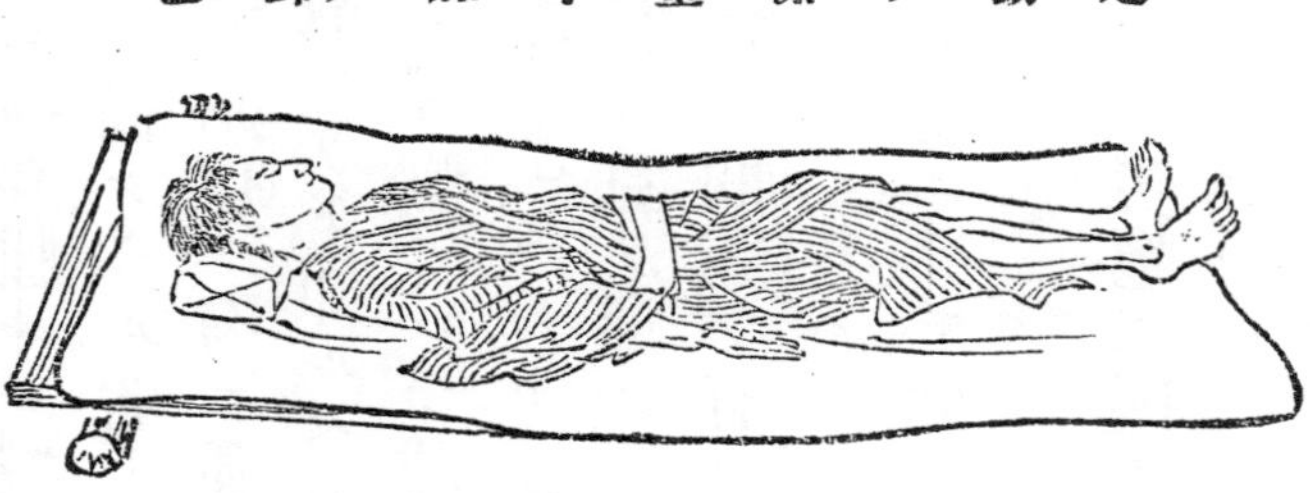

死者ヲ寢カシタル枕ラ臺敷ノ圖大略

繩ヲ手早ク切捨テ死者ヲ倒サヌ樣ニ可成靜カニ戸板ニ寢カス
ヿ專一ニスルベシ

右ハ心靜カニ其儘仰向ニ安臥セシメ以テ活法ヲ施スベシ

但シ卷中ニ圖解ニテ記載シアル如ク特ニ淺山一傳流ノ活法モ
宜敷ニ付此法ヲ以テ施行スルモ蘇生スルヿ妙ナリ

凡ソ活法ハ呼吸術ヲ專一ト成シ其呼吸術ヲ適宜ニ施スベシ然レドモ
絶息シタル人ハ蘇生スルヤ否直チニ言語ヲ發スル者ニ非ズ唯(ン
ートー)云フ位ニテ其一音發シテ後チ靜カニ聞コヘサセンガ爲メ耳
ノ端ヘ口ヲ寄セ大聲ニテ呼ヒ醒マシ死者若シ之ヲ聞コヘタルト思
慮セバ直チニ藥リヲ口中ヘ入レ猶ホ誘ノ活ヲ行ヒ(是活ハ藥リノ
咽ヲ通ラシメル爲ナリ)其儘ニテ仰向ニ寢カスベシ是レ又タ枕ヲ
高クシテ(足ノ裏ヘカラシ泥ヲ塗モヨシ)靜カナル處ヘ凡ソ二三時
間安臥セシメ尚ホ藥ヲ與ヘ其ノ間モ極メテ安靜ヲ第一トスルナリ

而シテ追々言語ヲ交ヘ見ルベシ死者若シ言語ヲ發シタルト雖モ強テ數言ヲ發サシメサルヲ旨トス其蘇生者ノ氣脈追々復スルト雖モ與ヘル者ハ牛乳カ生玉子ノ類可成滋養分ノ腹ニ溜ラザル者ニ限リ與ユベシ而シテ蘇生者カ平脈ニ全ク復シタルト雖モ絶息ノ原因ヲ尋ヌベカラス之レ再ヒ精神ヲ擾亂セシムルノ恐レアル故ナリ又曰ク活法ヲ施スニ當テ口ヲ聞ク事ヲ禁ズ故ニ口ヲ堅ク結ビ我氣《イキ》ヲ死者ノ口鼻ニ移シテ以テ呼吸ノ補トスベシ

但シ氣合ハ術者ノ最モ緊要トス(其氣合ト言ハ(エイ)、又(エイヤ)、(ヤア)、ト云フ掛聲ナリ)故ニ何活法ヲ行フニモ氣合ヲ忘ルベカラス(亦曰氣合ハ稽古充分上達ナセバ獨リ氣合ノ出ル者ナリ)

◉溺死

凡ソ人トシテ錯誤無シト云フ可カラス故ニ誤テ井戸又ハ海河堀湖水等ヘ落ル等ノ憂ヒ儘有ルモノナリ之ハ無理死ヲ成スト同理ナリ

又喧嘩ヲ成シテ打撲ノ餘リ川ニ投込ミタルモアリ自カラ投身成スモアリ總テ水死シタルハ肉色「フヤケテ」白ク口ハ開キ眼ハ合セ腹ハ膨レ張リ總指爪ニハ砂泥ヲ呑《フク》ミ之ハ水死者ノ變態ナリ死スル心ニテモ又苦ム内ニモガク故ニ爪ノ内ニ泥カ入ルト知ルベシ其内自カラ投身シタル者ハ其屍ノ頭ヲ仰向ニシテ兩ノ手ト脚トモ前ノ方ヘカヾメ口ハ結ビテ眼ハ閉ヂ股《マタ》ヲ開キ居ルモノナリ又兩手ヲ握リ腹ハ脹リテ居ルナ

リ之ヲ引上ル時ハ口鼻ノ泥水ヲ出シ且ツ少シク薄血ヲ交ヘ吐出スル事アルヲ知レ又云フ水ニテ死シタル者ハ未タ死ニ切ラサル前ニ水中ニテ苦シムヲ以テ呼吸ニ従テ水ヲ腹中ニ呑入レ苦シムカ故ニ兩手ハ自然ト屈ミ手脚ト共ニ同ジク屈ナリ又水泳中ニテ痙攣《コムラ》カヘリ誤リテ溺死シタル者ハ死後面色ニ赤味ヲ帶ブ外ニ痕跡ヲモ見ルベキヿナリ又前ニモ云フ後門開キアレバ蘇生ノ考ハ無シト知レ溺者ヲ水中ヨリ救ヒ上クレハ直チニ其溺者ノ生死ヲ視察シ其蘇生ノ見込アル者ハ濕衣ヲ脱シ裸體ト成シ目耳口鼻及ヒ後門或ハ陰莖陰門乳房等總テ落ナリ尚ホ左ニ掲クル所ノ蘇生法有無ヲ能ク檢閲シ其溺者蘇生スルノ見込アルニ於テハ泥石泡砂水等ノ穢物ヲ吐カシムルノ法ヲ施スベシ

其法タルヤ少量ノ火氣アル上ニ釜或ハ大ナル鍋ノ類ヲ伏セ桶ナラハ横ニ成シテ其上ニ紙片一葉ヲ敷キ其上ニ右裸體ノ死者ノ腹部ヲ

當テ稍ヤ足部ヲ少シク高クナシ脊部一面ヲ摩擦シ或ハ腹部ヲ按壓

スルニ於テハ口鼻ヨリ泥水ヲ發スルヿ疑ヒナシ而シテ蒲團或ハ柔カキ物ノ上ニ安臥セシメテ以テ襟活法或ハ氣海惣活法ヲ施スベシ最モ此ノ技術ヲ施ス中ハ絶ヘ間ナク六尺斗リ距離アル處ニ於テ藁ノ類ノ焚火ニテ死者ヲ溫ムル樣セシムベシ決シテ炭薪ノ類ノ强キ火氣ニ當テベカラス亦呼吸術モ淺山活ニモ考アリ

死者全ク蘇生スルニ至テハ可成柔ラカキ蒲團ノ上ニ首ヲ高クシテ寢カスヘシ又腹部臍ノ邊ヘハ溫《オン》

石《ジヤク》又ハ燒鹽ノ類ヲ以テ温ムベシ決シテジカニ懷爐ヲ用ユベカラズ又支那法ニ曰ク水死者ヲ吾ガ背ニ兩足ヲ持チ逆樣《サカサマ》ニ脊負（圖ノ如ク）而シテ惡水ヲ吐カシムル事モアリ然レモ此レハ前ニ陳ヘタルト同一ノ理ナレハ玆ニ委敷ハ記載セズ都テ前條ヲ能ク心得置ヿ

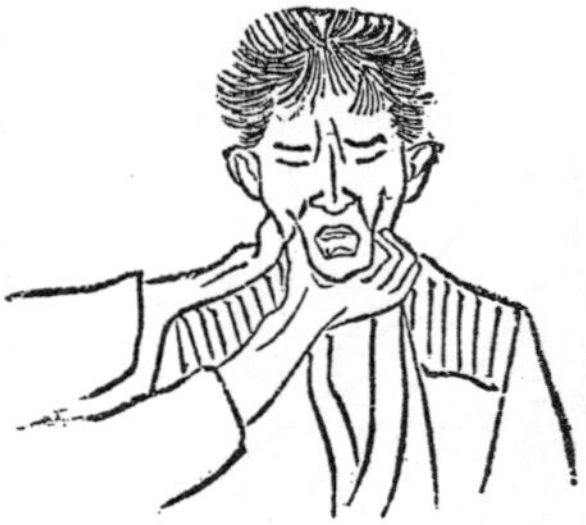

活法施術者ノ心得

先ツ何死者ヲ問ハズ活法ヲ施スニハ第一番ニ術者ハ活法ヲ用ウルキ自己ノ舌ヲ噛マシメザル樣注意スベシ依テ施者ノ上齒ト下齒ヲ噛ミ合ハセンカ爲メ齒ト齒ノ間ニ布片及木片或ハ折紙等ヲ噛マシムルナリ（圖參照）

若シ死者ガ齒ヲ喰ヒ締リテ口ヲ明カサル時ハ拇指ト中指ニ力ヲ添ヘ死者ノ兩頰奧齒ノ限根

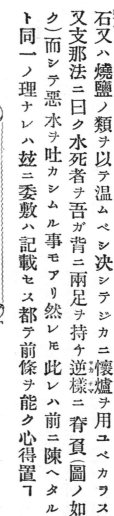

ノ處ヲ摑ミテ口ヲ開カスベシ而シテ前ノ如ク物ヲ噛マスベシ

◉子癇法ノ心得

子癇法トハ多ク妊娠ノ婦人ニ在ルヿナリ、項脊共ニ強ク筋脈ヲ牽キ急ニ口ヲ噤ヒテ痰盛ンニシテ手足ヲ搐搦シ仰向ニソリ返リ又ハ胸ヘ差込ミテ氣ヲ失ナヒ又ハ舌ヲ長ク出シ是等ハ暫ラクシテ返ルヿ在ルモ(此症及ビ此患者ニシテ口ヨリ糞汁樣ノ物吐瀉スルニ於テハ必ス死スルヲ以テ活法ノ手續ヲ成スベカラス)又此患者仰向ニ卒倒スルヿアルカ故ニ若シ成サントスル處ニ心付キタル時ハ迅速ニ首ヨリ足ノ膝ニ紐ヲ以テ釣ルシ身体ノ自由ナラザルヲ切トス

○施術法ニハ患者ノ後邊ニ回リテ右手ヲ以テ患者ノ胸部乳ノ下ノ邊ヲ兩脇ヘ押撫ルヿ數度而シテ誘ノ活法及ビ襟活法ヲ施スベシ亦病氣ニハ淡竹ヤ青竹ノ焙リ油汁ヲ取リテ呑スハ妙ナリ亦糞車蝦ノ皮ヲ去リテ肉計リヲ唇ト齒ノ間ニ含マシ置キ後ニ氣復シタル頃

取捨ベシ（目下ハ葡萄酒ヲ呑マスモヨシ）亦足ノ裏ニカラシ泥ヲ塗ルベシ足先裏ヲ溫メルヿ可ナリ

◉本活作用ノ心得

先ツ本活ヲ作用スルニ於テハ五官四肢ノ作用トロノ作用トノ三機ナルノミヲ心得柔術家必用ノヿ

◉五官四肢活用

總テ活法ヲ施サンニハ我下腹部ニ充分力ヲ込メ體ヲ落附總テ心ヲ靜カニシテ術ニ着手スベシ又氣合ヲ掛ケントスルニハ呼吸ヲ充分ニ含ミテ於テ（ヤア）（ヱイ）或ハ（ヲー）（ヱイヤ）（ウン）トノ掛聲ヲ成スベシ但シ氣合ハ熟達ノ上ニアラザレバ只其功無之トシレ亦手ノ使用法ハ我ト我腕ニ充分力ヲ附ケ鬼ヲモ朽ク氣組ミヲ持チテ以テ死體ニ當ルニハ其力ヲノ入リタル腕ヲ柔ラカク幼兒ノ障リタルガ如クニ取リ扱フベシ故ニ肋骨呼吸運動ノ作用ヲ肝要ナリト

ス口傳秘傳ニアルヿナレ共此本ニテナシ者ノ心得ニテ施スベシ
亦脚ノ使用法ハ手ノ使用法ト同樣ナリト雖モ誘ノ活法ヲ用ユル時ノ如クハ膝頭ニ力ヲ柔カクシテ衝キ立ルガ如クニ爲スベシ
亦口ノ用法ハ何活法ヲ行フト雖モ口ヲ塞《フサ》ギ活法ヲ行フ際ニ至リ必ズ掛聲ノ爲メ使用セザル可カラズ（吹息ノ義）亦死者ノ口鼻等ヘ呼吸氣ヲ吹キ込ミテ死者ノ呼吸運動ヲ補佐シ實ニ口ハ肺肝呼吸運動ノ緊要ナル者トス

◉活　用

凡ソ呼吸術ヲ活用ナサント欲セハ三種ノ理ヲ知ラナル可カラス（但シ術者ハ我カ躰ヲ柔術ノ形ノ手ノ眞ノ位ニ搆ヒ下腹ニ力ヲ入レ心ロヲ靜カニシテ取扱フ者ナリ）三種ノ理トハ第一ヲ喉頭第二ヲ氣管、第三ヲ肺トスルナリ此三種ノ内別《ワケ》テ第一ノ喉笛ハ頸ノ前部皮下ニアリ硬結節ニシテ音聲ヲ發スル要機ナリ第二ノ氣管ハ頸頭ヨリ肺ニ連ラナル所ノ管ニシテ呼吸スル毎ニ空氣ヲ肺ニ送ル要機ナリ又肺ヨリモ癈氣ヲ出ス途ニテモアリキ第三ノ肺ハ左右ニ二ケ所在テ胸ノ大部分ヲ右ニシテ氣管ニ連ナレリ呼吸ヲ司ドル本全部ニシテ新シキ空氣ヲ吸ヒ込ム故ヲ以テ全体ノ血ヲ清鮮ナラシムヲ旨トスルヲ知レ

又血中ノ廢氣ヲ体外ニ呼ビ出スノ用機ナルヿヲ知レ

（生理説ニ曰ク）呼吸機ハ喉頭ノ右ノ如ク音聲ヲ發スルヲ主トスルノミナラス氣管ノ頭部分トナリテ呼吸ヲ助ケルナリ又其下部ハ氣管ニ連ナリテ食道ノ前部ニ當ル喉頭ヨリ下ル事三寸ニ軟骨輪ヲ連ガレテ又側壁ヲ固メ内面ニハ粘膜ニ被ヒテ多クノ腺ヲ備ヘ其下部ニ至ル部分ハ氣管枝トナリ兩氣管枝ヲ分テ小氣管トナル肺臟ニ入リ末ノ端ハ微少ナル長囊ニ叢ソクシテ納ルナリ氣胞ト云フ其氣管ヨリ氣胞ニ至ル呼吸機ニ依テ空氣ノ入込ム路ヲ云フ又氣道トモ云

フ内面一体氈毛ト云フ糸狀ノ突起ル處アリテ震動ナシ是ニ依テ吸フ氣ノ爲メニ外部ヨリ入ル惡埃ヲ防クモノナリト知レ

◉活法死相見樣心得

都テ活法ヲ施ス事ハ前條ニモ記シ有レドモ戰場ニ於テハ敵ノ僞テ死者トナリ不意ニ害ヲ加フル事アリ故ニ是ヲ以テ圖ノ如クニナシ試ムベシ又全ク死スル者ト云ヘドモ經死者ハ不意ニ術者ニ手ヲフレ足ヲ延シナトスルモアリ是ヲ心得置キテ施術ヲナシ驚ク可ラス術者ハ心靜カニ氣ヲ落チツケ下腹ニ力ヲ入レ右膝ヲ立左膝ヲ突キ死者ノ右側ニ座スヘシ(左右利膝ヲ立ル

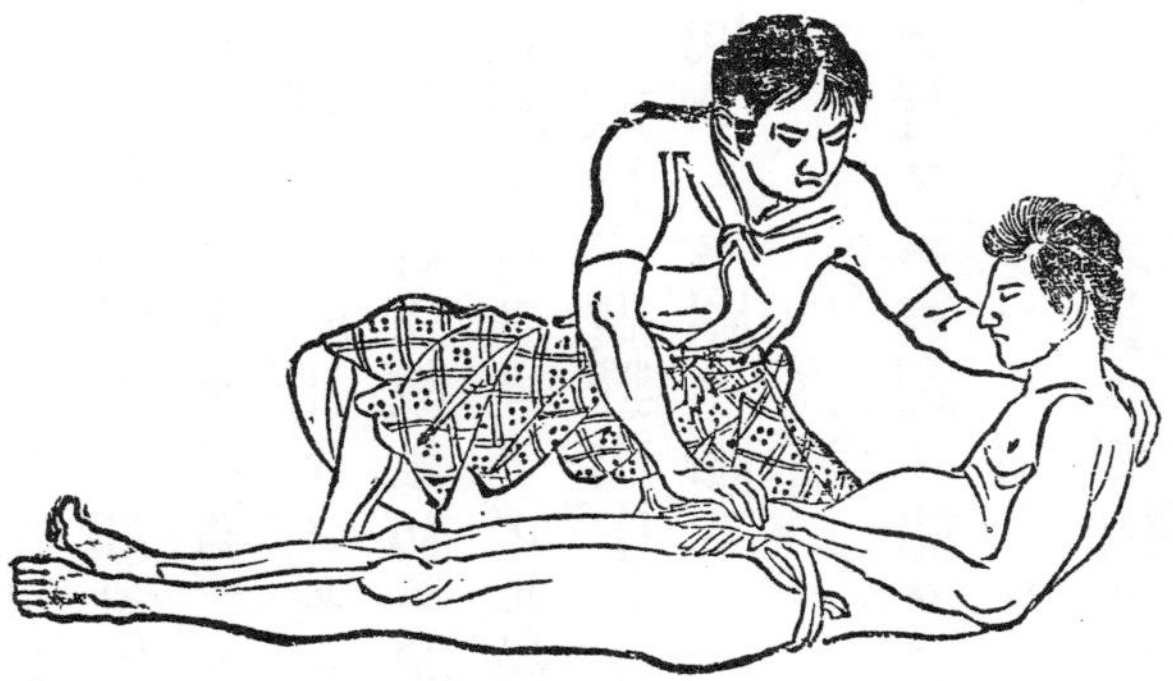

ナリ)右手ニテ死者ノ而手ヲ重ネテ陰嚢ノ少ク上ノ處ニ押當亦我右掌ニテ押ヘ乍ラ死者ノ肩ト肩ノ處ヘ左手ヲ差込ミテ圖ノ如ク抱キ起シテ誘活及ヒ襟活等ヲ施スベシ死相ヲ見ルモノ、ナス者ナリ(左右ノ手足ノキ、タル方ヲ)術者ノ都合ニテ行フヲ肝用トスルナリ第壹ニ記ス處ノ全呼吸術ハ素人ニテモ早ク分リ好キ故最初ニ記載スル者ナリ此ノ呼吸術タルヤ壹人ニテモ使用ナスヿモアレ𪜈茲ニハ二人立ノ圖ヲ記ス此法ヲ心得ヘ居ル時ハ旅行中廣野山中ニテモ此ノ如ク壹人ニテ術ヲ施ス場合モアリ次回ヲミヨ圖ハ略ス

◉人工呼吸術

凡ソ呼吸術ハ前項詳カニ説クカ如シ第一術ヲ行フニハ圖ノ如ク死者ヲ仰向ケニ寢カシテ首ヨリ足ノ先迄眞直ニナシ少シク頭ノ方ヲ高クスルヲヨシトスルナリ兩足ヲ揃ヘ甲乙ノ二人ノ者ニテ術ヲ行フナリ而シテ甲者ハ死者ノ左右ノ手首ヲ握リ又自分ノ兩膝ノ間ヘ

第一圖

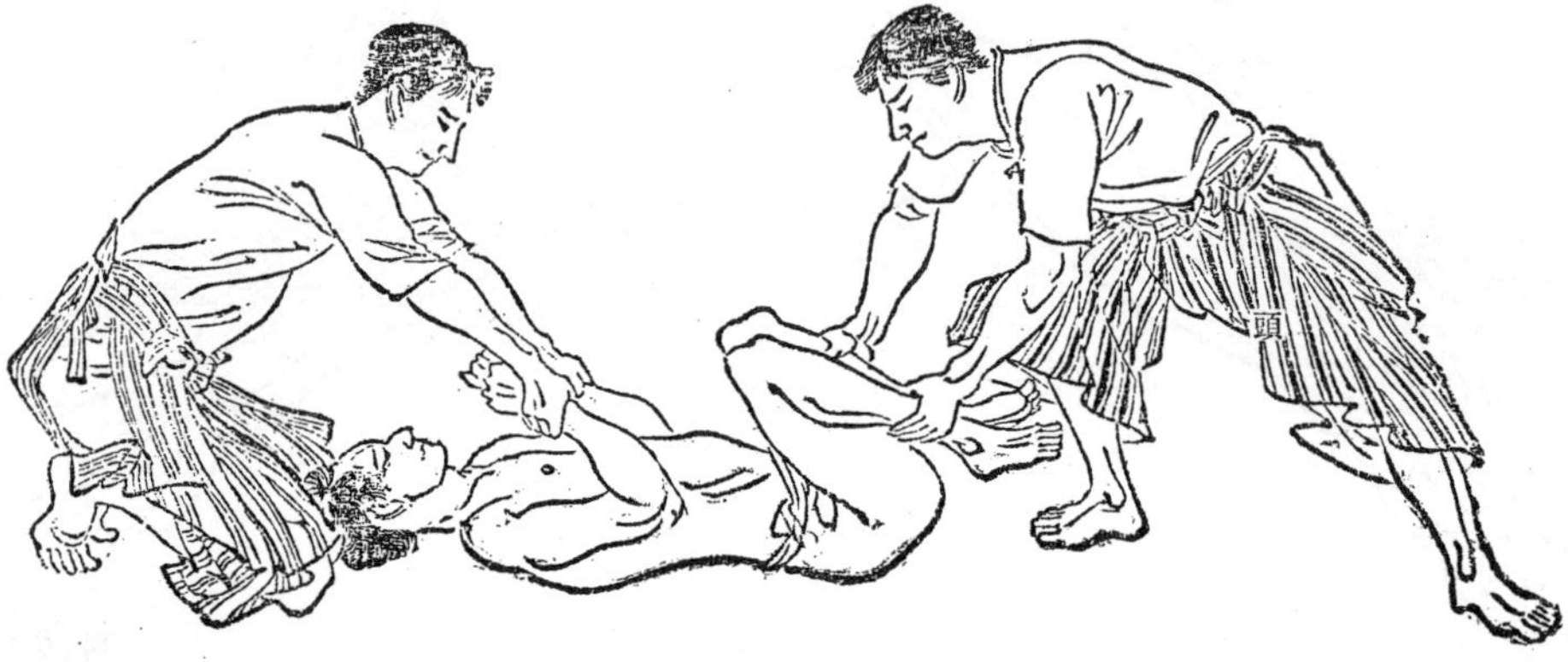

死者ノ頭ヲ挾ムガ如ク坐シ乙者ハ死者ノ足部ニ立死者ノ兩足ヲ摑リテ死者ノ体ニ強ク當ラサル樣ニナシ（甲乙共圖ヲ參照スベシ）乙者ハ死者ノ兩足ヲ下ノ臍ノ所ヘ折又ハ甲者ハ上ヨリ兩手ノ死者ノ兩脇ノ處ヘ（「エイ」ト氣合ヲ入レ乍ラ靜カニシテ）押上ル樣ニ手節ヲ折乙者モ同ジク氣合ヲ合セ両手ヲ押シ乍ラニ

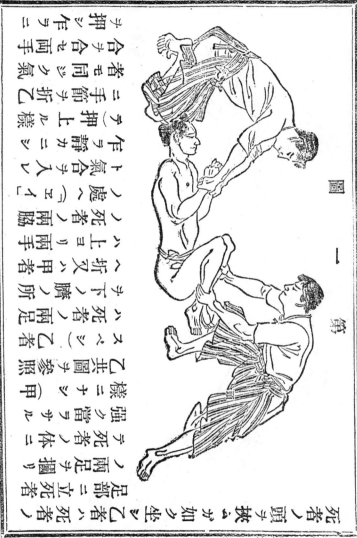

第二圖

(肺入活法ノ圖ト同シ樣ナレドモ勢力ノ違ヒアリ口傳)

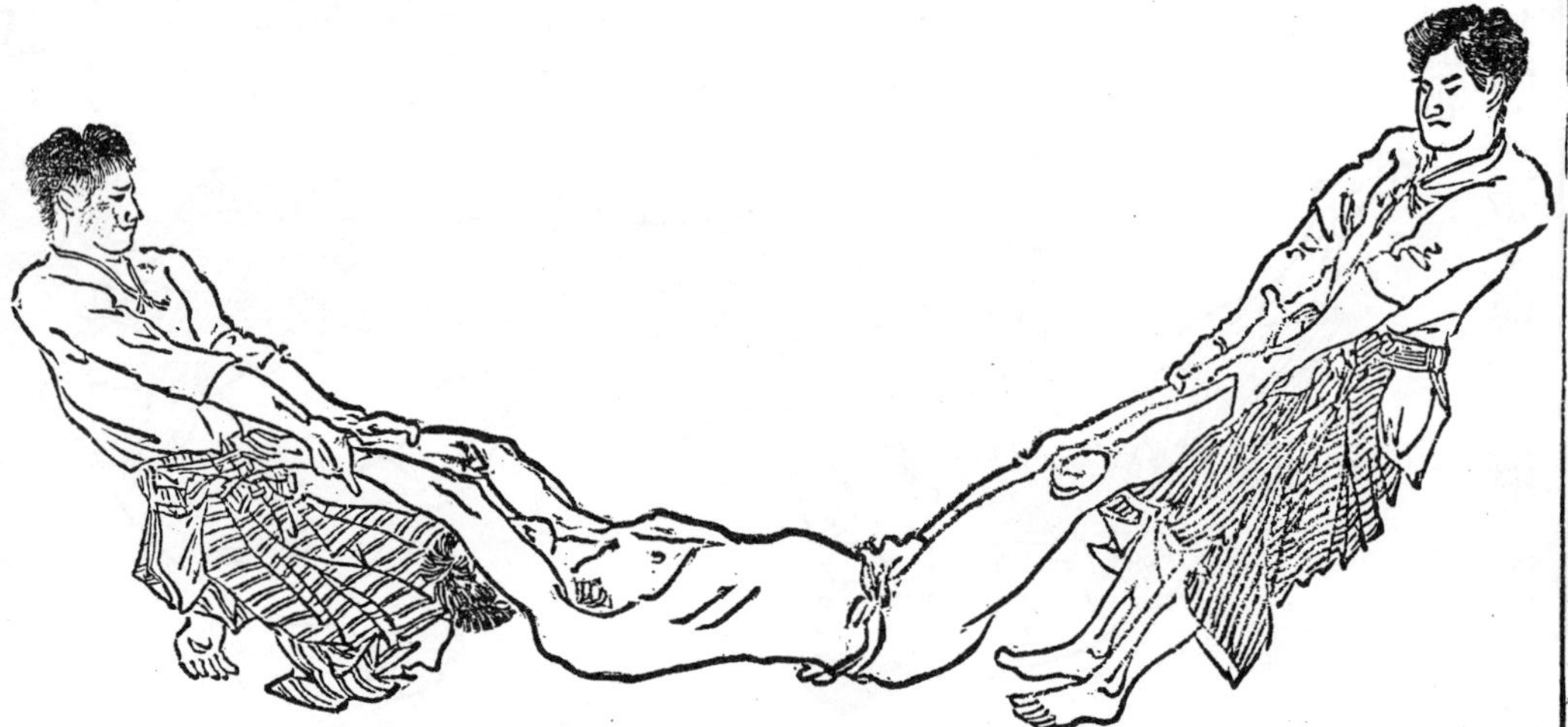

シテ圖ノ如ク死者ノ足ヲ緩メルナリ又(「エイ」)ト同時ニ第二圖ノ如ク乙者ハ後ヘソリテ死者ノ兩足ヲ引クベシ甲者モ同時ニ胸ニ當タル兩手ヲ引延スナリ押上引下斯ノ如ク度々成ス內ニ不知々々呼吸機ヲ開キテ息ヲ成スニ至レリ(故ニ二人ニテ術ヲ施ス時ハ甲乙共ニ調子ヲ合セテ行フヲ肝要トス)又死者右ノ爲メニ聊カタリトモ氣ガ附キタルト思ハヽ藥ヲ與ヘテ苦シカラズ又此呼吸法蘇生作用ハ(生理的)ニ說明スル處ハ(心臟)(肺關係)(心臟動脈)(氣管枝血脈)(呼吸交感)等ニ依テ蘇生ナス者ナリト知レ何ニテモ此術ヲ用テヨシ

◉誘ノ蘇活法　二種　第壹

誘ノ活法ハ柔術稽古形中段ニ竊カニ師ヨリ許ス活ニテ一番容易ギ活法ニシテ活法ノ手解キトモ云フベキ術ナリ、此ノ活法ヲ施スニハ死者ノ左脊後ニ廻リテ死者ヲ抱キ起シ術者左膝ヲ突キ右膝ヲ立テ下腹ニ力ヲ入レ左手ハ死者ノ乳ノ處兩腕ヲ圖ノ如クニ抱ヘ右手ヲ開キテ五指ヲ揃ヘ中指先ヲ死者ノ第一脊髓ニ當テ掌ト腕ト境界ノ曲リ目ノ處ヲ以テ其掌ニ當リタル處ヘ（エイヤ）我ガ生氣ヲ死者ニ寫ス氣ニテ氣合ト共ニ胸ヘ通ハス心持ニテ突上ルナリ（死者ハ首ヲ少シク仰向ニ成シ體ヲ少シクコヾメル樣ニ成スヲ由トス）尤モ四五度ニシテ蘇生スル者成ト雖モ若シ効ノ無カリシ時ハ數度之ヲ施スベシ七八度

（此圖ニアル……ノ如クニ手ハ突上ル死者ノ首仰向ルナリ）

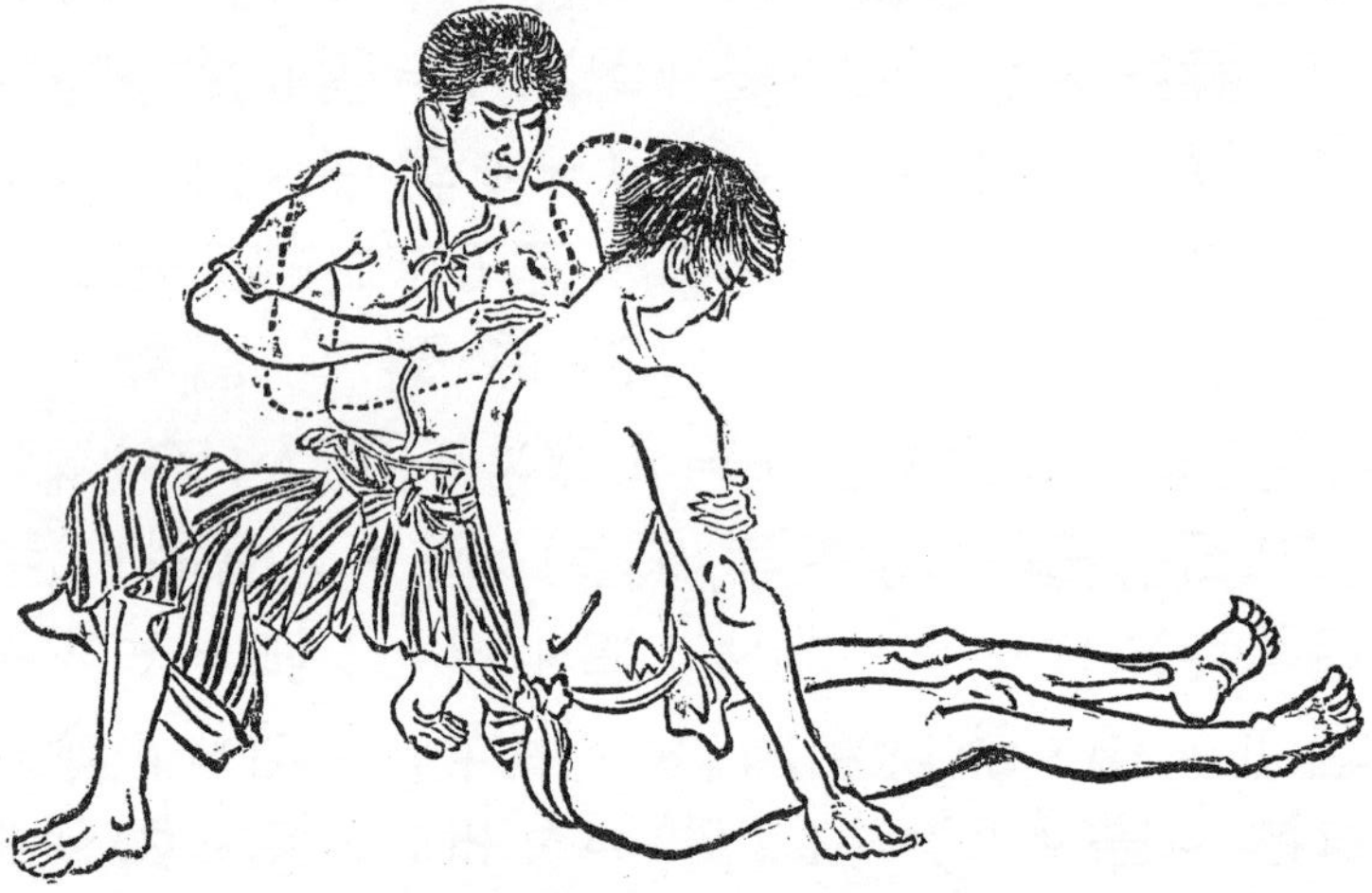

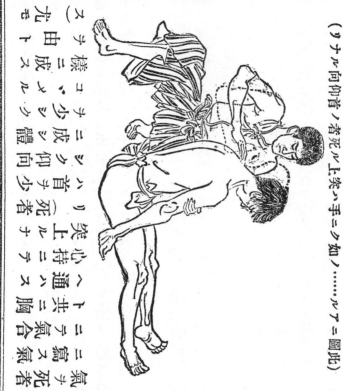

ニテ蘇生セザル時ハ他ノ活ヲ施スベシ但其死因ヲ見ルヿ必用ナリ此活法ハ頸推ノ第三項ヨリ七項迄ハ肺心兩臟ニ關係スルナリ而シテ誘ノ蘇活法ハ心臟ヲ票點トス依テ右捺衝法ハ心臟ニ脈行ヲ促ガシ肺臟ニ吸呼ヲ生スル爲ナリト云(但シ心臟ハ第五頸推ニ附ス)故ニ(生理説ニテハ)(頸推)(心臟)(肺ノ關係)ト云フ是レ誘ノ蘇活法ノ一種ナリ次法ニ詳細ヲ記ス

◉仝　第二法

此誘ノ活法ハ前項ト相違スルト雖ドモ活ノ方針ハ同事ナリト知レ活法ニ曰ク術者ハ死者ヲ仰向ニ寐カシメ死者ノ頭方ニ向テ前圖ニアル死相ヲ見ル如クニナシテ膝ヲ突キ右足ハ腹部ニ跨ガリ兩手ヲ開キテ死者ノ背後ニ立チ兩胸部ヨリ腹ニ至ル迄ヲ開キタル掌ヲ以テ擦ヅルナリ(之ヲ摩擦ト云)此摩擦ヲ五六回成シタル後チ兩手ヲ以テ死者ノ胸ノ下ヲ好ク掌ニテ死者胸部ニ當テルガ如ク置キ右足

ニ力ヲ入レテ引起シ直ニ死者ノ後部ニ立
チ右膝ヲ脊髓ノ六七節ニ當テ左足ハ自分
ノ後部ニ引キ兩手ハ死者ノ肩ヨリ兩脇下ヘ擦ムカ如ク差シ入レ而シテ掌ニテ摩擦シ乍ラ手ハ上ケル膝頭ハ附《ツキ》突《ツキ》上ル

第一圖

第二圖ノ如ク死者ヲ少シク仰向樣ニナス
ヘシ氣合ト共ニ强ク當ルナリ其レヲ成ス

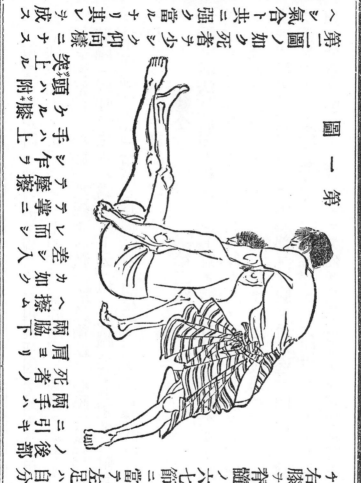

事兩三回而シテ蘇生ナス後ナハソツト仰向ニ寐カスナリ餘ハ前ニ同シ丁ト知レ（生理説ニ曰ク）呼吸運動ノ二種ハ肋骨運動、腹部運動之レナリ此活法ハ後不齊筋ヲ票點トス該筋ハ第五六頸椎横突起ニヲコリ第二筋ノ后方ナル縮節后ニ附着スルモノナリ故ニ之ヲ捺衝シテ肋骨呼吸運動ヲ促カスモノナリトス但シ捺衝法ヲ知ラズシテ筋ヲ弄ス可カラス活法ニハ（后不齊筋）（肋骨）（呼吸關係）（肺心機能）（腹部）

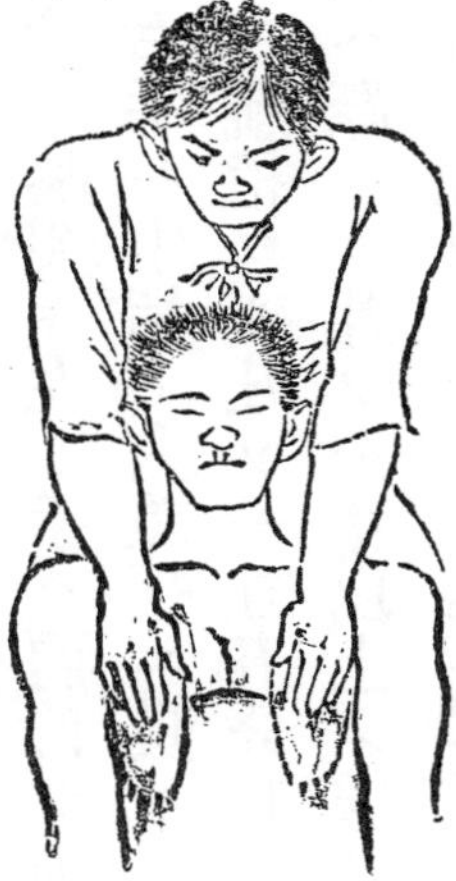

第二圖

（呼吸運動）在レハナリト云フ……ハ摩擦シ乍ラ引上タル也（圖參照）

㊂襟縊活法

此襟活法ハ死相ヲ好ク見テ死者ヲ平ラニ仰向カセ術者ハ之ニ對シ施スニハ前條ノ如クナシ膝ヲ附キ左リ足ヲ以テ腰部ノ邊ヲ跨カリ

尤モ左リ爪先ニ力ヲ入堅膝トナシテ而シテ術者ハ兩掌ヲ以テ患者ノ胸腹部ヲ兩肩ノ邊ヨリ下腹ノ中央迄摩擦シテ集ルガ如ク溜メ或ハ腰ノ左右ヨリ同シク腹部ノ中央迄摩擦シテ溜メ成就ス事數十回シテ術者其位置ヲ崩シ而シテ左腕ヲ以テ患者ノ頸ヲ抱持シ以テ引起シ左足ヲ後邊ニ置キ膝頭以テ患者ノ倒ル、ヲ補ヒ右足ハ死者ノ右傍ニ膝突キ左リ手ハ肩首ヲ抱持シ手ハ患者ノ上前襟ヲ握リ而シテ右手ハ中指ト人差指ニ負ハセテ以テ人差指ノ力ヲ補ヒ其指ヲ開クヿ親指ヨリ凡ソ一寸五分其手ヲ以テ患者ノ陰莖陰門ノ上(毛ノ生ヘ際ヨリ凡ソ一寸以上ノ處ヲ云フ)臍ノ下中央ニ當リテ其手ヲ挿畵ノ如クナシ(右手指圖)肱《ヒジ》ヲ疊ミニ付位指先キヲ上ヘ押上ル之ト同時ニ左リ手ハ首ヲ抱持シテ伏サシメル如キ引寄首ヲウツ向ニスル左右ノ手ト已レヨリ發スル氣合ト三方共ニ壓迫スル事二三回之ヲ施シテ以テ患者ノ胸廓及ビ肺臟ヲ開張セシメ空氣ヲゐテ肺中

ニ流入セシムルヿ大概二秒時ニシテ呼吸ノ回復蘇生成ラシム以テ襟活法ノ術行法ヲ示シタル所以ナリ

但シ藥等ヲ飲用セシムルニハ前項ニ同シヿ

(圖參照)

掛聲氣合ハ前條ニアリ

生理説ニ曰ク(肋部作用)(腹部作用)(直腹筋)(大小腸)(膀胱腑)(腸膜筋膜)等ナリ

●陰囊活法

俗ニ睾丸活トモ云

此陰囊活法ト稱スルハ陰囊ヲ打チ蹴ラルヽカ或ハ物ニ觸レ驚愕ソ

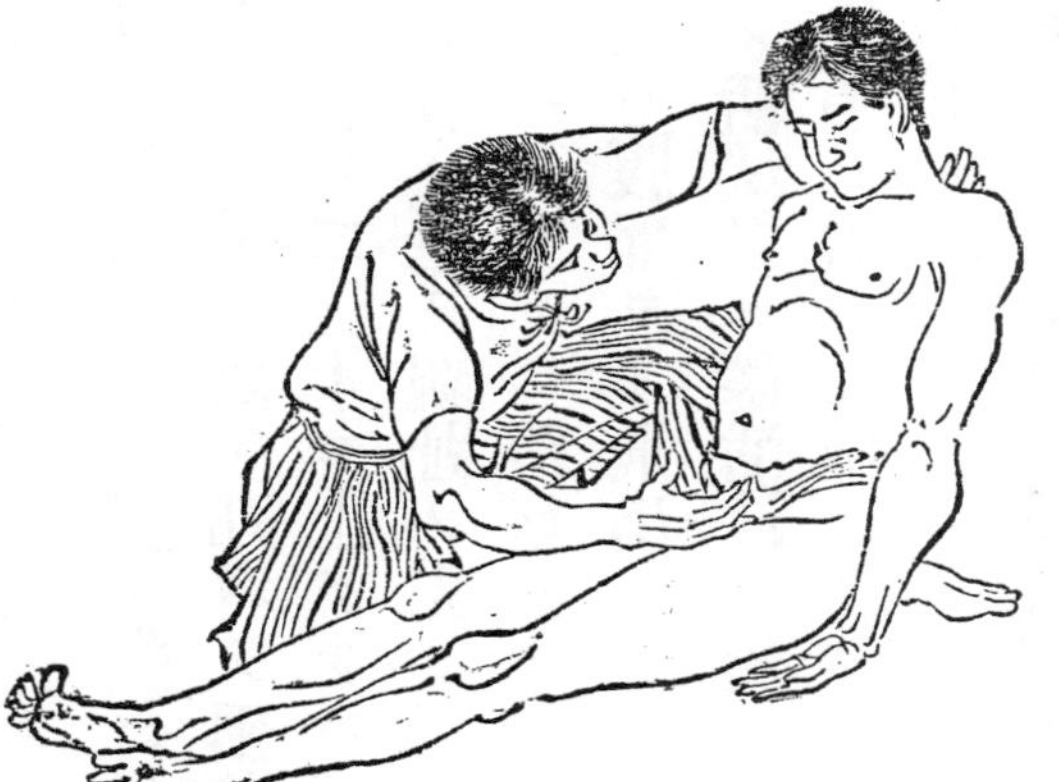

睾丸ノ腹部ニ飛入リ氣絶スル者ヲ云尤モ前項ニ示スカ如クナリト雖モ活法ト云フ點ニ至テハ右ノ場合ノ假死者ニ限リ是ノ法ヲ行フ者ナリ然ルニ於テハ前項ニ示ス處ノ摩擦法ヲ行ヒ術者ハ死者ヲ引起シ(但シ立タシムベカラズ)兩足ヲ前方ニ差出サシメ尻ヲ疊ニ付ケテ坐セシメ而シテ術者其後邊ニ廻リ立チ兩手ヲ以テ死者ノ兩脇ノ下ヘ兩手ヲ差入シ其儘持チ上ケ凡ソ疊ヨリ二三寸モ上ゲテハ落シ尚上ケテハ落シ成ス事六七回而シテ術者ハ足ノ親趾ノ先ヲ以テコツ〱〱ト小蹴スルヿ數十回成シテハ又上ゲテ落シ前ノ如ク四五回又小蹴數回如斯爲ス内ニ必ス睾丸ハ腹部ヨリ飛出シテ元ノ處ヘ下ルナリ其下リタルヲ見テ前項誘ノ活法又ハ襟活法ヲ施スヘシ若シ之ニテ未タ蘇生ニ至ラサル時ハ後項ノ氣海及肺入活法ヲ行フベシ(圖參照)此ノ圖ノハ蹴ル處バカリナリ

(柔術家ニ日ク)此ノ活法ハ心肺ヲ票點トナスモ又他ニ呼吸作用ヲ

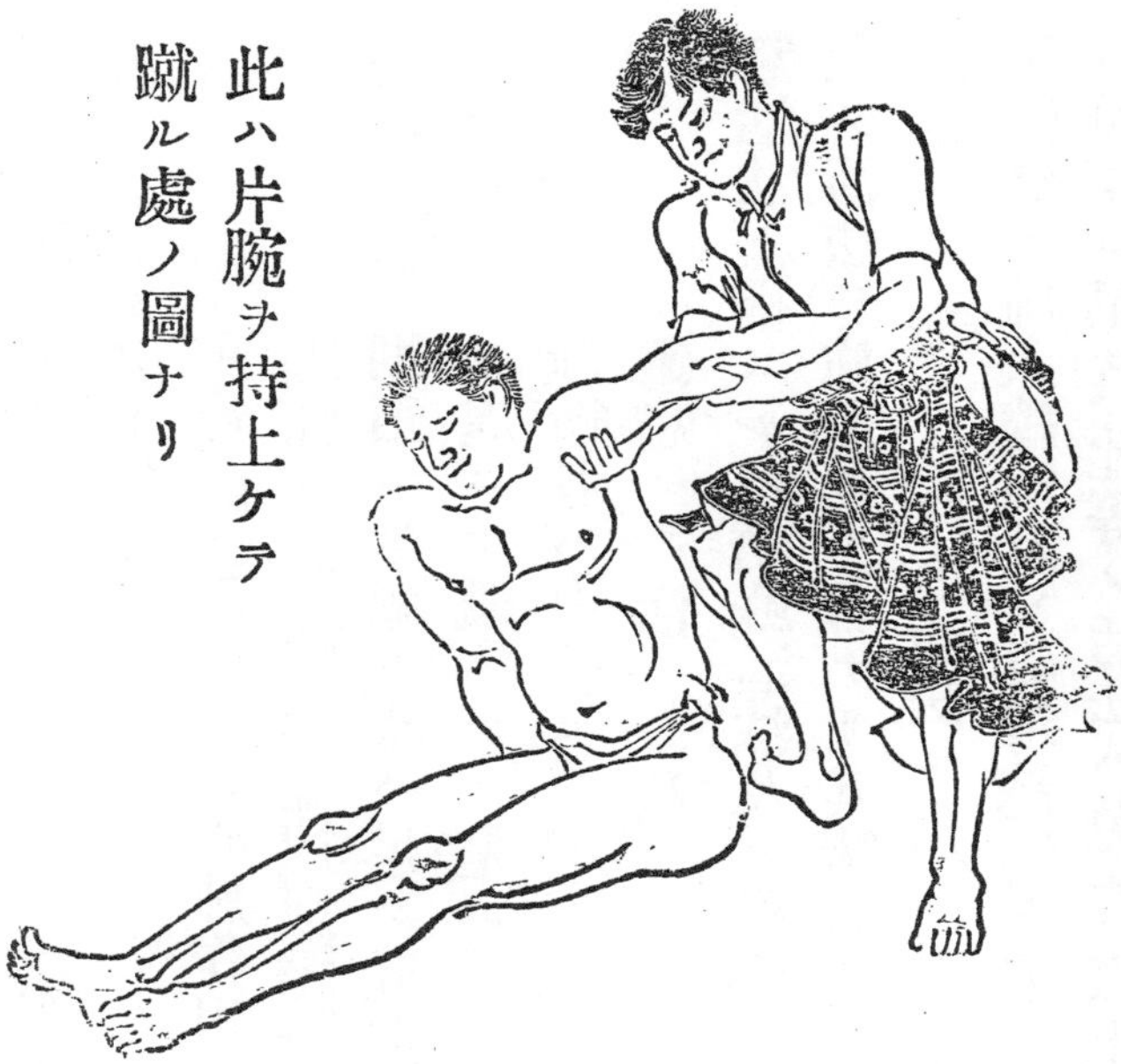

此ハ片腕ヲ持上ケテ蹴ル處ノ圖ナリ

促シ尚ホ兩臂以テ劍狀部ヲ壓スルハ横膈膜ニ彈力ヲ添ヘテ腹部ノ呼吸作用ヲ促カスナリ

亦タ交叉ノ兩掌ヲ以テ死者ノ頸ヲ扶起セハ兩腕ノ中點ハ心肺ニ當テ生氣ヲ興奮セシムルナリ

亦タ多少肋骨作用ニ關シ而シテ此ノ活ハ柔術家ノ通常膻中ト稱シ膻中ハ心肺ノ地ナルカ故ニ興奮セバ活法呼吸作用ト成リ刺

戟セバ殺法トナリ殺活ノ機樞實ニ緊要ナリトス故ニ此ノ活法ハ容易ナラザル者ト知ルベシ

（生理的）ニ曰ハク（心肺作用）（肋骨作用）（横膈膜作用）（小腸腑）（大腸神經）（粘締織膜）是等ナリト云フ

脚頭ニテ蹴ル時ハ足ノ五指ヲ「ソラシテ」圖ノ如キ黑點ノ處ニテ蹴込ナリ是レ指先ヲ折ル恐レアレハナリ但シ施術者ハ中腰ニテ下腹ニ力ヲ入眞ノ位ノ圖ヲ見ヨ

◉惣活法

惣活法ト稱スルハ誘蘇活法及ビ襟縊活法ヲ施シテモ其効ナキ時ニ此ノ活法ヲ施術スル者ナリ其惣活法トハ肺入活法、氣海活法、裏活法、等ノ三種ナリ之等活法ヲ用ユルハ實ニ其妙ナルヿ神ノ如シ亦裏活法ハ肺入總活及ビ氣海惣活ト異ナリ其効亦タ著シ

因ミニ記ス、此等ノ活法ハ免許以上ノ上達ニ至ラザレハ傳授ヲ

得ルヿ能ハザル者ナレハ粗畧ニ思フベカラズ極意中ノ秘傳口傳ト云ナリ

●肺入活法

肺入總活トハ前項誘活法襟活法カ其効ナキ時用ウル活法ニシテ何死ヲ問ハス死者ニ施スベシ

死者ニ對シテ此活法ヲ施スニハ甲乙ノ二名ニテ行フナリ人工呼吸術トハ違ヒ少手數ニ相違アリ圖ノ如ク參照スベシ之ハ死者ヲ仰向ニ寢カシ置キ甲者ハ死者ノ右傍ニ居テ術者右足ヲ以テ腹部ノ邊ヲ跨カリ（但シ死体ニ障ラサル様注意スベシ）右掌ヲ以テ死者ノ左

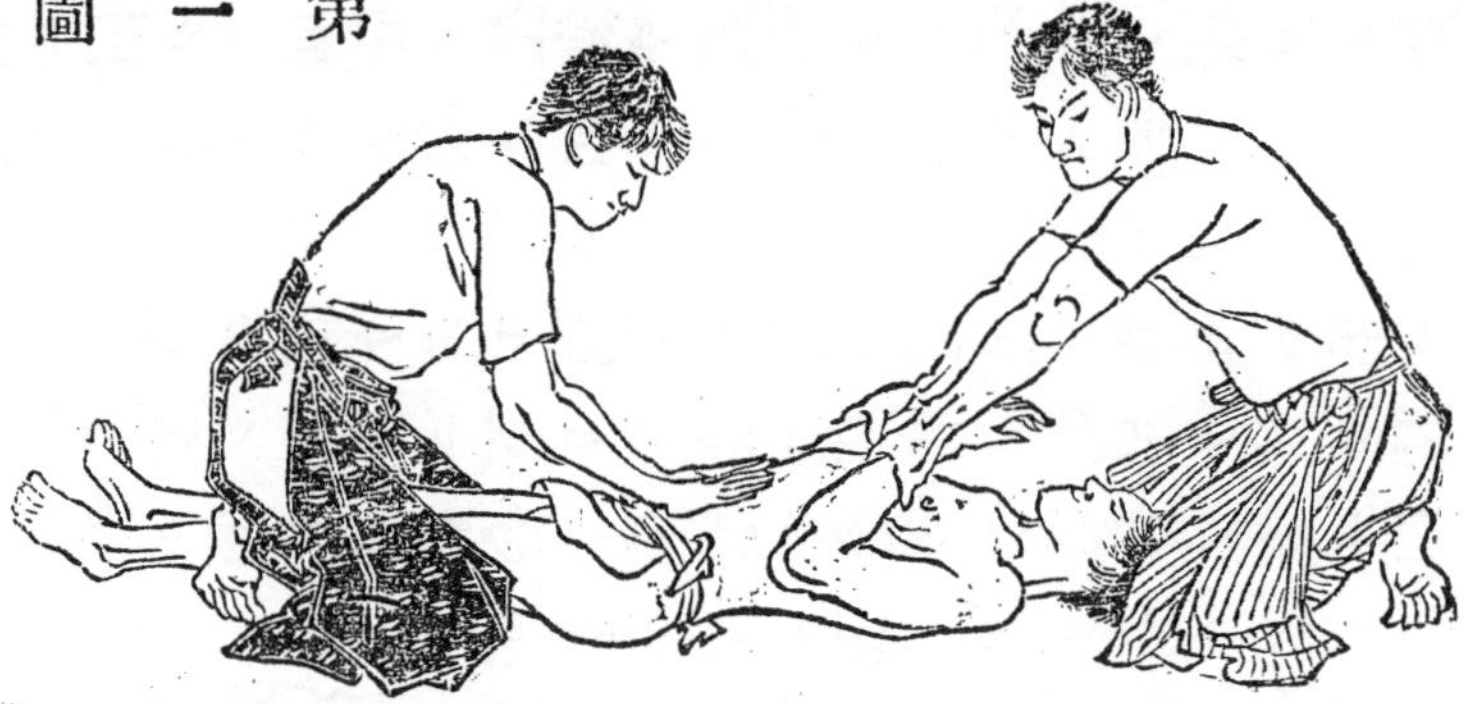

第一圖

胸部ヲ摩擦シ又左掌ヲ以テ右胸部ヲ摩擦ナシ（但右ヲ上グレバ左リハ撫下スベシ殆ント平假名ノのノ字ヲ細長ク尻ツナギニ成ス如ク心持ニテ反對々々ニ撫セ摩シ如右爲ス事數回）而シテ臍ノ一寸以上ノ邊ヨリ胸（水落）ノ邊迄ノ處ヘ兩掌ヲナラベ圖ノ如

ク左右ノ手ヲ揃ヘテ氣合ト共ニ突上ルナリ

助者ハ兩手ヲ以テ死者ノ兩腕ヲ握リ死者ノ頭邊ニ坐シ圖ノ如ク持チタル手ヲ術者ノ壓迫スルト共ニ同シク氣合ヲ術者ニ合シテ我体ノ方ヘ引クベシ

術者又手ヲ放シテ後ニ下リ今度ハ死者ノ兩足ヲ持テ肢足ヲ屈ムレハ助者又同時ニ持チタル兩手ヲ免《ユル》メ又足ヲ伸セハ手ヲ引キ如斯事兩三度ニ及ブヘシ其ノ内ニ死者肺臓ヲ開放シ呼吸ノ肺間ニ入リテ蘇生スルニ於テハ前項ノ如ク治療ヲ施スベシ

（生理説ニ曰ク）肺臓ニ生氣ヲ興奮セシ者ニテ斯クノ如ク成ス時ハ

肺ニ聯接ズ依テ心臟ニ於テ鼓動ヲ生スルハ生理上心臟ノ一大戟ナル大動脈ニ進撥力ヲ添ヘタルカ故ナリ此作用ハ肺心兩臟ノ關係トス余ハ前條ニ同ジト知ル(圖參照)

◉心臟惣活

此ノ心臟活法トハ卷中ニモアル如ク活法中ノ秘用ノ者ニシテ此ノ術ヲ施スニハ死者ヲ仰向ニ寢カシテ術者ハ死者ノ兩股ノ上ノ處ヘ跨カリ死者ニ強ク觸レヌ樣ニナシ術者ハ兩手先ヲ死者ノ肩口ヨリ首ヘ掛ケテ兩肘ヲ死者ノ水月ノ兩脇ノ處ヘ押當テ

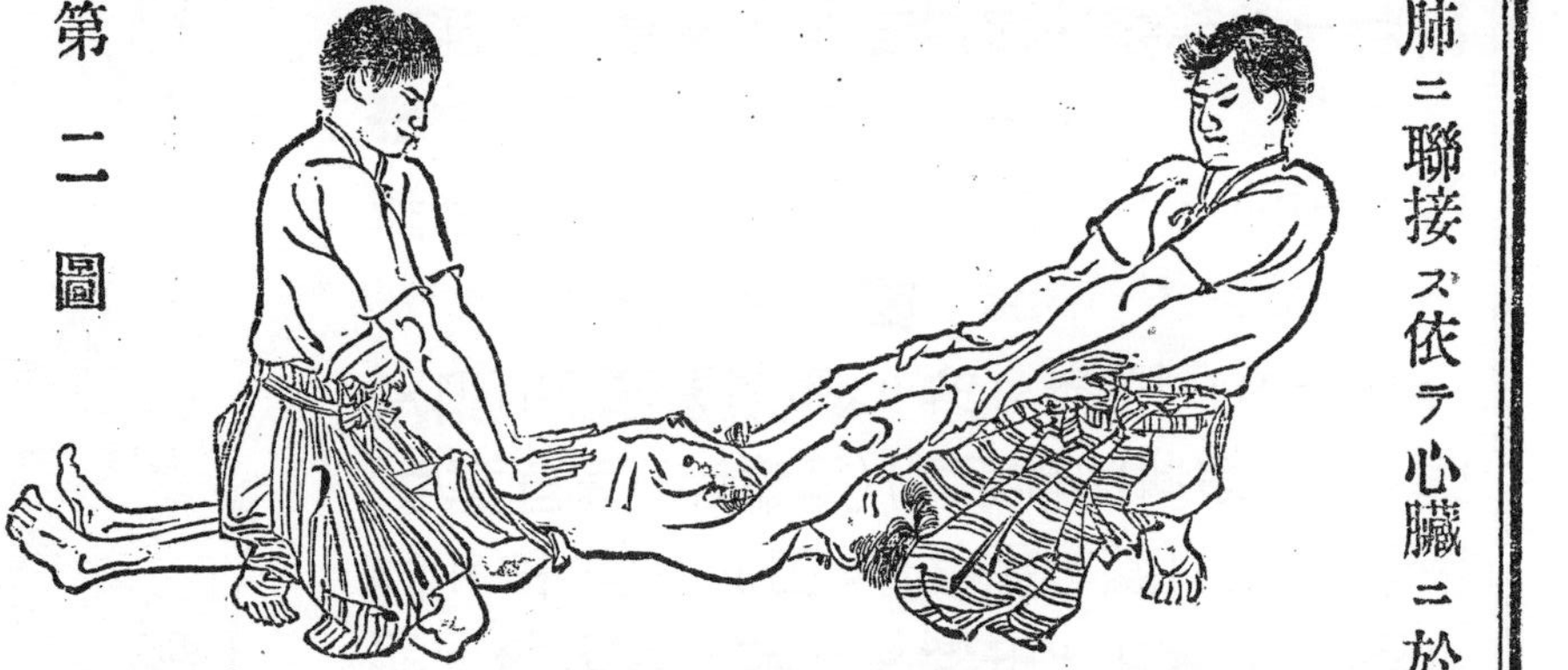

第二圖

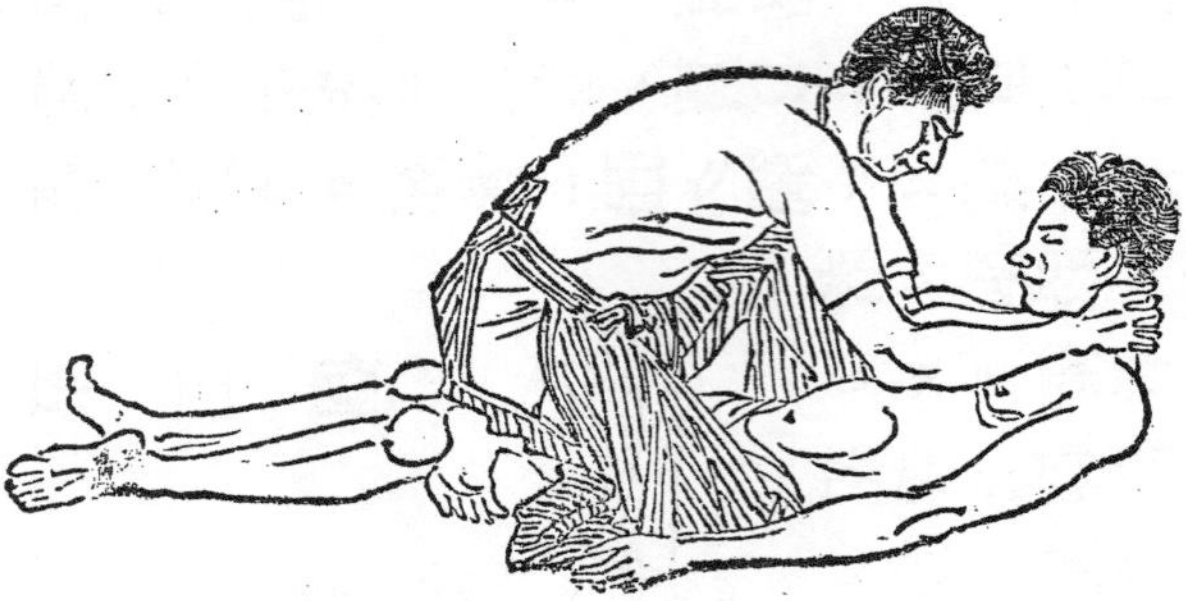

（エイ）ト氣合ト共ニ肘ヲ押附死者ノ首ヲ兩手ニテ少クウツムク樣ヲ起スナリ此時術者ハ兩三度施シテ効ナキ時ハ誘活ニ及ヒ呼吸術ヲ施シ總活ノ術ヲ施スナリ是心臟トハ前條ニモ解ク如ク各臟囊ニ包ミアル者故ニ心臟活法ヲ施ス時ハ各神經ニ通シテ蘇生ナス者ナリ故ニ是ヲ生理的ニ曰ク（心臟神經）（神經震盪）（心臟動脈）（肺靜脈）（動脈幹）（氣管枝）（呼吸交感）（横隔神經）等ニ依テ蘇生ナス者ナリ

◉氣海總活

氣海總活トハ前項ニ記載シタル活法ノ効力ナキ時ニ用フル活法ナリ

此活法ヲ施スニハ前項肺入總活法ト其施

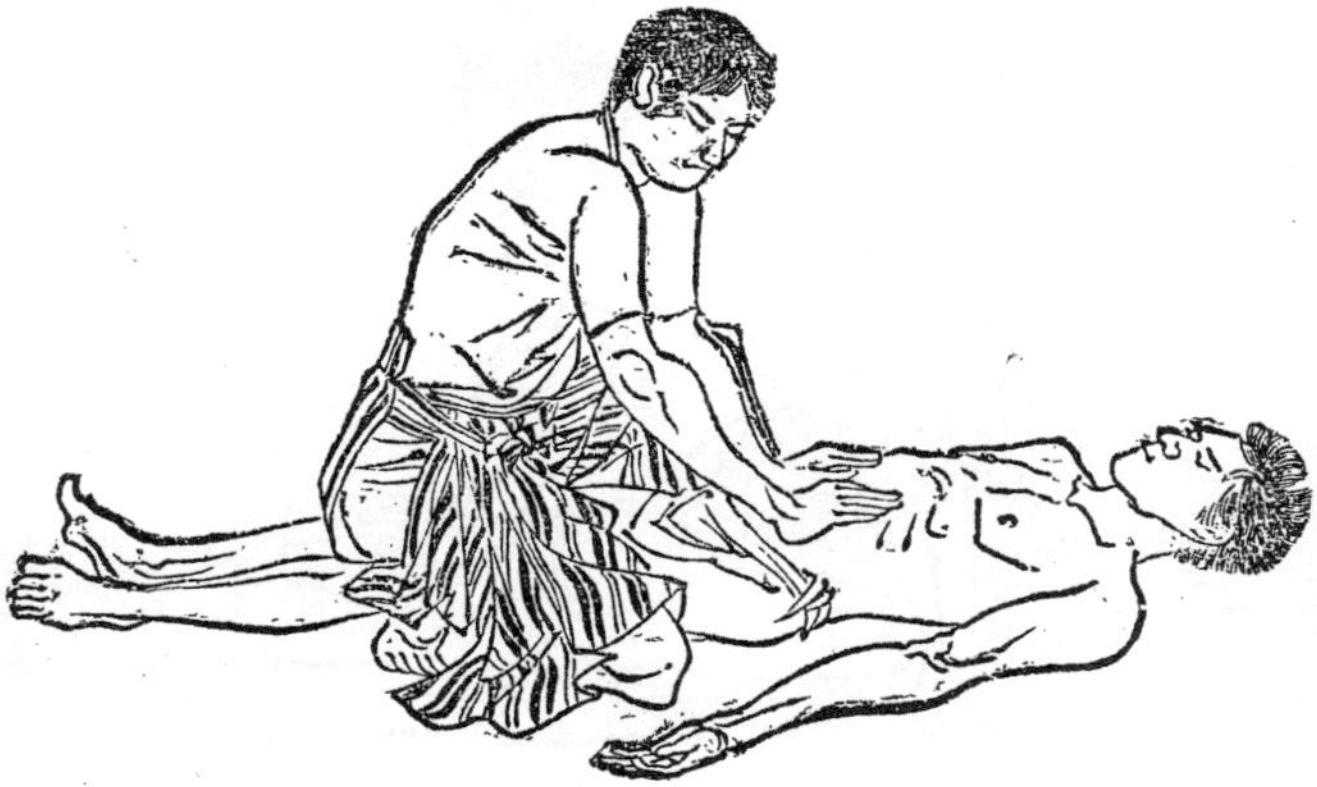

術方同様ヲ成スモノナレ𪜈是モ甲者ガ死者ノ股ノ邊ヲ右膝突ニテ跨リテ臍ノ下兩方ノ處ヘ(前項同様)掌ヲ以テ能ク撫デ摩リ右成ス事數回乙者ハ前項同様頭邊ニ坐シテ死者ノ手ヲ伸縮メ(但シ甲者ト呼吸ヲ合セ行フヿ)甲者ハ臍ノ下邊ヘ兩掌ヲ以テ一層强ク突上ルナリ然スレハ死者ノ肺肝ヲ開張セシメ呼吸ヲ運轉ナラシムルナリ是ニ依テ蘇生ナス者ト知レ(是ハ一人ニテ施術ノ圖也)

襟縊活法ニ同キニ不非

因ミニ記ス、總テ惣活法ヲ施スニハ甲乙ノ二名ニテ施スヲ好トスレ𪜈若

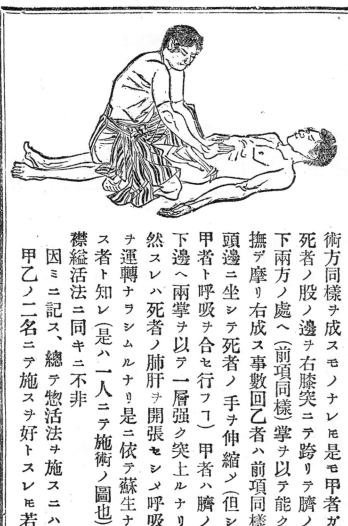

シ乙者トナルベキ人ノ無カリシ𪜈ハ壹名ニテ活法ヲ施スナリ（其時ハ頭邊ニ坐ス呼吸術ヲ除ク）然レ𪜈其理ノ知ラザル者ヲ乙者トスルハ甚タ宜シカラズ（生理說曰）大小腸、肝及脾、横膈膜ニ通シ蘇生スル者ト知レ

●裏　活　法

裏活法トハ以上記スル處ノ活法ニ功ナキ時ニ用フルノ活法ナリ

此活法ヲ施スニハ死者ヲ腹歩《ハラバイ》ニ寐カシ而シテ術者ハ左傍ニ坐シ右足ヲ以テ死者ニ跨カリ（但患者体ニ障ラサルヲ要ス）兩掌ヲ以テ脊中ヲ上下摩擦ナシ（但

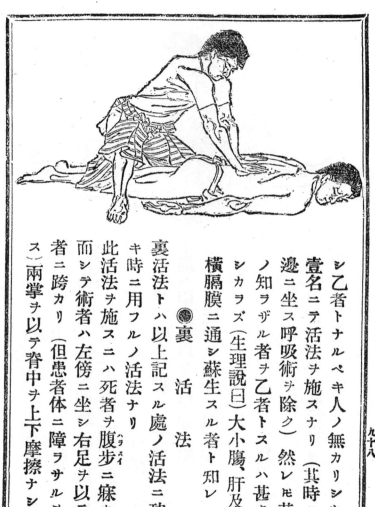

肺入惣活ノ腹部摩擦ト同樣)而シテ兩手ハ乳ノ後方ト(即ナ第六髓ノ左右ナリ) 思シキ處ヲ前項惣活ヲ入ルト同樣掌ヲ以テ

下ヨリ上ヘ突込ム如ク押上ルナリ(當身圖ノ電光ノ處)之レ患者ノ肺肝ヲ開キ呼吸ノ運動ヲ成サシムルガ故ニ蘇生スル者トス(蘇生シタルトキハ前項ニ同ジ)(手ノ挿畫ヲ見ヨ)

(生理説ニ曰ク)脊髓神經ト交感神經索ト内臟ニ絡ル諸ノ交感神經系ノ説明ニ依テ明ラカナリ

亦施術法生理説ニテハ脊髓大動脈横膜膈ト胃ト腸ニ交感神經ヲ運動成サシムルカ爲メニ蘇生スルナリ云フ

◉特別淺山一傳流ノ活法秘術等ヲ記ス　此ノ淺山一傳流ノ活法秘傳ヲ受シハ東京神田區錦町三丁目指田吉晴先生ニ指南ヲ受タル者ナリ此ノ指田先生ハ北辰一刀流劍術指範及ヒ一傳流柔術棒半棒小太刀木鈒形鎖鎌等ノ指南ヲスルナリ著者近刻ニ前文ノ形

一切ヲ圖解ヲ以テ著スヿ也今生理書ノ爲ニ活法ヨリ先ニ發兌スル者ナリ此圖解活法ヲ記スハ金子勝平先生ニモ教授ヲ受ケ淺山一傳流一切ノ良書ヲ著述シ最近一册ノ書ヲ發賣セント欲スルナリ

特ニ此活法ニ限リ記載スルハ編者ノ信スル處且ツ感ヲ措ク處ヨリ茲ニ掲シテ讀者ノ參考ニ供セントス（但シ金子先生ノ導場ハ本郷弓町三丁目ニアリ）

此活法ヲ施スニハ死者ヲ仰向ニ寐セ居テ死者ノ右側ニ座シテ左手ニテ死者ノ右肩ノ處ヘ差入レ圖ノ如ク少シ抱ヘ起シテ右手ハ水月ノ下ノ邊ヘ掌ヲ

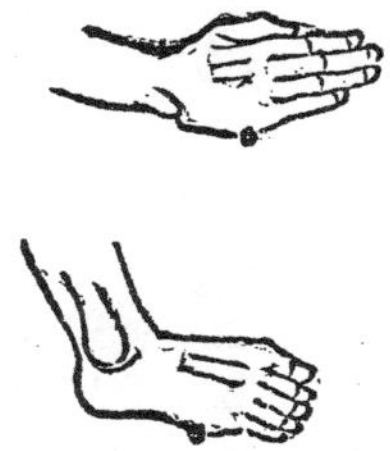

(手揮畫ノ處ヲ)押當テ又右足ヲ明星ノ處押ヘ(當身ノ圖ニアリ又足ノ揮畫參照セヨ)當テ左右ノ手ト右足ノ三拍子ヲ合セ氣合ト共ニ(ヤー)ト掛聲ニテ其ニ押當ルナリ之ヲ四五度ニ及ブ內死者ノ呼吸ニ運動ヲ感ゼシムルナリ依テ蘇生スルノ信ヲ措ク(圖參照)左足ヲ膝突爪立ルナリ之ヲ我カ生理的ニ論スル時ハ誘活法、陰囊活法、襟活法等ヲ混合成シタルカ故ニ胸部作用及ビ腹部、肋骨部、膻中部ノ作用ナルヲ以テ(後不齊筋)(吸吸關係)一(心肺機能關係)トス尚ホ(直頭線橫膈膜)(活法運動)ナルト云フ

◉吐息ノ活法

吐息ノ活法トハ水月ヲ打タレテ卒倒シタル者ニ限リ此活法ヲ施スナリ

此活法ヲ行フニハ前數項ニモ記載スルガ如ク死者ヲ仰向ニ寢カシメ鼻ノ片穴ト口ヲ手ニテ塞キ而シテ旁々ノ明テ居ル鼻ノ穴ヘ（圖ノ如ク紙ニテ造リタル物ヲ

差込ミ壯年者ノ吐息ヲ吹キ込テ而シテ人工呼吸術（即チ四肢ヲ伸縮セシムルヿ）ヲ行ヒ又ハ活法ヲ施ス（活法ハ三活惣死ナリ）ベシ然スレハ死者ノ肺肝ニ呼吸ノ運動成ス依テ蘇生スル者ナリ

（生理說ニ曰ク）肋骨神經及ビ横膈膜ヲ壓迫スルカ故ニ右肺肝ノ空氣ヲ呼出セシムルノ作用ナリ

●附澁川及起倒流活法

前巳ニ說述スル各種ノ活法ハ編者ガ多年ノ錬習經驗ト古書秘法トヲ探リダルコトヲ記述スル所ニシテ以下說述セントスル活法ハ曩ニ職ヲ警視廳ニ奉ジ柔術世話掛總長トシテ斯道ノ名聲赫々タル久富鐵太郎及ヒ金谷元良兩先生秘術ノ活法ナリ然レドモ此法タルヤ

各師家ノ大ニ秘シテ容易ニ之レガ蘊奥ヲ知悉スルニ由ナシ然ルニ今ノ世ニ當リ此有益ナル法ヲ秘スルハ甚ダ由緒ナキコト、ス編者今此書ヲ著スニ及ビ兩先生ニ其術ノ秘傳ヲ受ケンコトヲ請ヘリ兩師之レヲ諾セラレ曰ク苟モ此ノ殺活ノ法タルヤ職ヲ警務ニ奉セラル、者ハ勿論其他何人ト雖モ之レヲ知ラザルベカラザルナリトシ直ニ垂教ノ勞ヲ採ラレタリ依テ今其一般ヲ記シ諸君ニ紹介スル所以ナリ然レドモ此活法ニハ圖解ヲ示サズ开ハ久富先生著ノ拳法圖解ヲ一讀セハ自カラ明晰ナルガ故ナリ猶ホ近刊トシテ兩先生及ビ其他諸先輩ノ改正法ヲ蒐集シ（早繩活法柔術圖解教範一冊ヲ著シ挿ムニ圖解十數ヲ以テセント欲スルガ故ナリ然レドモ活法ヲ施スニハ前記ノ法ト略同一ナリトス

凡ソ活法ヲ施スニハ極メテ穩和ヲ旨トシ且ツ靜肅ニ取扱フベシ（誘活法ニ似タル所アリ）其法タルヤ先ヅ其者死ノ仰向ニ伏シ居ル

左方ニ左膝ヲ突キ右足ヲ立テ腰ヲ屈メ而シテ右腕ヲ死者ノ首ノ下ニ差入レ（二ノ腕ノ處ヲ枕ノ如クニ當ルナリ）引キ起シ直チニ左腕ヲ以テ倒レザル樣ニ抱キ込ミ又ハ自分ノ顔ヲ以テ死者ノ後頭ニ當テ後部ニソリ返ラザルコトヲ禦キ而シテ活ハ脊骨ノ四五節目ト思ハシキ處ヲ右手ノ掌ヲ以テ強ク打擧ルナリ此活ヲ施スヤ否右ノ手ヲ緩メテ死者ガ（ホツト）上ヲ見ザル樣ニ成ラスベシ又別法ニ曰ク

◉膽俞活法　此活ハ肋骨ヲ打チ又骨ガ身内ヘ打込ミ或ハ骨ノ折レタルカ又ハ水中ニ溺レ死ナントスル者ニ施ス術ヲ記スルナリ

此法ハ死者ノ脊後ニ中座ヲナシ右膝ノ頭（脛者ヲ突キ居ル右ノ脛骨ヲ死者ノ膽俞ノ處ニ押當ル（俗ニ云フ電光即チ水落ノ後部ノ處ヲ云フ）（膽俞ハ前ニ圖ヲ示セリ活法惣圖ノ電光ナリ大脊骨ノ部九ツ目ノ節ヲ云フ此處ハ一寸四方アリ）死者ノ兩手ノ下兩脇ヘ施術者カ兩腕ヲ差入レ死者ノ臍下（俗ニ云フ明星ノ處活法總圖ニ記ス臍ノ下一寸余廻リ即チ臍ト毛際トノ間ヲ云フ）此ノ邊ノ處ニテ兩手指ヲ組合セ氣合ヲ入レテ脛當骨ト両手ヲ引上ル樣ニナシテ向ヘ突

クナリ猶此法ハ上梓ノトキハ圖解ヲ附シテ明解スルコトアルベシ
此レ殆ンド淺山一傳流活法ニ近似セリ又其他不容巨鬪ニアリ天神神楊流襟活法ニ似タル所アルニヨリ說明並ニ挿畫ヲ畧スレドモ凡テ何活タルヲ問ハズ大同小異ナルガ故ニ今玆ニ之ヲ贅セズシテ筆ヲ止メヌ
此次ニ記ス部分ハ劍術極意敎授圖解全一冊ハ各專門大家ノ執筆ニシテ秘傳秘術ヲ圖解ヲ以テ記載スルモノナリ猶最近刋ニテ日比野大先生ノ著ニ係ル神刀流劍舞指範、劍舞獨步圖解大全ハ新古有名ノ詩每ニ挿畫ヲ以テシ實ニ獨習師ヲ待タズシテ解スルコトヲ得ルモノニシテ大珍書トシテ十五種ニ挿畫二百廿五個ヲ示ス
近來種々紛敷書籍汗牛充棟モ啻ナラズ依テ御購求ノ諸彥ハ著者及ビ魁眞書樓發兌ノ刻版ニ御注目アランコトヲ乞伏

獸類ニ用ユル活法

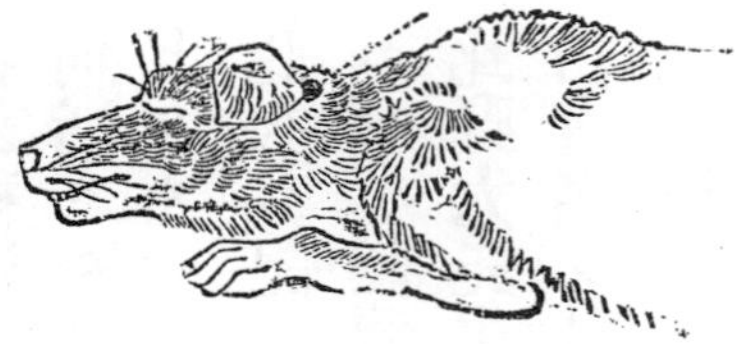

獸類ニ用ユル活法トハ犬ニモセヨ猫ニモセヨ凡ソ吾人ノ愛スル處ノ人類ニ同ジ之等ヲシテ誤テ打撲シ或ハ徒ニ打擊シテ死ニ至ラシメタル時等ハ柔術家ニシテ活法ヲ施シ蘇生セシメサル可カラズ依テ其施術法ハ其死獸ヲ四ツバイト爲シ而シテ其首ノ處ヘ手ヲ當《アテ》ガイ下ヨリ頭骨際迄(圖ノ如ク)强ク二三度押上ゲ而シテ後チ平手ヲ以テ頭部及体部ヲ打ツベシ左スレハ其獸ノ肺肝ニ呼吸運動ヲ爲サシメハ蘇生スヿ疑ヒナシ(指ノ使用法ハ襟活法ノ揷畫ノ如クナリ)

人體骨部

凡ソ人體ノ搆造ヲ三部ニ分ツテ成立チヲ記スルハ　第一　頭部
第二　軀幹　第三　四肢　トスル者ナリ第一　頭部ハ人體中最モ
上部ニ在リ是ヲ別ツテ頭顱及ヒ顔面トス　頭顱トハ毛髪ヲ生ズル
部分ニシテ別ツテ記セハ（前頭骨《セントツコツ》）（後頭骨《コツトワ》）（鬢《ビン》）（顚頂《イタヽキ》）トシテ顔面《ホカ》、額《ヒタイ》、
頰《ホウ》、腮《チトゲイ》、顳顬《コメカミ》ナリ　第二ハ　軀幹《ドウ》也　軀幹ハ胸膛《ム子》、腹《ハウ》部ノ二部ヨリ
成リ立ル者トス頸《クビ》ヲ以テ頭部ニ連ナリ其頸ヲ別ツテ頸前《マヘ》、頸側《クビノヨコ》、及
ヒ項ノ三部トス　胸膛ノ前面ヲ胸ト云ヒ又後面ヲ背ト云フ側面ヲ
脇キト云腹部ノ中央《マンナカ》ノ上部ヲ心窩《ミヅチチ》ト云ヒ（水月トモ柔術家ニテハ云ナリ）其左右ヲ
季肋《アバラ》下部ト云フ中央部ヲ亦臍部《ヘソノワキ》ト云ヒ其ノ左右ヲ腰側ト云フ臍部
ノ下ヲ小腹《シタハラ》ト云フ腹部ノ後面ヲ腰《コシ》ト云フ　第三　四肢《デアシ》トハ上肢《カイナ》及
ヒ下肢《アシ》ヲ云フ其上肢ハ上膊《テノウデ》、前膊《ウデ》、手腕《テクビ》及ヒ指《ユビ》ヨリ成リ立ルコヲ軀
幹ト連ラナル處ヲ肩《カタ》ト云フヒ其下面《ミタカリ》凹陷《クボミ》シテ毛《ケ》ヲ生スル所ヲ腋窩《ワキシタ》
ト云フ　下肢ハ股《モヽ》、脛《フ子》、足《アシ》、及ヒ趾《ゴビ》ヨリ成リ軀幹を連ナル所ヲ腰ト

云ヒ腰ノ後ニシテ豐大《フトリタル》ノ所ヲ臀《シリ》ト云ヒ腹ト股トノ界ヲ鼠蹊《ヨコ子ドコロ》ト云フ
以上四肢ニ於テハ前面《マヘ》、後面《ウシロ》、外面《ソト》、及ヒ內面《ウチ》ノ別アリ

第二　骨部解　骨ハ身體《カラタ》ノ幹《ミキ》ニシテ筋肉ヲ附着セシムル者ニシテ別ツテ三種トス　即チ長骨《ナガホ子》、扁平骨《タヒラナルホ子》、短骨《ミナカキホ子》是ナリ長骨ハ專ラ四肢《テアシ》ニ在リ扁平骨ハ頭及ヒ軀幹《ドウ》ニ在リ短骨ハ手足頭軀幹ニ在リテ以上ノ諸骨ハ連ナリテ一體ヲ成スルモノ骨骼《ホ子グミ》ト云フ又其附在ニ隨テ頭骨軀幹骨、及ヒ四肢骨ニ區別ヲナス

第二種ニ曰ク頭骨ハ骨骼ノ最モ上部ニ位シテ之ヲ別ツテ頭顱《アタマ》骨、顏《カホ》面骨ノ五類トスル總圖ノ表ヲ能ク其ノ號ヲ見ヨ（第一）（第二）（第三）（第四）（第五）數多ノ扁平骨及ヒ小骨ヨリ成リタルモノト知レ

第三種ニ曰ク軀幹骨ハ胸膛及ヒ腹部ノ搆造ヲ成スルモノニシテ脊擁骨、胸廓骨、盂盤骨ノ三部ニ區別ス圖解ニ依テ見ヨ　第七、第八、第九、ノ三部モ數多ノ骨ヨリ成立ルモノナリ

第四種ニ曰ク　四肢骨ヲ別ツテ二トス上肢《テウデ》骨及ヒ下肢《コシノ》骨《ホ子》是ナリ此ハ肩胛《カヒノ》骨《ホ子》、鎖骨、上膊骨、前膊骨、手骨ニシテ表面圖ノ（第十（又第十（彫落シニ附又十トナス肩胛骨ヲ云フ））（第十一）（第十三四）（第十六七）乙ハ股骨、膝骨蓋骨、下脚骨、足骨（第十九、第廿一、廿二、廿三）ナリ其下肢骨ハ上肢骨ニ比スレバ强大ナリ

第三　關節部ノ解　二個以上ノ骨端《ホ子ハシ》相合シテ運轉《ハタラキ》ヲ營ム者ヲ關節《ツガイ》ト云フ之ヲ大別《ワケ》シテ二種トス曰ク半動關節《ナカバツゴクフシ》例ヘハ脊推骨《セホ子》（第六）ノ如クニシテ曰ク全動關節例ヘハ肩關節、胯關節（第十）（第十八）ノ如ク是ナリ又二骨相合シテ運動セサルモノヲ骨縫ト云フ總テ關節一周圍ハ囊狀《フクロノタケ》ノ靱帶ヲ以テ包ミ更ニ若干ノ靱帶ヲ以テ其力ヲ助ケル關節内面ニハ關節液膜ト稱スル薄膜《ウスキカワ》アリテ之ニヨリ粘滑《子バリ》ノ液《シル》ヲ生シ以テ運轉ヲ滑利ス　總テ此ノ如クニ記シアリ餘ハ身體表裏ノ全圖ニ依テ符號ヲ參照スヘシ

第一前頭骨《ゼントウコツ》　第二顱頂骨《ロテウコツ》　第三顳顬骨《セツジュコツ》　第四上顎骨《ウヘアゴ》

第五下顎骨《シタアゴ》　第六胸骨《ムネ》　第七肋骨《アハラ》　第八脊骨《セボネ》

第九盂盤骨《ウバンコツ》　第十肩胛關節《カタノホネ》　第十一上臂骨《ウハヒヂ》　第十二肘關節《ウデ》

第十三撓骨《ギヨコツ》　第十四尺骨《シヤクコツ》　第十五腕骨《ワンコツ》　第十六手骨《シユコツ》

第十七指骨《シコツ》　第十八股《モヽ》關節　第十九大腿骨《ダイタイコツ》　第廿膝關節《ヒザ》

第廿一脛骨《スネ》　第廿二腓骨《ヒコツ》　第廿三腓關節《ヒカンセツ》　第廿四跗骨《フコツ》

第廿五趾骨《シコツ》

脊部圖ノ符號ヲ附ケ誤リニ付第一ヨリ第十三迄ハ表面ノ圖解ト
第一ヨリ第廿五迄トハ是ニ依テ參觀スベシ

人體骨ノ表面ノ圖

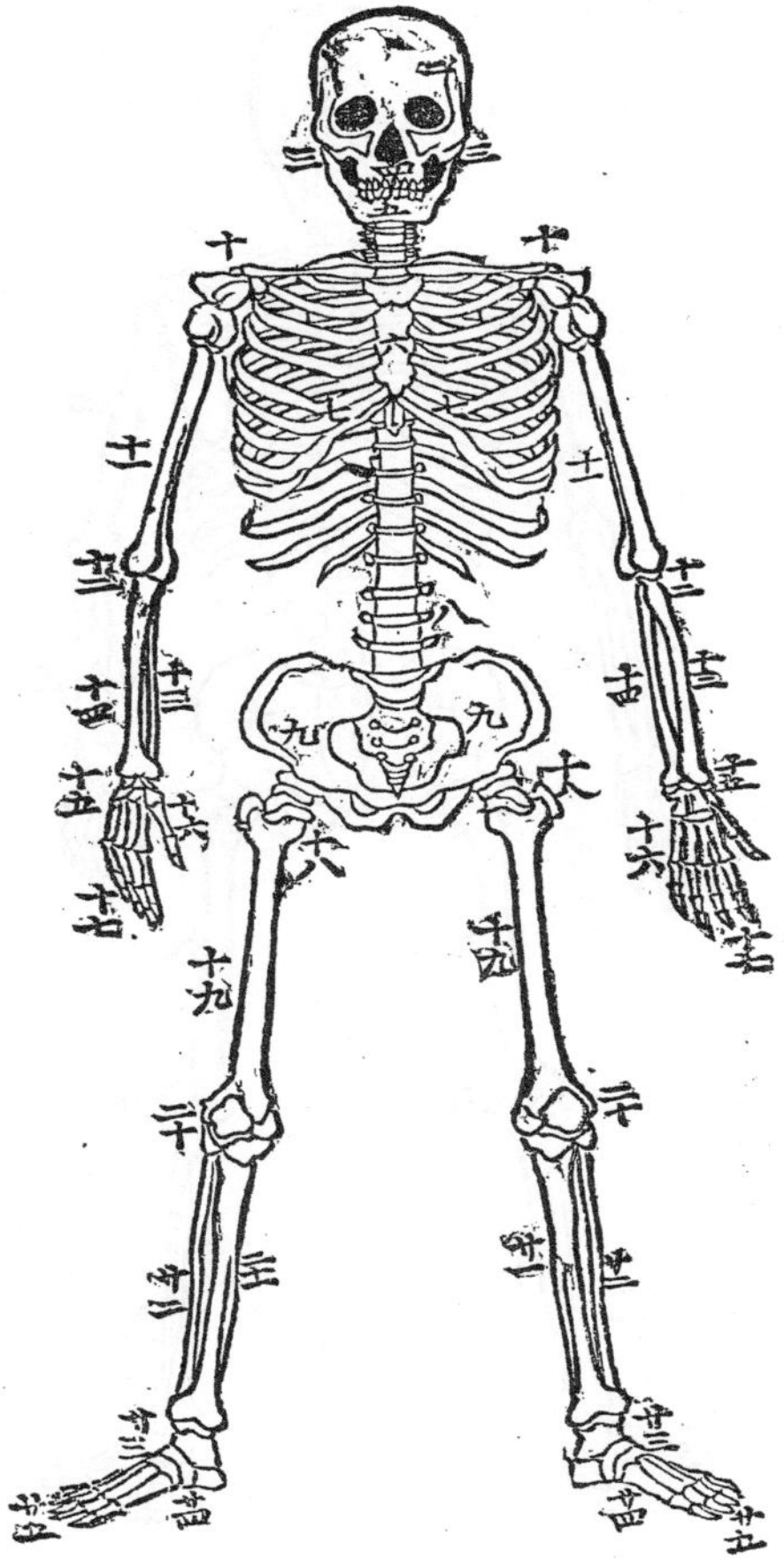

人躰骨脊面ノ圖

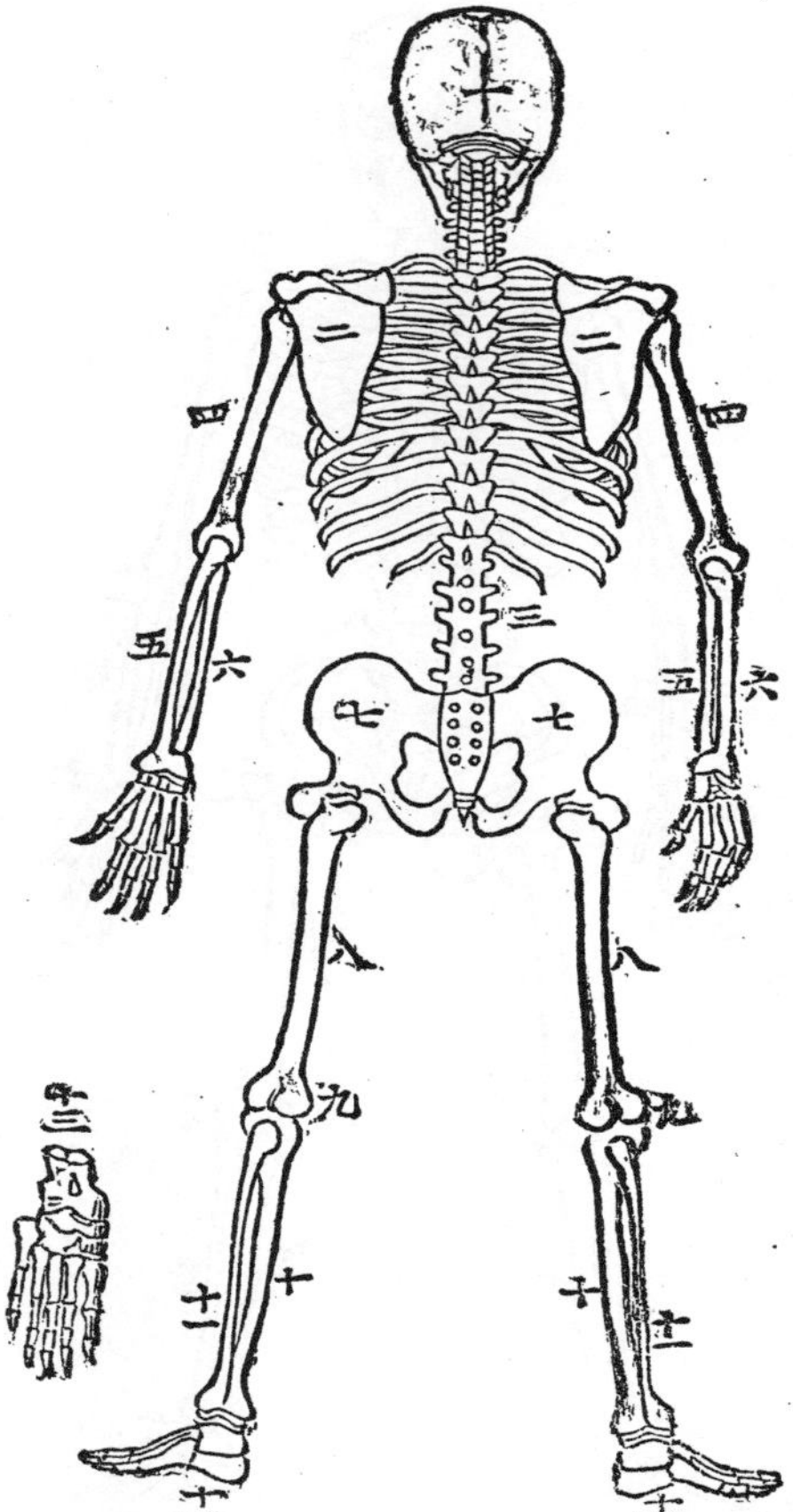

一後頭骨　二肩關節　三脊骨　余ハ表ニ習フベシ

急救療法

急救療法トハ不慮ノ災害及ビ錯誤等俄然起リタル處ノ病症ヲ云之ニ救助法ヲ以テ一時ヲ凌ガセシメル療法ナリ

●衂《ハナ》血《ジ》止《ドメ》法

衂血甚タシキモノハ速カニ頸胸ヲ撿束セル衣襟ヲ弛メ身体ヲ安靜ナラシメテ綿撒糸若クハ綿花紙片等ヲ深ク鼻中ニ挾入シ氷或ハ冷水ヲ以テ前頭及ビ項部ヲ冷スベシ且ツ患者ノ頭部ヲ前方ニ屈セシメザルヲ要ス若シ出血止マザレハ酢或ハ小量ノ明礬又ハ「フシ」ノ粉ヲ冷水ニ和シ患者ニ強ク之ヲ嗅入セシメ且ツ男子ハ陰嚢ヲ女子ハ乳房等ヲ冷水ニテ冷スベシ是等ハ皆醫學的ノ方法ニシテ最モ緊要トス柔術的ノ方ニテハ前項誘ノ活法ヲ以テ止血ス又タ曰ク他ノ出血ヲ止ルニ白紙ヲ三ツニ折又三ツニ折幾重ニモ三ツ折ニシテ氣

合ヲ込テ出血ノ處ヘ張附テ止ルト拇指ヲ握ルナリ又鼻血モ同樣ナリ鼻血出ル方ノ掌ニ止ルト文字ヲ記シ氣合ニテ止ル口傳

◉暑中吐血　（日射病トモ云）

此ノ暑中吐血トハ炎熱ノ時暑サヲシテ力業スル者ニ多シトス其症タルヤ大渇飮ヲ欲シ頭熱灼クカ如ク顏面赤色ヲ呈シテ呼吸促迫シ甚ダシキハ歩行蹣跚トシテ遂ニ昏倒スルニ至ル先ツ衣帶ヲ弛メ頭部ヲ高フシテ安臥セシメテ空氣ノ流通ヲ善クシ且ツ水ヲ飮マシメ呼吸ヲ癈絕スルモノニハ人工呼吸術ヲ行ヒ絕息シタル者ニハ襟活法ヲ施シ又其發汗スルモノハ胸部ニ灌水スベカラズ

但シ此症ニハ總テ氣附藥等ハ必ス與ユ可カラズ

亦咯血スルトハ咳嗽時ニ當テ氣管又ハ肺臟ヨリ血液ヲ咯出スルモノヲ云フ而シテ其血色鮮紅且ツ泡沫ヲ含ムモノナリ此ノ症ニ於テハ患者ヲ半坐狀ニ安臥セシメ（言語ヲ禁ス）氷或ハ冷水ヲ以テ胸部

ヲ冷シ食鹽四匁計リヲ水ニ和シテ頓服セシムベシ
亦吐血スルトハ胃ヨリ血液吐出スルモノヲ云フ而シテ其血色暗赤且ツ食物ヲ混スルモノナリ此ノ病者ニ於テハ身体ヲ安正ニシ頻リニ氷片ヲ嚥下セシメ氷或ハ冷水ヲ以テ胃部ヲ冷スベシ
亦柔術法ニ曰ク半紙ヲ△ノ如ク三角形ニ幾重ニモ折リ其紙ヲ出血ヲ以テ指先ニテ止ルト云フ文字ヲ書キ其紙ノ切口ヨリ出血ナス處ヘ押當テ之ニ氣合ヲ掛ケ其氣合ヲ以テ出血ヲ止ムルト云フ法アリ
但此ノ出血病ニハ活法施術ハ無用ナリ

◉卒　倒　（俗ニソッチウト云フ症ナリ）

此ノ症ニハ患者ノ枕ヲ高フシテ横ニ寐カシメ衣類ヲ脱シテ面部及ビ胸部ヲ氷又ハ冷水ニテ冷シ而シテ活法ヲ用ユルナリ卒倒者氣復シタル時ニハ「シヤウチウ」又ツヨキ酒等ヲ呑マシムベシ而シテ后吐息活法中ニアル挿畫ノ如キ巻クダカ又紙ニテ製シタル物ヲ以テ

鼻穴ヘ「イキ」ヲ吹キ込ムモヨシ又ハ生姜ヲ絞リテ呑マシムルモヨシ依テ人工呼吸術ヲ施スモ好トス

◉凍傷及凍死（俗ニ雪ニコヾヘテ死ス者ヲ云フ）

此ノ凍傷輕キモノハ指趾若クハ鼻耳其他ナリ重キモノハ全手全脚是ニ依リテ强固トナリ脆クシテ碎折シ易キニ至ル故ニ之ヲ把持スルニ最モ注意セサル可カラズ其甚タシキモノハ全身凍冱シテ死ニ至ルモノナリ

此ノ症ニハ決シテ急遽ニ之ヲ温ム可カラズ先ツ火氣ナキ室內ニ移シ凍部又ハ全身ヲ雪ニテ摩擦スヘシ若シ雪ノ無キ𪜈ハ冷水ヲ布片ニ浸シ之ニ代フ死ニ陷リタルモノニハ柔術活法ヲ施シ而シテ体ニ微温ヲ生シ呼吸漸ヤク復スルニ至レハ徐カニ身体ヲ温護シ温茶ニ酒ヲ加ヘテ頻々之ヲ與フヘシ

又凍部漸ヤク「トクル」ニ至レハ其部劇痛ヲ發ス然ル𪜈ハ再ヒ雪ヲ

以テ痛所ヲ冷スヲ好トス便宜法ニハ足ノ裏ヘカラシ泥ヲ塗ルモヨシトス

◉溺死救助心得

人誤テ水中ニ落タル時ニ急ニ投水シテ救助スルハ最モ善シトスト雖モ此人ヲ救助セントテ却テ溺死スルヿアリ是ハ泳ヲ心得タル者ニモセヨ必ス溺水者ノ背後ヨリ抱キ而シテ淺キ處迄連レ來タル可シ決シテ前面ヨリ救助ス可カラス依テ水淺キ處ニテ更ニ抱キ直スヲ好トス

◉空氣ノ絶息

空氣ノ爲メ絶息トハ炭酸瓦斯、窒素瓦斯、燒用瓦斯、火藥爆烈、ニ依ル瓦斯等ノ古井戸、礦抗深窖、密室、古穴藏等ニ充盈シアルヲ以テ何様《カヤウ》ナ處ニ入ルニハ必ス戸外ヨリ灯燈ヲ附ケテ入ルヘシ此戸內ニ入ヲントスル時若シ燈火ノキヘタル𪜈ハ入ルヿヲ禁ス如何トナレ

ハ瓦斯ノ在ルヿヲ知ラズシテ其内ニ入リ或ハ之ヲ吸入シテ窒息スルヿアリ又絶息スルヿアルナリ

右ニ施術ヲ爲キハ患者ヲ開濶清良ノ空氣中ニ移シ速カニ其衣服ヲ脱シテ頭部ヲ冷シ布片ヲ酢ニ浸シテ全身ヲ拭ヒ而シテ活法ヲ施スヘシ呼吸術及誘活ニテ蘇生スルナリ

◉創傷

創傷トハ切創突創、銃創ニ拘ハラズ先ツ創所ヲ撿シ衣帯等ニテ之ヲ掩フモノアラバ解放スヘシ若シ創内ニ竹木屑片等諸物ノ容易ク除去スルヲ得ヘキ者アラハ尤モ注意シテ之ヲ除キ或ハ清水ニテ洗ヒ去ルヘシ但シ是ガ爲メニ時間ヲ徒費シ又妄リニ身體創所ヲ動カサヽル様注意スヘシ又創傷ハ第一ニ出血ヲ止ムルノ手當ヲ緊要トスベシ

◉挫傷

挫傷トハ打傷撲傷ヲ云棒竹等ニ當リ又ハ喧嘩ナシテ烈シク受ケタル打撲或ハ墜落シテ創傷ヲ生スル者アリ輕キ者ハ皮膚ニ創モナクシテ疼痛烈シキ時ハ數度冷水ヲ以テ能ク洗フベシ

◉煙薫死

是ハ近火ノ災害ニ當リ煙火ニ薫リ頭痛ミ爲メニ嘔吐シ遂ニ迷悶シテ死ス者ヲ云フ之ハ煙ニ卷レタル爲メ忍ヒ難キ時ハ地上ヘ平ハイニ成リテ當リヲ見レバ必ス見ヘル者ナルヲ以テ見窮タル方ヘ行クベシ若シ之カ爲メ死シタル者ヲ救助スルニハ生菜《アナナ》生《ナマ》大根ノ絞リ汁ヲ呑マシムベシ又ハ葡萄酒ニテモヨシ而シテ活法ヲ施スベシ

◉繃帶取扱ヒ方

繃帶ハ白木綿又ハ晒木綿又ハ便宜ノ爲手拭ヲ裂キテ患部ニ用ユベシ繃帶ヲ行フニハ上圖ノ如クニ卷置キテ用ウルナリ其卷キ終ル時ハ其繃帶ノ先ヲ上ノ如ク裂キテ

之ヲ兩方ニ分ケテ以テ結ヒ終ルベシ
繃帶ヲ使用スルニハ其巾一寸モアリ一寸五分二寸モアル其卷時ノ都合ヲ見ルベシ晒木綿ヲ細ク縦ニ切サキテ使用ノ節ハ挿畫ノ如クニ卷置イテ藥用ノ後ハ次第ニ卷戻シテ廣キ時ハ極細晒ヲサキテ上結ヒヲナスナリ次回ニ其卷タル大略圖解ヲ記スベシ
又繃帶ヲ毎日使用スルニ古キ分ヲ元ヨリ再ヒ卷テ用フヿアルベシ

接骨法

凡ソ接骨治療法タルヤ一朝一夕ニ説明スベキニ非ラサレドモ茲ニ其概畧ヲ記シテ讀者ノ便宜ニ供セン都テ圖ヲ能ク見ルベシ
亦此治療法現今ハ醫學部ニ於テ受撿濟ノ上鑑札ヲ得サルニ非ラサレハ接骨成シ難キ者ナリト雖モ之ヲ業務トセサル者ハ此限リニ非ス實地經驗ニシテ柔術家免許以上ニハ出張處出スヿアリ

然レ圧現今接骨家ノ方法タルヤ醫家ト異ナリ從來家傳ノ事業ニ非ラサレハ接骨ノ業ヲ成ス者尠ナシ

茲ニ要用トシテ記載スルハ若シ不慮ノ災害錯誤ノ怪我ヲ生ジタル時ノ手當ト成シ實行スル便ニ供スル爲ナリ

療法ノ事タル固ヨリ接骨醫ノ關スル所ナリト雖圧柔術家ニシテ其方法ヲ知ラサル可カラス故ニ接骨醫ニ托スル迄ノ火急ノ塲合之ヲ待ツニ暇ナキ時ハ先ツ法則ノ手當ヲ爲サザル可カラス其手當ノ方法タルヤ下欵ニ擧示スルヲ以テ豫メ之ヲ熟知シ變故ノ際ニ臨ミ其順序ヲ施スヘキヲ要ス

前項ノ手當ヲ爲スハ全ク火急ヲ救フガ爲メナレハ之ヲ施スヲ以テ柔術家ノ尤モ本意トスル者ナリトス

患者ノ取扱ヒタルヤ極メテ大切ニスヘキハ勿論最モ鎮靜ヲ要スル者ナレハ施術者及ヒ看護者ノ外ハ可成接近セシム可カラズ

骨折ハ成ルヘク丈ケ苦痛ナラザル樣安靜ニ保護スルヲ以テ專一トス

故ニ患肢ノ位置ヲ正シクシテ其外面ニ副木ヲ當テ適宜ニ之ヲ繃縛シ或ハ上肢（即チ腕手）ニ在テハ間手ヲ延バシ軀肝ニ接シテ共ニ繃縛シ或ハ曲テ胸腹上ニ安置シ間手ヲ以テ自ラ之ヲ支持セシム下肢ニ（即チ足脚）於テハ間足ヲ延ハシテ副木ノ換リトナシ布片ヲ以テ共ニ數ケ所ヲ繃縛スヘシ（圖參照）

但創傷ヲ兼スルモノハ其創傷術ヲ施スヘシ

玆ニ療法ヲ示サンニ何人ニテモ療《ホコ》法ヲ施サントスルヰハ其患部ヲ能ク改メテ關節ヲ揉ミ解スベシ其揉ミ方タルヤ手ヲ開キ（俗ニ手ノコバト云フ處ヲ以テ成スベシ）其手ヲ

立テ、柔ラカク揉ムナリ依テ其揉ミタル處ヘ藥ヲ附ケ適宜繃縛ヲ施ス者トス

但シ藥ニハ（素人療治法）キワダノ粉ヲ酢ニテトキ貼附スベシ

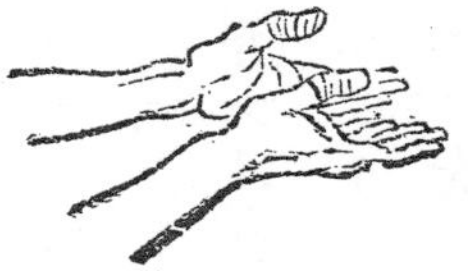

◉下顎脱臼（下アゴノハヅレタルヲ云）

脱臼トハ骨ノ關節面互ニ脱臼シタルモノニシテ故有ノ運動ヲ營ム能ハサル者ヲ云フ而シテ其嚴傷各關節差異アリトハ雖𪜈概シテ之ヲ云ヘハ永キヲ變シテ短シトシ或ハ延長シ骨頭ノ轉位ニ變位變形ヲ現ハシ且ツ肘起ヲ試ミニ患部ヲ動セハ疼痛ヲ發スルモノナリ之ヲ救護スルニハ速ニ整傷術ヲ施サヽル可カラスト雖𪜈下顎關節ヲ除クノ外其術複雑ナルヲ以テ習練ナキモノヽ能ク施シ得ヘキニ非ラザレ𪜈患部ヲ安靜ニシテ而シテ下顎脱臼正傷センニハ先ツ患者ヲ倚子ニ頼ラシメ術者ハ其前ニ居テ保護者ハ後方ヨリ患者ノ頭顱ヲ固持シ

而シテ術者ノ兩拇指ニ布片ヲ纒ヒ拇指ノ腹部ヲ患者ノ最後臼齒ニ措キ諸指ヲ以テ顋ヲ引キ而〆押シ且ツ後方ニ壓スルカ故ニ容易ク整復シ得ルモノナリ最モ此症ノ者ハ一度アレハ度々脱ス者ナリ大口開笑等ニテモ脱臼スルヿアリ數度ニ及タル時ハ繃帶ヲ爲ベシ

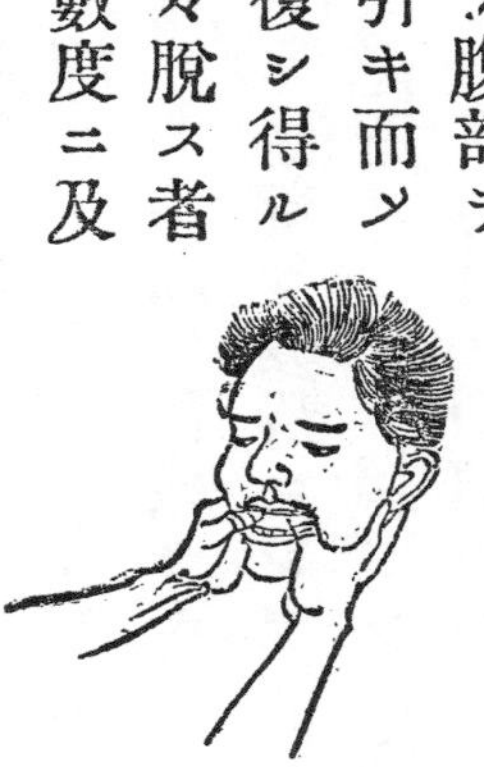

◉肩脱臼（カタノホネハヅレタルヲ云）

此肩臼脱トハ其關節ノ事ヲ云フ者ニシテ落體シテ脱臼スルカ又ハ誤テ脱臼スル者ナリ肩ノ如キハ脱臼スルト一向動カズシテ只下《サガ》リタルノミ之ガ一度脱スルト習慣ナル故ニ充分ノ治療ヲ能ク加ヘ置可キ也扨テ此肩胛關節脱臼ノ治療法ハ先ツ甲者ヲ半坐セシメ甲乙二人ニテ施術ヲナスベシ先ツ甲者ハ患者ノ脊部ニ立チ左右ノ肩骨脱臼ノ方ニ向フナリ（圖ハ右肩ノ脱臼雛形ナリ）術者ハ而シテ右

脊部ニ膝ヲ當テ又右手ヲ脫臼ノ肩ノ關節ヲ摑ミ（即チ拇指ヲ脊肩ニ向ヒ四指ヲ腕ニ當テ己レト肩ヲハメル心持チヲ要スベシ）左手ハ首ヲ抱ヒ乍ラ右腕ヲ握リテ右手ノ補ヒ施術ス乙者ハ仰向ニ寐テ（即チ患者ノ患部前ニ寐ルナリ）兩足ヲ右脇下ヘ當テ兩手ハ右手ヲ摑ミ充分ニ引延スベシ（即チ下ノ方ヘ引クナリ）術者

甲乙共ニ氣合ト同時ニ引キ共ニ緩メテ脱臼ノ掛リタルヤ否ヤヲ試ミルナリ若シ未タ整復セサル時ハ肩ノ關節ニ痛ミ堪ヘズシテ指先迄動カスヿ能ハズ故ニ前ノ如ク成シテハ試ミルナリ（圖參照）

是ハ圖ノ如キ者ガ第十肩胛關節ノ脱臼シ又飛ビ出テ夫ニ薄皮張リタルヲ再ヒ破リテハメル者ナルカ故ニ患者ハ大ニ痛ミヲ覺ユルト雖モ整骨スルニ疑ヒナシ

全ク整ヒタル時ハ多少痛ミヲ覺ユルト雖モ手ノ運動ニ差支ナキヲ以テ整復シタルヿト心得ベシ其患部整復シタレ

肩ノ廻邊ヲ能ク摩擦シテ水藥其他接骨用藥ヲ貼附シ而シテ晒木綿ヲ以テ圖ノ如ク繃帶スル者ナリ患者ハ其痛ミノ全治スル迄可成腕ヲ動カサヌ様スベシ（又此ノ脱臼ニモ二種アリテ一ハ下ノ方ヘ脱臼スルモアリ亦一ハ前ノ方ヘ脱臼スルモアリ）而シテ此ノ

二種トモ悉皆全治スル迄ハ毎日二度ツヽ藥ヲ用ユル時ノ外紲縛ヲ緩メサル樣注意スベキ事ナリトス

◉肘　脫　臼（ヒジノホネハヅレヲ云）

此肘骨關節ノ脫臼トハ前項ニ述ヘタルガ如クナリト雖ドモ小兒八九才ノ頃迄ハ稍トモスルト筋骨ノ柔弱ナルガ故ニ脫臼スルヿアリ之ハ一度脫スルト癖トナリテ少シノヿニテ脫スルモノナリ

總テ是等脫臼ヲ治療スルニハ肩ノ脫臼ヲ療治スルニ異ナラスト雖モ術法ヲ行フニ聊カ其施術法ノ異ナル處アルガ故ニ此處ニ說明スヘシ（圖參照）

先ツ甲乙ノ貳名ニテ施術爲シ其內ノ乙者ハ患者ノ脫臼シタル手ノ首ヲ自分ノ右手ニテ柔ラカク引延シ（但掌ヲ下ニシテ指先ヲ握リ引延スベシ）而シテ左リ手ハ患者ノ脇ノ下ヘ拇指ヲ當テ他ノ四指ヲ肩外ヘ當テ押シ右ハ引テ延スヲ要ス甲者ハ肘ノ關節脫臼シタル

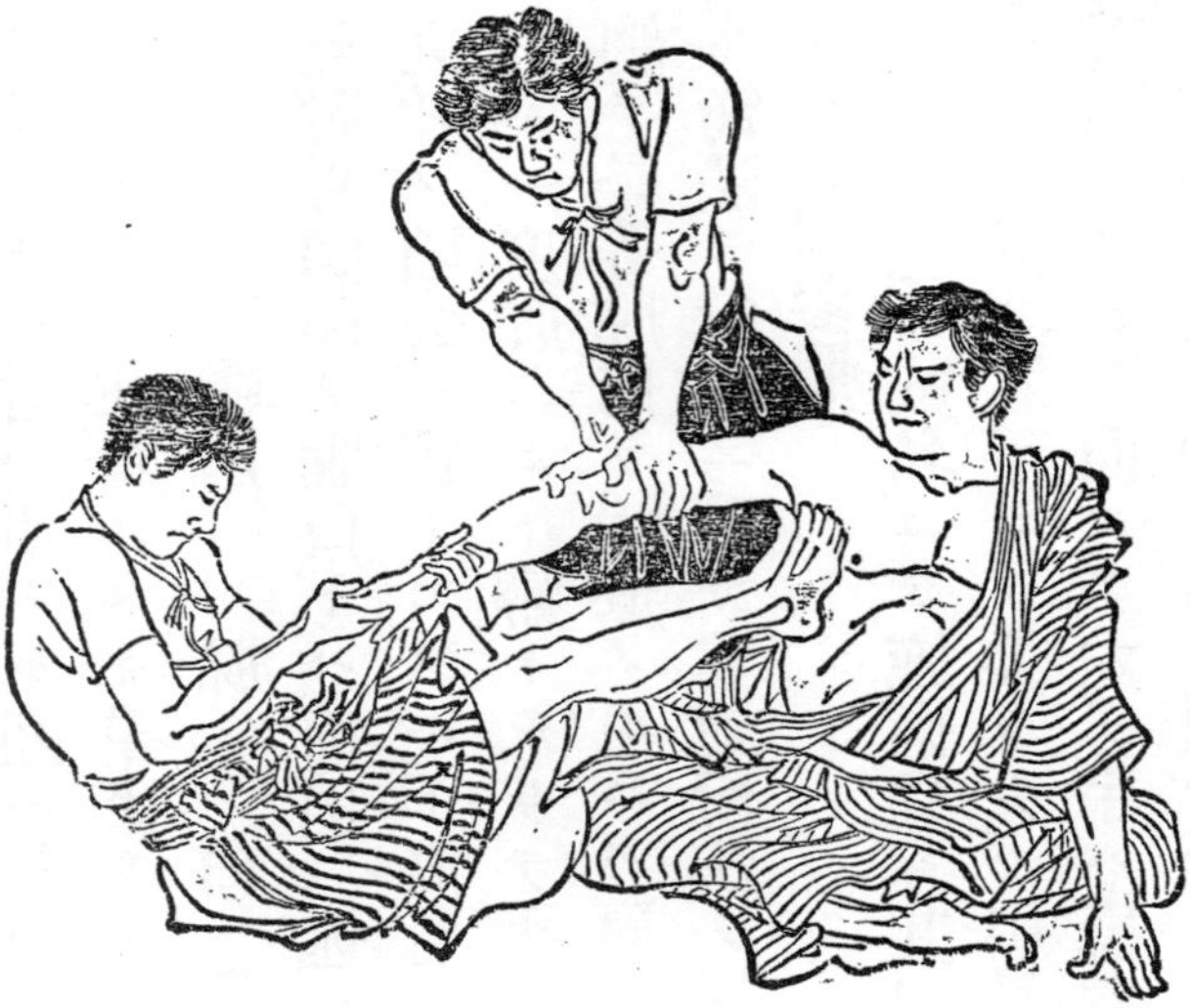

所ヲ兩手ノ掌ニテ上《ウヘ》下《シタ》ヨリ脫臼骨ヲ押ヘルガ如クハメルガ如ク押シ合スベシ尤モ此脫臼ヲハメル時ハ甲乙共同時ニ氣合ヲ發シテ施スナリ（圖ニ違ヒノ處ハ文章ニテ見ヨ）

都テ接骨及ヒ整復ナサシメタル時ニハ能く〱摩擦シ上蒸藥ニテ數度蒸シテシカシテ筆ニテ引藥ヲナシ其上ニテ附藥ヲシテ紙ヲ小サク切藥ノ上ニ張リ繃帶ヲナス者ナリ以下接骨用筋違等ニハ必右用ニナスモノト知レ

因ミニ記ス　年二十才以上

老ヘルニ従ヒ筋骨ノ強固ナルガ故ニ容易クハ整復シ難キモノナレドモ治療法ニ於テハ大差ナシ若年ノ内ハ骨折テモ早ク整復ス然レドモ整復後ノ治療法ニ至テハ年ニ應シテ長ビクナリ四拾才以上ニテハ随分六ケ敷モノ也骨折ハ整復成ガタシト知レ

綳縛ヲ掛ル術中ノ如キ患肢ヲ持チ　（但手ノ掌ヲ下ニ向テ引延テ居ルナリ）術者ハ患者ノ脇後ニ居テ患部ヲ左手ニテ摑ミ右手ニテ綳縛ヲ掛ケ二三回モ巻キタル處ヘ副木ヲ添ヘ綳縛ヲ充分ニ掛ケ而シテ厚キ板ヲ添ヘ（肱ノ曲ヲサルヲ注意ノ爲メ）綳縛布ヲ巻キ圖ノ如ク巻キ終ルナリ（挿畫參照スベシ）

患肢ハ可成動カ、サザル様靜カニ成シ尚快方ノ後ト雖モ當分ノ内ハ可成ハ使用セサルヲ好トス

◉腕首脫臼

此ノ腕首關節ノ脫臼トハ尺骨（轉肘骨トモ云フ）又ハ（尺曉骨或ハ腦肘骨トモ云）是ノ骨ノ脫臼スルニ至テハ即チ手首ニテ其治療法亦斯ノ如クナリ此脫臼ハ容易クハ整復シ難クシト云ヘ共亦タ六ケ敷モノトス是モ前ト同シ樣ニ術ヲ施スベシ

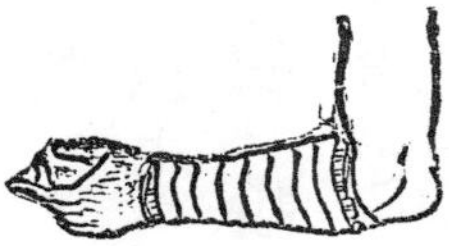

是ニ施術爲スニハ坐シテ居ル患者ノ患手ヲ術者其手ノ掌ヲ下ニ向ケテ總指ヲ摑ミ（圖ノ如ク）充分ニ引延スベシ（前二ノ腕脫臼ト手ノ附樣ハ同樣ト知ルベシ）術者ハ患者ノ脊後ニ居テ兩手ニテ肘ノ所ヲ強ク握リ又足ノ片膝ニテ患者ノ脊部ニ押當テ引クベシ此ノ引ク時モ甲乙心ヲ同一ニ氣合ト共ニ力ヲ一杯引キ靜カニ緩メルナリ（但シ双方共不同ナキ樣施術スベシ）（若シ不同ニテ同意同術ナラザル時ハ其功毫モナシ）故ニ施術者ニ於テハ能ク〳〵氣ヲ同意シテ整復ヲ成サシムベシ手首ハ一人ニテモ治療ヲナスベシ

若シ手腕首及諸指等一同ニ脱臼シタル時ハ腕首ヲ先ニ治療シテ全快ニ向フタル處ニテ諸指ノ治療ヲ施スベシ

藥法綳縛等ハ前項同様ナリト雖モ最初ノ内ハ綳縛ヲ成丈ケ細ク巻キ(圖ノ如ク)副木ハ裏表ヨリ當テ手首ノ動カヌ様綳縛スルヲ好トス

因ミニ記ス總テ腕骨關節ノ脱臼症ハ直チニ治療ヲ成サズシテ過キナハ必ス不具手ト成ル者ナリ故ニ痛ミヲ我慢シテ治療ヲ怠ル可カラズ其治療ヲ成スト雖モ全治迄自由ナラザル様ニシテ其上ニモ暑寒ノ氣候ニ至ツテハ一層痛ミヲ發スルガ故ニ最初ノ内ニ充分治療ヲ怠ル可カラズ必ス〱半療治ニシシテ止ム可カラズ

◉指肢脱臼

指骨關節ノ脱臼ハ容易ク整復スル者ニシテ其技術モ亦容易シト雖ドモ指骨ハ種々ニ脱臼スル者ナレハ皆ナ容易シト云ニ非ス其一二

ヲ擧クレハ左ノ如シ

先ツ其脫臼シタル指ヲ摑ミ强ク引延シテ（但シ隣指ヲ添ヘテ引ク者ト知ルベシ）而シテ靜カニ緩メ藥ヲ用ヒ綳縛スル者ナリ其綳縛

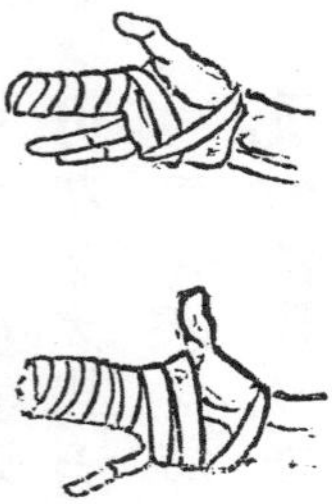

ニテモ兩隣指及片鄰指ヲ添ヘテ副木ノ替リト爲シ巻クベシ右ノ如ク毎日二度位ツ、引延シテハ綳縛シ〳〵成ス時ハ數日ヲ經サル內ニ全治スルヿ疑ヒナシ（折臼ザル指ヲ其ニ引キ其時ノ都合ニテヨク觀タル上ニテ添引ヲスルベシ）

◉股關節脫臼（俗ニ腰脫臼）

此ノ腰ト股附根關節ノ脫臼トハ胯ノ骨ノ脫臼スルヲ云フ之ニ治療ヲ施スニハ患者ヲ仰向ニ寐カシテ（但柱ノ有ル所ノ際ヲ好トス）蒲團ヲ患者ノ脊ニ押當テ、肩ヲ柱結ヒセシメ木綿ノ様ナ者ニテ（但可成强ク体ノ動カザル様ニナス）甲乙二人ノ內用者ハ其患足ヘ木綿ヲ掛ケ其木綿ヲ我ガ首肩ニ掛ケ（圖ノ如ク）兩手ハ脫臼ノ關節部

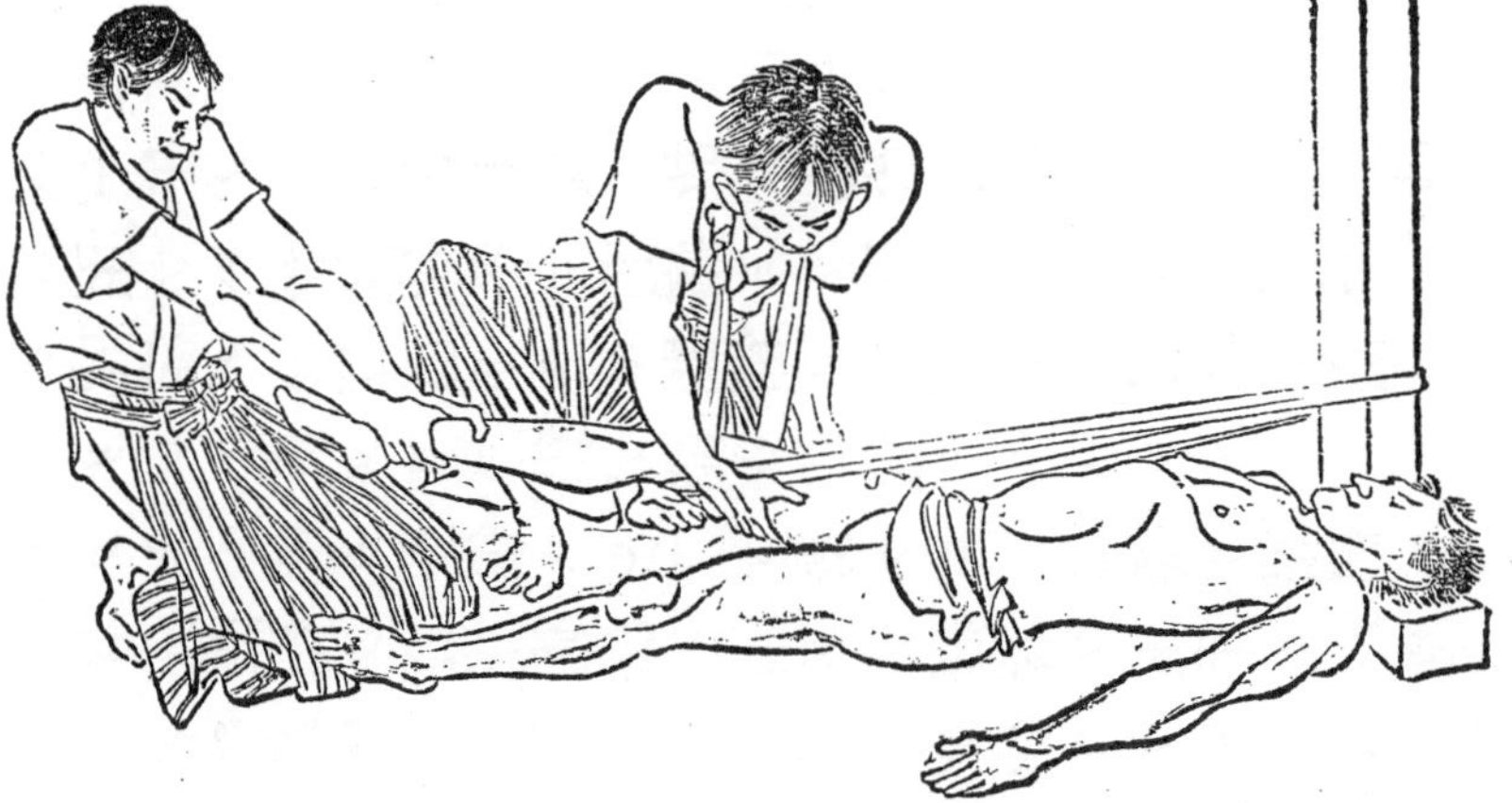

へ添へ極メテ脱所へ向ハシメ又乙者ハ患足先キヲ前右脇へ抱へ両手ハ足ノ上部ヲ摑ミ双方氣力ヲ合セテ引延ハシ又ハ押シ掛ル丁幾回モナス内ニ納メル樣ニスルベシ左スレハ如何ナル脫臼骨ト雖モ整復スルニ疑ヒナシ若シ甲者ノ首ニ掛ケタル釣合ノ不合ナル

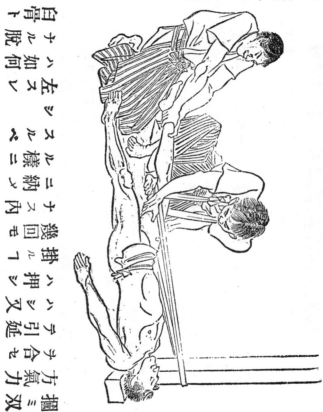

トキハ整復セザルヿモ有ルガ故ニ是等ハ能ク注意シテ施術成スベシ
右整復ノ上ハ手掌ニテ柔ヲカク摩擦シテ蒸藥ニテ能ク蒸シテ尚引藥ヲ引テ其上ヘ藥ヲ塗リテ繃縛スベシ全治迄繃縛ヲ緩ムベカラズ繃縛後ハ極メテ身体ヲ安靜ニ成シ勉メテ動カサヽル樣心得ベシ
吉田千春先生曰ク此施術法ハ術者ノ好者ノ上手ナル時ハ釣リ布ナド無クトモ能ク整復スルヿガ得ラルヽ其換リ繃縛ハ三四回後ニ非ヲサレハ成スヿヲ得ズ能ク注意ヲスベシ
又曰ク此症ハ一度直リテモ關節ノミ緩テカ又痛ミ出ル事在リ甚タ敷ニ至テハ春夏秋冬ニ其痛ミノ發スルアリ故ニ少シ治療ヲ怠タレハ一生ノ不具者ト成ル故ニ此治療法ハ余程六ケ敷者ナリトテ數年來其研究ニ苦シマレシ由ニテ近頃其二三ノ良法ヲ得タルトノコトナリ故ニ施術者ヨリ患者ノ全治肝要ナリ

◉膝關節ノ脫臼（高キ所ヨリ落又落馬シ腰膝骨脫臼スルヲ云）

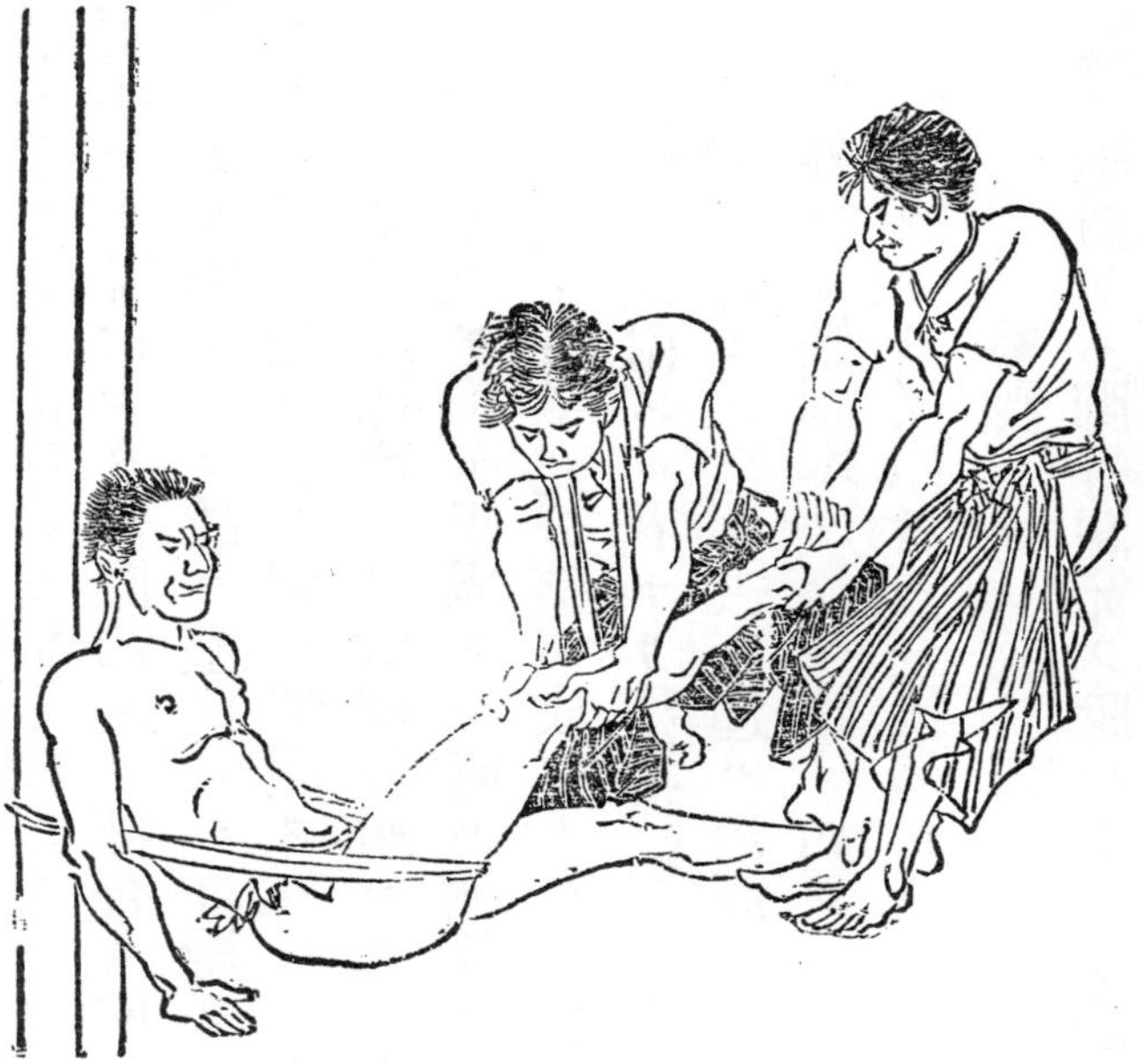

膝ノ脱臼トハ膝頭ノ關節ヲ脱シタルヲ云此脱臼タルヤ種々術アリト雖モ先ヅ前方ヲ挫キテ膝骨ノ飛出スヿアリ後方ヲ挫クヿアリ或ハ横方ヲ挫クヿアリ高キ所ヨリ落又ハ落馬腰膝ノ脱臼ト云フ是ヲ施術爲スニハ患者ヲ仰向ニ寐カシ而シテ甲者ハ前圖ノ如クナスモアリ脱臼シ居ル處ノ足（即チ膝頭ナリ）ヲ兩手ニテ持摑ミ乙

者ハ其足先ヲ兩手ニテ握リ極メテ力ヲ強ク引伸スベシ此時甲者ハ兩手ニテ脫臼シタル關節部ヲ押合セ或ハ當込ミ然スル時ハ固ヨリ脫シタル處ナルガ故ニ整復スルヿ疑ヒナシ（但シ術者ハ圖ノ如クナルヲ以テ能ク〳〵圖ヲ參照スベシ）而シテ充分ニ整復シタル後能ク患部ヲ摩擦成シテ數度伸屈シタル上ニテ觀察スベシ若シ伸屈ニ未タ差支アルト思慮スル時ハ猶能ク引伸シテ摩擦スルヲ好トス然ルニ依テ最早充分整復成シタレハ伸縮ニ自由ナルヲテ藥劑ヲ貼附スル者ナリ（治療法ハ前ニ同シ）

又伸縮上痛ミノ全ク去ル迄ハ治療ヲ怠ル可カラズ綳縛ハ內外ヨリ細副木ヲ添ヘ圖ノ如クニシテ少シク強固ニ綳縛ヲ成スヿ又患者ハ全快迄可成步行ヲ爲ス可カラズ

◉踝ノ脫臼

踝ノ脫臼トハ脚骨關節ノ脫シタルヲ云此治療法タルヤ

同シク便用法ナリ其名ニテ充分治療ヲナスモアリ兩手ニテ患部ノ足先ヲ引伸シ又縮メ數度ナシテ整復ナサシメテ能ク掌ニテ摩擦ナシ塗藥ヲナシテ又附藥ヲスル者ナリ猶ホ繃帶ヲナスベシ手ニテ壓スルガ如クニテ整復成サシムベシト雖トモ此加減計リハ餘程六ケ敷治療ニテ筆紙ニ盡シ難キ程ナリ故ニ速カニ整復スルヿアリ又ハ

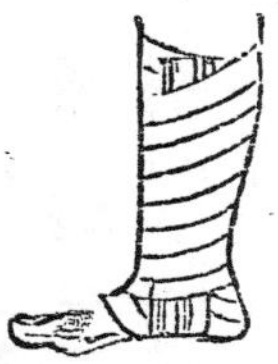

整復成サザルヿアリ故ニ術者ハ能ク〱注意スベキヿナリ(此類ハ各種アル故ニ大畧ヲ記スナリ)

繃縛ハ圖ノ如ク前後ニ副木ヲ當テ綾十字ニ卷クヲ好トス成可ク歩行ヲスベカラズ

骨折症之部

●鎖骨折治療法(肩ノ關節骨ヲ云)

鎖骨ノ折症トハ肩先ノ骨ノ折レタルヲ云此症ハ案外ニ疼痛薄キカ

故ニ患者モ治療ヲ遂ニ怠リカチトナリ術者モ治療法ノ容易キガ故左ノミ六ケ敷シヽト思慮セザルト雖モ若シ之ヲ治療セザル時ハ骨折ノ爲メ筋違トナリテ畢生治癒ノ功無キ者トナルガ故ニ必ス粗畧ニ思フ可カラズ注意スベキ者ト知レ

故ニ之ガ治療ヲ施サンニハ先ツ患者ヲ坐ラシメ少シク術者ハ患部ヲ蒸シ藥ニテ之ヲ蒸スヿ數十度ニナシテ而シテ静カニ摩擦ヲナシテ藥品ヲ塗附スルナリ○前條ノ如ク圖ニアルヲ見ルベシ治療法ハミナ同一ナリ繃縛法ハ小判形ニ切リタル極厚キ紙ヲ沸湯ニ浸シテ柔ラカニナシ之ヲ綿花ニテ薄ク包ミ骨折部ヘシカト押當テ又其上ニ副木ヲ當テ晒《サラ》シ木綿一巾ヲ四ツ裂トナシタル布片ヲ以テ肩ヨリ腋ノ下ヘ圖ノ如ク繃縛ヲナスベシ但シ此處ノ繃縛ハ至ツテ緩ミ易キモノ故ニ施術者ハ素ヨリ患者モ全ク整復ナス迄ハ能ク〳〵注意スベシ亦痛ノ去ルマデハ毎日藥ヲ用ヒ又ハ治療ヲ怠タル可カラズ

此ノ鎖骨ノ折症ハ皮膚ノ外面ニ形姿ノ露出タル處故ニ施術者ノ巧拙ニ依テ至極見苦シキ凸凹形ヲナスヿアリ故ニ能ク〳〵注意ナスヲ得ベキ者故良術ノ先生ニ願フヲ専用トス

●肋骨ノ骨部

肋骨ノ折症ハ其疼痛極メテ激烈ナリ故ニ呼吸スルニモ困難ヲ極メ又時トシテハ血ノ混シタル痰ヲ吐クヿ儘アリ因テ此ノ症ハ患者ヲ可成靜カニ寐カシテ而シテ術者其肋骨ノ折タル處ヲ蒸シ后ニ折骨部ヲ靜カニ摩擦シテ藥劑ヲ塗附スベシ概略前條ノ施シ方ト心得ベシ圖モ同斷也繃帶モ前條通リ晒ノ布片ニテ圖ノ如クナス者ナリ然シテ後チ患者身體ノ伸縮シ得ル迄ハ歩行スルヿヲ禁ス

●下顎ノ折骨部

此ノ下頷ノ折骨症ハ打撲顚倒ニ依テ起ル者ニシテ下頷ノ形チ變シテ齒並ヲ不整トナル者ナリ

此ノ治療法ハ兩手ニテ下頷ヲ動カシ（折タル音ノ聲ユルナリ）此ノ症全癒ナス迄ハ至極不自由ナル者ナレハ其患者ハ能ク〳〵治療ヲ怠ル可カラズ又施術者モ治療中ハ注意ニ注意ヲ加ヘサル可カラズ

患者治療中其食物ハ牛乳及生玉子粥ノ類總テ齒ニ障ラサル物ノ類ノミヲ食シテ身体ヲ動カサヌ様注意スベシ

療法ハ前ニ同ジト雖モ折骨口ノ兩端ヲ接續セシメルヿニ注意セザル可カラズ能ク接合シテ摩擦ノ上ニテ藥用ハ一切同様ナリトス實ニ此分ハ相方共注意スベシ

繃帶ハ沸湯ニ浸シタル柔カナル極厚キ紙ヲ細長ク切リ綿花ニ包ミ

テ圖ノ如ク下頷ニ充テ細キ繃帶ヲ以テ緘ル者トス

◉上膊骨折

此ノ上膊骨折ハ上膊骨ノ動ガズ又痛ミモ至テ甚タ敷故ニ輕シトセズ是ニ依テ施術ハ前ニ同シヿナリ
此ノ治療法ハ患者ヲ居坐セシメ其折タル方ノ手首並ニ掌ヲ下ニ眞直ニ力ヲ强ク引伸シタルヲ助者ニ持タシメ其折骨ノ端ヲ接合シテ藥ヲ用ユベシ
因ミニ記ス折骨ノ個所數多アリ又療法モ從テ多シト雖ヒ皆大同小異ナレハ以下是ニ準シテ治療ヲスベシ(以下略ス)此類ヒ格部ノ都度其分部ヲ記載スルモノハ筆ニ盡シガタク故ニ是ニテ筆ヲ止ムル者ナリ總タイ施術者患者ノ注意ガ實地要用也

藥用法

總テ打身挫キ筋違ヒ骨折、脫臼等ノ諸症ニハ必ス蒸シ藥ヲ以テ蒸スベシ而シテ后チ摩擦ヲシタル上ニテ能ク揉ミホゴシ次項ノ藥劑ヲ用ユルナリ其用法ハ次ニ

○此蒸シ藥用法ハ布片ヲ幾重ニモ折リタル蒸シ藥ヲ鍋ノ中ニ投シ能ク温マリタルヲ絞リ其温タヽカキ所ノ者ヲ以テ患部ヲ温タヽメルヲ云フ此レヲ幾度モナスベシ

○塗リ藥ハ蒸シ藥ニテ蒸シタル后チ摩擦シタル上ニテ其患部ヘ筆ニテ引藥ヲ塗ルヿヲ云フ此ハ後ニアル塗藥ヲ見ヨ

○附ケ藥ハ塗リ藥リヲシテ其後患部ヘ（ヘラニテ）塗リ附其上ニ白紙ノ小切ヲ藥ノ上ニ押當置（ヒメ糊ヲ以テフチヘ附藥ノハミ出ヌ樣）其上ニテ繃帶ヲナナベキ者ナリ

◉藥劑法

蒸シ藥ハ　インチン、紅花、石シヨウ根、晒シ小麥粉、白水、鹽等ナリ（分量大略）

塗リ藥ハ　カンプラ丁幾、アルコール、龍腦丁幾、亦ハ樟腦丁幾長吉丹ナリ又ヨジム丁幾ヲ塗モアリ

付ケ藥ハ　黄拍三兩目　犬山椒三兩目　揚梅皮仝　井草半兩目　烏賊壹兩目　ハラヤ半兩目　折骨黑燒半兩目

此用器ハ下圖ニ示ス如クナレモ適宜ノ器ニテモヨシ

◉調合法

蒸シ藥ヲナスハ金盥或ハ土鍋ノ様ナ物ニ蓋ヲナシ細火ニテ凡ソ二

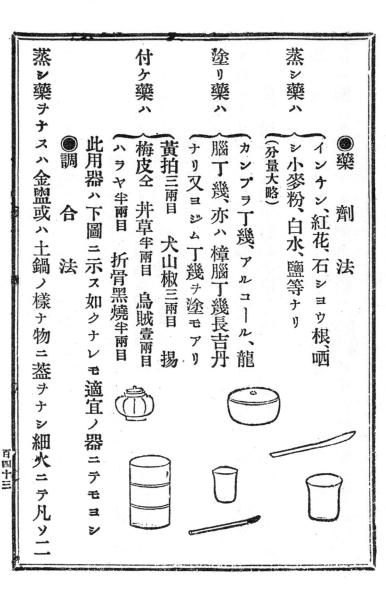

三時間モ煮煎シツメ（但シ米ノカシ水濃キ處ヲ入レテ煮ルモヨシ）而シテ常ニ火ノ上ニ置クヿ
附ケ藥リハ右七種ヲ醋酸ニ雞卵壹個ヲ入レ能ク〳〵練リ合スヿ

●指一切藥製法

是ハ雞卵二三個ノ黄身計リヲ取リ强火ニ掛テ混合セシムル内ニ次第〳〵油ノ出ルナリ之ヲ膿出ル指又指ノ痛ミ所ニ塗附ケ綳帶ナス時ハ其功實ニ妙ナリ　松本順先生ノ法ナリ

●小兒頭瘡ノ藥法

是ハ小兒ノ頭部ニ腫瘍ヲ生ジタルガ爲メニ堪ヘズ膿汁ノ流レ出シテ永ク治ラザルガ爲メ難澁スル者ナリ是ニハ毎日兩三度宛冷水ニテモ徽温湯ニテモ藥用石鹼ヲ以テ清潔ニ洗ヒ而シテ「オレーフ」油ヲ塗モヨシ又番茶ノ煮出シタル處ノ極古キ茶袋ヲ黑燒トナシ之ヲ極細末ニシタルヲ「オレーフ」油又ハ胡麻油ニテ能ク頭瘡部ニ塗附レハ極メテ大功アル藥劑ナリ餘ハ（兒百般秘傳集）珍事奇妙圖解全壹冊各種アリ

是ハ古法ニアリ我先々代々ヨリ記載アル處ノ秘法ヲ抄略シテ掲出スルモノナリ

◉小兒夜啼ヲ止法

五倍子《ゴブシ》ノ粉ヲ唾《ツバ》キニテ能ク練リ臍ノ處ヘ張付ルベシ（藥種屋ニアリ）

◉稻麥草ノ穗先咽ニ止タル法

飴《アメ》ヲ能ク咬《カミ》テ幾度モ食スベシ　數度ナス内ニ出ルカ納ルナリ

◉瘭　疽ノ法（俗ニ指ノ痛ミ腐ル症ヲ云フ）

梅干ヲ黑燒ニシテ（鳥黐《トリモチ》）ニテ能ク練リ切紙ニ延シテ度々張ルベシ

又法　海人艸《カイジンソウ》　菅《スゲ》　二種ト古キ茶袋ヲ黑燒ニシテ（トリモチ）ト能ク練リ合シテ張ルベシ（海人艸、菅二種ハ藥種屋ニアリ）但シ粉ナニナシタルヲ求ムルベシ

◉鼠ニ咬レタル法

桐ノ木ヲ黑燒トナシ糊《ヒメノリ》ニテ能ク練リ交リテ其處ヘ付ルベシ

◉犬ニ咬レタル法

蒜《コンニク》ヲ横ニツ切ニナシテ其咬タル處ニ置其上ヨリ灸ヲ十七八モスヱテ其跡ヘ燈シ油ヲ附ケ塗ベシ猶繃帶ヲスルベシ　但シ清水ニテ能ク洗フベシ直チニ前條ノ通リ施スベシ咬口ヘ風ヲ入ルベカラス

●蝮《ハミ》蛇《ヘビ》ニ咬タル法

蛇ニ咬レタル時ハ生姜ヲ擦《ヲロシ》テ白紙ニノバシ其咬痛ム處ヘ張ベシ熱ニテ乾キタル時ハ又張替ルヘシ此モ風ノ當ラサルヨウニスヘシ直ニ又明礬粉　甘草粉二味ヲ少ヅヽ水ニテ呑ベシ　又咬處腫痛ム時ハ乾《クシ》柿《ガキ》ヲ咬碎《クダ》キテ其處ヘ附ルベシ忽チ毒氣散リテ跡愈ルヿ妙ナリ又法大《シロ》豆《マメ》ノ葉ヲ能クツキタヾラシ付ルモ可ナリ

●馬ニ咬レタル時ノ法

益《ヤク》母《モ》草《ソウ》（草ノ名ナリ）ヲ取テ細ニ刻ミ酢ニテ能ク煉リテ其ノ咬タル處ヘ塗リ附ルベシ用法ハ前法ニ同シ

●蟹ノ毒當ヲ去ル法

蟹毒ニ當リシ時ハ黑豆ヲ能ク煎シ其汁ヲ呑ベシ　又法、蓮根ノ絞リ汁モ可ナリ芦ノ根絞リ汁可ナリ　又冬瓜《カモウリ》ノ汁モヨシ　生姜汁モ可ナリ其時ノ都合ヨキ物ヲ早ク呑スベシ

◉河豚《フグ》ノ毒當ル時ノ法

鯣《スルメ》ヲ煎シテ汁ヲ呑ムベシ　又法、砂糖ヲ食スモヨシ　又法、櫻ノ木ヲ木ナリ葉ナリ早ク煎シテ呑ベシ　煎シ居ル内ハ櫻木ヲカザルモ可ナリ

◉齒痛ムヲ治ス法

干蚯蚓《メヽヅ》ヲ粉ニシテ痛齒ニ付ルベシ　又法、痛ミ腫タル時ハ　黑大豆ヲ壹合清酒二合ヲ能ク煎シテ其汁ヲ含《フク》ムモヨシ　又法、ウゴキ痛ムニハ藜《アカザ》　昆布　二種ヲ黑燒ニシテ當分ニ合シ粉ナトナシ交リ合シテ其痛ム處ヘ摺附ルベシ　又法　牙齦《ハグキ》腫痛ニハ（茵蔯蒿《カワラヨモギ》）ヲ水ヨリ煎シテ口中ニ能ク含ミテハ殘時ニシテ吐出スベシ　都テ口熱

次第唾出ル故ニ必ス吐出スベシ數度斯クナス内ニハ全治スルナリ

◉針等肉ニ立入タルノ法

身肉ヘ過失シテ針折入タル時ニハ象牙ヲ粉ニシテ水ヲ以テトキ又唾ニテモヨシ其處ヘ度々塗リ込ベシ

◉骨喉《ドン》ニ立タルノ法

半夏《ハンゲ》 白芷《ビヤクシ》 等分ニ粉トシテ一匁目斗水ニテ用フルベシ（藥種屋ニ粉ナアリ）又法、肥松ヲ黑燒ニソ水ニテ呑ベシ（俗ニトゲ拔藥ト號ス此ガ原料ナリト云古書ニアリ）又法、利芽《トゲ》拔《ヌキ》ノ法アリ是ハ 蟷螂《カマキリ》ヲ陰干《カゲホシ》ニシテ細末ニナシ飯糊ニテ能ク練交付ルモアリ（藥種屋黑燒屋等ニモ寒中ニモ賣ルヿアリ）

◉鼻ノ穴ニ瘡生ル去法

鼻ノ穴ニ瘡ノ出來タル時ニハ 桃ノ青葉ヲ能ク搗テ其絞リ汁ヲ塗リ附又穴ニ入ルベシ 必ス治ス

◉雀《トリ》眼《メ》ノ法

鳥目ノ症ニ成リタル時ハ早ク此法ヲ施スベシ　雀ノ生血ヲ取リ一日ニ二三度ヅヽ差込ムベシ　又法　鯉ノ生膽ヲ搗爛ラシ目ニ同ク差入ルモヨシ

◉陰部ノカユキ去法

此症ニハ　蛇床子《ジヤシヨウシ》　明礬　二味ヲ能ク煎シ度々洗フベシ（薬種屋ニアリ）

◉陰囊腫痛症ノ法

是ニハ　馬鞭草《バベンソウ》　ヲ能ク搗タヾラシテ其汁ヲ湯上ノ切ニ度々附ルヲヨシトス（薬種屋ニ賣捌モノナリ）

◉腋下狐臭ヲ去法（是ハ桑術剣術ノ稽古ヲナスニハ實失敬ノ至リ故ニ去ルベシ）

此症ハ實ニ早ク全治ナスベシ治ストモ亦出ル者故ニ又藥ヲ附ルベシ

密陀僧《ミツダソ》四兩目白礬《ハクバン》三兩目浮石《カルイシ》二分各粉ニシテ腋下《ワキノシタ》ヲヨク〱洗フベシ然シテ此藥ヲ附ベシ七廻間ニシテ全治ス　又常ニ燒明礬ヲ附ル

モ可ナリ（藥種屋ニアリ）

柔術極意口傳

◉柔術ノ五ケ條戒ノ辨

凡ソ武術ヲ修業セントト欲スル者ハ此ノ五ケ條ノ戒ヲ第一ニ心ニ印銘シナクコトヲ尤モ肝要トス以下逐次説明スベシ

第一條　色欲ヲ戒ムル事　苟モ修業中ニ此事ニ意ヲ注ク時ハ其何業タルヲ問ハズ勞シテ徒ラニ其功ナク之レカ奥儀ヲ極ムルコトヲ得ス世間往々其不心得ノ爲メニ身ヲ誤テ進達スルヿ能ハサルモノ古今其例ニ乏カラズ天地人ノ三卷ヲ師ヨリ受ケ目錄、免許、皆傳ヲ得獨立單步以テ他ノ掣肘ヲ仰カザル場合ニ至レバ或ハ格別ナリト雖モ其塾生又ハ修業中ノ者ハ此事ヲ愼ム可キヲ忘ルベカラズ

第二條　暴飲暴食ヲ戒ムル事　夫レ酒ハ諺ニ百藥ノ長ト稱シ心身

ノ疲勞心氣ノ鬱悶タル時ハ能ク之ヲ快復スト雖モ概シテ之ヲ言ヘハ其身ヲ誤マルモノト言フモ過言ニアラズ例之バ些少ノ事柄ニテモ昏醉セハ人々ト口論ヲ惹起シ己レノ業ヲ鼻ニ掛ケ高慢心ヲ生ジ本心ヲ失ヒ武術修業中ハ息切レヲナシ其業ヲ輕ンジ人々ヲ脚下ニ蔑視シ遂ニハ師ヲ恨ミ人ノ侮ヲ受ケ耻辱ヲ蒙ルヿモアリ又暴食セハ啻ニ身体健康ヲ害スルノミナラズ心氣憂鬱トシテ記臆力ヲ失シテ諸事ニ怠心ヲ生スルモノナレバ是レ亦愼マザルベカラズ

第三條　勝負事ヲ戒ムル事　勝負事トハ圍碁將碁ハ勿論骨牌相場等ヲ云フ凡テ此等ニ心醉スル時ハ第一人ヨリ輕蔑セラル丶ノミナラズ品位ヲ損シ諸事悠從ニ流レ所謂掛事ハ親ノ死目ニモ遇ヘズト云ヘル如ク武術修業者ナドニハ有間敷コトトス而シテ遂ニハ之ガ爲メニ肝要ノ藝道モ下向トナリ不覺ヲ取リ汚名ヲ竹帛ニ存スニ至ル豈恐レ且ツ愼マザルベケンヤ

第四條　他流ノ技藝ヲ侮ルヿヲ戒ムル事　我ニ少シノ技藝ヲ受テ他流ト一度試合ヲ爲シ會々僥勝ニテモ得ルトキハ直チニ高慢心ヲ起シ人ヲ侮リ師ノ許モナキニ猥リニ他人ニ喧嘩口論ケ間敷言語ヲ以テ試合ヲ挑ミ大道狹シト意氣揚々自得シ他人ニ些少ノ落度アレハ之ヲ角ニ取リ我カ技ヲ見ヨトナド穩カナラザル擧動ニテ遂ニ不測ノ禍害ヲ招クコト往々アリ諺ニ能アル鷹ハ爪ヲ隱スノ喩アリ故ニ師ヨリ免許ヲ受ケザル内ハ他流試合又ハ人ヲ輕侮スルヿ等堅ク愼ムベキモノナリ

第五條　修業中ノ戒　何藝ナリト雖モ其内ニモ武術ヲ習ハンシト欲スル者ハ我師ノ教授ヲ受タル后ハ心ニ掛テ他事ヲ思フベカラズ寐ル時タリトモ其業ノ形ヲ能ク考ヘテ寐ルベシ而シテ稽古ヲ爲スニ當リテハ我ヨリ弱キ者ニハ柔クナシ自分ヨリ〆師ノ教ヲ授ケルモ可ナリ侮リ無ヤウニ下手ナル者ヲ高慢顏シテ手荒ク取扱フベカラ

ズ是レ師ノ耻ナ又我身ノ耻ナナリ上手ニ掛リタル時ニハ必ス直《チョク》ニ稽古ヲ受テ上手ノ手ヲ寐ル時ニ考ヘル事ヲ専用トシ常ニ此心ヲ忘ルベカラズ

◉柔弱、強トナルノ辨

凡ソ柔術ハ形、亂捕ヲ覺ヘルハ如何成ル理由ナルヤ形ハ我體ノ備ヘヲナス者ト知レ亦亂捕ハ不意ニ敵亂方ニモ我レニ取掛リ柔弱ナル故ニ大力ニテ打附亦倒サントスル所ヲ取テ押ヘル早速ノ藝ヲ出ス者ト知レ柔弱ナル者ハ常ニ形、亂捕ノ稽古ヲ日々怠リナク為ス時ハ柔弱ノ者ト雖モ其身體ノ壯健トナルヿヲ知レ亦肺病、腦病、脾病、等アル者ハ形ヲナスモ可ナリ無病ニナルヿ妙ナリ尠ノ稽古位ヲ為シテ之ヲ等閑ニ付スル時ハ更ニ亦害アル者ナレバ必ズ稽古ヲナス者ハ毎日三十分一時間位ニ兩三度ヲナス内ニハ次第ニ度數ヲ增シ不知々々ノ間ニ強壯ニ成ル者ト知レ然シテ後チ我ヨリ強キ者ト試合スル時ハ充分ノ稽古ノ覺アル故ニ我思フ儘ニ倒シ投ルヿヲ得數年ノ功ハ柔術ノ術タルヿヲ初メテ知ル者ト知レ昔シヨリ此ノ例澤山アル者ナレハ修業ヲ專一ニナスヿヲ旨トスルナリ

◉心氣力ノ辨

心氣力トハ此ヲ分別ナシテ解スル時ハ實ニ筆紙ニ盡シ難ク口傳トモ云フ可キ者ナルヲ記ス故ニ其ノ形チアル者モ無キ者モ心氣力ニテ起ル事ト云フナリ

此心氣力ヲ分拆シテ云トキハ　我ガ眼先ヘ何カ珍品ガ感觸スルアルヲ見テ心ヲ起シ珍ラシキ物カナト手ニ取持ツノ氣ヲ起ス者ナリ其輕重ナル者ノ手ニ觸レテ持ツ力ヲ起スモノハ三起ヲ合シテ其志ヲ見ル者ナリ只稽古モ形ヲ捕ルハ最初ハ必敵アルト云ヿヲ思ハスニ心ト氣ノ配リ力ヲ起スハ前心ニテ敵アルト思ヒ中心ヲ以テ氣ヲ起ス殘心ヲ以テ力ヲ起ス猶此心氣力ノ合集ナス者ノ逆ヲナス時ハ

斗リ先ニ達スルガ我ガ藝未熟ニテセシ故以テ其功ナシ又氣ヲ先ニ遣フ時ハ敵ノ侮リヲ受テ充分ノ業モ不出來ナリ然レモ心ヲ後ニナストキハ毎度敵ヲ充分ノ見込ヲ附ラレル故ニ都テ武術ノ熟練上達ヲナスニハ一眼早速ト云フ事ヲ知レ稽古ヲ能ク務ムル者ハ其心氣力ハ次第ニ働キヲナス者ナリ此等ノ教ハ柔術劍術槍ノ師等ハ最モ常ニ格言ヲナス者ナリ

◉合氣心氣ヲ滿タスノ辨

此ノ合氣心氣ヲ論シテ曰ク氣ヲ滿タスヿハ他ノ書ニモ詳細ニアルヿ故ニ比喩ヲ以テ解說ス然レドモ昔語ニテハ云ヒ盡シ難シ故ニ當今ノ事ニシテ一笑話ノ合氣ノ說ヲ云フ現今向島隅田村ニ在宅アリ眞影流十六世ノ直師或ル日我ニ語テ一笑ス齋藤明信師ハ維新ノ際ニ官軍方ノ長タル時ニ出陣中休戰ノ際或村長或ル休日ニ來タリテ官長本日拙宅ヘ美古《イチコ》寄ノ名人集ル故各々樣ニモ御來館ヲ乞ト立歸

レリ官長其他ノ人々モ餘リ徒然故ニ一應彼ガ宅ヘ七八人連レニテ來リテ其美古ノ口ヲ合ス者同官ニテ種々ノ話出七八名者壹人トシテ其不思儀ナルヿノミニシテ親兄弟ノ靈亦何人ハ犬ヲ切リ其犬來リテ語リ一統此古美寄ヲホメ恐入ル者ナリト云合フトキ官長君ハ未タ口寄ヲセザル故是非共官長ノヲト一統ニ進メラレリ時ニ先生ハ私ハ美古寄如キノ者ニ寄ラル丶邪心ハ無シト云ヿヲ云ヘリ然レドモ猶七八名ノモノ是非ト云フヿ故ニ是非ナク應シテ然ラバ寄ルベシトノ事トナリ美古寄ハ例ニ依テ寄掛ル先生ハ口ヲ結ヒ何事モ思ハズ考ヘズ只先生氣合ヲ込テ兩眼ヲ閉ヂ下腹ニ氣ヲ入テ更ニ何事モ思ハザリシ此時美古寄曰ク先生ハ何樣ガ御出ニ相成候ヤトノ事ヲ問ヒタレバ拙者斗リ何ニモ不參トノコト故美古寄モ不思儀ニ思ヒ亦一統ノ者モ是ハ如何ト口々ニ不思儀我モ〱ト不殘ニ思ヒヲナシ居タリ村長曰又次ノ休日ニハ今壹人美古寄ノ名人アリ其次

ニモ其通リ故ニ居合スル人々ハ官長ニハ如何ノ事アリヤト思ヘリ是レ先生ハ劍術ヲ幼年ヨリ熱心ニ修業シテ人ノ上ニ立タレタルヿ故今以テ先生ノ劍術及ビ貝ノ陰陽吹分武術十八番ヲ常ニ心中ヘ修メタル老先生ナリ今云フ合氣心氣ヲ論スル處ハ此ノ通リノ者ト知ベシ我ガ心ヲ敵ニ奪ハレ我ガ氣ヲ取ラレル故ニ敵ヲ見ルモ必ズ驚クニ足ラズ通心ノ氣ヲ以テ敵ノ氣ヲ見ルヿ合氣ヲ以テ稽古ヲナス時ハ充分ノ熟達ヲ進メル故ニ必氣ノ滿ル所ヲ以テ相方ノ力ヲ拔キ氣合合氣ニテ稽古ヲスベシ　又一説ニ云此ノ解ヲ云ヘバ摩利支天ノ尊像アルヲ見ヨ頭ニ三首アリ六手ニ弓矢槍劍鐲鈷アリ猪ニ乘テアル處ハ何方ヨリ見テモ氣ノ拔タル所ナク一ノ隙モアルヿナク充分ノ氣ノ滿ツル者ナレ共滿レバ虧ルトノヿヲ云フ故ニ此ノ圖ノ如ク足先ニ力ヲ入テ下腹ニモ力ヲ入レ充分ノ氣合之心ノ滿テルヿヲ肝要ト知レ

◉無我無心ノ辨

凡ソ武術ヲ覺ヘテ相手ニ恐レ又其人ニ驚キ大砲《ドシ》ノ音ニモ膽ヲ冷ス樣ノヿアル俗ニ弱氣ト云フ此症タルヤ武術ニ熟達ハ遠ク尠シノ氣力ヲ增ス者ナリ故ニ無我無心ト云說ヲ解スル者ナリ無我トハ我レ無ガ如ク無心トハ心無ガ如ク明治ノ今日ニ至リテハ陸海軍ノ備ヘアルモ敵國ニ臺場アリ汽船軍艦アリ我レニアルヿヲ不思進ムニ利アリ彈丸雨ノ如ク敵ヨリ打出ス處ニ不恐無我無心ニ進ミタルハ我カ國ノ名譽ナリ曩ニ日淸戰爭ニモ高名ヲ著シタル者數シレズ萬一ニ大小ヲ不言敵ニ向ヒタル時ハ正ニ我ヲ忘レ親ヲ忘レ妻子ヲ忘レ兄弟親友ヲ忘レルヿヲ云フ是ハ眞ノ無我無心ト云フ前條ニアル諺ノ話ニアル如ク心氣ヲ滿テタル爲ニ齋藤先生ハ美古嵜ニハ不寄無我無心ノ話ヲ聞キ傳タルヿアリ依テ是ニ讀者ニ紹介ス此事ハ故山岡鐵舟先生ノ門人ニテ大阪ヨリ塾生ニ來ル人同先生ノ上手ニ成ル

正木氏ト云ヘル人語テ曰ク我カ先生老人ノ事ニテ師範ヲ止メテ伊勢參宮ヲセシヿアリ其際東海道坂ノ下宿ヨリ駕ニ乘リ鈴鹿ノ阪ヲ登ル途中ニ於テ駕擔キ雲助二人等シク口ヲ揃ヘテ客人此阪ヲ登ルニハ骨ノ折ルヿ故ニ駕ヲ下リテ給ハレ左ナクバ酒手ヲ充分ニ與ヘヲレヨトテ一歩モ進マズ故ニ先生ハ我レ老人ノ事故阪ヲ登ル爲ニ金錢ヲ投シ乘タルモノナリ然レドモ両人ガ酒手ヲ與　呉レザレバ登ルヿ出來ストナレバ其方達ノ望ミ通リ遣スベシ依テ土山驛ノ定宿マデ早ク行ケヨト云ヒ捨テ駕ノ内ニテ座ヲ組ミ無我無心ト云フ此人ノ口傳ニアル處ノ口ヲ結デフート息ヲ吹キ出シ下腹ニ力ヲ入テ只何事モ不思無我無心トナリ不思不聞不見力ヲ入レ我ガ心ヲ掛ケザリシ時ニ駕ハ劇カニ重クナリタル故ニ兩人ノ雲助ハ大地ヘ駕ヲ落ス斗リノ重ミヲ生ゼシ故共々ニ此人ハ天狗成ルカ我々常ニ旅人ヲ惱ス故ニ今老人ト化シテ我々ノ爲スコトヲ懲スヿナリト思ヒ

兩人大地ニ兩手ヲツキ貴殿《アナタサマ》ハ此山ノ天狗様トヤ奉恐入ル早々兎モ角御宿マテ金錢ハ入リ不申ニ付キ送リ參ラバ御勘辨ヲ願度トノヿニテ初テ先生自分モ氣ガ附キ雲助ニ後ヲ戒メタル際駕ハ一時重クナリタル後ナレバ以前ヨリ輕キ樣ニ思ハレ早々着宿セシト云フ此時先生初メテ我無無心ヲ悟リシト云フヿアリ

◉無理無慚ノ辨

凡ソ何藝ト云ヘドモ無理ヲナス事ナカレ第一我身ノ害惡トナルノミナラズ業ヲ積デモ良師トハナルヿヲ得ス柔術亂捕ノ如キハ殊更ラ言分ニ見苦シカラザル勝ヲ取リ又形ハ無理ヲナス時ハ必ズ其形崩レタル者ト知レ强情ニ力ヲ入レ無慚ニ腕ノ力ヲ自慢ニコジ付ルハ甚以テ宜シカラズ隨分近頃ハ力ヲ自慢ニ稽古ヲナス者アリト云ヘド只力ヲ業ノミニテ柔術ノ術タルヿハ無シ故ニ此巻末ニモ亂捕ノ圖解ヲ以テ記載アルモ必ズ無理ナ稽古ヲナスベカラズ無慚ナル

痛ミ處ヲ生シ骨ヲ折リ打身ヲナスヿノ恐レアル者ナレバ相方共ニ見苦シカラザル業ヲ專一トスルヿヲ旨トスルナリ只負ケル者ハ速カニ負ルヲ勝ニ加ヘ無利勝ヲ無慚ニコジ附テ勝ツモ之レ慚トシテアル者ナレバ亂捕及體術締メ込モ投スベテ稽古ニ捕ル者ハ常ニ前條ノ如ク能ク心得テ其稽古ヲナシテ良先生良師ヲ得テ教授ヲ受ル者ト知レ又無理無慚ヲ必ズ禁ズル者ナリ

◉柔術形亂捕ノ心得

總テ柔術ノ教授ヲ受ルニハ稽古衣及ビ罣隱《キンカクシ》必用ナリ依テ圖ニ著ハス處ノ衣類ハ大略晒木綿《モメン》ヲ以テ白糸ニテ縫ヒ上ルナリ又紺染地ニ白糸ニテ刺スモアリ是ハ流義ニ依テ違ヒアルモサシ方ト色合ノ違ヒハ師弟ノ上中下ト大略三段位ノ者ト區別スルナリ

稽古衣ノ通常ハ晒シ木綿ヲ以テ作ルナリ肩ノ處三枚合腰ヨリ下二重ノ者トス刺シ方ハ十文字ニ縫ヒ刺ス腰ヨリ下ハ圖ノ如クナル襟《エリ》

稽古衣之圖

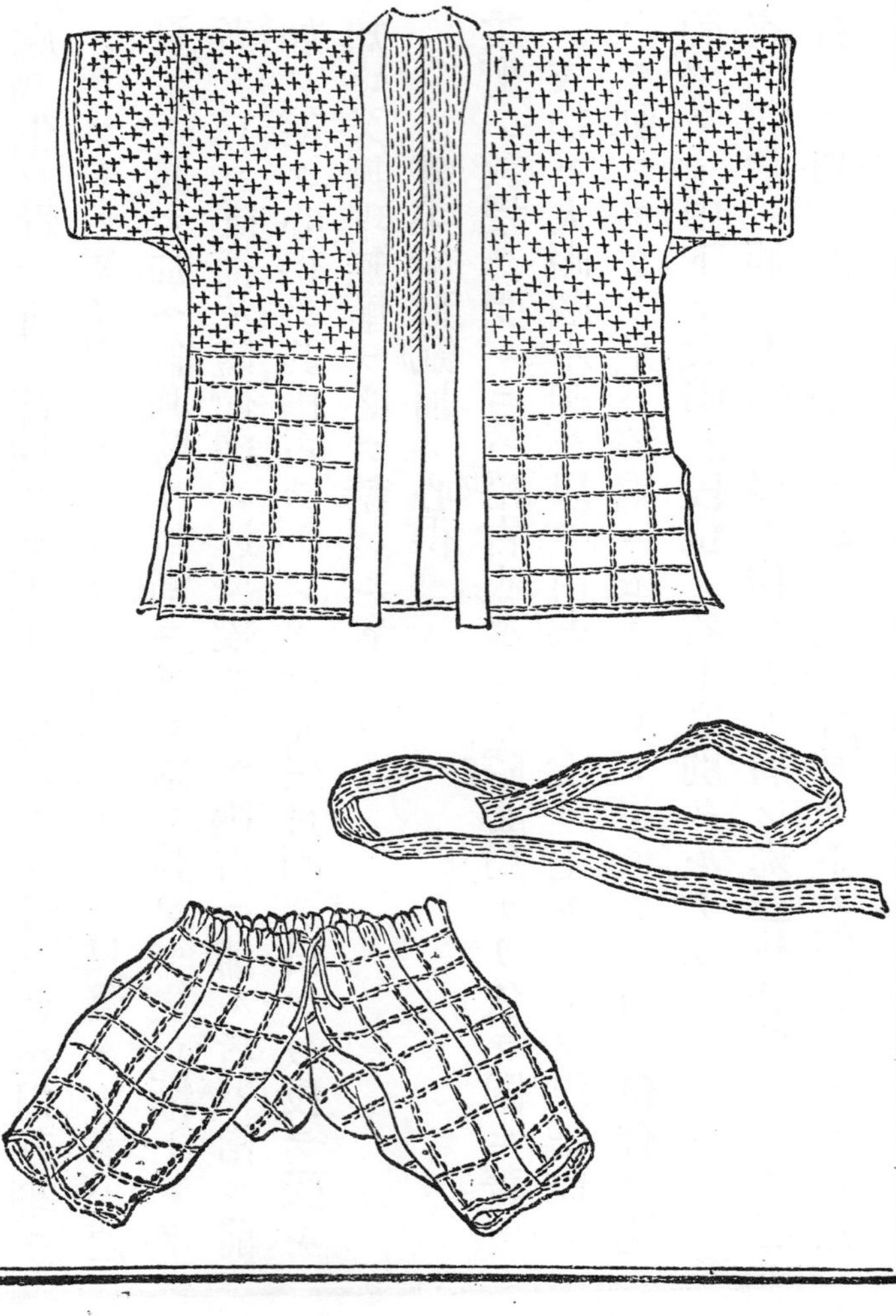

ハ壹巾ヲ細ク折テ其儘附テヨシ畢カクシハ二重ニテ圖ノ如クナス紐ノ處ハ巾着ノ圖ノ如クニナス者ヲヨシトスルナリ帶ハ壹巾ヲ細ク折リ其上ヲ刺スモノヨシ白紺色ノ違ヒト縫方ノ相違ハ各流儀ト師ノ法則ニ依テ製スル者トス

◉柔術形ノ心得

總テ柔術ハ何流ニテモ形亂捕ヲ敎ユル者ナリ其違ヒハ大同小異ナリ然共大躰ノ我身ノ搆ヒト云フ者ヲナシ其上ニ於テ稽古ヲナス時ハ必ス上達モ早ク又全躰ノ備モ能ク成事故ニ第一ヨリ五ニ至ル眞ノ位取ノ圖ヲ示ス者ナリ又五圖ノ解ハ實地是レ最初ノ心得ナリ柔術形ハ其術ノ活用法ヲ示ス亦身体ノ動キヲ全トフスル爲ニ敎授ヲ受ル其流儀ノ術中ノ眞理ヲ窮メル爲ニ進退ノコナシ方等ヲ示ト云フ者ナリ

◉第一圖ノ解

一凡ソ第一圖ノ如ク其形チ兩膝ヲ開キ下腹ニ力ヲ入テ坐ス其膝頭

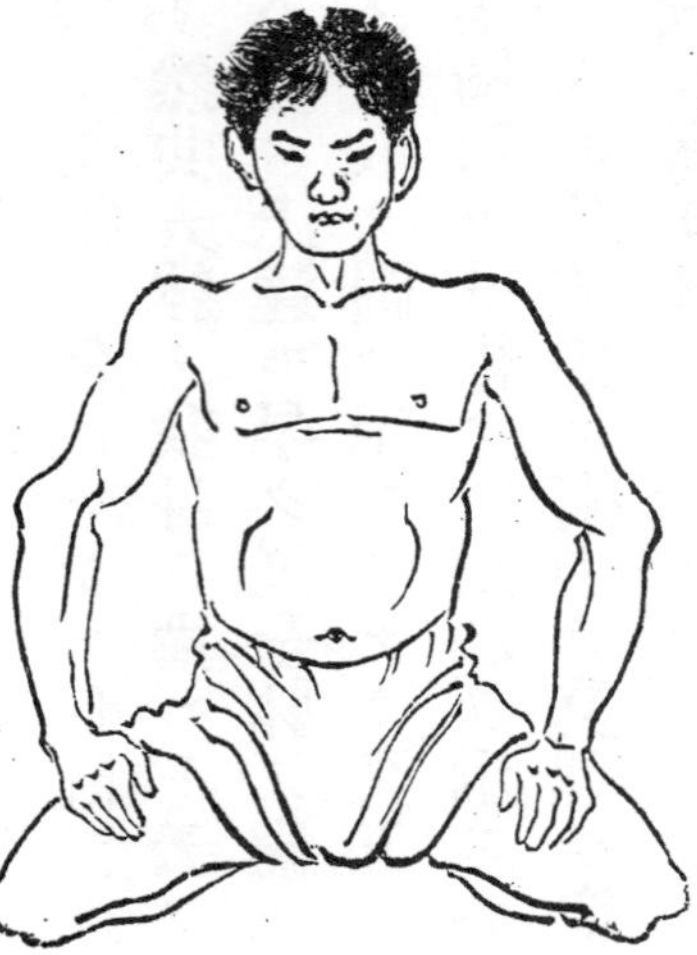

ニ兩手ヲ置眞向ヲ見ルヲ眞ノ位ノ眞トスル也坐ス時ハ先ニ敵ノ有無ヲ思ハス偏ニ我心ヲ鎭メ然ル後初テ先ニ敵アリト見テ氣合ヲ充分ニ滿タシテ敵ニ對シ（エイヤ）ノ掛聲ヲ發スルナリ

此ノ位取ハ肩ヲ張ズ力ヲ入ズ只敵ヲ見テモ急《セキ》込ベカラズシテ坐ニアルベシ

◉第二圖ノ解

是ハ圖ニ示ス如ク坐シタルヨリスラリト直立ヲナシ兩手ヲ下ケテ下腹ニ力ヲ入テ兩足ヲ揃テ爪先テ開キテ向ヲ見ルヿ前ノ如クニナ

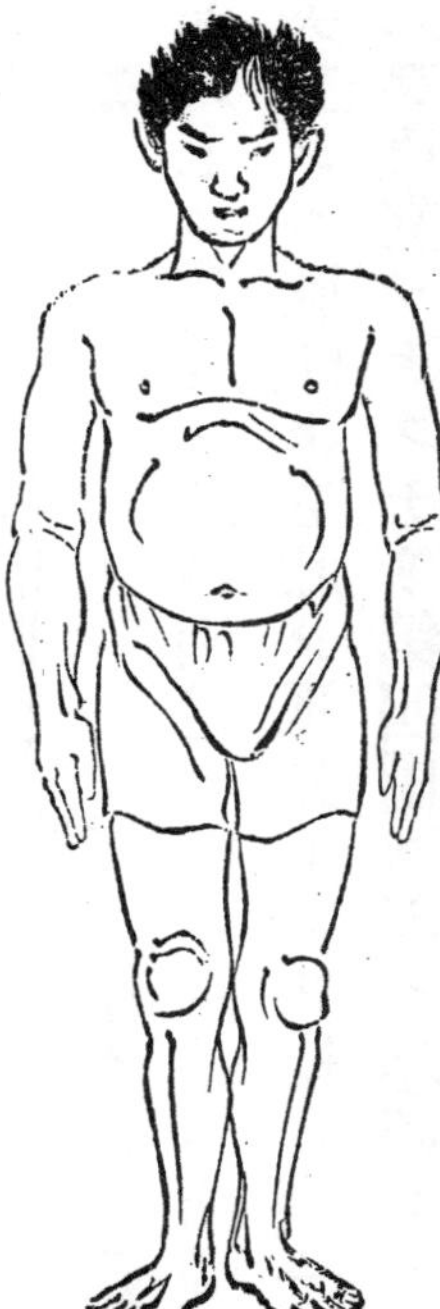

シ氣合ヲ入テ心ヲ靜メテ肩ヲ下ケ只圖ニアル如クニシテ常々形ヲ取ル時總テ此ノ氣ヲ忘レルベカラズ是レ即チ眞ノ位直立ノ位ナリ(エーヤ)(ヲヽ)ノ答ヲナシテ出ルニモ必左足ヲ先ニ出ス者ト知レ

◉第三圖ノ解

此ノ圖ハ第一ヨリ第二ニ至ル都テ立坐トモ前ノ通リニナスヲ旨トスルナリ又此ニ記ス圖ハ横一文字ニ股ヲ開キ爪先ニ力ヲ入テ足ヲ眞一文字ニナシ下腹ニ力ヲ入腰ヲ下ルナリ圖ノ如クナシテ兩手先ハ左ヲ下右ヲ上ニ重テ我睾ヲ構《カコイ》テ立事圖ノ如クナリ但シ眞横一文

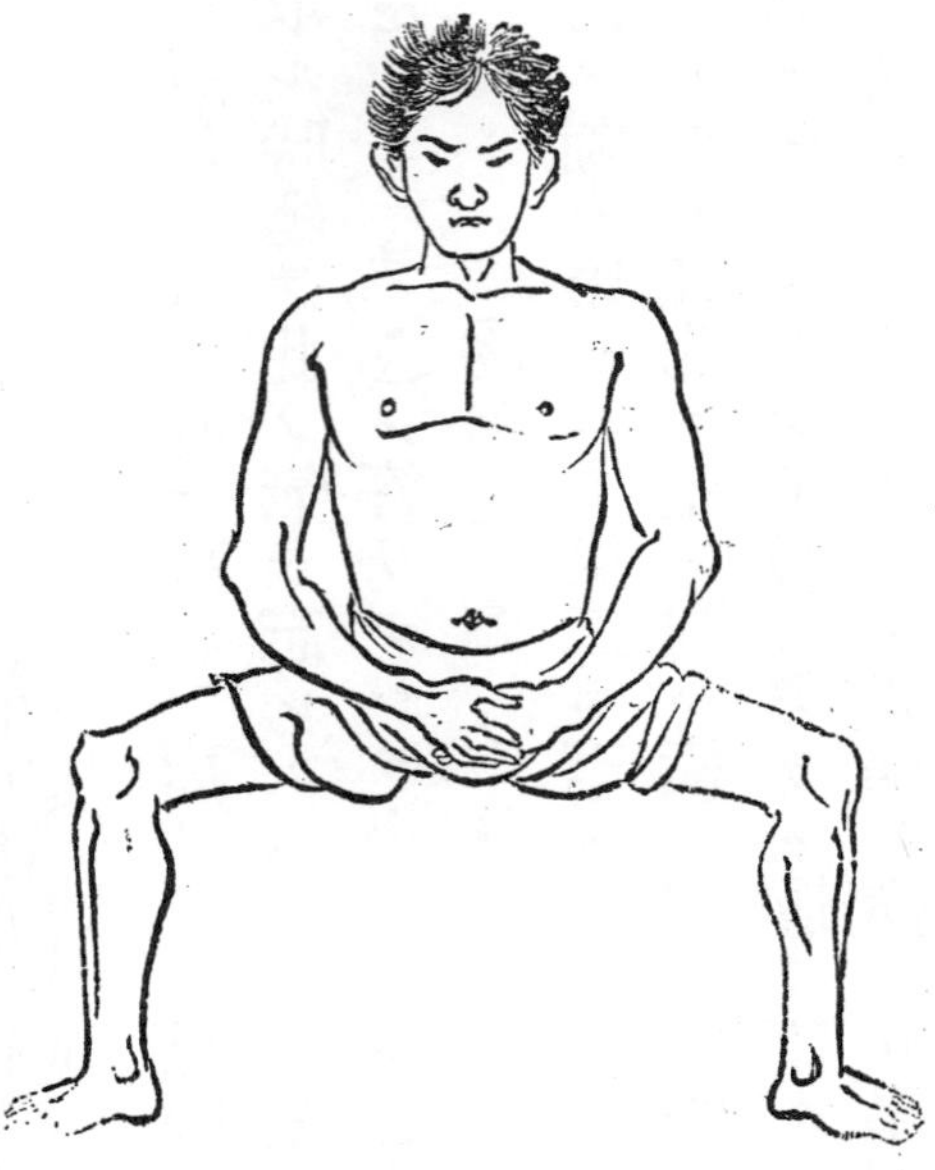

字ニ腰ヲ下ケテ下腹ニ力ヲ入ル時ハ躰ノビツタリトヲナ附者ナリ初メ此形ナヲナストフカ〳〵スレトモ腰ノ體ヲカタメル都テ其功者ナルヲ知ナリ

●第四圖ノ解

此ノ第三圖ノ躰ヲ左足ヲ少々後ニ引テ膝頭ヲ疊ニ附ケ足ノ爪先ヲ曲《マゲ》テ圖ノ如クナス踵ノ上ニ我尻ヲ押當右足ヲ開キ兩手ハ前圖ノ如クナスコ眞一文字突立タル膝頭ト立膝ノ爪先ト並ブ樣ニ横一文字ヲナシ下腹ニ力ヲ入テ直立ヲナスナリ第四圖ヲ能ク參照スベシ捕身ノ構ヘ

ナリ是ハ左右其形ヲ捕時ハ足丈ケ違ヒテ手ハ同シヿ足膝ヲキメル者ナリト知レ

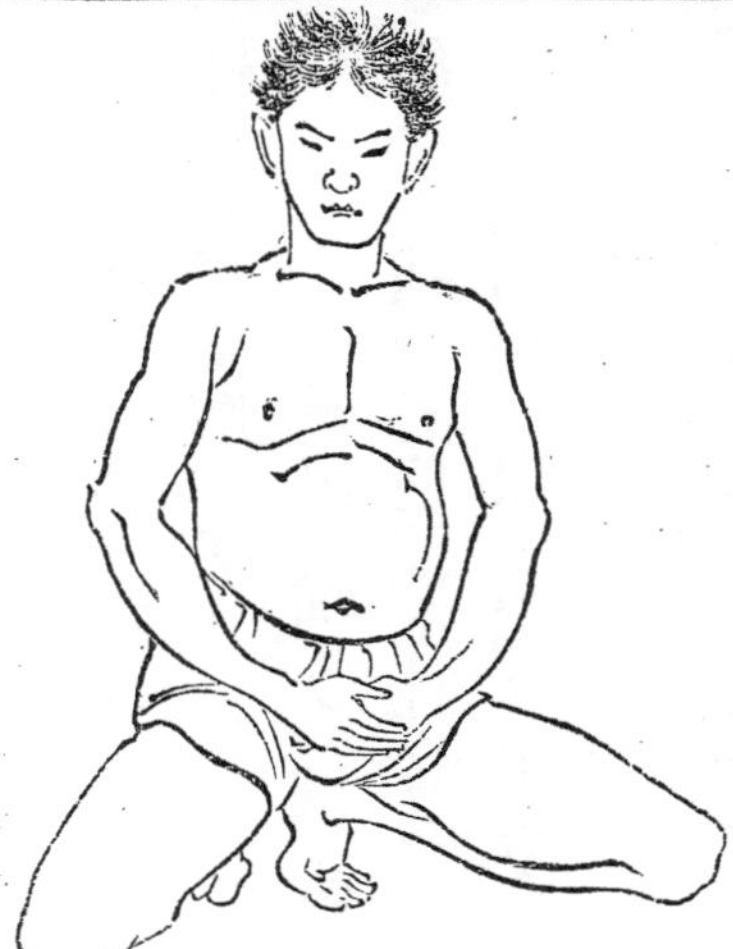

◉第五圖ノ解

此ノ構ハ二圖ノ如ク直立ヨリ腰ヲ靜ニ下ゲテ躰ノ崩レヌ様ニシテ右膝ヲ突キ左足ヲ曲ケタル斗リ兩手ハ前ニ同シ尠ク斜メニ敵ニ向ヒ四圖ノ如ク我尻ノ穴ノ處エ踵ヲ上ニ乘セテ下腹ニ力ヲ入ル可シ敵ノ顔ヲ見テ捕ノ構ヲナス初テ心ノ氣合

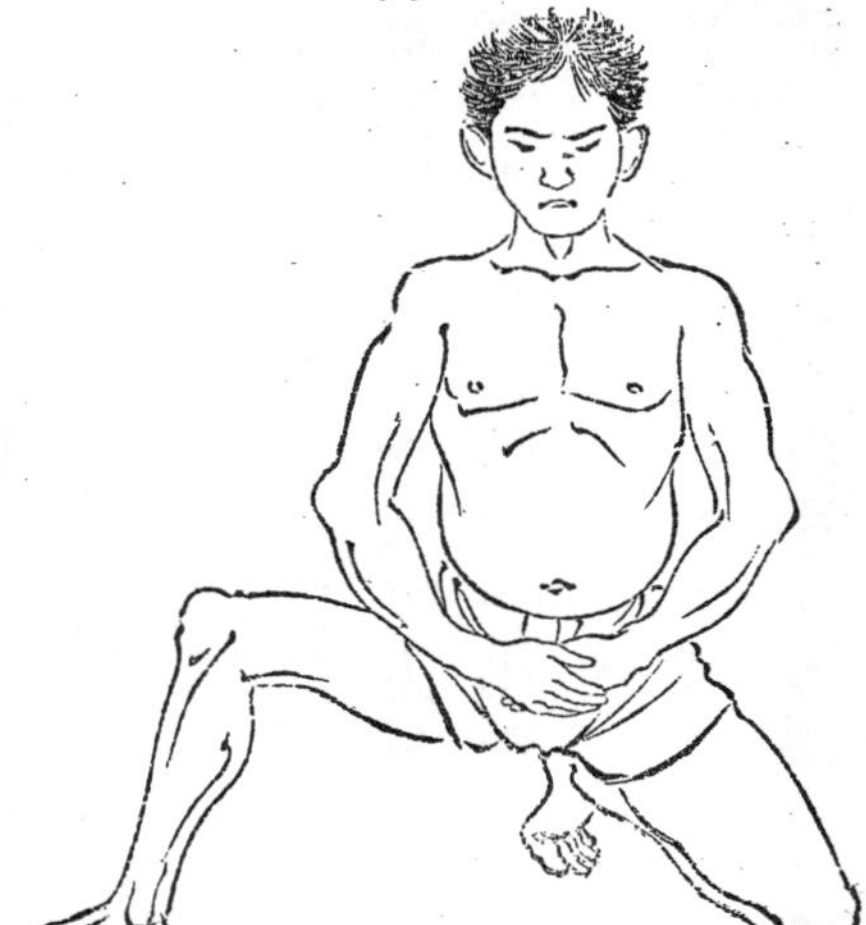

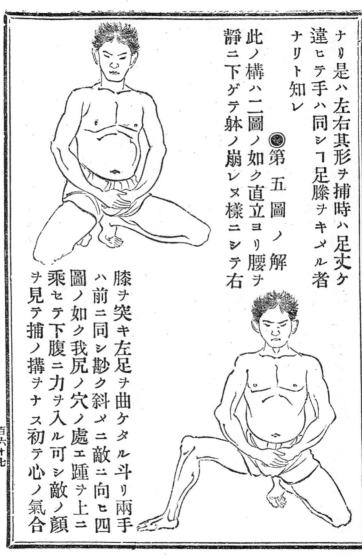

ヲ入處ノ圖ナリ是ヨリハジメテ前心ノ氣ヲ起シ次ニ中心ニテ形ヲ捕殘心ニテ我躰ヲ納メルナリ是五圖ノ位取ノ眞ノ位ナリ委シクハ極意敎授圖解ニアリ

◉亂捕ノ圖解

總テ亂捕ハ必他流ト仕合スルヿモアレド大略ハ其ノ稽古ハ同一ナレバ此圖解ヲ以テ記ス也現今ハ漸次警視廳警察署ニ於テモ市中道場ニテモ亂捕ヲ賞讃セラル、故ニ秘用ノ處丈ヲ圖解ニテ示ス讀者諸君ヨ亂捕ハ其場ノ出來不出來モアリトハ云ヘ共修業ノ數ヲ重タル者ニハ及ハヌヿト知ル可シ亦敵剛强ニシテ我ガ力ニ不及ト思フレモ其敵ニ恐レテ稽古ヲ危ミ爲サザル時ハ戰場へ出ルモ其功ナシ故ニ常ニ稽古ヲスルニハ我ヨリ上達ノ者ニ向ヒ亂捕ヲ爲ス者ナリ必ス次第〳〵ニ上達ノ者ニ進テ修業ヲナスコトヲ務ムナリ又變化ノ自由自在ナルヲ見テ種々ニ考ヲ附ケ我ガ好手ヲ考出スヲ旨

トスベシ余ハ圖解ニアリ
亂捕ニハ締メアリ投アリ逆手足拂腰投救所ヲヨケテ組打ヲナスヲ要スルノ方法ヲ示ス者ナレ共大略ヲ出ス

亂捕常之心得

都テ亂捕形ニテモ只柳ニ風ノ當ルガ如クニスラリ〳〵ト受捕ヲナス者ヲヨシトスル亦稽古ニ口ヲ開ハ惡ク口ヲ詰ビ必笑フベカラズ常ニ心得第一ナリ　亂捕ハ何流何導塲ニテモ必亂捕ハ流行スル者ナリ故ニ今其示ス處ノ亂捕ノ大略圖解ヲ讀者ノ參考ノ供ス　都テ亂捕ノ變化自在ナル者ヲ示スハ甚以テ解シ難クハアレ共是ヲ能ク自得スレバ一讀千力トナス故ニ著者ガ記ス者トス　(都テ導塲ニ向テ右ノ方ヲ上ノ方トス)　上達ノ者ヲ受ト云フ初心ノ者ヲ捕ト云フ

◉最初取方受方ノ心得

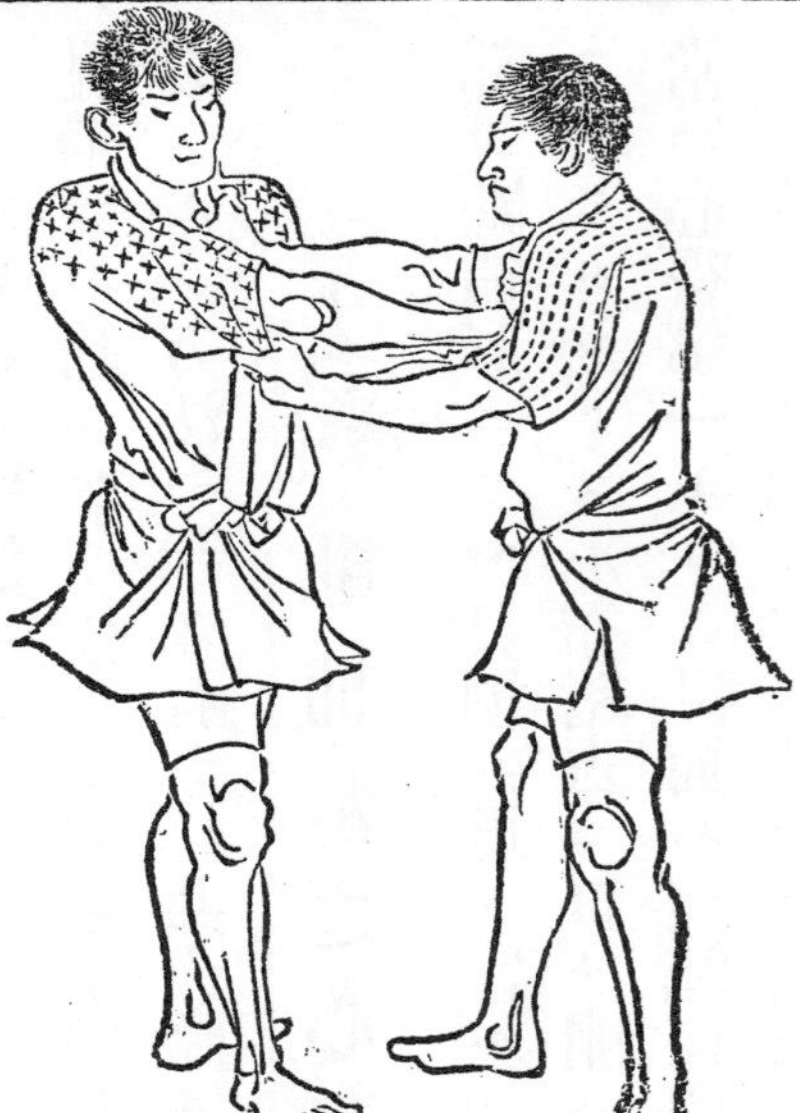

受方ハ上ニ坐ス（受方トハ上達ノ者ヲ云ナリ）捕方ハ下ニ坐ス双方導場ノ中央ニ構ヘ三四尺ヲ開テ相互ニ右手ヲ以テ疊ヲ打ツテ禮トス一禮ヲナシテ双方立上リ右手ヲ延シテ敵ノ左リ胸襟ヲ摑ミ左リ手ハ敵ノ右袖下八ツ口ノ處ヲ摑ミ足ハ双方共ニ少シハスニ蹈（都テ圖ヲ參照）敵ヲ右ノ方ヘ引時ハ足モ右ヘ引又左ニ引トキハ左足ヲ引右ニ投ント思ヘバ右手ヲ延シ敵ノ肩下口ヘ強ク押左手ヲ我躰ノ腰下ヘ引附ルナリ其同時ニ左足先（俗ニ土フマスト云處ニテ）ニテ敵ノ右足先外黑節ノ處ヲ匕ヒ上ルガ如クニ拂フベシ左右其同シヿ是ヨリ

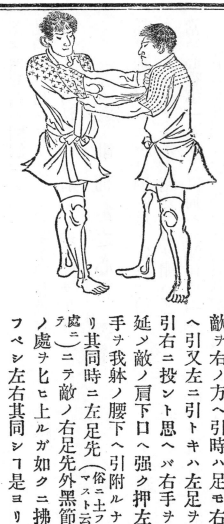

種々ノ變化ヲナス者ナリ亦投ラルヽ時ニハ必（右掌ニテモ左掌ニ倒レル方ヘ躰ノ倒レヌ先ニ疊ヲ打テ倒レルヿ専務ナリ）

◎足　拂　捕

此ハ前ニモ云通リ手ノ方ハ圖ノ如ク左リ手ハ引附右手ヲ敵ノ躰ヲ崩ニテヨハ足ニ入込拂フベシ又敵ハ我左リ脇ヘ倒ルナリ（圖參照）速ニ又他ノ方ヲ以テ締ルモアリ近頃ハ投ル斗リヲ専務故ニ此足拂ヒヲ能クスベシ

總テ投ラレ倒サレタルトキハ必手ヲ打ナリ此ハ自分ノ

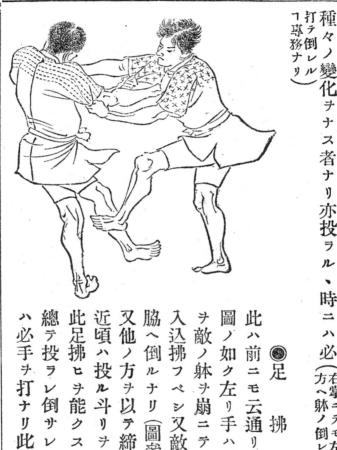

躰ノ胴頭等ヲ打セザル爲メニ聊カ手ヲ打テ受答ヘルガ故ナリ以下此ニ準ズベシ

◉股拂捕

此ハ手ノ方ハ前ニ同シヿ或ハ我ガ躰ヲ敵ト入違ヒニ成ル同時ニ右足ニテ敵ノ兩裏股ヲ强ク拂フベシ手ト躰ト足三拍子揃ヘテ敵ヲ捻ガ如クニ倒スナリ(圖參照)此手ハ實ニ美事ニ投倒ス妙ノ手ナリ又投ラルヽ時ニハ必左掌ヲ打テ倒レルベシ是ニ掛リタル時ハ無理ヲスベカラズ頭ヲ强ク打ツヿアリ余ハ前ニ記ス如

クナリ上ヲ拂ヘバ腰拂ヒト云ハ是レナリ

◉腰拂捕

此ハ手ハ前々ト同シ事ナレ供股拂ノ如ク敵ニ組打時ニハ右太股ニテ敵ノ太股裏ノ部ヲ强クヒヒ上ルガ如クニ我前ニ横ヘ倒ス也是モ手足腰ト三拍子揃ヘ下腹ニ力ヲ入片足ヘ蹈立氣合ノ抜ノ様ニナスベシ此ハ投手ハ實ニ美事故投ヲル、者ハ左掌ヲ打テ

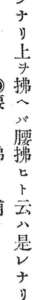

倒ルベシ（圖參照）此圖ハ敵ヲ拂腰ニナシタル處ノ早取ノ此圖ナリ

◉內股拂

此ハ圖ニモ示ス如ク手ハ前ニ同シヿノ仕用ナレ共敵ヨリ足拂ヲ掛ニキタル時我足ヲ（カヽメ）又後ニ引敵ノ力ヲ入タル時氣ヲ秡シテ我ガ手ニ力ヲ入敵ノ躰ヲ崩シテ右足膝ヲ敵ノ內太股ヘ早ク入ルヤ速時ニ強ク匕ヒ上ルト引附ルヿヲバ事一ニスルベシ此モ必倒レルニハ美事ニ投ラル丶者故ニ（圖參照）三拍子揃ヘテ是レヲ

シルスベシ余ハ前ニ同シヿ

◉腰投捕

此ハ双方組合内ニ抱込合ヿアリ其節ニ敵ノ脊腰帯ヲ右手ヲ延シテ摑ミ左リ手ハ前ニ同シ我右足ヲ敵ノ前ニ蹈出シ腰ヲ少シ弓ニナシテ敵ヲ我右太股ニ乗セカケ左手ハ圖ノ如ク我左脇ニ引附ルヤ同時ニ三拍子腰ヲ延ス抱込タル

右手ヲハナスト美事ニ我前横ニ投ラル、者ナリ此モ倒レ投ラル方ハ左掌ヲ打テ投ラル、ベシ

●入　腰　捕

此ハ腰投ノ如クニテ別ニ大イナル違ハナクト云ヘドモ敵ノ腰ヲ我右ヘ引附抱込ヤイナ速ニ腰ヲ入テ我躰ヲ腰投ノ如クニ匕ヒ上ルガ如クニ手ト腰ヲ以テ我ガ前脇ヘ投ル者ナリ此ノ入腰ハ腰投ニ依テ類スル者ナリ倒レ投ラル、者ハ

必左リ手ノ掌ヲ打テ投ラルヽ者ト知レ

●高矢倉捕流

此ハ我躰ヲ圖ノ如ク右足ヲ蹈出左足ハ折敵ヲ我躰ニ引附樣ニナシテ敵ノ足先ニ我ガ足先ヲ蹈付ル如クコジ右手ヲ延シ左リ手ハ我左リ脇ノ下ヘト引付テ倒スナリ敵ハ我前ニト投ラレルナリ(圖參照)投ラル者ハ仰向ニ倒レル者トスルナリ餘ハ前圖ノ通リ流名ニ依テ名ノ附違ヒアリ

◎蟹鋏捕

此ハ蟹挾ト號シテ我ヨリ敵ノ前ニ足ヲ太股ノ部ニ當敵ヲ倒スト見セルト必敵ニ於テハ足首ヲ摑ムニ相違ナキ者故圖ノ如ク我手ヲ疊ニ突キ左ハ左リ後ヘ引倒シ同時ニ左足ヲ延シテ敵ノ膝部ヲ挾ミテコジ仰向ニ倒ス者ノナリ此ノ手ハ美事ノ手ニテ隨分敵ヲ投ルニヨキ手ナリ又投ラルル時ニハ左リ掌ヲ以テ疊ヲ打乍ラニシテ倒ルベシ（手ヲ突キ居ル者ガ勝ツ）

●脊負投捕

此ハ敵ト組合内ニ双方ノ組亂タル時ニ敵ノ右手首ヲ左リ手ニテ摑ミ我躰ヲ入身ニ成リ敵ヲ我脊ニ負ヒ右手ニテ敵ノ右肩口ナリ袖口ナリ其時ノ都合ニテ早ク持タル時ニ敵ノ腹部ヲ脊負我ガ躰ヲ前ニコヾミテ腰ヲ上ゲルナリ(圖參照)然シテ敵ヲ我前ニ投ル者ナリ是ハ各流ニアリ美事ノ手ナリ近頃他ニ柔術劍道ノ心得モナキ著作書僞書澤山出版ニナリ居ルヿナレ共著

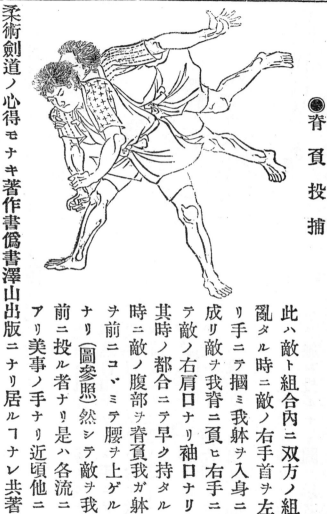

者ガ眼ニテ見ル時ハ實ニ其本ヲ購求スル者コソ笑止ナリ此文章ハ前ニ書ベキ處筆ノ都合ニ依テ今此處ニ記ス者ナリ

◎甲冑捕

此手ハ組合タル時ニ敵ヲ抱込自由ヲサセヌ手ニテ我ニ力ラナクテハ六ケ敷キ捕方ニテ（俗ニ頭ヲ地上ニ投打附ルノ手ニテ戰地ニ有テハ地上ヘ投込ノ意ナリ）腰ヲ延シテ投ルヤイナ種々締ルカ又ハ投ルノ手ヲ出スノ心組ノ者ナリ亦是モ投ラルスキヲ見テ敵ニ種々ノ術ヲ施シ投ルナリ圖ニ示ス

處ハ只抱込タル斗リノ手ヲ示スノミ

◉首投捕

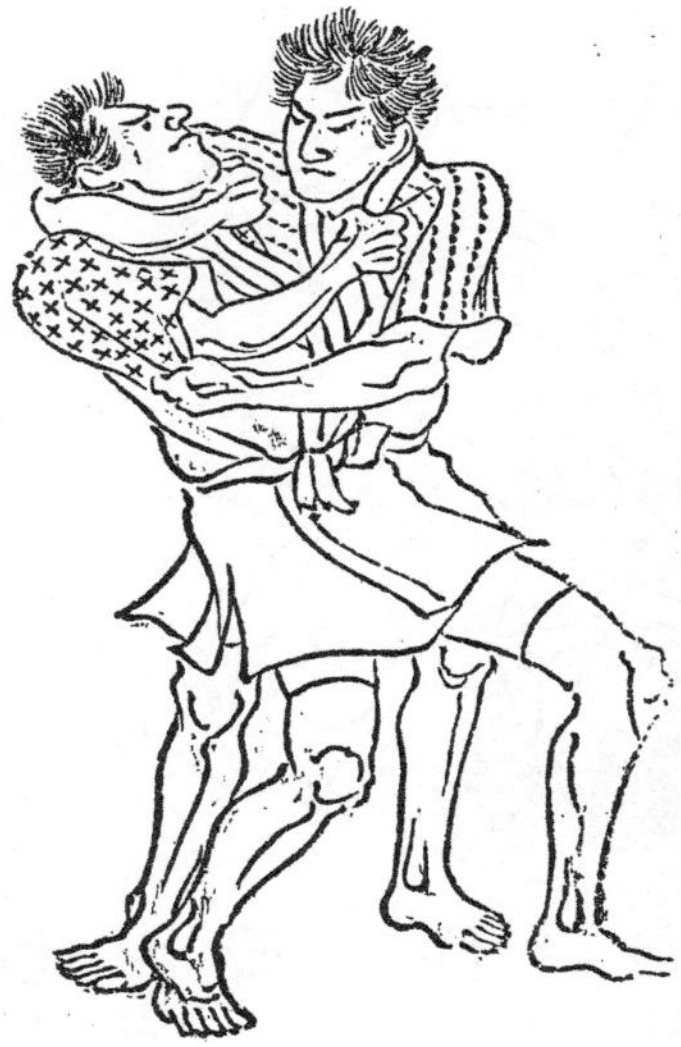

此ハ淺山一傳流ノ亂捕ニ多ク用ユル處ノ者ヲ參考ノ爲ニ圖書ニ著ス者ナリ敵ノ首ヲ抱込右手先ヲ圖ノ如ク敵ノ頤處ヲ當右足ヲ蹈出シ敵ノ体ガ浮ヨウニ拗ク返身ニナサシテ我体ノ右ヘ引廻シナガラニ手ヲ拂フベシ敵仰向ニ後ヘ倒ルベシ又敵モ此ヲノガレントスル時ハ我右手ニテ敵ノ右臂ヲ下ヨリ押上ル同時ニ我頤ヲ仰向ベシ必拔ルナリ亦此拔レタル手ヲ速時ニ我右手ヲ内脇腹ヨリ差入敵ノ脊部紋所カ又脊ノ襟首握リ下ヘ引乍ニ敵ヲ仰向ニ引付ル同時

ニ左手ヲ以テ敵ノ内太股ヘ差入ハ子上ルナリ必敵仰向ニ倒ルナリ

(此組ハ神田區錦町三丁目指田吉晴先生ニ教授ヲ受他流ニハ理得ノ妙手故大略ヲ示ス者ナリ)

●捨身捕

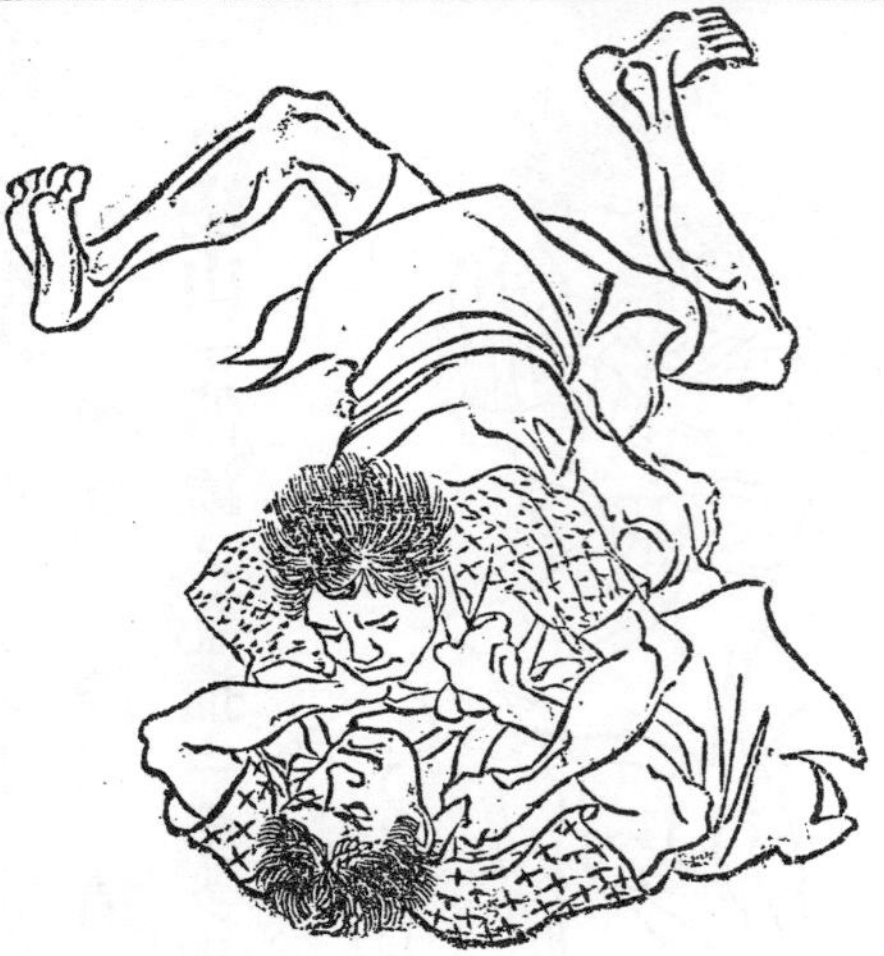

此ハ双方組合テ敵ヲ充分ニ押付タル時敵ノ正面ニ足ノ揃ヒ開キ居ル時ニ我右足ヲ敵ノ臍下部ヘ押當又左足ハ敵ノ兩足ノ下ニ蹈止我体ハ仰向ニ弓ノ如クニ返リ兩手ニテ敵ノ兩胸襟ヲ左右ノ手ニテ摑ミ居テ我体ヲ仰向ニ倒ル同時ニ兩手ハ我胸部ヘ引付右足ハ強クハ子上ル(圖參照)此ハ投ル處ノ寫生ノ眞圖ナリ敵ハ一二間モ先ヘ仰向ニ倒ル

者トシレ（此ハ足ヲ蹴上ルト兩手ヲ引テ我体仰向ヘ倒ル三拍子揃ヘテ術ヲ施スナリ兩手ハ最モ早ク放モ利アリ初心ノ者ニ教時ハ必

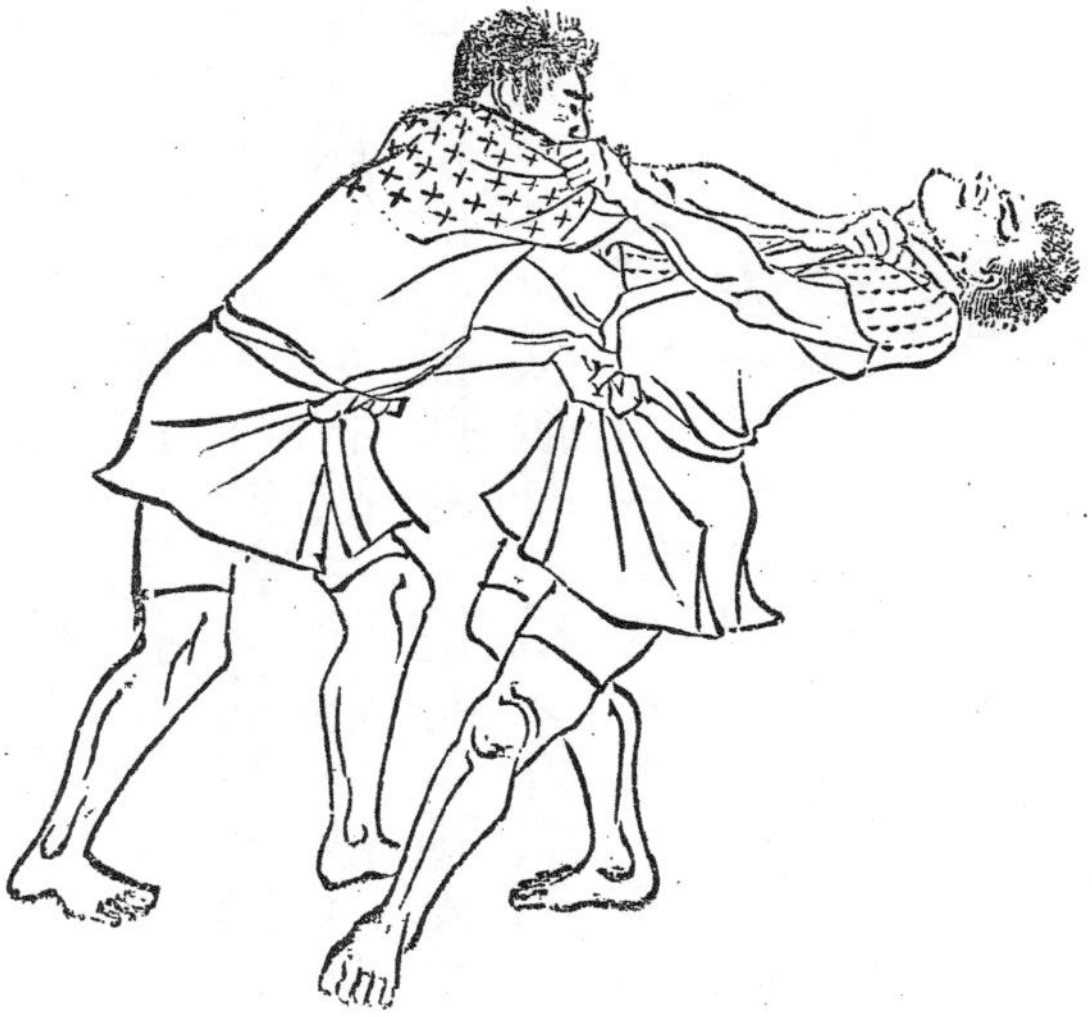

兩手ヲ放スベカラズ此モ投ヲル、時ハ右手ヲ打テ倒ルベシ

◎立　捨　身　捕

此ハ前ト同シ事ナレバ立居タル儘ニ捨身ヲ掛ルニハ上達ニ成テ行フベシ敵初心ノ時ハ先ヘ投ヲル時心得薄キ故ニ前頭ヲ打又ハ頭ヲ摺ムクコアリ又敵ノ兩胸襟ヲ右手ニ合シテ摑ミ左手ハ敵ノ前帶ヲ我前ニ引付圖ノ如ク敵ノ体ヲナクズシ脊

後ニ弓ノ如ク返シテ体ヲ充分ニ崩於テ前同様ニ左足ハ少ク後ニ引
蹈止右足ヲ蹈出シ三拍子合シテ我体ヲ充分ニ立タル儘ニ仰向ニ返
リ敵ヲ投ルナリ通常ノ捨身ハ除ル法アリト云ヘ共立捨身ハ充分ニ
体ノ崩レアル者故ニ除難キ故ニ是ハ早向ヘ投ヲル、ベシ

○横捨身掛捨身　捨身ニ種々アリト云ヘドモ前二種ト高倉トシテ見ルベシ横捨身ハ敵ノ外黑節ニ我足先ヲ押當我横ニ倒レ乍ニシテ敵ヲ我横仰向ニ倒ス者ナルガ手ノ方ハ前々ニ記スル通リ成共足ノ違ヒト左右ヲ分テ記スモミナ圖ニモ寫眞ニテモ筆ニモ盡難キ故ニ大畧ノ文章ハ記セトモ圖ヲ省クナリ

締込ノ部

◉片手絞リ捕裏表ノ部

此ハ敵ノ兩胸襟ヲ合シテ右ニテ摑ミ左手ヲ以テ敵右ノ片襟下ノ處

ヲ握リテ右足ヲ蹈出シ左リ足ハ少シ後ニ止リ下腹ニ力ヲ入腰ヲ少ク返リ身ニナリ度々左手ニ下襟ヲ引締ルナル又是ヲ除ントスルニハ締タル者ノ喉ナリ肩口ナリ右手ニテ向ヘ押放シ我兩襟ヲ合シテ持居ル襟ヲ圖ノ如ク左リ手ニテ引ナガラニシテ体ヲ横ニ振リ乍ニ我身ヲ少シク返ルベシ强敵ニテモ是非此ハ放ス者ナリ

是ニテ落命ナサシメタル時ハ誘ノ活法ニテ充分ニ蘇生スル者トシレ

◉突込締捕表裏ノ部

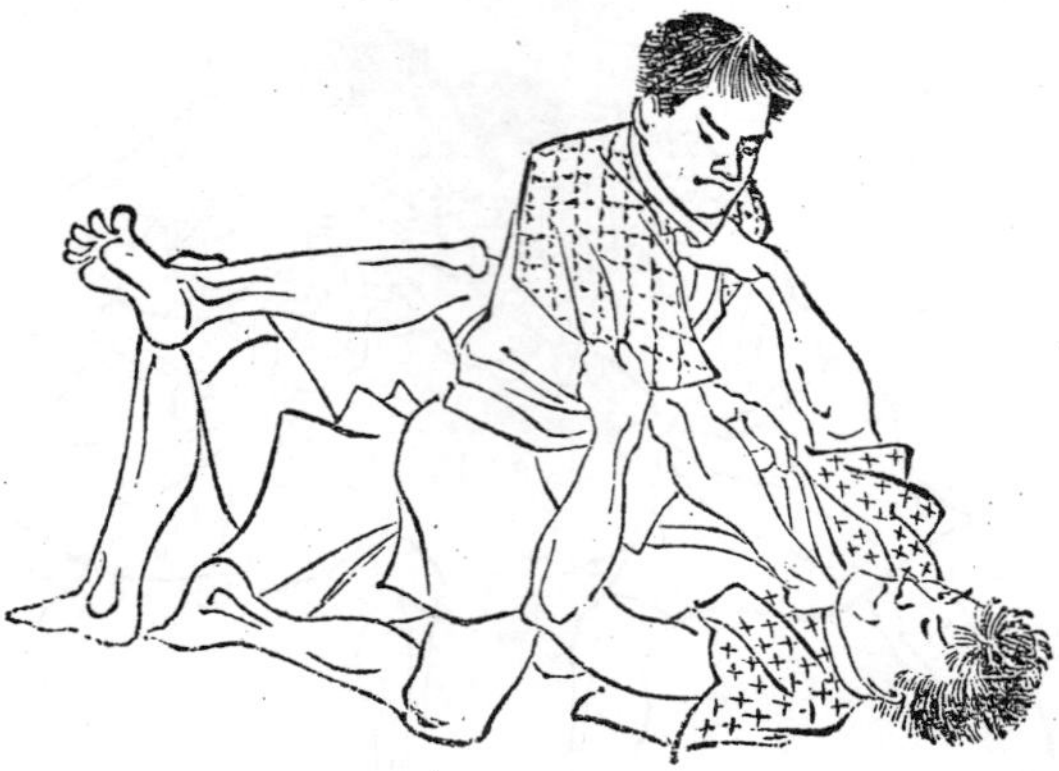

此ハ組打ヲナシ下ヨリ上ノ者ヲ締ルモアリ此圖ハ上ノ者勝タル處ヲ記スナリ組合テ敵ヲ仰向ニ倒レタル時ニ敵ノ腹部ヘ跨ガリ兩膝ヲ突敵ノ兩胸襟喉部ノ處ヲ右手ニテ左襟ヲ握リ左手ニテ右襟ヲ握リ此ノ襟ヲ敵ノ喉ヘ突込敵右肩口ヘ押突右手ハ押突左リ手ハ我前ニ引上ル(圖參照)是ヲ除ルニハ下ヨリ締タル者ノ手ヲ横ヨリ押拂フベシ又右拂ハレタレバ速時ニ左ヲ突込ベシ右左拂ヒ切ザル時ハ圖ノ如ク上ナル者ノ袖下ヲ掴ミ喉ナリ肩口ナリヲ押放シ我ヘ脇拂除ルナリ若シ上ナル者强者ニシテ除難キトキハ早ク負ケトスルベシ(但シ負タル事ハ疊ヲ打ツカ敵ノ何處カ掌ニテ打バ

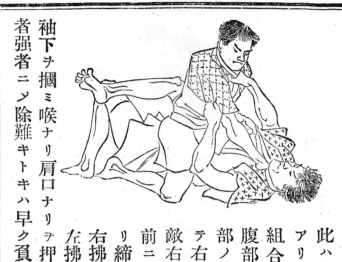

殞ケタル記シナリ）是モ種類澤山有レハ此ノ分ヨリ崩レタリ他ニ變化スル者ナリ〇此ニ落命ノ活法ハ誘ノ活ニテ充分ナレ共淺山一傳流ノ活ハ猶ヨシトスルナリ呼吸術ヲ施スモノナリ

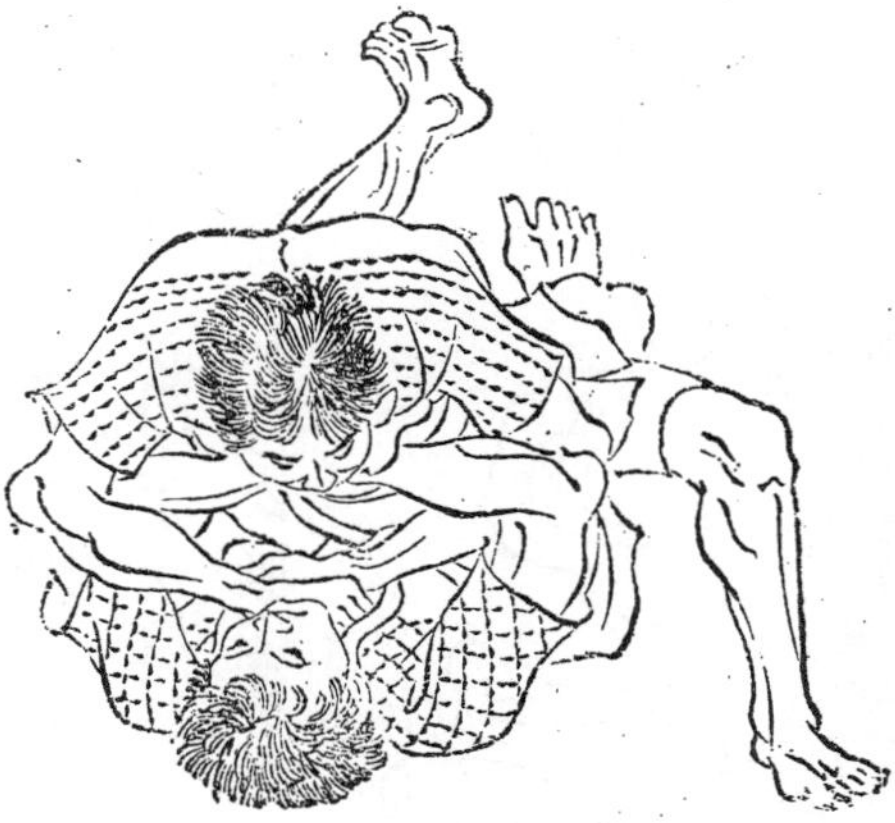

●喉締捕表裏ノ部

此ハ前ト同シ様ナル締方成共是レニ記ス圖ハ双方ヨリ締合ニテ此ノ締方ニ分レ締ト云敵ノ兩襟ヲ双方共ニ拇指ヲ内ニシテ小指ニ力ヲ入テ襟ヲ十文字ニ臂ヲ張ル上ナル者モ絞リニ締ル下ナル者モ上ニ馬乘ニ居者ヲ我胸ヘ引付テ双方共ニ締テ殞タル者ハ敵ノ体中ヲ掌ニテ打ベシ此ハ襟ヲ片手ハ極襟ノ際ヲ摑ミ片手ハ少ク長ク持

（俗ニ七分三分）ニ摑ムヿヲ云ナリ○又双方ノ内ニテ無言ニ成タル者アル時ハ必早手ヲ放シテ活法ヲ施スベシ故ニ降参ヲ早クナスベシ初心ニシテ強ク無理ヲスベカラズ○都テ活法ハ此分ニテ落命ナシタルハ誘活ヲ施ス者トス

◉胴締捕表裏ノ部

此ハ組打ヲナシテ仰向ニ倒レタル時ニ下ヨリ上ニ居者ヲ圖ノ如ク兩足ニテ敵ノ胴腹兩乳ノ下両脇ヲ兩足先ヲ組合シテ下腹ニ力ヲ入（ント）兩足ヲ延スベシ手ハ敵ノ喉ヲ締ルカ又突ニテ締ルカ圖ノ如ク下ヨリ手足ニテ締ルナリ上ナル者ハ同ク突ニテ締ルナ

リ又胴ハ口ヲ結ヒ下腹ニ力ヲ入テ半身ニ体ヲ横ニ子ジテコタヘルベシ是ニテ萬一落命ヲナセバ人工呼吸術ニテモ又襟活法淺山活法等ニテ蘇生スル者ナリ惣活ニハ及バズ力ノアル者ニ胴締ヲ掛ラル、時ハ肋骨ヲ打ツヿモアリ故ニ早ク降參ヲナスヘシ疊ヲ打ベシ(圖參照)

◉水月當捕表裏

此ハ組合テ敵ヲ倒シ上ニ成タル時ニ右ニテモ左ニテモ其人ノ都合ニ依ツテ圖ノ如ク是ハ右膝ヲ當タル圖ナリ故ニ此ヲ以テ説明スル者トスルナリ

敵ノ水月部ニ我膝頭ヲ押當左

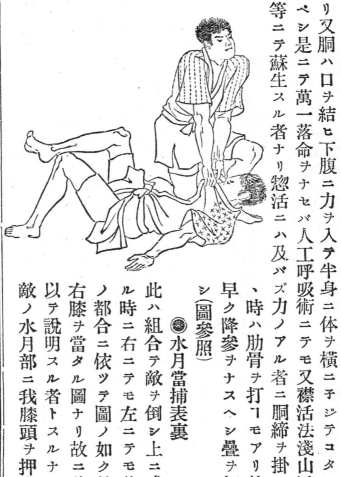

リ足ハ立膝ヲナシ爪先ニ力ヲ入テ蹈止ル成リ兩手ニテ圖ノ如ク敵ノ兩胸襟ヲ我躰ヲ引上少躰ヲ後ヘ返身ニ成テ膝頭ヲ充分ニ突張リ引締ルナリ又是ヲ除ケルニハ掌ヲ以テ敵ノ太股ヲ横ニ拂フベシ萬一ガマン仕切ザル時ハ早ク降參ノ手ヲ打ベシ〇活法ハ肺臓活法及ヒ裏活誘活ヲ施スベシ大略ハ人工呼吸術ニテモ一傳流活ニテモ蘇生スル者ナリ

◉裸體締捕表裏

此ハ双方組合ノ都合ニテ裸ニ成ルヿアリ其切ニ衣類ナク逆手ヲ用スルヿ成難キ時ニ是ヲ以テ締ルベシ圖ノ如ク敵ノ脊ニ廻込タル時ニ右手ヲ以テ敵ノ

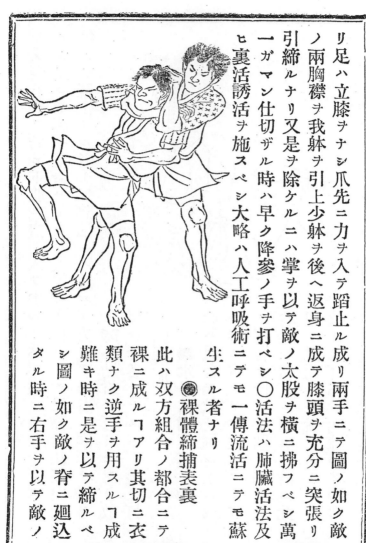

喉ニ巻込左リ手ハ敵ノ左リ肩口ヱ當二ノ腕ヲ右手先ニテ摑左手先ニテ敵ノ後頭部ヲ圖ノ如ク敵少ク前ニウツ向ク様ニ押付ルナリ我ガ体ハ両足先ニモ力ヲ入蹈止リ下腹ニ力ヲ入テ敵ノ喉ヲ締ルナリ最モ此手ハ充分ニリ掛タル時ハ抜ケ難キ者故早ク降參ノ手ヲ打ベシ○此ニテ落命スレハ誘ノ活法一傳流活呼吸術ニテ蘇生スル者ナリ（圖參照）

◎締込捕

此ハ敵ヲ組伏セ上ニ成タル時ニ圖ノ如ク敵ノ右肩口ヨリ我ガ右手ヲ差込敵ノ左リ乳部ノ處ニテ左リ手ヲ添テ五指ヲ組シ我ガ体ヲ敵脊ニ充分ニノシカヽリ右膝ヲ疊ニ付左リ

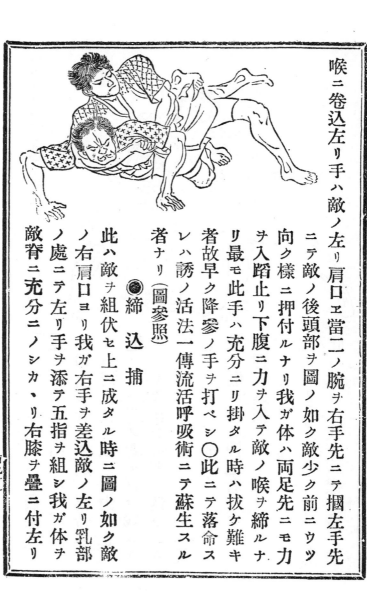

足先ニ力ヲ込テ蹈止リ敵ニ自由ヲ働サセヌ様ニスルベシ(圖參照)

此ハ力敵ニ澤山アルモ其切ハ一切出ヌ者ナリ別ニ落命スルヿハ無之只々敵ノ自由ヲ止ル迄ノヿヲ記ス者ナレバ我ヨリヨハキ者ニテモ押ヘ込ヲレタル時ハ早ク降參スルベシ必秡ルヿアタハズ故ニ上ナル者ハ敵ノ働ニ付テ押込者トスルナリ押ヘ込捕リトモ云フ

◉小手逆捕

此分ヨリ逆手ナリ三本ヲ記ス

此ハ敵ヨリ我カ胸襟ヲ摑ミ前

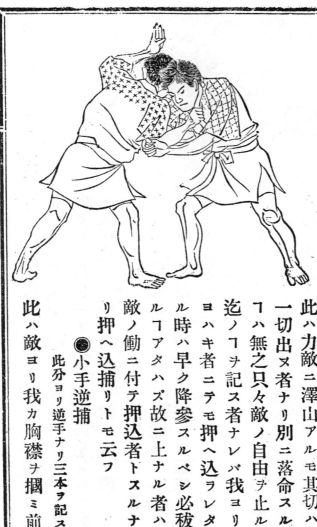

ノ片手絞リノ如クニナス時ニ圖ノ如ク敵ノ右片臂ヲ我カ兩手先ニ

抱込指ヲ組合シテ体ヲ前ニ少ク屈メ右足ヲ蹈出シ爪先ニ力ヲ入左足ヲ少ク後ヘ引下腹ニ力ヲ入テ我胸ヲ以テ敵ノ手首ヲ逆ニ締ル故ニ敵モ早ク負ノ手ヲ打テ降參スベシ此ヲガマンスル時ハ必手首ヲ逆ニナス故ニ筋違骨痛ヲナス者トシレ(圖參照)

此圖ハ締カヽリ口ノ者ヲ示スナリ

◉腕シギ捕

此ハ俗ニ逆手トモ云此ノ手ハ敵ヲ倒シテモ片手ニテ我カ襟ヲ摑ミ居ル内ニ手早ク兩手ニテ手首ヲ摑リ敵ノ肩脇ヘ仰向ニ倒レテ兩足先ヲ敵ノ胸ヨリ喉ニ押當敵ノ臂

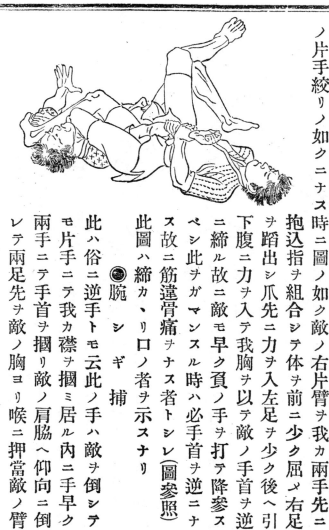

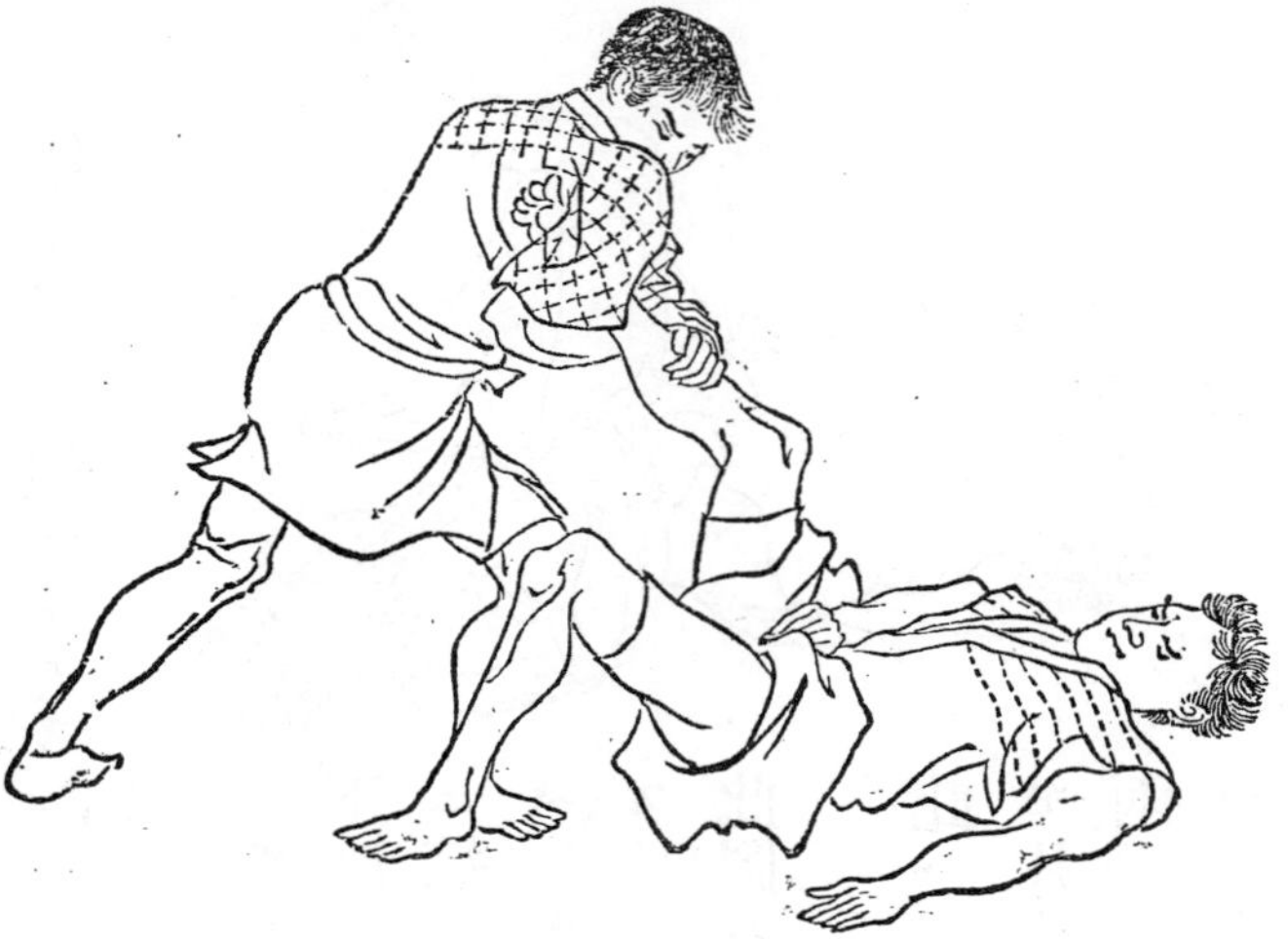

ガ我臍ノ處ヘ引付圖ノ如クニナシ下腹ニ力ヲ入テ少ク返身ニ成ルベシ敵ガ我レヨリ上達ノ者ナレバ拔ヿモアリ八九迄ハ此手ハ拔難キ故ニ無理ニガマンスベカラズ又力ヲ入テ火急ニ引返身ニナル時ハ初心ノ内ハ臂骨ノ折ルヿアリ故ニ早ク降參ノ表ヲ示シ手ヲ打ベシ(圖參照)此圖ハ右腕ヲ引タル圖ナリ左右共同シ心得ナリ

◉足シギ捕

此ハ敵ヲ倒シタル時我レニ敵ヨリ足ニテ我ヲ倒サントスル時ニ早

ク左右ノ内片足ヲ摑ミ腕ニ巻込ミ先ニ圖ノ如ク片足ノ艸靡ノ處ヲ我ガ右腕ニ抱込テ左手ヲ以テ敵ノ向骨ノ處ヲ圖ノ如ク押當右手ニテ左リ腕ヲ摑ミテ体ヲ少ク後ニ返身トナリ敵ノ働ヲ止ル時ハ艸靡ノ處（俗ニ足ノフクラバキノ下ノ部ヲ云ナリ）痛ム故ニ早ク降參ノ表ヲ示スベシ双方ニ無理アル時ハ足骨ヲ折ルヿアリ（圖參照）此ハ隨分抜難キ者故ニ捕方モ氣ヲ付ルベシ

○亂捕ノ手ハ右ニ記載スル外猶多數有リ表裏手及ビ變化ノ手ハ双方供ニ手ノ變リ早キ者ナレバ只變化ノ自在ヲ示スノミ餘ハ筆紙ニ盡シ難キ者ナレバ當今各流共ニ用ユル處ノ妙手ヲ著ハス者ナリ

各大家格言ノ辨

◉久富鐵太郎先生ノ曰ク　柔術ハ形ヲ旨トス亂捕ハ柔術ノ崩レタル處ヨリ起ル者ナル故ニ是ハ力ヲ斗リニテモ勝ツヿアリ然レドモ

身体ノ虚弱ナル者モ形ノ術上達スレハ必ス剛力ニ勝ツヿヲ得ルハ柔術ノ術ナリトスル故ニ常々亂捕ヨリモ形ヲ專務ニスルヿヲ旨トスルナリト

◉講道舘師範長嘉納治五郎先生ノ曰ク　柔術ハ體術ナリ柔《ヤワラ》トモ云フ其ノ術ノ亂軍亂心者不意ニ向フ時ハ早速ノ氣力ヲ增シ敵ノ體勢ニ向ヘハ常ニ亂捕ヲ上達シテ居ル時ハ別ニ形ヨリ亂捕ヲ必要トス故ニ虚弱ノ者ニテモ大力ノ者ヲ自由ニ投ルハ柔術ノ術ナリ亂捕ハ形ヨリ此カ上達ヲ必要トスル者ナリト

◉著者附言　亂捕ノ剛キ者ハ形ノ上達少ナク形ノ上達ニ亂捕ノ剛キハ少シ最モ導場持ノ先生ハ此ノ限ニ不非稽古人ニシ此兩用ニ上達ナル者ヲ指シテ師ヨリ初メノ許シヲ傳ヘテ（折紙）天地人ヲ許ス又其稽古ヲ上達シ眞ニ先生ノ見込ヲ得テ（目錄）ヲ天地人ノ三卷ヲ次第ニ許ス其上ニテ（免許）ヲ得テ導場ヲ開ク者トス各流ノ高手ノ

上達スル者ヲ同流ノ評議ヲ以テ(皆傳)トナル此上ハ名人ト號スル者ト知レ前ニモ格言ニアリ

◉指田吉晴先生ノ曰ク　名人タル者ハ其術ヲ心ニ納メテ愼ミ實ニ人ヲ侮ドルヿナク只心ノ無念無想ノ愼ミ斗リニテ小兒タリトモ自身ノ剛ヲ外ニ少シモ表ハサス謙遜以テ豪氣ヲ常ニ愼ミテ進ミモセス引モセス力《リキ》ミモセス此レヲ眞ノ名人ト云フ尠シノ藝達ヲ鼻ニ掛ルハ武術ノ武ヲ失フ道理ナルヿナリト揚言セラレタルヿアリ

◉著者此ノ指田先生ノ言ヲ聞テ考ヘタルヿアリ相木森之助ト云フ人他出ノ際ニ切合ヲ見テ自宅ヘ駈歸リ妻ニ語リテ曰ク今途中ニテ五六人ノ切合ヲ見テ實ニ驚キタリ依テ要用モタサズ歸レリト言ヒケレバ妻ノ更科曰ク相木森之助トモ云フ文武兼備ノ者ガ他人ノ切合ヲ見テ慄ユトハ實ニ笑止ナリト夫ニ向ヒテ臆病者ト耻メリ此時森之助ハ初テ氣力ヲ思ヒ出スヿアリト夫レ氣合トハ此等ヲ云カト

考ヘリ相木氏ハ力ヲ有リ武道ヲ能クスルト云ヘドモ外《ソト》ニ出ス氣ナ
愼ミ居リ忘レシ事故妻ニ耻シメラレテ其氣ヲ起セリ故ニ其ノ剛氣
ハ都テ此樣ナル者カト思フ丈ヲ筆ノ序ニ記スノミ

◉金谷元良先生ノ曰ク　柔術ハ虛弱ナル者ハ壯健ニ成故ニ形ヲ專
務ニスベシ剛力ナル者ハ相撲ヲ取モ勝ハ力ヲ斗リニテ勝ツ事ヲ得
ス我力ヲニテ力ヲ負ヲスル事アリ相撲ニ四十八手形アリ柔術ニハ
流義ニ依テ手數ノ違ヒアリト云ヘドモ俗ニ四十八手裏表ト云フ譬
アリ故ニ力ヲ有ル者ハ此ノ柔術ヲ覺ヘタル時ハ體ノ動作ヲ能クス
又鬼ニ鐵棒ノ譬ヘニテ我ガ力ヲニテ虛弱ノ者ニ投ラル丶ヿ無シ故
ニ剛弱トモニ是ヲ覺ヘハ我身ヲ護ルノ柔術ハ第一ナリト云フ

◉今泉八郎先生接骨ハ醫學ニ不非ノ語　夫レ柔術ハ術タル處ノ術
ニテ稽古シテ打身クジキ等ナシタル時ハ自身ニテ治療ヲナス又劇
藥ヲ用ユル事ナク又呑業ヲ用ユル事モ無シ又殺セバ活ニテ生スハ

柔術ノ本意ナリ其術ヲ上達シテ接骨治療法ヲ師ノ助ケヲシテ其術ノ療法ヲ覺ヘテモ今ハ其醫學試驗免狀無之ハ此ノ接骨ヲ營業トナスヿ能ハズ故ニ此ノ實地經驗ノ上ニテ其術ヲ施ス者ナレバ醫學トハ異ナレリ故ニ此術ハ柔術家ニ附屬シタル者ナレハ柔術家ノ專用ナルヿナリ故ニ更ニ師ノ免許ヲ得テ此ヲ傳授スルヿヲ得ル樣ノ旨ヲ內務省ヘ願出デ度トノ說ヲ語リ居ラレタルハ實ニ尤ノ至リナリ然ルニ近頃ハ古來ヨリ師ノ名義ヲ繼キ其柔術モ辨ヘザル者ガ免許鑑札ヲ以テ治療ヲナス故ニ病者ヲ不具ニスル者儘澤山有ル故ニ嘆息ノ至リナリト言ハレシコトアリ

◉大竹先生曰ク　水中ニテ柔術ヲ研究スルヲ得テ廣ク天下ニ弘メタシトノ意アリ水中ノ柔術ハ水練ノ術ヲ能ク覺ヘタル處ヲ以テ水ノ內ニ於テモ柔術ハ必要ナリ故ニ前々ヨリ此事ヲ心ニアル事故近年內ニハ必ス水中柔術ノ形ヲ考ヘヲル丶ノ見込アリト云フ

◉八谷老先生曰ク　柔術ノ形、亂捕ヲ自慢スル者ニ上達ノ者ハ無之トノ𪜈是レヨリテ古歌アリ曰ク　江戸子ハ五月ノ鯉ノ吹ナガシ口先バカリデ腹ハタハナシノ譬ニテ口ニ大言ヲ云フ者ハ其術不熟ノ者澤山アリ故ニ上達スルニ従ヒ身ヲ愼ミ口外ヲナスベカラスト云ヘリ是等ハ弟子ニ於テモ能ク愼ムベキコトナリト聞セタリ

◉田子信重先生曰ク　同先生ハ今皆傳ノ人トモ云フ此ノ先生試験會ノ際他ノ柔術先生ト亂捕ヲナシ先ノ先生ヲ投ゲタリ其投ヲル、時ニ至リ足ニテ田子氏ノ肋骨ヲ蹴ラル其時ハ氣ノ張リタル故何氣ナク居ヲレシ其内ニ肉骨非常ノ痛ヲ覺タル𪜈故ニ摩リ見レバ肋骨打込アルヲ以テ手療ヲニテ三十日ヲ得テ全治ス是柔術ノ功接骨ノ功タル𪜈ナリト知了シテ語リ居ヲレタルコトアリト云フ

◉振氣流先生曰ク　當流ニ於テハ活法ヲ用ヒス又接骨モ無之亂捕ハ投ルノミニテ締メナク只々離レ業ノミヲ稽古スル者故締業逆手

ハ柔術ノ爲スヘキ業ニハ不非トノ説ヲ云フ　附言著者ノ考ヘニテハ此ノ道ノ流儀ニ依テ種々ノ形手等アル故ニ此ノ類ハ大家ノ考ニモアリ活法ハ必ス有スル者ナリ首縊水死者ハ早ク手當ヲ施ス時ハ蘇生ノ功アルハ活法ノ活タル功アリト思ヘリ

◎高木芳雄先生曰ク　我ガ天神眞楊流ニ於テ柔術ノ活法ノ功者ナル時ハ其人ヲ助ケ接骨ニ功者ナル者ハ折タル骨ヲ整骨シテ不具ニナル者モ全治ナセバ親ニ受タル五體ヲ不具ニナサズシテ我柔術タル接骨家ノ名譽ヲ得ルヿ故柔術家ノ整骨ハ必用ノ第一ナリト云ヘリ

◎吉田千春先生曰ク　我カ柔術ハ形ヲ専用スルナリ其説ニ曰ク元祖磯柳關齋源正足先生眞ノ神道流ト楊眞流ヲ合シ天神眞楊流ト號シ百廿四手ニテ組合シタルヲ以テ今此流儀ノ東京各區ニ道場澤山アルモ我意ヲ張ル處アレド種々少シ違ヒアル故ニ先生ハ毎月第二

日曜日ニ同流ノ先生ヲ集合ナシ崩タル手ヲ一手ノ形ニナシタキ心ヲ起シ近頃ハ錦町二丁目三番地同導場ニ於テ惣稽古アリ他流ノ拜見モ許ス故ニ先生之志意ヲ思フテ今此ニ記シヌ

◉著者各先生ノ傳書傳言アレモ今此ノ書ヲ綴ル丈ニ止ル故ニ是迄ハ記ス餘ハ後篇出版ノ際ハ悉敷載セルナリ猶前ニ本郷弓町金子勝平先生ノ導場ヲ白井先生引受吉田千春先生接骨出張ヲナス故ニ今ハ天神眞楊流ノ稽古ヲ敎授ス

○近來他ニ愚ニモ付ザル出版ナス著者アリテ無闇ニ表題ヲ飾リ其實取ニタラザル物澤山有之候間能々御注意アレ

○出版元著者曰今回ノ著書ハ多年苦心ヲ込タル者ナレバ各先生ノ秘藏書及ヒ秘傳口傳ノ他見ヲ憚カル物又他ニ不讓不許等ノ尊キ物ヲ蒐メ生理書ト號シテ壹本ヲ天下ニ弘メントス讀者諸君幸ニ著者ノ志ヲ諒セラルレバ幸甚々々

明治二十九年十一月十五日印刷
同　年十一月二十日發行

東京書肆
魁眞樓
版權所有
井口氏
所藏之證

定價金八拾五錢

著者兼發行者　井口松之助
東京市下谷區池之端仲町十一番地

印刷者　平島曠
東京市日本橋區上槇町十六番地

印刷所　八重洲橋活版所
東京市日本橋區上槇町十六番地

全國一手大賣捌　青木嵩山堂
大坂市東區博勞町角

青木嵩山堂
東京市日本橋區通一丁目角

發行所　魁眞樓
東京市下谷區池之端仲町十一番地

府下特別大賣捌

日本橋區通一丁目　大倉孫兵衛
京橋區南傳馬町二丁目　目黑書店
日本橋區通三丁目　金櫻堂
日本橋區通三丁目　大川屋錠吉

日本橋區大傳馬町　長島恭次郎
日本橋區本石町二丁目　上田屋書店
神田區神保町　東京堂
京橋區銀座三丁目　文海堂

京橋區尾張町二丁目　巖々堂
京橋區鎗屋町　北隆館
京橋區南紺屋町　井上勝五郎
其他全國各書肆雜誌店勸業場等

活術図解全書　全

※収録した原本によっては、文字の欠落や擦れ、頁の汚損・欠損等が見られるが、原本通りのため御了承願います。

活術図解全書

全

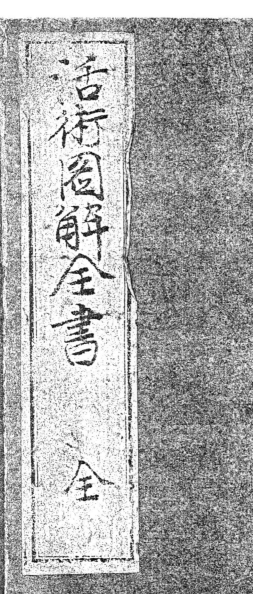

緒言

夫れ人命は朝露の如しと何時き不慮の疾病に罹り或ひは不測の危急に莅み死生を瞬間に決する事なきを保せす偶ま急遽一髮を爭ふの際に至りて醫師を招くに暇まなき場合に於ては活術を措て將に何に因らんか蓋し醫術なるものは學ふに難く輙すく熟達するを得さるも本法は口傳の術にして敢て練磨の煩勞もなく一度ひ其法を究むれは何人も能く施術し得るものにて已れ活術を心得置かんか時に他を救援すへし他亦た會得しあらんか時に自巳の生命を全たがらしむるに至る然れとも此術たるや往昔よりして武道の奧義口傳の秘訣なれは此道の識者は漫りに他へ傳

授するを厭ひ予も若年の頃此術を得て深く秘密に附し來りしも
人の非命に斃るを見聞するに忍ひす空しく玉を土中に埋設し去
らんよりは寧ろ世に裨益するの勝れるを感し茲に斯術の奥義を
詳密平易に叙述す讀者幸ひに文章の齒莽を咎むる勿れ

明治三十三年　月

著　者　識

凡例

一本書ハ緒言ニ示スカ如ク人命ノ急變ニ接シ之レヲ救援シテ世ニ裨益ヲ與ヘンカ爲ニ編著セシ者ナリ

一本書ハ活術ヲ行フ者ノ便蒙ニ共センガ爲メ施術方法ノ事ヲ平易ニ且ツ明晰ニ詳述スルヲ以テ主眼トセリ

一人體之構造ニ付キテハ只其一斑ヲ示スニ過キズ之レヲ詳悉セントセハ生理學ニ因ヲザル可カラス

一施術ノ事ヲ解スルニ敏捷ニシテ且ツ了解ニ安スカヲシメンガ爲メニ其説明毎ニ圖面ヲ揭ケタリ讀者宜シク參照シテ之レガ活用ヲ期セザル可カラス

一本書ニ著ス活術ハ數傳アリト雖之レヲ應用スル上ニ就テハ悉ク施行スルニ非ラス其何レノ傳ナリモ一傳ヲ用ヒテ之レカ効驗ヲ奏ス可キ也

一本書ニ著ス活術ニシテ其効驗ヲ疑怪アランニハ試ニ禽獸ヲ以テ施術ス可シ立所ニ之レガ確實ナルヿヲ知ルニ至ル可シ

一冊尾ニ活術ニ關係アル死者救援ノ心得等ヲ加フルハ是レ參考之爲メナリ

柳生流
眞之神道流
荒木流
小栗流

活術圖解全書

一名人工呼吸術

目次

荒木流活術之部

小栗流活術之部

一昏倒者ヲ救心得ノ事
一窒息者ヲ救心得ノ事
一硬塞者ヲ救心得ノ事
一毒氣吸入者ヲ救心得ノ事
一壓死者ヲ救心得ノ事
一震死者ヲ救心得ノ事

人《じん》體《たい》構《かう》造《ざう》之一斑《はん》

活術《くわつじゆつ》は人工《じんかう》に因《よ》り死者《ししや》に呼吸《こきう》を爲《な》さしむるの方法《はうく》にして此術《このじゆつ》を實施《じつし》せんとするに當《あた》りては豫《あらかじ》め人體《じんたい》の構造《かうざう》を知《ち》得《とく》せざる可《べ》からず故《ゆゑ》に活術《くわつじゆつ》の傳《でん》を記《き》するに先《さきだ》ち人體構造《じんたいかうざう》の大畧《たいりやく》を玆《こゝ》に掲《かゝ》くる所以《ゆゑん》なり

一人體《じんたい》は主《おも》に骨《ほね》、靭帶《じんたい》、筋肉《きんにく》、動脈《どうみやく》、靜脈《じやうみやく》、神經《しんけい》、内臟《ないざう》、及《およ》ひ毛《け》、爪《つめ》、を存《そん》する皮膚《ひふ》より成《な》るものなり

一骨《ほね》は硬《かた》き物質《ぶつしつ》にして體《たい》を保持《ほぢ》し其形《そのかたち》を造《つく》る又此等《またこれら》の骨相集《ほねあひあつま》りて腔《かう》を造《つく》り其内《そのうち》に大切《たいせつ》なる臟腑《ざうふ》を納《おさ》むる者《もの》なり骨《ほね》を以《もつ》て人體《じんたい》の形《かたち》に組立《くみたて》たる者《もの》を名《な》けて骨格《こつかく》と云《い》ふ

一頭蓋《づがい》は六個《こ》の骨集《ほねあつま》り合《あ》て出來《でき》たる者《もの》にして内《うち》に腔所《くうしよ》を造《つく》る之《これ》を頭蓋腔《づがいかう》と云《い》ふ此腔内《このかうない》には精神《せいしん》と知覺《ちかく》とを主《つかさど》る腦髓《なうずい》を受容《じゆやう》す大人《たいじん》の頭蓋骨《づがいこつ》は硬《かた》くして其縁《そのへり》は鋸齒《きよし》の形《かたち》をなし隣骨《りんこつ》と互《たがい》に結合《けつがう》す此結合《このけつがう》を名《な》けて嚙縫《かんほふ》と云《い》ふ

一軀幹《くかん》を分《わか》ちて頸部《けいぶ》、胸部《きやうぶ》、腹部《ふくぶ》の三部《ぶ》とす然《しか》して軀幹《くかん》を支《さゝ》ふる骨《ほね》は主《おも》に脊柱《せきちゆう》と骨盤《こつばん》となり脊柱《せきちゆう》は二十四個《こ》の脊椎《せきつい》より成《な》り互《たがい》に結合《けつがう》して運動《うんどう》の出來得《できう》るものなり之《これ》を眞脊椎《しんせきつい》と名《なづ》く而《しか》して此《この》二十四個《こ》の眞脊椎《しんせきつい》の中上《うちかみ》の七個《こ》を頸椎《けいつい》と云《い》ひ中《なか》の十二個《こ》を胸椎《きやうつい》と云《い》ひ下《した》の五個《こ》を腹椎《ふくつい》と云《い》ふ又脊柱《またせきちゆう》の内《うち》に一條《ちやう》の長《なが》き管《くだ》あり其内《そのうち》には腦《のう》に連續《れんぞく》せる脊髓《せきずい》を藏《ざう》して之《これ》を保護《ほご》す

一頸部《けいぶ》を分《わけ》ちて三部《ぶ》とす則《すなは》ち前部《ぜんぶ》「一名喉頭部《めいかうとうぶ》」後部《こうぶ》「一名項部《めいかうぶ》」兩側部《りやうそくぶ》なり其頸部《そのけいぶ》の前方《ぜんぽう》は皮膚《ひふ》の下《した》には筋肉《きんにく》あり筋肉《きんにく》の下《した》には甲狀腺《かうじやうせん》あり又其後《またそのうしろ》には喉頭《かうとう》「俗《ぞく》にのど佛《ぼとけ》と云《い》ふ」あり是《こ》れ氣管《きくわん》と連《つらなり》て肺臟《はいざう》に達《たつ》するものなり又項部《またかうぶ》には七個《こ》の頸椎《けいつい》あり又頸《またくび》の兩側部《りやうそくぶ》には多《おほ》くの太《ふと》き動脈管《どうみやくくわん》、靜脈管《じやうみやくくゎん》、神經等《しんけいとう》あり

一胸部《きやうぶ》の諸骨互《しよこつたがい》に連《つらなり》て胸廓《きやうくわく》を造《つく》る則《すなは》ち其前《そのまへ》は胸骨《きやうこつ》より成《な》り兩側《りやうそく》は二十四個《こ》の肋骨《ろくこつ》より成《な》る但《たゞ》し一側《かわ》に十二個《こ》とす後《うしろ》

は十二個《こ》の肋骨《ろくこつ》より成《な》る而《しか》して胸廓内《きやうくわくない》には二個《こ》の肺臟《はいざう》と數多《あまた》の太《ふと》き脈管《みやくくわん》を具《そな》へたる心臟《しんざう》とを含有《がんゆう》する者《もの》なり

一肺臟《はいざう》は呼《こ》吸器《きうき》中《ちう》の主《をも》なる者《もの》なり我々《われ〳〵》の周圍《しうゐ》にある大氣《たいき》は鼻口《びかう》より入《い》り氣管《きくわん》を通《とを》り肺臟《はいざう》に至《いた》りて肺《はい》を膨張《ぼうちやう》せしむ吸《きう》氣《き》の時生活《ときせいくわつ》を保《たも》つに最《もつと》も必用《ひつやう》なる大氣《たいき》中《ちう》の一性分《せいぶん》即《すなわ》ち酸素《さんそ》を血液《けつゑき》の中《うち》へ取《と》り呼氣《こき》の時《とき》血《ち》の中《うち》より水蒸氣《すいじやうき》と炭酸《たんさん》とを吐《は》く此如《かくのこと》き働《はたら》きによりて肺臟《はいざう》中《ちう》の血液《けつゑき》は鮮赤色《せんせきしよく》に變《かわ》りて再《ふたゝ》び榮養《ゑいやう》の用《よう》に當《あた》るものなり

一腹部《ふくぶ》は胸部《きやうぶ》と骨盤《こつばん》の間《あいだ》にありて甚《はなは》だ廣《ひろ》し其前方《そのぜんぽう》と兩側《りやうそく》とは腹壁《ふくへき》より成《な》り後《うしろ》は五個《こ》の腹椎《ふくつい》より成《な》り上《かみ》は横隔膜《わうかくまく》に界《さかい》し下《した》は骨盤《こつばん》に界《さかい》する者《もの》なり而《しか》して腹壁《ふくへき》は皮膚《ひふ》脂肪《しぼう》組織《そしき》腹筋《ふくきん》より成《な》り其腹筋《そのふくきん》は前《まへ》の正中《せいちう》に腿組《たいそ》織《しき》の薄《うす》き膜狀《まくじやう》のものありて之《これ》を左右《さいう》に分《わか》つ此膜狀《このまくじやう》の腿《たい》を名《な》つけて白條《はくじやう》と云《い》ふ白條《はくじやう》の中央《ちうわう》に臍《へそ》あり又腹腔内《またふくかうない》又は消化器《しやうくわき》と必尿器《ひつねうき》を藏《ざう》す

一四肢《し》を分《わか》ちて上肢《じやうし》と下肢《げし》とに區別《くべつ》す

一上肢《じやうし》の上端《じやうたん》の後《うしろ》は肩胛骨《けんかうこつ》又より前《まへ》は鎖骨《さこつ》に據《よ》りて胸廓《きやうくわく》に附《つ》き善《よ》く運動《うんどう》をなすなり上肢《じやうし》を分《わか》ちて上膊《じやうはく》、前膊《ぜんはく》、手《て》の三部《ぶ》となす上膊《じやうはく》には管狀《くわんじやう》の上膊骨《じやうはくこつ》あり前膊《ぜんはく》には橈骨《だうこつ》と尺骨《しやくこつ》の二骨《こつ》あり手《て》を再《ふたゝ》び小分《しやうぶん》して腕部《わんぶ》、掌部《しやうぶ》、指《ゆび》となす而《しか》して手《て》は數多《あまた》の小《ちいさ》き骨《ほね》の集《あつま》りて出來《でき》たる者《もの》なり

一下肢《げし》は骨盤《こつばん》の兩側《りやうそく》にある深《ふか》き窩《くぼ》み即《すなわ》ち髀臼《ひきう》と關節《くわんせつ》するものなり而《しか》して下肢《げし》を分《わか》ちて上腿下腿足《じやうたいげたいあし》の三部《ぶ》となす上腿《じやうたい》には全身中最《ぜんしんちうもつと》も長《なが》き上腿骨《じやうたいこつ》あり下腿《げたい》には脛骨《けいこつ》と腓骨《はいこつ》とあり足《あし》は跗蹠趾《ふせきし》の三部《ぶ》より出來《でき》たるものとす其他《そのた》下肢《げし》には膝《ひざ》の前《まへ》の方《かた》に平《ひらた》くして圓《まろ》き骨《ほね》あり名《な》つけて膝蓋骨《しつがいこつ》と云《い》ふ

四肢《し》には長《なが》き腿《たい》を具《そな》へたる數多《あまた》の筋肉《きんにく》ありて手足《てあし》を自由自在《じゆうじざい》に運動《うんどう》せしむる事《こと》を得《う》るなり以上《いじやう》は人體構造《じんたいかうぞう》の大畧《たいりやく》を叙述《じよしゆう》せし者《もの》にして尙左《なほさ》圖《づ》を參觀《さんくわん》す可《べ》し

人体骨格之圖

(イ)頭蓋骨《ヅーガイコツ》　(ロ)顔面骨《ガンメンコツ》　(ハ)七個ノ頸椎《ケイツイ》　(ニ)十二個ノ胸椎《キヨフツイ》
(ホ)五個ノ腹椎《フクツイ》　(ヘ)薦骨《センコツ》　(ト)尾底骨《ビーテイコツ》　(チ)胸骨《キヨフコツ》
(リ)右側十二肋骨《ロウコツ》　(ヌ)鎖骨《サコツ》　(ル)肩胛骨《ケンコチコツ》　(ヲ)上膊骨《ハツコツ》
(ワ)橈骨《ギヨフコツ》　(カ)尺骨《シヤクコツ》　(ヨ)腕骨《ワンコツ》
(タ)掌骨《シヨチコツ》
(レ)指骨《シーコツ》
(ソ)髖骨《クワンコツ》
(ラ)腓骨《ハイコツ》

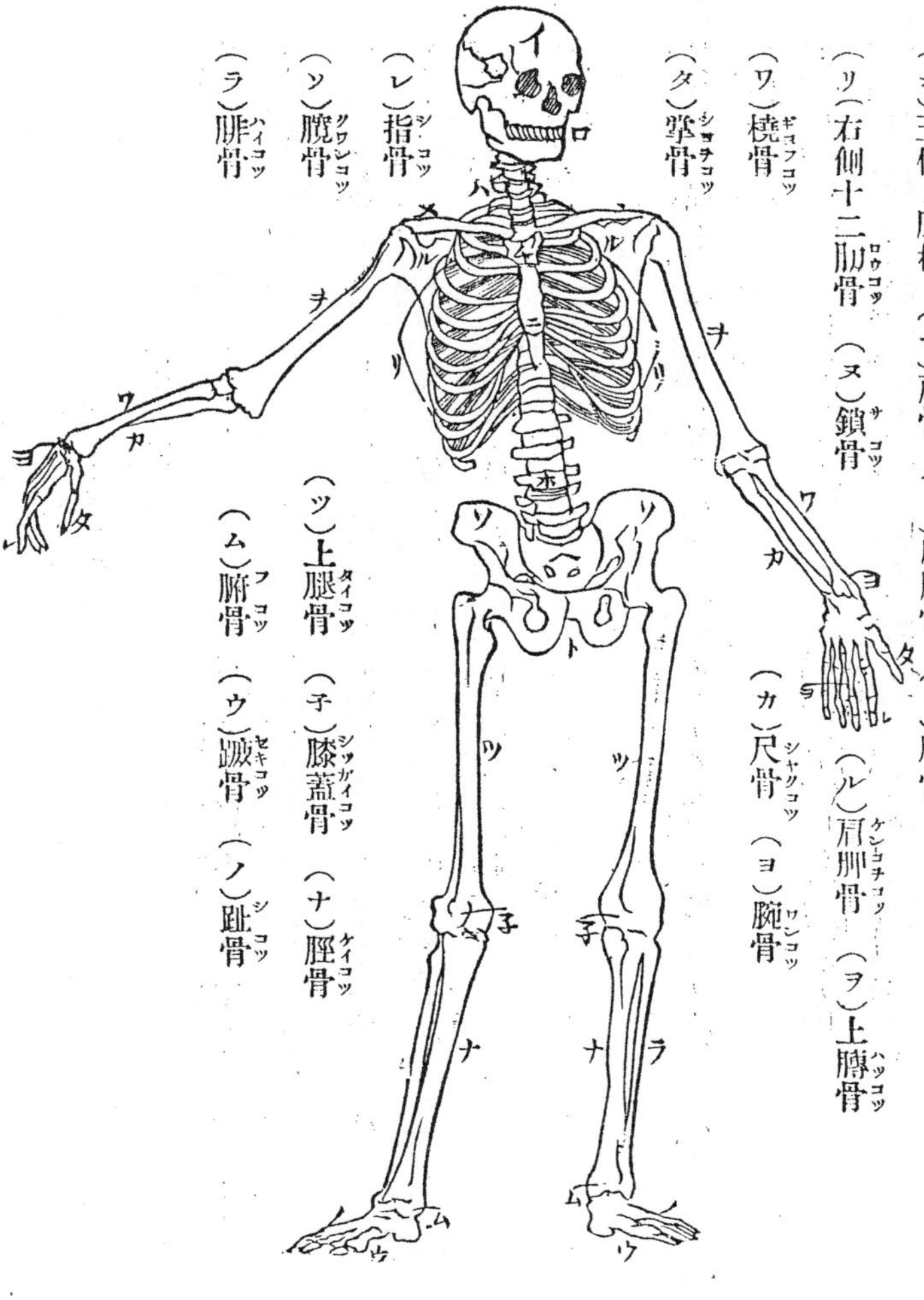

(ツ)上腿骨《タイコツ》　(子)膝蓋骨《シツガイコツ》　(ナ)脛骨《ケイコツ》
(ム)跗骨《フコツ》　(ウ)蹠骨《セキコツ》　(ノ)趾骨《シコツ》

施《し》術《じゆつ》者《しや》心《こゝろ》得《ゑ》

一抑《そも》も活術《くわつじゆつ》と稱《しやう》するは氣息《きそく》全《まつた》く絶《た》へたる者《もの》に再《ふたゝ》び人工《にんかう》により呼吸《こきう》を起《をこ》さしむるの術《じゆつ》にして之《これ》を施《ほどこす》には凡《すべ》て死者《ししや》の軀《く》幹《かん》を結紮《けつきう》せし帶衣《をびい》服其他《ふくそのた》の纏綣物《てんけんぶつ》は可成取除《なるべくとりのぞ》き無用《むやう》の所《ところ》は裸出《らしゆつ》せす而《しか》して死者《ししや》の腹部《ふくぶ》の硬《かた》く緊張《きんちよふ》しあるを施術者《しじゆつしや》の右手《みぎて》の掌《ひら》にて靜《しつ》かゝ摩擦《まさつ》して弛緩《ちくわん》ならしめ其軟《そのやわら》かになりたる際施術《さいしじゆつ》す可《べ》し若《もし》一傳《でん》の術《じゆつ》を施《ほどこ》し罕《まれ》に蘇生《そせい》せざれば漸次《ぜんじ》他《た》の術《じゆつ》を施《ほどこ》す可《べ》き者《もの》とす譬《たと》へは窒息《ちつそく》して死《し》せし者《もの》に脇腹《きやうふく》の傳《でん》を用《もち》ひるも蘇生《そせい》せす臍《へそ》の傳《でん》を用《もち》ひて復活《ふくくわつ》せし者《もの》とせん乎更《かさ》らに同《どう》一に死《し》せし者《もの》に同《どう》一の傳《でん》を用《もち》ひ効《かう》なくして反對《はんたい》の傳《でん》を用《もち》ひて回生《くわいせい》する事《こと》あり仍《よつ》て一傳《でん》を用《もち》ひ効驗《かうけん》なき時《とき》は順次《じゆんじ》に他《た》の傳《でん》の有《あ》る限《かぎ》りを施《ほどこ》す可《べ》きなり最《もつと》も死者《ししや》に一傳《でん》の術《じゆつ》を施《ほどこ》し効驗《かうけん》を試《こゝろ》むるの度數《どすう》は一傳毎《でんごと》に凡《およ》そ二十回乃《くわいない》至《し》三十回位《くわいくらい》は施行《しかう》す可《べ》し夫《そ》れにて効驗《かうけん》の見《み》へざる時《とき》は續《つゞ》ひて次《つぎ》の傳《でん》を行《をこなふ》可《べ》き者《もの》とす

一活術《くわつじゆつ》を實施《じつし》するには掛聲《かけこゑ》を爲《な》すを要《よう》す是《これ》は死者《ししや》をして施術《しじゆつ》に因《よ》り呼吸《こきう》をなさしむる毎《ごと》に喚呼《くわんこ》して傍《かたわ》ら生覺《せいかく》せしむるの目的《もくてき》なりとす

一凡《およ》そ急變《きうへん》に係《かゝ》る死者《ししや》は絶息《ぜつそく》の後數時間《のちすうじかん》を經《へ》たる者《もの》と雖《いへ》も活術《くわつじゆつ》の應當《をゝとう》ゝよりて蘇生《そせい》する者《もの》なれは疎畧《そりやく》ゝ施術《しじゆつ》し効驗《こうけん》なきとし臆斷《おくだん》を以《もつ》て輙《たやす》く之《これ》を放拋《はうばう》する等《とう》の事《こと》ある可《べ》からす

一人命急變《にんめいきうへん》とは不慮《ふりよ》の災害疾病等總《さいがいしつぺいとうすべ》て人命《にんめい》に關《くわん》する危急《ききう》の變故《へんこ》を云《い》ふ其類《そのるい》を揭《かゝ》くれは大略左《たいりやくさ》の如《ごと》し

一創傷《そうしやう》一打撲《だぼく》一骨折《こつせつ》一火傷《くわしやう》一凍冱《とうこ》一抨倒《こんとう》一窒息《ちつそく》一硬塞《かうそく》一毒氣吸入《どくききうにう》一絞縊《こうい》一溺水《できすい》一壓死《あつし》一震死等《しんしとう》なり

以上列記《いじやうれつき》する者《もの》の如《ごと》きは死生《しせい》の機瞬速《きしゆんそく》に決《けつ》する者《もの》ゝして之《これ》を救援《きうゑん》する最《もつと》も迅速《じんそく》ならざる可《べ》からす之《これ》を火急《くわきう》に救援《きうゑん》するは活術《くわつじゆつ》を置《を》きて他《た》に優《まさ》れる事《こと》なし故《ゆへ》に活術《くわつじゆつ》を施《ほどこ》すに臨《のぞ》みては人體《にんたい》の取扱《とりあつかい》極《きわめ》て大切《たいせつ》にす可《べ》きは勿論精神《もちろんせいしん》を鎮靜《ちんせい》し

て施術《しじゆつ》するを要《やう》す

柳生《やぎう》流《りう》手招之《の》法《はう》

一此法《このはう》は死者《ししや》をして假死《かし》せし者乎《ものか》又眞死者《またしんししや》なる乎《か》を撿案《けんあん》するの術《じゆつ》にして死者《ししや》を光線《かうせん》ある方《かた》へ向《むか》はし左手《さしゆ》の拇指及示《ぼしおよびじ》指《し》にて眼瞼《がんけん》を圖《づ》の如《ごと》く開張《かいちやう》し眼球《がんきゆう》の瞳孔《どうこう》（物體《ぶつたい》より眼中《がんちう》に來《きた》る光線《かうせん》を眼《め》の後房内《かうばうない》に通《つう》するの門《もん》なり）の部分《ぶぶん》へ右手《ゆうしゆ》の示指《じし》の尖頭《せんとう》の影《かげ》を映《うつ》し見《み》る可《べ》し眼光透明《がんかうとうめい》にして指影《しえい》の顯然《けんぜん》と映《うつ》りて曇《くも》りなき者《もの》は假死《かし》にして施術《しじゆつ》の効《かう》を奏《そう》す可《べ》きも若《も》し瞳孔《どうこう》に雲彩《うんさい》ありて指影《しえい》の充分映《ぶんうつ》らざる者《もの》は眞死《しんし》の確徴《くわくちやう》にして活術《くわつじゆつ》の効《かう》なき者《もの》と知《し》る可《べ》し

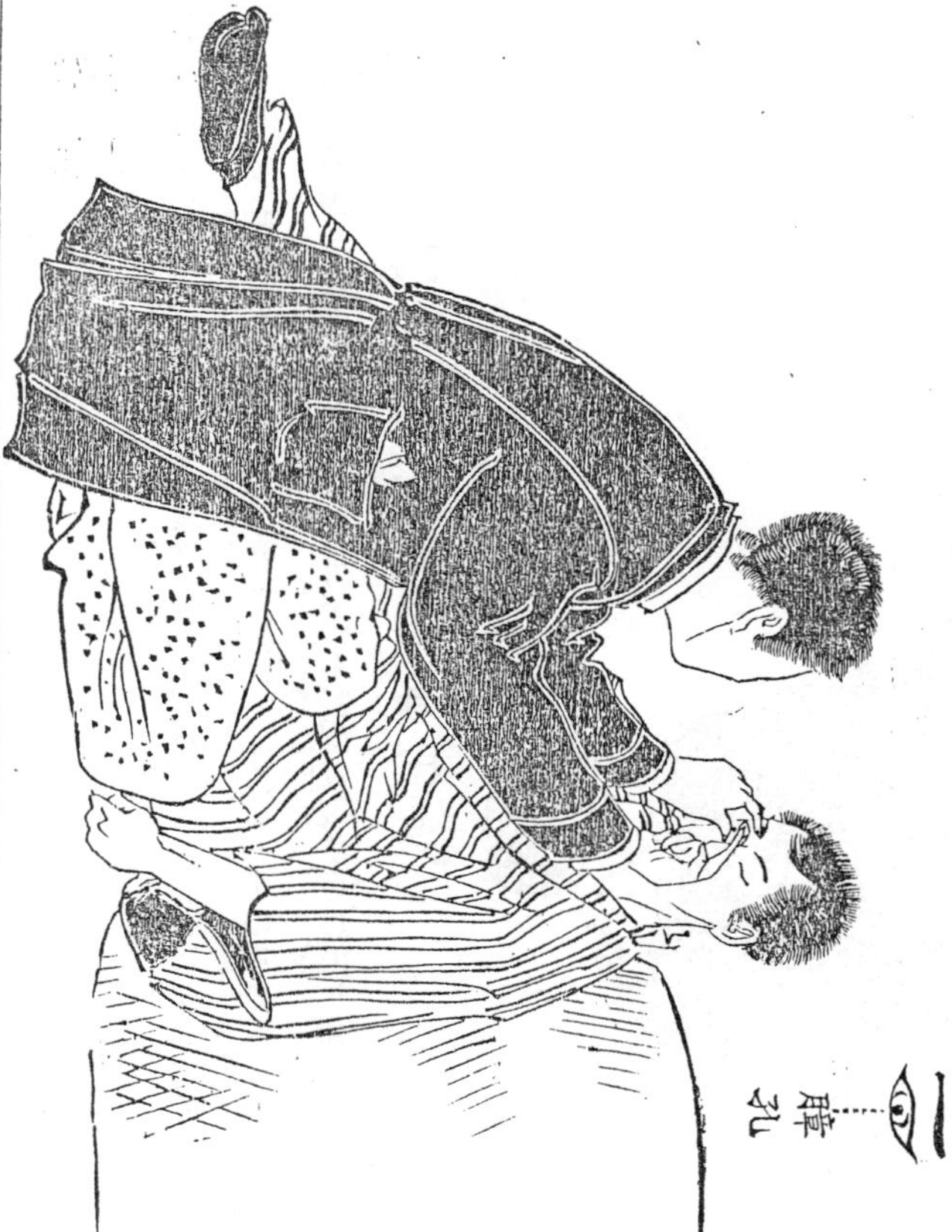

手招之法圖

柳《やぎ》生《う》流《りう》脇《わき》腹《はら》之《の》傳《でん》

一此術《このじゆつ》は死者《ししや》の両肢《りやうし》を伸《のば》したる儘《まゝ》坐《ざ》さしめ又《また》は仰臥《ぎやうくわ》せしむるも宜《よろ》し施術者《しじゆつしや》は死者《ししや》の脊後《はいご》に坐《ざ》して死者《ししや》の軀幹《くかん》を稍《や》々仰向《あをむけ》に施術者《しじゆつしや》の胸部《きやうぶ》に沿接《えんせつ》し左手《さしゆ》を死者《ししや》の腋部《えきぶ》より胸部《きやうぶ》に迗《おく》り當《あて》て體軀《たいく》を保持《ほぢ》し右手《みぎて》の掌《ひら》の下部《かぶ》にて圖《づ》の如《ごと》く死《し》者《しや》の脇腹《わきばら》の中央部《ちうわうぶ》を右方《みぎ》より左方《ひだり》へ向《む》け突壓《とつあつ》しては放《はな》ち又壓《またあつ》しては放《はな》つ事數回反復《ことすくわいはんぷく》す可《べ》し但《たゞ》し死者《ししや》を仰臥《ぎやうぐわ》せしめ此《この》術《じゆつ》を施《ほどこ》す時《とき》は施術《しじゆつ》者《しや》は其傍《そのかたわ》らに都合《つがふ》宜《よ》き位置《いち》を造《つく》りて左手《ひだりのて》にて死《し》者の左《しやひだりの》脇腹《わきばら》を固持《こぢ》し右手《みぎのて》にて以上《いじやう》の如《ごと》く右《みぎ》脇腹《わきばら》を右方《みぎ》より左《ひだ》方《り》へ向《む》け突壓反復《とつあつはんぷく》す可《べ》し

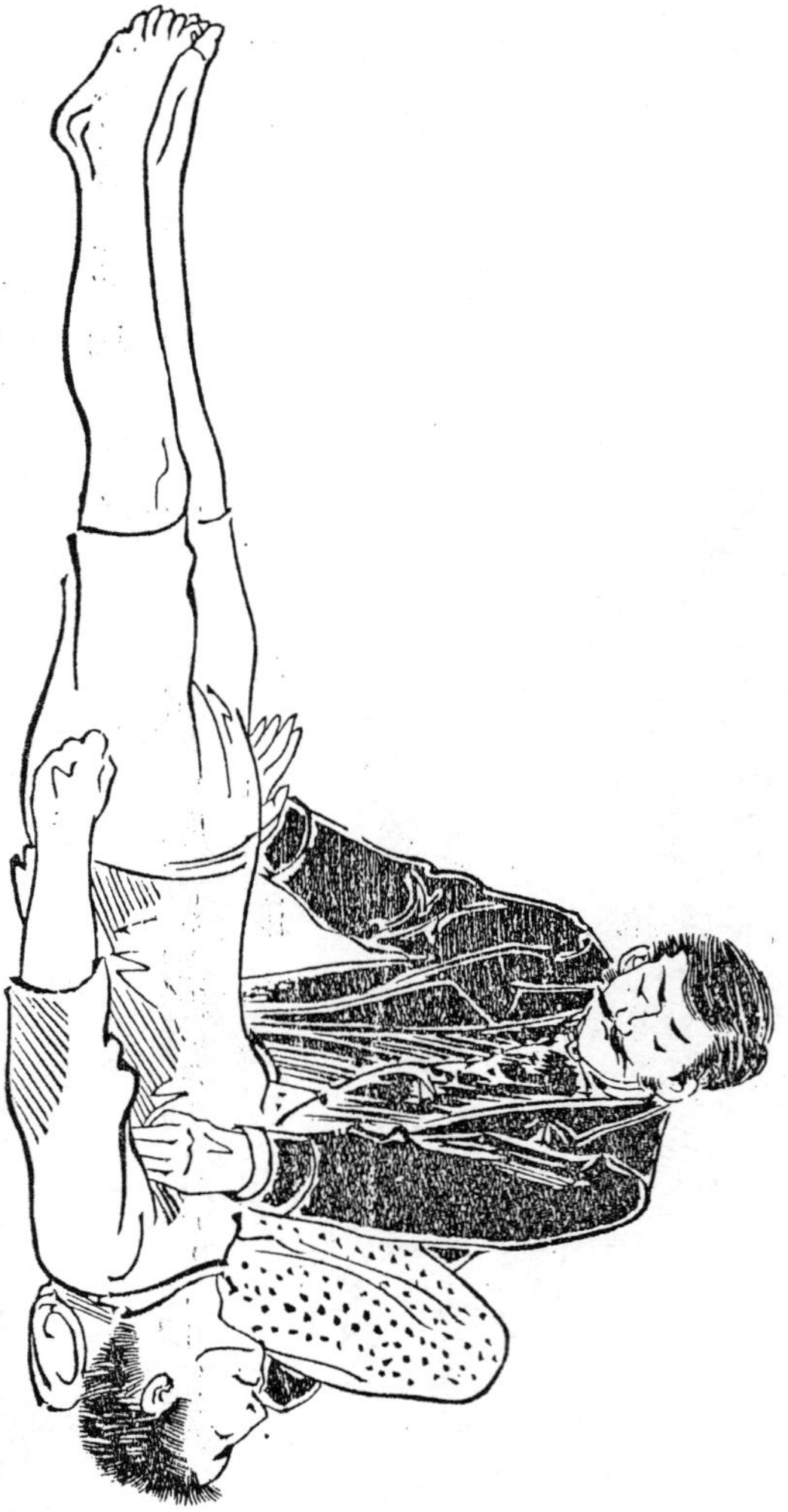

柳生流脇腹之傳之圖

柳《やぎ》生《う》流《りう》脊《せ》中《なか》之《の》傳《でん》

一此術《このじゆつ》は死者《ししや》を跪《ひざま》つかしめ又《また》は下肢《けし》を伸《のば》して坐《ざ》さしむるも宜《よ》し施術者《しじゆつしや》は死者《ししや》の脊《はい》後《と》に圖《つ》の如《こと》く坐《ざ》して左手《ひだりのて》にて死者《ししや》の肩脛《けんけい》部《ぶ》を抱支《はうし》し左《ひだり》の膝蓋《しつがい》を死者《ししや》の腹椎《ふくつい》の中央《ちうわう》部《ぶ》則《すなは》ち臍《へそ》の通《とう》りに當《あ》て軀幹《くかん》を之《これ》に寄《よら》しめて少《すこ》しく仰向《あをむけ》に保持《ほぢ》し而《しか》して右手《みぎて》を拳固《けんこ》にして其側面《そのそくめん》を以《もつ》て脊椎《せきつい》の中央部《ちうわうぶ》心窩《しんくわ》の通《とう》りと思《おも》ふ所《ところ》を數回《すくわいう》打つ也然《なりしか》る時《とき》は呼吸《こきう》を發《はつ》し遂《つい》に蘇生《そせい》するに至《いた》る

柳生流脊中之傳之圖

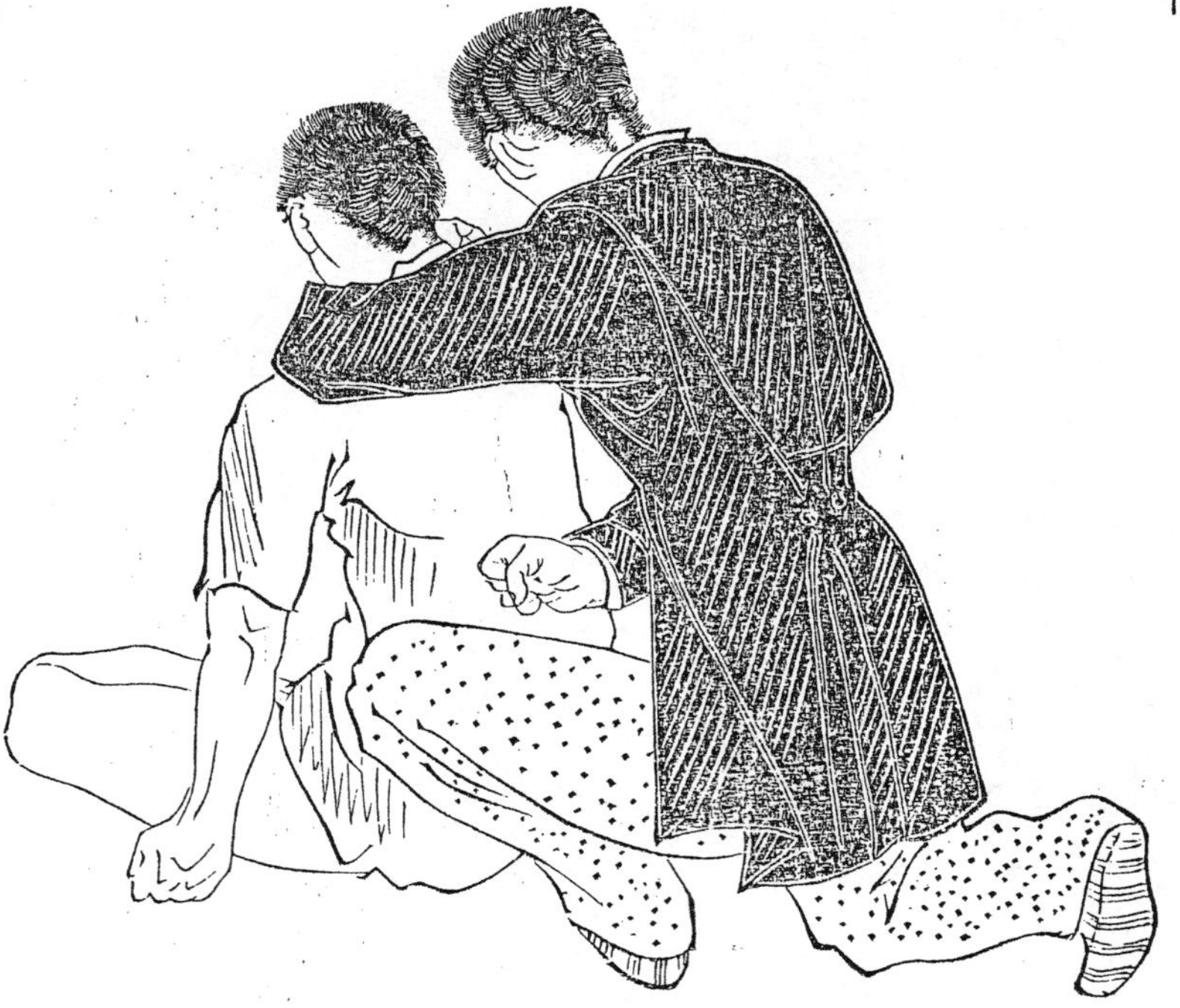

柳生流頭和之傳《やぎうりうとうわのでん》

一此術《このじゆつ》は死者《ししや》の下肢《げし》を伸《のば》し坐《ざ》さしめ施術者《しじゆつしや》は其脊位《そのはいい》に立《たち》て両腿《りやうもゝ》にて死者《ししや》の體軀《たいく》を保支《ほし》し両手掌《りやうてのひら》を以《もつ》て死《し》者《しや》の両耳腔《りやうぢかう》を第《だい》一圖《づ》の如《ごと》く固《かた》く掩《を》ひたる儘《まゝ》頭部《とうぶ》を上方《じやうはう》に徐々《じよく》と引上《ひきあげ》而《しか》して第《だい》二圖《づ》の如《ごと》く施術者《しじゆつしや》の顋《をとがい》の尖頭《せんとう》にて死者《ししや》の頭頂《とうちやう》を下方《かはう》に壓《あつ》すと同時《どうじ》に両《りやう》耳腔《じかう》を掩《を》ひたる両手掌《りやうて》を斉《ひと》しく放《はな》ちて反復《はんぷく》す可《べ》し如此《かくのごとく》爲《か》す毎《ごと》に呼吸《こきう》を起《をこ》し遂《つい》に死者《ししや》自然《しぜん》の呼吸《こきう》を營《いとな》み得《う》るに至《いた》る

柳生流頭和之傳之圖

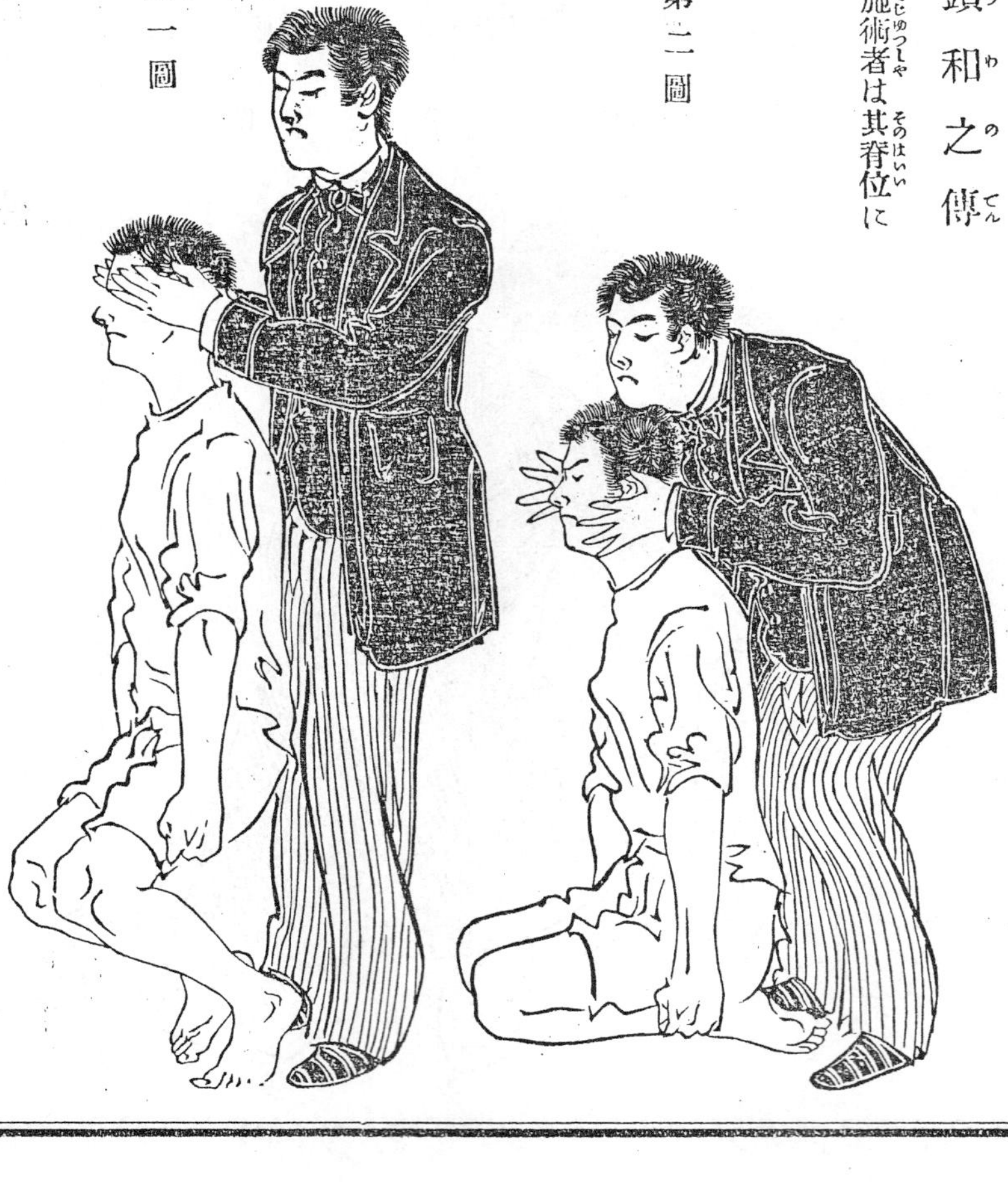

第二圖

第一圖

柳《やぎ》生《う》流《りう》肩《かた》之《の》傳《でん》

此術《このじゆつ》は死者《ししや》を跪《ひざまづ》かしめ施術者《しじゆつしや》は其脊後《そのはいご》に圖《づ》の如《ごと》く坐《ざ》して両手《りやうて》を以《もつ》て死者《ししや》の両肩《りやうかた》の側面《めんそく》を固持《こぢ》し而《しか》して右手《みぎて》ヱて死者《ししや》の右肩《みぎかた》を前方《まへ》に突《つけ》は左手《ひだりて》は左肩《ひだりかた》を後方《うしろ》に引《ひ》き又左手《またひだりて》を前方《まへ》に突《つけ》は右手《みぎて》を後方《うしろ》に引打遑《ひきうち、かい》に突引振動《とつゐんしんどう》せしむる事急速《ことききうそく》に反復《はんぷく》す可《べ》し此《この》術《じゆつ》は恰《あたか》も時《と》計《けい》機《き》械《かい》の停滞《ていたい》せしを振動《ふりうごか》して進《しん》行《かう》せしむるか如《ごと》し之《これ》を数回《すくわい》せは復活《ふくくわつ》するに至《いた》る

柳生流肩之傳之圖

柳生流臍之傳《やぎうりうへそのでん》

一此術《このじゆつ》は死者《ししや》を仰臥《ぎやうくわ》せしめ施術者《しじゆつしや》は其傍《そのかたわら》に都合《つがう》宜坐《よくざ》し死者《ししや》の軀幹《くかん》に纏《まと》ひたる衣服帯等《いふくおびとう》を悉《ことごと》く解《とき》て下方《しも》へ祛《はら》せ而《しか》して右手《みぎて》の掌《ひら》を靜《しづか》に死者《ししや》の腹部《ふくぶ》に當《あ》て腹部《ふくぶ》の緊張《きんちやう》して硬《かた》き處《ところ》を摩擦《まさつ》し弛緩《しくわん》ならしめ置《お》き更《さら》に其手《そのて》にて死者《ししや》の臍《へそ》を圖《づ》の如《ごと》く逆手《さかて》に固《かた》く摑《つか》みたる儘其《まゝその》四指《し》（臍《へそ》を摑《つか》みし指《ゆび》の拇指《をやゆび》を除《のぞ》き他《た》を云《いふ》）の第《だい》二骨節《こつせつ》の尖頭《せんたう》にて上方《じやうはう》即《すなわち》心窩《しんくわ》の方《かた》へ向《む》け突上《つきあげ》數回《すくわい》反復《はんぷく》す可《べ》し然《しか》る時《とき》は突毎《つくごと》に呼氣《いき》を發《はつ》し復位《ふくい》せは吸氣《いき》を起《おこ》す者《もの》にして死者自《ししやみづか》ら呼《こ》吸《きう》し得《う》るに至《いた》りて止《や》む

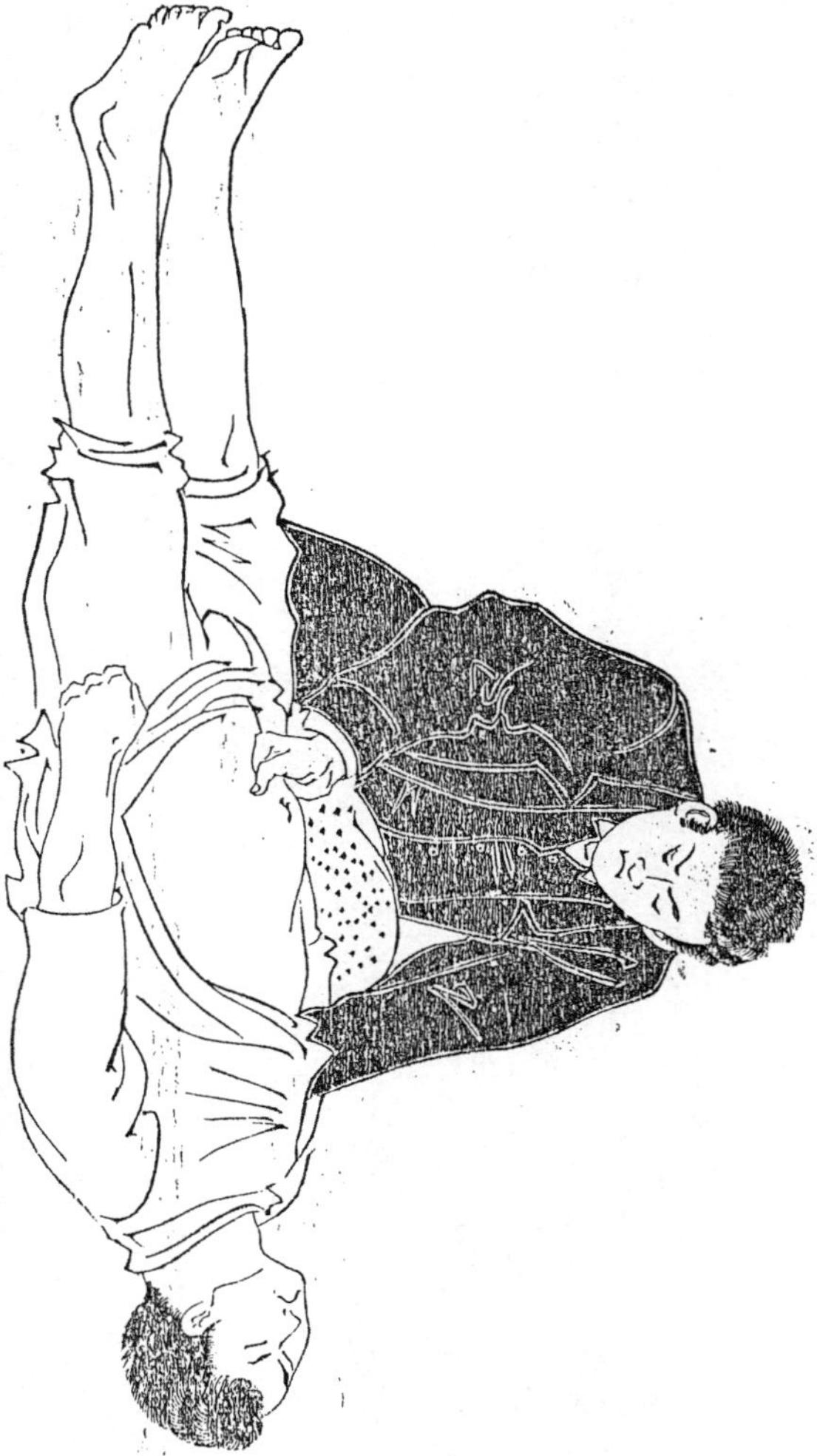

柳生流臍之傳之圖

柳《やぎ》生《う》流《りう》肛《こう》門《たん》之《の》傳《でん》

一此術《このじゆつ》は死者《ししや》を仰臥《ぎやうくわ》せしめ兩脚《りやうあし》の膝《ひざ》を強《つよ》く腹《はら》の方《はう》へ引寄《ひきよ》せ施術者《しじゆつしや》の左手《ひたりて》にて又《これ》を保持《ほぢ》し而《しか》して右手《みぎて》の總指《そうゆび》を圖《づ》の如《ごと》くに結締《けつてい》して之《これ》に鷄卵《たまご》の白肉《しろみ》又《また》唾液《つは》油類等《あぶらるいとう》を塗《ぬり》て死者《ししや》の肛門《かうたん》に挿入《さうにう》して強《つよ》く急速《きうそく》に挿突《さしいれ》引抜《だし》を反復《はんぷく》す可《べ》し則《すなわ》ち強《つよ》く挿突《さしいれ》する時《とき》呼氣《いき》を發《はつ》し引抜《ひきぬき》する時《とき》吸氣《いき》を爲《な》すなり

此傳《このでん》は柳生流活術《やぎうりうくわつじゆつ》の中《うち》にて最《もつと》も効驗顯著《かうけんけんちよ》なる者《もの》にして昔《むかし》は大《を》ひに秘密《ひみつ》に付《ふ》したり

柳生流肛門之傳之圖

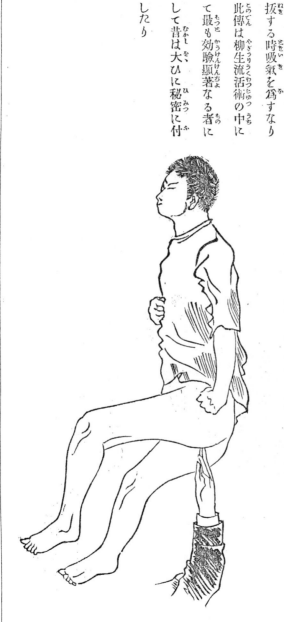

眞《しん》之《の》神《しん》道《だう》流《りう》片《へん》磨《まゐ》回《へし》之《の》傳《でん》

一此術《このじゆつ》は死者《ししや》の下肢《けし》を伸《のば》し仰臥《ぎやうぐわ》せしめ施術者《しじゆつしや》は其傍《そのかたわ》らに適宜《てきぎ》の置位《ちい》を作《つく》り又《また》は死者《ししや》の上腿部《じやうたいぶ》を跨《また》がりて跪《ひざまづ》くも宜《よ》し而《しか》して両手《りやうて》を以《つ》て死者《ししや》の脇腹《わきはら》を圖《づ》の如《ごと》く左右《さいう》より強《つよ》く壓迫《あつぱく》して腹部《ふくぶ》の上方《じやうはう》に穹窿《きうりう》せしめし儘《ま》ま左右《さゆう》の拇指《をやゆび》にて其穹《そのきう》窿《りう》せし部分《ぶぶん》を齊《ひと》しく壓迫《あつぱく》して反腹《はんぷく》す可《べ》し則《すなわ》ち拇指《をやゆび》にて壓迫《あつぱく》する時《とき》肺臓中《はいざうちう》の空氣《くうき》を流出《りうしゆつ》し次《つい》て急《きう》に拇指《をやゆび》を放《はな》ては腹腔《ふくかう》自然《しぜん》の開張《かいちやう》に由《よつ》て空《くう》氣《き》を肺臓中《はいざうちう》に流入《りうにう》せしむるなり此如《かくのごと》く數回《すくわい》爲《な》す時《とき》は忽《たちま》ち死者自《しやみづか》ら呼吸《いき》を爲《あ》し得《う》べきに至《いた》る此術《このじゆつ》は頗《すこ》ぶる經便《けいべん》なる術《じゆつ》にして効驗《かうけん》も亦速《またすみや》かなれは死者《ししや》には他《た》の術《じゆつ》に先《さきだ》ち施《ほどこ》すを良《よし》とす

眞之神道流片磨回之傳之圖

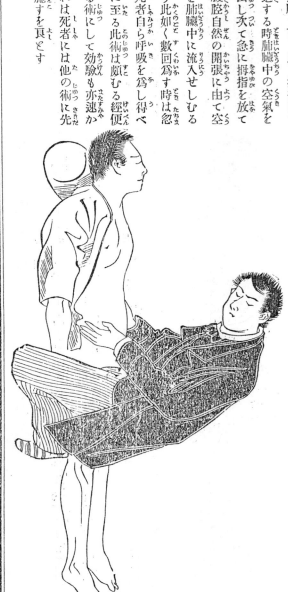

眞《しん》之《の》神《じん》道《だう》流《りう》大《だい》磨《ま》回《かへし》之《の》傳《でん》

一此術《このじゆつ》は死者《ししや》を仰臥《ぎやうぐわ》せしめ施術者《しじゆつしや》は死者《ししや》の上腿部《じやうたいぶ》を跨《また》きて跪《ひざま》づき左右《さいう》の手掌《てのひら》にて死者《ししや》の脇腹《わきはら》を左右《さいう》より強《つよ》く壓迫《あつぱく》しては忽《たちま》ち放《はな》ちて反復《はんぷく》すると數回《すくわい》す可《べ》し則《すなわ》ち壓迫《あつぱく》する時《とき》肺臟《はいざう》中の空氣《くうき》を排出《はいしゆつ》し急《きう》に兩手《りやうて》を放《はな》ては腹腔《ふくかう》自《し》然《ぜん》の開張《かいちやう》に由《よ》りて空氣《くうき》を吸入《きうにう》せしむるが故《ゆへ》に遂《つゐ》に呼吸《こきう》を起《おこ》し回生《くわいせい》するに至《いた》る

眞之神道流大磨回之傳之圖

眞《しん》之《の》神《じん》道《だう》流《りう》釣《つり》縄《あわ》之《の》傳《でん》

一此術《このじゆつ》は死者數人《ししやすにん》ある時《とき》假死者《かししや》は瞬間《しゆんかん》に因《より》て眞死《しんし》に陥《をちい》る者《もの》なれは一時《ち》に數人《すにん》を救活《きうくわつ》する不能等《あたわざるとう》の場合《ばあい》は其軀《そのく》幹《かん》に縄《あわ》又《また》は紐《ひも》の類《るい》を以《もつ》て圖《ず》之如《ごと》く頸部《けいぶ》より両脚《りやうきやく》に懸《か》け緊束《きんそく》し置《を》く可《べ》し之《これ》は假死《かし》より眞死《じんし》に陥《おちい》るを防禦《ばうぎよ》するの法《はう》なり

眞之神道流釣縄之傳之圖

眞《しん》之《の》神《しん》道《たう》釣《つり》鐘《かね》之《の》傳《でん》

一此術《このじゆつ》は死者《ししや》の軀幹《くかん》に圖《づ》の如《ごと》く釣繩《つりなわ》を施《ほどこ》したる儘《まゝ》仰臥《ぎやうぐわ》せしめ肛門部《かうもんぶ》には衣服《いふく》又《また》は腰卷等《こしまきとう》を覆《おゝ》ひ施術者《しじゆつしや》は其腰部《そのようぶ》の正面《しやうめん》に立《た》ちて右手《みぎて》を以《もつ》て死者《ししや》の兩足《りやうあし》を把《か》へ而《しか》して右足《みぎあし》の四指《し》を屈折《くつせつ》し拇指《おやゆび》にて死者《ししや》の肛門《かうもん》を蹴《け》る者《もの》とす（此肛門《このかうもん》に衣服腰卷等《いふくこしまきとう》を覆《おゝ》ひ其上《そのうへ》より蹴《け》るは肛門部《かうもんぶ》に疵傷《きづ》せざるが爲《ため》なり）此如《かくのごと》く數回《すくわい》せば呼吸《こきう》を起《おこ》し復活《ふくくわつ》する者《もの》なり

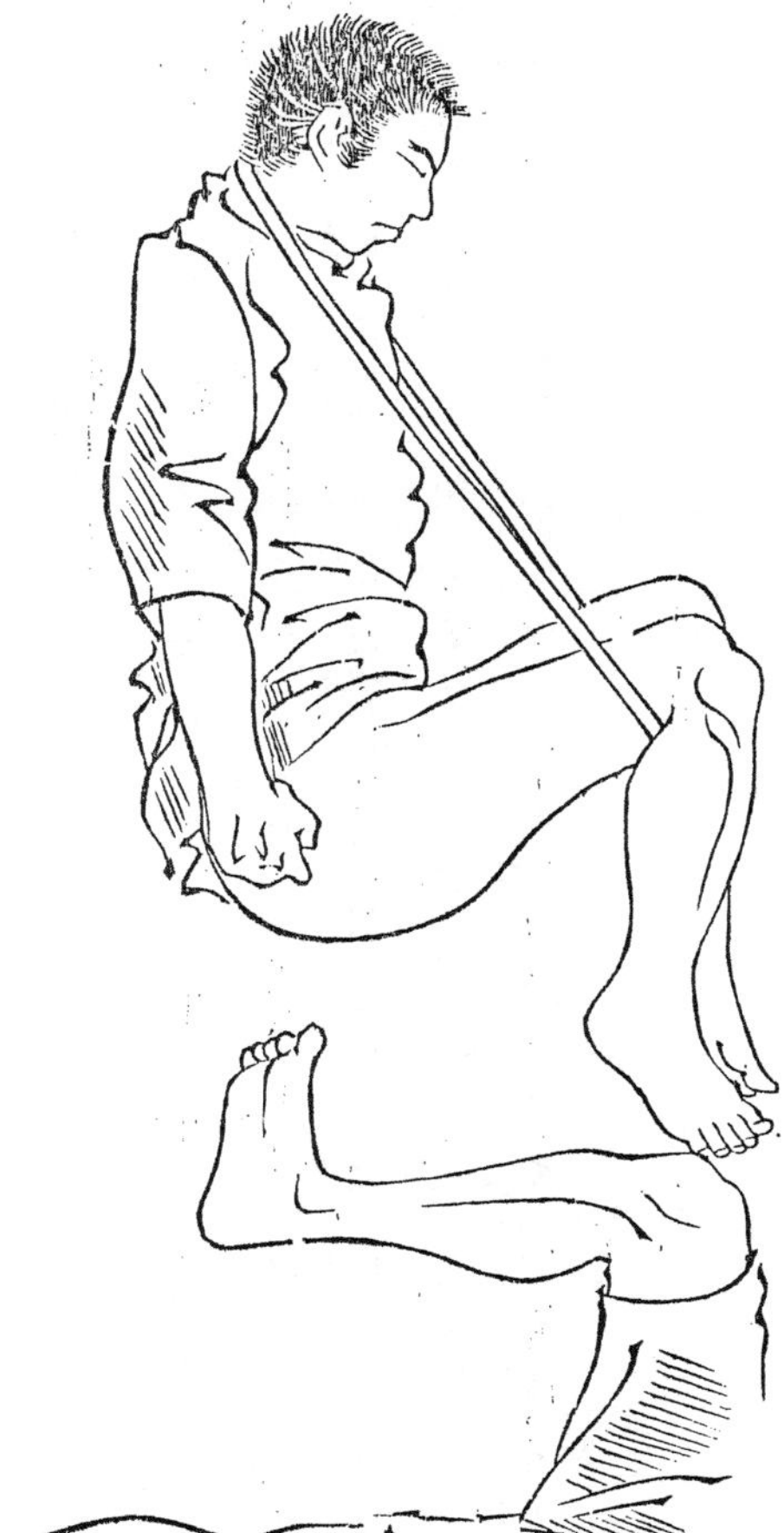

眞之神道流釣鐘之傳之圖

荒木流活術自大椎第五骨節至第廿一骨節傳《あらきりうくわつじゆつだいついだいごつせつよりだいにぢういちこつせつにいたるでん》

一此術《このじゆつ》は死者《ししや》を跪《ひざま》づかしめ又《また》は両足《りやうあし》を伸《のば》して坐《ざ》さしむるも宜《よ》し施術者《しじゆつしや》は其背位《そのはいい》に坐《さ》して軀幹《くあん》を抱持《はうぢ》し而《しか》して第《だい》一圖《づ》の如《ごと》く死者《ししや》の眞脊椎上端《しんせきついじやうたん》の骨節《こつせつ》（則脊柱《すなわちせきちう》の上端《じやうたん》にして俗《ぞく》に（ちりけ）と稱《しやう》する所《ところ》にある一番大《ばんだい》なる突尖《とつせん》せし骨節《こつせつ》を云《い》ふ）此骨節《このこつせつ》より下方《しも》へ即腰部《すなわちやうぶ》の方《はう》へ算《かぞ》へ第《だい》五番目《ばんめ》の骨節《こつせつ》を施術者《しじゆつしや》は第《だい》二圖《づ》の如《ごと》く右手《みぎて》を拳固《けんこ》にし其側面《そのそくめん》にて打《う》つなり是《これ》を大椎第《だいつゐだい》五骨節《こつせつ》の傳《でん》と云《い》ふ大椎第《だいつゐだい》七骨節《こつせつ》と稱《しやう》するは脊柱《せきちゆう》の上端《じやうたん》の骨節《こつせつ》より下方《しも》へ算《かぞ》へて第《だい》七個目《こめ》の骨節《こつせつ》を打《う》つ者《もの》にして大椎第《だいつゐだい》十四骨節及仝《こつせつおよびおなじく》廿一骨節《こつせつ》の傳《でん》も之《これ》に準《じゆん》す則第《すなわちだい》五骨節《こつせつ》を打《う》ちて効験《かうけん》なき時《とき》は仝第《おなじくだい》七第《だい》十四第《だい》廿一骨節《こつせつ》と順次《じゆんぢ》に算《かぞ》へて打《う》つ可《べ》き者《もの》とす

荒木流活術自第五骨節

第一圖

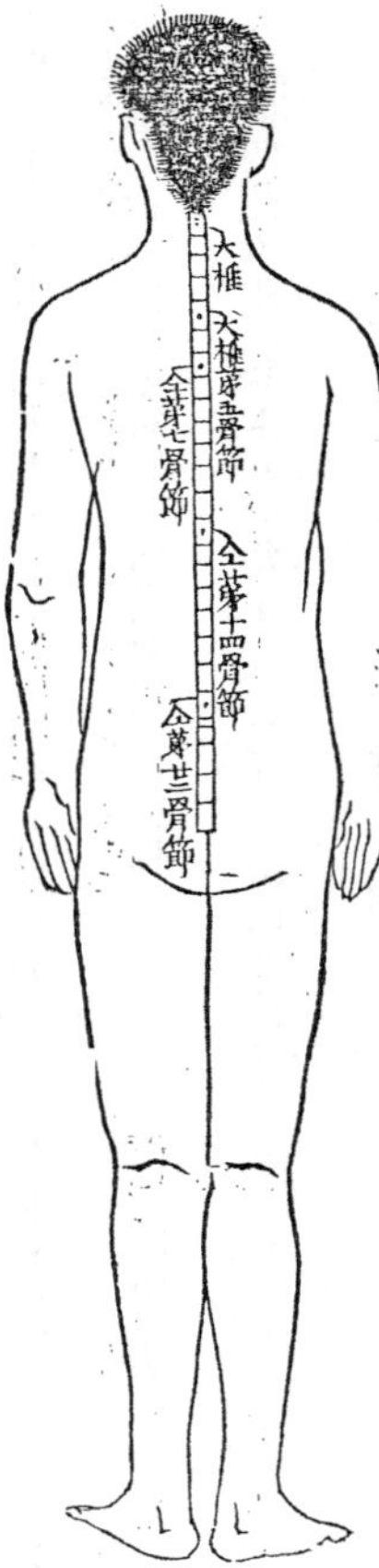

第廿一骨節ニ至傳之圖

第二圖

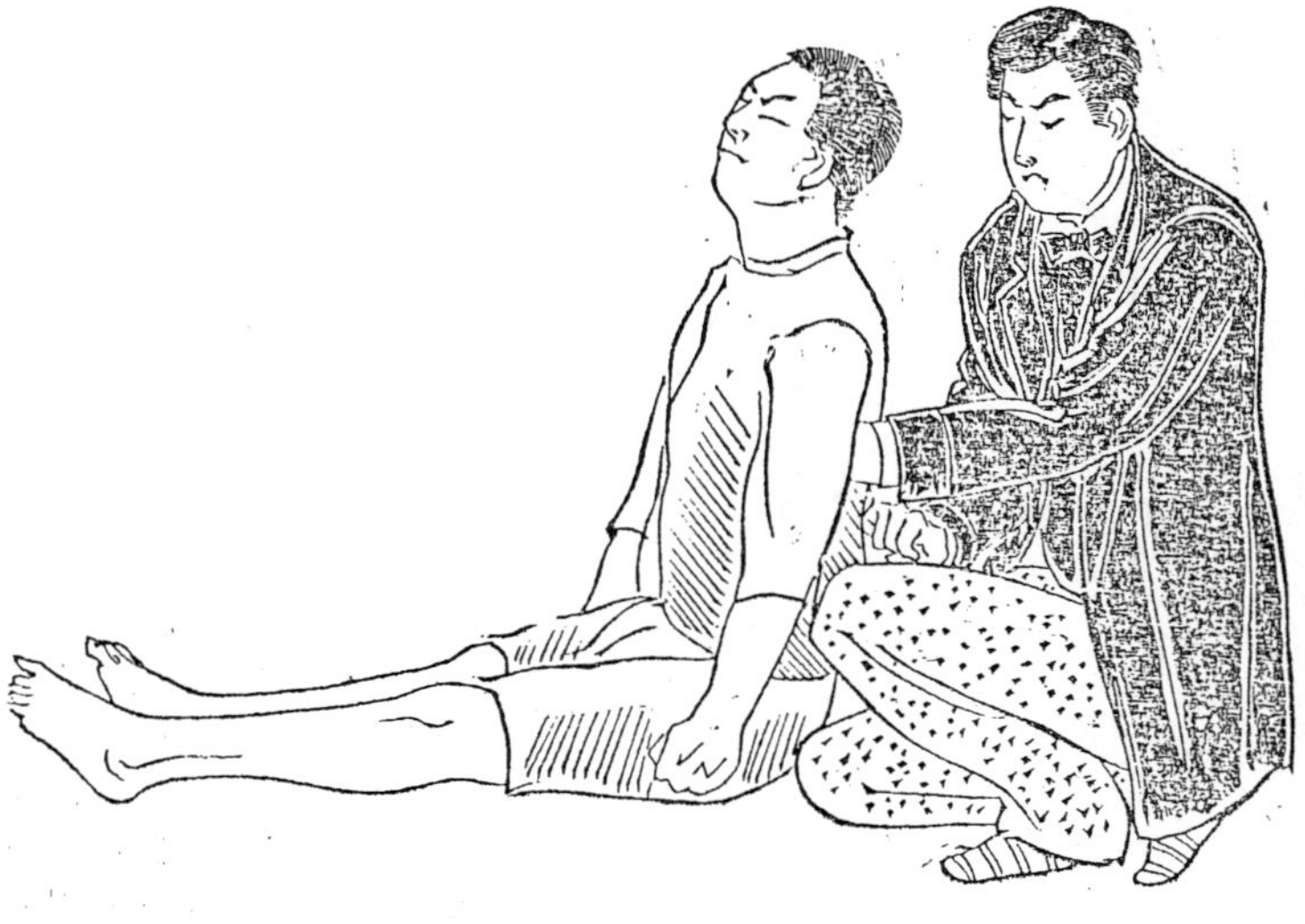

荒《あら》木《き》流《りう》活《くわつ》術《じゆつ》上《じやう》肢《し》之《の》傳《でん》

一此術《このじゆつ》は死《し》者《しや》を仰臥《ぎやうくわ》せしめ頭部及胸部《たうぶおよびきやうぶ》を稍々《やゝ》高《たか》くし施術者《しじゆつしや》は頭邊《たうへん》に跪《ひざま》づき両手《りやうて》にて死《し》者《しや》の肘《ひぢ》を把擧上《つかみきよじやう》して頭上《たうじやう》に至《いた》らしめ更《さら》に其臂《そのひぢ》を下《さ》げて胸側《きやうそく》に壓《あつ》し付《つ》け此《か》の如《ごと》くすると数回反復《すくわのはんぷく》す可《べ》し尤《たつと》も此際助手《このさいじよしゆ》をして両手掌《りやうてのひら》にて胸前及心窩《むなさきおよびしんくわ》を壓迫《あつはく》せしむれは更《さら》に可《か》なり以上《いじやう》の如《ごと》く施術《しじゆつ》する時《とき》は呼《こ》吸《きう》を起《おこ》して回生《くわいせい》する者《もの》なり

圖之傳之肢上流木荒

荒《あら》木《き》流《りう》活《くわつ》術《じゆつ》水《すい》月《げつ》之《の》傳《でん》

一此術《このじゆつ》は死者《ししや》を仰臥《ぎやうぐわ》せしめて手臂《ひじ》を擧上《きよじやう》して頭邊《たうへん》に至《いた》らしめ又《また》は屈曲《くうきよく》して背下《はいか》に敷《し》き置《を》き施術者《しじゆつしや》は死者《ししや》の腿部《たいぶ》を跨《また》きて跪《ひざま》づき兩手掌《りやうてのひら》を胸前《ひなさき》に平置《へゐち》し拇指《おやゆび》を心窩《しんくわ》に當《あ》てゝ齊《ひとし》く壓迫《あつはく》し又次《またつゐ》て忽《たちま》ち其手《そのて》を放《はな》ちて反復《はんぷく》すれは遂《つゐ》に自然《しぜん》の呼吸《こきう》を起《おこ》して蘇生《そせい》するに至《いた》る

荒木流水月之傳圖

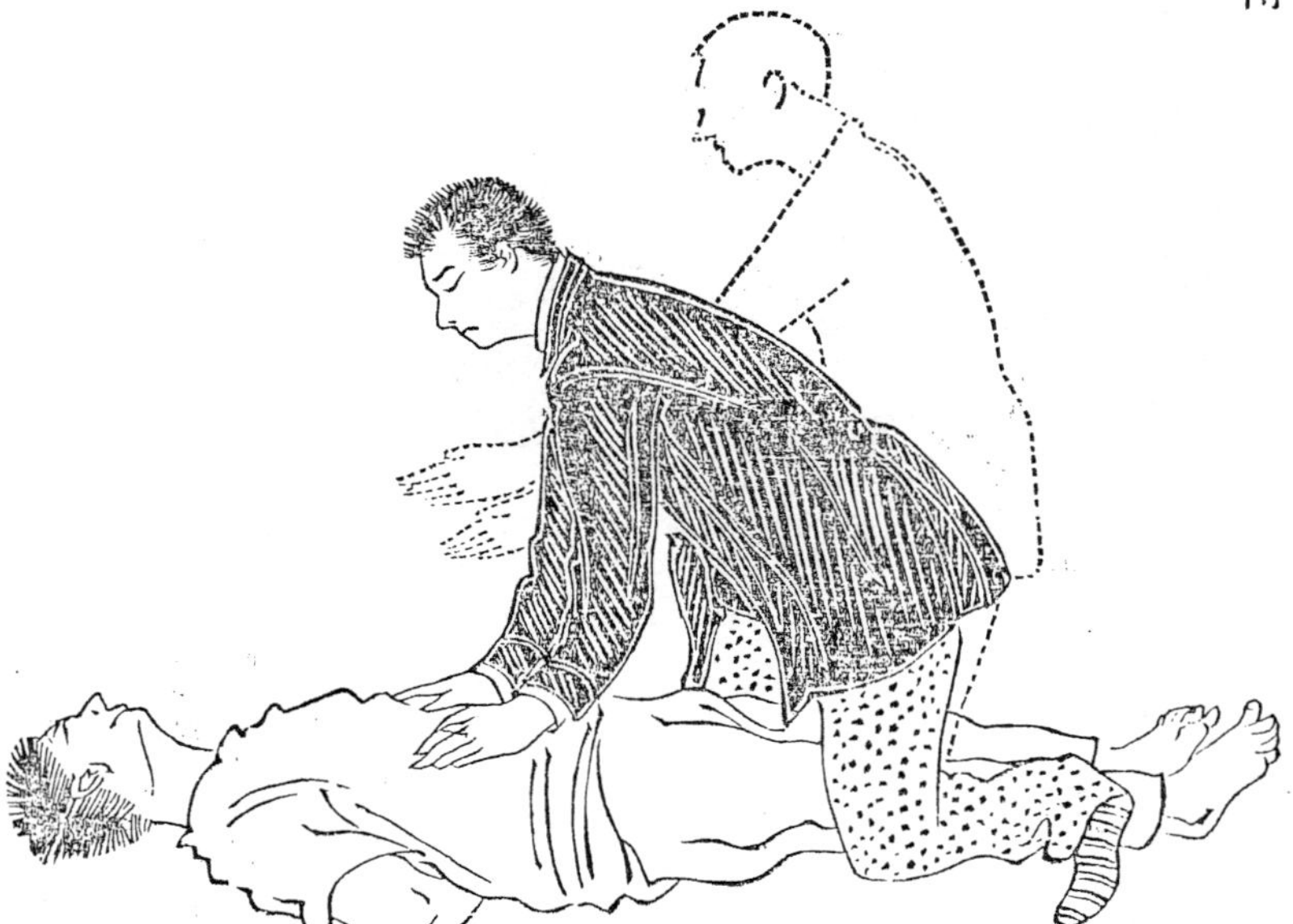

小《を》栗《ぐり》流《りう》松《まつ》風《かぜ》之《の》傳《でん》

一此術《このじゆつ》は死者《ししや》の両足《りやうあし》を伸《のば》し坐《ざ》さしめ施術者《しじゆつしや》は其背位《そのはいい》に跪《ひざま》づき両手《りやうて》を死者《ししや》の下腹部《かふくぶ》（臍《へそ》の下《した》）に迄りて總指《そうゆび》を圖《つ》之如《ごと》く締結《ていけつ》して之《これ》を抱《いだ》きたる儘《まゝ》上方《じやうはう》（心窩《しんくわ》）の方《はう》へ引上《ひきあぐ》る心持《こゝろもち》にて齊《へそ》しく締壓《ていあつ》しては又急《またきう》に其手《そのて》を緩《ゆる》むるとを反復《はんふく》す可《べ》し則《すなわ》ち締壓《ていあつ》する時肺臓中《ときはいざうちう》の空氣《くうき》を排出《はいしゆつ》し又次《またつゐ》て急《きう》に緩《ゆる》くする時腹《ときふく》空自《こうし》然《ぜん》の開張《かいちやう》に因《よ》りて空氣《くうき》を肺《はい》臓中《ざうちう》に吸入《きふにう》するなり之《これ》を数回《すくわい》なすに於《おい》ては遂《つゐ》に死者蘇生《ししやそせい》し得《う》るに至《いた》る

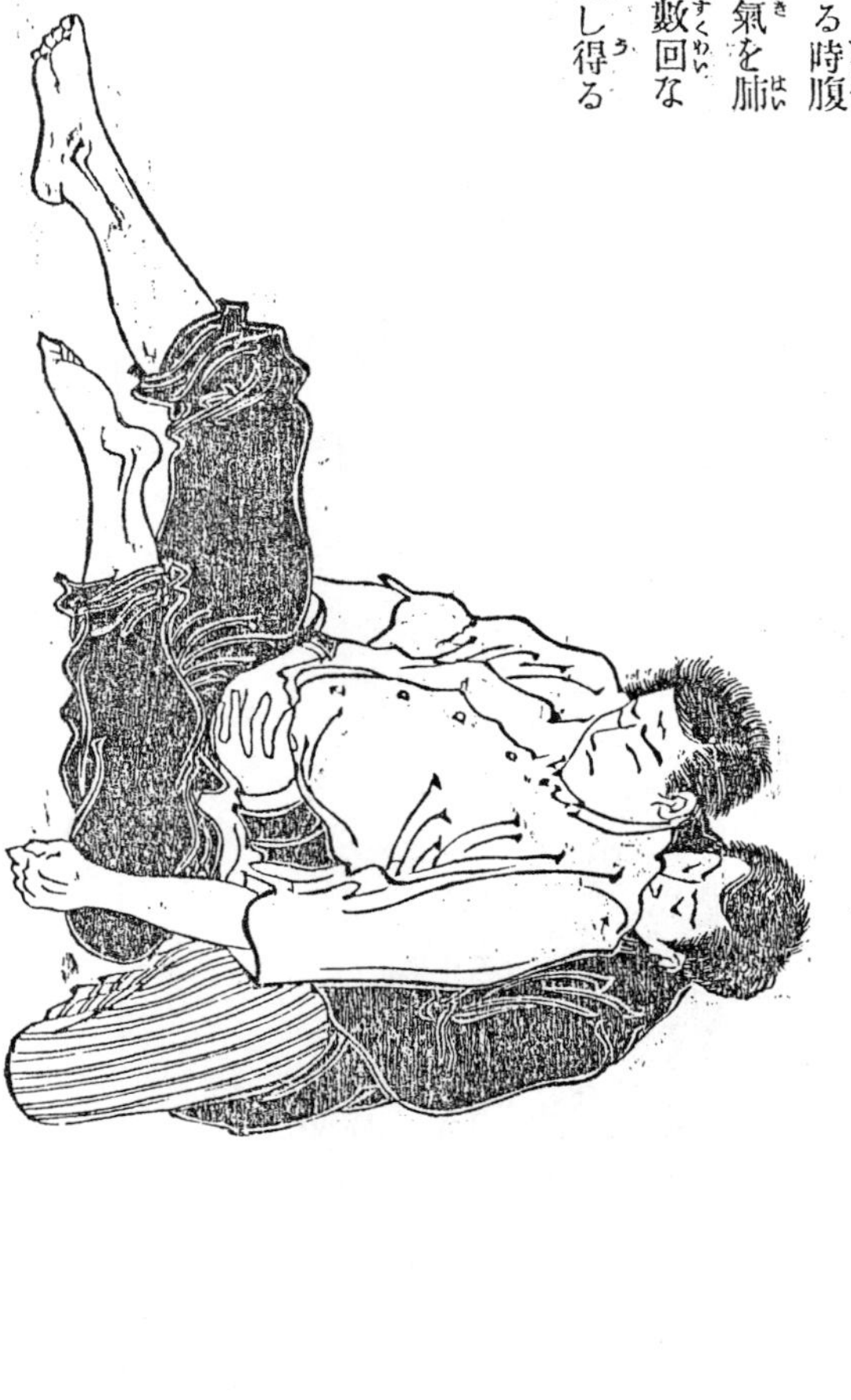

小栗流松風之傳之圖

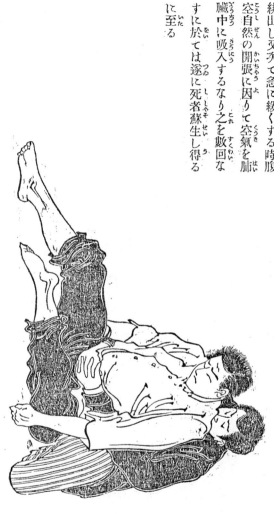

小《を》栗《ぐり》流《りう》村《むら》雨《さめ》之《の》傳《でん》

一此術《このじゆつ》は死者《ししや》を仰臥《ぎやうぐわ》せしめ両足《りやうあし》を伸《のば》し両手《りやうて》を屈曲《くつきよく》して背下《はいか》に敷《し》き施術者《しじゆつしや》は死者《ししや》の両腿《りやうもゝ》を跨《また》きて跪《ひざま》つき而《しか》して右手掌《みぎてのひら》の下部《かぶ》にて下腹部《かふくぶ》(臍《へそ》の下《した》)を上方《じやうはう》(心窩《しんくわ》)の方《はう》へ突《つ》き上《あげ》又次《またつゐ》て忽《たちま》ち其手《そのて》を放《はな》つとを反復《はんぷく》す可《べ》し則《すなわ》ち突《つ》き上《あぐ》る時肺臓中《ときはいざうちう》之空氣《くうき》を流出《りうしゆつ》し次《つゐ》て急《きう》に手掌《てのひら》を放《はな》つ時腹腔《ときふくかうし》自然《ぜん》の膨張《ばうちやう》に連《つ》れて空氣《くうき》を肺臓《はいざう》中《ちう》に流入《りうにう》せしむるなり之《これ》を數回《すくわい》せば遂《つゐ》に死者自《ししやみづか》ら呼吸《こきう》し得《う》へきに至《いた》る

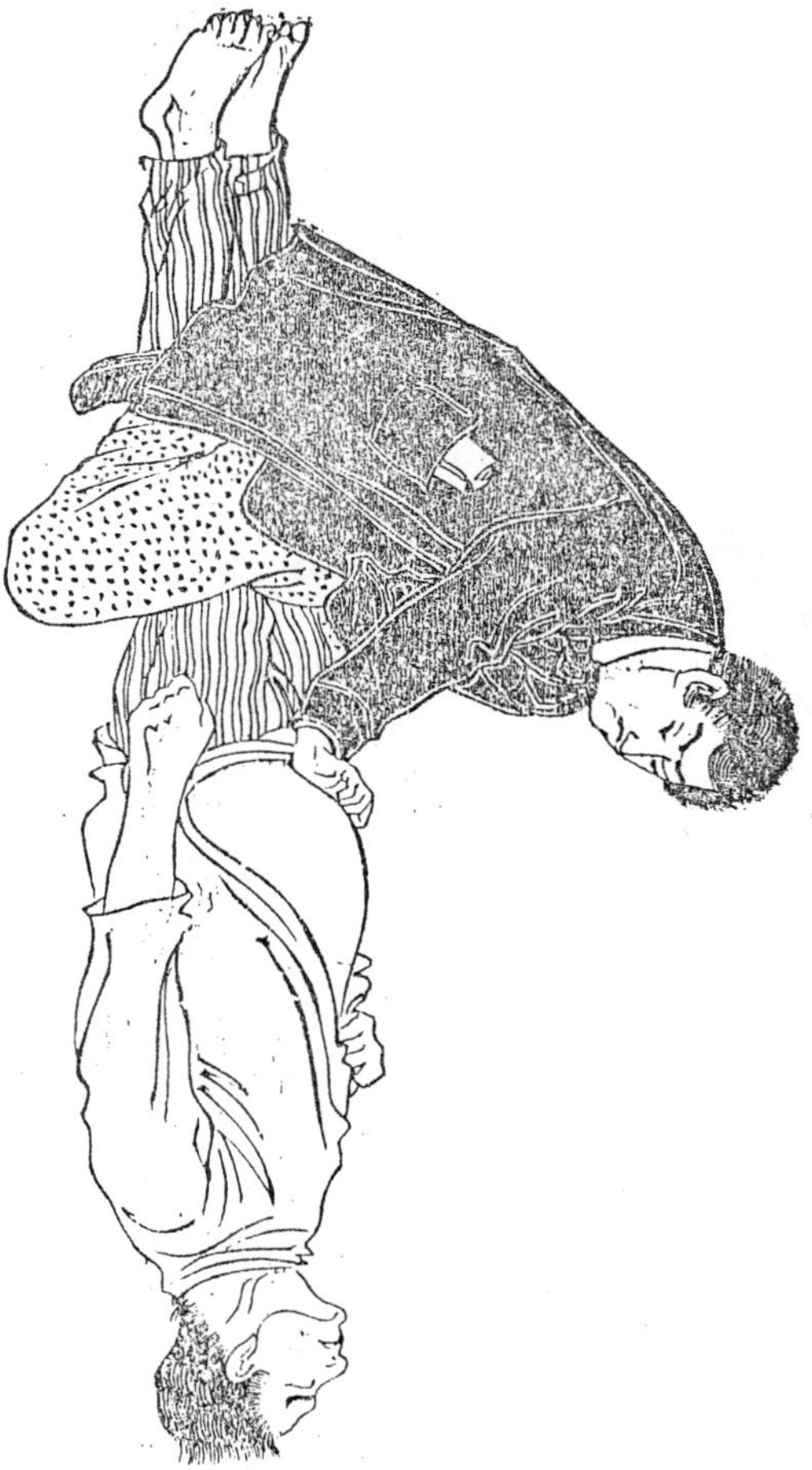

小栗流村雨之傳之圖

禽《きん》獸《ぢう》活《くわつ》術《じゆつ》之《の》傳《でん》

一凡《すべ》て禽獸《きんぢう》に施《ほどこ》す可《べ》き活術《くわつじゆつ》は宇宙《うちう》を飛跳《ひてう》する者《もの》は背中《せなか》に有《あつ》て背《せ》の中央《ちゆうわう》と思ふ所《ところ》を指《ゆび》の尖頭《せんたう》にて突《つ》き又《また》は打《う》つ可《べ》き者《もの》とす地《ち》を匍匐《ほふく》する者《もの》は腹《はら》に活術《くわつじゆつ》あるが故《ゆへ》に凡《すべ》て腹《はら》の中尖部則人體《ちうわうぶすなわちにんたい》に比較《ひかく》して臍《へそ》の有《あ》る所《ところ》と思《おも》ふ部分《ぶぶん》を是又指《これまたゆび》の尖頭《せんたう》にて稍々上方《やゝじやうはう》(頭《かしら》の方《かた》)へ向《む》け突《つ》き上《あぐ》るなり如此反腹《かくのごとくはんぷく》せば必《かなら》す蘇生《そせい》す尤《もつと》も獸類《ぢうるい》の内《うち》にても牛馬犬猫《ぎうばいぬねこ》の如《ごと》き軀幹《くかん》の大《だい》なる者《もの》は人躰《にんたい》に施《ほどこ》す可《べ》き一切《さい》の活術《くわつじゆつ》を施《ほどこ》して其効驗《そのかうけん》あると人體《にんたい》と同《どう》一なりとす鳥類《ちやうるい》の内《うち》にても鶏《にわとり》の如《ごと》きは地《ち》を匍匐《はふく》するが故《ゆへ》に其活術《そのくわつじゆつ》は腹《ふく》部《ぶ》にある者《もの》と知《し》る可《べ》し則《すなわ》ち左圖《さづ》に示《しめ》したる處《ところ》の馬及《むまおよび》鶏《にわとり》に施《ほどこ》せし活《くわつ》は小栗流村雨《をぐりりうむらさめ》の傳《でん》にして犬《いぬ》に施《ほどこ》しあるは眞之神道流片《しんのしんだうりうかた》歴岡の傳《でん》なりとす

禽獸活術之傳之圖

溺《でき》死《し》者《しや》ヲ救《すく》フ心《こゝろ》得《へ》之《の》事《こと》

一溺死者《できししや》は腹部《ふくぶ》膨張《ばうちやう》して多分《たぶん》に潮水等《ちやうすゐとう》を飲《の》み居《を》る時《とき》は救援者《きうゑんしや》は仰向《あほむけ》に臥《ふ》し死者《ししや》の腹部《ふくぶ》を救援者《きうゑんしや》の腹部《ふくぶ》に載《の》せ合《あわ》せて救援者《きうゑんしや》の体温《たいおん》を死者《ししや》の腹部内《ふくぶない》へ與《あた》ふれは暫時《ざんじ》にして潮水《ちやうすゐ》を嘔吐《わうと》し活術《くわつじゆつ》を施《ほどこ》さずして蘇生《そせい》する事《こと》あり最《もつと》も罕《まれ》に蘇生《そせい》せざる時《とき》は更《さら》に活術《くわつじゆつ》を施《ほどこ》す可《べ》し又釜《またかま》を圖《づ》の如《ごと》くに伏《ふ》せ其内《そのうち》に少許《しやうきよ》の火《ひ》を入《い》れ釜《かま》の焼《や》けし温度《おんど》の人躰《にんたい》の温度《おんど》に比《ひ》し同《どう》一なるを適度《てきど》として其釜《そのかま》の上《うへ》に死者《ししや》の腹部《ふくぶ》を載《の》せ俯臥せしめ頭部《とうぶ》を稍《や》々低《ひき》くし置《を》く時《とき》は躰温《たいをん》を與《あた》ふると全《どう》一に蘇生《そせい》する者《もの》なり

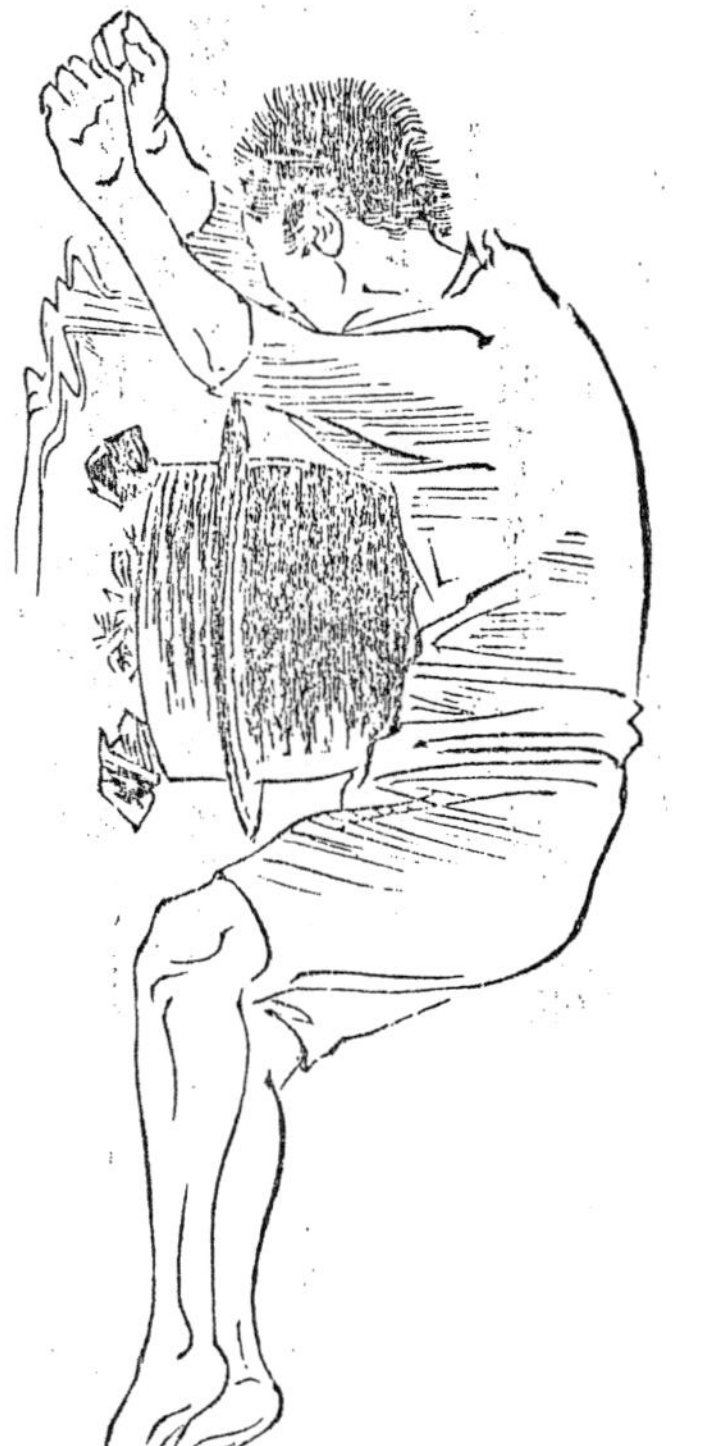

溺死者ニ水ヲ吐カシテ救援スル圖

絞《かう》縊《い》者《しや》ヲ救《すく》フ心得《こゝろへ》之《の》事《こと》

一縊《い》死《し》者《しや》を救援《きうゑん》するに當《あた》りては先《ま》つ絞縊《かういし》せし繩《なわ》を解《と》くに死者《ししや》の軀幹《くかん》を少《すこ》しにても動搖《どうやう》せし時《とき》は活術《くわつじゆつ》の効驗《かうけん》なし故《ゆへ》に圖《づ》の如《ごと》き臺《だい》を作《つく》りて臺《だい》の(イ)の部《ぶ》を死者《ししや》の両足《りやうそく》に當《あ》て踏《ふ》ましめ次《つゐ》て(ロ)の部《ぶ》を漸次《ぜんぢ》死者《ししや》の脊位《せきい》に沿《そ》へ當《あ》て両足《りやうそく》の透《す》かさる樣爲《やうな》し置《を》き而《しか》して絞縊《かうい》せし繩《なわ》を切斷《せつだん》して極《きわ》めて安靜《あんせい》に臺《だい》と共《とも》に徐々《ぢよく》と仰臥《ぎやうくわ》せしめて活術《くわつじゆつ》を施《ほどこ》す可《べ》し此活術《このくわつじゆつ》は片磨同及仰臥《ぎやうぐわ》せし儘《まゝ》施《ほどこ》す可《べ》き活術《くわつじゆつ》を良《よし》とす若《も》し圖《づ》の如《ごと》き臺《だい》を造《つく》ると不能時《あたわざるとき》は臺《だい》に代《かわ》る可《べ》き適宜《てきぎ》の方法《はうほう》を以《もつ》てするも良《よし》とす嘔幹《くかん》の振動《しんどう》は救援《きうゑん》の上《うへ》に於《をい》て最《もつと》も虞可《をそるべ》き者《もの》なり

絞縊者之縊繩ヲ切斷スル圖

死《し》者《しや》ヲ救《きう》援《ゑん》スル心《こゝろ》得《へ》之《の》事《こと》

一創傷《さうしやう》とは金創打傷銃傷等《きんさうだしやうぢうしやうとう》を云《いゝ》ふ凡《およ》そ此《かく》の如《ごと》き創傷《さうしやう》は第《だい》一に出血《しゆつけつ》を止《と》むるの手當《てあて》を緊用《きんやう》とす殊《こと》に其血色鮮紅《そのけつしよくせんかう》にして噴出《ふんしゆつ》する者《もの》は危險《きけん》なるが故《ゆへ》に瞬時《じゆんぢ》も放過《はうくわ》するとなく速時《そくぢ》止血《しけつ》の法《はう》を施《ほどこ》す可《べ》し其法《そのはう》は指《ゆび》を出血《しゆつけつ》する創內《さうない》に挿入《さうにう》して脈《みやく》管《くわん》の切口《きりくち》を仰壓《よくあつ》し或《あるひ》は傷《きず》の周圍《しゆうゐ》を强壓《きやうあつ》する者《もの》にして卽《すなわ》ち之《これ》を直壓法《ちよくあつはう》と云《い》ふ此法《このはう》は最《もつと》も簡易《かんい》にして久《ひさし》きに耐《た》へ得《う》る時《とき》は其効確實《そのかうくわくじつ》なりとす又創《またきず》を隔《へだ》て遠《たう》く創處《さうしよ》の上部《じやうぶ》に於《おい》て其脈管《そのみやくかん》の通路《つうろ》を拇指《ぼし》又《また》は諸指《しよし》にて强壓《きやうあつ》して止血《しけつ》するの法《はう》あり之《これ》を間壓法《かんあつはう》と云《い》ふ以上《いじやう》の止血法《しけつはう》を施《ほどこ》し絕息《ぜつそく》せし者《もの》は活術《くわつじゆつ》を行《をこな》ふ可《べ》し

一打撲《だぼく》とは人《ひと》に毆打《あうだ》せられ又《また》は高所《かうしよ》より墮落《だらく》して疵傷《しやう》するを云《い》ふ此傷《このきづ》より生《しやう》する腫起《しゆき》の疼痛《たうつう》は皮膚損壞《ひふそんくわい》の有無《うむ》に關《くわん》せす冷水《れいすい》を布片《ふへん》に浸《した》し繃縛《はうはく》して冷《ひや》すを良《よし》とす打撲《だぼく》の胸腹部《きやうふくぶ》にして時間《ぢかん》を經《へ》たる後刺《のちさす》か如《ごと》き劇痛《げきつう》を發《はつ》し惡寒《をかん》する者《もの》は重症《ぢうしやう》の徵《ちやう》なりとす此症《このしやう》は極《きわ》めて安靜《あんせい》にし患部《くわんぶ》を冷《ひや》すを緊用《きんやう》とす打撲《だぼく》の爲《た》め絕息《ぜつそく》したる者《もの》は活術《くわつじゆつ》を施《ほどこ》す可《べ》し

一骨折症《こつせつしやう》は患部《くわんぶ》の位置《いち》を正《たゞ》しくし上肢下肢《じやうしげし》の骨《こつせつ》は折副木《そへぎ》を患部《くわんぶ》の外則《ぐわいそく》に當《あ》て絞縛《かうはく》するを要《やう》す之《これ》か爲《た》め絕息《ぜつそく》せし者《もの》は活術《くわつじゆつ》を施《ほどこ》す可《べ》し

一火傷《くわしやう》は傷度《しやうど》の如何《いかん》に關《くわん》せす患部《くわんぶ》へ油胡麻油等《あぶらごまあぶらたう》を浸《ひた》したる布片《ふへん》を以《もつ》て輕《かろ》く繃帶《はうたい》す可《べ》し指趾《しし》の火傷《くわしやう》にして表皮《ひやうひ》の剝離《はくり》せる者《もの》は指《ゆび》と指《ゆび》との間《あひだ》に油《あぶら》を塗《ぬ》り布片《ふへん》を狹《はさ》みて指《ゆび》の互《たがひ》に癒著《ゆちやく》するを防《ふせ》ぐ可《べ》し輕度《けいど》の火傷《くわしやう》と雖《いへ》も其部《そのぶ》廣大《かうだい》なる時《とき》は身《しん》躰冷却《たいれいきやく》し呼《こ》吸困難等《きうこんなんたう》の危險症《きけんしやう》を發《はつ》するとあり宜《よろ》しく酒類氣《しゆるいき》付藥等《つけやくたう》を與《あた》へ絕息《ぜつそく》したる者《もの》は活術《くわつじゆつ》を施《ほどこ》す可《べ》し

一凍冱《たうこ》者《しや》は急《きう》に火氣《くわき》にて暖《あたゝ》む可《べ》からす暖氣《だんき》なき室內《しつない》に入《い》れ其總身《そのさうしん》を雪又《ゆきまた》は冷水《れいすい》を布片《ふへん》に浸《した》して摩擦《まさつ》し活術《くわつじゆつ》を施《ほどこ》す可《べ》し

一昏倒《こんたう》とは暑氣《しよき》等《たう》の爲《た》め逆上《ぎやくじやう》して眩暈《けんうん》を起《をこ》し昏倒《こんたう》せし者《もの》を云《い》ふ此《この》の死者《ししや》には頭部《たうぶ》に灌水《くわんすい》し又《また》は氷《こほり》の罨法《はう》にて冷《ひや》し置《を》

き傍《かたわ》ら活術《くわつじゆつ》を施《ほどこ》す可《べ》き者《もの》とす

一窒息《ちつそく》とは空氣《くうき》の流通《りうつう》を絶止《ぜつし》し呼吸《こきう》を營《いとな》むとを得《ゑ》すして死《し》に陥《おちい》る者《もの》を云《い》ふ此場合《このばあい》は死者《ししや》を清涼《せいりやう》なる空氣中《くうきちう》に移《うつ》し活《くわつ》術《じゆつ》を行《おこな》ふ可《べ》し

一硬塞《かうそく》とは食物《しよくもつ》の大塊《たいくわい》又《また》は他《た》の異物《いぶつ》を急《きう》に嚥下《えんか》せんとする時《とき》咽頭部《ゐんたうぶ》に固塞《こそく》し死《し》に陥《おちい》るを云《い》ふ此場合《このばあい》は口《くち》を開《ひらか》しめ（鼻《はな》を強《つよ》く撮《つま》むを最《もつと》も簡便《かんべん》とす）二指《し》を深《ふか》く口中《こうちう》に挿入《さうにう》して固塞《こそく》したる物《もの》を抽出《ぬきいだ》せんとを試《こゝろ》み若《も》し不能《あたわざる》時《とき》は俯臥《ふぐわ》せしめ硬《かた》き物躰《ぶつたい》を心窩《しんくわ》に當《あ》て置《を》き手掌《しゆしやう》にて強《つよ》く背部《はいぶ》を打《う》つ可《べ》し多《をゝ》くは良効《りやうかう》あり又《また》異物《いぶつ》氣道《きだう》に竄入《さんにう》して容易《やうい》に脱出《だつしゆつ》せざる時《とき》は死者《ししや》を俯臥《ふぐわ》せしめ胸部《きやうぶ》を硬《かた》き物躰《ぶつたい》の上《うへ》に安《あん》し手掌《しゆしやう》にて強《つよ》く背部《はいぶ》を打《うつ》可《べ》し

一毒氣吸入《どうききうにう》とは火鉢等《ひばちたう》より發《はつ》する炭氣《たんき》氣《き》烟廢井及坑中《えんはいせいをよびかうちう》の氣《き》瓦斯《ぐわす》燈《たう》の瓦斯《ぐわす》酒造所《しゆざうしよ》の炭酸等《たんさんたう》に因《よつ》て窒息《ちつそく》せしを云《い》ふ此場合《このばあい》は可成《あるべく》速《すみや》かに新鮮《しんせん》なる空氣中《くうきちう》に移《うつ》し冷水《れいすい》を面部及胸部《めんぶをよびきやうぶ》に撒灌《さんくわん》して呼吸《こきう》の回復《くわいふく》を促《うなが》し傍《かたわ》ら活術《くわつじゆつ》を施《ほどこ》す可《べ》し

一壓死《あつし》とは泥土《でいど》砂石家屋等《しやせきかをくたう》の崩潰《ほうくわい》して人躰《じんたい》を壓《あつ》し且《か》つ之《これ》を埋沒《まいぼつ》して空氣《くうき》の流通《りうつう》を絶止《ぜつし》し因《よつ》て窒息《ちつそく》するを云《い》ふ此場合《このばあい》は先活術《まづくわつじゆつ》を施《ほどこ》し以《もつ》て口鼻《くちはな》を洗滌《せんじやう》して精密《せいみつ》に土砂《どしや》を除去《ぢよきよ》し以《もつ》て身躰諸部《しんたいしよぶ》を撿《けん》し創傷及骨傷脱臼等《さうしやうをよびこつしやうだつきうたう》の存《ぞん》するや否《いな》やを察《さつ》し夫々《それ〴〵》臨機《りんき》の處置《しよち》をす可《べ》し

一震死《しんし》とは雷電《らいでん》に撃《うた》れて卒倒《そつたう》したる者《もの》を云《い》ふ此場合《このばあい》は速《すみや》かに清涼《せいりやう》なる空氣中《くうきちう》に移《うつ》し衣服《いふく》を脱《ぬ》かしめ活術《くわつじゆつ》を施《ほどこ》し呼吸《こきう》回復《くわいふく》せは次《つい》て多量《たりやう》の冷水《れいすい》を身躰《しんたい》に注《そゝ》き毛布《もうふ》の小切《こぎれ》又《また》は刷毛等《はけたう》を以《もつ》て四肢《し》を摩擦《まさつ》し患者嚥下《くわんじやゑんか》するとを得《う》るに及《およ》ひて少《すこし》許《ばかり》の酒類《しゆるい》を飲《の》ましむるを良《よし》とす

一死者《ししや》に活術《くわつじゆつ》を施《ほどこ》すに當《あた》りては左《さ》の徴候《ちやうかう》に注意《ちうい》するを要《やう》す

一唇《くちびる》締有《しまりある》は良《よ》し

一口中赤色《かうちうせきしよく》なるは良《よ》し

一小兒《しやうに》　糞液《ふんゑき》の如《ごと》き者《もの》紛泌《ふんひつ》しあるは良《よろ》しからす

一溺死《できし》者《しや》の肛門椿《かうもんつばき》花の開《ひら》きたるが如《ごと》く脱出《だつしゆつ》し又《また》は鼻血《はなぢ》を流出《りうしゆつ》せし者《もの》は活術《くわつじゆつ》の効《かう》を奏《そう》せざる者《もの》とす

柳生流
眞之神道流
荒木流
小栗流

活術圖解全書大尾

一名人工呼吸法

明治三十三年八月十七日印刷
明治三十三年八月廿一日發行

著述者　山本雄太郎　高知市掛川町廿五番邸

發行者　田中和之助　大阪市西區西長堀北通四丁目十七番屋敷

印刷者　松本七三郎　大阪市西區京町堀上通三丁目五十九番屋敷

印刷所　大林帳簿製造所　大阪市東區高麗橋四丁目十五番屋敷

發行所　田中和之助　大阪市西區西長堀北通四丁目十七番屋敷

簡易柔術　実用形

※収録した原本によっては、文字の欠落や擦れ、頁の汚損・欠損等が見られるが、原本通りのため御了承願います。

柔道指南大阪麟鳳館主
山本柳道齊源正道新著

簡易柔術實用形

附 活法 銃丸除

大阪 崇文館發行

自序

有不期仇敵。有不圖橫難。無武技不得免焉。徒手拒之何。曰柔道是也。以可得免耳。夫柔道者。六藝之母也。護身之技者。不問何武技。修之。以柔道。爲基本。具體亦然。體獨不如是。養士氣。而不懼物。且於體育。大有所得。以爲衞生之最。要之。

拒仇敵。免横難技術者。何物如之乎。會書肆崇文館主人。來促稿。予不省拙技。容其請。以著斯册子。庶幾有小補。是爲序。

柳道齋　山本正道撰

實用形目次

〔天神眞揚流柔術心得《てんじんしんやうりうじうじゆつこゝろえ》〕

〔實《じつ》用《よう》形《がた》〕

目次終

簡易柔術 實用形

大阪麟鳳館々主　山本柳道齋源正道著

〔天神眞揚流柔術心得《てんじんしんやうりうじうじゆつこゝろえ》〕

○壯健《さうけん》なる身體《しんたい》には壯健《さうけん》なる意思《いし》あるべき事《こと》

柔術《じうじゆつ》は古來《こらい》六藝《りくげい》の母《はゝ》だと稱《い》つてある。何故《なにゆゑ》に弓《きう》、馬《ば》、劒《けん》、槍《さう》、砲《はう》、銃《じう》の六科《ろくゝわ》の武藝《ぶげい》の母《はゝ》かと云《い》ふと、母《はゝ》は總《すべ》て生《う》み出《だ》す本《もと》である、それで何《なに》の武藝《ぶげい》を修業《しゆげふ》するにも此柔術《このじうじゆつ》が基本《きほん》になるので、何《なに》は擱《さしお》き一番先《いちばんさ》きに此柔術《このじうじゆつ》で體《たい》を拵《こしら》へたのである。然《さ》うしてから劒《けん》でも槍《やり》でも何《なん》でも望《のぞ》む所《ところ》の武藝《ぶげい》を習《なら》つたものである。凡《およ》そ武藝《ぶげい》の中《うち》でも柔術《じうじゆつ》ほど意思《こゝろ》の丈夫《ぢやうぶ》にするものは無《な》い。又《また》、稽古《けいこ》の時《とき》にも敵《てき》と目《め》と目《め》とを見合《みあ》ひ投《な》げるときも投《なげ》げられるときも、或《あるひ》は締《し》めるときも締《し》められるときにも、柔術《じうじゆつ》は非常《ひじやう》に潔白《けつぱく》なものである。劍術《けんじゆつ》の方《はう》で見《み》ると、縦令《たと》へば籠手《こて》を打《ぶ》たれると、上《あが》つたとか、下《さが》つたとか、故障《こしやう》を言《い》ひ、又《また》、面《めん》を打《ぶ》たれたときには、横《よこ》とか面鐵《めんがね》とか、皆打《みなぶ》たれながらに故障《こしやう》を言《い》ふが、柔術《じうじゆつ》には左様《さやう》な事《こと》は無《な》い、何故《なぜ》なれば敵《てき》の弱點《じやくてん》を附込《つけこ》むのだから、敵《てき》が、今《いま》の投方《なげかた》は緩《ゆる》かつたとか、今《いま》の締方《しめかた》が緩《ゆる》かつたとか言《い》ふことが出來《でき》ない、若《も》しも然《き》う言《い》つたときには、忽《たちま》ち投殺《なげころ》されるとか、締殺《しめころ》されるとかする、其《そ》れ故《ゆゑ》誠《まこと》に潔白《けつぱく》で、武士《ぶし》道氣性《だうきしやう》なもので、卑怯《ひきやう》な事《こと》は言《い》ひ得《え》ないものである。且又身體《かつまたからだ》を何處《どこ》も彼處《かしこ》も均《きん》一《いつ》に、同《おな》じ樣《やう》に働《はたら》かして、充分《じうぶん》に運動《うんどう》を爲《さ》せて、筋肉《きんにん》を發達《はつたつ》させることは、柔術《じうじゆつ》に限《かぎ》でのである、柔術《じうじゆつ》を修業《しゆげふ》すると、身體《からだ》は强壯《ちやうふ》になり、意思《いし》は堅確《しつかり》なるので、壯健《さうけん》な身體《かヽだ》で壯健《さうけん》な意思《いし》を持《も》つのは、柔《じう》術修業《じゆつしゆげふ》に限《かぎ》るのである。

○柔術《じうじゆつ》の形《かた》を練習《れんしふ》するの必要《ひつえう》

或《あ》る人《ひと》は、柔術《じうじゆつ》の形《かた》を習《なら》ふなどは徒爲《だめ》だと言《い》ふが、然《さ》うでは無《な》い、習《なら》つて直《す》ぐに形通《かたどほ》りに人《ひと》が投《な》げられるものならば、其《そ》れこそ古今《ここん》の名人《めいじん》である、柔術《じうじゆつ》の形《かた》と云《い》ふものは、然《さ》う數多《かずおほ》く一時《いちじ》に敎《をし》へるもので無《な》くて、當館《とうくわん》へ入門《にふもん》される人《ひと》には、毎日二手《まいにちふたて》づゝ敎《をし》へるのを規則《きそく》のやうにして居《ゐ》る。それで二手《ふたて》を覺《おぼ》えた人《ひと》は、洋杖投《ステツキなげ》は斯樣《こん》なものだと言《い》ふことは心《こゝろ》に覺《おぼ》えられるであらう、けれども實地《じつち》に行て見《み》ると然《さ》うは行《ゆ》かぬ、是《こ》れは何故《なぜ》かと言《い》ふて、人《ひと》は皆《みな》、耳《みゝ》に聞《き》いて腦《なう》に通《つう》じ、感《かん》じて記憶《きおく》するのである。併《しか》し、悲《かな》しいかな手足《てあし》は左樣《さやう》には行《ゆ》かぬ。一例《いちれい》を擧《あ》げると、爰《こゝ》に一人《いちにん》の新參《しんまゐ》の職工《しよくこう》がある。其《そ》れが仕《し》事《こと》を習《なら》ふ。縱令《たと》へば紙箱《かみばこ》を製《こしら》へることを習《なら》ふとする。充分《じうぶん》に敎《をし》へて貰《もら》ひ、覺《おぼ》えきツた心算《つもり》で、仕事《しごと》を自分《じぶん》の宅《たく》へ持《も》つて歸《かへ》つて製《こしら》へて見《み》る、となか〳〵思《おも》ふ樣《やう》に出來《でき》ない。久《ひさ》しく其職《そのしよく》をして居《ゐ》る者《もの》が、一《いち》日《にち》に百個《ひやく》も二百個《にひやく》も製《こしら》へるのに、自分《じぶん》は十圓《とを》か十五個《じふご》ぐらゐしか出《で》來《き》ない、是《こ》れは紙箱《かみばこ》を製《す》ることは腦裡《こゝろ》に覺《おぼ》えて歸《かへ》つても、手先《てさき》は未《ま》だ實習《じつしふ》に慣《な》れて居《ゐ》ない、それで出來《でき》ないのである、柔術《じうじゆつ》の形《かた》を覺《おぼ》えたのも矢張《やは》り其《そ》れと同樣《どうよう》で、斯樣《こん》なものだと思《おも》つた丈《だ》けでは行《ゆ》かぬ覺《おぼ》えた形《かた》の同《おな》じことを、毎回繰返《まいくわいくりかへ》して、何《なん》べんも練習《れんしふ》して、所謂《いはゆ》る熟練《じゆくれん》しなくてはならない、熟練《じゆくれん》とは手《て》に入《い》り盡《き》ることで、實地《じつち》に用《もち》ゐても充分《じうぶん》だ、大丈夫《だいぢやうぶ》だと我《わ》が心《こゝろ》に信《しん》じる位《くらゐ》にならなくては行《ゆ》かない。未熟《みじゆく》では行《ゆ》かぬ。紙箱貼《かみはこはり》が貼慣《はりな》れて、日毎《ひごと》に二百《にひやく》個も三百《さんびやく》個も出來《でき》る樣《やう》に、自然《しぜん》に爲慣《しな》れて手《て》に入《い》り了《き》つて、其《そ》れで危急《きゝふ》を免《のが》れる護身《ごしん》の心得《こゝろえ》になるのである。

○柔術《じうじゆつ》は正《まさ》に身邊《しんぺん》の保護者《ほごしや》なり

柔術《じうじゆつ》と云《い》ふと、賊《ぞく》に遇《あ》ふか狂人《きちがひ》に出遇《であ》つた時《とき》にしか用《もち》ゐない樣《やう》に思つて居《を》る人《ひと》がある、併《しか》し其《そ》れは大《おほ》きな間違《まちが》いサ、實《じつ》は然《さ》う云《い》ふ臨時《りんじ》の遭難《さうなん》の時《とき》にばかり用《もち》ゐるもので、無《な》くて、いつ何時《なんどき》入用《いりよう》かも知《し》れない、毎日《まいにち》入用《いりよう》だ。それで、日用《にちよう》護身《ごしん》の資料《もとで》だと言《い》つても過言《くわごん》ではあるまい、例《たと》へば山《やま》へ登《のぼ》つて足《あし》を辷《すべ》らして轉《ころ》ぶとき、或《あるひ》は高《たか》い處《ところ》から落《お》ちるとき、夜中《やちう》に溝《みぞ》へ陥《おち》るときなど、其他《そのた》危険《あぶな》い場合《ばあひ》には、必《かなら》ず要用《いりよう》のものである。何故《なぜ》要用《いりよう》かと云《い》ふと、山《やま》へ行《い》つて足《あし》を辷《すべ》らして落《お》ちんとするときには、自分《じぶん》の顎《あご》を胸《むね》に着《つ》けて、鳥《とり》が羽《は》がいを打《う》つ様《やう》にして、仰向《あふむ》けに仆《たふ》れる様《やう》にして支《さゝ》へたれば負傷《けが》せぬし、又《また》若し家根《やね》から辷《すべ》り落《お》ちんとすれば、兩手《りやうて》と兩足《りやうあし》とを擴《ひろ》げて體《たい》を平《ひら》たくするのだ、然《さ》うすると負傷《けが》を爲《し》ない、若《も》し不幸《ふかう》にして至《いた》つて高《たか》い處《ところ》から落《お》ちる刹那《せつな》には、兩手《りやうて》と兩足《りやうあし》とを縮《ちゞ》めて、脳《なう》と脊《せ》との下底の、俗《ぞく》に云《い》ふ臀《しり》の尖《とが》りの龜甲骨《かめのかふぼね》を打《ぶ》たない樣《やう》に免《のが》れられる、又《また》、溝《みぞ》へ陥《はま》つたときには。廣《ひろ》い溝《みぞ》なれば陥《はま》つても餘《あま》り負傷《けが》は無《な》いが、狭《せま》い深《ふか》い溝《みぞ》に限《かぎ》つて、必《かなら》ず負傷《けが》することがある、然《さ》う云《い》ふときに、若《も》し右《みぎ》の足《し》を踏《ふみ》かぶれば、脳《なう》も體《たい》も左《ひだり》へ傾《かたむ》けるが可《よ》い、然《さ》うで無《な》ければ脳《なう》を打《ぶ》つとか肋《あばら》を打《う》つとかする、依《よつ》て其心掛《そのこゝろがけ》で、左《ひだり》の足《あし》も同《おな》じ樣《やう》にするのである、常《つね》に柔術《じうじゆつ》を習《なら》つて置《お》くと、是等《これら》の事《こと》に手《て》も無《な》く氣《き》が着《つ》いて、早業《はやわざ》が出來《でき》て、助《たす》からないことも助《たす》かる、第一《だいいち》身《み》の體《たい》を轉《かは》すことが上手《じやうず》になつて、難《なん》を免《のが》れる第一着《だいゝつちやく》が身《み》に得《え》られるで無《な》いか。上《かみ》に述《の》べた樣《やう》な心得事《こゝろえごと》は、話《はな》せば山《やま》ほどあるが、此書《このほん》は紙數《かみかず》に限《かぎ》りがあるから、餘《よ》は後篇《こうへん》に讓《ゆづ》り置《お》く、が、以上《いじやう》に述《の》べた通《とほ》りであるから柔術《じうじゆつ》は日用護身《にちようごしん》の必要《ひつよう》と云《い》ふのである。

○闇夜歩行《あんやほかう》の心得《こゝろえ》

敵《てき》を防《ふせ》ぐ心掛《こゝろがけ》の有《あ》る者《もの》で見《み》ると、夜間歩《よるある》くのに道路《みち》が暗《くら》いとて提灯《ちやうちん》を持つのは甚《はなは》だ危險《きけん》である、其昔《そのむかし》し宮本武藏《みやもとむさし》、正名先生《まさなせんせい》は、提灯《ちやうちん》の柄《え》に六尺《しやく》の柄を用《もち》ゐたと聞《き》く、それを自分《じぶん》の體《からだ》から横《よこ》に突出《つきだ》して歩《ある》かれたと云《い》ふことである。是《こ》れは提灯《ちやうちん》を目當《めあて》に斬《きり》かけられるからである。此理合《このわけ》で、月夜《つきよ》などに歩《ある》くのは、成《な》るべく影《かげ》を歩《ある》くのが可《よ》い。

○細道《ほそみち》にて敵《てき》に出遇《であ》ひたるときの心得《こゝろえ》

細《ほそ》い道路《みち》で敵《てき》に出遇《であ》つたときには、決《けつ》して直《す》ぐに敵《てき》に當《あた》るものでない、何《なに》なりと口實《こうじつ》を搆《かま》へて、自分《じぶん》が先《さき》に出《で》て、廣《ひろ》い場所《ばしよ》へ出《で》てから振返《ふりかへ》りさまに、當《あ》てなり、蹴込《けこみ》なり用《もち》ゐるのである。是《こ》れが機先《きさき》を制《せい》する法《はふ》である。路次《ろじ》の中《うち》で敵《てき》に出遇《であ》つたときにも此通《このとほ》りにするが可《よ》い。

○人《ひと》と摺《す》れ違《ちが》ふときの心得《こゝろえ》

心得《こゝろえ》ある者《もの》は、總《すべ》て人《ひと》と摺《す》れ違《ちが》ふときには、我《わ》が左《ひだり》の足《あし》を開《ひら》いて、敵《てき》の右《みぎ》の方《はう》を通《とほ》すが可《よ》い。其《そ》れは何故《なぜ》かと云《い》ふと、敵《てき》が若《も》し自分《じぶん》に危害《きがい》を加《くわ》へんとするとき、それを防《ふせ》ぐ爲《た》めである。

○夜間戸口《よるこぐち》を出《で》るときの心得《こゝろえ》

夜間戸口《よるこぐち》を出《で》るときには、帽子《ばうし》を被《き》て居《ゐ》れば其帽子《そのばうし》を洋杖《ステツキ》の先《さき》に突《つき》掛《か》け、自分《じぶん》より先《さ》きに突出《つきだ》し、然《さ》うしてから出《で》るが可《よ》い、帽子《ぼうし》を被《き》て居《ゐ》なければ羽織《はおり》でも何《なん》でも、右《みぎ》の樣《やう》にして宜《よろ》しい。

○夜間戸口《よるとぐち》を開《あ》けるときの心得《こゝろえ》

戸口《とぐち》を開《あ》けるときには　自分《じぶん》の右開左開《みぎあけひだりあけ》に拘《かゝ》はらず、開後《あけしり》の方《はう》へ我《わが》身《み》を寄《よ》せて入《はい》ることである。

○二階《にかい》へ上《あが》り又《また》は下《お》りるときの心得《こゝろえ》

二階《かい》へ上《あが》るときには、俯向《うつむ》かずに上《あが》る事《こと》で、下《お》りるときには下《した》に氣《き》を配《くば》り、手《て》すりが有《あ》れば、手《て》すりに連《つらな》つて下《お》りるが宜《よ》い。

○危急《きゝふ》の場合《ばあひ》を避《さ》ける心得《こゝろえ》

昔《むかし》の達人《たつじん》などは皆油《みなゆ》斷《だん》を爲《し》なかつたものである。我《わ》が眞揚流《しんやうりう》の元祖《ぐわんそ》の、磯又右衛門《いそまたゑもん》先生《せんせい》が、伊勢《いせ》の松坂《まつざか》で道場《だうじやう》を開《ひら》いて居《を》られたとき、其隣家《そのとなり》に一人《にん》の狂人《きちがひ》があつて、或《あ》る日《ひ》に先生《せんせい》の家《うち》へ來《き》て、先生《せんせい》の側《そば》の刀掛《かたなかけ》に、先生《せんせい》の帶刀《たいたう》が掛《か》けてあるのを見《み》て、直《す》ぐと狂人《きちがひ》は其刀《そのかたな》を手《て》に取《と》つて、ニヤッと笑《わら》つて「先生《せんせい》、これは斬《き》れますかと尋《たづ》ねた。磯《いそ》先生《せんせい》はア、、ウシ、斬《き》れる」と言《い》はれた、其刹那《そのせつな》に狂人《きちがひ》は、スラリ刀《かたな》を拔《ぬ》いて先生《せんせい》の眞向《まつかう》から斬付《きりつ》けた、心得《こゝろえ》の無《な》い者《もの》なら拒《ふせ》ぐ手《て》は無《な》いのだが、流石《さすが》は磯先生《いそせんせい》だけあつて、直《す》ぐと自分《じぶん》の敷《し》いて居《を》る座蒲團《ざぶとん》を左右《きいう》の手《て》で取《と》つて受《う》けられたと聞及《きゝおよ》んで居《を》る。是等《これら》は眞《しん》に間《かん》一髪《ぱつ》とでも言《い》はうか、危險《あぶな》い事《こと》であつたが、何《なん》しろ磯先生《いそせんせい》だから、常《つね》に油斷《ゆだん》が無《な》かつた證據《しようこ》は、自分《じぶん》が座蒲團《ざぶとん》の上《うへ》に坐《すわ》つて居《ゐ》て、其座蒲團《そのざぶとん》で受《う》けると言《い》ふことは、一寸難《ちよつとむつ》かしい事《こと》である。其《そ》れを如何《どう》して座《ざ》蒲團《ぶとん》で受《う》けられたかと言《い》ふと、先生《せんせい》は常《いつ》も座蒲團《ざぶとん》を敷《し》くのに、足《あし》をズット座蒲團《ざぶとん》の後《うし》ろへ出《だ》して、前《まへ》へ座蒲團《ざぶとん》を餘《あま》して坐《すわ》つて居《を》られた油斷《ゆだん》の無《な》いものでありませんか、是等《これら》は畢竟昔物語《ひつきやうむかしものがたり》であるが、人《ひと》は皆《みな》危險《きけん》の中《なか》に立《た》つて居《を》るのであるから、一寸今二三《ちよつともしよたつみつ》の危急《きゝふ》のがれの心得《こゝろえ》を述《の》べよう。例《たと》へば道《みち》を歩《ある》いて居《ゐ》て、家根《やね》から物《もの》が落《お》ちて來《く》るとする、斯《か》う云《い》ふときに大抵《たいてい》の人《ひと》は、何《なに》が落《お》ちて來《く》るかと云《い》ふことを見屆《みとゞ》けもせずに、只々體《たゞ〳〵たい》を避《さ》けたれば可《よ》いとする、それが却《かへ》つて危險《きけん》なのである。そんなら如何《どう》すれば可《よ》いかと言《い》ふと、先《ま》づ音《おと》のする方《はう》に眼《め》を配《くば》り、其落《そのお》ちて來《く》る物《もの》を見《み》つゝ自分《じぶん》の體《たい》を一尺《しやく》なり五寸《すん》なりを右左《みぎひだり》へ避《き》けるのである。見《み》る人《ひと》は却《かへつ》て此方《このはう》が危險《きけん》に思《おも》ふが左樣《さやう》では無《な》い、身體《からだ》の周《まは》り一尺《しやく》か乃至《ないし》五寸《すん》さへ除《よ》ければ、それで事《こと》は足《た》りるのである、それを一間《けん》も二間《けん》も避《さ》けるから、物《もの》に躓《つまづ》いたり或《あるひ》は第《だい》二に落來《おちく》る物《もの》に當《あた》るのである。併《しか》し是等《これら》は自分《じぶん》の眞《しん》の心《こゝろ》であるから、第《だい》一に落來《おちく》る物《もの》でも、又《また》は倒《こ》けて來《く》る物《もの》でも、それに向《むか》つて眼《め》を配《くば》つて、而《さう》して倒《こ》けて來《く》る場合《ばあひ》に依《よつ》て體《たい》を避《さ》けるのが肝要《かんえう》である。世人《せじん》は往々《わう〳〵》物《もの》の落《お》ちて來《く》るに際《さい》しても、又《また》は物《もの》の倒《こ》けて來《く》るときにも、皆首《みなくび》を、すくめて俯向《うつむ》く、大抵《たいてい》の人《ひと》は之《た》れを行《や》るが、誠《まこと》に危險《あぶな》いことである。それ故《ゆゑ》に前《まへ》に言《い》ふた通《とほ》り、第《だい》一に其物《そのもの》を見《み》ると云《い》ふことを忘《わす》れてはならない、而《さう》して第《だい》二に體《たい》を避《き》けるのである何《どん》な危急《きゝふ》の場合《ばあひ》でも、これは實行出來《じつかうでき》るものであるから、試《ため》して見《み》るが宜《よろ》しい。又《また》、地震《ぢしん》などのときも此心《このこゝろ》がけで居《ゐ》て、是等《これら》を利用《りよう》すれば可《よ》い。實《じつ》に肝要《かんえう》なことである。

○遁《にげ》る者《もの》を追《お》ふときの心得《こゝろえ》

これは先《ま》づ遁《にげ》る者《もの》があつて、自分《じぶん》は之《これ》を追《お》はんとするときに、遁《にげ》る者《もの》は走《はし》り慣《な》れて居《を》るから、中々《なか〳〵》走《はし》ることが速《はや》い、それで追駈《おつか》ける者《もの》は途中《とちう》で息《いき》が斷《き》れることがある。斯樣云《かうい》ふ樣《やう》な事《こと》があつては進退谷《しんたいきは》まつて追付《おつゝ》かれないものである。左樣《さやう》な時《とき》には我《わ》が追《お》はんとする走《はしり》初《はじ》めの時《とき》に、我《わ》が息《いき》づかひをば、常《つね》の三倍以上《ばいいじやう》も早《はや》くして、而《さう》して走《はし》るのが可《よ》いのである。さすれば途中《とちう》で息《いき》の斷《き》れる憂《うれひ》は無《な》い、走《はし》り初《はじ》めに大息《おほいき》を吐《つ》くのは辛《つら》い様《やう》であるが、走《はし》つて居《ゐ》るうちに呼吸《こきふ》が定《さま》つて走《はし》り易《やす》いから、必《かなら》ず左様《さやう》にするが宜《よろ》しい。

○遁《にげ》る者《もの》に追付《おつゝ》かんとするときの心得《こゝろえ》

遁《にげ》る者《もの》に追付《おつゝ》かんとするときには、必《かなら》ず遁《にげ》る者《もの》の脊《せ》に手《て》を掛《か》けて、直《す》ぐと前方《ひかふ》へ押《お》すが可《よ》い。さすれば必《かなら》ず前《まへ》へ俯向《うつむ》けに倒《たふ》れる。其倒《そのたふ》れたときに、直《す》ぐと抑《おさ》へに行《ゆ》くものでは無《な》い。何故《なぜ》と言《い》ふに、其倒《そのたふ》れた者《もの》が懐中《くわいちう》に、何《ど》んな凶器《きようき》を持《も》つて居《ゐ》るかも知《し》れない。それで先《ま》づ我《わ》が右《みぎ》の足《あし》で、敵《てき》の横腹《ひばら》を一蹴《ひとけ》り蹴《け》つて、痛《いた》めて置《お》いて進《すゝ》むが可《よ》いる。努々《ゆめ〳〵》遽《あは》てゝ、氣速《きばや》に傍《そば》へ近《ちか》よつてはならない。危険《あぶな》い〳〵ことである。

○旅宿《やど》泊《とま》りの心得《こゝろえ》

旅行《たび》を為《し》て宿《やど》を取《と》れば、先《ま》づ第《だい》一に其旅舎《そのやどや》の非常口《ひじやうぐち》を調《しら》べ、次《つぎ》に水《みづ》ある方《かた》を調《しら》べ、それから上《あが》り口《くち》に下《さが》り口等《くちなど》を調《しら》べ置《お》くことである。而《さう》して又《また》、我《わ》が次《つぎ》の室《ま》などの、襖《ふすま》、戸《と》、障子《しやうじ》の締《しま》りをして置《お》くが可《よ》い。此締《このしま》りを為《し》て、開《あ》かない様《やう》にするには、其敷居《そのしきゐ》へ錐《きり》を刺《さ》し置《お》くことである。これは賊《ぞく》などの入《はい》るのを防《ふせ》ぐ為《た》めだから、心《こゝろ》ある者《もの》は旅行《たび》するときに必《かなら》ず、鋼《はがね》で製《こしら》へた錐《きり》を四五本《ほん》持《も》つて居《ゐ》て、それを此《この》用《よう》に使《つか》ふが可《よ》い。又《また》、衣類手荷物《いるゐてにもつ》などは、成《なる》べく取《とり》まとめて、我《わ》が枕邊《まくらもと》の一所《ひとゝころ》へ、我《わ》が顔《かほ》より一尺内外《しやくないぐわい》の處《ところ》に置《お》くを宜《よろ》しいとする。又《また》必《かなら》ず蝙蝠傘《かうもりがさ》を持《も》つて行《ゆ》くが可《よ》い。是《こ》れ何《なん》の為《た》めぞとなれば、其傘《そのかさ》を我《わ》が寝《ね》る右邊《みぎへ》の方《はう》の夜具《やぐ》の中《なか》に入《い》れて寝《ね》るのである。それで眞逆《まきか》の間《ま》に合《あ》はす便利《べんり》にする。

○寝《ね》るときの心得《こゝろえ》

寝《ね》るときには、必《かなら》ず兩手《りやうて》を蒲團《ふとん》の中《なか》へ入《い》れてはならない。右《みぎ》の手《て》は必《かなら》ず我《わ》が額《ひたひ》へ當《あ》て、左《ひだり》の手《て》は我《わ》が下腹《したはう》に上《の》せて寝《ね》ることである。

○闇夜《やみよ》に曲者《くせもの》が室内《しつない》に忍入《しのびい》つた時《とき》の心得《こゝろえ》

深夜《よふか》に賊《ぞく》が忍入《しのびい》るとか、又《また》は自分《じぶん》に害《がい》を加《くは》へる者《もの》が忍入《しのびい》つたときに黒白《あやめ》も分《わ》かぬ眞暗闇《まつくらやみ》であつたら、自分《じぶん》は何《ど》の隅《すみ》でも、片隅《かたすみ》へ體《たい》を避《さ》け、何《なに》なりとも長《なが》い物《もの》で敵《てき》を探《さぐ》すことが肝要《かんよう》である。左樣《さやう》なときに自分《じぶん》が手《て》で探《さぐ》つて、敵《てき》を捕《とら》へるなどは最《もつと》も危險《きけん》だから、其長《そのなが》い物《もの》で探《さぐ》り當《あ》てゝ、而《きう》して突《つ》くなり、打《ぶ》つなり、相當《さうとう》の處置《しよち》をするが可《よ》い自分《じぶん》が若《も》し刀剣《かたな》を所持《しよち》して居《を》れば、柄《つか》を我《お》が右《みぎ》の手《て》に握《にぎ》り、刄《なかみ》を大《おほ》かた鞘《さや》から抜《ぬ》いて、切先《きつさき》の處《ところ》だけ鞘《さや》に嵌《はま》つてある位《くらゐ》にして、刀《かたな》の柄《つか》を持《も》つて、其鞘先《そのさやさき》で敵《てき》を探《さぐ》り當《あ》て、探《さぐ》り當《あ》てると同時《どうじ》に鞘《さや》を拂《はら》ひ落《おと》して敵《てき》に斬付《きりつ》けるのである。是《こ》れが武士《ぶし》の心得《こゝろえ》と云《い》ふものであらう

○柔術《じうじゆつ》を施《ほどこ》すときの心得《こゝろえ》

柔術《じうじゆつ》とは、讀《よ》んで字《じ》の如《ごと》く柔《やはら》かいものである。依《よつ》て柔術《じうじゆつ》は此柔《このやはら》かいと云《い》ふことを忘《わす》れてはならない。其柔《そのやはら》かく取《と》るのが所謂《いはゆる》、柔術《じうじゆつ》の命《いのち》である。柔術《じうじゆつ》の極意《ごくい》を譬《たと》へて言《い》ふと、海中《かいちう》に大《おほ》きな岩《いは》が有《あ》つて、其《その》岩《いは》に大《おほ》きな浪《なみ》が起《おこ》つて打當《ぶちあた》るときは、激《はげ》しい有様《ありさま》で水煙《みつけなり》が上《あが》る。そ

れは何《なに》から起《おこ》るかと言《い》ふと、沖《おき》から押《お》して來《く》る浪《なみ》は強《つよ》い勢《いきほ》ひで、ザアー、ジャブリと當《あた》る。其甚《そのひど》い浪《なみ》と、地《ち》から生《は》えた大盤石《だいばんじやく》の岩《いは》とが衝突《しようとつ》するのは、詰《つ》まり強《つよい》と強《つよい》との衝突《しようとつ》の結果《けつくわ》である。然《しか》るに若《も》しも其岩《そのいは》を無《な》くしたならば、浪《なみ》は何《な》にも支《さゝ》へられずに、岸邊《きしべ》へ押寄《おしよ》せて行《い》つて、出《で》かけた元《もと》の海《うみ》へ還《かへ》る。是《こ》れだから柔術《じうじゆつ》は、柔《やは》かで抵抗《ていかう》を劇《はげ》しく爲《し》ない、岸邊《きしべ》の樣《やう》なものである。それで敵《てき》が力強《ちからづよ》く押《お》して來《く》るときに、我《わ》れも亦力《またちから》づくで押返《おしかへ》さうとすれば思《おも》ふ樣《やう》には行《ゆ》かないもので、是《こ》れは柔術《じうじゆつ》の眞意《しんい》に悖《もと》つて居《ゐ》るのである。そこで若《も》し敵《てき》が力《ちから》を入《い》れて押《お》して來《く》れば、体《たい》を右《みぎ》へなり左《ひだり》へなり避《さ》けつゝ、敵《てき》の力《ちから》を利用《りよう》して業《わざ》を施《ほどこ》すのである。是《こ》れは前《まへ》に述《の》べた浪《なみ》と岩《いは》、浪《なみ》と岸邊《きしべ》の理合《りあひ》を熟知《じゆくち》すれば可《よ》い。ゆめにも角《かど》を立《た》てゝはならない。角《かど》を立《た》てるのは誠《まこと》に悪《わる》いことで、如何《いか》にしても柔術《じうじゆつ》は、圓《まる》く角無《かどな》しに取《と》るのが可《よ》いのである。それで古《むかし》の歌《うた》に斯《か》う云《い》ふことが言《い》つてある。

角《かど》されや八角取《かくと》れや六角取《かくと》れ
四角《かく》まんまる十五夜《や》の月《つき》

此歌《このうた》の如《ごと》しだと言《い》つてある。依《よ》て、總《そう》じて柔術《じうじゆつ》の投手《なげて》は、半圓形《はんゑんけい》に右《みぎ》なり左《ひだり》なりへ投付《なげつ》けるのが趣意《しゆい》である。其圓形《そのゑんけい》が、初心《しよしん》の中《うち》には何《どう》も旨《うま》く行《ゆ》かなくて、不熟練《ふじゆくれん》の間《あひだ》は如何《どう》しても角《かど》が附《つ》くものであるから、以下《いか》は書載《かきの》せてある實用形《じつようがた》を見《み》る人《ひと》は、此處《こゝ》に言《い》ふ心《こゝろ》がけを十分《ぶん》承知《しようち》會得《ゑとく》して實習《じつしふ》しなければならない。敵《てき》の力《ちから》を利用《りよう》することに心《こゝろ》付かずに、動《やゝも》すると我《わ》が力《ちから》を出《だ》して、圓形《ゑんけい》に角《かど》が付《つ》き、柔術《じうじゆつ》が剛術《がうじゆつ》と云《い》ふ樣《やう》になる、此心得《このこゝろえ》の詳《くは》しいことは記《しる》し盡《つく》せない。又此妙《またこのめう》味《み》と來《き》ては、とても筆《ふで》では盡《つく》せないから、熱心《ねつしん》な御人《おひと》は、當館《とうくわん》へ來《き》て、解《わか》らない所《ところ》は聞《き》きなさい。

〔實用形《じつようがた》〕

○重心落《ぢうしんおと》し

重心《ぢうしん》とは體內《たいない》の重量《おもみ》の集《あつ》まつた處《ところ》で、其重心《そのぢうしん》を體外《たいぐわい》に外《はづ》し出《だ》すを落《おと》すと云《い》ふ。柔術《じうじゆつ》で重心《ぢうしん》を體內《ないない》に持《も》つのは、直立《ちよくりつ》して兩手《りやうて》を股《また》の間《あひだ》へ置《お》くのを元體《げんたい》として重心《ぢうしん》が體《たい》の中心《まんなか》にあるものとする。即《すな》はち下《した》の圖《づ》のやうなものだ。重心《ぢうしん》が人體《じんたい》の中心《まんなか》にあるのは上《うへ》の形《かた》ちの樣《やう》で、中心《まんなか》の黑圈《くろまる》の處《ところ》が重心《ぢうしん》である、そこで

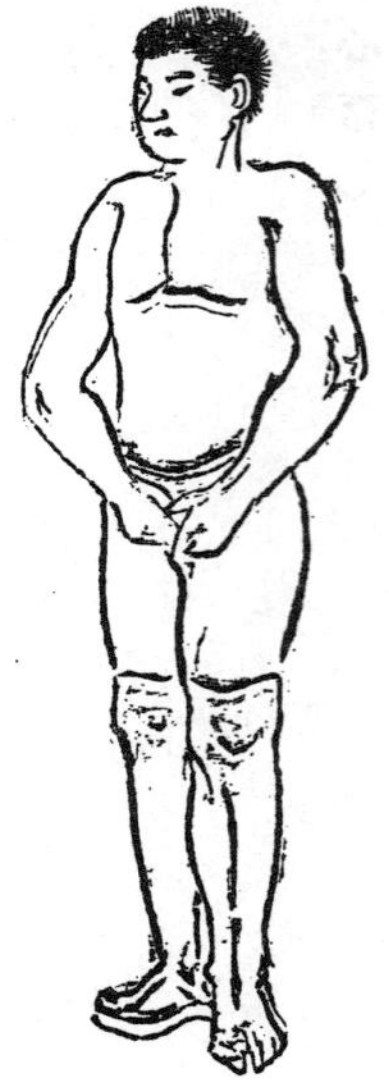

手《て》を引《ひい》て轉《ころば》されるときには足《あし》の小《こ》指《ゆび》の所《ところ》を支點《してん》として支《さゝ》へて居《ゐ》なければならない。若《も》し小《こ》指《ゆび》の所《ところ》に弱點《じやくてん》があつて支《さゝ》へ了《き》れなかつたらば引到《ひきたふ》される。引倒《ひうたふ》されるのは重心《ぢうしん》が體外《たいぐわい》へ出《で》て落《おち》るのである。引倒《ひきたふ》すのは圖《づ》の通《とほ》りに敵《てき》の右《みぎ》の手《て》は右《みぎ》の手《て》で引《ひ》き、左《ひだり》の手《て》を上膊《うはて》へ掛《か》けて引倒《ひきたふ》すので足《あし》の小《こ》指《ゆび》の所《ところ》の弱點《じやくてん》を侵《おか》すので

ある。これに、横斜引倒《よこなゝめひきたふ》し、前引倒《まへひきたふ》し、後引倒《うしろひきたふ》しがある。後引倒《あとひきたふ》しは前引倒《まへひきたふ》しの反《うら》と知《し》るが可《よ》い。それで重心《ぢうしん》を持《たも》つには、足《あし》の小指《こゆび》の所《ところ》に力《ちから》を入《い》れて支《さゝ》へる事《こと》。である、扨又《さてまた》前《まへ》に述《の》べたのは、唯足先《たゞあしさき》で、敵《てき》が引《ひ》くのを支《さ》へる丈《だ》けであつたが、又《また》一種《しゆ》は膝《ひざ》て關節《てふつがひ》の支《さゝ》へ方《かた》を話《はな》さう、大体《たいたい》に柔術《じうじゆつ》

は前《まへ》に言《い》つた樣《やう》に重心《ぢうしん》を極《き》めて、手先《てさき》を柔《やはみ》かくして、然《さ》うして業《わざ》を施《ほどこ》すものだから、前《まへ》の挿畫《さしゑ》では唯手先《たゞてさき》のみを引《ひ》いて居《を》る樣《やう》にしてあるが、是《こ》れは單《たゞ》一例《れい》を擧《あ》げたばかりである。引《ひ》かれるときは、袖《そで》とか、胸《むね》とか、帶《おび》とか、種々《いろ〳〵》ある。先《ま》づ手《て》で以《もつ》て前《まへ》の小指《こゆび》の邊《あたり》の弱點《じやくてん》の通《とほ》りに引《ひき》かゝれば、膝關節《ひざてふつがひ》の膝《ひざ》で支《さゝ》へることを承知《しようち》するが可《よ》い。若《も》し前《まへ》の方《はう》へ引《ひ》かれるときには、足《あし》を柔《やはら》かにして、膝關節《ひざてふつがひ》を前《まへ》の方《はう》へ折屈《をりかゞ》めるのである。然《さ》うして重心《ぢうしん》は依然《いぜん》として持《も》つて居《ゐ》て、決《けつ》して崩《くづ》しては宜《い》けない。前《まへ》の樣《やう》にするのである。又《また》、後《うし》ろに引《ひ》かれたときにも其理合《そのりあひ》で、支《さゝ》ふれば、過《あやま》ちは無《な》いのである。そればかりでは會得《ゑとく》が行《ゆ》くまいから、其原理《そのげんり》として、人《ひと》の步《ある》き方《かた》を話《はな》しませう。

第《だい》一、人《ひと》は、右足《みぎあし》が出《で》れば左足《ひだりあし》が出《で》るのが理《り》である。前《まへ》へ引《ひ》かれゝば前《まへ》へ出《で》るし、後《あ》とへ押《お》されゝば後《うし》ろへ寄《よ》るのである。又《また》、横《よこ》へ引《ひ》かれゝば横《よこ》へ寄《よ》るものである。此前後《このぜんご》左右《さいう》、これを人《ひと》の歩調法《ほてうはふ》の十字《じ》と云《い》ふ 理《り》として然《さ》うなつて居《ゐ》るものである、然《さ》う云《い》ふ矩合《ぐあひ》になつて居《ゐ》る。此前後《このぜんご》左右《きいう》の歩調《ほてう》を崩《くづ》して投《な》げるのを、之《こ》れを柔術《じうじゆつ》とするのである。前《まへ》に述《の》べてある重心《ぢうしん》の欠點《けつてん》は、十字《じ》の外《ほか》を説《と》いたのだから、其事《そのこと》を能《よ》く會得《ゑとく》せんければならない。右足《みぎあし》が出《で》れば左足《ひだりあし》が出るので、左《ひだり》を出《だ》さずに右足《みぎあし》を出《だ》すことは難《むつ》かしい、若《も》し右足《みぎあし》を出《だ》さうとすれば、片足《かたし》飛《とび》になるから、如何《どう》しても右《みぎ》、左《ひだり》、右《みぎ》、左《ひだり》と出《で》なければならない、其右《そのみぎ》の出《で》る所左《ところひだり》の出《で》る所《ところ》の欠點《けつてん》を見《み》て、投《なげ》るのを柔《じう》術《じゆつ》の本意《ほんい》とするのである。又左右《またさいう》へ寄《よ》る時《とき》も右《みぎ》なり左《ひだり》なり、足《あし》の出《で》止《とま》る處《ところ》を欠點《けつてん》の位置《ゐち》と見《み》て、十字外《じそと》へ引《ひい》て業《わざ》を施《ほどこ》すのが肝要《かんえう》である。

○洋杖投《ステツキなげ》

これは敵《てき》が左《ひだり》の手《て》で我胸《わがむね》を摑《つか》めば、洋杖《ステツキ》は右《みぎ》の手《て》で持《も》つて防《ふせ》いで宜《よ》いけれど、通常誰《つうじやうだれ》でも右《みぎ》が利腕《きゝうで》だから右《みぎ》の手《て》で摑《つか》む、其時《そのとき》

には洋杖《ステツキ》を右手《みぎのて》で持《も》つて居《ゐ》れば左《ひだり》手《のて》へ持更《もちか》へ、其洋杖《そのステツキ》を敵《てき》の腋《わき》の下《した》から、挿畫《さしゑ》の通《とほ》りに敵《てき》の胸《むね》へ當《あ》て敵《てき》の左《ひだり》の手《て》が生《い》きて居《ゐ》るから我顔《わがかほ》は右《みぎ》を見《み》て、我右《わがみぎ》の手《て》を掛《か》け、左《ひだり》腰《こし》を捻《ひね》つて右足《みぎあし》を敵《てき》の體《たい》に當《あ》て、掛聲《かけごゑ》を掛《か》けて、ヤツと左前方《ひだりむかふ》へ倒《たふ》すのである。倒《たふ》した處《ところ》で自分《じぶん》の右《みぎ》膝《ひざ》が敵《てき》の體《たい》に利《き》いて居《ゐ》るだらう。而《さう》して持《も》つ右《みぎ》の手《て》を敵《てき》の頭《あたま》の方《はう》へ押《お》

すのだ。然《き》うすると敵《てき》は堪《た》へない。敵《てき》が若《も》し左《ひだり》の手《て》で胸取《むねと》れば我《われ》は右《みぎ》の手《て》で洋杖《ステツキ》を持《も》つ。

以上記《いじやうしる》した通《とほ》り、極早《ごくはや》い業《わざ》であるが、洋杖《ステツキ》を敵《てき》の胸《むね》に當《あ》てる時《とき》、我《わ》が腰《こし》を捻《ひね》り、敵《てき》を抑《おさ》へ付《つ》けて後《のち》、敵《てき》の右《みぎ》の二《に》の腕《うで》に洋杖《ステツキ》を宛《あて》がふて、而《さう》して片手《かたて》に捻上《ねぢあ》げて居《ゐ》る敵《てき》の手《て》を十分《ぶん》に上《うへ》へ敵《てき》の頭《あたま》の方《はう》に押《おし》付《つ》ける事《こそ》が肝要《かんえう》である。尚今一《なほいまひと》つ注意《ちうい》して置《お》くが敵《てき》が胸《むね》を取《と》つたとき、我《わ》れは極柔《ごくやはら》かく敵《てき》に當《あて》るのである。堅《かた》くなつて心《こゝろ》を急立《いらだつ》て、施《やり》損《そん》じない樣《やう》にしなければならない。此術《このじゆつ》の利《き》く處《ところ》は、洋杖《ステツキ》を胸《むね》に當《あ》てゝ、我《わ》が方《はう》へ引《ひい》て腰《こし》を捻《ひね》る、此間《このあひだ》が一番肝要《ばんかんえう》だから能《よ》く注意《ちうい》すべきことである。柔《やはら》かいとは何《どん》なものかと云《い》ふに、我《わ》が心《こゝろ》は怒《いか》つては宜《い》けない、極柔和《ごくにうわ》で、何《なに》を爲《す》るかと云《い》ふ樣《やう》な心持《こゝろもち》になつて、心《こゝろ》に刄《やいば》を持《も》つとも。表面《へうめん》は柔《やはら》いで、洋杖《ステツキ》を密《そう》と敵《てき》の胸《むね》に、敵《てき》の心付《こゝろづ》かない樣《やう》に宛《あ》てがい、然《さ》うして手《て》を密《そう》と握《にぎ》れば、そこで電光《でんくわう》の如《ごと》くに腰《こし》を一時《じ》にパッと捻《ひね》るのである。

○かなめ責《ぜめ》

これは敵《てき》が不意《ふい》に我《わ》が胸《むな》ぐらを摑《つか》んだとき、我《わ》れは左《ひだり》の手《て》で洋杖《ステツキ》を持《も》ち、其上部《そのうへのはし》を敵《てき》の腕首《うでくび》へ宛《あ》て、右《みぎ》の手《て》を洋杖《ステツキ》の上端《さき》の下《した》へ廻《ま》はし下《した》から受《う》けて持《も》ち、グッと力《ちから》を入《い》れて敵《てき》の腕首《うでくび》を押《おさ》へ、我體《わがたい》を下《さ》げて締付《しめつ》けるのである。それで敵《てき》の左手《ひだりて》は働《はたら》かぬ。働《はたら》かないから大丈夫《だいぢやうぶ》だ、之《これ》は極簡單《ごくかんたん》な面白《おもしろ》い手《て》であるが、洋杖《ステツキ》の當《あた》つた所《ところ》と、我《わ》が兩《りやう》手《て》を我《わ》が胸《むね》の方《はう》の下《した》に引付《ひきつ》けるときと、胸《むね》を敵《てき》の方《はう》に突出《つきだ》すのとが肝要《かんえう》である。若《も》し手《て》を我《わ》が方《はう》に引《ひ》くのを緩《ゆる》めたり、胸《むね》を前方《むかふ》に突出《つきだ》さなかつた節《せつ》には、此業《このわざ》は零《ゼロ》になるから、十分《ぶん》に其両手《そのりやうて》と胸《むね》とに氣《き》

を入《い》れて、成《なる》べく我《わ》が方《はう》に引《ひ》き、下《した》へ押付《おしつ》けると云《い》ふことを忘《わす》れてはならない。是《こ》れは洋杖《ステツキ》で無《な》くても、有合《ありあは》せの煙管《きせる》でも、右《みぎ》の樣《やう》に施《き》れば同《おな》じ理屈《りくつ》である。又《また》、扇《あふぎ》でも行《や》れる、昔《むか》しは扇《あふぎ》や鐵扇《てつせん》を用《もち》ゐたと聞《き》いて居《ゐ》るから、扇《あふぎ》の要《かなめ》に因《よつ》て、かなめ責《ぜめ》と云《い》ふ名前《なまへ》が付《つ》けてある。これも前《まへ》に言《い》ふ通《とほ》り、業《わざ》を施《ほどこ》すには、無闇《むやみ》に氣《き》を怒《いか》らしては宜《い》けない。氣《き》を怒《いか》らして行損《やりそん》じてはならないから、心《こゝろ》を靜《しづか》にして、其責道具《そのせめだうぐ》を敵《てき》に覺《さと》られない樣《やう》にして、然《さ》うして業《わざ》を施《や》るのが可《よ》いのである。

○腕《うで》がらみ

是《こ》れは何《なに》も持《も》つて居《ゐ》ないとき、難《なん》を防《ふせ》ぐ手《て》である。敵《てき》が不意《ふい》に右《みぎ》の手《て》で我《わ》が脳巓《なうてん》を目《め》がけて打《よ》つて來《き》たとき我《わ》れは左《ひだり》の手《て》の拇指《おやゆび》を擴《ひろ》げて、我《わ》が眼《め》と眼《め》との間《あひだ》で其手《そのて》を受《うけ》止《と》め握《にぎ》り、次《つぎ》に我《わ》が右《みぎ》の足《あし》を敵《てき》の右側《みぎよこ》へ蹈《ふ》み出《だ》し、外《そと》を向《む》き右《みぎ》の手《て》を伏《ふ》せて敵《てき》の二《に》の腕《うで》へ宛《あ》て、左《ひだり》の

手《て》で握《にぎ》つた敵《てき》の腕首《うでくび》を折《を》り、我《わ》が右《みぎ》の足《あし》で、敵《てき》の右《みぎ》の足《あし》を後へ蹴《け》り、圖《づ》の通《とほ》りに敵《てき》を前方へ倒《たふ》すのである。倒《たふ》してから我《わ》が右膝《みぎひざ》は、敵《てき》の水月《みづつき》と肋《あばら》と肋《あばら》との間《あひだ》に當《あ》て、我《わ》が左《ひだり》の手《て》で押《お》し、敵《てき》の右《みぎ》の手《て》は

指《ゆび》を下《した》にして締《しめ》るのである。然《さ》すれば敵《てき》の腕關節《うでてふつせひ》は外《はづ》れる樣《やう》になる。それで此手合《このてあひ》は、一寸行易《ちよつとやりやす》い樣《やう》であつて難《むつ》かしい。之《これ》を其《その》一二に分《わ》けて話《はな》しませう。第《だい》一敵《てき》が打來《うちく》るとき我《わ》れの指先《ゆびさき》を十分廣《ぶんひろ》げることが肝要《かんよう》である。第《だい》二は目《め》と目《め》との間《あひだ》で受止《うけと》める事《こと》だが、目《め》と云《い》ふものは、何《どう》も塞《ふさ》ぎ易《やす》い

ものである。開《あ》かうと思《おも》へば必《かなら》ず塞《ふさ》がるから、矢張《やはり》これも心静《こゝろしづか》にして、然《さ》うして目《め》を塞《ふさ》がない様《やう》に練習《れんしふ》を為《し》なければならない、第《だい》三には右腕《みぎうで》を差入《さしい》れるのと、右足《みぎあし》を踏込《ふみこ》むのと、同一《どういつ》にしなければならない、第《だい》四には敵《てき》を右足《みぎあし》で蹴返《けかへ》して投付《なげつ》けたときは、前《まへ》に持《も》つた左《ひだり》の手《て》と、今差込《いまさしこ》んだ右《みぎ》の手《て》とを前方《むかふ》へ押《お》す様《やう》にして投《なげ》るのである第《だい》五は投《な》げた後《のち》も其手《そのて》を緩《ゆる》めずに、左《ひだり》の手《て》を敵《てき》の頭《あたま》の方《はう》に押付《おしつ》けることが肝要《かんえう》である。然《さう》して膝頭《ひざがしら》を敵《てき》の水月《みづおち》に上《の》せ、我《わ》が下腹《したはら》を張《は》るのを忘《わす》れてはならない。尚又膝頭《なほまたひざがしら》の乗《の》つた水月《みづおち》を、餘《あま》り力《ちから》を入《い》れては宜《よろ》しくない。

○鬼《おに》　拳《こぶし》

これは我《わ》が両腕首《りやうてくび》を敵《てき》の両手《りやうて》で握《にぎ》られたとき、我《わ》が右《みぎ》の手《て》でも左《ひだり》の手《て》でも外《はづ》して脱《ぬ》く業《わざ》である。さて右《みぎ》の手《て》を脱《ぬ》かんとするには、我《わ》が左足《ひだりあし》を敵《てき》の左側《ひだりわき》へ突込《つきこ》み、我《わ》が取《と》られた指先《ゆびさき》を伸《の》ばし右《みぎ》の手《て》を内部《うちら》

一

二

三

へ繰上《くりあ》げ、其手《そのて》を前方《むかふ》へ押《お》し拂《はら》ふ樣《やう》にして敵《てき》の手《て》を外《はづ》す。左《ひだり》の手《て》を脫《ぬ》くも此理《このり》で右足《みぎあし》を敵《てき》の左《ひだり》の方《はう》に前《まへ》と同《おな》じ樣《やう》に入《い》れて、其手《そのて》も前《まへ》と同《おな》じ樣《やう》に脫取《ぬきと》るが可《よ》い。此手數《このてかず》も極肝要《ごくかんえう》だけの事《こと》を話《はな》さう、初《はじめ》に指先《ゆびさき》を伸《の》ばす事《こと》も、次《つぎ》に我《わ》が前《まへ》に繰上《くりあげ》るときも、指先《ゆびさき》は尙《な》ほ伸《つ》ばして居《を》るのである。それから前方《むかふ》へ押拂《おしはら》ふときは、手先《てさき》ばかりで無《な》くて我《わ》が體《たい》も前方《むかふ》へ押《お》す樣《やう》にして拂《はら》ふが可《よ》い。併《しか》し力《ちから》の多《おほ》い者《もの》に握《にぎ》られたときは、前《まへ》の手數《てかず》では難《むつ》かしいから、矢張《やは》り握《にぎ》られた手《て》の指《ゆび》を伸《の》ばし、右《みぎ》の手《て》なれば左《ひだり》の手《て》で伸《の》ばした指先《ゆびさき》を握《にぎ》つて、それを繰上《くりあげ》ることは前《まへ》と同《おな》じ樣《やう》にして宜《よろ》しい。又或《またあるひ》は此樣《このやう》な手《て》もある。矢張《やは》り握《にぎ》られたら指先《ゆびさき》を伸《の》ばして、右《みぎ》の手《て》なれば我《わ》が左《ひだり》の肩口《かたぐち》の方《はう》に指先《ゆびさき》を向《む》けて、下《した》から斜《なゝめ》に上《うへ》へ、指先《ゆびさき》を突上《つきあげ》る樣《やう》にして拂《はら》ふのもある。左《ひだり》の手《て》も前同樣《まへどうやう》だから、矢張《やは》り指先《ゆびさき》を伸《つ》ばして、右肩《みぎかた》の方《はう》へ下《した》から斜《なゝめ》に突上《つきあ》げて放《はな》し、其放《そのはな》つた手先《てさき》で敵《てき》のコメカミを其儘《そのまゝ》一文字《もんじ》に打《う》つのも面白《おもしろ》い。

○引《ひき》落《おと》し

此手《このて》は練習《れんしふ》すれば中々《なか〳〵》面白《おもしろ》い手《て》で、大《おほ》きに練習《れんしふ》を要《えう》する手《て》であるが體《たい》を轉《かは》すには大《おほ》きに入用《いりよう》である。敵《てき》が右《みぎ》の手《て》で我《わ》が橫面《よこづら》を打《ぶ》つて來《く》るとき、我《わ》れは右足《みぎあし》を後《うし》ろに退《ひ》くと同時《どうじ》に打《うち》くる手《て》の下《した》を潛《くゞ》り次《つぎ》に右《みぎ》の手《て》で、敵《てき》の腕首《うでくび》を下《した》の挿畫《さしゑ》の通《とほ》り外《そと》から摑《つか》み、左《ひだり》の手《て》で敵《てき》の肱《ひぢ》を押《お》し其手《そのて》で上《うへ》へ突上《つきあ》げ、右《みぎ》の手《て》で左《ひだり》へ捻上《ねぢあ》げて引下《ひきお》ろし、ヤツと聲《こゑ》かけて前《まへ》へ倒《たふ》すのである。それから我《わ》が左《ひだり》の膝《ひざ》は、内部《うちら》へ繰《くり》まはして跪《ひざつ》き、右《みぎ》の膝《ひざ》は立《た》て、右《みぎ》の手《て》で以《もつ》て、敵《てき》の手《て》を其頭《そのあたま》の方《はう》へ押《お》し左《ひだり》の手《て》で下《した》へ壓着《おしつ》けるのである。此様《このやう》に倒《たふ》してから注意《ちうい》するのは、起返《おきかへ》つて來《き》てはならな

いからである。

是《こ》れも一二肝要《かんえう》を話《はな》さう。初《はじめ》に敵《てき》が横面《よこづら》を打《ぶ》つて來《く》るとき、其手《そのて》の下《した》を搔潜《かいくゞ》ると云《い》ふ事《こと》に就《つ》いて餘程練習《よほどれんしふ》をせんければならない。依《よつ》て其練習《そのれんしふ》の仕方《しかた》を敎《をし》へよう。前《まへ》の通《とほ》りに打《ぶ》つて來《き》たときには我《わ》が右足《みぎあし》を後《うし》ろへ退《の》くのと、其手《そのて》の下《した》を搔潜《かいくゞ》るのと同時《どうじ》で遲速《ちそく》が無《な》いのだから中々難《なか〳〵むつ》かしい、そんなら如何《どう》すれば可《よ》いかと云《い》ふと

打來《よちく》るときは我《わ》が腰《こし》を少《すこ》し沈《しづ》める樣《やう》にして右足《みぎあし》は後《うし》ろへ退《ひ》く時我《ときわ》が顔《かほ》を仰向《あふむ》けて打來《うちく》る手《て》を見《み》るのである。然《さう》して見《み》つゝ體《たい》を沈《しづ》めて手《て》の下《した》を掻潜《かいくゞ》る。見《み》てさへ居《ゐ》れば決《けつ》して敵《てき》の拳《こぶし》は當《あた》るもので無《な》いから是《こ》れも肝要《かんにう》の事《こと》である。此練習《このれんしふ》の仕易《しやす》いのは友《とも》だちと二人《にんよ》集つて横面《よこつら》を張《は》りに來《く》るのを前《まへ》の樣《やう》に轉《かは》す稽古《けいこ》を爲《す》るのも可《よ》し又上《またうへ》から手鞠《てま》か何《なに》かを吊《つる》して置て我《わ》が面上《めんじやう》に打《うち》かゝるのを除《よ》けて其《そ》れで稽古《けいこ》をするのも可《よ》い。敵《てき》を引落《ひきおと》すときは右手《みぎて》の捻《ね》ぢ樣《やう》と左《ひだり》の手《て》の押《おさ》へ方《かた》と引《ひき》方《かた》とを心《こゝろ》して行《や》れよ。

○友《とも》　車《くるま》

これは俗《ぞく》に横捨身《よこすてみ》と云《い》ふ、此術《このじゆつ》は小兵《こひやう》が自分《じぶん》の體《たい》を崩《くづ》して大兵《たいひやう》を投《なげ》飛《と》ばす術《じゆつ》だ。敵《てき》が右《みぎ》の手《て》で我《わ》が胸《むね》を摑《つか》むと、我《わ》れは左《ひだり》の手《て》で敵《てき》の肩口《かたぐち》か又《また》は袖《そで》を摑《つか》み、右《みぎ》の足《あし》を敵《てき》の左《ひだり》の足《あし》の三里《さんり》の所《ところ》へ掛《か》けて敵《てき》の左側《ひだりよこ》へ廻《まは》り左足《ひだりあし》を敵《てき》の股《また》

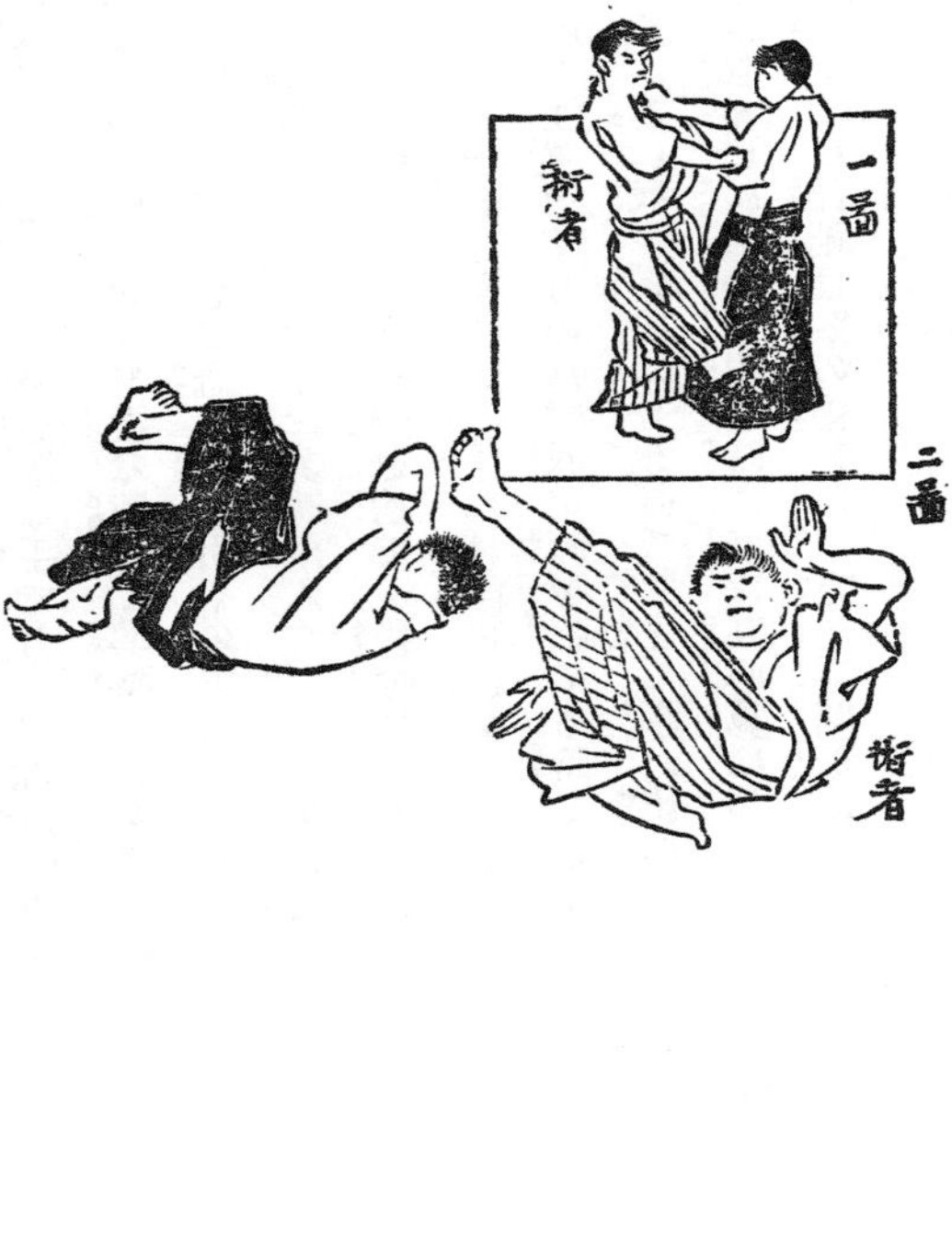

此術《このじゆつ》は初《はじ》めへ挿入《さしい》れ我左《わがひだり》へ投飛《なげと》ばす。斯様云《かやうい》ふ極簡単《ごくかんたん》な手《て》である。に敵《てき》の袖《そで》を持《も》つたときが術中《じゆつちう》の最《もつと》も肝要《かんえう》な時《とき》で、すれば其持《そのも》つた袖《そで》に我《わ》れは我《わ》が體《たい》をぶら下《さが》る様《やう》にして然《さう》して急《きふ》に横《よこ》へ引《ひ》くのである。左《ひだり》の足《あし》を前《まへ》の敵《てき》の體《たい》は前《まへ》の方《はう》に傾《かたむ》き崩《くづ》れる様《やう》になる。其時附入《そのときつけい》つて、様《やう》に差込《さしこ》んで、急《きふ》に左《ひだり》へ廻《まは》る様《やう》に我《わ》が體《たい》を捨《す》てゝ投付《なげつ》けるのである然《さう》して投《なげ》る時《とき》には我《わ》が手《て》を放《はな》すが可《よ》い。すれば敵《てき》の體《たい》が遠《とほ》く飛《と》ぶことは疑《うたが》ひ無《な》い。此處《こゝ》で注意《ちうい》をするのは、我《わ》が體《たい》を捨《す》てる時《とき》である。餘《あま》り堅《かた》くなつて行《や》ると、遂《つひ》に我《わ》が胴或《どうある》ひは脊《せ》を打《う》て起上《おきあが》る事《こと》が出來《でき》なくなることがあるから初《はじ》めに敵《てき》の袖《そで》を引《ひ》く時《とき》に既《すで》に其心算《そのつもり》はして居《ゐ》なければならない。要《えう》するに此術《このじゆつ》は敵《てき》の袖《そで》を左《ひだり》の方《はう》へ半圓形《はんゑんけい》に引《ひ》きつゝ左《ひだり》の足《あし》を敵《てき》の股《また》に差込《さしこ》んだ足《あし》が敵《てき》の右太股《みぎふとも〻》を上《うへ》へ跳上《はねあげ》るのだから十分《ぶん》に敵《てき》を最初《さいしよ》の右《みぎ》の手《て》で吊込《つりこ》んで敵《てき》の體《たい》を崩《くづ》すことを忘《わす》れてはならない。

○下《さが》り藤《ふぢ》

これは最《もつと》も素早《すばや》い手《て》で、敵《てき》がナイフでも七首《あひくち》でも懐《ふところ》へ隠《かく》し持《も》ち、今《い》や抜《ぬ》いて突《つ》かんとするのを防《ふせ》ぐ術《じゆつ》である。それで敵《てき》が右《みぎ》の手《て》で七首《あひくち》を抜《ぬ》くと心付《こゝろづ》いたら、それを止《と》める爲《た》めに我《わ》が左《ひだり》の手《て》で敵《てき》の右肱《みぎひぢ》を持《も》ち、右《みぎ》の手《て》は敵《てき》の左《ひだり》の肩《かた》へ當《あ》て、右《みぎ》の膝頭《ひざがしら》で敵《てき》の睾丸《きんたま》を突《つ》き、前《む》方《かふ》へ、左《ひだり》の手《て》を押《お》すやう、右《みぎ》の手《て》を引《ひ》く様《やう》にして右側《みぎわき》へ引倒《ひきたふ》すのである。而《さう》して引倒《ひきたふ》してからは、我《わ》が右《みぎ》の膝《ひざ》は、敵《てき》の肋骨《あばらばね》の下外《したはづ》れを押《お》し、右《みぎ》の手《て》は敵《てき》の肩口《かたぐち》を押《お》すのである。既《すで》に睾丸《きんたま》が突《つ》いて當《あ》てゝあるから、敵《てき》は死《し》んで居《ゐ》るが、猶《なほ》も用心《ようじん》するのである。此手《このて》數《かず》も危機《きゝ》一髪《はつ》で、誠《まこと》に早《はや》く

施《ほどこ》さなければならない。それで初《はじ》めにある様《やう》に左《ひだり》の手《て》で敵《てき》の右肱《みぎひぢ》を握《にぎ》るのと、右《みぎ》の手《て》で敵《てき》の肩口《かたぐち》を持《も》つのと右《みぎ》の膝頭《ひざがしら》で敵《てき》の睾《きん》丸《たま》を拂《はら》ひ上《あげ》るのと之《これ》は同《どう》一時《じ》であるは然《きう》して敵《てき》の氣《き》を制《せい》

して置《おい》て、左《ひだり》の手《て》を前方《むかふ》へ押《お》し、前《まへ》の樣《やう》に敵《てき》を倒《たふ》すのであるが、其《その》倒《たふ》し方《かた》は、我《わ》れは敵《てき》の體《たい》を後《うし》ろ向《む》ける樣《やう》な心持《こゝろもち》になつて、然《さう》して右《みぎ》膝《ひざ》を急《きふ》に突《つ》くのであるが其膝《そのひざ》を突《つ》く時《とき》に、左《ひだり》の手《て》を十分前方《ぶんむかふ》へ押《お》し右《みぎ》の手《て》の肩口《かたぐち》を掴《つか》んだ處《ところ》を下《した》へ引《ひ》くのは之《これ》も同一時《どういちじ》である。尚倒《なほたふ》した後《のち》も膝頭《ひざがしら》を當《あ》てた處《ところ》を十分《ぶん》に押《おさ》へると又右《またみぎ》の手《て》の肩口《かたぐち》を向《むか》ふ下《さがり》に押《おさ》へるのが肝要《かんじう》である。之《これ》は前《まへ》に言《い》つた樣《やう》に一時《いちじ》當《あ》ての入《はいつ》てあるものに用《もち》ゐる必要《ひつえう》は無《な》いけれども此手《このて》數《かず》は人《ひと》を押《おさ》へ込《こ》む業《わざ》として參考《さんかう》までに記《しる》して置《お》くのであるから、此下《このさが》り膝《ぶち》のみで無《な》くて、他《た》で用《もち》ゐるとも隨分便宜《ずいぶんべんぎ》な手《て》である。

○後《うし》ろ捕《どり》

これは敵《てき》が不《ふ》意《い》に後《うし》ろから抱付《だきつ》いたとき防《ふせ》いで敵《てき》を倒《たふ》し、免《のが》れる業《わざ》である。さて敵《てき》が後《うし》ろから抱付《だきつ》くと、我《わ》れは股《また》の間《あひだ》に両手《りやうて》を組《く》んで

敵《てき》の顔《かほ》とも額《ひたひ》とも構《かま》はずに我《わ》が後頭《うしろあたま》の堅《かた》い處《ところ》で、身《み》を反《そら》して、グワチーと打《ぶ》つ、而《さう》して抱付《だきつ》かれると、抱付《だきつ》かれた身體《からだ》が拔《ぬ》けないが、

只腰《たゞこし》だけは敵《てき》の力《ちから》が入《はい》つてない、そこを付込《つけこ》んで、我《わ》れは體《たい》を下《さ》げて兩足《りやうあし》を開《ひら》き、右《みぎ》の手《て》を敵《てき》の肩口《かたぐち》へ掛《か》け、左《ひだり》の手《て》を敵《てき》の內股《うちまた》へ掛《か》け我《わ》が右膝《みぎひざ》を左《ひだり》へ繰廻《くりまは》して跪《ひざつ》いて左足《ひだりあし》を立《た》て、右邊《みぎへ》へ浮《う》けて擔《かつ》ぎ、目《め》の下《した》へ引投《ひうな》げるのである。

これは極施易《ごくやりやす》い業《わざ》であるが、何分《なにぶん》にも後《うし》ろから兩手《りやうて》ぐるみ抱《かゝ》へられたときは、それを拔《ぬ》くのに中々《なか〳〵》骨《ほね》が折《を》れるのであるが、前《まへ》に述《の》べた通《とほ》り最初《さいしよ》に頭《あたま》で一《ひと》つ敵《てき》の氣《き》を制《せい》して置《おい》て第《だい》二に兩肱《りやうひぢ》を張《はつ》て其握《そのにぎ》られた腕《うで》を解《と》くのである。然《さう》して解《と》きつゝ兩股《りやうまた》を開《ひら》くのは我《わ》が業《わざ》を施《ほどこ》すに便宜《べんぎ》の爲《ため》に開《ひら》くのである。然《さう》して右《みぎ》の手《て》で肩口《かたぐち》を摑《つか》むときには必《かなら》ず我《わ》が前《まへ》の方《はう》へ引付《ひきつ》けるが可《よ》い。第《だい》三は左《ひだり》の手《て》を敵《てき》の股《また》に差入《さしい》れて右膝《みぎひざ》を前《まへ》の樣《やう》に繰《く》るときは、極早《ごくはや》くて、次《つぎ》に左《ひだり》の手《て》の投《なげ》と、右《みぎ》の手《て》の肩口《かたぐち》とを同時《どうじ》に下《した》は上《あ》げ、上《うへ》は引《ひい》て我《わ》が目《め》の下《した》に投付《なげつ》けるのだが人《ひと》は皆敵《みなてき》を遠《とほ》く前方《むかふ》へ投《なげ》るのを好《この》むけれど、それは中々難《なか〳〵むつ》かしいのみならず、得《え》てして遠《とほ》く投《なげ》んとすれば、誤《あやま》りを生《しやう》じる事《こと》が多《おほ》い。依《よつ》て成《なる》べくは勉《つと》めて我《わ》が目《め》の下《した》に投付《なげつ》けると云《い》ふことを努々忘《ゆめ〳〵わす》れてはならない。

○籠《こ》手《て》返《がへ》し

これは敵《てき》と摺《す》れ違《ちが》ふときの早業《はやわざ》である。すれ違《ちが》ふとき、右《みぎ》の手《て》で敵《てき》の左《ひだり》の手《て》を、四指《よつゆび》を下《した》にして、右《みぎ》の拇指《おやゆび》を上《うへ》へ當《あ》て、手首《てくび》を逆取《さかどり》して、前《まへ》へ取《と》つて左《ひだり》へ引上《ひきあ》げ、左《ひだり》の手《て》を敵《てき》の肱《ひぢ》の關節《てふつがひ》へ當《あ》てゝ押上《おしあ》げ

右《みぎ》の足《あし》で敵《てき》の右足《みぎあし》の膝裏《ひざうら》を後《うろ》ろへ蹴《けつ》て前方《かふ》へ敵《てき》を倒《たふ》すのである。又《また》

膝裏《ひざうら》を蹴《け》らずに敵《てき》の横腹《よこばら》を蹴《け》ることもある。何方《どちら》かと云《い》ふと、横腹《よこばら》を蹴《けつ》て氣《き》絕《ぜつ》させる方《はう》が、急場《きふば》を防《ふせ》ぐには妙《めう》である。何《いづ》れにしても、倒《たふ》したときには左《ひだり》の手《て》で敵《てき》の手《て》を持《もつ》て勝《かち》を取《と》るのである。是《こ》れも始《はじ》まりに敵《てき》の手《て》の握《にぎ》り方《かた》にあるのである。總《そう》じて人《ひと》は手《て》先《さき》などを握《にぎ》られるのを嫌《きら》ふものだから其握《そのにぎ》り方《かた》は極柔《ごくやはら》かくして、然《さう》して握《にぎ》れば我《わ》が物《もの》だから、過急《くわきふ》に前《まへ》に逃《の》べた樣《やう》に施《や》るのである。又次《またつぎ》に右《みぎ》の手《て》で敵《てき》の肱《ひぢ》を押上《おしあ》げるときと、右足《みぎあし》で敵《てき》を蹴返《けかへ》すときなどは實《じつ》に間《かん》一髮《ぱつ》と言《い》つても可《よ》い位《くらゐ》の早業《はやわざ》で施《や》らなければならない。成《なる》べく我《わ》が體《たい》を敵《てき》の體《たい》に寄附《よりつ》いて、而《さう》して此業《このわざ》を施《ほどこ》すのが最《もつと》も肝要《かんよう》なのである。或《あるひ》は又足《またあし》を使《つか》はずに敵《てき》を投付《なげつけ》る法《はふ》もある。それは前《まへ》に逃《の》べた様《やう》に始《はじ》めは左《ひだり》の手《て》で取《と》り、此度《こんど》は右《みぎ》の手《て》を、其《そ》れと同《おな》じ様《やう》に敵《てき》の手《て》を握《にぎ》り、敵《てき》が左《ひだり》なれば右《みぎ》の方《はう》へ下《した》から斜《なゝめ》に半圓形《はんゑんけい》に敵《てき》の左《ひだり》の肩口《かたぐち》へ押上《おしあげ》るのである。然《さ》うすれば敵《てき》は體《たい》が崩《くづ》れて前方《むかふ》へ投飛《なげとば》される。併《しか》し其手《そのて》の廻《まは》し方《かた》は、成《なる》べく下《した》から柔《やは》らかく急《きふ》に繰上《くりあげ》るが可《よ》い。以上《いじやう》は何《どれ》も同《おな》じ手數《てかず》であるけれど、唯足《たゞあし》を掛《か》けると掛《か》けないとの異《ちが》ひである。

○氣《き》　捕《どり》

これは殊更《ことさら》に速《はや》く敵《てき》を仰向《あふむ》けに蹴返《けかへ》す手《て》である。速《はや》いことは、書にも文《ぶん》にも書《か》かれない位《くらゐ》の事《こと》だ。敵《てき》と顔合《かほあは》せしとき倒《たふ》し方《かた》は、我《わ》が右《みぎ》の足《あし》を曲《ま》げて、敵《てき》の右《みぎ》の股《もゝ》の裏《うら》へ掛《か》け、左《ひだり》の手《て》を敵《てき》の股裏下《もゝうらさが》りの處《ところ》へ掛《か》け、右《みぎ》の手《て》を敵《てき》の胸《むね》へ當《あ》てゝ突倒《つきたふ》すのである、尤《もつと》も我《わ》が足《あし》は直《ちよく》立《りつ》で、敵《てき》が直立《ちよくりつ》して居《を》るときに限《かぎ》る。足《あし》を開《ひら》いて居《ゐ》ては倒《たふ》し得《ね》ない依《よつ》て自分《じぶん》が此手《このて》にかゝるときには、足《あし》を開《へら》いて倒《たふ》れない用心《ようじん》するが可《よ》い。これは奥《おく》の奥《おく》である。

是《こ》れは前《まへ》にも言《い》ふ通《とほ》りの早業《はやわざ》だから、施《や》り易《やす》い様《やう》で難《むか》しい。何故《なぜ》かと云《い》ふと、初《はじ》めに我《わ》が右足《みぎあし》を敵《てき》の足《あし》に曲《ま》げて掛《か》けるのさ、左《ひだり》の手《て》を敵《てき》の股《もゝ》に當《あ》てるのさ、右《みぎ》の手《て》を敵《てき》の胸《むね》に當《あ》てゝ前方《むかふ》へ押《お》すのさ、斯《こ》う三《みつ》つが同一時《どういちじ》であるから、手《て》も足《あし》も心《こゝろ》も油断《ゆだん》が無《な》い様《やう》にしなければならない。若《も》し始《はじ》めに掛《か》けた我《わ》が足《あし》が利《き》かなければ此術《このじゆつ》は利《き》き難《にく》い。又左《またひだり》の股《もゝ》に當《あ》てた手《て》は、十分《ぶん》に我《わ》が方《はう》へ引付《ひきつ》けなければ敵《てき》を倒《たふ》し難《にく》い。縦《たと》ひ前《まへ》の通《とほ》りに手《て》と足《あし》とが敵《てき》へ掛《か》ゝつても、最後《さいご》の右《みぎ》の手《て》で敵《てき》の胸《むね》を前方《むかふ》へ押《お》さなければ、敵《てき》が倒《たふ》れ難《にく》いから、始《はじ》めの手《て》と足《あし》とは我《わ》が方《はう》へ引《ひ》く樣《やう》、又胸《またむね》に當《あ》てた右《みぎ》の手《て》は十分《ぶん》に前方《むかふ》へ押《お》すが可《よ》い。すれば敵《てき》が如何《いか》に支《さゝ》へても、仰向《あふむ》けに倒《たふ》れるものである。是《こ》れは掛聲《かけごゑ》を掛《か》けて施《や》るが宜《よろ》しい。何故《なぜ》なれば、ヤアと掛聲《かけごゑ》をすれば、自然《しぜん》に手《て》も足《あし》も一時《いちぢ》に働《はたら》いて施《や》り損《そん》じが無《な》いからである。

○脊《せ》負《おひ》投《なげ》

これは名《な》の通《とほ》りに脊負《せお》ふて投《な》げる手《て》である。後《うし》ろから人《ひと》の領《えり》がみを摑《つか》むと、斯樣《こん》な目《め》に遇《あ》ふから用心《ようじん》しなければならない。さて、敵《てき》が後《うし》ろから自分《じぶん》の領《えり》がみを摑《つか》んだときには、我《わ》が體《たい》を左《ひだり》へ廻《まは》つて、敵《てき》の右側《みぎわき》へ舞《ま》ひ込《こ》み、左《ひだり》の手《て》は敵《てき》の衿首《ゑりくび》へ逆《さか》がけして、右《みぎ》の手《て》は敵《てき》の手《て》の二《に》の腕《うで》を下《した》から押《おさ》へ込《こ》み、首《くび》を締《し》められない様《やう》に用心《やうじん》して、我《わ》

が右側《みぎかは》の目《め》の下《した》へ落《おと》す此時《このとき》は右《みぎ》の足《あし》を退《ひ》くのである。落《おと》すとは、引《ひき》倒《たふ》すことであるが、柔《じう》術《じゆつ》では落《おと》すと云《い》ふのである。

是《こ》れは見《み》れば難《むつ》かしい様《やう》であつても、施《や》つて見《み》れば易《らく》だが、其《その》込《こみ》入《いつ》て難《むつ》かしい必要《ひつえう》の處《ところ》を

話《はな》さう。第《だい》一に敵《てき》が領首《えりくび》を摑《つか》まへたとき．我體《わがたい》を廻《まは》り込《こ》む際《さい》に臨《のぞ》んで、先敵《まづてき》の體《たい》を崩《くづ》して我體《わがたい》を入《はい》らなければならないのである。其崩《そのくづ》し樣《やう》は、我《わ》が領《えり》を取《と》つた敵《てき》の袖《そで》を、我《わ》が左《ひだり》の手《て》で、嚴《きつ》く我《わ》が腰《こし》の邊《あた》りへ引付《ひきつ》ける樣《やう》の心持《こゝろもち》で引《ひ》けば、敵《てき》の體《たい》は自然《しぜん》と浮《う》くものである。其《その》虛《きよ》に附入《つけい》つて我《わ》が體《たい》を入《い》れ、入《い》れると同時《どうじ》に我《わ》が腰《こし》を少《すこ》し屈《かゞ》める樣《やう》にして、敵《てき》の前膝《まへひざ》に其體《そのたい》を着添《つけそ》へて而《さう》して左《ひだり》の手《て》を掛《か》けるとき、其《その》腰《こし》を上《うへ》へ跳上《はねあ》げると、兩手《りやうて》を前《まへ》へ引《ひ》くのと同《おな》じ拍子《へうし》で行《や》るが可《よ》い。若《も》し手《て》を前《まへ》に引《ひ》くとも、其腰《そのこし》を跳上《はねあ》げなければ此業《このわざ》は施《ほどこ》し難《にく》い。依《よつ》て心《こゝろ》が一致《いつち》して、手《て》を引《ひ》くと腰《こし》を跳上《はねあげ》るとは同時《どうじ》であると云《い》ふ事《こと》を呉々《くれぐ》も忘《わす》れてはならない。其心《そのこゝろ》して施《や》るが宜《よろ》しい。尚注意《なほちうい》を與《あた》へるが、必《かなら》ず敵《てき》の横《よこ》へ入《はい》る時《とき》堅《かた》くなつては宜《いけ》ない。

○撞《しゆ》木《もく》

敵《てき》が我《か》が脳天《なうてん》を打《う》つて来たとき防《ふせ》ぐ手《て》で、打《よ》つて来《く》れば我《わ》れは左《ひだり》の手《て》を仰《あふむ》向けにして指《ゆび》を伸《の》ば

し掌《てのひら》を擴《ひろ》げ、敵《てき》の腕首《うでくび》を受《う》けて握《にぎ》り、同時《どうじ》に我《わ》が睾丸《きんたま》を圍《かこ》ひたる、右《みぎ》の手《て》で敵《てき》の袖口《そでぐち》の下《した》を摑《つか》み、敵《てき》の手《て》を我《わ》が左腰《ひだりごし》に下《さ》げ、同時《どうじ》に速《はや》く右足《みぎあし》を敵《てき》の左側《ひだりわき》へ入込《いれこ》み、膝裏《ひざうら》を蹴返《けかへ》すのだ。誠《まこと》に素早《すばや》い手《て》であるから、後《おく》れてはならない。而《さう》して睾丸《きんたま》を圍《かこ》ふのは、蹴《け》られてはならないからである。敵《てき》の腕首《うでくび》を握《にぎ》つて、素早《すばや》く次《つぎ》の手《て》を出《だ》さなければ、隙《すき》があれば必《かなら》ず睾丸《きんたま》を蹴《け》るから、まことに危険《きけん》さ。

是《こ》れも施《や》つて見《み》ると美《うつく》しい面白《おもしろ》い手《て》である。最初敵《さいしよてき》が打《う》つて來《き》たときは、前《まへ》の様《やう》にして止《と》めるに限《かぎ》る。若《も》し自分《じぶん》の方《はう》から手《て》を伸《の》ばして打來《うちく》る敵《てき》の手《て》を止《と》めに行《ゆ》けば、却《かへつ》て敵《てき》に打《う》たれる憂《うれひ》がある。それは挿畫《さしゑ》の様《やう》に敵《てき》の拳《こぶし》は小《ちい》さいもので、我《わ》が受《う》けるのは、手《て》を曲《ま》げて受《う》ければ曲《まが》る處《ところ》が大《おほ》きくて、打《う》つ拳《こぶし》が小《ちい》さいので受損《うけそん》じは無《な》いのである。敵《てき》が打《う》つて來《く》れば、心《こゝろ》を沈《しづ》めて兩眼《りやうがん》を開《ひら》き、打來《うちく》る拳《こぶし》を見《み》つゝ前《まへ》の手《て》數《かず》を爲《し》て、次《つぎ》に握《にぎ》つた敵《てき》の手《て》を、我《わ》が左腰《ひだりごし》の方《はう》に下《した》から上《うへ》へ繰《く》り上《あ》げて我《わ》が腰《こし》の邊《あた》りに着《つ》けると共《とも》に、右足《みぎあし》を蹴返《けかへ》すのである。然《さう》して投付《なげつ》けた敵《てき》は、決《けつ》して起上《おきあが》るべき勇氣《ゆうき》は無《な》いが、萬一《まんいち》起上《おきあが》らんとすれば、右《みぎ》の足《あし》で敵《てき》の横腹《ひばら》を蹴《け》るのも一得《いつとく》である。術《じゆつ》の定《きま》り處《どころ》は左《ひだり》の手《て》を前《まへ》の様《やう》に我《わ》が腰《こし》に引付《ひきつ》けるものと、右足《みぎあし》で敵《てき》の左足《ひだりあし》の内《うち》部《ぶ》で蹴返《けかへ》すのが、此術《このじゆつ》の命《いのち》であるから、十分《ぶん》に會得《ゑとく》しなさい。

○刈《かり》　捨《すて》

これは速《はや》い速《はや》い手《て》で、敵《てき》が我《わ》が腦巓《なうてん》を打《う》つて來《く》るのを止《と》めて、止《と》め

六十四

た瞬間《しゆんかん》に直《す》ぐと倒《たふ》すのである。それは、我《わ》が右《みぎ》の足《あし》を敵《てき》の右側《みぎわき》へ踏込《ふみこ》み、同時《どうじ》に左《ひだり》の手《て》を敵《てき》の右《みぎ》の股《もゝ》に掛《か》け、我《わ》が右《みぎ》の手《て》は敵《てき》の左《ひだり》の胸先《むねさき》へ平手《ひらて》で宛《あて》がひ、右《みぎ》の足《あし》を敵《てき》の膝裏《ひざうら》へ掛《か》けて、左《ひだり》の手《て》を敵《てき》の股裏《もゝうら》へ掛《か》けて、左廻《ひだりまは》りに廻《まは》つて倒《たふ》すのである。實《じつ》に簡單《てがる》い術《わざ》だから、別段插書《べつだんさしゑ》は入《い》れないが、能《よ》く實習《じつしふ》するが可《よ》い。前々《ぜんく》にも言《い》つた通《とほ》り、同《おな》じことを何《なん》べんも實習《じつしふ》しなければ役《やく》には立《た》たない。

刈捨《かりすて》は宛《あだ》も樹木《じゆもく》を伐倒《きりたふ》す樣《やう》な働《はたら》きであるから容易《たやす》い樣《さう》で一寸《ちよつと》難《むつ》かしい。前《まへ》にも言《い》つた氣捕《きどり》の業《わざ》に能《よ》く似《に》て居《を》るが、全《まつた》くは異《ちが》つてある。氣捕《きどり》は前方《むかふ》へ敵《てき》を仰向《あふなけ》に倒《たふ》した手《て》であるが、之《これ》は敵《てき》を横向《よこむか》ふ樣《さま》に、氣捕《きどり》より尚《な》ほ早《はや》く投付《なげつ》ける手《て》である。此手數《このてかず》は左《ひだり》の手《て》を股《もゝ》に掛《か》けたのど、又我《またわ》が左《ひだり》の足《あし》の引矩《ひきや》合《あひ》で敵《てき》を倒《たふ》すのだから、此二《このふた》つに能《よ》く心《こゝろ》して施《や》らなければならない。第《だい》一左《ひだり》の手《て》は前《まへ》にも言《い》つてある通《とほ》り、右《みぎ》の手《て》を敵《てき》の右《みぎ》の臀《しり》こぶらから少《すこ》し下《さが》つた處《ところ》に平手《ひらて》で宛《あて》がつて、右《みぎ》の手《て》は前方《むかふ》へ押《お》し、敵《てき》の胸《むね》に當《あ》てゝ、左《ひだり》は我《わ》が方《はう》へ引《ひ》く事《こと》で、敵《てき》の體《たい》を反《そ》らす樣《やう》にして、次《つぎ》に左足《ひだりあし》を左斜《ひだりなゝめ》に開《ひら》くと同時《どうじ》に敵《てき》を倒《たふ》すのである。初《はじめ》に敵《てき》の右側《みぎわき》に右足《みぎあし》を飛込《とびこ》むとき、必《かなら》ず敵《てき》の目《め》を見《み》て蹈込《ふみこ》むが可《よ》い。若《も》し俯向《うつむ》いて敵《てき》に接《せつ》する時《とき》には必《かなら》ず敵《てき》に機先《きせん》を制《せい》せられる恐《おそ》れがある。此術《このじゆつ》の施《ほどこ》し樣《やう》は、敵《てき》が打《う》ちかゝるときに右足《みぎあし》を蹈込《ふみこ》むと共《とも》に前《まへ》の手數《てかず》を施《ほどこ》すのである。

○大《おほ》殺《ころし》

これは柔術《じうじゆつ》の眞法《しんぱふ》で、敵《てき》の領《えり》を締《し》めて殺《ころ》すのである。依《よつ》て締殺《しめころし》とも云《い》ふ先《ま》づ敵《てき》の衿《えり》を右《みぎ》の手《て》で持《も》ち、左《ひだり》の手《て》で肩口《かたぐち》を持《も》ち、クレリと右《みぎ》へ廻《まは》して敵《てき》を向《むか》ふむけにして、右膝《みぎひざ》で敵《てき》の臀《しり》

骨《ほね》を前方《むかふ》へ押倒《おしたふ》し其膝《そのひざ》を上《あ》げて敵《てき》の臀骨《しりぼね》に當《あ》て、而《さう》して兩手《りやうて》で領《えり》を締《し》めて殺《ころす》のである。

是《こ》れは前《まへ》の通《とほ》り領《えり》のみで敵《てき》を殺《ころ》すのだから術中《じゆつちう》の術《じゆつ》と言《い》つても可《よ》いのである。難《むつ》かしい樣《やう》

だが極易《ごくらく》な手《て》である。最初《さいしよ》の手數《てかず》を施《ほどこ》して、敵《てき》の體《たい》を後《うし》ろ向《む》けたときに我《わ》が右膝《みぎひざ》で敵《てき》の腰《こし》を前方《むかふ》へ押《お》せば、敵《てき》は臀餅《しりもち》を搗《つ》いて倒《たふ》れる、其時我《そのときわ》れは左《ひだり》の手《て》の拇指《おやゆび》を敵《てき》の領首《えりくび》に挿込《さしこ》み、然《さう》して右膝《みぎひざ》を敵《てき》の首《くび》すぢから二寸餘《すんあま》り下《さが》つた處《ところ》の脊骨《せばね》に當《あ》て、前《まへ》の兩手《りやうて》を我《わ》が腰《こし》の方《はう》に引付《ひきつけ》、引付《ひきつけ》ると同時《どうじ》に其膝頭《そのひざがしら》を前方《むかふ》へ押《お》すのである。但《たゞ》し、締付《しめつけ》る敵《てき》の領《えり》は、敵《てき》の咽喉《のど》の少《すこ》し出張《でば》つた咽喉佛《のどぼとけ》の下《した》の方《はう》に領《えり》を當《あ》てゝ締《しめ》るのである。但《たゞ》し締《しめ》るには口傳《くでん》がある。初《はじめ》から強《つよ》く力《ちから》を用《もち》ゐれば締《しま》りにくい。依《よつ》て先《ま》づ初《はじ》めに臍《へそ》に力《ちから》を入《い》れて、我《わ》が息《いき》を詰《つ》めて、次第《しだい》に締《しめ》るのである、締終《しめをは》るときには大《おほ》きに心得《こゝろえ》がある。これは十分《ぶん》に引締《ひきしめ》て、物《もの》を締終《しめをは》る様《やう》に、強《つよ》く引置《ひきお》くべきことである。

○天狗《てんぐ》勝《がち》

これは一寸《ちよつと》難《むつ》かしいが、面白《おもしろ》い手《て》である。人《ひと》を高《たか》く差《さし》上《あ》げて投《なげ》る法《はふ》だ。敵《てき》が自分《じぶん》の胸《むね》を掴《つか》むと、自分《じぶん》も右《みぎ》の手《て》で敵《てき》の胸《むね》を持《も》ち左《ひだり》の手《て》を敵《てき》の手《て》の上《うへ》から其股《そのまた》の間《あひだ》へ

差入《さしい》れ、領《えり》を攫《つか》んで擔《かつ》ぎ、我《わ》が右《みぎ》の足《あし》を退《ひ》いて、ヤッと聲《こゑ》かけて前《まへ》へ投《な》げるのである。

此手數《このてかず》は誠《まこと》に華美《はで》やかな手《て》であるが、極腰《とくこし》を定《き》めて施《や》らなければ、擔《かつ》いで後《のち》に却《かへつ》て自分《じぶん》の體《たい》が崩《くづ》れる事《こと》があるから十分《ぶん》に腰《こし》に力《ちから》を入《い》れなければならない。尙又初《なほまたはじめ》に敵《てき》の持《も》つた右腕《みぎうで》の上《うへ》から我《わ》が左《ひだり》の手《て》を差込《さしこ》むときに施《ほどこ》す法《はふ》がある。それは第《だい》一に右《みぎ》の手《て》で敵《てき》の胸《むな》ぐらを取《と》り、第《だい》二に左《ひだり》の手《て》を差入《さしい》れる時《とき》に臨《のぞ》み、其手《そのて》の肱《ひぢ》で敵《てき》の胸《むな》ぐらを持《も》つた腕《うで》の肱裏《ひぢうら》を其肱《そのひぢ》で下《した》に擶《くじ》いて、其手《そのて》を敵《てき》の股《また》に差入《さしい》れるとき、我《わ》が取《と》つた右《みぎ》の手《て》を、急《きふ》に下《した》へ、グッと引下《ひきさ》げ我《わ》が腰《こし》を下《さ》げる、下《さ》げれば敵《てき》の體《たい》は我《わ》が體《たい》に添《そ》ふものである。其時左《そのときひだり》の手《て》を上《うへ》に上《あ》げる樣《やう》にして膝《ひざ》を伸《の》ばすと、敵《てき》の兩足《りやうあし》は地《ち》から離《はな》れて、我《わ》れが擔《かつ》ぎ上《あげ》るときには、右《みぎ》の足《あし》を引《ひ》いて、右《みぎ》の手《て》を前《まへ》に引落《ひきおと》すのである。然《さ》すれば敵《てき》の體《たい》は仰向《うつなけ》になつて我《わ》が肩《かた》を越《こ》し、目《め》の下《した》に仰向樣《あふむけさま》に投倒《なげたふ》されるのである。

○兩《りやう》手《て》捕《どり》

これは敵《てき》が兩手《りやうて》で我《わ》が右《みぎ》の片手首《かたてくび》を上《うへ》から持《も》つたとき、我《わ》れは敵《てき》の方《はう》へ體《たい》を突込《つきこ》み、左《ひだり》の手《て》を下《した》より合《あは》せて、拜《おが》み手《で》にして、左《ひだり》へ鼻《はな》の見當《けんたう》に繰上《くりあ》げ外《はづ》し、敵《てき》が弱《よわ》ければ只片手《たゞかたて》を繰上《くりあ》げて、片手《かたて》のまゝで何《いづ》れも前方《むかふ》へ押跳《おしは》ねて外《はづ》すのである。若《も》し又敵《またてき》が兩手《りやうて》を張《は》つて、充《じう》分《ぶん》に力《ちから》を入《い》れゝば、左《ひだり》の手《て》を敵《てき》の兩手《りやうて》の間《あひだ》へ上《うへ》から挿入《さしい》れ、右《みぎ》の手《て》と拜《をが》み手《て》にして、上《うへ》へ上《あ》げて外《はづ》すものである。これは何故《なにゆゑ》上《うへ》へ上《あ》げて外《はづ》すとなれば、下《した》は敵《てき》の指《ゆび》が左右《さいう》で八本掛《ほんか》つて居《を》り上《うへ》は拇指《おやゆび》が左《さ》

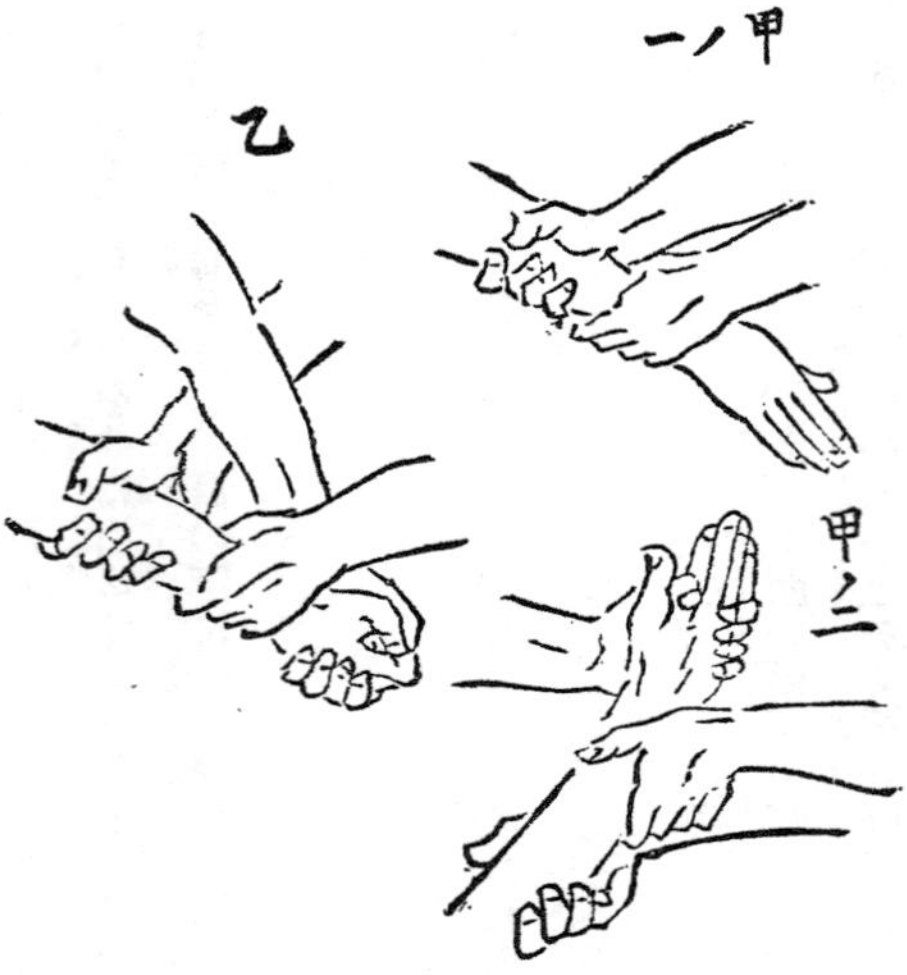

右《いう》で二本掛《ほんかゝ》つて居《ゐ》るだけである。されば、指《ゆび》の力《ちから》は、八本力《ほんりき》よりは二本力《ほんりき》の方《はう》が弱《よわ》いから、弱《よわ》い方《はう》の上《うへ》へ外《はづ》すのである。試《こゝろ》みに實際《じつさい》に驗《ため》して見《み》るが可《よ》い。

是《こ》れは男《をとこ》よりも隨分女《ずゐぶんをんな》の人《ひと》が試《ため》すのが面白《おもしろ》からう。女《をんな》が男《をとこ》に片手《かたて》を兩手《りやうて》で握《にぎ》られたれば、一寸離《ちよつとはな》れないものである。其時《そのとき》は前《まへ》に言《い》ふ通《とほ》り我《わ》が指先《ゆびさき》を伸《の》ばして、右《みぎ》の手《て》なれば右《みぎ》の方《はう》に、我《わ》が右足《みぎあし》と共《とも》に敵《てき》の方《はう》へ踏込《ふみこ》むのである。次《つぎ》に左《ひだり》の手《て》を前《まへ》の樣《やう》に握《にぎ》つて、急《きふ》に我《わ》が左《ひだり》の肩《かた》の方《はう》へ、下《した》から左斜《ひだりなゝめ》に引上《ひきあ》げ、前方《むかふ》へ前《まへ》の樣《やう》に押拂《おしはら》ふのである。是《こ》れは握《にぎ》る者《もの》が力《ちから》を入《い》れるほど離《はな》れ方《かた》は潔白《きれい》である。何故《なぜ》なれば、力《ちから》を入《い》れゝば入《い》れるほど手《て》の離《はな》れるとき我《わ》が手《て》が痛《いた》むからであるる。是等《これら》は實《じつ》に柔《じう》能《よ》く剛《がう》を制《せい》すると云《い》ふ柔術《じうじゆつ》の妙味である。けれども幾回《いくたび》も言《い》ふ通《とほ》り我《わ》れが下《した》から引上《ひきあ》げるときに我《わ》が力《ちから》を用《もち》ゐれば却《かへつ》て敵《てき》に押《おさ》へ付《つ》けられるので離《はな》れ難《にく》い。依《よつ》て我《わ》が力《ちから》を忘《わす》れて、唯術《たゞじゆつ》のみに依頼《いらい》して前方《むかふ》へ突《つ》けば、我《わ》が方《はう》へ引《ひ》くときは指唯先《たゞゆびさき》に力《ちから》を入《い》れるのみであつて、我《わ》が方《はう》へ過急《くわきふ》に引《ひい》て前方《むかふ》へ押拂《おしはら》ふを専一《せんいち》とする。

○捨《すて》　身《み》

これは敵《てき》が胸《むね》を兩手《りやうて》で持《も》つたとき、我《わ》れも亦兩手《またりやうて》で敵《てき》の胸《むね》を持《も》ち、右《みぎ》の足《あし》を敵《てき》の帶《おび》の邊《へん》に掛《か》け、故《わざ》と仰向《あふむ》けに倒《たふ》れるのである。然《さ》うするときには、我《わ》が手《て》は我《わ》が胸《むね》の方《はう》へ引付《ひきつ》け、我《わ》が足《あし》は上《うへ》へ跳《は》ね上《あ》げる。然《さ》すれば敵《てき》は我《わ》が體《たい》の上《うへ》を越《こ》して、ポンと前方《むかふ》へ飛《と》び出《だ》す。能《よ》く練《れん》習《しふ》するが宜《よろ》しい。

是《た》れは極易《ごくらく》な手《て》であるが、唯自分《たゞじぶん》の體《たい》を捨《す》てる時《とき》が此術《このじゆつ》の命《いのち》であるそれは前《まへ》の通《とほ》り敵《てき》も我《わ》れも兩手《りやうて》で胸《むね》を取《と》るとき、自分《じぶん》の持《も》つた兩手《りやうて》は我《わ》が方《はう》へ引《ひい》て、敵《てき》の體《たい》を前《まへ》の方《はう》へ傾《かたむ》けるときに我《わ》が足《あし》を掛《か》ける際《さい》我《わ》が臀《しり》は敵《てき》の股《また》の下《した》に落《おと》す、宛《あたか》も敵《てき》の股《また》に入込《いりこ》む樣《やう》の心持《こゝろもち》で、體《たい》を落《おと》すと同時《どうじ》に、前《まへ》に述《の》べた通《とほ》り兩手《りやうて》に我《わ》が胸《むね》の方《はう》へ引《ひ》き、其掛《そのか》けた足《あし》を上《うへ》に跳上《はねあ》げるのである。それで敵《てき》は我《わ》が體《たい》の上《うへ》を越《こ》して飛《と》ぶのだが、其時《そのとき》は我《わ》れは必《かなら》ず前《まへ》に握《にぎ》つて居《ゐ》た兩手《りやうて》の胸《むね》を離《はな》すが可《よ》い。以《い》上《じやう》に述《の》べた手《て》は、唯兩手《たゞりやうて》で握《にぎ》つた胸《むね》と、腹《はら》に掛《か》けた右足《みぎあし》と、臀《しり》の落《おと》し處《どころ》との其三《そのみつ》つが、最《もつと》も肝要《かんえう》である。それで、返《かへ》す〴〵も兩手《りやうて》は我《わ》が胸《むね》の方《はう》へ引《ひい》て、足《あし》は上《うへ》に跳上《はねあ》げ、足《あし》を掛《か》けたときには膝《ひざ》を屈《かゞ》めて居《を》るが可《よ》い。而《さう》して其足《そのあし》を上《うへ》へ伸《の》ばして跳上《はねあ》げるのである。一旦身《いつたんみ》を捨《す》てゝ掛《かゝ》るのだから斯様《かう》捨身《すてみ》と名《な》づけたのである。

○壁《かへ》　添《ぞひ》

これは後《うし》ろに板塀石垣《いたべいいしがき》などが有《あ》つて、自分《じぶん》は咽喉《のど》を壓着《おしつ》けられ、帯《おび》をも持《も》たれて居《を》る危急《きゝふ》を免《のが》るゝ術《じゆつ》である。此時《このとき》には敵《てき》の兩《りやう》の眼《め》の中《ちう》間《かん》を打《う》ち、左《ひだり》の手《て》は敵《てき》の手首《てくび》を左《ひだり》より持《も》ち、右《みぎ》の手《て》は肱《ひぢ》の關節《てふつがひ》を内《うち》部《ら》から持《も》つ手《て》で押上《おしあ》げ、右足《みぎあし》を敵《てき》の右足膝裏《みぎあしひざうら》へ掛《か》けて蹴返《けかへ》す。此手合《このてあひ》は、萬死《ばんし》の中《うち》に一生《いつせい》を得《う》ると云《い》ふ手《て》である。前《まへ》に言《い》ふ通《とほ》り咽《の》喉《ど》を押《お》され、又《また》は帯《おび》を引《ひ》かれゝば我《わ》が進退《しんたい》は谷《きは》まる。其時《そのとき》前《まへ》に兩眼《りやうがん》の間《あひだ》を打《う》つと言《い》つてあるはそれは烏《う》兎《と》の當《あ》てと云《い》ふ當《たう》流《りう》の秘《ひ》法《はふ》だが此際之《このさいこれ》を用《もち》ゐなければならない場《ば》合《あひ》である。第《だい》二に右《みぎ》の手《て》を、敵《てき》の

持《も》つた腕《うで》の肱裏《ひぢうら》から掛《か》けて押上《おしあ》げるのは少《すこ》しく捻上《ねぢあ》げる氣味《きみ》で施《や》るのが可《よ》い。且《か》つ右《みぎ》の足《あし》を敵《てき》の右《みぎ》の足《あし》の膝裏《ひざうら》を跳返《はねかへ》すのと、前《まへ》の肱裏《ひぢうら》に掛《か》けた右《みぎ》の手《て》と左《ひだり》に握《にぎ》つた左《ひだり》の手《て》とを、我《わ》が腰《こし》の邊《あた》りに引付《ひきつ》けて投《なげ》るのである。是《こ》れも左右《さいう》の手《て》を前《まへ》に引《ひい》て、右足《みぎあし》を掛《か》けて引《ひ》くのと同時《どうじ》だから、能《よ》く心《こゝろ》して習《なら》ふが可《よ》い。前《まへ》に述《の》べた烏兎《うこ》の當《あ》てを施《ほどこ》せば敵《てき》は倒《たふ》れるものだが、萬一其《まんいちその》當《あ》てを當《あ》て損《そん》じたときには、此投業《このなげわざ》を施《ほどこ》すが宜《よろ》しい。而《さう》して投終《なげをは》つたれば、右足《みぎあし》で以《もつ》て敵《てき》の横腹《ひばら》を蹴返《けかへ》すか、又《また》は右《みぎ》の手《て》で同《おな》じく敵《てき》の横腹《ひばら》を拳《こぶし》で當《あ》てるも宜《よろ》しい。

○腰《こし》　霞《かすみ》

これは敵《てき》が我《わ》が胸《むね》を持《も》つたとき引倒《ひきたふ》し投《なげ》る手《て》である。此時《このとき》には左《ひだり》の

手《て》で敵《てき》の袖口《そでぐち》を持《も》つて、左《ひだり》の膝《ひざ》を突《つ》き、右《みぎ》の膝《ひざ》を立《た》て、我《わ》が右《みぎ》の手《て》を敵《てき》の膝關《ひざてふ》節《つがひ》へ前横《まへよこ》から掛《か》けて、左廻《ひだりまは》しに引倒《ひきたふ》すのである
これも能《よ》く練習《れんしふ》しなければなら

ない。

先《ま》づ前《まへ》に述《の》べた通《とほ》り、敵《てき》が胸《むね》を持《も》てば自分《じぶん》は直《す》ぐ左《ひだり》の手《て》で敵《てき》の袖口《そでぐち》を摑《つか》み引《ひ》くと共《とも》に、左《ひだり》の膝《ひざ》を引《ひい》て突《つ》くのである。それと同時《どうじ》に右《みぎ》の手《て》を伸《の》ばして敵《てき》の右《みぎ》の膝《ひざ》の右《みぎ》の外側《そとがは》に右《みぎ》の指《ゆび》を伸《の》ばして當《あ》てるのである。但《たゞ》し其右《そのみぎ》の手《て》は俯向《うつむけ》にして小指《こゆび》の方《はう》が敵《てき》の膝《ひざ》に當《あた》る樣《やう》にするが可《よ》い。而《さう》して左斜《ひだりなゝめ》に前《まへ》の通《とほ》り引倒《ひきたふ》すのだが、是《こ》れは三《み》つ拍子《べうし》が一度《ど》に揃《そろ》はなくては宜《い》けない。三《み》つ拍子《べうし》とは、第《だい》一に左《ひだり》の手《て》で握《にぎ》つた處《ところ》と、又右《またみぎ》の手《て》で敵《てき》の右膝《みぎひざ》に當《あ》てた處《ところ》と、尙《な》ほ左斜《ひだりなゝめ》に引《ひ》くとき左膝《ひだりひざ》を突《つ》くであるの。此《こ》の業《わざ》を能《よ》く利《き》かすには、左《ひだり》の手《て》に持《も》つた領《えり》を、初《はじめ》に述《の》べた身體重心論《しんたいぢうしんろん》に因《よ》つて、體《たい》の缺點《けつてん》へ引出《ひきだ》すのである。

然《さ》うして敵《てき》の體《たい》の崩《くづ》れると共《とも》に、右《みぎ》の手《て》で前《まへ》の樣《やう》にするのであるが、是《こ》れも矢張《やは》り、餘《あま》り力《ちから》を入《い》れ過《すぎ》ると却《かへつ》て仕損《しそん》じるから、敵《てき》の體《たい》を崩《くづ》すと共《とも》に、右《みぎ》の手《て》を當《あ》てゝ左《ひだり》の方《はう》へ、廻《まは》つて投《な》げるのである。

○行《ゆき》違《ちが》ひ

これは敵《てき》と行合《ゆきあ》ふたとき、施《ほどこ》すべき早業《はやわざ》である。例《たと》へば賊《ぞく》が物《もの》を持《もつ》て遁《にげ》るとき、行合《ゆきあ》ふ時《とき》などである。行合《ゆきあ》ふたれば右《みぎ》の手《て》で敵《てき》の領《ゑり》を持《も》ち、右足《みぎあし》で敵《てき》の右足《みぎあし》の腓《こぶら》を蹴《け》り、同時《どうじ》に右《みぎ》の足《あし》も手《て》も退《ひい》て坐《すわ》るのである。腓《こぶら》を蹴《け》るのは浮上《うきあ》げに後《うし》ろより上《うへ》に蹴《け》ることである。

是《こ》れは早《はや》い上《うへ》にも早業《はやわざ》である。寧《むし》ろ投《なげ》より蹴返《けかへ》しが肝要《かんえう》である。初《はじめ》に敵《てき》の領首《ゑりくび》を持《も》つと、既《すで》に蹴《け》ると云《い》ふ心《こゝろ》で、領《ゑり》を持《も》つと同時《どうじ》に蹴《け》る位《くらゐ》で無くてはならないのである。蹴《け》れば又《また》直《す》ぐと其《その》足《あし》を我《わ》が左《ひだり》の足《あし》の在《あ》る位置《ところ》まで引《ひい》て跪《ひざまづ》き、然《さう》して其《そ》れど同《おな》じ様《やう》に、手《て》も我《わ》が座《すわ》つた

膝《ひざ》の處《ところ》へ引落《ひきおと》すのである。斯様《かう》すれば敵《てき》は仰向《あふむけ》に倒《たふ》れるのである。併《しか》し前《まへ》に脊負投《せおひなげ》と云《い》ふ手合《てあひ》が言《い》つてあるが、彼《か》の手合《てあひ》は、實《じつ》に此手《このて》合《あひ》の反《うら》だから、殊更《ことさら》に用心《ようじん》しなければならない。であるから、最初《さいしよ》領《えり》を取《と》るとき、前《まへ》に言《い》ふ通《とほ》り、其領《そのえり》に手《て》が掛《か》かれば、蹴《け》ると云《い》ふことを忘《わす》れてはならない、又《また》、蹴《け》れば必《かなら》ず前《まへ》に言《い》つた通《とほ》り其足《そのあし》を引《ひい》て跪《ひざまづ》いて、手《て》も共《とも》に引《ひい》て、敵《てき》を倒《たふ》すことが肝要《かんえう》である。此通《このとほ》りに柔術《じうじゆつ》には裏《うら》があり表《おもて》がある故《ゆゑ》、決《けつ》して油断《ゆだん》があつてはならない。古人《こじん》も席皆敵《せきみなてき》と思《おも》へと云《い》ふ金言《きんげん》がある、

○連《れん》 拍《べう》 子《し》

是《こ》れは眞劍《しんけん》の下《した》を搔潜《かいくゞ》つて、敵《てき》を投《な》げて、尙《な》ほ其敵《そのてき》を縛《しば》つてしまふ

手《て》である。第《だい》一敵《てき》が眞劍《しんけん》で斬《きり》かくるとき、我《わ》れは其手元《そのてもと》へ附入《つけい》るのである。但《たゞ》し附入《つけい》るときは、左《ひだり》の足《あし》を前《まへ》へ出《だ》して、左《ひだり》の手《て》の指先《ゆびさき》を伸《の》ばし、今斬込來《いまきりこみきた》る敵《てき》の手元《てもと》の二《に》の腕《うで》に、其左《そのひだり》の指先《ゆびさき》を添《そ》へると同《どう》時《じ》に、右《みぎ》の手《て》で敵《てき》の右《みぎ》の手《て》の袖下《そでした》を握《にぎ》ると、又《また》、右足《みぎあし》で敵《てき》の右《みぎ》の足《あし》の膝裏《ひざうら》を蹴《け》つて投付《なげつ》けるのである。但《たゞ》し右足《みぎあし》を蹴返《けかへ》すとき、既《すで》に前《まへ》に握《にぎ》つた右《みぎ》の手《て》を我《わ》が腰《こし》の方《はう》に、下《した》から上《うへ》へ斜《なゝめ》に半月形《はんげつけい》に突付《つきつ》けるのである。然《さう》して投付《なげつ》ければ直《す》ぐと右《みぎ》の足《あし》の膝頭《ひざがしら》を持《も》つて敵《てき》の水月《みづおち》に當《あ》て、次《つぎ》に右《みぎ》の手《て》で持《も》つた敵《てき》の刀《かたな》の手《て》を俯向《うつむけ》にして、我《わ》が左《ひだり》の手《て》で抑《おさ》へ、次《つぎ》に右《みぎ》の手《て》を握《にぎ》つて、其敵《そのてき》の刀《かたな》を握《にぎ》つて居《ゐ》る拳《こぶし》の處《とこ》に中指《なかゆび》の節《ふし》、俗《ぞく》に云《い》ふ拳骨《けんこつ》で以《もつ》て押付《おしつ》ければ、敵《てき》は痛《いた》さに堪《た》へなくて、思《おも》はず刀《かたな》を放《はな》すものである。其次《そのつぎ》は右《みぎ》の手《て》で敵《てき》の左《ひだり》の指《ゆび》先《さき》を握《にぎ》り、又《また》左《ひだり》の手《て》で敵《てき》の襟《えり》をもち前《まへ》に抑《おさ》へて居《ゐ》る右《みぎ》膝《ひざ》を上《あ》げて我《わ》が前《まへ》へ一文字《もんじ》

に引《ひ》くのである。但《たゞ》し引《ひ》くときには前《まへ》に持《も》つた我《わ》か左右《さいう》の手《て》も共《とも》に引《ひ》くのである。さすれば敵《てき》は俯向《うつむけ》になる。次《つぎ》に右《みぎ》の手《て》に持《も》つた敵《てき》の左《ひだり》の手《て》を、前《まへ》の挿畫《さしゑ》の様《やう》に蹈《ふま》へて、其膝頭《そのひざがしら》を敵《てき》の横肋《よこあばら》に當《あ》てるのだが、是《こ》れには口傳《くでん》がある。今蹈込《いまふみこ》んで手《て》を抑《おさ》へて居《ゐ》る足《あし》は、敵《てき》の手《て》の二《て》の腕《うで》と體《たい》との間《あひだ》に指先《ゆびさき》を入《い》れ、其踵《そのかゞと》で以《もつ》て腕《うで》を抑《お》さへ、尙《な》は其《その》足《あし》の膝《ひざ》で、敵《てき》の胴《どう》を抑《おさ》へるのである。但《たゞ》し抑《おさ》へて後《のち》は、前《まへ》に取《と》つた兩手《りやうて》を放《はな》すが宜《よ》い、其抑《そのおさ》へる足《あし》は右足《みぎあし》に限《かぎ》る。次《つぎ》には今明《いまあ》いた兩手《りやうて》で以《もつ》て、敵《てき》の右《みぎ》の肩口《かたぐち》を兩手《りやうて》の握拳《にぎりこぶし》で、抑《おさ》へ着《つ》けるのである。それは敵《てき》が今《いま》、左半身《ひだりはんしん》を抑《おさ》へられ居《を》る故《ゆゑ》に、右《みぎ》の手《て》を突《つ》いて起上《おきあが》らんとするときに此法《このはふ》を施《ほどこ》すのである。尙又前《なほまたまへ》に抑《おさ》へた手先《てさき》は、折《を》つて置《お》くのが可《よ》い。今兩拳《いまりやうこぶし》で以《もつ》て抑《おさ》へた右《みぎ》の手《て》は、既《すで》に伸《の》びて居《ゐ》るのである。尤《もつと》も伸《の》ばすが爲《た》めに押《お》したのである。其《その》伸びた右手先《みぎてさき》を、我《わ》れは兩手《りやうて》で捕《と》らへ、捻《ひね》る樣《やう》に敵《てき》の脊《せな》に着《つ》けるのである。其時《そのとき》は前《まへ》に曲《ま》げた左《ひだり》の手《て》と同《おな》じ脊《せ》の處《ところ》にある。それ故《ゆゑ》に我《わ》れは繩《なは》で縛《しば》り上《あげ》るのである。縛《しば》つた後《のち》には、我《わ》が左《ひだり》の手《て》を、敵《てき》の顎《あご》の下《した》に差込《さしこ》んで、右《みぎ》の手《て》は敵《てき》の體《たい》の上《うへ》から廻《まは》して、敵《てき》の右肱《みぎひぢ》を上《うへ》から持《も》つて、左《ひだり》の手《て》の顎《あご》は前方《むかふ》に押《お》す樣《やう》に、右《みぎ》の手《て》の掛《かゝ》つた敵《てき》の右肱《みぎひぢ》は、我《わ》が方《はう》へ引《ひ》く樣《やう》にすると、敵《てき》は自然《しぜん》に我《わ》れの方《はう》を向《む》いて起上《おきあが》るのである。

以上述來《いじやうのべきた》つた手數《てかず》は、是迄《これまで》のとは變《かは》つて少《すこ》しく込入《こみい》つた手《て》であるが是等《これら》は初《はじめ》に敵《てき》の斬來《きりく》る刄《やいば》の下《した》を潜《くゞ》り、次《つぎ》に飛込《とびこ》んで敵《てき》を投付《なげつ》け、又《また》抑《おさ》へ込《こ》み、終《をは》りに敵《てき》を縛《しば》ると云《い》ふ、實《じつ》に至《いた》れり盡《つく》せりの手《て》であるから、込入《こみい》るのも無理《むり》では無《な》い。それで此施術《このしじゆつ》の眼目《がんもく》は初《はじ》め敵《てき》の刀《かたな》の下《した》に飛込《とびこ》む時《とき》に左足《ひだりあし》を出《だ》し、半身《はんしん》で飛込《とびこ》むときと、又右足《またみぎあし》を蹈込《ふみこ》んで敵《てき》を蹴返《けかへ》し投《なげ》るときと、其足《そのあし》で敵《てき》の手《て》を蹈《ふ》まへ、膝頭《ひざがしら》で敵《てき》を抑《おさ》へるのと、兩手《りやうて》で右腕《みぎうで》を抑《おさ》へ伸《のば》さすのと、又縛《またしば》つて後《のち》に敵《てき》を引起《ひきおこ》すのとが最《もつと》も肝要《かんえう》である。

〇手《た》繰《ぐり》投《なげ》

是《こ》れは矢張《やは》り敵《てき》が右《みぎ》の手《て》で我《わ》が右《みぎ》の胸《むね》を持《も》つたときに使《つか》ふことで、尤《もつと》も是迄《これまで》のとは大分《だいぶん》施《や》り方《かた》が異《ちが》つてあるから其心《そのこゝろ》して習《なら》ふが可《よ》い。先《ま》づ敵《てき》が我《わ》が胸《むね》を取《と》れば、我《わ》れは右《みぎ》の手《て》を上《うへ》に上《あ》げ、其肱《そのひぢ》で敵《てき》の持《も》つた腕《うで》の肱《ひぢ》の内部《うちら》に我《わ》が肱《ひぢ》を掛《か》けて、敵《てき》の手《て》を摧《くじ》き、次《つぎ》に其手《そのて》で敵《てき》の手《て》の内部《うちら》から下《した》へ下《さ》げて、敵《てき》の脊《せ》の紋所《もんどころ》を握《にぎ》るのである。それと同時《どうじ》に我《わ》が右膝《みぎひざ》を敵《てき》の後《うし》ろに蹈入《ふみい》り跪《ひざまづ》くのと、我《わ》が左《ひだり》の手《て》で敵《てき》の左《ひだり》の足《あし》の踵《かゞと》から一寸《すん》ほど上《あが》つた所《ところ》の足《あし》を後《うし》ろから握《にぎ》つて、左《ひだり》の挿畫《さしゑ》の様《やう》にして、其足《そのあし》を自分《じぶん》の後《うし》ろに跳上《はねあ》げるのと、又右《またみぎ》の手《て》で持《も》つた衣紋處《もんどころ》を下《した》へ引《ひ》いて、敵《てき》を後《うし》ろ向様《むきさま》に後《うし》ろへ投付《なげつ》けるのである。

此《この》わざは初《はじ》めに敵《てき》が胸《むな》ぐらを持《も》つときに、前《まへ》の様《やう》に何氣《なにげ》なく我《わ》れは手《て》を擧《あ》げ摧《くじ》きて、衣《え》紋所《もんどころ》を握《にぎ》るのだが、成《なる》べく此手《このて》は幾度《いくど》も言《い》ふ通《どほ》り極柔《ごくやわら》かくして宛《あだか》も敵《てき》の手《て》を巻込《まきこ》む様《やう》な心持《こゝろもち》で施《や》るのだ、それと同《おな》じ様《やう》に右膝《みぎひざ》もズッと柔《やわら》かく突込《つきこ》み蹈込《ふみこ》むが肝要《かんえう》である。尚左《なほひだり》の手《て》の握《にぎ》り方《かた》は拇指《おやゆび》と將指《ひとさしゆび》とを下《した》に向《む》けて敵《てき》の足《あし》を握《にぎ》り、前《まへ》の樣《やう》に上《うへ》は引《ひ》き、下《した》は後《うし》ろに跳返《はねかへ》す事《こと》右二《みぎふた》つは同《おな》じ拍《へう》子《し》である事《こと》を必《かなら》ず忘《わす》れちやならない。

○指《ゆび》折

是《これ》は敵《てき》が我《われ》の右《みぎ》の手《て》でも左《ひだり》の手《て》でも、逆《さか》に折《を》りに來《き》たときに防《ふせ》ぐ手《て》である。先《ま》づ敵《てき》が我《わ》が四本《ほん》の指《ゆび》を一時《じ》に逆《さか》に折《を》らんとするとき、我《わ》れは第《だい》一に我《わ》が拇指《おやゆび》を我《わ》が掌《てのひら》の中指《なかゆび》の第《だい》二の關節《ふし》に折込《をりこ》み宛《あて》がひ、次《つぎ》に其手《そのて》の肱《ひぢ》を胸《むね》が胸《むね》に當《あ》てるのである。尚又敵《なほまたてき》が益々《ます〳〵》逆《さか》に上《あ》げんとすれば我《わ》れは今述《いまの》べた肱《ひぢ》を胸《むね》に當《あ》てゝ我《わ》が方《はう》に引《ひ》くのである。然《さ》すれば敵《てき》は如何《いか》程力《ほどちから》を入《い》れて引上《ひきあ》げんとするとも、とても上《あ》げられるものでは無《な》い。其時《そのとき》に尚《ま》だ我《われ》に術《じゆつ》がある。それは今敵《いまてき》が逆《さか》に指《ゆび》を上《あげ》んとし、我《われ》は今《いま》の樣《やう》に引《ひ》かんとするとき、急《きふ》に我《われ》は後《うしろ》へ取《と》られた指《ゆび》のまゝで、一足飛《いつそくとび》に後《うし》ろへ飛退《とびの》くのである。すれば敵《てき》は如何《いか》ほど堅《かた》く兩手《りやうて》を握《にぎ》るとも、止《やむ》を得《え》ず手《て》を放《はな》すことは請合《うけあひ》である。

○活《くわつ》　法《ぱふ》

活法《くわつぱふ》は氣絶《きぜつ》した者《もの》を息《いき》吹返《ふきかへ》させる

方法《しかた》である。これは氣絶《きぜつ》した者《もの》の體《からだ》を前《まへ》より拘《かゝ》へ、左《ひだり》の膝《ひざ》を立《た》て右《みぎ》の手《て》の拇指《おやゆび》で、頸骨《くびぼね》の下《した》、脊椎《せぼね》の第《だい》二より五ッ目《め》の骨《ほね》を押《お》し、其《そ》手《て》を跳返《はねかへ》し、手《て》の甲《かふ》の本《もと》で、勢《いきほ》ひにトンと押《お》し、左《ひだり》の手《て》を右《みぎ》の腕元《うでもと》へ掛《か》けて抑《おさ》へつけるのである。

〔銃丸《たま》除《よけ》〕

○扇《あふぎ》隠《がく》れ

これは眼《め》と眼《め》との眞中《まんなか》に、手《て》に持《も》つ棒《ぼう》でも扇《あふぎ》でも立《た》て、これで飛來《とびく》る丸《たま》を體《たい》と共《とも》に除《よ》けるのである。斯樣《かう》して手元《てもと》が狂《くる》はなければ吃《きつ》と免《のが》れ得られるもので、決《けつ》して過《あやま》つことは無《な》い。飛來《とびく》る丸《たま》は棒又扇《ぼうまたあふぎ》で受拂《うけはら》ふのである。是等《これら》は護謨《ごむ》の小毬《こでまり》を投來《なげく》るのを受止《うけと》め受《うけ》はらひ、今《いま》のベースボールの遊戯具《ゆうぎぐ》などで、絶《た》えず練習《れんしふ》するが可《よ》からうと思《おも》ふ、熟練《じゆくれん》さへすれば、百《ひやく》が百《ひやく》ながら防《ふせ》げ得《え》らるゝもので、昔《むか》し武藝《ぶげい》に名高《なだい》い柳生但馬守《やぎうたじまのかみ》は、眇《かんち》で一眼《いちがん》であつたが、中段《ちうだん》の青眼《せいがん》に附《つ》けるのが殊《こと》に名人《めいじん》で、受《う》け外《はづ》した事《こと》が無《な》い。否《いや》、青眼《せいがん》に附《つ》けられると、大上段《おほじやうだん》に構《かま》へて打込《うちこ》む敵手《あひて》が、下《おろ》す隙《すき》が無《な》いのであつた、これは片《かた》眼《め》の見《み》える眼《め》の見當《けんたう》を違《ちが》へなかつたので、一回《いちど》も誤《あやま》らなかつたさうだ。

簡易柔術 實用形 終

明治四十年三月二十日印刷
明治四十年三月廿五日發行

簡易柔術 實用形

不許複製

著者 山本柳道齋源正道

大阪市東區南久太郎町四丁目廿六番地
發行印刷者 藤谷長吾

大阪市東區南久太郎町心齋橋西へ入
發行所 藤谷崇文館
振替貯金口座三三一二番

格闘武術・柔術柔道書集成
第Ⅰ回　明治期の逮捕術・柔術柔道書
第一巻　逮捕術・当身活法

2019年 5 月25日　発行

編　集　民和文庫研究会
発行者　椛　沢　英　二
発行所　株式会社 クレス出版
東京都中央区日本橋小伝馬町 14-5-704
☎ 03-3808-1821　FAX 03-3808-1822
印　刷　株式会社 栄　光
製　本　東和製本 株式会社

乱丁・落丁本はお取り替えいたします。
ISBN978-4-86670-037-3　C3337　¥21000E